AF566431

# LEBEN UND ARBEIT IN EINER EINWEIHUNGSSCHULE

*Aus dem Französischen übersetzt.*
*Originaltitel:*
»Vie et travail a l'école divine« (Tome 30 et 31)



ISBN 978-3-89515-111-8

Druck 2014: Interpress, Ungarn

**Omraam Mikhaël Aïvanhov**

# LEBEN UND ARBEIT IN EINER EINWEIHUNGSSCHULE

*Gesamtwerke Band 30/31*

**PROSVETA VERLAG**

# INHALT

## *Band 30*

*Band 31*

*Da Meister Omraam Mikhaël Aïvanhov seine Lehre ausschließlich mündlich überlieferte, wurden seine Bücher aus den Stenomitschriften, Tonband- oder Videoaufnahmen seiner frei gehaltenen Vorträge zusammengestellt.*

Omraam Mikhaël Aïvanhov

**Omraam Mikhaël Aïvanhov**

# LEBEN UND ARBEIT IN EINER EINWEIHUNGSSCHULE

*Gesamtwerke Band 30*

**PROSVETA VERLAG**

# I

# ZUM »TAG DER SONNE«

Bei einem Vortrag von Omraam Mikhaël Aïvanhov trug jemand aus dem Publikum folgende Bitte vor: »Meister, meine Freunde und ich, wir sind erst seit ein paar Tagen hier bei Ihnen, und wir sind wirklich verblüfft, so viele neue Dinge zu hören, die für unser Leben so bedeutsam sind. Und da in diesem Jahr in Frankreich und in mehreren anderen Ländern der »Tag der Sonne« gefeiert wird, würden wir uns freuen, wenn sie über die Sonne, über das Licht und über deren Bedeutung für die körperliche und geistige Entfaltung des Menschen sprechen würden.«

Das Licht ist eines der wichtigsten Themen der spirituellen Wissenschaft und es gibt derart viel darüber zu sagen, dass ich mich frage, wie ich mit wenigen Worten darauf antworten kann.

Bevor ich über die Rolle des Lichtes spreche, muss über seinen Ursprung gesprochen werden. Der Ursprung des Lichts ist die Sonne. Aber was die Sonne genau ist, das weiß die Wissenschaft noch nicht wirklich. Sie stellt sie als eine Art Verbrennungsofen dar, in dessen Zentrum eine Temperatur von fünfzehn Millionen Grad herrscht; diese Temperatur, sowie ihre Strahlung werde durch die ununterbrochene Umwandlung von beträchtlichen Massen an Wasserstoff in Helium produziert. In Wirklichkeit wissen nur die großen Eingeweihten, welche die Möglichkeit haben, mit ihrem Astralkörper im Raum zu reisen und die so die Sonne sowie die anderen Planeten besucht haben, was diese wirklich sind. Ich habe schon viel über die Sonne gesprochen (ihr findet einige dieser Vorträge in den anderen Büchern, hauptsächlich in dem Band Pracht und Herrlichkeit von Tiphereth)[1], und im Besonderen erklärt, dass diese Strahlen, welche die Wissenschaft als einen Photonenfluss beschreibt, für die Eingeweihten so etwas wie kleine, mit Nahrungsmitteln beladene Wagons sind, die nicht nur überallhin in den Raum Elemente transportieren, die für das Leben und das Wachstum von Pflanzen, Tieren und Menschen notwendig sind, sondern auch viel feinstofflichere Elemente, derer wir uns für unsere spirituelle Entwicklung bedienen können.

Zweifellos werdet ihr erstaunt sein zu erfahren, dass das von den Menschen schon immer sehr geschätzte Gold von den Sonnenstrahlen geformt wird. Genauso wie es auf der Erde Fabriken gibt, in denen alle möglichen Produkte und Gegenstände entstehen, so sind auch unter der Erde Fabriken am Werk, in denen Millionen von Wesenheiten wirken, und sie sind es, die das Gold herstellen, indem sie das Sonnenlicht verdichten. Ihr fragt: »Aber wie kann das Gold eine Verdichtung des Sonnenlichts sein?« Das ist sehr einfach, nehmen wir ein Beispiel: den Baum. Die Bäume – und unter ihnen ganz besonders solche wie Kiefern, Eichen und Nussbäume – scheinen aus einer äußerst dichten und harten Materie zu bestehen, da man Häuser, Schiffe und anderes daraus herstellen kann. Der Baum wächst aus der Erde empor und wird daher als ein Produkt der Erde betrachtet. Nun, das ist ein Irrtum. Der Baum ist aus dem Licht der Sonne entstanden. Nehmt einen Baum, den größten den es gibt, und verbrennt ihn: Es entweichen Flammen, eine große Menge an Flammen, eine geringere Menge an Gasen und noch weniger an Wasserdampf; und es bleibt am Boden nur ein kleines Häufchen Asche übrig; das ist der Anteil der Erde.

Der Baum besteht also aus Erde, Wasser, Luft und Feuer, aber es ist das Feuer, die Strahlen der Sonne, die den größten Anteil in ihm ausmachen. Ein Baum besteht also nicht aus Erde, sondern aus verdichtetem Sonnenlicht.

Eines Tages lernte ich jemanden kennen, dessen Hauptbeschäftigung es war, Gold zu finden. Er hatte sich alle möglichen Bücher über Schätze besorgt sowie über magische Praktiken, um diese Schätze aufzuspüren. Eine Zeitlang ließ ich ihn gewähren, ohne etwas zu sagen (natürlich fand er nichts) und dann fragte ich ihn eines Tages: »Warum machen Sie dem Zimmermädchen schöne Augen und versuchen nicht, die Freundschaft der Schlossherrin zu gewinnen?« Er war entrüstet: »Aber ich bin verheiratet, ich mache niemandem schöne Augen.« – »Ich weiß wohl, dass Sie verheiratet und ein treuer Ehemann sind, aber ich sehe trotzdem, dass Sie versuchen das Zimmermädchen zu verführen.«

Er verstand nicht, und so erklärte ich ihm: »Nun, Sie suchen Gold. Aber das Gold ist das Zimmermädchen, und die Schlossherrin, die ist das Licht der Sonne, dessen Verdichtung im Inneren der Erde Gold hervorbrachte. Wenn die Schlossherrin also sieht, dass Sie ihrem Zimmermädchen nachstellen, anstatt zu versuchen, ihre Gunst, ihre Blicke, ihr Lächeln zu gewinnen, ist sie verärgert und verschließt Ihnen die Tür. Wenden Sie sich daher in Zukunft direkt an die Schlossherrin, an das Licht der Sonne, bemühen Sie sich, es zu lieben, es zu verstehen, seine Wohltaten anzuziehen, und früher oder später wird das Gold kommen. Wenn Sie der Freund des Königs sind, werden Sie von allen Bürgern geachtet. Wenn Sie aber nur die Freundschaft der Pförtnerin gewonnen haben, werden Sie bei der Pförtnerin bleiben, die anderen werden Sie nicht kennen.« Er war verblüfft: »Ich habe verstanden«, sagte er. Aber ich glaube ihm nicht, denn er hat weiterhin dem Zimmermädchen verliebte Blicke zugeworfen!

Gold ist also eine Verdichtung des Sonnenlichtes.[2] Und auch der Mensch, so wie der Baum, besteht zum größten Teil aus Sonnenlicht. Je mehr Gold er also in seinem Blut hat, desto besser ist seine Gesundheit.

Dieses Bild vom Baum kann uns auch helfen, bestimmte Worte von Jesus in den Evangelien zu verstehen. Als die Pharisäer, die ihn bloßstellen wollten, indem sie ihn drängten, gegen Cäsar zu sprechen, ihm die Frage stellten: »Muss man Cäsar den Zehnten zahlen?«, antwortete Jesus: »Gebt mir eine Münze.« Man gab ihm eine. »Wen stellt dieses Bild dar?« – »Cäsar!« Daraufhin sagte Jesus: »Gebt dem Cäsar was des Cäsars ist und gebt Gott, was Gottes ist« (Mt 22,21). Das ist ein sehr bekannter Satz und man zitiert ihn sogar sehr oft, aber es wurde noch nie erklärt, wie viel man dem Cäsar geben sollte und wie viel dem Herrn. Wer ist Cäsar? Das ist der physische

Körper, das ist der Bauch, das sind die Sexualorgane, die alle nur ständig fordern, und gerade ihnen gibt man alles. Aber der Mensch hat auch dem Herrn etwas zu geben, seinem höheren Selbst. Und wie viel? Wir haben gerade gesehen, dass, wenn ein Baum verbrennt, auf dem Boden nur etwas Asche übrigbleibt, Flammen, Gase und Wasserdampf hingegen entweichen nach oben. Nun, das ist die Antwort, die uns von der Natur gegeben wird: Ein Viertel sollte man dem Cäsar geben und drei Viertel dem Herrn.

Das Licht besitzt unglaubliche Kräfte, die sehr alte Zivilisationen wie die von Atlantis bereits kannten. Man weiß, dass sie mit Hilfe von riesigen Kristallen das Sonnenlicht einfingen und konzentrierten, mit dessen Hilfe sie alle Arten von Apparaten und Maschinen betrieben. In der heutigen Zeit hat die Wissenschaft den Laser entwickelt, mit dessen Hilfe starke Lichtbündel erzeugt und im technischen Bereich wunderbare Dinge umgesetzt werden, aber sie kennt noch nicht alle Möglichkeiten des Lichtes.

Nehmen wir jetzt folgende Passage aus den Evangelien, wo Jesus sagt: »Sammelt euch aber Schätze im Himmel, wo sie weder Würmer noch Rost fressen, und wo die Diebe nicht einbrechen und stehlen« (Mt 6,20). Seit zweitausend Jahren wurde dieses Gleichnis noch nie korrekt interpretiert, weil man nicht verstand, dass Diebe, Würmer und Rost die Gefahren darstellen, die den Menschen in seinen drei grundlegenden Fähigkeiten bedrohen: dem Intellekt, dem Herzen und dem Willen.

Untersuchen wir also, was mit Rost, Würmern und Dieben gemeint ist. Der Rost ist vor allem dafür bekannt, Metalle anzugreifen, auf denen er sich niederlässt. Alle metallischen Gegenstände, die oft bei der Arbeit benutzt werden, glänzen, während die wenig benützten rosten. Und in der Umgangssprache sagt man zum Beispiel von einem Virtuosen, seine Finger seien eingerostet, weil er lange nicht mehr geübt hat. In welchem Bereich auch immer, all diejenigen, denen der Wille fehlt und die darauf aus sind, ohne Anstrengungen auszukommen, sind dabei einzurosten.

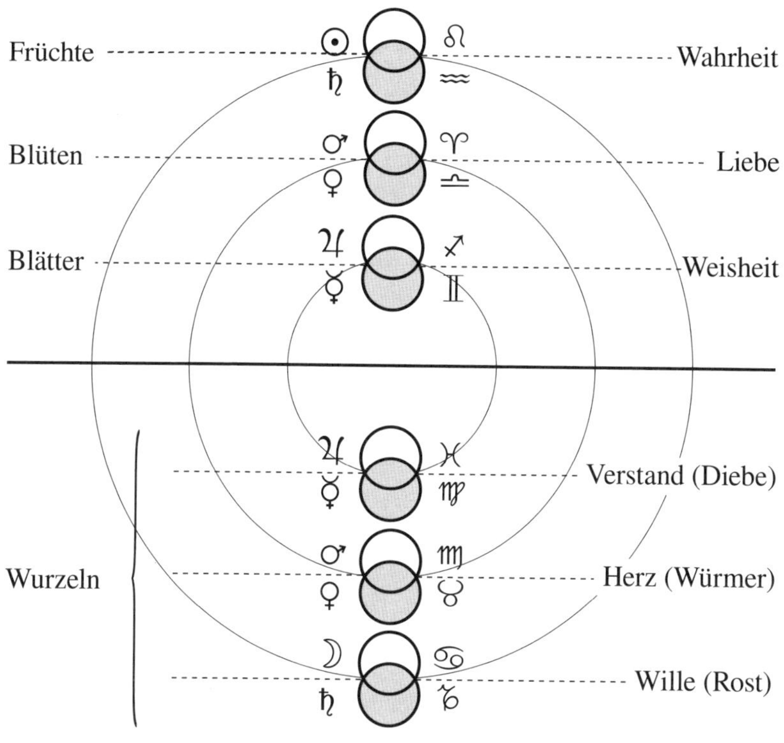


Würmer sind Tierchen, welche die Pflanzen angreifen. Sie tauchen auf und vermehren sich bei Feuchtigkeit, Trockenheit jedoch tötet sie. Da das Tierreich der Astral-Ebene entspricht, dem Bereich des Herzens, sind die Würmer also die unreinen Gefühle wie Hass, Eifersucht, Egoismus, Geringschätzung, Vergeltungssucht, die am Herzen des Menschen nagen und es daran hindern, köstliche Früchte hervorzubringen. Nur die Wärme der göttlichen Liebe kann diese Würmer im Herzen des Menschen töten.

Und was die Diebe angeht, die davon profitieren, dass man sie nicht sieht – also von der Dunkelheit –, um ihre Verbrechen zu begehen, sie sind das Symbol für die Gefahren, die den Verstand bedrohen, sobald er das Licht verloren hat. In dem Moment, wo der Mensch sein Licht verloren hat, schleichen sich die Diebe in Form von seltsamen Vorstellungen, Zweifeln und Verunsicherungen in ihn ein und lassen ihn verkümmern, schwach werden, ja, können ihn sogar bis in den Wahnsinn treiben. Wie viele Leute sind in psychiatrischen Kliniken, weil sie das Licht in ihrem Kopf gelöscht haben! Aufgrund der Dunkelheit kommen dann die Diebe. Wollt ihr euch also vor Dieben schützen, dann zündet das Licht an. Es ist übrigens gut, wenn man das Licht in den Schaufenstern der Geschäfte während der Nacht brennen lässt, weil Licht schützt.

Ich hatte eines Tages die Gelegenheit, mich mit Polizeiinspektoren zu unterhalten und habe ihnen erklärt: »Sie glauben, die Kriminalität bekämpfen zu können, indem Sie die Zahl der Polizisten erhöhen, indem Sie Ihre Überwachungs- und Fahndungsmethoden verbessern? Nun, da täuschen Sie sich, denn die äußeren Mittel sind in diesem Bereich nicht wirkungsvoll genug. Das einzig wirksame Mittel ist das Licht.« Sie sahen mich erstaunt an: »Das Licht? Und wie? – Nun, denken Sie nach, die Verbrecher können es sich nur erlauben, die Gesetze zu übertreten und in aller Ruhe ihre Diebstähle, Banküberfälle, Entführungen und Morde zu planen, weil sie wissen, dass in den meisten Fällen die Leute nichts von ihren Plänen ahnen, dass sie keine Intuition besitzen, die sie warnen könnte, damit sie Vorsichtsmaßnahmen treffen. Aber stellen Sie sich vor, die Leute besäßen ein inneres Licht, ein Gespür, das ihnen ermöglichte, das, was jemand gegen sie im Schilde führt, schon im Vorhinein und aus der Ferne aufzuspüren; sie würden Vorsichtsmaßnahmen treffen und der Übeltäter hätte keinen Erfolg. Das einzige Mittel, die Kriminalität zu beseitigen, ist daher das Licht. Und darum sollte man den Menschen beibringen, ihr inneres Licht zu entwickeln. Das wird viel Zeit in Anspruch nehmen, aber es ist das einzig sichere Mittel.« Diese Inspektoren sahen mich natürlich verblüfft an. An so etwas hatten sie noch nie gedacht!

Solange die Menschen das Einzige, was ihnen ermöglicht, zu sehen und vorherzusehen, das Licht, nicht in sich entwickelt haben, werden sie immer irgendwann von Leuten unvorbereitet erwischt, die ständig mit der Vorbereitung irgendwelcher Verbrechen beschäftigt sind. Selbst die am meisten perfektionierten technischen Hilfsmittel können keinen ausreichenden Schutz gegen Diebe sicherstellen, weil auch sie sich dieser Hilfsmittel bedienen. Nehmt nur all diese Bankeinbrüche! Trotz der gepanzerten Tresore, der elektronischen Alarmsysteme usw. gelangen die Einbrecher an ihr Ziel, da sie andere Mittel besitzen, um sie zu umgehen. Es wird erst dann gelingen, die Kriminalität zu beseitigen, wenn man sich dazu entschließt, das Licht zu benutzen.

Aber das Licht ist nicht nur der beste Schutz gegen Diebe, es ist auch der beste Schutz gegen Krankheit. Es widersetzt sich dem Eindringen aller schädlichen Elemente – der physischen ebenso wie der psychischen –, die sich in den Menschen einschleichen können, um ihn anzunagen und zu zersetzen. Der Mensch wird erst dann wahrhaft gesund sein, wenn er in der Lage sein wird, sich eine reine und machtvolle Aura zu bilden, mit allen Farben des Spektrums. Das ist die wahre Medizin. Dort, wo man sie sucht, ist gar keine Medizin. Die Menschen übertreten die Gesetze der Natur und stellen alle möglichen Verrücktheiten an, die sie zerstören, und dann wollen sie, dass alles für sie gut läuft! Doch genau das Gegenteil geschieht und trotz der neuesten medizinischen Entdeckungen tauchen immer mehr neue Krankheiten auf. Das einzige Heilmittel besteht darin, das Licht in sein Denken, sein Fühlen und sein Handeln einzuführen.

Kehren wir jetzt zur Sonne zurück. Ich stelle die Frage: »Ihr, die Wissenschaftler, die Gelehrten, die alles wissen, sagt mir, wer der erste Mensch war, der die Wissenschaft gebracht hat?« Sie suchen und finden ihn nicht und übrigens gab es ihn auch nicht, denn der Initiator der Wissenschaft ist die Sonne. Man wird mir erklären, das sei nicht möglich, die Sonne sei nicht intelligent, sie habe weder ein

Gehirn zum Denken noch einen Mund zum Sprechen. Natürlich, es sind nur die Unwissenden, die angeblich intelligent sind, und diejenige, dank derer das Leben auf der Erde erst möglich ist, die ist nicht intelligent!…

Und es ist eben gerade die Sonne die Erste, die die Wissenschaft gebracht hat. Das ist sehr einfach zu verstehen. Wenn die Sonne ihr Licht sendet, beginnen die Menschen die Gegenstände, die Formen, die Umrisse, die Farben, die Entfernungen zu sehen. Und dank diesem Licht, das ihnen das Sehen ermöglicht, können sie sich orientieren, beobachten, vergleichen, berechnen. Ohne das Licht ist keine Wissenschaft möglich. Was könnt ihr in der Dunkelheit erkennen? Nichts.

Und wenn ich jetzt frage, wer die Religion gebracht hat, werden einige, die sich für große Philosophen halten, mir antworten, es sei die Angst, die Angst der Menschen angesichts der Kräfte der Natur… Nein, all das ist nur dummes Zeug, die Sonne hat die Religion geschaffen. Indem sie den Menschen ihre Wärme gibt, hat sie in ihnen das Bedürfnis geweckt, das Herz zu weiten, zu lieben, zu verehren. In der Kälte kann es keine Liebe geben. Aber erwärmt jemanden und er wird sich entfalten, sich wohl fühlen und er fängt an zu lieben. Und so ist die Religion erschienen – durch die Wärme, durch die Liebe. Es ist vielleicht am Anfang nur die Liebe zu einem Mann oder einer Frau oder auch zu einem Tier, einem Hund, einer Katze, einem Kanarienvogel, aber wie auch immer, es ist ein Anfang… Bis es schließlich zur Liebe und Verehrung für den Schöpfer des Universums, für den Herrn wird.

Im Augenblick ist die am weitesten verbreitete Religion die des Geldes. Und selbst diejenigen, die vorgeben, überhaupt keine Religion auszuüben, huldigen in Wirklichkeit dem Kult des Geldes: Sie errichten ihm Altäre und knien jeden Tag vor ihm nieder und beten zu ihm, rufen es an und meditieren über seine immensen Vorteile… der Gott, der in ihren Köpfen ist, in ihren Herzen, das ist der Gott des Geldes. Und übrigens kann man daran sehen, dass die Menschen instinktiv die Sonne in der Form von Gold anbeten.

Sehen wir uns jetzt an, wer der Initiator der Kunst war... Das ist auch die Sonne, weil sie das Leben bringt. Wenn man das Leben in sich hat, entsteht das Bedürfnis sich zu bewegen, zu handeln, sich auszudrücken, und das führt zum Tanz, zum Gesang, zur Malerei, zur Bildhauerei. Die Kunst beginnt mit dem Leben. Seht euch nur die Kinder an: Sie sind in Bewegung, sie schreien, sie kritzeln... Ihr Geschrei ist der Beginn der Musik; ihr Kritzeln ist der Beginn der Malerei; ihre kleinen Sandkuchen sind der Beginn der Bildhauerei; ihre kleinen Häuschen sind der Beginn der Architektur; und all ihre kleinen Bewegungen sind der Beginn des Tanzes. Ja, die Kunst beginnt mit dem Leben und das Leben kommt von der Sonne.

Die Sonne, die Licht, Wärme und Leben bringt, ist also der Initiator von Wissenschaft, von Religion und Kunst, aber sie wird als Letztes von den Menschen geliebt und geachtet. Und darum werde ich den Wissenschaftlern jetzt empfehlen: »Lasst alles, was ihr in euren Laboratorien untersucht beiseite und befasst euch mit der Sonne. Die Sonne vereint alles: Gesundheit, Reichtum und das Glück der Menschheit.«

Ihr wendet ein, dass manche Astronomen und Physiker die Sonne erforschen... Ja, ich weiß, ich bin auf dem Laufenden über die Forschungen der Wissenschaftler in allen Ländern, vor allem in Amerika und Russland. Sie trachten vor allem danach, wirksame Mittel zu finden für die Sicherheit und die Verteidigung ihres Landes, und all diese Entdeckungen sind zerstörerisch. Manche benutzen sogar Ratten; sie erforschen, wie man Ratten einsetzen kann, um Atomzentralen oder U-Boote zu zerstören, indem sie die Metallkabel und Gummiteile durchnagen. Denn Ratten sind in dieser Hinsicht sehr effektiv. Übrigens haben sie während des zweiten Weltkrieges vermutlich dazu beigetragen, dass die Deutschen vor Stalingrad besiegt wurden, indem sie die Antriebsriemen und die Kabel der Kampfpanzer zernagten, welche die Deutschen einige Zeit vorher dorthin gebracht und unter Stroh verborgen hatten!

Ich sage deshalb, dass die Wissenschaft sich nicht mit der Sonne befasst, weil sie noch nicht wirklich erforscht hat, was das Sonnenlicht ist, wie der Mensch mit ihm arbeiten, es in sich hineinfließen lassen kann, um sich zu reinigen, zu läutern und sich zu stärken. Denn die Sonnenstrahlen, welche bis in die Tiefen der Ozeane vordringen können (was es bestimmten Fischen, die besonders dafür ausgestattet sind, sie aufzufangen, ermöglicht, Licht auszusenden), können auch, wenn sie in den Menschen eindringen, der sie aufzunehmen weiß, Zentren in Bewegung setzen und Lampen entzünden, die in ihm verborgen liegen. Für mich sind die Sonnenstrahlen, wie ich schon sagte, kleine Wägelchen, gefüllt mit Proviant, das heißt mit Elementen und Energien, aus denen der Mensch nach Belieben für seine physische und psychische Entfaltung schöpfen kann. Alles, was der Mensch braucht, ist im Licht der Sonne enthalten.

Wenn ich frage, wie viele Tage ein Mensch ohne Essen auskommt, wird man mir antworten: »Dreißig, vierzig, fünfzig Tage…«, und wie lange ohne Trinken: »Zehn Tage, fünfzehn Tage…«, und wie lange ohne zu atmen: »Nur einige Minuten.« Also ist es offensichtlich, dass das feste Element (das der Erde entspricht) für den Menschen weniger bedeutsam ist, als das flüssige Element (das dem Wasser entspricht), und das flüssige Element ist weniger bedeutsam als das Luftelement. Und wenn ich jetzt frage, wie lange ein Mensch ohne Feuer auskommt, wird man mir antworten: »Aber jahrelang! Es gibt Leute, die jahrelang ohne Heizung ausgekommen sind oder sogar niemals eine hatten!« In Wirklichkeit handelt es sich nicht um dieses Feuer, sondern um das Feuer im Menschen, und da stirbt der Mensch sogar in derselben Sekunde, in der dieses Feuer erlischt. Ja, in der Sekunde, in der sein Herz seine Wärme verliert, verliert der Mensch sein Leben. Also ist das Feuer das bedeutsamste Element im Menschen; und darum muss er lernen, sich von ihm zu nähren.

Das ist etwas Neues. Die Menschen sind es gewohnt, sich nur von festen, flüssigen oder gasförmigen Elementen zu ernähren. Aber was machen sie mit dem vierten Element, dem Feuer, dem Licht? Nicht viel, nichts; sie verstehen es nicht, sich von Licht zu ernähren, das dennoch notwendiger ist als die Luft. Und darum zeigen all diejenigen, die uns kritisieren und uns belächeln, weil wir am Morgen zum Sonnenaufgang gehen, nur, dass sie Unwissende sind. Wir wohnen dem Sonnenaufgang bei, um uns von Licht zu nähren, und anstatt sich über uns lustig zu machen, sollten sie es uns gleichtun. Der Mensch muss sich mit Licht nähren, um sein Gehirn zu ernähren. Auch das Gehirn muss essen, und das Licht ist seine Nahrung: Dieses erweckt in ihm die Fähigkeiten, die den Zugang zur ätherischen Ebene ermöglichen. Solange sich der Mensch damit zufriedengibt, sein Gehirn mit festen, flüssigen und gasförmigen Elementen zu ernähren, welches nicht die Elemente sind, derer er am meisten bedarf, wird er in seinem Begriffsvermögen sehr begrenzt bleiben.

Ihr behauptet, dass ihr den gesamten Körper, einschließlich des Gehirns ernährt, indem ihr esst, trinkt und atmet. Das ist richtig, aber wenn ihr das Gehirn auch noch mit diesem subtilen Element, dem Licht, ernährt, werden andere Ergebnisse erzielt werden. Die Überlieferung berichtet, dass Zarathustra eines Tages den Gott Ahura Mazda fragte, wie sich der erste Mensch ernährte, und Ahura Mazda erwiderte ihm: »Er aß Feuer und trank Licht.« Denn Licht und Feuer sind zwei unterschiedliche Realitäten. Es ist das Feuer, welches das Licht hervorgebracht hat, und das Licht ist kalt, das Feuer hingegen heiß. Das Feuer ist das männliche Prinzip und das Licht ist das weibliche Prinzip.

Bei all seinen Aktionen sollte dem Menschen immer die Vorstellung vom Licht gegenwärtig sein als das beste Mittel für Erfolg, aber auch als Ziel, das es zu erreichen gilt. Ich verdeutliche das mit einem Bild. Um Feuer zu machen, nahmen die Naturvölker zum Beispiel zwei Stücke Holz, die sie aneinander rieben. Diese Bewegung brachte zunächst Wärme hervor und schließlich Feuer, Licht. Als Endziel jeder Handlung, jeder Bewegung muss das Licht stehen. Und das gilt besonders für die Liebenden. Sie wissen, welche Bewegung Wärme hervorbringen wird, aber sie wissen nicht, wie man Licht hervorbringt. Das ist offensichtlich: Sie sind weder erhellt noch erleuchtet.

Sie wissen übrigens nicht einmal, dass sie dank ihrer Liebe bis zur Erleuchtung gelangen können. Aber es würde zu lange dauern, euch all das heute zu erklären.[3]

Der Einweihungswissenschaft zufolge wurde jedes Hauptorgan unseres Körpers unter Beteiligung der Sonne oder eines Planeten gebildet, und die Augen wurden mithilfe der Sonne und des Mondes gebildet. Übrigens gleichen die Augen der Sonne. Man kann deshalb sehen, weil die Lichtstrahlen, die auf die Gegenstände fallen, diese sichtbar machen. Ohne das Licht sieht man nichts, was beweist, dass für uns nur deswegen eine unsichtbare Welt besteht, weil wir nicht fähig sind, Strahlen auf die Gegenstände und Wesenheiten zu projizieren, die diese bevölkern. Und die Eingeweihten hingegen sind deshalb fähig, derart viele Dinge zu sehen, welche die anderen nicht sehen, weil sie wissen, wie sie diese Strahlen aussenden können.

Das sind unbekannte Wahrheiten, und wer möchte sich übrigens schon darum kümmern, die Menschen zu lehren, wie sie Lichtstrahlen über ihr Herz, über ihren Intellekt, über ihre Seele und ihren Geist aussenden können? Es ist so viel interessanter ihnen beizubringen, wie sie sich in der Materie durchschlagen, Geld verdienen und sich eine Stellung erobern sollen! Aber sie schlagen sich vergeblich Tag und Nacht durch, sie werden dennoch immer unglücklicher und kränker. Darum müssen sie sich dazu entschließen, am Licht und mit dem Licht zu arbeiten und endlich lernen, wie man dieses Licht ausstrahlt, das allein es uns möglich macht zu sehen. Und außerdem, wie kommt es, dass nichts auf der Welt, selbst das Kostbarste wie Gold oder Edelsteine, in der Lage ist, die Finsternis zu vertreiben? Wie kommt es, dass der Schöpfer dem Licht allein diese unglaubliche Macht gegeben hat? Wenn ihr die Symbolsprache kennt, werdet ihr begreifen, dass Finsternis nichts anderes bedeutet, als Leiden, Schwächen, Krankheiten, und dass daher allein das Licht sie wirksam bekämpfen kann. Es ist zwecklos, woanders nach Heilmitteln für eure Schwierigkeiten suchen zu wollen. Sicher, auf der physischen Ebene wissen alle, dass sie Lampen anzünden müssen, um in die Erde, in Grotten oder Höhlen zu gelangen. Wenn es aber um das innere Leben geht, denken sie nicht daran, das Licht zu benutzen.

Nur wenn man lernt, das Licht besser zu verstehen, wird es gelingen, bestimmte Worte Jesu aufzuklären. Wenn Jesus sagt: »Ich bin das Licht der Welt«, was bedeutet das? Ist es Jesus oder Christus, der das Licht der Welt ist? Wie kommt es, dass die Christen noch nie verstanden haben, dass Christus und Jesus zwei verschiedene Wesenheiten waren, die zusammen wirkten, das heißt, dass Christus durch Jesus wirkte? Und Jesus ist nicht der einzige Fall. Wenn Gott wirklich Liebe ist, wie es in den Heiligen Büchern heißt, wie kann es dann sein, dass Er sich seit Millionen von Jahren, in denen die Menschheit schon existiert, nur ein einziges Mal entschlossen hätte – vor zweitausend Jahren –, der Welt zu helfen, indem Er seinen einzigen Sohn sandte? Der Kirche zufolge ist vor Jesus niemand gekommen und nach ihm auch nicht! Die Wahrheit ist, dass Gott Seine Söhne immer auf die Erde gesandt hat – weil sie zahlreich sind –, um den Menschen zu helfen, aber wenn die Menschen Sturköpfe sind und die Hilfe, die ihnen gebracht wird, nicht akzeptieren, ist das nicht die Schuld des Herrn. Genau so, wie bei den Buddhisten derjenige, der die Vollkommenheit erlangt, zum Buddha wird, so kann auch jeder beliebige Christ, der nach den göttlichen Gesetzen lebt, zum Christus werden. Denn Christus ist nicht ein Mensch, sondern ein göttliches Prinzip, mit dem sich jeder, wenn er dafür bereit ist, identifizieren kann.[4]

Der Mensch wird von zwei Naturen bewohnt: Der niederen Natur, die wir Personalität genannt haben, und der höheren, der göttlichen Natur, die wir Individualität genannt haben. Je nach seinen Bestrebungen und seinen Aktivitäten räumt der Mensch der einen oder der anderen Natur Vorrang ein.[5] Im Garten Gethsemane, angesichts des herannahenden Todes, als Jesus diese schreckliche Angst verspürte, die ihm die Blutstropfen auf die Stirn trieb, bat er seinen Vater, ihm diese Qual zu ersparen. Wäre er Gott gewesen, hätte er sich in seinen Gebeten an sich selbst gewandt für seine Rettung? Das wäre unsinnig. Tatsächlich war es der Mensch Jesus, der sprach, es war seine niedere Natur, die darum bat, verschont zu bleiben. Und am Kreuz, als er ausrief: »Mein Gott, warum hast Du mich verlassen?« (Mt 27,46), war das ebenfalls seine Personalität, die sich beklagte. Denn die Individualität hat niemals Angst. Jesu Individualität, das war der Christus, und es ist Christus, nicht Jesus, der universell ist, der das Licht der Welt ist.

Wenn Jesus der einzige Sohn Gottes war, wie kommt man dann darauf, dass Gott der Vater aller Menschen ist? Buddhisten, Moslems, Juden und so weiter, die Jesus nicht anerkennen, sind sehr viel zahlreicher als Christen. Wäre Gott also allein der Vater der Christen, wäre Er zu parteiisch. Als Jesus also sagte: »Ich bin das Licht der Welt« (Joh 8,12), da sprach Christus durch ihn, der Christus, der die Welt durch die Sonne erhellt. Und eben weil die Sonne die ganze Welt erhellt, ist sie das Abbild des Christus.

Dank der Sonne kann man noch weitere Worte Jesu interpretieren. Wenn er zum Beispiel sagt: »Mein Vater wirkt und ich wirke auch« (Joh 5,17).[6] Denn beständig wirkt die Sonne auf die Mineralien, die Pflanzen, die Tiere, die Menschen ein, ebenso wie auf alle unsichtbaren Geschöpfe, die unzählig im Universum vorhanden sind.

Aber gehen wir weiter. Im Laufe des heiligen Abendmahles nahm Jesus Brot und Wein und sagte: »Esset, das ist mein Leib; trinket, das ist mein Blut... Wer mein Fleisch isst und mein Blut trinkt, hat das ewige Leben« (Mt 26,26-27), und man hat diese Worte so interpretiert, als würden Brot und Wein den eigenen Leib und das eigene Blut Jesu darstellen. Nein, in Wirklichkeit war es in diesem Moment Christus, der durch Jesus sprach, denn Brot und Wein sind nicht Leib und Blut Jesu, sondern der Leib und das Blut von Christus, und ihr werdet gleich verstehen, was das bedeutet.

Brot und Wein sind zwei höchst bedeutungsvolle Symbole, die schon lange vor Jesus bekannt waren. Wenn man die Bibel liest, sieht man, dass es Melchisedek ist, der als Erster die Kommunion eingeführt hat, indem er Abraham Brot und Wein brachte. Melchisedek war der König der Gerechtigkeit (im Hebräischen bedeutet Melek König, und Tsedek Gerechtigkeit); er wohnte im Königreich Salem (welches den gleichen Ursprung hat wie das Wort Shalom, Friede), und darum nennt man Melchisedek auch den König der Gerechtigkeit und des

Friedens. Er brachte Abraham Brot und Wein, um ihn zu belohnen für seinen Sieg über die sieben schrecklichen Könige von Edom, welche die sieben Todsünden darstellen. Denn man darf nicht glauben, Melchisedek, der größte aller Eingeweihten, wäre gekommen, um Abraham für einen Sieg in einer Schlacht gegen einige hundert oder tausend Feinde zu belohnen. Abraham wohnte in Ur in Chaldea (Ur bedeutet Licht), wo er als Magier wirkte und die Geister anrief. Und um seine Einweihung zu vollenden, folgte er dem Rat der Geistwesen, die ihm dienten, und ging nach Ägypten.

Melchisedek brachte also Abraham Brot und Wein, und man könnte meinen, das sei keine allzu große Belohnung, außer man versteht deren symbolische Bedeutung. Tatsächlich repräsentieren Brot und Wein die gesamte Einweihungswissenschaft, die auf den beiden kosmischen Prinzipien gründet: Dem männlichen Prinzip, symbolisiert durch das Brot, und dem weiblichen Prinzip, symbolisiert durch den Wein, die in allen Bereichen des Universums wirken. Brot und Wein sind zwei Sonnensymbole. Es handelt sich daher weder um physisches Brot noch um physischen Wein, sondern um zwei Eigenschaften der Sonne: Ihre Wärme und ihr Licht, die Leben hervorbringen. Und ihre Wärme ist die Liebe und ihr Licht ist die Weisheit. Jesus wollte also sagen: »Wenn ihr meinen Leib esst – die Weisheit – und mein Blut trinkt – die Liebe –, werdet ihr das ewige Leben haben« (Joh 6,54).

Seit zweitausend Jahren haben die Christen Wagenladungen voll Hostien geschluckt und fässerweise Wein getrunken, ohne jemals das ewige Leben zu erlangen und leider auch ohne jegliche Verbesserung in ihrem Inneren. Sie bleiben die Gleichen, boshaft, eifersüchtig, grausam, schwach, unsicher… Und die Katholiken, die übrigens nur auf eine Art die Kommunion vollziehen, mit dem Brot, entstellen dieses große Mysterium der beiden Prinzipien. Das einzige Mittel, das ewige Leben zu erlangen, ist, Licht und Wärme des Christus, des Sonnengeistes, zu trinken.

Um alles mögliche andere zu erlernen, weiß man, wie und wo man das macht: Um schmieden zu lernen, geht man zu einem Schmied, um malen zu lernen, geht man zu einem Maler. Aber um das ewige Leben zu lernen, liest man Bücher und wendet sich an kranke oder bereits seit Jahrhunderten tote Leute! Warum nicht einsehen, dass uns einzig die Sonne das ewige Leben lehren kann, nur die Sonne, da sie ja nicht stirbt? Warum die Armen befragen, wie man reich wird, die Kahlköpfigen, wie man sich wieder Haare wachsen lässt und die Schwachen, wie man stark wird? Die meisten Leute werden zu Misstrauen gegenüber den am weitesten entwickelten Menschen erzogen, sie erscheinen ihnen nicht normal. Sie werden ihr Vertrauen in Betrüger setzen, die sie tüchtig ausnehmen werden, aber selbstlosen Menschen misstrauen sie, weil es ihnen nicht normal erscheint, selbstlos zu sein! Wer selbstlos erscheint, der verbirgt zweifelsohne etwas Verdächtiges. Arme Menschen! Sie werden sich immer täuschen und bestehlen lassen, weil ihnen jegliche Kriterien fehlen.

Brot und Wein, Weizen und Trauben sind Symbole der beiden Prinzipien Männlich und Weiblich. Wenn man sie sich übrigens genau ansieht, stellt man fest, dass die Kerne der Trauben einem kleinen Phallus gleichen, die Weizenkörner hingegen haben dasselbe Muster wie die Geschlechtsorgane der Frau. Der Weizen ist weiß und die Trauben sind rot, und kein Kind kann geboren werden, wenn der Mann nicht die weiße Farbe gibt, und die Frau die rote Farbe, das Blut, mit dem sie das Kind nährt. Bei den Bulgaren gibt es eine sehr alte Tradition: Zu Frühlingsanfang, wenn die Natur wieder zu neuem Leben erwacht, tragen alle zwei kleine Pompons, einen weißen und einen roten. Sie wissen vielleicht nicht einmal, woher diese Tradition stammt, aber sie respektieren sie.

Wenn ich allein das Thema Kommunion vertiefen wollte, wie sie auf eine wahrhaft spirituelle und göttliche Weise zu praktizieren ist, bräuchte ich viel Zeit. Die Menschen haben alles materiell und grob werden lassen, dabei sind diese Symbole voller Tiefe und Weisheit, aber unter der Bedingung, dass man sie oben und nicht unten zu verstehen sucht.

Ein Priester soll Brot und Wein segnen, um das göttliche Leben in sie herabsteigen zu lassen. Schön wär's, denn ich glaube mehr als irgendjemand sonst an die Kraft der Segnung, an die Macht des magischen Wortes, bin aber trotzdem verpflichtet zu sagen, dass, bevor der Priester sie segnet, Gott sie bereits gesegnet hat, da sie ja das Leben enthalten. Es sind nicht die Menschen, die das Leben geben können, sie sind nur Übermittler, durch die es hindurchfließen kann. Wenn die Menschen fähig wären, das Leben zu geben, könnten sie nach Belieben darüber verfügen, was unglücklicherweise (oder glücklicherweise) nicht der Fall ist. Das Leben kommt woanders her, von weiter oben. Wenn die Segnung des Priesters derart wirksam wäre, könnte er genauso gut Sägespäne, Glas- oder Eisenstücke segnen, um sie zu verteilen. Also muss auch da noch mehr Licht hineingebracht werden. Es ist ein guter Brauch, die Nahrung zu segnen, aber man darf nicht glauben, dass das alles ist. Der Erste, der sie segnete, ist Gott, da Er ja schon das Leben in sie hat einfließen lassen, durch die Sonne als Vermittler.[7]

Es ist also die Sonne, die Licht, Wärme und Leben bringt, und das kann uns helfen, einen der unklarsten Punkte in der christlichen Religion zu verstehen, das Mysterium der heiligen Dreieinigkeit. Da ihr anscheinend noch die Geduld habt zuzuhören, werde ich fortfahren.

Sicher, die Christen haben immer vorgegeben, nur an einen einzigen Gott zu glauben, aber so wie sie die heilige Dreieinigkeit darstellen, könnte man sagen, es gibt da drei: Den Vater, den Sohn (für sie Jesus) und den Heiligen Geist, von dem man nicht genau weiß, wer er ist. Aber nehmen wir die Sonne, und ihr werdet sehen, wie sich alles aufklärt. Die Sonne ist eins, sie repräsentiert Gott selbst, mit Seinen drei Manifestationen: Licht, Wärme und Leben, oder auch Weisheit, Liebe und Wahrheit. Es handelt sich also um drei Kräfte, hervorgegangen aus einem einzigen Zentrum. Sie für drei verschiedene und autonome Dinge zu halten, zeugt von größter Unkenntnis. Es gibt nicht einen Vater, einen Sohn (Jesus) und einen Heiligen Geist, sondern einen einzigen Gott mit Seinen drei Manifestationen, das bestätigt uns die Sonne. Wenn man daher der Sonne diese Frage stellt, gibt sie uns die Antwort: Es gibt einen einzigen Gott, der sich in Form von Licht, Wärme und Leben manifestiert, das heißt als Weisheit, Liebe und Wahrheit.[8]

Auch der Mensch ist eine Dreiheit, da er mit seinem Verstand denkt, mit seinem Herzen fühlt und mit seinem Willen handelt; und auch sein Verstand, sein Herz und sein Wille sind keine drei getrennten Faktoren. Er ist also das Abbild der Sonne, die sich als Licht, Wärme und Leben manifestiert und das Abbild des Herrn, der sich als Weisheit, Liebe und Wahrheit manifestiert.

Aber wenn der Mensch auch nach dem Bilde Gottes geschaffen wurde, so ist es ihm doch noch nicht gelungen, Ihm zu gleichen. Es steht geschrieben, dass Gott in dem Moment, als Er ihn erschuf, sprach: »Lasset uns Menschen machen, ein Bild, das uns gleich sei« (1 Mo 1,26). Und dann gibt es diese Worte: »Und Gott schuf den Menschen zu seinem Bilde, zum Bilde Gottes schuf er ihn« (1 Mo 1,27). Moses wiederholte zwei Mal das Wort Bild, hat er die Gleichheit etwa vergessen? Er hat sie weggelassen, um zu zeigen, dass Gott daran gedacht hatte, ihn vollkommen zu erschaffen, es aber nicht getan hat, und zweifellos wird der Mensch Millionen von Jahren benötigen, um die göttliche Vollkommenheit zu erlangen. Im Augenblick ist er nur nach dem Bilde Gottes erschaffen: Er denkt, er fühlt, er handelt; aber da er weder allwissend, noch allmächtig, noch allliebend ist wie Gott, gleicht er Ihm nicht. Doch im Laufe seiner aufeinanderfolgenden Inkarnationen macht er Fortschritte und nähert sich diesem Gleichsein; und übrigens weist gerade dieser Übergang vom Bild zur Gleichheit auf das Gesetz der Reinkarnation hin.

Nehmt eine Eichel: Sie ist nach dem Bild der Eiche bereitet, all die Elemente, die ihr ermöglichen werden, wie ihr Vater, die Eiche, zu sein, sind in ihr vorhanden, aber sie gleicht ihm noch nicht. Wenn sie einmal in die Erde eingepflanzt ist und wächst, dann wird sie ihr gleichen, aber bis dahin ist sie nach ihrem Bilde geschaffen. Das Gleiche gilt für den Menschen.

Die Sonne ist also der beste Repräsentant Gottes in der sichtbaren Welt – denn in der unsichtbaren Welt hat Gott andere Manifestationen. In Wirklichkeit kann nichts den Herrn total und vollständig zum Ausdruck bringen, auch die Sonne bringt Ihn nur teilweise zum Ausdruck. Wir können keine klare Vorstellung von der Größe, der Unermesslichkeit und Tiefgründigkeit Gottes haben, das übertrifft jegliches Vorstellungs- und Begriffsvermögen.

Einer der wesentlichen Punkte der Sonnenphilosophie ist, dass sie uns zur Idee der Universalität hinführt. Genauso wie die Sonne ihr Licht und ihre Wärme allen Menschen sendet, erstreckt sich die Liebe Gottes auch auf alle Menschen. Und darum ist es so lächerlich, Gott auf seine Seite ziehen zu wollen. Betrachtet zwei Länder, die einen Krieg beginnen: Jedes lässt durch die Priester seine Armeen und seine Soldaten mit großer Feierlichkeit segnen, wobei sie den Herrn anflehen, ihnen den Sieg zu schenken und die Feinde auszulöschen. Das ist normal; um die Gottheit für sich einzunehmen, tun sie alles Notwendige, mit Gebeten und Weihrauch, während die einen sich mehr an Gott den Vater wenden, die anderen an den Sohn… Nun, was geschieht dann? Zweifellos sind sie dort oben dabei, sich ständig zu streiten, jeder will dem Volk den Sieg geben, das er beschützt und das ihn am meisten verehrt! Das muss wohl während des letzten Weltkrieges geschehen sein. Derjenige, der in der Versammlung dort oben für die Deutschen eingetreten ist, hat gut für sie plädiert und zunächst gewonnen, bis es eine Kehrtwendung gab und die Franzosen gewonnen haben, natürlich mit Hilfe der Engländer und Amerikaner, die es ihrerseits genauso machten mit ihren Priestern und Zeremonien. Welche erbärmliche Mentalität! Man darf niemals versuchen, den Herrn zu kaufen. Vom gewöhnlichen menschlichen Standpunkt aus wird das jeder normal finden, jeder muss seine Interessen schützen. Ja, aber wenn man sich bis zum Herrn erhebt, wird man feststellen, dass der Herr, ebenso wie die Sonne, unparteiisch ist und Er es zulässt, dass die Menschen sich gegenseitig umbringen, da ihnen das ja so gut gefällt.

Jemand wird erwidern: »Der Herr ist doch auch für die Auslöschung und die Rache… Lest das Alte Testament: Weil der Pharao sich weigerte, die Hebräer ziehen zu lassen, ließ Gott die Erstgeborenen der Ägypter umkommen.« Nein, das glaube ich nicht, die Bibelverse haben ihre Daseinsberechtigung, aber das bedeutet nicht, dass man sie im wörtlichen Sinne nehmen darf. Manche sind symbolisch gemeint, andere wurden an die Mentalität einer Epoche angepasst, und es gibt ebenso einige Passagen, die von Leuten hinzugefügt wurden, in der Absicht, die Menschen zu täuschen. Aber eines Tages wird das Licht die Welt erhellen und alles offenbaren und viele Dinge werden korrigiert und ihre Ordnung wieder hergestellt werden.

Im Alten Testament wurde Gott oft als ein schreckliches Wesen dargestellt, rachsüchtig, eifersüchtig, zerstörerisch, ein verzehrendes Feuer. Doch war Er allein und einzigartig, und seht die Verwüstungen, die Er anrichtete. Nun, nehmt an, es gäbe drei wie Er, oh je oh je!... Solange man dieses Bild des Gottes aus dem Alten Testament, jähzornig, eifersüchtig, grausam und rachsüchtig, nicht durch das Bild der Sonne ersetzen wird, werden sich die Menschen weiterhin niedermetzeln und gegenseitig vernichten. Aber ja, sie ahmen doch den Herrn nach... wer kann ihnen dafür einen Vorwurf machen?

Gott ist weder grausam, noch eifersüchtig, noch rachsüchtig, Er bestraft niemals. Aber da die Menschen Sturköpfe sind, brauchen sie Lektionen, und es sind andere, seine Diener, die diese Lektionen erteilen. Es existieren im Universum unerbittliche Gesetze, und wenn der Mensch sie nicht respektiert, wird er durch diese Gesetze zermalmt, ohne dass der Herr es vielleicht auch nur bemerkt.[9] Denn in Wirklichkeit ist Er nicht da, wie man es sich so vorstellt, um die Menschen Tag und Nacht zu beobachten, bewaffnet mit Stift und Tafel, auf der Er all ihre Verbrechen, Schweinereien und Abscheulichkeiten notiert. Was für eine Beschäftigung für den Herrn! Er hat überhaupt keinen Geschmack, keinen Sinn für Ästhetik, wenn Er das Spektakel all dieser Horrorszenarien der Herrlichkeit der Engel und Erzengel vorzieht.

Allmählich versteht ihr mich, nicht wahr? Das Alte und das Neue Testament werden nicht für die Ewigkeit gültig bleiben, denn in nächster Zeit werden sich viele Veränderungen vollziehen. Es gab zunächst ein erstes Testament, allein auf die Gerechtigkeit gegründet; warum hätte der Herr das zweite Testament akzeptieren sollen, wenn das erste ausgereicht hätte? Das beweist, dass es auch im spirituellen Bereich eine Evolution gibt. Und in dem Moment, wo ein zweites Testament notwendig erschien, warum nicht ein drittes, wo alles der Wahrheit und der Vollkommenheit noch näher sein wird?

Nehmen wir ein oder zwei Beispiele. Im ersten Testament sagte Salomon: »Es gibt nichts Neues unter der Sonne« (Pred 1,9). Das ist richtig, aber warum könnte es nicht im dritten Testament heißen: »Alles ist neu in der Sonne«? Oh ja, alles ist neu in der Sonne, das ist genauso wahr, und das ist viel besser. Warum immer unter ihr bleiben?

Im zweiten Testament heißt es: »Suchet und ihr werdet finden, bittet und euch wird gegeben, klopfet an und euch wird aufgetan« (Lk 11,9). Warum könnte das nicht noch verbessert werden: »Suchet nicht und ihr werdet finden, bittet nicht und euch wird gegeben, klopfet nicht an und euch wird aufgetan«? Alle Christen werden aufschreien und rufen, das sei Blödsinn. Aber nein, nicht wirklich! Wenn jemand bereits das spirituelle Leben, das Leben von Christus, lebt, braucht er nicht mehr zu bitten, denn die unsichtbare Welt weiß, was er braucht, und sie gibt es ihm, ohne dass er darum bittet. Er braucht nicht zu suchen, denn dank seiner so göttlichen Weise zu denken, zu fühlen und zu handeln, wird er die Wahrheit unweigerlich finden. Und die unsichtbare Welt öffnet ihm alle Türen, weil er das vollkommene Leben lebt.

Für diejenigen, die ein vollkommenes Leben führen, ist vieles bereits Wirklichkeit, während die anderen lange suchen, fordern und anklopfen können, sie werden nichts finden, nichts bekommen und die Türen werden ihnen verschlossen bleiben. Im Übrigen wissen sie nicht einmal, worum sie bitten, noch was sie suchen, noch worauf und warum sie anklopfen sollen. Denn solange sie, von diesen drei Geboten inspiriert, sich daran machen, Geld, Frauen und Vergnügungen zu suchen… eine Stellung in der Gesellschaft zu erbitten, um herrschen und sich in Positur werfen zu können… dem Nachbarn oder ihrer Frau eins auf die Mütze zu geben (und dann öffnen sich die Türen des Gefängnisses), ist es natürlich nicht das, was Jesus im Sinn hatte. Ich werde euch sagen, was Jesus im Sinn hatte.

Es ist der Verstand, der sucht, er sucht das Licht, und wenn er es gefunden hat, sieht er; nichts bleibt für ihn mehr im Dunkeln oder Verborgenen. Wer bittet, das ist das Herz; es bittet darum, geliebt zu werden und zu lieben, es bittet um Wärme, Freude, Glück, die wahre Liebe, die göttliche Liebe. Und schließlich der Wille, er klopft an: Er klopft an die Tür des Gefängnisses, in das der Mensch eingeschlossen ist, damit man ihm öffnet. Der Wille klopft an, um befreit, um freigesetzt zu werden, um wirken und erschaffen zu können.

Es ist nicht so schwierig, das Licht zu finden, aber man bemüht sich nicht, es zu finden. Ich bin in meinem Leben vielen achtbaren Personen mit Orden und Titeln begegnet, die mir sagten: »Was mich betrifft, ich suche die Wahrheit.« Ich sah sie an und fragte sie: »Aber wie alt sind Sie?« – »Siebzig Jahre.« – »Aha! Und wie kommt es, dass Sie in diesem Alter die Wahrheit noch nicht gefunden haben?… Sie hat sich Ihnen doch bei mehreren Gelegenheiten gezeigt, das weiß ich, aber Sie haben sie immer zurückgewiesen mit den Worten: »Du bist es nicht, die ich suche, ich suche eine Wahrheit, die mir die Wäsche wäscht, die mich bekocht, die mir Kinder schenken wird und Geld.« Sie suchten eine Dienerin, doch die Wahrheit ist keine Dienerin, sie ist eine Königin, der man dienen muss.« Natürlich sahen mich diese Personen etwas erstaunt, ja sogar verärgert an. Die Leute finden die Wahrheit nicht, weil sie nicht ehrlich sind. Wenn ihr der Wahrheit wirklich dienen wollt, eilt sie sofort herbei, ist sie da.[10]

Und andere kommen und sagen mir, dass sie nicht wissen, was gut und was böse ist, und sie glauben, damit alles nach Belieben zu rechtfertigen. Ich antworte ihnen: »Sie wissen ganz genau, wo das Gute und wo das Böse ist, aber Sie wollen es nicht zugeben.« Nehmen wir mal an, ihr habt bestimmte Gedanken, bestimmte Wünsche und wisst nicht, ob sie gut oder schlecht sind: Ihr wollt zum Beispiel jemandem eine Ohrfeige geben oder ihn betrügen oder ihn verführen, um ihn dann wieder abzuschieben. Versetzt euch an seine Stelle und stellt euch vor, dass ihr die Ohrfeige erhaltet, dass ihr betrogen werdet, dass ihr verführt werdet, um dann wieder abgeschoben zu werden: In dem Moment werdet ihr finden, dass es schmerzhaft ist, ungerecht, unaufrichtig. Warum rechtfertigen sich die Leute immer damit, dass sie nicht wüssten, was gut ist? Sie sollten sich nur daran erinnern, dass es irgendwo heißt: »Was Du nicht willst, dass man Dir tu', das füg auch keinem andern zu.«

Während des Winters wird nichts wachsen, auch wenn der Boden voller Samen ist, weil das Licht und die Wärme der Sonne fehlen. Aber im Frühling, mit der Rückkehr von Licht und Wärme, beginnen alle Samen aufzugehen. Man weiß das, aber man hat nichts davon verstanden, denn wenn man verstanden hätte, hätte man Schlussfolgerungen daraus gezogen, man hätte erkannt, dass dieselben Phänomene auch in uns selbst auftreten. Denn auch im Menschen befinden sich Keime, Samen, Qualitäten und Tugenden, die Gott dort seit Jahrhunderten und Jahrtausenden hinterlegt hat, aber sie keimen nicht, weil sie nicht den Strahlen der spirituellen Sonne ausgesetzt werden. Wir gehen während des Frühlings und des Sommers deshalb jeden Morgen zum Sonnenaufgang – die Sonne ist das beste Abbild der Gottheit –, um unseren Samen die besten Bedingungen zum Keimen und Wachsen zu geben. Was diejenigen angeht, die sich für ausreichend intelligent und gelehrt halten, um diese Praxis gering zu schätzen, nun, deren Samen werden auf ewig im Boden bleiben.

Setzt euch daher jeden Morgen den Strahlen der Sonne aus, all eure Samen werden zu wachsen beginnen und ihr werdet zu einem blühenden Garten voller köstlicher Früchte. Die Früchte, die nicht der Sonne ausgesetzt sind, bleiben grün, herb, sauer, sind sie jedoch der Sonne ausgesetzt, werden sie süß und saftig und nehmen Farbe an.

Sicher, viele Leute setzen sich an den Stränden der Sonne aus, aber am Nachmittag, zu einer Zeit, zu der die Sonnenstrahlen nicht mehr segensreich sind, sondern sogar schädlich. Man sollte sich morgens der Sonne aussetzen, denn zu dieser Zeit sind die Einflüsse der Strahlen am günstigsten, und man stärkt sich, man gewinnt eine klarere Sicht der Dinge. Natürlich ist es am frühen Morgen kalt und man muss selbst im Sommer warm gekleidet sein, um dem Sonnenaufgang beizuwohnen, obwohl bestimmte Leute, um uns zu schaden, behaupteten, wir seien während des Sonnenaufgangs nackt! Wie kommt es aber, dass wir nie gefroren haben und dass die Fotos von Journalisten zeigen, dass wir alle dick eingemummelt waren?

Tatsächlich gehen wir zum Sonnenaufgang nicht allein, um unsere Qualitäten und Tugenden zu entwickeln. Es gibt andere Gründe, wir machen andere Übungen, wir praktizieren Sonnenyoga mit allem, was dazugehört. Als ich in Indien war, studierte ich all die Yogas: Karma-Yoga, Agni-Yoga, Bhakti-Yoga, Schabda-Yoga, Laya-Yoga, Kriya-Yoga, Radja-Yoga, Jnani-Yoga, Tantra-Yoga, Hatha-Yoga, aber ich habe einen Yoga gefunden, der in Indien nicht existiert: Den Yoga der Sonne, den ich Surya-Yoga nannte.

Das, was die Christen daran hindert, Fortschritte zu machen, ist, dass sie beharrlich Jesus und Christus als identisch ansehen. Sie meinen, dass von dem Moment an, da Christus sein Blut für sie vergoss, er sie von ihren Sünden rein gewaschen hat und sie weiterhin essen und trinken können, sich streiten, Verbrechen begehen und sich krank machen können. Zunächst einmal ist es nicht Christus – dieser ist ein kosmisches Prinzip – sondern Jesus, der sein Blut am Kreuz vergossen hat. Jesus hat sein Blut vergossen, um der Menschheit einen neuen Weg zu öffnen: den Weg der Liebe, der Vergebung, des Glaubens und der Reinheit. Und nur wenn die Menschen sich auf diesem Weg bewegen, werden sie gerettet sein.[11] Jesus war weder allmächtig noch allwissend: Allein Christus ist es.

Ich habe vor Jahren einen ganz gewöhnlichen Menschen kennen gelernt, der wie jedermann war, außer dass er oft betete und meditierte. Und eines Tages besuchte ihn gewiss der Geist Christi, denn plötzlich erlangte er die Fähigkeit, alle Krankheiten durch Beobachtung der Iris im Auge zu diagnostizieren, und den Leuten Ratschläge für ihre Heilung zu geben. Alle staunten, denn er hatte kein Medizinstudium absolviert und war auch nicht besonders belesen. Aber sein Erfolg machte ihn sehr eitel, er begann, sich für jemand Außergewöhnlichen zu halten, und da er viel Geld verdiente, führte er fortan ein sehr prosaisches Leben und verzichtete auf nichts. Und erstaunlicherweise, als ob der Geist ihn verlassen hätte, verlor er einige Zeit später seine Gabe und wurde derart unbedeutend, dass alle ihm den Rücken kehrten. Jetzt lebt er im Elend. Das bedeutet, dass der Geist und er zwei verschiedene Dinge waren, und als der Geist ihn verlassen hatte, brachte er nichts mehr zustande und konnte nicht mehr heilen.

Die Christen wollen nicht so weit gehen, zu verstehen, dass der Geist Christi, der in Jesus wohnte, sich in Wirklichkeit über das ganze Universum ausdehnt, und sich durch die Sonne manifestiert. Man hat sie den Glauben an all das gelehrt, was begrenzt ist: Ikonen, Kerzen, Weihwasser, Hostien, Statuen, von Menschen gebaute Kirchen, aber ihre Auffassung zu erweitern, bis zur Entdeckung, dass Christus sich überall im Universum manifestiert, und dass man ihn durch die Sonne finden kann, das niemals, das läuft der christlichen Religion zuwider. Und deshalb bleiben die Christen schwach und bedauernswert, selbst mit ihrer Religion.

Oft stelle ich die Frage: Wenn Jesus Gott selbst war, warum blieb er dann neun Monate im Schoß seiner Mutter? Hat Gott es nötig, neun Monate im Schoß einer Frau zu verbringen? Und als er geboren wurde, hatte er da Zähne, konnte er sofort sprechen und laufen, oder brauchte auch er Zeit, um sprechen und laufen zu lernen wie alle Kinder? Auch er musste lernen, sich entwickeln und das Alter von dreißig Jahren abwarten, um Christus zu empfangen und Wunder zu vollbringen… Warum Angst davor haben, die Wahrheit anzuerkennen?

Es gäbe euch noch viele Dinge zu offenbaren, aber ich kann es nicht, da sie Teil großer Mysterien sind und nur sehr wenige unter euch sie überhaupt ertragen könnten. Für die Mehrheit der Menschen zeigt die Religion genügend Wahrheiten auf, die genau an ihr Niveau angepasst sind, nützliche, tiefgründige Wahrheiten, vorausgesetzt, die Menschen bemühen sich auch, diese zu begreifen.

Nun, denjenigen, die wirklich auf dem Weg der Selbstbemeisterung und der Vervollkommnung voranschreiten wollen, gebe ich einen Schlüssel. Nehmt den Organismus. Jedes Organ ist spezialisiert und kümmert sich nur um die Durchführung seiner eigenen Arbeit, ohne sich dafür zu interessieren, was die anderen tun. Man kann von einem Organ nicht erwarten, dass es sich des gesamten Körpers annimmt. Daher hat der kosmische Geist, damit das Wohlbefinden und die Harmonie der Gesamtheit gewahrt bleiben, dem Menschen eine höhere Intelligenz verliehen, die überwacht und kontrolliert; dank dieser Intelligenz gehen die Abläufe in jedem Organ geregelt vor sich, wird ihre Spezialisierung in Hinsicht auf das gute Funktionieren des Ganzen genutzt und ausgerichtet.

Der Mensch findet sich zwischen diese Organe und diese Intelligenz gestellt, und wenn er manchen Organen den Vorzug gibt, wie zum Beispiel dem Bauch oder den Sexualorganen und dabei die Kollektivität vergisst, stellt sich Anarchie in ihm ein, Regellosigkeit, Chaos, und er geht zugrunde. Gibt er aber dieser Intelligenz, die regiert, die ausgleicht, den Vorrang, wird er einen Zustand der Harmonie spüren, der ihn befähigt, ohne Unterlass zu arbeiten und zu erschaffen. Nehmen wir als Beispiel die Sexualorgane. Kümmern sie sich darum, ob die Person, der sie gehören, ein Pfarrer, ein Pastor, ein Kardinal ist? Nein, sie machen sich lustig über diese religiösen Überzeugungen, sie handeln allein ihrer Natur gemäß, und selbst während einer Meditation oder eines Gebetes haben sie die Dreistigkeit zu erwachen, um in ihrem Sinne zu wirken. Wenn es daher im Menschen kein höheres Prinzip gäbe, das die Herrschaft übernimmt, das sich durchsetzt, in welch einem Zustand wäre er dann?

Diese wenigen Worte zeigen euch, dass der Mensch verpflichtet ist, den spirituellen, göttlichen Faktoren in sich den Vorrang zu geben. Die ganze Unordnung, die man heute in der Welt sieht, kommt daher, dass genau dieser spirituelle Faktor weder betont noch geschätzt wird. Aber ich weiß im Voraus, dass man mir nicht zustimmen wird; man wird sagen, ich sei verächtlich, hochmütig, ohne Liebe, ich würde mich weigern, die Existenz von wunderbaren Menschen anzuerkennen. Aber nein, ihr täuscht euch, ich weiß alles, was es über die Menschen zu wissen gibt, ihre guten Eigenschaften und ihre Fehler.

Ihr habt keine Vorstellung davon, was ich seit fast achtzig Jahren für Erfahrungen gemacht habe! Darum kann ich euch jetzt Folgendes sagen: Solange es jemandem noch nicht gelungen ist, in Harmonie mit dem Geist zu schwingen, solange er die göttliche Seite in sich noch nicht erweckt hat, wird er mir niemals Recht geben können. Aber an dem Tag, an dem er vom himmlischen Licht berührt wird, wird er die Größe, die Unermesslichkeit des göttlichen Geistes spüren, der im gesamten Universum wirkt, und er wird mir zustimmen, er wird spüren, dass die Geschöpfe, die ihn umgeben, oft stumpf, begrenzt, schwach und kränklich sind. Und ihm werde ich das höchste Ideal mitgeben, damit er ihm folgt und mit ihm lebt.

Es ist folgende Formel:

»Das Herz sei rein wie ein Kristall,
der Verstand leuchtend wie die Sonne,
die Seele weit wie das All,
der Geist mächtig wie Gott und eins mit Gott.«

Ohne dieses Ideal wird man immer seine rein persönlichen Meinungen und Standpunkte vertreten, und man wird niemals die Wahrheit finden.

Die Menschen sind noch wie Kinder: Kleine Mädchen, die weinen, weil der Arm oder das Bein ihrer Puppe soeben zerbrochen ist, und kleine Jungen, die ernsthaft mit ihren Zinnsoldaten spielen, als gäbe es nichts Wichtigeres im Leben. Sie wissen nicht, dass eines Tages, im Laufe der Zeit, ihre Standpunkte und ihre Auffassungen sich ändern werden.

Darum hier ein guter Rat, man sollte sich immer fragen: »Bin ich auf dem rechten Weg? Ich werde es herausfinden, ich werde alle befragen, und vielleicht werde ich jemanden finden, der es besser weiß als ich.« Leider ist man zu überzeugt, haftet zu sehr an seinen irrigen Meinungen, ohne zu sehen, dass sie auf Begehrlichkeiten, auf Sympathie und Antipathie der niederen Natur beruhen. Die Menschen klammern sich an ihre Voreingenommenheit, an das, was sie anzieht oder abstößt, ohne darüber hinaus zu gehen, um zu sehen, wie sich die Dinge in Wirklichkeit darstellen.

Ich werde nun einige Worte über Melchisedek hinzufügen. Melchisedek ist der Meister aller Meister, er ist es, der sie alle unterrichtet hat. Er lebt im Himalaya, und von ihm spricht der Apostel Paulus im Brief an die Hebräer, wenn er sagt, er sei nicht von einem Mann und einer Frau gezeugt worden, er lebe ewig und Jesus sei ein Priester nach der Ordnung des Melchisedek. Im Heiligen Abendmahl wiederholt sich daher nur ein Ritus, in den Jesus von Melchisedek eingewiesen wurde. Melchisedek war der Erste, der ihn einführte.[12]

Wirklich erstaunlich ist die Unwissenheit der Christen hinsichtlich Melchisedek, zweifellos weil es im Interesse der Kirche lag, nicht zuzugeben, dass er im Rang über Jesus steht. Ja, da Paulus sagt, dass Jesus ein Priester nach der Ordnung des Melchisedek war, steht Melchisedek über Jesus. Ich konnte einmal einigen Ordensmitgliedern, Franziskanern, Dominikanern und Jesuiten Fragen stellen, so auch diese: »Wer war in der Apokalypse dieser weißhaarige Alte, den Johannes inmitten von sieben goldenen Leuchtern sah, ein zweischneidiges Schwert im Munde und dabei in seiner Rechten die sieben Sterne hielt?« Alle antworteten mir, das sei Jesus gewesen. Armer Jesus, was ist mit ihm passiert, dass seine Haare so weiß geworden sind? Dann war es Gott Vater? Nein, Er war es nicht, weil es heißt, dass niemand Ihn je gesehen hat…

Dieser Alte, das war Melchisedek; die sieben goldenen Leuchter und die sieben Sterne bedeuten, dass er alles Wissen und alle Macht besitzt, und das zweischneidige Schwert in seinem Mund ist das Symbol des WORTES, das erschaffen oder zerstören kann. Während seiner achtzehnjährigen Abwesenheit von Palästina war Jesus bei ihm im Himalaya, um zu lernen; und Jesus hat Melchisedek auch darum gebeten, vor seinem Lieblingsschüler Johannes zu erscheinen. In Kaschmir, in der Bibliothek eines Klosters in Ladakh, befindet sich ein Manuskript, das vom Leben Jesu erzählt: Seinem ersten Aufenthalt in

Indien, zwischen dem zwölften und neunundzwanzigsten Lebensjahr, seinem Leben und seiner Lehre in Palästina, seiner Kreuzigung und seinem zweiten Aufenthalt in Indien, wo er im Alter von über hundert Jahren starb.[13] Als ich im Jahre 1959 in Kaschmir war, erhielt ich die Erlaubnis, die englische Übersetzung dieses Manuskripts zu lesen.

Auch der Apostel Paulus sagt, dass Melchisedek »Priester des Allerhöchsten ist« (1 Mo 14,18), eine Funktion, die der Sephira Kether entspricht. Jede Sephira hat ihre Priester, aber Melchisedek wirkt in der höchsten Sephira. Daher ist er es, der die größten Eingeweihten unterrichtet, sie vorbereitet, und eines Tages wird er sich in einigen von ihnen niederlassen, um an der Menschheit eine gigantische Arbeit zu leisten, wie sie noch niemals zuvor geschehen ist. Auf Melchisedek wird angespielt in dem Lied von Meister Peter Deunov: »Ide, ide, moschtnja, silnja... Er kommt, er kommt, der Mächtige, der Starke.«

Die Menschen haben nicht gelernt, ihr Bewusstsein über die Wolken zu erheben, dorthin, wo die Sonne strahlt und wo sie immer erhellt sein werden, und darum darf man nicht erstaunt sein, wenn sie manchmal das Gefühl haben, das Licht habe sie verlassen und sie sich in Angst- und Unruhezuständen befinden. Ihr könnt alle dieses Symbol von der hinter Wolken verborgenen Sonne verstehen; wenn ihr daher den Misslichkeiten und Schwierigkeiten des Lebens entkommen wollt, sucht die Sonne. Die Sonne ist immer da, um die Menschen zu erhellen und ihnen zu helfen, nur sie sind nicht da, und man weiß nicht einmal, wohin sie sich verkrochen haben! Es liegt jetzt also an euch zu begreifen, und glücklich sind diejenigen, die begreifen werden!

Ich kann euch noch ein anderes Bild anbieten. Wenn die Sonne sich am Horizont erhebt, welche Orte sehen sie dann als erste: die Abgründe, die Täler oder die Gipfel der Berge? Natürlich werden alle erwidern: die Gipfel. Und warum wissen sie dann nicht, wie dieses Phänomen zu interpretieren ist? Warum denken sie dann, es sei im Leben so, dass die Eingeweihten sich täuschen und dass die Mehrheit, die breite Masse, in ihren Überlegungen recht hat? Wie ist es zu erklären, dass der Herr sich angeblich allen möglichen Leuten offenbart hätte ohne Gewissen oder Moral, die vor nichts zurückschrecken, nur um ihre niedere Natur zu befriedigen, und dass Er den Eingeweihten, die in der Reinheit leben und die größte Selbstlosigkeit unter Beweis stellen, Sein Licht vorenthalten hätte? Es sind die Eingeweihten, die sich täuschen und die im Irrtum sind... Aber ja, genau das glauben die Leute! Sprecht mit ihnen und ihr werdet sehen: Sie geben immer der Masse Recht und die Eingeweihten sind im Unrecht. Ist ihnen die mangelnde Logik ihrer Argumente nicht bewusst? Die Ersten, die aufgeklärt sind, die zeigen, dass sie im Einklang mit dem Licht stehen, die Ersten welche die erhabenen Wahrheiten entdecken, das sind in Wirklichkeit die Eingeweihten, die wahren Eingeweihten (und nicht die falschen, von denen es zurzeit auf der Erde nur so wimmelt). Was all diejenigen angeht, die zu weit unten bleiben, von denen weiß man nicht, wann sie je aufgeklärt sein werden.

In meinen beiden Büchern »Die Mysterien von Jesod« und »Pracht und Herrlichkeit von Tiphereth«[14], habe ich euch zahlreiche Erklärungen bezüglich des Sephiroth-Baumes, des Lebensbaumes gegeben. Ich werde heute noch einige Worte hinzufügen, um euch Stoff zum Nachdenken zu geben.[15]

Der Lebensbaum besteht aus drei Säulen. Auf der Mittelsäule befinden sich fünf Sephiroth: Kether, Daath (die mysteriöse, verborgene), Tiphereth (die Sonne), Jesod (der Mond) und die Basis Malkuth (die Erde). Was repräsentieren diese fünf Sephiroth? Kether repräsentiert den Geist; Daath die Seele; Tiphereth die Mental-Ebene, den Intellekt; Jesod die Astral-Ebene, das Herz; Malkuth die physische Ebene, den Körper. Da die Sonne, Tiphereth, und der Mond, Jesod, einander auf dem Lebensbaum folgen, sieht man, wie das Licht von Tiphereth, die Reinheit von Jesod durchquerend, Malkuth erhellt. Genauso erhellt das Licht des Verstandes, indem es durch die Reinheit des Herzens fließt, den Körper und alle Zellen, um sie in einem Zustand von guter Gesundheit und Kraft zu erhalten. Das gesamte Universum badet im Licht, aber um von ihm durchdrungen zu werden, muss man rein und transparent sein wie ein Kristall.

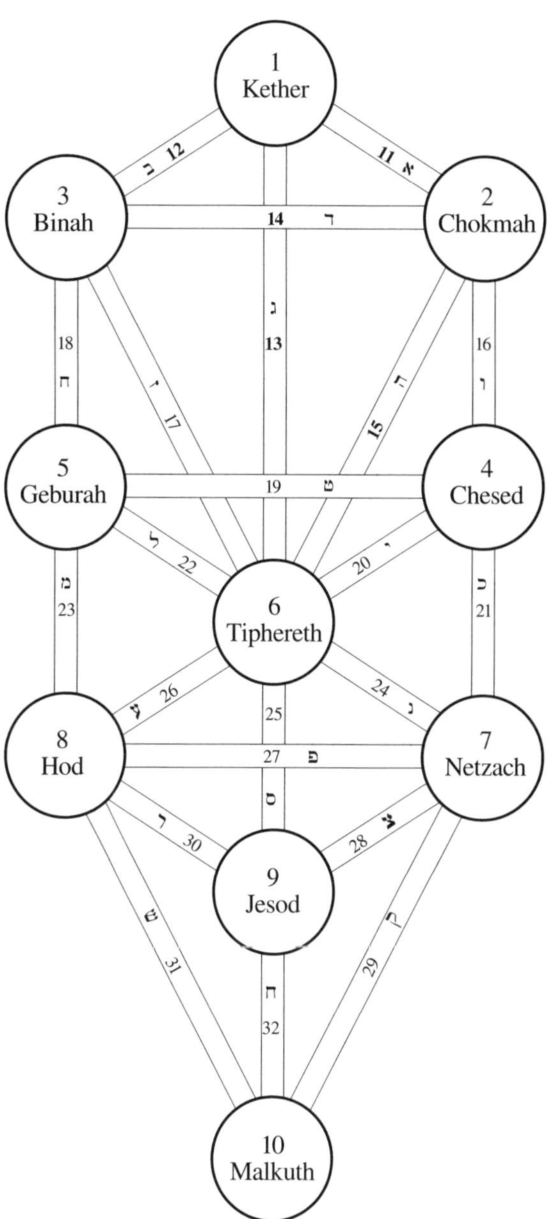


Der Sephirothbaum (Baum des Lebens)

Allein durch die Reinheit des Herzens kann das Licht leuchten. Darum heißt es in den Evangelien: »Selig sind die ein reines Herz haben, denn sie werden Gott schauen« (Mt 5,8).[16] Man kann nur dank des Lichtes sehen, also ist es mithilfe der Reinheit, die das Licht hindurch scheinen lässt, möglich, Gott überall zu sehen. In diesem Satz aus den Evangelien verbirgt sich die ganze göttliche Moral.

Und da dieses Jahr das Fest der Sonne gefeiert wird, schließen wir also mit der Sonne.

Im Alten Testament war Gott allein der Gott der Israeliten; sie allein sollten leben und sie hatten das Recht, zu herrschen und die anderen Völker zu massakrieren. Später haben die Christen sich des Neuen Testaments bedient, um das Gleiche zu tun, indem sie sich für auserwählt und vom Herrn geliebt und bevorzugt hielten, und dass die anderen Ungläubige waren. Und jetzt kommt die Sonne und sagt uns, dass der Herr nicht nur für einige da ist, sondern für die ganze Welt. Genauso wie die Sonne für alle Menschen scheint, ist also auch der Herr für alle Seine Kinder da, sonst müsste man daraus schließen, dass die Sonne den Herrn an Liebe und Großzügigkeit übertrifft. Die Sonne akzeptiert die Guten wie die Bösen, die Heiligen und die Verbrecher, sie erhellt sie, erwärmt und belebt sie; sie ist nachsichtig, großzügig und voller Geduld; seit Jahrtausenden sendet sie ihnen ihr Licht, um sie bis zur Vollkommenheit zu führen. Darum wird das dritte Testament zur Aufgabe haben, alle Religionen in einer einzigen Sonnenreligion zu vereinen. Jeden Tag zeigt die Sonne den Männern und Frauen der ganzen Welt wie man lichtvoll, wärmend und belebend ist, wie man nur Gutes tut, damit auf der Erde alles auf großartige Weise wachsen und gedeihen kann.

Die Sonne ist immer da, lebendig, unsterblich; ihr könnt mit Kanonen auf sie zielen, das ist ihr egal, sie lächelt immer. Wenn ihr mir nicht glaubt, seht euch an, wie die Kinder sie zeichnen, immer lächelnd, mit einem Mund, der von einem Ohr zum anderen reicht. »Es lebe die Sonne!«, sagen die Kinder, und aufgrund ihrer Wünsche wird sie leben, die Sonne, der beste Repräsentant des Herrn, durch ihre Größe, ihren Edelmut, ihre Liebe, ihre Kraft. Schade um all diejenigen, die in ihren alten Auffassungen gefangen bleiben, der Sonne ist das egal.

Ihr seid erstaunt, nicht wahr, zu sehen, wie die Sonne solch irrige Auffassungen richtig stellen kann, nicht allein in der Wissenschaft, in der Philosophie, in der Kunst, sondern auch in der Religion... Die Lehre der Universellen Weißen Bruderschaft misst der Sonne als dem einzig wahren Repräsentanten des Herrn in Seiner Größe und Seiner Allmacht deshalb eine so große Bedeutung bei, weil sie uns lehrt, diejenigen zu erhellen, die sich in der Dunkelheit befinden, die erkalteten Herzen zu erwärmen und denen das Leben zu bringen, die tot sind.

Mögen alle Segnungen des Himmels mit euch sein!

Waimanalo (Hawaii), den 30. Mai 1979

Anmerkungen

1. Siehe auch Band 10 der Reihe Gesamtwerke »Sonnen-Yoga – Pracht und Herrlichkeit von Tiphereth«.
2. Siehe auch Band 25/26 der Reihe Gesamtwerke »Der Wassermann und das Goldene Zeitalter«, Kapitel 6 von Band 25: »Gold und Licht« und Band 241 der Reihe Izvor »Der Stein der Weisen«, Kapitel 14: »Das Gold des wahren Wissens: Alchimist und Goldsucher«.
3. Siehe auch Band 14/15 der Reihe Gesamtwerke »Liebe und Sexualität«, Kapitel 4 von Band 15: »Das Ziel der Liebe ist das Licht« und Kapitel 19: »Sucht die Liebe an ihrer Quelle«.
4. Siehe auch Band 240 der Reihe Izvor »Söhne und Töchter Gottes«, Kapitel 7: »Der Mensch Jesus und das kosmische Prinzip des Christus«.
5. Siehe auch Band 213 der Reihe Izvor »Die menschliche und göttliche Natur in uns«, Kapitel 2: »Die niedere Natur, eine umgekehrte Spiegelung der höheren Natur«.
6. Siehe auch Band 30/31 der Reihe Gesamtwerke »Leben und Arbeit in einer Einweihungsschule«, Kapitel 3 von Band 31: »Der wahre Sinn des Wortes Arbeit«.
7. Siehe auch Band 204 der Reihe Izvor »Yoga der Ernährung«, Kapitel 9: »Der Sinn der Segnung«.
8. Siehe auch Band 10 der Reihe Gesamtwerke »Sonnen-Yoga – Pracht und Herrlichkeit von Tipheret«, Kapitel 4: »Wie man die heilige Dreifaltigkeit in der Sonne wiederfindet« und Kapitel 15: »Die Sonne ist Gottes Ebenbild«.
9. Siehe auch Band 12 der Reihe Gesamtwerke »Die Gesetze der kosmischen Moral«.
10. Siehe auch Band 234 der Reihe Izvor »Die Wahrheit, Frucht der Weisheit und der Liebe«.
11. Siehe auch Band 240 der Reihe Izvor »Söhne und Töchter Gottes«, Kapitel 11: »Die Opfer von Jesus am Kreuz: Die Kräfte des Blutes«.
12. Siehe auch Band 240 der Reihe Izvor »Söhne und Töchter Gottes«, Kapitel 6: »Jesus, Hohepriester nach der Ordnung des Melchisedeks«.
13. Siehe auch Band 240 der Reihe Izvor »Söhne und Töchter Gottes«, Kapitel 10: »Jesus, tot und auferstanden?«.
14. Siehe auch Band 7 der Reihe Gesamtwerke »Die Reinheit, Grundlage geistiger Kraft« und Band 10 der Reihe Gesamtwerke »Sonnen-Yoga – Pracht und Herrlichkeit von Tiphereth«.
15. Siehe auch Band 236 der Reihe Izvor »Weisheit aus der Kabbala«, Kapitel 2: »Darstellung des Lebensbaumes«.
16. Siehe auch Band 7 der Reihe Gesamtwerke »Die Reinheit, Grundlage geistiger Kraft«, Kapitel 2: »Selig. die reinen Herzens sind«.

# II

# LE BONFIN

# 1

Ein paar Worte, meine lieben Brüder und Schwestern, um euch euren Aufenthalt im Bonfin zu erleichtern. Es ist offenbar ein seltsamer Aufenthalt, der keinem irgendwo sonst ähnelt. Deshalb sind einige Erläuterungen notwendig, sonst langweilt ihr euch und vergeudet eure Zeit. Denn hier findet ihr nichts zu eurer Zerstreuung, wie ihr seht, weder Schwimmbad noch Kino noch Kasino oder Spiele... Wie langweilig!

Ich machte einmal eine Reise mit einem Schiff. Ihr wisst ja, wie das abläuft, es darf auf keinen Fall Langeweile bei den Passagieren aufkommen, und dafür gibt es Bars, Schwimmbäder, Tanzlokale, Kino-, Spiel- und Konzertsäle. Da sich nun einmal die Gelegenheit bot, wollte ich das Leben auf einem Schiff während einer Überfahrt richtig kennen lernen, und ich war verblüfft über all das, was man den Leuten anbieten kann, damit sie sich zu jeder Tages- oder Nachtzeit ablenken können. Aber dieses Leben an Bord eines Passagierschiffes veranschaulicht gut die Mentalität der meisten Menschen: immer auf der Suche nach neuen Ablenkungen, nach neuen Vergnügungen. Niemand hat ihnen offenbart, dass sie in sich selbst Fähigkeiten, Kräfte besitzen, die sie erwecken können, um ihr Dasein umzuwandeln, Frieden, Freiheit und Glück zu finden. Sie suchen das Glück im Äußeren, und genau darum sind sie ewig unzufrieden.

Sicher, es ist unmöglich, ohne all das auszukommen, was im Äußeren existiert, aber man sollte den Schwerpunkt auf die Möglichkeiten der inneren Welt legen, denn der Mensch lebt ständig eingetaucht in seine innere Welt. Ihr seid nicht immerzu damit beschäftigt, etwas im Äußeren zu betrachten, zu hören, zu berühren oder zu schmecken, ihr seid jedoch immer mit euch selbst zusammen, eingetaucht in eine Welt voller Gedanken und Gefühle und wisst nicht, wie ihr sie nutzen könnt. Solange ihr auf die äußere Welt baut, werdet ihr Enttäuschungen erleben. Vielleicht könnt ihr euch einen Moment lang einbilden, dass ihr etwas festhaltet, aber kurze Zeit später haltet ihr nichts mehr, alles hat sich verflüchtigt. Die Menschen sind immer auf der Suche nach der Fülle, aber sie wissen nicht, dass sie diese zuerst in sich selber suchen müssen.

Aber euch, meine lieben Brüder und Schwestern, ist nicht klar, was wesentlich im Leben ist, was euch vor allem anderen beschäftigen sollte. Ihr vergeudet noch eure Zeit und eure Energien mit Aktivitäten, die ihr für euer Glück als notwendig erachtet, aber, mit Verlaub, ich habe da meine Zweifel. Alles, was ihr erlangen könnt, wird euch nichts von dem bringen, was ihr euch wünscht. Denn ich meinerseits weiß, was der Mensch sich wünscht, ich weiß, was das Geschöpf Mensch braucht, selbst wenn es sich dessen nicht bewusst ist. Ihr werft ein, dass ihr Leute kennt, die nicht das geringste intellektuelle oder künstlerische Bedürfnis haben und noch weniger ein spirituelles, und die vollauf mit physischem Vergnügen zufrieden sind. Sicher, auch ich kenne solche Leute, ich bin vielen überall auf der Welt begegnet und weiß, dass es alle möglichen Kategorien gibt.

Was ihr jedoch nicht wisst, ist die Tatsache, dass diese Menschen wie ungeschliffen sie auch sein mögen, doch in denselben Werkstätten geschaffen wurden wie die größten Genies, wie die größten Eingeweihten. Für sie ist die Zeit noch nicht gekommen, dieselben Gaben, dieselben Tugenden zu manifestieren, aber diese Zeit wird auch für sie kommen, und ihrerseits werden sie dann die Unermesslichkeit, die Fülle, die Gottheit suchen; sie werden verstehen, dass die Aktivitäten und die Gegenstände der materiellen Ebene nur als Träger, als Gefäß, als Hülle notwendig sind, um das göttliche Leben, das Leben des Geistes, zu stützen, zu schützen oder in sich aufzunehmen. Und wenn sie einmal verstehen, dass das, was sie für das Wesentliche hielten, nur die Hülle des Wesentlichen war, was sie nicht erkannten, wird sich ihr Blick ändern. Ja, allein ihr Blick: Sie werden den Blick vom Behältnis abwenden und dem Inhalt Aufmerksamkeit schenken; oder aber, da sie die Behälter leer werden ließen, werden sie sich daran machen, sie wieder aufzufüllen, und das wird für sie der Beginn des wahren Lebens. Man darf den ersten Platz nicht dem Behältnis einräumen, aber man darf es auch nicht vernachlässigen oder zerstören, sonst zerfließt der Inhalt und geht verloren.

Ich spreche deshalb so zu euch, weil der Moment für euch gekommen ist, dass ihr lernt, eure so kostbaren Energien nicht mehr zu vergeuden. Der Himmel hat sie euch gegeben und er achtet darauf, wie und wo ihr sie verwendet.[1] Wenn er sieht, dass ihr die Energien eures Herzens, eures Verstandes und eures Willens für Beschäftigungen einsetzt, die nicht wesentlich sind, wird er sie euch schließlich auf die eine oder andere Weise wieder nehmen. Sicher, das, wovon ich da rede, ist für viele keine appetitanregende Speise; sie werden lieber irgendwo an einem mit Wein und Schinken gedeckten Tisch sitzen – wirklichem oder symbolischem Wein und Schinken…!

Manche werden begreifen, dass sie einen Irrweg eingeschlagen haben; ihre Seele, ihr Bewusstsein lehnen sich auf, und sie entschließen sich, einen lichtvollen Weg zu beschreiten. Dann lassen sie sich aufs Neue auf Abwege führen, und sie jammern und beten…, aber sie machen einen neuen Versuch. Ihr Verstand ist wach genug, um sich bewusst zu sein, dass das, was sie tun, weder schön noch edel noch großartig ist, aber immerhin, es ist schon etwas, sich dessen bewusst zu sein, dass man dabei ist, auf Abwege zu geraten, aber das reicht nicht aus. Sie müssen sich jetzt dazu entschließen, zu ihrer Rettung Schutzräume aufzusuchen, das heißt, Menschen, Gemeinschaften aufsuchen, die ihnen helfen können. Aber die Menschen sind es nicht gewohnt, so etwas zu tun. Im Gegenteil, sie neigen dazu, sich zu isolieren und sich immer mehr zu schwächen, weil sie keinen Schutz mehr haben und so von den Geistern der Astral-Welt angegriffen werden. Wenn ihr daher spürt, dass feindselige

Kräfte sich auf euch stürzen, um euch zu Fall zu bringen, müsst ihr zur Bruderschaft eilen (wenn nicht physisch, dann wenigstens psychisch) und um Hilfe bitten. Und da die Universelle Weiße Bruderschaft eine Einfriedung ist, eine großartige Festung, werdet ihr in Sicherheit sein.

Ihr fragt: »Ja, aber wie soll man sich umwandeln?« Ich verdeutliche euch das mit einem Bild. Wenn eine Schlange in ein Loch kriechen will, kriecht sie zuerst mit ihrem Kopf hinein, und wie lang ihr Körper auch sein mag, der Schwanz muss folgen. Da die Schlange sich in einer sinusförmigen Bewegung fortbewegt, kann der Schwanz den Eindruck erwecken, als würde er sich in entgegengesetzter Richtung zum Kopf bewegen, aber in Wirklichkeit wird er immer dort hindurchgehen, wo auch der Kopf hindurchgegangen ist; denn beide sind nicht getrennt voneinander, und der Schwanz folgt immer dem Kopf. Ihr seht nichts Großartiges darin, aber dieses Bild ist das Symbol der ganzen göttlichen Pädagogik. Der Kopf, das ist die Fähigkeit nachzudenken, zu überlegen, sich für die eine oder andere Richtung zu entscheiden, und gezwungenermaßen folgt der Rest des Körpers, das heißt die Aktion.

Ihr wendet ein: »Aber das ist ganz und gar nicht das, was mit mir geschieht. Wie oft habe ich mich entschlossen, meine Trägheit zu überwinden, meine Sinnlichkeit, oder mich gut, gerecht, großzügig zu zeigen, und all diese Entschlüsse haben zu nichts geführt, ich bin weiterhin träge, sinnlich, gemein und so weiter.« Sicher, die Umwandlungen vollziehen sich nicht sofort, aber wenn ihr diese Entschlüsse ständig in eurem Kopf gegenwärtig haltet, werdet ihr, genauso wie der Schwanz immer dem Kopf folgt, schließlich verwirklichen, wozu ihr euch entschlossen habt. Darin liegt der Vorteil, richtig zu denken, selbst wenn ihr im Augenblick noch entgegengesetzt zu diesem Denken handelt. All denjenigen, die nicht locker ließen, die die richtige Einstellung beibehalten haben, wenigstens in ihrem Geist, ist es schließlich gelungen, alle Widerstände in sich zu überwinden und so zu handeln, wie der Geist es ihnen diktierte.

Man hat noch nicht verstanden, wie wichtig es ist, der richtigen Philosophie zu folgen. Viele, besonders unter den Jugendlichen, bilden sich ein, sie könnten sich irgendwelche x-beliebigen Ideen in den Kopf setzen, ohne dass ihr Verhalten sich dabei verändert. Nein, sie täuschen sich; wenn sie anarchistische und unmoralische Ideen in ihren Kopf hineinlassen, wird früher oder später auch ihr Verhalten anarchistisch und unmoralisch sein.[2] Der Schwanz folgt dem Kopf. Dieses Gesetz gilt sowohl für die schlechte als auch für die gute Seite. Übrigens hat man es schon erlebt: Wie viele sehr gute Jungen sind schließlich zu Verbrechern geworden, weil sie sich von terroristischen Ideologien beeinflussen ließen!

Hier lernt ihr, euch mit dem Kosmos zu harmonisieren, euch nach dieser unendlichen Welt zu modellieren, euch mit der Quelle allen Lebens, der Universalseele, Gott-Selbst, zu verbinden. Denn in dieser Kommunion mit dem universellen Leben werdet ihr den wahren Sinn des Lebens finden. In der Isolation kann man keine Fülle finden.

Aber versucht doch mal, dies den Verliebten begreiflich zu machen! Sie denken nur daran, einen abgeschiedenen Ort zu finden, um sich, vor Blicken geschützt, zu lieben; sie tun es instinktiv, um sich von allen abzusondern, sogar vom Himmel. Ihr Tun kommt ihnen nicht ganz koscher vor, und darum verbergen sie sich. »Wie«, meint ihr, »Sie wollen, dass sie es vor aller Welt tun?« Nein, natürlich nicht, aber dass sie sich durch ihr Verhalten zumindest nicht vom Himmel absondern, von den intelligenten Kräften, die ihnen diese Energien, diese Liebe geben. Anstatt sich zu verbergen und heimlich Austausche zu vollziehen, sollten sie mit ihrer Liebe dem Himmel danken und ihn rühmen, denn eine Liebe, an welcher die Kräfte des Himmels nicht beteiligt sind, trägt bereits die Keime der Zerstörung in sich.

Manche werden sagen: »Aber man hat doch das Recht, sich so zu lieben wie man will und sein Leben zu leben!« Natürlich, aber sie werden auf diese Weise alles vergeuden, weil sie nicht begreifen wollten, dass sie Parzellen des Universums sind, und dass sie sich nach dieser Welt der Vollkommenheit, die oben existiert, modellieren und formen müssen. Davon ist Jesus ausgegangen, als er sagte: »Dein Wille geschehe auf Erden wie im Himmel« (Mt 6,10).[3] Man muss eine Verbindung schaffen, einen Energiekreislauf zwischen Himmel und Erde, bis diese Harmonie, diese Ordnung, diese Schönheit, die oben herrschen, sich unten auf unserer Erde einstellen, das heißt in uns selbst. Jesus sprach nicht von einer Erde außerhalb des Menschen; zuallererst muss sich das Reich Gottes in uns niederlassen. Wenn es sich in der Welt niederlassen würde, wäre es nutzlos, da die Menschen noch derart anarchisch und gewalttätig sind und es sofort wieder zerstören würden. Erst dann, wenn sich das Reich Gottes im Menschen niederlässt, wird es sich auch außerhalb von ihm widerspiegeln.[4]

Manchmal, in bestimmten besonders günstigen Momenten, habt ihr eine Empfindung von dem, was diese göttliche Harmonie ist, denn der Himmel steht immer bereit und versucht immer, in euch hineinzuschlüpfen, wie übrigens in alle Geschöpfe. Warum hindert ihr ihn also daran, mit euren alten Gewohnheiten, euren alten Philosophien? Ihr verschließt ihm die Tür und einige Minuten später ist die Gelegenheit vorbei. Das ist schade!

Erhofft nie, dass ihr das Glück erlangt, wenn ihr diese Philosophie der Trennung aufrechterhaltet. Nein, am Ende werdet ihr zu Mikroben und von der Erde verschlungen, denn in Übereinstimmung mit dem Himmel absorbiert die Erde alles, was die kosmische Arbeit stört. Ihr wisst es vielleicht nicht, aber es bestehen Vereinbarungen zwischen dem Himmel und der Erde. Die Erde hat sich verpflichtet, all das anzuziehen, was unrein ist, und genauso wie die Kadaver von Pflanzen, Tieren und sogar Menschen dazu dienen, die Erde zu »düngen«, genauso werden die Geschöpfe, die sich weigern, mit dem Himmel in Harmonie zu schwingen, spirituell gesehen, als chemische Düngemittel benutzt.

Der Schüler, der dieses Gesetz kennt, bemüht sich, die Erde in seiner Arbeit zu imitieren, und er selbst vertreibt aus seinem physischen und psychischen Organismus all die schweren, trüben und unreinen Elemente. Nachdem er sich schließlich gereinigt, erleichtert hat, beginnt der Himmel, ihn zu absorbieren, er wird in eine

Strömung hineingezogen, die ihn zum Zentrum der Sonne führt. Auf diese Weise konnten Hellsichtige eine Menge von Geschöpfen sehen, die in Richtung Sonne unterwegs waren, inmitten von Jubelgesängen, andere hingegen bewegten sich jammernd in Richtung Zentrum der Erde, in Richtung Hölle…

Was ihr auch tun mögt, ihr müsst daran denken, euer Leben zu verbessern, damit es rein, überfließend, unbegrenzt ist. Ihr müsst eure kümmerliche kleine »Flasche« an die göttliche Quelle des ewigen Lebens anschließen, denn dann wird das Wasser endlos fließen, immer neu, unerschöpflich. Es wird nicht mehr »euer« Leben sein, das ihr leben werdet, sondern das göttliche, unbegrenzte Leben. Wenn ihr euer Leben für euch behaltet, wird es immer verschmutzt sein – ein kleiner Tümpel verschmutzt sehr schnell. Ihr solltet euer Leben mit dem Leben Gottes mischen, es mit der Unermesslichkeit vereinen.

Jesus wirkte für die Kollektivität, für die Universalität, aber man hat ihn nicht verstanden. Es ist jetzt an uns, seine Arbeit fortzusetzen, in uns selbst Harmonie, Fülle und die vollkommene Organisation, die oben existiert, herzustellen. Das ist unser Programm und nichts ist wichtiger als diese Arbeit, denn sie bringt uns das ewige Leben.

Der einzige »Laden«, der die Wahrheit predigt, ist die Universelle Weiße Bruderschaft. Ja, aber ich werde es nicht wie die Kirche machen, für die allein die katholische Religion in der Wahrheit ist und alle anderen Religionen im Irrtum sind. Nein, wenn ich von der Universellen Weißen Bruderschaft spreche, verstehe ich darunter all die Wesen in der Welt, die das Licht besitzen und die für das Licht arbeiten. Die Universelle Weiße Bruderschaft ist eine unermessliche Wesenheit, die alle Religionen umfasst. Und die katholische Religion, die behauptet universell zu sein, aber all diejenigen ausschließt, die nicht katholisch sind, und sie als Abtrünnige, Ungläubige, Häretiker, Schismatiker behandelt, beweist damit, dass sie in Wirklichkeit nur eine Sekte ist. Allein durch die Tatsache, dass der Katholizismus zum Beispiel die Reinkarnation nicht anerkennt, umfasst er nicht alle anderen Lehren, er ist also abgetrennt, abgeschnitten: eine Sekte!

Jesus selbst war nicht sektiererisch, er trug in sich selbst die Quintessenz aller Lehren der Vergangenheit, und er wollte lediglich neue Wege für die Evolution der Menschheit öffnen. Es sind die anderen, seine engstirnigen und fanatischen Nachfolger, die nicht begriffen haben, was er brachte. Aber schon in einigen Jahren werden in der Welt Menschen auftauchen, welche der Idee einer wahren universellen Religion, unter der sich dann alle versammeln, zum Erfolg verhelfen werden, und das wird die wahre Religion Christi sein. Doch bis dahin, wenn ihr zu manchen über diese erweiterte Auffassung von Religion sprecht, werden sie schockiert sein und denken, dass ihr ein armer vom Teufel irregeleiteter Unglücklicher seid. Sie werden euch erklären, dass sie »praktizierende Katholiken« sind. Sonntags in die Messe gehen, von Zeit zu Zeit eine Hostie schlucken, das nennen sie »praktizieren«! Aber wenn man sieht, wie sie leben, wie sie denken und sich verhalten, fragt man sich wahrlich, was sie da praktizieren.

Hier gibt man euch die Methoden, um alles in eurem Leben zu bearbeiten und neu aufzubauen. Aber denkt nicht an die Zeit, die das in Anspruch nehmen wird, denn im spirituellen Leben vollzieht sich das nicht wie in der Welt, wo ihr in ein paar Monaten ein Diplom für Maniküre, Pediküre oder Stenographie erwerben könnt. Manche werden sagen: »Oh! Das dauert aber lang, und das ist nicht lukrativ. Mit einem Diplom kann man sich wenigstens durchschlagen und eine Arbeit finden und heiraten.« Gut, einverstanden, ihr heiratet, und später werdet ihr dann, so wie dieser Mann, den man fragte, ob er in seiner Ehe glücklich wäre, erwidern: »Oh nein«, sagte er, »ich hatte niemals Glück mit den Frauen; ich war zweimal verheiratet, die erste Frau hat mich verlassen… und die zweite ist geblieben!« Oder auch die Frau, die ihren Mann verlor, einen Mann, der viel auf Reisen war und der selten zu Hause schlief. Ein Freund suchte sie auf, um ihr sein Beileid auszusprechen: »Wie musst du leiden… Wie ich dich bedaure!« – »Bedaure mich nicht«, sagte die Frau,»jetzt weiß ich wenigstens, wo er seine Nächte verbringt.«

Nun, meine lieben Brüder und Schwestern, wenn ihr allmählich vieler unnützer Aktivitäten müde seid, werdet ihr euch auf das Wesentliche besinnen, und das Wesentliche ist, sich mit allen kosmischen Kräften zu harmonisieren, das heißt, ein Diener Gottes zu sein, es gibt nichts, was darüber steht. Das sage ich, das unterstreiche ich, und das werde ich wiederholen, solange ich unter euch weile, erwartet nichts anderes von mir.

In der Welt liegt die ganze Literatur vor euch ausgebreitet, tut euch gütlich daran solange ihr wollt, aber wenn ihr hierher kommt, werdet ihr mich immer über das selbe Thema sprechen hören: Wie ihr euch vervollkommnen könnt, und dass ihr hier nichts anderes finden werdet als Gelegenheiten, diese Arbeit auszuführen. Ihr sagt: »Oh, ich habe genug davon!« Ihr habt genug davon, weil ihr euch noch nicht an diese Arbeit gewöhnt habt. Aber an dem Tag, an dem die göttlichen Kräfte in euch ausgelöst werden, werdet ihr finden, dass die Momente der Meditation im Saal oder beim Sonnenaufgang niemals lang genug sind und ihr euch nie vollständig gesättigt fühlt. Jedes meiner Worte wird wie ein Strom sein, der euch erfüllen wird und ihr werdet nur herkommen, um in diesen Strom einzutauchen…

Das hängt jetzt natürlich von euch ab. Wenn ihr mich nur auf der physischen Ebene sucht, so wisst, dass ich euch niemals zufrieden stellen kann, weil ich nicht die Zeit habe, mich physisch um euch zu kümmern. Wenn ich euch begegne, kann ich euch eine Nuss, eine Pistazie, ein Bonbon, ein Lächeln geben, das ist alles… Wenn ihr jedoch höher hinaufsteigt in den Bereich des höheren Verstandes, des Geistes, da kann ich mich gleichzeitig und ohne Unterlass um euch alle kümmern; jeden Tag, jeden Augenblick des Tages und der Nacht, empfangt ihr etwas. Denn ein Eingeweihter, der gelernt hat, mit dem höheren Verstand zu wirken, weiß, wie er im feinstofflichen Bereich Kraftströme erschaffen kann. Deshalb kann er überall im Universum sein und mit seiner Quintessenz Pflanzen, Ozeane, Sterne durchdringen.[5] Ihr entrüstet euch: »Was für ein Hochmut, was für eine Eitelkeit!« Denkt, was ihr wollt, ich sage euch die Wahrheit.

Wenn ihr mich auf der physischen Ebene sucht, werde ich euch nicht besonders nützlich sein, wenn ihr mich jedoch in anderen Regionen aufsuchen könnt, werdet ihr spüren, dass ich nie aufhöre, mich um euch zu kümmern. Wie? Das ist meine Angelegenheit; mich interessiert eben nur das: Mich um euch zu kümmern… und noch um viele andere, die ihr nicht kennt. Wenn ihr nicht spürt, dass ihr etwas empfangt, dann bedeutet das, dass ihr verschlossen seid, dass ihr nicht in die lichtvollen Bereiche aufzusteigen wusstet, um zu verstehen, dass ich nur danach strebe, euch mit den nahrhaftesten Elementen zu versorgen. Ich sage euch das in aller Demut und Einfachheit: In anderen Regionen kümmere ich mich ohne Unterlass um euch. Und auch andere, lichtvolle Wesenheiten, kümmern sich um euch…, doch um das zu spüren, müsst ihr euch bis in diese Regionen erheben.

Mögen von nun an alle diejenigen, die in den Bonfin kommen, ihr Augenmerk nicht allein darauf richten, was hier fehlt, denn trotz all dieser Mängel oder sogar dank ihrer, können sie sich weiterentwickeln wie nirgendwo sonst. Unter idealen materiellen Bedingungen hat der Wille nicht so viele Möglichkeiten, sich zu manifestieren. Erst unter schwierigen Bedingungen, unter Entbehrungen, wird der Mensch dazu gedrängt, Anstrengungen zu unternehmen. All die Leute, die als außergewöhnliche Charaktere in Erscheinung getreten sind, lebten in schwierigen Bedingungen, in Entbehrungen, ja, wurden sogar verfolgt. Die einzigen Bedingungen, die ihr suchen solltet, sind diejenigen, die es euch ermöglichen, immer euren Willen zu üben, um mit der göttlichen Welt in Kontakt treten zu können. Diese Bedingungen findet ihr in der Bruderschaft vor. Ihr findet vielleicht keine Bedingung für irgendetwas anderes vor, aber für eure spirituelle Erhebung fehlt es euch an nichts.

Le Bonfin, den 9. Juli 1969

Anmerkungen

1. Siehe auch Band 221 der Reihe Izvor »Alchimistische Arbeit und Vollkommenheit«, Kapitel 8: »Die Verwendung der Energien«.
2. Siehe auch Band 6 der Reihe Gesamtwerke »Die Harmonie«, Kapitel 6: »Wie Gedanken sich in der Materie verwirklichen«.
3. Siehe auch Band 215 der Reihe Izvor »Die wahre Lehre Christi«, Kapitel 5: »Wie im Himmel, so auf Erden«.
4. Siehe auch Band 235 der Reihe Izvor »Im Geist und in der Wahrheit«, Kapitel 17: »Das Reich Gottes in uns«.
5. Siehe auch Band 207 der Reihe Izvor »Was ist ein geistiger Meister«, Kapitel 9: »Die universelle Dimension eines Meisters«.

## II

Um wirklich von eurem Aufenthalt hier profitieren zu können, müsst ihr einige Regeln kennen, wenigstens eine klare Vorstellung davon haben, was ihr tun könnt und von den Bedingungen, von denen ihr profitieren könnt. Denn ich sehe es genau, viele unter euch wissen nicht einmal, wo sie hingekommen sind, noch warum sie gekommen sind. Wozu wird ihnen der Aufenthalt hier also dienen?

Der Bonfin gleicht einem Ort, an dem ihr eine Entgiftungskur durchführt. Das ganze Jahr über habt ihr unter Bedingungen gelebt, die für eure Entfaltung nicht besonders günstig waren; und euer physischer Körper, vor allem aber eure Äther-, Astral- und Mentalkörper sind voller Unreinheiten, die ihr los werden müsst, um mit neuen Kräften die Arbeit wieder aufnehmen zu können, die Gott von euch verlangt. Hier esst ihr eine reine Nahrung, zubereitet von Menschen voller Liebe und Sorgfalt, ihr atmet reine Luft, jeden Morgen badet ihr in der Reinheit der Sonnenstrahlen; und daher ist es jetzt an euch, Anstrengungen zu machen, um Reinheit in eure Gedanken, eure Gefühle, eure Wünsche und Pläne einfließen zu lassen. Profitiert von den Bedingungen, die ihr hier vorfindet, dem Frieden, der Stille des Waldes, um zu meditieren, euer Leben zu überprüfen und endlich den Entschluss zu fassen, Diener Gottes zu werden.

Da ihr hierher kommt, um euch zu reinigen, damit ihr fähig werdet, eine göttliche Arbeit zu verrichten, solltet ihr euch nicht in Aktivitäten verlieren, die in euch Elemente einführen, die dieser Arbeit fremd sind. Darum denke ich, dass ihr den Bonfin besser nicht verlasst, um an den Stränden herumzuspazieren. Im Augenblick seht ihr die negative Seite natürlich nicht. Ihr sagt: »Aber es tut gut, ans Meer zu fahren und zu baden.« Sicher, das Meer ist ein wunderbares Element, dem Gott große Macht verliehen hat, aber das ist kein Grund, an den Stränden herumzuhängen, so wie es all diese Müßiggänger tun, die dort stundenlang herumliegen. Was kann bei diesem Nichtstun Gutes herauskommen? Nichts. Im Gegenteil, Schlaffheit und Trägheit.

Da ihr jedoch ein Ziel, ein Ideal zu erreichen habt, müsst ihr wenigstens während dieser paar Tage, die ihr hier seid, euch ihm vollständig widmen, nicht einen Fuß hier und einen Fuß woanders haben, denn mit dieser Zweigleisigkeit werdet ihr keine großen Resultate erzielen. Danach, geht baden wo ihr wollt, wenn es euch Vergnügen bereitet; aber bemüht euch, wenigstens hier eine kleine Pause zu machen, um euch wieder zu finden, um zu verstehen, was und wer ihr seid, und endlich ein kleines Gespräch mit der göttlichen Welt zu führen. Glaubt nicht, ich sähe nicht, was vor sich geht! In dem Moment, in dem man sich konzentrieren und meditieren sollte, sind viele woanders, ihre Gedanken sind woanders.

Es ist daher besser, euch vollständig von dieser neuen Atmosphäre, die ihr hier vorfindet, durchdringen zu lassen, und wenn ihr ein so starkes Bedürfnis verspürt zu baden, gut, dann geht, aber wählt wenigstens einen Ort aus, wo niemand ist. Es ist nicht gut, sich unter diese Menge von Leuten zu mischen, die überhaupt kein spirituelles Ideal haben und die nur mit ihren Wünschen und Begehrlichkeiten beschäftigt sind, denn alles, was von ihnen an feinstofflichen Emanationen ausgeht, nehmt ihr auf, und auf diese Weise werdet ihr euch gewiss nicht reinigen und läutern und befreien.[1] Sicher, wenn ihr widerstandsfähig wäret, wenn ihr fähig wäret, nicht ins Wanken zu geraten, wenn ihr die Unreinheiten, die ihr aufnehmt, umwandeln könntet, dann könntet ihr tun, was ihr wollt. Aber ihr seid schwach, ihr lasst euch beeinflussen, und wenn ihr wieder hierher zurückkommt, findet ihr alles langweilig, armselig und uninteressant. Dort hingegen, an den Stränden, da ist was los, Aufregung, Lärm, da gibt es wenigstens etwas Interessantes! Nun, da ihr jedoch schwach seid, ist es besser, hier zu bleiben, denn nicht nur dass ihr euch beeinflussen lasst, nein, wenn ihr zurückkommt, werdet ihr die anderen beeinflussen, die nicht viel widerstandsfähiger sind als ihr.

Versteht mich daher richtig, wenn ihr ans Meer zum Baden fahrt, habe ich nichts dagegen, das Wasser ist ein göttliches Element, aber ihr solltet einen Ort wählen, an dem ihr Ruhe habt, mit der Sonne, mit dem Schöpfer, mit der göttlichen Mutter, um bei eurer Rückkehr all die Frische und Reinheit, die ihr empfangen habt, über die Brüder und Schwestern ausgießen zu können. Wenn ihr aber an die Strände geht, um uns diesen überkommenen Dunstkreis hierher zu bringen, von dem wir uns eben gerade befreien wollen, nun, das ist alles andere als großartig. Jeden Tag bemühe ich mich, euch die besten Bedingungen zu schaffen, damit ihr bestmöglich diese Regenerationsarbeit ausführen könnt; ich gebe euch überreichlich all die Hinweise, derer ihr bedürft, aber ihr seht ihre Nützlichkeit nicht ein: Ihr wollt euer altes Leben weiterführen, denn hier fühlt ihr euch eingezwängt. Mein Gott, wie schwierig ist es doch, die menschliche Natur zu ändern!

Ihr seid immer bestrebt, wieder in die alten Ansichten, in das alte Leben einzutauchen, und dann fragt ihr euch, warum es euch nicht gelingt, eure Probleme zu lösen? Nun, weil ihr eben immer wieder zum alten Leben zurückkehrt, und das alte Leben kann euch keine wirksamen Lösungen bringen; das müsst ihr euch aufschreiben. Erwartet und erhofft nichts vom alten Leben. Mein Gott, ist es denn so schwer, ein neues Leben zu leben? Ich finde das ist das Allereinfachste, das Angenehmste, man muss sich nicht einmal anstrengen dafür; für mich ist das andere Leben schwierig. Gelegentlich sagt mir jemand: »Oh, aber Sie leben, man spürt, dass Sie leben!« Ich sehe ihn erstaunt an: »Ja und Sie, leben Sie etwa nicht?«… Ah, die Menschen sind wirklich erstaunlich!

Meine lieben Brüder und Schwestern, erwartet nicht, dass ich euch andere Themen präsentiere, als diejenigen, die das neue Leben betreffen, wie man dieses neue Leben leben soll.[2] Wenn euch diese Themen nicht gefallen, sucht woanders was euch gefällt, aber von mir werdet ihr immer dasselbe Thema hören: das neue Leben: wie es atmen, es essen, es trinken und es ausstrahlen? Denn genau das ist am wichtigsten, und eben damit habe ich mich befasst. Indem ihr dieses neue Leben lebt, werden sich euch eines Tages alle anderen Wissenschaften enthüllen. Ja, im Geringsten, was ihr in eurem Alltag tut, werdet ihr Entsprechungen zur Astrologie, zur Alchimie, zur Kabbala, zur Magie sehen können. In der Atmung findet ihr die Astrologie wieder, in der Ernährung die Alchimie, im Wort und in der Geste die Magie, und im Denken die Kabbala.[3] Lernt daher, richtig zu essen, zu atmen, zu handeln, zu sprechen, zu denken und ihr werdet die Grundlagen für diese vier grundlegenden Wissenschaften besitzen; ihr werdet sie sogar tiefgründiger verstehen, als diejenigen, die sie auf intellektuelle Weise studieren.

Ihr wartet immer darauf, dass ich es bin, der euch etwas lehrt. Nein, erwartet nicht, Großes von mir zu lernen: Es ist das neue Leben, das ihr leben werdet und das euch unterrichten wird. Ich meinerseits führe euch lediglich zu diesem Leben hin. Dieses Leben ist der wahre Meister, ein unvergleichlicher Meister.

Wie viele Brüder und Schwestern habe ich in Bulgarien gesehen, die dort vor der Tür des Meisters Peter Deunov standen und alles von ihm erwarteten: Dass er sie umwandle, dass er sie heile, ohne dass sie selbst irgendetwas dafür tun. Und als er auf die andere Seite ging, waren sie am allermeisten enttäuscht, denn sie waren nicht einen Schritt vorangekommen, sie hatten nichts gelernt. Sie hatten jahrelang an der Tür des Meisters herumgehangen und gedacht, sie würden auf diese Art alles erreichen, aber sie haben nichts erreicht. Der Meister, der das sah, hatte sie gewarnt. Aber versucht das Licht in die Köpfe der Menschen zu bringen, wenn sie eine Vorstellung haben, von der sie nicht lassen wollen! Einen Meister zu achten, zu schätzen, zu lieben, das ist eine Sache, aber zu erwarten, dass er alles an eurer Stelle tut, das ist eine andere. Ihr müsst euch an die Arbeit machen, dann werden all die spirituellen Reichtümer eures Meisters sich auf den Weg zu euch machen, und selbst alle Wesen der unsichtbaren Welt, die eure Bemühungen sehen, werden euch zu Hilfe eilen. Aber zunächst müsst ihr arbeiten, damit sich all eure Möglichkeiten zeigen.

Unsere Aktivitäten gründen auf einem Wissen bezüglich der harmonischen und ausgewogenen Entwicklung aller Fähigkeiten im Menschen, und es gibt so viele davon! Gestern suchte mich ein neuer Bruder auf und erklärte mir: »Mir ist bewusst geworden, dass ich bis jetzt ein individuelles, egoistisches, nutzloses Leben führen wollte, und dass das nicht das wahre Leben war. Jetzt entschließe ich mich, in der Kollektivität, in der Bruderschaft ein universelles, ein göttliches Leben zu führen.« »Bravo«, antwortete ich, »jetzt haben Sie alle Aussichten Fortschritte zu machen.«

Und ein anderer Bruder sagte mir auch: »Wie wunderbar ist all das, was hier vor sich geht, all das, was Sie uns offenbaren! Man kann sich kaum vorstellen, dass ein solcher Ort auf der Erde existiert. Aber (denn es gibt ein Aber…) wenn ich daran denke, dass ich wieder zurückkehre, um meine Arbeit inmitten von Leuten wieder aufzunehmen, die ein ungeordnetes, chaotisches Leben führen (ich werde euch seinen Beruf nicht verraten), frage ich mich, wozu es gut ist, dass man versucht, sein Leben umzuwandeln. Da man ja danach gezwungen ist, wieder so zu leben wie zuvor, warum versuchen, etwas zu verändern?« Ich habe ihn angesehen und ihm erklärt: »Was Sie mir da erzählen, beweist mir, dass Sie die Nützlichkeit und Wirksamkeit unserer Lehre noch nicht verstanden haben. Weil gerade die Lehre Ihnen Kriterien und Methoden gibt, um all den schwierigen Bedingungen des Lebens entsprechend begegnen zu können. Ohne die Lehre hingegen lassen Sie sich in den Ozean all der menschlichen Aufregung und Leidenschaften hineinziehen und werden verschlungen. Solange man so urteilt wie Sie, ist es normal, dass man keine Lust hat zu lernen und sich zu wandeln.« Er war erstaunt, für ihn war das eine Entdeckung.

Das Leben ist schwierig; denn man wird immer von allen möglichen Dingen versucht und angezogen. Aber das bedeutet nicht, dass man zwangsläufig kapituliert! Darum ist es vorzuziehen, zu lernen und zu üben, damit man dann alles besiegen, alles überwinden kann. Natürlich braucht man dazu eine Philosophie, man muss ein hohes Ideal haben und man braucht einen Meister. Solange ihr ohne System, ohne Ideal und ohne Führung lebt, werdet ihr hin und her geworfen, allen Umständen ausgeliefert. Um geschützt zu sein, müsst ihr euch an etwas Erhabenes klammern, und wenn dann die Wellen dieses entfesselten Ozeans der menschlichen Leidenschaften aufbranden, könnt ihr euch oben halten und werdet nicht fortgeschwemmt. Ihr klagt, dass ihr euch deprimiert, abgeschlagen, ohne Inspiration fühlt… aber wer ist schuld daran, wenn ihr zu weit unten geblieben seid? Man hat euch Leitern gegeben, man hat euch einen Weg gezeigt, einen Ort, an dem ihr in Sicherheit sein werdet, warum klettert ihr nicht empor?

Das Wichtigste, worauf es für den Schüler ankommt, ist, dem göttlichen Prinzip den Vorrang geben zu können, damit es sich in ihm niederlassen und von ihm Besitz ergreifen kann. Der Mensch ist zwischen die niedere und die höhere Welt gestellt, und es liegt an ihm, für das göttliche Prinzip zu stimmen. Ihr wendet ein: »Aber warum setzt sich das göttliche Prinzip nicht einfach durch, da es doch allmächtig ist?« Nun ja, auch das Feuer ist allmächtig, es kann alles verbrennen; aber entzündet eine Kerze und seht, wie schwach ihre Flamme ist: Der geringste Luftzug bringt sie zum Erlöschen. Der Geist ist auch das Schwächste; wenn ihr ihn nicht nährt, kann er nichts bewirken. Eben das habt ihr noch nicht verstanden. Ihr wartet, indem ihr auf die Allmacht des Geistes zählt, und ihr lasst ihn nicht einmal herein, aber dann geschieht natürlich auch nichts! Der Geist ist oben allmächtig, aber hier auf der Erde vermag er nichts, solange ihr ihm nicht die erforderlichen Bedingungen verschafft, damit er sich manifestieren kann. Gebt eurem Geist Nahrung und Möglichkeiten, und ihr werdet sehen: Er wird sich aller Zellen bemächtigen und sie werden gezwungen sein, sich ihm zu unterwerfen.

Nun, meine lieben Brüder und Schwestern, dankt, dankt dem Himmel den ganzen Tag lang für diese guten Bedingungen, die er euch gegeben hat. Er hat euch dem Lärm und den Unreinheiten entzogen und euch hierher geführt, damit ihr euch entfaltet, damit ihr endlich mit dem Licht kommuniziert. Warum wieder aufs Neue in das alte Leben zurückkehren wollen?

Le Bonfin, den 5. August 1962

Anmerkungen

1. Siehe auch Band 28/29 der Reihe Gesamtwerke »Die Pädagogik in der Einweihungslehre«, Kapitel 4 von Band 29: »Die spirituelle Atmosphäre« und Band 235 der Reihe Izvor »Im Geist und in der Wahrheit«, Kapitel 10: »Der Duft des Garten Edens«.
2. Siehe auch Band 28/29 der Reihe Gesamtwerke »Die Pädagogik in der Einweihungslehre«, Kapitel 3 von Band 29: »Das neue Leben erbauen«.
3. Siehe auch Band 220 der Reihe Izvor »Der Tierkreis, Schlüssel zu Mensch und Kosmos«, Band 204 der Reihe Izvor »Yoga der Ernährung«, Band 226 der Reihe Izvor »Das Buch der göttlichen Magie« und Band 236 der Reihe Izvor »Weisheit aus der Kabbala«.

## III

Euer ganzes Schicksal ist in dem Leben aufgezeichnet, das ihr heute führt, in der Richtung, die ihr heute euren Gedanken und euren Gefühlen gebt, in den Aktivitäten, für die ihr heute eure Energien aufwendet. Denn je nachdem, ob ihr aufmerksam und wachsam seid oder nicht, macht ihr das Terrain für die Zukunft frei oder überfüllt es im Gegenteil mit allen möglichen unnützen oder sogar schädlichen Dingen, die eure gute Entwicklung verhindern werden.

Den ganzen gestrigen Tag hätte man sich für den heutigen vorbereiten sollen. Das ist das Geheimnis: mehrmals am Tag innehalten und sich fragen: »Also schauen wir mal, wofür setze ich gerade meine Energien ein, in welche Richtung lenke ich sie?«, und dann ein wenig Weisheit unter Beweis stellen, ein wenig Sinn für Ökonomie. Nur auf diese Weise werdet ihr den nächsten Tag unter den besten Voraussetzungen angehen können.

Viele Brüder und Schwestern kommen nur mir zuliebe zum Sonnenaufgang, um mir zu zeigen, dass sie mit meiner Philosophie, mit dem Ideal dieser Lehre einverstanden sind. Das ist sehr freundlich von ihnen, und es rührt mich, ihren guten Willen zu sehen, aber ich bin trotzdem unglücklich, weil das nicht ausreicht, damit sie all den Segen des Sonnenaufgangs aufnehmen. Sie müssen bewusst, wachsam, dynamisch werden, sich dazu entschließen, etwas zu tun, dort, im Angesicht der Sonne. Sonst, glaubt mir, wenn man das ganze Leben verschläft, wenn man das ganze Leben passiv und inaktiv ist, wenn man das ganze Leben furchtsam und schlaff ist, wird man niemals etwas verstehen.[1]

Der Schlüssel, der große Schlüssel, liegt darin, immer wach zu sein, sogar im Schlaf. Ja, wach. Warum heißt es: »Wachet und betet«? Selbst die spirituellen Menschen haben die Bedeutung dieses Gebotes noch nicht verstanden. Warum wachsam sein? Das ist ermüdend! Hingegen ist es so wunderbar, zu schlafen, sich der physischen oder mentalen Trägheit zu überlassen. Und darum machen die Menschen keine Fortschritte, obwohl das Universum vor ihnen ausgebreitet ist, trotz der Sterne und der Sonne, trotz all der Bücher und all der großen Meister, die bereit sind, sie zu unterrichten, kommen die Menschen nicht voran: Weil sie schlafen, die ganze Zeit schlafen sie. Und darum, meine lieben Brüder und Schwestern, müsst ihr euch gegenüber wachsam sein und euch sagen: »Achtung, ich darf mich nicht überlasten, weil mich am nächsten Morgen der Sonnenaufgang erwartet, die Engel werden den Raum durcheilen und Geschenke bringen, und wenn ich schlafe, werde ich nichts empfangen. Daher muss ich daran denken, mich für den nächsten Tag vorzubereiten, indem ich darauf achte, mich nicht mit allen möglichen Belastungen zu überladen. Sei es hinsichtlich der Nahrungsmittel, der Gedanken, der Gefühle, ich werde die leichtesten und die lichtvollsten wählen, um mein Gehirn, mein Herz und meine Lungen aufzubauen. Und so werde ich immer wach, munter, dynamisch sein… dynamisch sogar während meines Schlafes!«

Ja, denn es gibt Schlaf und Schlaf, meine lieben Brüder und Schwestern, es gibt einen bedrückenden Schlaf, gleich dem Nichts, und es gibt einen anderen, in dem das Gehirn von einer solchen Klarheit, fast Hellsichtigkeit ist, dass der Mensch in diesem Schlaf die beste Arbeit leistet, dass er die besten Instruktionen empfängt. Das soll nun nicht heißen, dass ihr jetzt schlafen sollt, anstatt zu lesen oder zu meditieren. Nein, denn ihr werdet diesen klaren Schlaf nicht finden, wenn ihr nicht zuvor aktiv, tatkräftig und wach gewesen seid. Wenn man damit begonnen hat, das Wachsein zu erlernen, dann ist man sogar wach, wenn der Schlaf kommt, ja sogar wenn man eingeschlafen ist; auf der anderen Seite hört man, versteht und handelt man. Ja, aber das könnt ihr noch nicht nachvollziehen.

Meine lieben Brüder und Schwestern, ihr seid hierher in den Bonfin gekommen für eine große Arbeit. Ich weiß, den Rest des Jahres arbeitet ihr auch, aber das sind nur Vorbereitungen für die Arbeit, die ihr hier ausführen sollt. Ihr wendet ein: »Aber man muss sich doch ausruhen, sich entspannen!« Genau, bei dieser Arbeit kann man sich auch ausruhen und sich entspannen, weil es eine besondere Arbeit ist.[2] Manche sind entsetzt: »Weiter arbeiten, um sich auszuruhen, aber das ist grauenvoll! So etwas können wir nicht akzeptieren, wir wollen uns wirklich ausruhen, nichts tun.« Und in Wirklichkeit ruhen sie sich selbst bei ihrer Arbeit das ganze Leben lang aus, sie haben nichts getan, weil sie nicht wissen, wie die wahre Arbeit zu verstehen ist.

Also, wacht jetzt auf! Man muss zum ersten Mal begreifen, dass es etwas zu verstehen gibt, das heißt aufhören, automatisch vor sich hin zu leben, endlich bewusst werden, dass man auf die Erde gekommen ist, um etwas zu verwirklichen. Ihr sagt, dass die Leute arbeiten, dass sie aktiv sind. Nein, nein, sie sind noch nicht zu diesem wachen Bewusstseinszustand gelangt, der es ermöglicht, die wahre Arbeit zu verrichten. Ihre Aktivität ist nicht das Ergebnis einer Bewusstwerdung, sie Folgen dem Sog, so zu handeln wie alle anderen, oder aber sie werden durch unterbewusste Impulse angetrieben. Und übrigens ist auch ihr Leben nicht bewusst, sie wissen, dass sie leben, aber es ist wie ein Traum, wie ein Dämmerschlaf; das zeigt sich sogar auf ihren Gesichtern.

Aber weichen wir nicht von diesem so wichtigen Thema der Wachsamkeit ab, um den morgigen Tag vorzubereiten. Jemand wird einwenden: »Aber das widerspricht den Worten Jesu in den Evangelien: »Sorgt euch nicht um den morgigen Tag.« Nun, ihr täuscht euch; es gibt keinen Widerspruch. Jesus riet, nicht an den morgigen Tag zu denken, weil er die Menschen immer in Sorge um die Zukunft sah: Sie fragen sich, ob sie etwas zum Essen oder zum Wohnen haben werden, ob es ihnen nicht an Geld fehlen wird und so fort. Und derart von all diesen Problemen in Anspruch genommen, vernachlässigen sie das Wesentliche: Sie missbrauchen ihre Gesundheit, rempeln Leute an und bringen alles durcheinander, übertreten die Gesetze der Liebe und der Gerechtigkeit und haben keinerlei spirituelle Interessen mehr. Auf diese Weise hinterlassen sie jeden Tag eine Reihe schlecht gelöster Angelegenheiten, Fehler, die wieder berichtigt werden müssten und die sie nicht berichtigen, und all das häuft sich an, und schließlich kommt der Tag, an dem sie davon überflutet und erdrückt werden.

Darum sagte Jesus, man solle nicht an den morgigen Tag denken, denn wenn ihr jeden Tag darauf achtet, dass in eurem Verhalten alles in Ordnung ist, wird der folgende Tag völlig unbelastet sein und ihr werdet frei sein, das zu unternehmen, was ihr euch wünscht, und dabei achtsam bleiben, um in nichts nachlässig zu sein. Und auf diese Weise wird jeder neue Tag euch wohl gelaunt vorfinden, bereit zu atmen, dazuzulernen, euch zu erfreuen, zu singen, und das ganze Leben wird auf großartige Weise von Glück und Segen künden. So muss man das verstehen. Indem ihr heute darauf achtet, alles zu regeln, denkt ihr indirekt an morgen.

Denkt daher nicht an morgen, denkt an heute. Wenn alles für heute arrangiert ist, wird es das auch ganz automatisch für morgen sein. Und habt ihr einmal einen außergewöhnlich strahlenden Tag durchlebt, einen Tag des ewigen Lebens, wird er aufgezeichnet, weil alles aufgezeichnet wird, und nicht sterben, er bleibt lebendig und versucht alle anderen folgenden Tage in seinem Sinne zu beeinflussen, damit sie ihm gleichen. Bemüht euch, wenigstens einen Tag gut zu leben, denn er wird die anderen beeinflussen: Er wird sie einladen, um zu ihnen zu sprechen und sie zu überzeugen, so zu werden wie er, ausgeglichen, geordnet, harmonisch. Da ihr die magische Seite dieser Angelegenheit noch nicht erforscht habt, sagt ihr: »Oh, ein Tag, was kann das schon bewirken? Ich war durcheinander, aber morgen wird es besser gehen.« Ja, es wird besser gehen unter der Bedingung, dass ihr euch sofort bemüht, die Ordnung wiederherzustellen. Sonst geschieht das, was bei bestimmten Spielen auf den Jahrmärkten passiert: Mit einem Ball wirft man eine Dose oder einen Kegel um, der beim Umfallen eine ganze Reihe anderer mit sich reißt.

Vor einigen Jahren kam eine Schwester von wahrlich besonderer Art in die Bruderschaft: Sie hatte alles, um glücklich zu sein, nichts fehlte ihr, und obendrein hatte sie das Licht dieser Lehre. Aber sie war immer trübsinnig und sorgenvoll. Eines schönen Tages wollte ich den Grund für diese Traurigkeit herausfinden und stellte ihr einige Fragen, und was erfuhr ich da? Dass sie sich immer Sorgen machte um die Zukunft, denn es können ja so viele Dinge passieren! Unfälle, Krankheit, Elend... Und auf diese Weise vergiftete sie sich das Dasein, indem sie sich all das vorstellte, was die Zukunft an Schlechtem für sie bereithalten könnte. Ich sagte zu ihr: »Aber Ihre Einstellung hilft Ihnen nicht weiter, im Gegenteil. Es ist richtig, man weiß nie, was die Zukunft bereithält, aber die beste Art, die befürchteten Missgeschicke zu vermeiden, besteht in dem Bemühen, in der Gegenwart vernünftig zu leben. Anstatt sich immer um die Zukunft zu sorgen und aus ihrer Gegenwart eine Hölle zu machen, bemühen Sie sich, nur an die Gegenwart zu denken und das Beste aus ihr zu machen. Auf diese Weise erschaffen Sie sich eine gute Zukunft.«

Man kann seine Zukunft nicht mit einer schlechten Gegenwart gestalten, denn es gibt keine Trennung zwischen ihnen. Wenn eure Gegenwart unglücklich, sinnlos ist, glaubt nicht, dass eure Zukunft erhellt sein wird. Das ist genauso, als wolltet ihr einen Palast auf einem Fundament aus Ton erbauen: Alles wird zusammenbrechen. Leider machen genau das all diese Baumeister – nicht die der Kathedralen, sondern die der Zukunft. Sie wissen nicht, dass man eine solide Zukunft nicht auf einer wurmstichigen Gegenwart aufbaut. Wenn ihr daher einen Tag schlecht gelebt habt, bemüht euch wenigstens, die Auswirkungen vor dem Einschlafen zu neutralisieren, indem ihr die besten Gedanken habt und die besten Entschlüsse für den folgenden Tag fasst. In dem Moment machen sich diese Gedanken wie die Bienen daran, während der Nacht alles zu säubern und zu reparieren.

So ist das, meine lieben Brüder und Schwestern, ihr seid hier in den Bonfin gekommen, um eurem Leben einen neuen Ansatzpunkt zu geben. Wenn nicht, werdet ihr weiterhin in Unordnung leben und leiden, indem ihr die ganze Welt und sogar den Herrn beschuldigt, für euer Unglück verantwortlich zu sein, den Wert eines solchen Wesens wie ihr es seid, so gerecht, so ehrenhaft, so edel, nicht anzuerkennen, wo ihr es doch verdienen würdet, dass Himmel und Erde euch zu Füßen liegen und euch alles zur Verfügung stellen. Es ist Zeit, sich all dieser unbegründeten Forderungen zu entledigen und mit der Arbeit zu beginnen, um ein neues Leben zu leben. Das ist nicht so einfach, ich weiß, denn die Vergangenheit ist hartnäckig. Genauso wie die Zukunft mit der Gegenwart verbunden ist, ist die Gegenwart mit der Vergangenheit verbunden, mit dem Unterschied, dass wir alle die Fähigkeiten haben, die Zukunft zu verändern, während wir an der Gegenwart nichts ändern können, denn sie ist eine unabdingbare Folge der Vergangenheit.

Ihr habt ein bestimmtes Knochengerüst, ein Muskel-, Kreislauf-, Ausscheidungs- und Nervensystem als Folge eurer vergangenen Leben, und daran könnt ihr nichts ändern. Aber was dennoch wunderbar ist, ihr könnt mit all diesen Elementen, die euch gegeben wurden, alle möglichen Kombinationen vornehmen. Das ist, als hättet ihr einen bestimmten Zug ausgewählt: Einmal ausgewählt, seid ihr gezwungen, in eine bestimmte Richtung zu fahren; aber ihr seid nicht so eingegrenzt, dass ihr nicht euren Sitzplatz verlassen könnt. Ihr habt alle Möglichkeiten, das Abteil oder sogar den Wagon zu wechseln, auf den Gängen entlang zu spazieren, zu lesen, zu schlafen oder die Landschaft zu betrachten, zu schweigen oder euch mit anderen Fahrgästen zu unterhalten, Bekanntschaft zu machen mit einem netten jungen Mann oder einer hübschen jungen Frau, den Speisewagen aufzusuchen oder sogar aus der Tür zu springen und eurem Leben ein Ende zu setzen. Ihr seid also zugleich frei und begrenzt. In gleicher Weise seid ihr auf die Erde gekommen, in bestimmte Umstände und mit bestimmten Elementen, aber trotzdem habt ihr eine bestimmte Handlungs- und Bewegungsfreiheit, und die Frage ist nur, ob ihr sie dazu nützt, euch noch mehr zu befreien, oder um euch noch weiter zu begrenzen.

Meine lieben Brüder und Schwestern, ihr habt hier die besten Bedingungen für eure Entfaltung. Ihr solltet dem Himmel Tag und Nacht danken und sagen: »Mein Herr und Gott, womit habe ich all das hier verdient?« Es gibt so viele von Lärm und Ermüdung geplagte Menschen! Und ihr seid hier, frei, Kinder Gottes, die beten, singen, sich vom Morgen an vom Licht der Sonne ernähren. Wie sollte man da nicht dankbar sein? Was braucht man mehr?

Wenn ich zu manchen Leuten sage: »Verbringen Sie ein paar Tage im Bonfin, das wird Ihnen gut tun«, dann hören die einen auf mich, andere aber antworten mir: »Oh, nein, nein, ich habe keine Zeit, ich bin zu beschäftigt.« – »Ach so, sagen Sie mir doch womit.« Und sie breiten alles vor mir aus: Geschäfte, die Frau, die Kinder, die Freunde. Das sind Leute, die noch nie den Wert des Lichts, der Intelligenz, der Weisheit auf die andere Waagschale zu legen wussten. Für sie zählen allein die Geschäfte. Nun gut, da sie ja keine Zeit für Freude, Frieden und Licht haben, werden sie die Zeit haben, um zu leiden, um krank und unglücklich zu sein. Oh ja, wenn man keine Zeit für den Himmel hat, für den Herrn, die Freiheit, bedeutet das, dass man die Zeit hat, um in der Hölle mit den Teufeln zu schmoren.

Ihr wendet ein: »Aber was ist Schlimmes daran, seine Zeit seiner Arbeit, seiner Frau, seinen Kindern und seinen Freunden zu widmen?« Oh, gar nichts natürlich, es ist sehr gut, Pflichtbewusstsein, Eifer und Fleiß zu zeigen. Aber das ist kein zwingender Grund, den Himmel, die göttliche Welt zu vernachlässigen, sonst lässt man, wie wir in Bulgarien sagen, die zahmen Tiere zurück, um den wilden Tieren im Wald hinterherzulaufen, und man kehrt mit leeren Händen zurück. Trotz seiner Moralität, seiner Ehrenhaftigkeit hat der Mensch, der den Himmel vernachlässigt, sein Leben von all dem abgetrennt, was ihm Inspiration, Schönheit, Unsterblichkeit verleihen kann.[3] Man muss daher eine noch höhere Moral anstreben, die der Eingeweihten, die uns lehrt, dass es nicht genügt, auf der Erde, in der Gesellschaft vollkommen zu sein, denn diese Erde schwingt nicht immer in Harmonie mit dem Himmel; sie schwingt vielleicht in Harmonie mit anderen Erden wie sie, aber das genügt nicht. Man sollte daran denken, sich in Einklang mit einer anderen »Erde« zu bringen, die sich Himmel nennt, und hier lernt ihr genau das.

Andere bleiben ein paar Tage im Bonfin und gehen wütend weg. Warum? Weil sie ihr ganzes Leben lang dazu erzogen wurden, nur Bequemlichkeit und Leichtigkeit zu suchen. Alles soll sich um ihre Person drehen; alle sollen ihnen dienen, sie umsorgen, ihr Dasein angenehmer gestalten und Unannehmlichkeiten fernhalten. Und hier spricht man zu ihnen nur von Anstrengungen und Fortschritten, die man machen und von Hindernissen, die man überwinden soll und das passt ihnen natürlich nicht. Das ist unglaublich. Die Leute beabsichtigen, sich auf ein spirituelles Leben einzulassen, ohne sich im Geringsten bewusst zu sein, dass sie dazu auf bestimmte Dinge verzichten und stattdessen andere Dinge praktizieren müssen.

Man erzählt, dass der große Rabbi Akiba, als er seine Schule in Palästina gründete, in seinen Vorlesungen nur diejenigen akzeptierte, die er für würdig erachtete, diese großen Einweihungswahrheiten zu empfangen, und zu der Zeit, wo die Schüler sich versammelten, um ihrem Meister zuzuhören, konnte niemand anderer das Haus betreten. Doch es gab da einen sehr jungen Burschen, der vor Sehnsucht nach Weisheit und nach Licht brannte, aber er wurde nicht akzeptiert. Doch sein Verlangen, die Vorträge des Rabbi Akiba zu hören, war so groß, dass er eines Tages auf das Dach des Hauses stieg, in der Hoffnung, dass durch den Kamin einige Wortfetzen bis zu seinen Ohren gelangen könnten. Leider war es Winter und sehr kalt, so kalt, dass man den armen Burschen am nächsten Morgen halb erfroren und leblos vorfand. Angesichts solch eines Verlangens zu lernen, war Rabbi Akiba sehr berührt und er akzeptierte ihn als Schüler, und eben jener ist es, der zu dem berühmten Rabbi Shimon bar Yokai wurde. Da seht ihr, er war ein Mensch, der das Licht liebte. Er war fähig, alle materiellen Hindernisse zu überwinden, um zu diesen Schätzen zu gelangen.

Manche gestehen es mir: Es überkommt sie manchmal das Verlangen, den Bonfin so schnell wie möglich zu verlassen und sie wissen nicht, warum. Nun, der Grund dafür ist folgender: Das Leben, das sie bis dahin in der Welt führten, setzte sie mehr oder weniger schädlichen Einflüssen aus, und diese Einflüsse manifestieren sich in ihnen in Form von Wesen, welche die Einweihungswissenschaft »Unerwünschte« nennt.[4] Und jetzt sind es diese Unerwünschten, die, da sie nicht in dieser reinen und lichtvollen Atmosphäre, die wir hier erschaffen haben, leben können, sie nun zum Weggehen drängen, um weiterhin von ihnen profitieren zu können. Oh, sie sind nicht dumm, diese Wesen, sie wissen, dass sie keinen Einfluss mehr auf Geschöpfe haben werden, die beschlossen haben, ihr Leben zu ändern. Und darum widersetzen sie sich und versuchen, sie davon zu überzeugen, dass sie sich in Sicherheit bringen müssen, um sie weiterhin ausnutzen zu können.

Wenn ich jemanden, der die gute Seite des Bonfin nicht verstanden hat, unglücklich weggehen sehe, weiß ich im Voraus, wie seine Zukunft aussehen wird: Es wird ihm niemals gelingen, seine Probleme zu lösen. Selbst wenn er dem Anschein nach Erfolg hat, wird er immer unglücklich sein. Ihr wendet ein: »Aber nein, jener Bruder, der die Bruderschaft verlassen hat, ist sehr glücklich: Er hat eine schöne Frau geheiratet, er hat zwei oder drei Kinder, er hat jetzt einen sehr wichtigen Posten inne und ist sehr reich geworden.« Nun, das ist überhaupt kein Grund zur Freude, denn all das sind Lasten, Verantwortlichkeiten, und wie wird er sie wirklich übernehmen können, da er sich ja nicht darauf vorbereitet hat, den Schwierigkeiten zu begegnen? Worauf es bei einem Menschen ankommt, das sind zunächst seine moralischen Qualitäten; wenn er die richtigen Schlüsse zieht, wenn er sich zu beherrschen weiß, was immer ihm dann auch widerfahren mag, ein Erfolg oder eine Katastrophe, es wird etwas Gutes für ihn dabei heraus kommen.

Wenn im täglichen Leben jemand auf einmal ein großes Vermögen erbt oder eine glänzende Heirat macht, sagt jeder: »Oh, welch ein Segen, welch ein Glück!« Allein die Weisen untersuchen zunächst die Angelegenheit, bevor sie sich äußern, um zu sehen, welche Mentalität diese Person hat. Wenn sie launisch, schwach, egoistisch ist, bedauern sie diese: »Welches Unglück«, sagen sie, »denn je höher sie aufsteigt, desto schrecklicher ihr Fall, sie wird zerschmettert werden.« Und für einen anderen, den alle bedauern, weil er alles verloren hat, sein Vermögen, seine Ehre, seinen guten Ruf, wird ein Weiser vielleicht sagen: »Also, diese Person ist doch stark, sie hat doch ein hohes Ideal, oder? Oh, es hätte ihr nichts Besseres passieren können.« Warum wird man nicht so erzogen, die Dinge auf diese Weise zu betrachten?

Leider vertreten selbst die Astrologen eine irrige Auffassung. Wenn sie ein Horoskop sehen, in dem Krankheit und Armut angezeigt sind, ziehen sie überhaupt nicht in Betracht, dass diese Krankheit und diese Armut eine Quelle innerer Bereicherung sein können. Und dabei enthalten alle Horoskope von großen Menschen Hinweise auf schreckliche Prüfungen, die sie zu überwinden hatten, und man betont nie nachdrücklich genug die Tatsache, dass sie vornehmlich dank dieser Prüfungen die Gipfel erreichen konnten.

Ihr müsst lernen, all die guten Bedingungen zu nutzen, welche die göttliche Welt euch jeden Tag durch die Vorkommnisse und sogar die Schwierigkeiten bietet. Ich meinerseits bin mittlerweile absolut davon überzeugt, dass der Himmel mir die besten Bedingungen bot, weil er mich Elend, Schimpf und Schande durchmachen ließ. Sicher, niemand lebt gerne unter solchen Bedingungen… ich übrigens auch nicht, aber jetzt sehe ich, dass sie die bestmöglichen waren. Doch nur wenn man bestimmte Bedingungen zu nutzen weiß, sieht man eben ihren Nutzen.

Le Bonfin, den 31. Juli 1962

Anmerkungen

1. Siehe auch Band 323 der Reihe Broschüren »Meditationen beim Sonnenaufgang«.
2. Siehe auch Band 225 der Reihe Izvor »Das Buch der göttlichen Magie«, Kapitel 8: »Wie man Müdigkeit vermeidet«.
3. Siehc auch Band 242 der Reihe Izvor »Unerschöpfliche Quellen der Freude«, Kapitel 11: »Was es bedeutet, ins ›Ausland‹ zu gehen«.
4. Siehe auch Band 5 der Reihe Gesamtwerke »Die Kräfte des Lebens«, Kapitel 7 »Die unerwünschten Wesen«.

## IV

Heute Morgen, als ich auf dem Felsen ankam und euch grüßte, war ich erstaunt: Noch nie habe ich euch so heiter und ausdrucksvoll gesehen… aber wirklich alle, ohne Ausnahme! Welches Glück für mich! Das war zweifellos die Folge meiner gestrigen kleinen Plauderei, wo ich darüber sprach, dass ihr lernen sollt, auf bewusste und lichtvolle Austausche zu achten, wenn ihr euch grüßt. Aber ich war erstaunt festzustellen, dass ihr dies unverzüglich in die Tat umgesetzt habt: All eure Gesichter waren hell und strahlend. Wie habt ihr so plötzlich eine solche Veränderung zustande gebracht?

In Wirklichkeit hat der Mensch Möglichkeiten, deren Ausmaß er selbst nicht erahnt. Beginnt er aber, sich ihrer bewusst zu werden und wünscht sich, sie zum Ausdruck zu bringen, kommen diese Möglichkeiten zum Vorschein. Heute Morgen habt ihr beschlossen, euch bewusst zu verhalten, mehr Leben, mehr Liebe und Licht in euren Blick, in euren Gruß zu legen, und es ist euch gelungen. Ihr fragt: »Aber ist das so wichtig?« Ja, ihr kommt hierher, um die Bedeutsamkeit der unscheinbarsten Details des täglichen Lebens zu begreifen: Handlungen, Gesten, Worte, all diese Dinge, die ihr jeden Tag tut und worüber euch nie jemand aufgeklärt hat.

Seht nur, wenn man durch die Straßen und in Geschäfte geht, wenn man den Zug oder die Metro nimmt, sieht man nur angespannte, stumpfe, gereizte Gesichter. Nun, das ist kein schöner Anblick! Und selbst wenn man keinen Grund hat traurig oder unglücklich zu sein, wer daran vorbeigeht, wird beeinflusst. Er kehrt deprimiert nach Hause zurück und überträgt seine schlechte Stimmung auf seine ganze Familie. Das ist das armselige Leben, das die Menschen sich fortwährend gegenseitig schaffen. Wie könnt ihr da sagen, dass es nicht von Bedeutung ist, den anderen ein offenes, lächelndes, lichtvolles Gesicht zu zeigen?[1]

Die Frage ist nun natürlich, dass ihr lernt, wie ihr eure guten Zustände aufrechterhalten könnt, denn diese wunderbaren Zustände sollen sich für immer niederlassen. Wenn ihr eine göttliche Sekunde erleben könnt, was wollt ihr mehr, schon ist die Ewigkeit in euch hineingeschlüpft. Ihr habt ein Klischee geschaffen und dieses Klischee wird ewig leben. Das gilt für das Gute ebenso wie für das Schlechte.[2]

Habt ihr also einen Zustand voller Harmonie und Fülle durchlebt, dann habt ihr schon ein magisches Klischee erschaffen, und es ist unauslöschlich in euch da. »Warum aber«, werdet ihr fragen, »bleibt dieser Zustand nicht erhalten? Warum fühle ich mich einen Moment später unruhig und entmutigt?« Weil das Leben ständig im Fluss ist: Die Augenblicke folgen ständig aufeinander und verändern sich bis ins Unendliche, und ihr konntet nicht bei den gleichen Einprägungen verweilen, ihr wart nicht aufmerksam genug und hattet kein ausreichend wachsames Auge, ihr habt euch von anderen Gedanken, anderen Gefühlen, anderen Aktivitäten davontragen lassen.

Dennoch solltet ihr wissen, dass die Einprägungen all dessen, was ihr durchlebt habt, irgendwo in euch geblieben sind, eingeordnet wie Schallplatten oder Tonbänder in eurer Diskothek. An dem Tag, an dem ihr euch daran erinnert, dass da eine wunderbare Stimme war, die himmlische Melodien sang, könnt ihr diese Platte hervorholen, sie auf euer Gerät legen und schon werdet ihr von Neuem in Bann geschlagen und ergriffen von diesem Zauber: Ihr werdet denselben Zustand wieder erleben. Man muss daran denken, das zu tun; man vergisst, dass man damit über eine sehr mächtige Methode verfügt. Man muss diese göttlichen Gravuren immer wieder auflegen und immer wieder anhören.

Die Klischees, die Einprägungen sind unauslöschlich. Das lässt sich beweisen: Wenn man jemanden hypnotisiert, kann man ihn dazu bringen, dass er berichtet, was er bis zurück in seine Kindheit durchlebt, getan und empfunden hat. Selbst wenn er keine bewusste Erinnerung daran hat, sind die Tatsachen und Ereignisse irgendwo gespeichert, überdeckt von angesammelten Staubschichten und dennoch gegenwärtig. Ein weiterer Beweis: Ihr wollt euch an den Namen einer Person oder eines Ortes erinnern und es gelingt euch nicht. Nun, dann bittet die Wesen in euch, die sich um die Archive kümmern: »Hört zu, schickt mir bitte diese Akte und jene Kartei«, und ihr macht einfach weiter, womit ihr gerade beschäftigt seid, ohne dass ihr sucht – und einige Minuten später fällt euch der Name ganz von selbst ein! Das ist euch schon passiert, nicht wahr? Alle Kenntnisse liegen irgendwo in uns vergraben; man muss sie nur suchen.

Also, bewahrt alle guten Klischees, die ihr in euch aufgezeichnet habt, sorgfältig auf und versucht, sie sooft wie möglich wieder zu durchleben, ja, nur sie und nichts anderes zu durchleben. Ihr werdet erwidern: »Das wird mir doch niemals gelingen!« Ja, ihr werdet mich später verstehen, sobald ihr es euch zur Gewohnheit gemacht habt, die harmonischen, göttlichen Bewusstseinszustände in eurem Inneren wachzurufen, dann werdet ihr auch verstehen, dass das möglich ist.

Natürlich ist man im Leben oft beunruhigt, geplagt, aber glaubt mir, man kann trotz allem diese höheren Bewusstseinszustände wiederherstellen, aufrechterhalten und bewahren. Man muss es sich einfach zur Gewohnheit machen, immer nach dem hellen Licht zu streben: In einer Wachsamkeit leben, einer beständigen Aufmerksamkeit für die göttliche Welt, von morgens an daran denken, bei allem Tun im Alltag seine Gedanken auf den Himmel ausgerichtet zu halten.

Wenn ihr euch daran gewöhnt, diese innere Haltung den ganzen Tag über beizubehalten, werdet ihr sehen, dass euch nichts lange aus dem Gleichgewicht bringen kann. Natürlich können uns bestimmte Ereignisse erschüttern, das leugne ich nicht: eine schlechte Nachricht, eine Krankheit, ein Unfall usw. Habt ihr jedoch die Gewohnheit angenommen, die guten Zustände in euch aufrechtzuerhalten, werdet ihr diese Störungen sehr viel schneller überwinden, weil ihr verstanden habt, dass Gott dem Geist die Allmacht gegeben hat.

Leider sind die meisten Menschen nicht in diesem Sinne erzogen. Für sie ist es normal, einen guten Bewusstseinszustand aufzugeben, um wieder in die Unordnung einzutauchen und zu leiden. Sie leben gänzlich im ständigen Wechsel, im Veränderlichen; sie lassen sich ständig von der äußeren Welt beeindrucken, wie Kinder. Und einmal aus dem Zentrum herausgetreten, aus diesem stabilen Punkt im Inneren, wo sie geschützt sind, werden sie verwundbar und bekommen die Dinge nicht wieder in den Griff. Es ist daher eine umfassende Erziehung in diesem Sinne notwendig. Diejenigen, die damit begonnen haben, spüren, dass sie standfest bleiben, was auch immer ihnen zustößt, die anderen hingegen werden schon durch die geringste Unannehmlichkeit aus der Bahn geworfen und stehen kopf.

Bewahrt daher sorgfältig und so lange wie möglich alles, was ihr an Göttlichem erlebt habt, denn jeder Moment, den ihr gelebt habt, ist ewig, ihr könnt ihn wieder finden, er ist in euch eingraviert, niemand kann ihn euch nehmen. Also los, sucht ihn, er ist da.

Ich spreche heute deshalb so zu euch, weil ich heute Morgen begeistert war von dem, was ihr erreicht habt. Also dachte ich mir: »Wenn ich ihnen nichts sage, dann weiß ich, was geschehen wird: Schon ab Morgen wird von diesem himmlischen Zustand keine Spur mehr übrig bleiben, sie werden wieder wie vorher sein, dabei könnten sie weiterhin schön, glücklich und weit vor Freude bleiben.« Und dieser Gedanke hat mich bewogen, zu euch zu sprechen.

Also beginnen wir mit dem Anfang. Wo ist der Anfang? Er bedeutet wach, bewusst, aufmerksam, achtsam sein, um all das, was man an Göttlichem gespürt hat, sorgsam zu bewahren und vor allem nicht zu sagen: »Oh, das war eine Illusion!« Die Menschen sind seltsam: Alles, was schön ist, halten sie für eine Illusion; Unglücke, Schmerzen, Katastrophen hingegen, das ist die Realität. Aber nein! Für mich ist die einzige Realität all das, was gut, schön, göttlich ist. Der Rest ist nur von Menschen erfundene Illusion.

Warum den anderen immer nur das Hässliche und Traurige erzählen? Die Leute laufen überall mit ihren kleinen Wehwehchen herum: »Mir tut es hier weh – mir fehlt dies, mir fehlt jenes…« Warum sich immer dabei aufhalten, was euch fehlt und niemals bei dem, was ihr habt? Ich erinnere mich an eine unserer Nachbarinnen in Bulgarien, als ich sechs oder sieben Jahre alt war. Wir lebten in einem kleinen Dorf in Mazedonien, am Fuße der Baba Planina (der Berg der Großmutter), und es gab in diesem Dorf eine Frau, der es an allem mangelte: Ihr Ehemann war zum Geldverdienen ins Ausland gegangen, und auf seine Rückkehr wartend, lebte sie im Elend. Aber sie beklagte sich nie, und wenn man sie fragte, sagte sie immer: »Ich habe alles, was ich brauche, danke, es fehlt mir nichts.« Sie nahm nie irgendetwas an, sie schlug sich durch, Gott allein weiß wie! Das ging so mehrere Jahre, und dann kehrte eines schönen Tages ihr Ehemann zurück mit viel Geld, und er brachte ihr alles: Sie hatte wirklich alles, nichts fehlte ihr mehr. Das ist weiße Magie; diese mutige Lüge war Wirklichkeit geworden. Also, warum macht ihr es nicht genauso? Eine Lüge, die sich in Wahrheit verwandelt, ist das nicht großartig? Diese Frau dort praktizierte Magie, die beste Magie.

Warum sollte unsere Bruderschaft nicht einzigartig werden in der Welt? Wenn sie die Liebe und das Licht sehen werden, die aus euren Gesichtern strahlen, werden die Leute, die hierher in den Bonfin kommen, erstaunt sein. Selbst ohne dass ihr zu ihnen sprechen müsst, genügt es ihnen, euch zu sehen, um zu sagen: »Oh, ich verstehe, ich verstehe…« Sie werden sofort verstehen, dass, während sie damit beschäftigt waren sich zu amüsieren oder ihren Geschäften nachzugehen, ihr dabei wart, an eurer Umwandlung zu arbeiten. Ich für meinen Teil brauche Arbeiter, wenn ihr also ein wenig Freundschaft für mich empfindet, dann los, beginnt mit der Arbeit. Wenn es euch eure Aufgabe erleichtert, dann tut es nicht für euch, tut es für mich, um mir zu helfen, dann wird es euch vielleicht besser gelingen.

Also, macht mir diese Freude, werdet wieder so, wie ihr heute Morgen auf dem Felsen wart. Das ist alles, worum ich euch bitte; das ist wenig, aber es wirkt auf mich auf großartige Weise, es ist mächtig, es ist magisch. Tut es für mich: Bleibt den ganzen Tag lächelnd, offenen Herzens, freudestrahlend… selbst wenn ihr bei der Rückkehr in euer Zelt finden solltet, dass euch ein Bett fehlt, ein Kocher, Kaffee, eine Salbe, Kleidung, oder Ehemänner, Ehefrauen, Kinder… das macht nichts, sagt Folgendes: »Ich habe den Himmel und die Erde, ich habe die Lehre der Bruderschaft, ich habe Beine, Arme, einen Mund, Augen, Ohren, ah, welch ein Reichtum! Das Leben ist schön.«

Jeden Tag solltet ihr darauf zurückkommen, daran denken, dass ihr ein Sohn Gottes, eine Tochter Gottes seid, dass euch alles gehört, dass ihr wieder derjenige werden könnt, der ihr in ferner Vergangenheit wart, als ihr aus dem Schoß des Ewigen hervorgegangen seid. Ihr habt diesen Zustand verloren, indem ihr alle möglichen Verrücktheiten und unglückliche Erfahrungen gemacht habt, aber ihr könnt zu dieser Herrlichkeit zurückkehren.[3] Das ist die Rückkehr zum Vater, die Reintegration der Wesen: Wenn der Mensch wieder allmächtig wird, Herr über alle Kräfte der Natur, und er seine Würde als Erbe Gottes zurückgewinnt. Das ist seine wahre Bestimmung. Warum sich also immer mit fehlenden Kleinigkeiten aufhalten, zetern und jammern? Das ist nicht intelligent. Man muss die wahre Intelligenz wieder finden, und die wahre Intelligenz bedeutet, in Übereinstimmung mit diesem grandiosen Ziel zu denken, zu fühlen und zu handeln. Bemüht euch daher in Zukunft, mir das zu geben, worum ich euch bitte; lügt sogar, wenn es sein muss, und lächelt, auch wenn ihr überhaupt keine Lust dazu habt. Ihr werdet immer Besseres bewirken, als wenn ihr den anderen vernichtende Blicke zuwerft, um ihnen zu zeigen, wie schlecht gelaunt ihr seid. Das hier ist eine Schule, in der man lernt zu lügen. Aber ja, ihr seht, eine Schule des Lügens. Schade um die, die schockiert sind!

Und um jetzt diesen wunderbaren Zustand von strahlender Freude und weitem Herzen nicht mehr zu verlieren, muss man wachsamer, achtsamer sein. Es heißt in den Evangelien: »Wachet und betet…« (Mt 26,41). Ja, denn der Teufel, der um uns herumschleicht, um uns zu verschlingen, das sind vielleicht zunächst all die kleinen Teufel der

Unachtsamkeit.[4] Ihr kommt, ihr hört die größten Wahrheiten, dann kehrt ihr zurück ins prosaische Leben, ihr vergesst alles, und bei der ersten Gelegenheit werdet ihr gebissen. Für mich sind die Teufel nicht wirklich groß und Furcht erregend. Wenn sie es wären, könnte man sie sehen, sich verteidigen, sie sogar angreifen. Doch die meiste Zeit sind sie ganz klein und verbergen sich. Das ist wie mit den Mikroben, man kann sie nicht ausfindig machen und sie suchen die ganze Menschheit heim. Man sollte daher in Zukunft Mikroskope haben, sonst sind jeden Tag die Teufel da: Man setzt den Fuß irgendwo hin, eine Sekunde Unachtsamkeit und hopp – sind schon ein paar Rippen gebrochen – symbolisch gesprochen. Die Christen stellen sich den Teufel mit Hörnern, Krallen und Hufen vor… Aber nein, die Wirklichkeit ist noch viel schlimmer: Es sind zahlreiche kleine Teufel, »Unachtsamkeit« genannt.

Le Bonfin, den 19. Juli 1972

Anmerkungen

1. Siehe auch Band 242 der Reihe Izvor »Unerschöpfliche Quellen der Freude«, Kapitel 8: »Und ihr werdet alle Menschen auf den Weg der Freude mitziehen«.
2. Siehe auch Band 221 der Reihe Izvor »Alchimistische Arbeit und Vollkommenheit«, Kapitel 6: »Die Klischees«.
3. Siehe auch Band 242 der Reihe Izvor »Unerschöpfliche Quellen der Freude«, Kapitel 1: »Gott, Ursprung und Ziel unserer Reise«.
4. Siehe auch Band 215 der Reihe Izvor »Die wahre Lehre Christi«, Kapitel 9: »Wachet und betet« und Band 243 der Reihe Izvor »Das Lächeln des Weisen«, Kapitel 2: »Wie ein Hirte über seine Schafe wacht« und Kapitel 3: »Die Grenzen unserer Seele schützen«.

# III

# DIE ARBEIT
# IN DER GÖTTLICHEN SCHULE

# I

Um im Leben Erfolg zu haben und zu einer Stellung, Prestige und Geld zu kommen, darf man nicht allzu viele Skrupel haben. Derjenige, der niemals etwas gegen sein Gewissen tun will, wird in der Gesellschaft nie besonders erfolgreich sein. Es kann sogar sein, dass er Hass und Verfolgung auf sich zieht. Nach außen hin ist die Lage daher nicht gut für ihn, aber innerlich fühlt er sich in Harmonie mit sich selbst und empfindet großen Stolz.[1] Derjenige hingegen, der um jeden Preis Erfolg haben will, bis hin zur Übertretung der Gesetze der Redlichkeit, wird schließlich seine Ziele erreichen und ist zufrieden, aber innerlich spürt er, dass da etwas damit nicht einverstanden ist, und selbst wenn er versucht, sich dieser Empfindung zu entledigen, wird ihm das nicht gelingen.

Die Menschen sind immer sehr geschickt darin, materiellen Erfolg zu erreichen. Ein gewisser Instinkt drängt sie dazu, sich Vereinigungen anzuschließen oder einer politischen Partei beizutreten, damit sie sich alle möglichen unlauteren Handlungen erlauben können und dabei immer geschützt sind. Wer hingegen keiner Vereinigung dieser Art angehört, findet sich allein wieder, niemand schützt ihn, aber der Himmel steht hinter ihm und unterstützt ihn und gibt ihm die Kraft, auf diesem Weg weiterzugehen.

Je mehr Zeit vergeht, desto mehr werdet ihr feststellen, dass dies unumstößliche Gesetzmäßigkeiten sind. Aber das braucht Zeit, und im Augenblick seid auch ihr diesem Erfolgskurs unterworfen, das spirituelle Leben hingegen sagt euch nicht viel, denn dem Anschein nach hat man nicht viel davon. Nun, das rührt ganz einfach daher, dass ihr die falschen Schlüsse zieht. Jeder weiß, dass man besser bezahlt wird, wenn man die soziale Leiter emporsteigt und das bei weniger Arbeit. Der Chef eines Unternehmens, zum Beispiel, braucht manchmal nur sein Büro aufzusuchen, um ein paar Unterschriften zu leisten, und er wird am besten bezahlt; der Hauswart hingegen, der Tag und Nacht da ist, bekommt nicht viel. Warum sollte es daher nicht dasselbe Phänomen im inneren Leben geben? Auch da muss man emporsteigen und Anstrengungen auf sich nehmen, um ein leichteres Leben zu haben.

Sicher, es ist wahr, wer eine spirituelle Arbeit verrichtet, sieht lange Zeit kein Ergebnis. Also lässt er den Mut sinken, indem er sich sagt, dass er seine Zeit vergeudet und stürzt sich in konkretere Aktivitäten, wo die Ergebnisse sofort ersichtlich sind. Aber was immer ihr im konkreten Bereich tut, nichts wird jemals einer spirituellen Aktivität gleichkommen können. Wenn ihr nach den Regeln arbeitet, erzielt ihr eines Tages millionenfach bessere Ergebnisse, als wenn ihr euch mit einer materiellen Aktivität zufriedengegeben hättet, denn ihr arbeitet mit unterschiedlichen Werten, die unterschiedliche Folgen nach sich ziehen.

Stellt euch einen Goldsucher vor: Sicher, er kann Gold finden, und sogar viel. Aber stellt euch daneben einen Alchimisten vor: Jahr für Jahr arbeitet er Tag und Nacht, um den Stein der Weisen zu finden, und er scheint vergeblich zu arbeiten, er findet nichts. Wenn er immer nach den Regeln gearbeitet hat, wird er ihn mit Sicherheit schließlich finden, und an dem Tag kann er Berge von Metall in Gold verwandeln. Und was hat daneben ein Goldsucher erreicht? Dieses Bild vermag euch am klarsten den Unterschied zu vermitteln, der zwischen gewöhnlicher Arbeit und spiritueller Arbeit besteht. Der spirituelle Mensch, der am Wesentlichen arbeitet, fühlt sich sehr, sehr reich![2]

Manche sagen, dass sie keine Lust haben, sich in die spirituelle Welt zu wagen, weil sie nicht genau sehen, wohin sie gehen, und dass sie Angst haben, sich dabei zu verirren. Sicher, man kann dort vom Weg abkommen, wie man sich im Wald verlaufen oder auf dem Meer vom Kurs abkommen kann, wenn man keinen Kompass hat. Aber auch in der spirituellen Welt kann man einen Kompass haben, und wenn man dann im Hafen ankommt, ist man überwältigt. Es gibt übrigens Mittel sich zu orientieren, sogar ohne den Weg zu sehen. Nehmen wir ein anderes Bild: ein U-Boot. Nichts ist schwieriger als sich im Meer zurechtzufinden Aber das U-Boot ist mit Geräten ausgerüstet, deren Anzeigen der Kommandant zu interpretieren weiß, und die Reise verläuft gut. Der Mensch gleicht einem U-Boot. Er besitzt innerlich Geräte, die es ihm ermöglichen, sich zu orientieren. Nur sind seine Geräte verrostet, weil er sie seit Inkarnationen nicht mehr benutzt hat oder die Anzeigen sind meist falsch, aufgrund des ungeordneten Lebens, das er geführt hat.[3]

Es wäre natürlich einfacher, sich auf gut asphaltierten Straßen fortzubewegen, wo Straßenschilder an jeder Abzweigung stehen. Leider ist es im spirituellen Leben anders; es ist sogar ein riskantes Abenteuer. Je nach Art des zu erreichenden Zieles ist es unmöglich, dieses ohne Anstrengung zu erreichen, umso mehr als die Wege, die dorthin führen, nicht sooft begangen werden, darum sind sie weder sehr breit noch sehr sicher. Es sind unberührte und steile Wege, die an Abgründen entlang führen, und auf denen nur einige Eingeweihte gegangen sind. Aber umso schwieriger die Aufgabe ist, desto glänzender ist der Erfolg.

Die Natur gibt nichts ohne Anstrengung. Seht euch nur die Sportwettkämpfe an: Die Sprünge über Hindernisse, Skifahren, Autorennen, ist das alles leicht? Nein, das sind sehr gefährliche Sportarten, bei denen man sich verletzen und sogar umkommen kann. Warum akzeptiert man die Schwierigkeiten, wenn es sich um Sport handelt, und warum akzeptiert man sie nicht mehr, wenn es sich um das spirituelle Leben handelt? Da will man, dass es einfach ist. Aber nein, die Natur hat Hindernisse aufgestellt, um diejenigen unter ihren Kindern herauszufinden, die fähig sein werden, sich in diese Unternehmung zu stürzen, bis zum Ende zu gehen und zu triumphieren. Sie hat den Parcours der Schwierigkeiten abgesteckt und mit Blick auf die Herrlichkeit des Sieges sollten euch diese Schwierigkeiten nicht entmutigen, sondern euch im Gegenteil helfen, wieder Mut zu fassen.

Nur darf man sich natürlich nicht ohne Führer vorwagen, jeder weiß, dass man einen braucht, um Berge und ihre Gipfel zu besteigen. Auf der physischen Ebene erkennt man den Nutzen und sogar die Notwendigkeit eines Führers an, aber was das innere Leben angeht, da glauben manche, darauf verzichten zu können. Hinsichtlich des inneren Lebens, wo die Gefahr so viel größer ist, sich zu verlieren, von Lawinen begraben zu werden oder in Abgründe zu stürzen, das ist schon erstaunlich, da werden sie sich ganz allein durchschlagen! Das ist der Grund, warum es so viele gestörte Menschen unter den so genannten Spirituellen gibt. Sie haben sich einfach so ohne Führer hineinbegeben und sich verirrt.

Denkt über das Bild vom Goldsucher und vom Alchimisten nach, das ich euch gerade beschrieben habe.

Jeder sucht Reichtum und denkt dabei: »Sobald ich reich bin, werde ich mir alles leisten können«. Ja, das stimmt, und es ist normal, nach Reichtum zu streben. Leider ist für die meisten Menschen Reichtum auf Geld beschränkt und sie suchen das Geld, sie laufen dem Geld hinterher, aber nicht deshalb werden sie sich wahrhaft reich fühlen können. Als ich noch sehr jung war, in Bulgarien, zeigte mir Meister Peter Deunov eine Methode, um Gold in der Erde aufzuspüren, indem man einen kleinen Stab aus Kupfer anfertigte. Ich tat, was er mir sagte, was übrigens sehr einfach war, aber ich suchte nicht nach Gold, denn das interessierte mich nicht. Ich weiß nicht, warum der Meister das tat – vielleicht als Prüfung für mich und um zu sehen, ob ich in Versuchung geraten würde. Das einzige Experiment, das ich machte, war in der Familie eines Bankiers, den ich kannte. Ich bat ihn, irgendwo im Haus Gold zu verstecken und fand es sofort. Sie waren natürlich höchst erstaunt, aber das ist alles, ich habe damit aufgehört. Bereits in diesem Alter wusste ich, obwohl ich sehr arm war, dass es nicht Gold war, nach dem ich suchen sollte.

Der einzige Reichtum, der uns wahrhaft bereichern kann, ist der, von dem Jesus spricht, wenn er sagt: »Sammelt Schätze im Himmel, wo weder Würmer noch Rost sie zersetzen und wo die Diebe nicht hingelangen und sie stehlen können« (Mt 6,20). Gott selbst hat dieses Bedürfnis reich zu werden, in den Menschen hineingelegt, aber er gibt sich damit zufrieden, es unten, auf der physischen Ebene zu befriedigen, anstatt in den höheren Regionen auf die Suche nach den einzigen Schätzen zu gehen, die ihn reich, glücklich und frei machen könnten. Man glaubt, dass ein spiritueller Mensch Reichtümer gering schätzen sollte. Nein, Spiritualität besteht einzig darin, zu wissen, wo und wie die wahren Reichtümer zu finden sind.

Sèvres, den 31. Dezember 1963

Anmerkungen

1. Siehe auch Band 242 der Reihe Izvor »Unerschöpfliche Quellen der Freude«, Kapitel 9: »Einzig das Licht des Geistes darf uns führen«.
2. Siehe auch Band 241 der Reihe Izvor »Der Stein der Weisen«, Kapitel 13: »Die Entfaltung des göttlichen Keims«.
3. Siehe auch Band 219 der Reihe Izvor »Geheimnis Mensch« und Band 235 der Reihe Izvor »Im Geist und in der Wahrheit«, Kapitel 2: »Das göttliche Amt für Gewichte und Maße«.

## II

Welche Macht hat dieser Gesang, sobald er unter günstigen Voraussetzungen ausgeführt wird; nicht nur den materiellen, technischen Voraussetzungen, sondern auch den spirituellen, psychischen, wenn man seine Seele, sein Herz, seinen Geist daran teilnehmen lassen konnte! Man spürt dann, dass die Atmosphäre von lichtvollen Strömungen und Wesenheiten durchdrungen ist, denn diese lebendige Harmonie hat sie angezogen.

Gelegentlich fragt mich jemand: »Aber warum singt ihr auf Bulgarisch? Man versteht überhaupt nichts davon!« Zuerst erkläre ich ihm, dass es Übersetzungen von diesen Liedern gibt, die er sich leicht besorgen kann. Aber besonders in der Musik kommt es nicht so sehr auf das intellektuelle Verstehen an, sondern darauf, was man unter dem Einfluss der Klänge, der Schwingungen und der Harmonie empfindet. Versteht man den Gesang der Vögel, der Wasserfälle oder des Windes in den Zweigen? Nein, aber man ist ergriffen, gefangen, fasziniert, verzaubert. Um in Harmonie zu schwingen, ist es nicht notwendig, alles zu verstehen.

Wenn euch jemand mit Liebe ansieht, könnt ihr dann genau sagen, was hinter seinen Augen ist? Nein, aber ihr seid verzaubert und ihr vibriert. Und als man die Messe in lateinischer Sprache las, verstand sie dann jeder? Nein, und jetzt, wo man sie auf Französisch liest, sind manche enttäuscht; sie finden, dass es auf Latein besser war, und sie mögen recht haben, die lateinische Sprache brachte ein Element, das man jetzt mit dem Französischen oder in anderen Sprachen nicht mehr spürt.

Und was die Lieder angeht, sollte man sie besser in der Sprache singen, in der sie geschrieben wurden. Selbst wenn man nichts versteht, existiert ein Zusammenhang zwischen den Worten und der Musik, und eine Übersetzung zerstört diesen Zusammenhang. Die Musik ist nicht dazu da, um verstanden, sondern um gefühlt zu werden. Auch wenn sie von Worten begleitet wird, ist doch die Empfindung das Wichtigste. Natürlich ist es noch besser, wenn beide zusammengehen, am meisten jedoch zählt die Empfindung. Wenn ein Mann eine Frau liebt, sagt er oft nichts, aber er schaut sie an und die Macht dieses Blickes versetzt sie in den Himmel. Und einem anderen, der sie mit der Sonne, dem Mond, den Sternen vergleicht – »Verschwinde!«, wirft sie ihm an den Kopf, weil es zu viele der Worte sind, und hinter diesen Worten … nichts. Soll er sie doch mit allem vergleichen, was er will, aber zuallererst sollte er durch seinen Blick, durch seinen Ausdruck, durch seine Schwingungen all die Liebe ausströmen, von der er sprechen will.

Auf alle Fälle habt ihr da ein fantastisches Repertoire, meine lieben Brüder und Schwestern. Diese Lieder, das ist die Musik der Zukunft, die der Erziehung der ganzen Menschheit dienen wird. Indem ihr diese Lieder singt, tragt ihr nicht nur zum Erhalt und zur Verstärkung des Lichtes in der Welt bei, ihr arbeitet auch für euch selbst. Jedes Lied wirkt günstig auf den, der es singt, und selbst wenn ihr sie nicht singt, allein die Tatsache, sie in eurem Kopf zu haben, tut euch gut, denn diese Lieder schwingen in euch.

Wenn ihr spürt, dass ihr nicht mehr genau wisst, wo euch der Kopf steht, dass ihr keinen klaren Gedanken fassen könnt, dann singt: »Misli, pravo misli: Denke richtig«, und schon werdet ihr euch wieder besser orientieren können… Wenn ihr glaubt, dass euch niemand mehr liebt, dann singt: »Bog e ljubov: Gott ist Liebe«, also, was wollt ihr mehr, denn Gott wird euch niemals verlassen. … Und wenn ihr ein wenig erschöpft, krank seid, dann singt: »Sila sdrave e bogatstvo: Kraft und Gesundheit sind Reichtum«, dann erbebt alles, die Mauern, die Decke – und ihr richtet euch wieder auf… Wenn euch das Leben glanzlos und trübe vorkommt, dass es keine Freude mehr in euch weckt, dann singt: »Krassiv é jivota: Schön ist das Leben…« Und wenn ihr glücklich seid, singt: »Blagoslaviai, douché moia, Gospoda: »Meine Seele, preise den Herrn«. Ihr habt da ein ganzes Arsenal an magischen Mitteln.1 Bedient ihr euch ihrer, das frage ich mich! Man sollte sich ihrer bedienen, und ich bin genau dazu da, euch ständig daran zu erinnern, dass ihr all diese Mittel anwenden sollt, die euch zu Verfügung stehen, all das, was Gott in euch hinterlegt hat. Helft euch selbst, öffnet die Schränke und bedient euch, ihr habt alles. Es braucht immer jemanden, der euch daran erinnert, und darum tue ich nichts anderes.

Ihr meint: »Aber es wäre viel besser, wenn Sie uns verraten würden, dass es in jenem Boden Uran oder Erdöl gibt, jenen Vogel in jenem Wald, jenen Fisch in jenem Fluss, oder jene Galaxie im Universum.« Aber wozu würde euch das nützen, wenn ihr nicht wisst, was ihr in euch selbst habt? Ich leugne nicht all die Vorteile, die diese Kenntnisse mit sich bringen können, aber es ist viel wichtiger, die Möglichkeiten seines Innenlebens zu kennen. Wenn ihr wüsstet, was ihr alles besitzt, werdet ihr Herr über das Universum sein, und ihr werdet außergewöhnlichen Stolz und Würde verspüren.

Dazu muss man zuerst lernen, sich zu beobachten, um sich besser kennen zu lernen. Aber selten sind sich die Menschen ihrer mentalen Gewohnheiten bewusst. Der eine wird sofort verspannt und nervös, wenn er eine Arbeit machen soll; ein anderer zeigt sich gegenüber jeder neuen Situation negativ oder ablehnend, noch ein anderer verliert den Mut… Aber da dies Gewohnheiten sind, derer sie sich nicht einmal bewusst sind, werden sie nie etwas daran ändern können und in jeder beliebigen Situation immer einen Vorwand finden, sich mutlos, nervös oder ablehnend zu zeigen. Daher müsst ihr euch als Erstes selbst erforschen, damit ihr euch kennen lernt. Von dem Moment an, wo ihr in euch klar seht, habt ihr bereits die Mittel, die Lage wieder in Ordnung zu bringen: Sofort erhaltet ihr einen Anstoß, um all die Möglichkeiten zu mobilisieren, die Gott in euer Unterbewusstsein, euer Bewusstsein und euer Überbewusstsein gelegt hat.[2] Auf diese Weise macht ihr jeden Tag Fortschritte, weil ihr euch angewöhnt habt, euch zu erforschen und über euch selbst im Klaren zu sein.

Niemand kann euch mehr geben, als der Schöpfer euch schon gegeben hat. Er hat vorausschauend dafür gesorgt, dass ihr dann, wenn ihr aufgeklärter und bewusster sein werdet, diese Reichtümer wieder finden könnt, die mehr oder weniger tief in euch verborgen liegen. Und die Rolle eines Lehrers besteht eben darin, seinen Schülern beizubringen, welches die besten Methoden sind, damit diese Reichtümer an der Oberfläche erscheinen können. Seht nur, was ich euch gerade über die Lieder sagte: Habt ihr schon erfasst, was ihr damit für Reichtümer habt? Nein, denn wenn ihr sie als Reichtümer betrachtet hättet, hättet ihr sie besser genutzt, und nicht nur hier, wenn wir versammelt sind, sondern auch bei euch zu Hause, wenn ihr allein seid. Alles liegt im Bewusstsein, in der Fähigkeit, den Wert der Dinge erkennen zu können.

Also, meine lieben Brüder und Schwestern, fasst Mut, denn ein großes Erbe, ein göttliches Erbe erwartet euch. Ihr habt es nur deshalb noch nicht in Besitz genommen, weil ihr noch nicht volljährig seid, ihr müsst wachsen, und eines Tages werdet ihr von einem Notar eingeladen, der euch erklären wird: »Nun, sie sind der Erbe eines sagenhaften Vermögens.« Ja, ein göttliches Erbe wartet auf euch, das ist die reine Wahrheit. Was ich euch nicht sagen kann, das ist der Zeitpunkt, an dem ihr es in Besitz nehmen könnt; sicher aber ist, dass ihr es bei eurer Volljährigkeit haben werdet. Das wird vielleicht in zwanzig oder dreißig Jahren sein, vielleicht in einer anderen Inkarnation, aber ihr werdet es haben.

Ihr fragt: »Aber wie wird man mich finden können? Ich werde in einem anderen Land, eine andere Nationalität angenommen haben.« Ihr könnt alles ändern, was ihr wollt, die himmlischen Wesen werden euch immer finden. Selbst wenn ihr »keine Adresse hinterlassen habt«, sie werden euch finden, weil ihnen viele Mittel zur Verfügung stehen. Es genügt ihnen, einen mit eurem Duft, das heißt mit euren Emanationen imprägnierten Gegenstand zu haben, und sie werden euch finden. Bevor die Herren des Karma jeden einzelnen Menschen auf die Erde herabsteigen lassen, haben sie jedem einen speziellen Duft mitgegeben, und wenn sie jemanden wieder finden müssen, ist das sehr einfach. Sie haben »Hunde«, und hopp, schon sind sie von ihnen gefunden. Wenn ihr mir nicht glaubt, könnt ihr es jederzeit nachprüfen!

Denkt also jeden Tag an euer göttliches Erbe, allein dieser Gedanke wirkt schon günstig auf euch. Warum hat man dies den Menschen nie offenbart? Das, was man ihnen verspricht, kann niemals die Unermesslichkeit ihrer Wünsche befriedigen. Eine Frau, ein Haus, ein kleiner Garten, ein Auto – was ist das schon? Selbst wenn sie es haben, sind sie nicht zufrieden. Unermesslichkeit, Grenzenlosigkeit, Ewigkeit, das ist das Erbe, der einzige Reichtum, der fähig ist, den Menschen überglücklich zu machen, ihn gänzlich zu erfüllen. Und genau dieses Erbe kündige ich euch an.

Sèvres, den 31. Dezember 1963

Anmerkungen

1. Siehe auch Musik-CD »Chants de la Fraternité Blanche Universelle«, vierstimmig.
2. Siehe auch Band 222 der Reihe Izvor »Die Psyche des Menschen«, Kapitel 11: »Das Bewusstsein«, Kapitel 12 »Das Unterbewusstsein« und Kapitel 13 »Das höhere Ich«.

# III

Ihr könnt mich beglückwünschen, meine lieben Brüder und Schwestern, heute habe ich drei Personen zum Weinen gebracht! Ja, ich mache wirklich Fortschritte, Fortschritte sowohl hinsichtlich der Quantität als auch der Qualität. Zuvor war ich freundlich, liebenswert, aber ich habe bemerkt, dass ich mit meiner Freundlichkeit den Brüdern und Schwestern nicht wirklich hilfreich bin. Deshalb habe ich mich entschlossen, die Methode zu ändern, und seitdem machen alle Fortschritte. Selbstverständlich nicht am ersten Tag, oh nein, aber an den folgenden Tagen…

Daher werde ich euch jetzt eine Frage stellen: »Soll ich euch lieber angenehme Dinge sagen und zulassen, dass ihr immer weiter in euren Schwächen herumirrt oder aber dass ich euch ein wenig durchschüttele und euch auf einige noch nicht erkannte Fehler aufmerksam mache, die euch aber an eurer rechten Weiterentwicklung hindern? Was werdet ihr antworten?

Ihr werdet kein Wesen finden, das vollkommen auf die Erde gekommen ist. Ob er es nun zeigt oder verbirgt, jeder hat eine Schwäche, und sogar mehrere. Selbst die Eingeweihten haben mindestens eine Schwäche: Einmal ist es Ängstlichkeit, einmal Hochmut, einmal Geiz oder Sinnlichkeit. Aber die Überlegenheit eines Eingeweihten kommt daher, dass er sich zunächst einmal seiner Schwäche bewusst ist, und dass er anschließend mit allen Mitteln versucht, über sie zu triumphieren. Wie erhaben sein Geist auch sein mag, sofern ein Eingeweihter sich auf der Erde inkarniert, empfängt er von seinen Eltern ein mehr oder weniger fehlerhaftes Erbe, das er umwandeln muss, was ihm dank seiner anderen guten Eigenschaften und Tugenden gelingt. Und wenn er damit Erfolg gehabt hat, wird er noch größer, weil es ihm gelungen ist, eine rohe, unbearbeitete Materie in eine bearbeitete Materie zu transformieren, derer er sich für seine Arbeit bedienen kann. Bei den Eingeweihten sieht man die Macht des Geistes, dem es gelingt, alles zu bemeistern, während die meisten Menschen ihr ganzes Leben lang Schwächen, die sie nicht überwinden können, mit sich herumschleppen.

Somit müssen also sogar die Eingeweihten an sich selbst eine umfassende Arbeit der Säuberung, der Läuterung und Umgestaltung durchführen. Sicher, einige unter euch werden erstaunt sein, denn sie halten die Eingeweihten für vollkommen, allwissend, allmächtig, ohne das Bedürfnis zu essen, zu trinken, zu schlafen und gefeit gegen alle Versuchungen. Solch ein Wesen existiert jedoch nirgends, außer in ihrer Vorstellung.

Die Größe eines Eingeweihten, eines Meisters, besteht darin, denselben Schwierigkeiten ausgesetzt zu sein wie jeder andere, sich jedoch nach und nach über diese Schwierigkeiten erheben zu können. Darum hat er danach das Recht, die anderen zu unterrichten und sie sogar durchzurütteln. Da es ihm ja gelungen ist, über seine Schwächen zu triumphieren, hat er das Recht erworben, die Menschen zu korrigieren.[1] Übrigens hat nur unter dieser einzigen Bedingung jemand das Recht, den Mund aufzumachen, um anderen Moral zu predigen. Wenn er sich nicht selbst von den Fehlern befreit hat, die er bei anderen korrigieren will, dann schweigt er besser, sonst werden die Leute in ihm etwas Zweifelhaftes spüren, und der Himmel wird ihm einige Fallen stellen. Wie, glaubt ihr, könnt ihr die Leute davon überzeugen, sich einer Schwäche zu entledigen, die ihr selbst nicht losgeworden seid? Wie kann ein Angsthase anderen Mut vermitteln? Wenn er ruft: »Vorwärts!« und ihm dabei die Beine zittern, wie wird er dann die Menge mitreißen? Wisst, dass allein der Sieg über eure Schwächen euch

Kräfte verleiht, und diese Kräfte werden früher oder später durch eure Augen, eure Gesten, euer Gesicht, eure Stimme zum Ausdruck kommen; sie werden selbst dann zum Ausdruck kommen, wenn ihr sie verbergt.

Glaubt nicht, dass es leicht ist, sich darum zu kümmern, die Schwächen der Menschen zu korrigieren. Es braucht jahrelange Arbeit an sich selbst, bevor man dazu fähig ist. Darum habe ich mich lange Zeit damit begnügt, mich um mich selbst zu kümmern, mich zu vervollkommnen. Doch nun habe ich den Auftrag vom Himmel erhalten, die Wahrheiten zu sagen, die ihr hören müsst, und das tue ich. Ich weiß genau, dass euch das nicht gefällt und ihr denkt: »Mein Gott, wie er sich nur verändert hat! Wie unangenehm er geworden ist! Früher war er nicht so.« Ich weiß, was ich tue, und ich bin mir der Situation sehr bewusst. Ich weiß, wenn ich eure Freundschaft will, muss ich euch täuschen, euch Komplimente machen: »Ah, es gibt keinen zweiten wie Sie. Ich habe in allen Ländern gesucht, bin aber nie jemandem begegnet, der so schön und intelligent ist wie Sie.« Ich könnte sogar im Lexikon die seltensten und poetischsten Wörter suchen, um mich an euch zu wenden, und dann, ja dann würdet ihr mich verehren. Ich bin keineswegs so dumm, nicht zu wissen, was für mich profitabel ist. Ich weiß also, was ich verliere, wenn ich euch einige Wahrheiten sage, aber ihr gewinnt dabei, und ich akzeptiere es zu verlieren, damit ihr gewinnen könnt.

Sagt mir daher jetzt, was ist euch lieber, dass ich mich damit zufriedengebe, euch zuzulächeln und freundliche Dinge zu sagen, oder aber dass ich euch erkläre, warum ihr Problemen und Schwierigkeiten begegnet, warum ihr unglücklich oder krank seid und dass ich euch die Mittel gebe, das wieder in Ordnung zu bringen?…

Um hierher zu kommen, habt ihr für kurze Zeit ein Haus verlassen, in dem ihr ruhig lebtet mit allen Annehmlichkeiten, und nach einigen Tagen wird euch allmählich dieser Komfort und diese Ruhe fehlen. Immer Anstrengungen unternehmen, um die anderen zu ertragen, immer Vorträge anhören oder Vorwürfe von mir! Um wie viel besser fühlt man sich zuhause, wo man nur tut, wozu man Lust hat. Oh ja, wem sagt ihr das! Ich verstehe das sehr gut. Auch ich kann Lust verspüren, in Ruhe für mich zu bleiben. Nur ist man nicht auf die Erde gekommen, um sich auszuruhen und in fröhlicher Stimmung zu sein, sondern um sich zu vervollkommnen. Diejenigen, welche die Freude suchen, täuschen sich. Freude wird man oben finden, und hier von Zeit zu Zeit, wenn der Himmel sie uns geben möchte. Aber man sollte nicht danach suchen, man sollte allein danach suchen, wie man sich weiterentwickelt und die Tugenden und die in unserem Inneren liegenden Fähigkeiten zum Vorschein bringen.

Die Erde ist eine Schule, also findet ihr hier nur Lektionen, Lektionen von allen Seiten. Solange ihr das nicht verstanden habt, wird euch vom Schicksal zugesetzt. Die unsichtbare Welt schickt den Menschen Meister, um ihre Weiterentwicklung zu erleichtern, und wenn sie diese nicht akzeptieren wollen, werden sie andere Lehrer finden: Misserfolge, Krankheiten, Elend, und die sind unerbittlich. Wenn ihr die schrecklichen Lektionen dieser Lehrer nicht erleiden wollt, akzeptiert mich, das ist weiser. Wenn man nicht aus freien Stücken bereit ist, die göttlichen Gesetze zu erlernen, wird man durch Stockhiebe zum Lernen gezwungen.

Für mich ist es sehr einfach, den Entschluss zu fassen, mich nie mehr in eure Angelegenheiten einzumischen, euch nicht mehr darauf hinzuweisen, was in eurer Art zu denken und zu handeln eure Weiterentwicklung verzögert. Aber dann werdet ihr euch zusehends überlasten, euch durcheinanderbringen, bis zu dem Moment, wo ihr unter der Last zusammenbrecht und euch in unentwirrbare Situationen verstrickt. Hätte ich euch damit einen Dienst erwiesen?[2] Manche unter euch erkennen immerhin an, dass ich ihnen zur Lösung ihrer Probleme geholfen habe, indem ich ihre Aufmerksamkeit auf das gelenkt habe, was fehlerhaft in ihnen war. Wenn ihr wisst, welcher Feind sich da unter einem Fehler, einer schlechten Angewohnheit, einer irrigen Auffassung von den Dingen verbirgt, habt ihr die Möglichkeit dem abzuhelfen. Solange ihr aber nicht wisst, von welcher Seite ihr attackiert werdet, seid ihr ihm ausgeliefert. Es gibt nichts Schlimmeres, als nicht zu wissen, woher Schwierigkeiten, Leiden, Unheil kommen, denn dann geht euer Schuss nur ins Leere, bis ihr all eure Munition verschossen habt, ohne dabei einen Sieg errungen zu haben. Wenn ihr wisst, wo sich der Feind befindet und wie er sich manifestiert, habt ihr wenigstens die Mittel zu reagieren, und früher oder später wird es euch gelingen, ihn zu überwältigen.

Seit Jahren vermittle ich euch die Methoden, um euch von Feinden zu befreien, die euch von allen Seiten angreifen, und als Dank macht ihr mir das zum Vorwurf. Wann schätzt ihr endlich all das, was ich für euch tue, das frage ich mich. Manchmal bin ich fast so weit, mir zu sagen: »Wie dumm bist du eigentlich, lass sie in Ruhe und auch du wirst viel ruhiger leben!« Wenn ich mich entschließe, kann ich es tun, und dann wird es mir keiner übel nehmen, keiner wird weinen, so wie diese drei Personen, die heute geweint haben, weil ich ihnen Wahrheiten sagte, die sie retten könnten. Wenn ich euch begegnen werde, werde ich euch sagen: »Lest die Bibel, lest die Evangelien, und bittet jemand anderen um Rat; was mich angeht, ich liebe euch, ich bin begeistert von euch…« Und ihr geht fort, auch von mir begeistert, obwohl ich euch keinen Rat gegeben habe, kein Licht. Wäre euch das lieber?

Hier ist es schwierig, das weiß ich. Wenn das für euch schon genug ist, um nach Hause zurückzukehren, dann ist das euer Problem, kehrt zurück: Aber zuhause werdet ihr nicht das lernen, was ihr hier lernt. Hier lernt ihr, die anderen zu ertragen und zu lieben, bei euch hingegen verharrt ihr in Egoismus und Unverständnis. Natürlich wird alles einfacher sein, aber ihr werdet keine Fortschritte machen im Sinne von Geduld, Großzügigkeit und Erweiterung des Bewusstseins. Wir versammeln uns hier deshalb, um nicht nur mehr Geschöpfe des Intellekts zu sein, sondern Geschöpfe des Herzens, der Liebe.

Und anstatt jetzt dem Himmel zu danken und euch zu sagen: »Mit dem Meister habe ich jemanden, auf den ich mich verlassen kann, damit ich weiß, was gut oder schlecht für mich ist, damit ich weiß, wie ich mich am besten entwickeln kann«, aber nein, ihr seid aufgebracht, es geht euch viel besser mit euren inneren Feinden, ihr stärkt sie, ihr streichelt sie, ihr nährt sie, und sie profitieren davon, um euch zu vernichten. Es ist schon erstaunlich, wie sehr man seiner niederen Natur, seiner Personalität verhaftet ist; sie verehrt man, ihr schmeichelt man. Gebt ihr doch ein paar Fußtritte und sagt zu ihr: »Deinetwegen habe ich das Paradies verlassen, deinetwegen verliere ich meine Freunde, bin ich unglücklich und arm. Ab jetzt trenne ich mich von dir…« Und in dem Moment, da ihr ihren Krallen entkommt, wird sie eure Dienerin.[3]

Aber einzig den Eingeweihten ist es gelungen, sich von ihrer Personalität zu lösen. Die anderen sind immer bereit, ihren Ratschlägen zu folgen. Wenn sie euch sagt: »Los, räche dich, erteile ihm eine richtige Lektion, schlag ihn nieder…«, gehorcht ihr eiligst, in dem Glauben, ihr würdet göttlichen Eingebungen gehorchen. Von nun an sollte man in der Lage sein zu analysieren, woher jeder einzelne Impuls kommt. Ihr werdet sehen, dass euch am häufigsten die Personalität berät, und dann müsst ihr euch der Tatsache bewusst sein, dass die Ergebnisse immer schlecht sind. Aber es dauert Jahre, bis man dieses Unterscheidungsvermögen erlangt; das ist nicht so einfach, es ist sogar sehr subtil, weil die Personalität so viele täuschende Stimmen und Erscheinungsformen annehmen kann! Ein wahrer Eingeweihter ist ein Mensch, der sich sein ganzes Leben lang darin geübt hat, zu unterscheiden, ob diese Impulse von seiner niederen oder von seiner höheren Natur kommen. Ihr fragt: »Nur das?« Alles hängt doch von diesem Unterscheidungsvermögen ab! Solange man nicht daran arbeitet, es sich anzueignen, wird man schwach, kümmerlich, unglücklich sein.

Später werdet ihr mich verstehen und sagen: »Mein Gott, gesegnet sei der Tag, an dem wir unserem Meister begegnet sind. Er hat uns alle Mittel aufgezeigt, um aus unseren Schwierigkeiten herauszukommen. Er war unser bester Freund, aber wir haben es zu spät begriffen.« Ja, ich betone es, ich unterstreiche es, in der Hoffnung, dass ihr endlich eines Tages die einzigartige, außergewöhnliche Gelegenheit erfassen werdet, die euch geboten wird, um eure Probleme zu lösen, und auf dem Weg der Evolution voranzuschreiten. Ihr denkt: »Was für ein Hochmut, welche Eitelkeit!« Denkt, was ihr wollt, das ist mir egal, aber zieht das in Betracht, was ich euch gesagt habe und beginnt mit der Arbeit!

Le Bonfin, den 4. September 1966

Anmerkungen

1. Siehe auch Band 207 der Reihe Izvor: »Was ist ein geistiger Meister«, Kapitel 1: »Wie man einen wirklichen geistigen Meister erkennt«.
2. Siehe auch Band 207 der Reihe Izvor: »Was ist ein geistiger Meister«, Kapitel 6: »Der Meister, ein Spiegel der Wahrheit«.
3. Siehe auch Band 213 der Reihe Izvor »Die menschliche und göttliche Natur in uns«, Kapitel 4: »Über die Möglichkeit, den Begrenzungen der niederen Natur zu entgehen«.

## IV

Jemand sucht mich auf und sagt zu mir: »Neulich hat man Ihnen über einen Bruder etwas Schlechtes gesagt, und Sie haben daraufhin während des Vortrags diesen Bruder in ein schlechtes Licht gerückt, ohne nachzuprüfen, ob das, was man über ihn berichtet hat, der Wahrheit entspricht. Das ist nicht gerecht!«

Nun, das ist ein Punkt, den die Brüder und Schwestern noch nie verstehen konnten: Ich nutze alle Umstände, alle Situationen, um sie zum Nachdenken zu bringen, dass sie besser überlegen und sich korrigieren. Und selbst wenn das, was man mir über eine Person erzählt, nicht wahr ist, nehme ich das als Gelegenheit, euch allen zu Fortschritten zu verhelfen. Da ich keinen Namen nenne, hat niemand das Recht zu glauben, ich spräche von ihm; es kann sein, das ich von jemand anderem sprach, dessen Fall dem seinen ähnelt. Wenn sich nun jemand getroffen fühlt, so ist er vielleicht nicht ganz unschuldig! Wenn man sich nichts vorzuwerfen hat, fühlt man sich nicht getroffen. Übrigens geschieht das leider die meiste Zeit. Wenn sie meine Vorträge hören, denken viele: »Oh, was der Meister da sagt, gilt nicht mir, das muss für den oder den sein«, dabei würden auch sie gut daran tun, meine Bemerkungen zu berücksichtigen.

Übrigens hat man nicht das Recht, mich zu beschuldigen, ich würde Brüder und Schwestern öffentlich kompromittieren, da ich mich damit begnüge, die Situationen zu nutzen, ohne jemals Namen zu erwähnen. Ich sage mir: »Ah, das sind Materialien für mich. Das trifft sich gut, ich wusste nicht, was ich ihnen erzählen soll (nehmen wir das mal so an!) und dank der Großzügigkeit von einigen, haben wir endlich ein Thema!«, und ich mache mich an die Arbeit. Wie, mit welchem Ziel, das ist meine Angelegenheit; denn ein Meister vermag alles zu nutzen, selbst Irrtümer, Lügen oder Verleumdungen, um Gutes zu tun. Will er aber die Wahrheit wissen, gibt es nichts Einfacheres für ihn, er weiß, wo und wie er nachprüfen kann.

Auf jeden Fall solltet ihr wissen, dass ich immer alles nachprüfe, was man mir über jemanden erzählt. Ich habe diesbezüglich so viele Erfahrungen gemacht... Wie oft habe ich bemerkt, dass das, was man mir erzählte entweder übertrieben war oder aber die Unwahrheit! Und wie oft habe ich auch festgestellt, dass man sich meiner bediente! Es ist so bequem, wenn man einen Lehrer hat, sich zu rechtfertigen, indem man sich hinter ihm verschanzt: »Oh, das hat der Meister gesagt.« Man hat sogar Schwestern zu ihrem Ehemann sagen hören: »Ich war gerade beim Meister, und weißt du, was er zu mir gesagt hat? Dass du unfähig und ein Dummkopf bist, weil du mir nicht zuhören willst...« Und dann kommt der arme Gatte zu mir, bedrückt oder wütend (je nach Temperament), und stellt fest, dass ich nie von ihm gesprochen habe: Seine Frau wollte meine Autorität benutzen, um bestimmte Dinge zu erreichen. Oder aber der Mann sagt zu seiner Frau: »Weißt du, was der Meister von dir gesagt hat?« Obwohl ich nicht ein einziges Wort gesagt habe. Ja, wie oft habe ich festgestellt, dass man sich meiner bedient, um das zu erlangen, was man von anderen will!

Und manche, anstatt es bei mir nachzuprüfen, glauben blind, machen und tun und sind unglücklich und leiden bis zu dem Tag, an dem sie entdecken, dass sie Lügen geglaubt haben. Ich empfehle euch daher, euch nicht mehr einspannen zu lassen, prüft zuerst nach. Ich habe überhaupt kein Interesse, euch zu belügen. Wenn ich über euch jemals eine unangenehme Wahrheit gesagt habe, so habe ich keine Angst, sie euch gegenüber zu wiederholen: »Ja, das habe ich gesagt.« Ich werde nicht versuchen, mich zu verstecken; das ist gut für die Schwachen, die Ängstlichen. Ich meinerseits sage die Dinge unverblümt, frei heraus; das ist meine Rolle.

Oft gibt es auch Brüder und Schwestern, die traurig und bestürzt sind, weil bestimmte Schwestern, die sozusagen meine Gedanken direkt in meinem Kopf auffingen, ihnen danach sagten: »Der Meister beauftragt mich, ihnen diesen Rat, jene Weisung zu übermitteln…« Wie konnten sie Dinge auffangen, die ich niemals gedacht habe? Das ist mir ein Rätsel. Da stelle ich mir dann Fragen: Wie haben sie es angestellt, Ideen zu entdecken, die mich nicht einmal gestreift haben? Selbst für mich gibt es da große Rätsel.

Darum bin ich heute gezwungen, die Dinge richtigzustellen und euch zu sagen, dass es manchmal besser ist, mich nach meiner Ansicht zu fragen, bevor man irgendjemandem glaubt und eine wichtige Entscheidung trifft. Denn es ist wahr, die Brüder und Schwestern bedienen sich meiner und meines Namens sehr gerne. Anscheinend bin ich eine Autorität (und wusste noch nicht einmal etwas davon!), und mein Prestige wird dazu benutzt, von anderen viele unmögliche Dinge zu erlangen. Seit Jahren entstehen auf diese Weise unzählige Missverständnisse: Jemand gibt vor, ich hätte dieses oder jenes gesagt, und jeder verneigt sich…, aber glücklicherweise kommt die Wahrheit schnell ans Licht, sonst wäre es eine Katastrophe.

Wenn man mir jetzt Lügen über jemanden erzählt, ich es aber notwendig finde, diese Worte aufzugreifen und sie zu verwenden, ist das etwas anderes: Es kann eine gute Gelegenheit sein, um mehreren Personen gleichzeitig zu helfen und sie aufzuklären. Selbst wenn es ein Irrtum bezüglich eines Bruders oder einer Schwester ist, wird es, wenn das, was ich sage, für sie nicht zutrifft, doch immer für andere zutreffen. Beobachtet und ihr werdet feststellen, dass das Endergebnis immer nützlich und segensreich ist. Also, lasst mich machen, ich weiß, was ich tue. Und außerdem habe ich alle Rechte, ja, alle Rechte, zum Wohle meiner Brüder und Schwestern zu handeln. Nun, ist das jetzt ein wenig klarer?

Wenn eine Person jahrelang Beweise ihrer Selbstlosigkeit, ihrer Liebe, ihres guten Willens und so weiter geliefert hat, warum ihr nicht euer Vertrauen schenken? Ihr könnt beruhigt sein, diese Person wird es niemals missbrauchen, sie wird sich in jeder Situation rechtschaffen und gerecht zeigen.

In allen Staatsformen und besonders in den Republiken fehlt dieses Vertrauen: Die Verfassungen sehen immer Kontrollgremien vor, um die hohen Beamten zu überwachen und zu zensieren. Niemand hat in niemanden Vertrauen. Selbst der Präsident der Republik kann nicht tun, was er will. Selbst wenn er eine gerechte und nützliche Reform bringen möchte, muss sie untersucht und diskutiert werden und die endgültige Entscheidung hängt vom Senat oder der Abgeordnetenkammer ab. Da die Geschichte gezeigt hat, dass man nicht oft Menschen trifft, die gleichzeitig qualifiziert, selbstlos und dem Himmel geweiht sind, haben sich die Menschen angewöhnt, niemandem mehr zu glauben.[1] Man muss immer nachprüfen, überwachen, auf der Hut sein. Und sie haben allen Grund, auf der Hut zu sein! Die meisten Leute sind so egoistisch, so launisch, so ungerecht, dass selbst die Frau ihrem Mann nicht traut, der Mann nicht seiner Frau, die Kinder nicht ihren Eltern und die Eltern nicht ihren Kindern.

Und seht euch an, was in einer Fabrik geschieht oder in einer Behörde: Jemand arbeitet, und dann gibt es jemand anderen, der ihn überwacht. Und ihr glaubt damit wäre es getan? Nein, es gibt jemanden, der den Überwachenden überwacht, und dann noch jemanden zur Überwachung des Überwachenden des Überwachenden. Niemand glaubt, dass die anderen ehrlich sind und ihre Arbeit ordentlich machen. Überall nagt der Zweifel, weil die Menschen kein Ideal mehr haben, weil sie keine Vorbilder sind.

Ich kann aber nicht ohne euer Vertrauen arbeiten. Wenn bis heute nicht der Beweis erbracht ist, dass alles, was ich euch sage, euch helfen, euch befreien, euch erweitern, euch glücklich und gesund machen kann, warum sollte ich dann weitermachen, warum euch behindern, warum euch begrenzen? Dann muss ich euch frei lassen. Das bedeutet Liebe. Die Liebe gibt Freiheit. Habe ich mich bis jetzt als Tyrann aufgeführt? Selbst wenn ich von Zeit zu Zeit ein wenig die Stimme erhebe, ist das nur eine pädagogische Maßnahme, um manche wieder zur Vernunft zu bringen. Doch ich bin nicht dafür geboren, um mich aufzudrängen, noch die Leute zu malträtieren. Ich bediene mich manchmal Erklärungen oder Argumenten, die überzeugender, wirksamer sind, aber niemals habe ich euch gegenüber ungerecht gehandelt. Wenn ich spüre, dass ihr mir nicht euer Vertrauen schenkt, kann ich nicht arbeiten, das sage ich euch ganz offen und ehrlich, das kann ich nicht. Ich arbeite freiwillig, unentgeltlich, mit viel Liebe, wenn ich jedoch spüre, dass man an mir zweifelt, mich beargwöhnt, kann ich nicht weitermachen. Wenn ihr findet, dass ich euch nicht genügend Beweise gegeben habe, damit ihr mir vertrauen könnt, nehmt meinen Platz ein, und nach einigen Tagen werdet ihr mir darüber berichten: Ihr werdet sehen, ob es wirklich so einfach ist, an der Umwandlung der menschlichen Natur zu arbeiten!

Bonfin, den 28. August 1978

Anmerkungen

1. Siehe auch Band 239 der Reihe Izvor »Die Liebe ist größer als der Glaube«, Kapitel 10: »Worauf das wahre Vertrauen gründet«.

## V

Viele unter euch fragen sich, wie es mir gelingt, manche Passagen aus den Evangelien zu erklären, die seit zweitausend Jahren noch nie wirklich erklärt wurden. Wenn Jesus zum Beispiel sagt: »Mein Vater arbeitet und ich arbeite auch« (1 Kor 16,10), was war das für eine Arbeit? Oder auch: »Suchet und ihr werdet finden, bittet und euch wird gegeben, klopfet an und euch wird aufgetan« (Mt 7,8), suchen, bitten, anklopfen, was, worum, wo? Und all diese Gleichnisse – der untreue Verwalter, die fünf weisen Jungfrauen und die fünf törichten Jungfrauen, das Kamel, das durch ein Nadelöhr geht, ein Reicher jedoch nicht durch das Tor des Reiches Gottes…[1] Jesus gab seinen Schülern vielleicht viele Erklärungen, aber sie wurden in den Evangelien nicht überliefert. Wie soll man nun genau wissen, was er sagen wollte?

Schon als ich noch sehr jung war, stellte ich mir die Frage und besorgte mir viele Bücher, in denen die Worte Jesu kommentiert waren, aber ich war mit all diesen Erklärungen nicht besonders zufrieden. Also hatte ich eines Tages, weil ich ständig darüber nachdachte, die Offenbarung, dass es mir gelingen müsste, mich in den Kopf von Jesus zu versetzen, und ich begann also, mein Vorstellungsvermögen arbeiten zu lassen. Gott hat dem Menschen diese außerordentliche Fähigkeit verliehen sich vorzustellen, was er auf der physischen Ebene weder besitzen noch ausführen kann, und so die Bedingungen zur Verwirklichung zu schaffen. Aber leider bedient sich der Mensch dieser Fähigkeit nur zur Befriedigung seiner niedersten Instinkte: seiner Sinnlichkeit, seinem Besitzstreben, seinem Streben nach Herrschaft und Rache. Was die Menschen sich alles in diesen Bereichen ausdenken können, das ist geradezu unglaublich! Deshalb gilt es jetzt, die Vorstellungskraft zu schulen, damit sie himmlischen Aktivitäten dient.

Um mich also in den Kopf von Jesus hineinzuversetzen, stellte ich mir vor, ich sei in Palästina, an all den Orten, die in den Evangelien erwähnt werden (den Städten, den Bergen, dem Ufer des Jordan oder des See Genezareth), und ich spräche vor meinen Jüngern all die Sätze, deren Sinn ich verstehen wollte. Ich stellte mir auf diese Weise vor, ich träte in das Bewusstsein von Jesus ein und würde sehen, fühlen und denken wie er. Natürlich ist das nicht von heute auf morgen geschehen. Ich habe lange, sehr lange gearbeitet. Manchmal hatte ich Erfolg, manchmal nicht. Ich habe jahrelang daran gearbeitet, mich in den Kopf Jesu zu versetzen, und dank dieser Übung kann ich jetzt endlich sagen, dass es mir gelingt, ein wenig mehr Licht auf die Gleichnisse der Evangelien zu werfen.

Sprechen wir jetzt ganz allgemein von dieser Übung. Wenn auch ihr in den Kopf eures Lehrers eintreten wollt, um seine Denkweise kennen zu lernen, so könnt ihr das tun, aber unter der Bedingung, dass eure Beweggründe rein und selbstlos sind und ihr nur nach himmlischen Dingen fragt. Denn indem ihr euch so in den Kopf von jemandem versetzt, bringt ihr ihm alles, was gut und schlecht ist in euch. Ihr könnt das also, ohne Schaden anzurichten, nur bei so weit fortgeschrittenen Wesen tun, dass sie sogar die Unreinheiten umwandeln können, die ihr ihnen bringt.

Aber wie viele Menschen sind weit davon entfernt, diese Wahrheiten zu kennen! Sie werden sich nie darum kümmern, ob ihre Gedanken und Wünsche die anderen vielleicht beunruhigen oder beschmutzen werden. Wenn ein Mann beschließt, den Weg der Spiritualität zu beschreiten, geht etwas Schönes, Lichtvolles, Starkes von ihm aus. Dann sind natürlich die Frauen empfänglich gegenüber diesem Charme, und schon stellen sie sich alle möglichen Dinge vor, ohne zu bedenken, welchen Versuchungen sie diesen Mann auf der unsichtbaren Ebene aussetzen. Aber die weibliche Natur ist so beschaffen, man kann sie nicht zügeln: In dem Moment, in dem sie einen Impuls spürt, will sie ihm folgen. Und auf diese Weise sind viele Eingeweihte diesem fortwährenden Ansturm von Frauen, die von ihnen geliebt werden wollten, erlegen. Allein die wahrhaft Starken konnten dem widerstehen. Ich sage nicht, dass man seinen Lehrer nicht lieben soll. Ja, man soll ihn lieben, aber auf eine spirituelle Weise, um ihn zu unterstützen, ihn zu schützen, damit er seine Mission verwirklicht.

Wenn man sich in den Kopf eines Eingeweihten hineinversetzen will, wählt man besser einen sehr großen Meister aus, wie Jesus oder Hermes Trismegistos oder Melchisedek, denn selbst dann, wenn man der unvollkommenste Mensch ist, riskiert man wenigstens nicht, ihnen zu schaden oder ihre Arbeit zu behindern. Diese Übung, die ich mit Jesus machte, die machte ich auch mit meinem Meister Peter Deunov; ich machte sie jedoch nicht irgendwann und in einem beliebigen Zustand. Nur mit Respekt und von einem heiligen Gefühl belebt wagte ich es, mich in den Kopf des Meisters zu versetzen. Übrigens kann diese Übung, sich in den Kopf eines Eingeweihten zu versetzen, für euch nur unter der Bedingung wirklich nützlich und segensreich sein, wenn ihr ein Gefühl von Respekt und Hingabe spürt, denn dann schwingt ihr in der gleichen Wellenlänge wie er, und dank dieser Übereinstimmung könnt ihr die Welt seines Denkens erkunden.[2]

Das Wesentliche ist daher, die richtige innere Haltung zu finden; aber wenige Leute sind dazu in der Lage, das habe ich festgestellt. Wie viele kommen hierher (an einen Ort, von dem sie doch wissen, dass er sich Bruderschaft nennt) und setzen dabei weiterhin eine verschlossene und distanzierte Miene auf. Sie ahnen nicht, dass diese Haltung, die sie kultivieren, um die anderen zu beeindrucken, mich ganz und gar nicht beeindruckt, im Gegenteil, und sie fallen sofort unter die Kategorie derer, die von ihrer Personalität gelenkt werden. Ich sage ihnen sogar, dass sie nicht intelligent sind, denn es bringt ihnen nichts, hierher zu kommen, wenn sie eine solche

Haltung beibehalten müssen. Sie werden nichts lernen, sie werden nichts gewinnen. Es ist ihre Haltung, die ihnen den Zugang zu allen Schätzen verschließen wird. Selbst wenn sie monatelang hier bleiben würden, würden sie nichts von der hier vorgestellten Philosophie begreifen, und die Auskünfte, die sie dann darüber geben würden, was sie hier gesehen und gehört haben, werden völlig falsch sein. Mögen sie sich etwas öffnen, etwas Vertrauen zeigen, dann wird das, was sie hören, sie nicht nur erhellen und aufklären, sondern sie umwandeln.

Aber nein, es ist offensichtlich, dass sie sich, schon bevor sie hierher kommen, zu einer solchen Haltung entschlossen haben, ohne zu wissen, dass diese Haltung ein Hindernis für ihr richtiges Verständnis sein würde. Man sollte sich wie ein Medium verhalten. Was tut ein Medium? Es sind übrigens zumeist Frauen und sie besitzen so feine Antennen, dass sie unmittelbar die physischen und die psychischen Zustände ihres Gegenübers erspüren. Ohne vielleicht so weit zu gehen, sollte man lernen, empfänglich zu sein, denn allein unter dieser Bedingung kann man eine genaue Kenntnis von Wesen und Dingen gewinnen. Wenn ihr nicht empfänglich seid, werdet ihr niemals die Person vor euch erkennen, selbst wenn ihr der intelligenteste Mensch seid.[3] Ihr werdet sie nach äußeren Kriterien beurteilen, und ihr werdet nichts spüren. Doch das wahre Erkennen liegt in der Empfindung und nicht im Intellekt, der niemals den Dingen wahrhaft auf den Grund geht. Die Menschen wollen auf der Hut bleiben, um zu analysieren, zu beurteilen. Empfänglich sein kommt für sie einer Absage an ihre Unabhängigkeit gleich.

Ich versichere euch, ich bemerke gelegentlich wie manche mich ansehen, als sei ich ein Insekt, das sie sezieren müssen, um herauszufinden, woraus es besteht. Nun, sie beobachten mich, sie analysieren mich, sie sehen, ob mein Blut rot oder grün fließt, und sie ordnen mich ein. Aber eines Tages sind sie dessen überdrüssig und lassen mich in Ruhe; jetzt beginnen sie, sich selbst zu analysieren, zu sezieren, weil sie sich an all ihre Grenzüberschreitungen erinnern, und nun fühlen sie sich schuldig, sind verlegen und haben

Gewissensbisse. Wo sie sich davor doch für unschuldig hielten! Aber ja, das Licht ruft diese Veränderung hervor. Solange kein Licht da ist, findet man sich untadelig und erlaubt sich, die anderen zu beurteilen; aber mit dem Licht ist man sich seiner nicht mehr so sicher und nicht mehr so stolz auf sich.

Le Bonfin, den 29. Dezember 1979

Anmerkungen

1. Siehe auch Band 215 der Reihe Izvor »Die wahre Lehre Christi« und Band 217 der Reihe Izvor »Ein neues Licht auf das Evangelium«.
2. Siehe auch Band 207 der Reihe Izvor »Was ist ein geistiger Meister«, Kapitel 11: »Die Identifizierung«.
3. Siehe auch Band 207 der Reihe Izvor »Was ist ein geistiger Meister«, Kapitel 8: »Der Schüler vor dem Meister«.

# IV

# HRANI-YOGA UND SURYA-YOGA

# I

Während eures Aufenthaltes hier im Bonfin solltet ihr auf zwei Praktiken, auf zwei Yogas besonderen Nachdruck legen: Das sind Hrani-Yoga, der Yoga der Ernährung[1], und zweitens Surya-Yoga, der Yoga der Sonne [2].

Heutzutage suchen die durch ein hektisches Leben aus dem Gleichgewicht geratenen Menschen nach Mitteln, um ihr Gleichgewicht wieder zu finden, und sie betreiben Yoga, Zen, transzendentale Meditation oder sie lernen, sich zu entspannen. Ich sage nicht, dass dies nicht etwas Gutes ist, nein. Aber ich meinerseits habe eine einfachere, wirksamere Übung gefunden: essen lernen. Die Leute essen irgendwie, im Lärm, in Nervosität, in Eile. Sie reden beim Essen, ja, sie streiten sich sogar oft. Und danach ist Yoga dran! Warum begreift man nicht, dass sich uns jeden Tag zwei oder drei Mal die Gelegenheit bietet, eine Übung zur Entspannung, zur Konzentration, zur Harmonisierung all unserer Zellen zu machen?

Seit Jahren bitte ich euch um das Bemühen, in Stille zu essen (nicht allein ohne zu sprechen, sondern auch kein Geräusch mit dem Besteck zu machen), dabei jeden Bissen lange zu kauen und von Zeit zu Zeit einige tiefe Atemzüge zu machen, aber vor allem, euch auf die Nahrung zu konzentrieren und dem Himmel für diesen Reichtum zu danken. Ich habe euch erklärt, dass diese dem Anschein nach so unbedeutenden Übungen zu den besten zählen, um wahre Selbstbeherrschung zu erlangen. Denn in Wirklichkeit ist es schwierig, seine Aufmerksamkeit während einer ganzen Mahlzeit auf die Nahrung zu konzentrieren und auf jede Bewegung, die man dabei machen muss, damit es still und harmonisch vonstatten geht. Doch ist es eben genau die Beherrschung dieser kleinen Dinge, die euch die Möglichkeit gibt, die großen zu beherrschen. Wenn ich daher jemanden sehe, der nachlässig und ungeschickt in den kleinen Dingen ist, ist es weder schwer für mich zu wissen, in welcher Unordnung er in der Vergangenheit gelebt hat, noch wie all diese Mängel sich negativ auf seine Zukunft auswirken werden. Denn alles ist verbunden.

Wenn ihr trotz all dem, was ich euch gesagt habe, weiterhin Lärm macht, dann versteht ihr es einfach nicht, einen guten Anfang zu machen. Wir meditieren einige Augenblicke, wir sprechen die Formel und wir beginnen das Mahl. Nun, genau in dieser Minute müsst ihr achtsam sein und daran denken, dass ihr möglichst keine Geräusche macht. Sonst stoßt ihr gleich zu Beginn gegen das Geschirr, und habt ihr erst einmal damit begonnen, wird es die ganze Mahlzeit über zwangsläufig so weitergehen. Natürlich könnte ich euch in dem Moment zurufen: »Erinnert euch, meine lieben Brüder und Schwestern, seid achtsam!« Ja, aber auf diese Weise wäre es nicht mehr euer Verdienst. Diese Wachsamkeit muss von euch kommen.

Fangt also nun mit dem Anfang an und erwartet nichts Großes, solange dieser Punkt nicht geregelt ist. Manche bemerken nicht einmal, dass wir uns bemühen, im Saal Stille zu bewahren, sie stoßen an ihr Geschirr oder lassen sogar ein Messer oder eine Gabel fallen, ohne zu merken, dass sie damit die Atmosphäre stören. Sie sind derart von den Angelegenheiten ihrer armen kleinen Personalität eingenommen, dass sie nichts sehen und nichts hören. Dann kann ich vorhersagen, dass diese Leute vielleicht tausend Jahre auf der Erde leben und alle Regionen des Universums durchlaufen werden, ohne etwas zu bemerken. Fragt einige nach der Augenfarbe ihrer oder ihres Liebsten, sie kennen sie nicht. Sie haben ihn jahrelang umarmt und haben nicht einmal seine Augenfarbe wahrgenommen. Armselige Menschen!

Ich weiß, dass viele erstaunt sind, mich sagen zu hören, dass die Mahlzeiten eine Gelegenheit zur psychischen und spirituellen Vervollkommnung sind. Und doch ist das die Wahrheit. Aber wie den

Menschen das Gespür für die Bedeutung von Dingen vermitteln? Man hört sie immer sagen: »Dies ist nicht wichtig, jenes ist nicht wichtig«. Aber was ist dann wichtig? Die Katastrophen, die sind wichtig! Aber die Katastrophen sind das Ergebnis von Details, die fehlerhaft waren. Besteht das Universum nicht aus Elektronen, winzigen Teilchen? Wenn man darauf achtet, die kleinen Dinge korrekt auszuführen, wird es einem auch bei den großen gelingen. Darum muss man die Kinder sehr früh daran gewöhnen, dass sie all diese Regeln der Ernährung respektieren, dank derer sie lernen werden, sich zu disziplinieren. Denn jeder Mensch wird von einer derart chaotischen und anarchistischen Natur bewohnt, dass sie ihm später nur Schwierigkeiten bereiten wird, wenn er sich nicht bemüht, sie zu beherrschen.

Wenn ihr heimkehrt, könnt ihr tun und lassen was ihr wollt, aber solange ihr hier seid, bitte ich euch, die Regeln zu respektieren, die ich euch gegeben habe, um die anderen nicht zu stören, die gleichfalls das Bedürfnis haben, zur Ruhe zu kommen und sich zu konzentrieren. Viele denken: »Die anderen, was kümmern mich die anderen?« Und genau darum geht die Welt zugrunde: Weil man nicht an die anderen denkt. Die Menschen sind unfähig, zusammenzuleben, weil sie einander keinen Respekt, keine Aufmerksamkeit entgegenbringen. Darum ist das kollektive Leben eine wunderbare Gelegenheit, sich zu entwickeln und sein Bewusstsein zu erweitern. Wenn man ein Dasein als Einzelgänger führt, kann man egoistisch sein, es ist niemand da, für den man die Mühe auf sich nehmen muss, sich zu bessern. Die Natur drängt Männer und Frauen nur dazu, einander für die Gründung einer Familie zu suchen, damit sie auch an jemand anderen denken müssen, und selbst auf diese Weise gelingt es ihnen noch nicht. Bei vielen Paaren lebt jeder so, als würde der andere nicht existieren oder als existiere er nur, um ihm zu dienen und seine Launen zu befriedigen. Und aus diesem Grunde können viele auch in einer Kollektivität sich nicht von ihren egozentrischen Neigungen befreien.

Eine Kollektivität ist noch keine Bruderschaft. Eine Kollektivität ist eine Vereinigung von Leuten, die keine Verbindung untereinander spüren können. Nehmt ein Dorf oder eine Stadt, das ist eine

Kollektivität, sicher, aber die Leute darin, kennen sie sich, lieben sie einander, arbeiten sie für einander? Nein, alle sind getrennt, das ist also noch keine Bruderschaft. Eine Bruderschaft ist eine Kollektivität, die ein weites, lichtvolles Bewusstsein besitzt, deren Mitglieder untereinander einig sind und für einander arbeiten. Tatsächlich genügt ihnen auch das noch nicht: Sie arbeiten für die ganze Welt. Eine wahre Bruderschaft ist universell.

Die Entwicklung eines Menschen zeigt sich darin, inwieweit sein Bewusstsein dahingehend entwickelt ist, dass er einem viel umfassenderen Ganzen angehört und nicht nur sich selbst genügt. Einem Ganzen, bei dem er darauf bedacht ist, die Harmonie nicht durch seine Aktivität, seine Gedanken, seine Gefühle und seinen inneren Lärm zu stören. Ihr fragt: »Was heißt das, innerer Lärm?« Ja, aller Lärm ist das Ergebnis einer Dissonanz, und der Lärm, den wir innerlich veranstalten mit unseren Gefühlen, unseren Qualen, unserem Aufbegehren, stört die psychische Atmosphäre.[3] Derjenige, der diesen Lärm macht, weiß nicht, dass das auch für ihn sehr schlecht ist, und dass dieser Lärm in ihm eines Tages in Form einer psychischen oder sogar physischen Krankheit in Erscheinung treten wird.

Und wenn ich euch jetzt sage, dass die Gesetze der Ernährung mit denen der Empfängnis identisch sind, wird euch auch das erstaunen, denn ihr seht zwischen den beiden keine Entsprechung. Tatsächlich aber existiert diese Entsprechung: Sobald ihr esst, schafft ihr die Bedingungen für die Geburt von Gedanken, Gefühlen und Handlungen. Wenn ihr nicht esst, was könnt ihr dann tun? Genauso wie der Zustand des Vaters und der Mutter während der Empfängnis das Schicksal des Kindes bestimmt, das geboren wird, genauso wird der Zustand, in dem ihr esst, die Natur eurer physischen und psychischen Aktivität bestimmen. Wenn ihr in einem Zustand von Unruhe, Zorn oder Unzufriedenheit gegessen habt und danach an die Arbeit geht, spürt ihr in euch Hektik, ungeordnete Schwingungen, die sich auf alles, was ihr tut, übertragen. Selbst wenn ihr euch bemüht, einen ruhigen, beherrschten Eindruck zu vermitteln, geht von euch etwas Unruhiges, Angespanntes aus. Habt ihr hingegen in einem harmonischen Zustand gegessen, bleibt dieser Zustand erhalten. Selbst wenn ihr dann den ganzen Tag gezwungenermaßen hin und her laufen müsst, spürt ihr in euch einen Frieden, den eure Aktivität nicht zerstören kann.

Setzt euch daher nicht mit Sorgen an den Tisch, lasst sie beiseite (erst danach nehmt ihr sie wieder auf!) und da ihr in einem guten Zustand gegessen habt, löst ihr leichter eure Probleme. Ich wiederhole, ihr solltet die Mahlzeiten als Übungen betrachten. Beginnt also damit, aus eurem Geist all das zu verjagen, was euch daran hindern könnte, in Frieden und Harmonie zu essen. Und wenn es euch nicht sofort gelingt, wartet so lange, bis ihr zur Ruhe gekommen seid, sonst vergiftet ihr die Nahrung und danach befindet ihr euch in einem chaotischen Zustand, dem Ergebnis eurer falschen Essweise.

Aber macht das den Menschen begreiflich, wo manche Paare sogar in dem Moment, in dem sie ein Kind zeugen, einander verabscheuen! Sie wissen nicht, welche Abscheulichkeiten sie damit in das Kind, das einmal geboren wird, hineinlegen, und später wird dieses Kind leiden und seine Umgebung vergiften. Der Himmel macht euch dafür verantwortlich, was ihr in die Seele und das Herz eures Partners einfließen lasst. Der Rest zählt nicht so sehr. Wenn ihr eure Liebste oder euren Liebsten dann umarmt, wenn ihr unglücklich oder deprimiert seid, um euch danach erleichtert zu fühlen, wie das oft geschieht, nun, das ist ein Verbrechen, weil ihr auf ihm all euren Schmutz abgeladen habt. Man hätte nicht diesen Moment wählen dürfen. Liebt, wen ihr wollt, umarmt, wen ihr wollt. Aber vorher müsst ihr das Beste eures Herzens und eurer Seele entwickeln, all das, was ihr an Lichtvollem besitzt, um es dem Menschen zu geben, den ihr liebt. Nur unter dieser Bedingung wird der Himmel euch nicht verurteilen. Wenn die Menschen euch sehen, werden sie euch vielleicht verurteilen, aber der Himmel spendet euch Beifall, in allen anderen Fällen hingegen ist er angewidert von dem Schmutz, den ihr ausströmt und übertragt.

Merkt euch also, dass die Ernährung auch eine Form von Empfängnis ist. Nachdem das Kind neun Monate im Bauch seiner Mutter verbracht hat, durchtrennt man die Nabelschnur und es ernährt sich dann auf unabhängige Weise. Tatsächlich ist der Mensch jedoch selbst in dem Moment noch nicht aus dem Bauch der Mutter Natur hervorgegangen und er ernährt sich durch eine andere Nabelschnur, den Solarplexus. In Indien, China und Japan existieren sehr alte Techniken, mit denen man lernt, sich durch den Solarplexus zu ernähren. Aber wie solltet ihr fähig sein, diese anzuwenden, wenn ihr nicht einmal in der Lage seid, eure Mahlzeiten nach den Regeln, die ich euch gegeben habe, einzunehmen?

Man isst etwas Obst und schon trägt diese Nahrung, einmal verdaut und assimiliert, zum Leben des gesamten Organismus bei. Was ist das für eine Intelligenz, die fähig ist, jedem unserer Organe das zu bringen, was es braucht, damit wir weiterhin handeln, fühlen und denken können? Dank dieser Nahrung werden wir weiterhin sehen und hören, atmen, schmecken, tasten, sprechen, singen und gehen können. Und auch unsere Haare, unsere Nägel, unsere Zähne, unsere Haut usw. werden ihre Nahrung bekommen, um ihre Arbeit fortsetzen zu können. Aber die Menschen essen unbewusst. Für sie ist das alles normal, nicht eine Minute ergreift sie Bewunderung angesichts dieser göttlichen Intelligenz, die all das so wunderbar eingerichtet hat. Sie sind ja mit ihren eigenen, so viel wichtigeren Angelegenheiten beschäftigt!

Nur die Eingeweihten denken ohne Unterlass an diese Intelligenz, sie bemühen sich, sie zu entdecken, sich mit ihr zu verbinden, ihr zu danken, und sogar von Zeit zu Zeit ihre Erlaubnis zur Mitwirkung an der Arbeit zu erbitten, die sich in der ganzen Natur vollzieht. Ja, denn sobald wir bereit sind, kann die kosmische Intelligenz uns in ihren zahllosen Werkstätten akzeptieren, um uns zu zeigen, wie sie arbeitet, sei es in uns selbst oder im Inneren der Erde, dort, wo kostbare Mineralien, Metalle, Kristalle und Edelsteine geformt werden.

Entschließt euch also, meine lieben Brüder und Schwestern, die Zeit während der Mahlzeiten zu nutzen, um zur Ruhe zu kommen, eure Achtsamkeit zu entwickeln und Herr eurer selbst zu werden. Das Bemühen, die Gegenstände nicht aneinander zu stoßen, wenn ihr sie bewegt und die Nahrungsmittel geräuschlos zu zerkleinern, das erfordert Eigenschaften wie Aufmerksamkeit, Genauigkeit und Vorausschau, die ihr dann euer ganzes Leben lang nutzen könnt. Sonst werdet ihr weiterhin Irrtümer begehen, Leute brüskieren oder gegen Dinge stoßen, unpassende Worte aussprechen, die euch Freundschaften kosten und Türen verschließen können. Nur indem wir mit dem Anfang beginnen, mit den kleinen Dingen, können wir sehr weit kommen. Essen lernen ist genauso wichtig, wie zum Sonnenaufgang gehen. Mit Hilfe der Ernährung, der Sonnenaufgänge, der Atemübungen, der Meditationen werden die Dinge Schritt für Schritt in Harmonie kommen. Das ist der lichtvolle Weg der Lehre der Universellen Weißen Bruderschaft.

Le Bonfin, den 5. August 1962

Anmerkungen

1. Siehe auch Band 16 der Reihe Gesamtwerke »Alchimie und Magie der Ernährung – Hrani-Yoga«.
2. Siehe auch Band 10 der Reihe Gesamtwerke »Sonnen-Yoga – Pracht und Herrlichkeit von Tiphereth«.
3. Siehe auch Band 229 der Reihe Izvor »Der Weg der Stille«, Kapitel 1: »Lärm und Stille« und Kapitel 2: »Die Verwirklichung der inneren Stille«.

## II

Wenn man das Gefüge des Universums erforscht, stellt man fest, dass es ebenso wie das Gefüge des Menschen, dem Gesetz der hierarchischen Gliederung folgt: Von unten (wo sich die grobstofflichsten Regionen befinden), bis hinauf zum Gipfel, wird die Materie immer feinstofflicher, reiner, lichtvoller. Um Teilchen dieser Materie zu erlangen, muss man aufsteigen. Und das können wir. Denn so wie der Herr uns die Mittel gegeben hat, auf die dichten Regionen der Materie Einfluss zu nehmen, so hat Er uns auch die Mittel gegeben, Zugang zu den feinstofflichen Regionen zu bekommen. Doch um sie zu berühren, müssen wir uns von der Stelle bewegen, und das Gebet ist eben dieser Akt des Hinaufsteigens kraft des Denkens, bis in diese lichtvolle Welt, in die der Herr die größten Schätze hineingelegt hat, und aus diesen Schätzen zu schöpfen. Es mag sein, dass der Herr selbst gar nicht auf dem Laufenden ist, dass wir etwas brauchen, und übrigens muss Er auch gar nicht auf dem Laufenden sein: Sobald uns alles zur Verfügung steht, brauchen wir uns nur noch zu bedienen.

Das Gebet ist also keine Beschäftigung für leichtgläubige Leute, denen man erzählt hat, der Herr habe nichts anderes zu tun, als ihnen beim Brummeln zuzuhören. Das wahre Gebet basiert auf einer Wissenschaft, die sich auf den Aufbau des Universums und die verschiedenen Zustände der Materie bezieht. Jenseits der Erde, des Wassers, der Luft und des Feuers und ihrer Bewohner existiert eine große Zahl immer feinstofflicherer Regionen, die mit lichtvollen

Wesen bevölkert sind, mit Engeln, Erzengeln und so weiter. Und genauso wie wir aus der Erde, dem Wasser, der Luft usw. schöpfen können, können wir auch aus diesen feinstofflichen Regionen all das schöpfen, was wir für unsere Gesundheit, unser Glück, unsere Entfaltung brauchen.

Wir müssen daher zunächst einmal wissen, dass das Universum hierarchisch gegliedert ist, und ferner, dass an der Spitze dieser Hierarchie ein Wesen steht, das vollkommene Liebe ist, und das alles verteilt hat, damit es keinem Wesen im Raum an irgendetwas mangelt. Nun müssen wir uns darin üben, diese Regionen kraft unseres Denkens zu erreichen, dort all die Elemente aufzunehmen, die unser Herz und unsere Seele begehren oder sogar dort Zuflucht zu suchen.

Stellen wir uns folgendes Bild vor. Ihr werdet von Feinden verfolgt und lauft los, ihr lauft, um ihnen zu entkommen. Endlich stoßt ihr, staubig und außer Atem, auf eine Versammlung von Leuten, die gerade essen, trinken und sich inmitten von Gesang, Tänzen und Düften erfreuen. Niemand sagt dann zu euch: »He, du da, was hast du hier zu schaffen? Du bist ein ungebetener Gast, verschwinde!« Im Gegenteil, man heißt euch willkommen, man gibt euch Waschzeug und Kleidung und lädt euch zum Fest ein. Eure Feinde bleiben unterdessen draußen vor der Tür und können euch nichts antun. Nun, das bedeutet beten: Ihr lauft und lauft, das heißt ihr entkommt den Schwierigkeiten und Hindernissen der physischen Ebene und gelangt an einen Ort, an dem sich der Herr in Begleitung Seiner Engel und Freunde erfreut. Der Herr wünscht sich nichts mehr, als euch in ihrem Kreis aufzunehmen. Ihr bleibt dort solange ihr wollt. Währenddessen ziehen sich eure Feinde unverrichteter Dinge zurück und ihr kehrt anschließend glücklich und erfüllt nach Hause zurück.[1]

Ihr werft ein, dass das, was ich euch da erzähle, einem Märchen gleicht. Ja, das ist möglich, aber so versteht ihr es wenigstens. Wenn ihr euch also fortan beunruhigt, unglücklich fühlt, warum wechselt ihr dann nicht die Region, um etwas zu finden, das euch helfen wird? Aber nein, man wird jammern und sich überall beklagen,

Beruhigungsmittel nehmen, nur ja nicht zu dieser wunderbaren und so wirksamen Methode Zuflucht nehmen, die uns die größten Meister gelehrt haben: dem Gebet. Man gibt es sogar immer mehr auf. Wie kann sich im zwanzigsten Jahrhundert ein intelligenter Mensch einer Methode bedienen, die im Mittelalter gut war, als die Leute unwissend, leichtgläubig und abergläubisch waren? Heutzutage hat die Wissenschaft das Gebet durch Pillen ersetzt, und man glaubt, die Pillen seien ein Allheilmittel. Nun, das stimmt leider nicht.

Wenn ihr also alle Möglichkeiten zur Lösung eurer Probleme haben wollt, dann gewöhnt euch an, jeden Tag in Gedanken in höhere Regionen hinaufzusteigen. Es ist an euch, den Standort zu wechseln und nicht darauf zu warten, dass der Herr in Seiner Barmherzigkeit und Seinem Mitgefühl zu euch kommt. Der Herr wird nicht herabsteigen. Ihr erwidert: »Aber da stimmt etwas nicht. Wir haben in den Evangelien gelesen, dass der Heilige Geist an Pfingsten in Form von Feuerzungen auf die Apostel herabgestiegen ist«. In Wirklichkeit ist derjenige, der den Heiligen Geist empfängt, bereits innerlich bis zu den himmlischen Regionen aufgestiegen, wo er mit der Gottheit verschmilzt. Derjenige, der sich läutert, der in Einklang mit dem Willen des Herrn schwingt, lebt bereits in den lichtvollsten Regionen, und selbst wenn es dann heißt, der Herr sei in ihn herabgestiegen, stimmt das in Wirklichkeit nicht. Er ist es, der bis zum Herrn hinaufgestiegen ist, der ihn dann mit Seiner Gegenwart erfüllt hat.[2]

Ihr könnt alles im Universum finden: den Himmel, die Erde und sogar die Hölle. Ihr müsst wissen, wohin ihr gehen wollt. Wenn ihr jedoch unvorsichtigerweise in die Hölle gefallen seid, ist das kein Grund, dort ewig zu verweilen, ihr könnt wieder hinausgelangen. Es kommt vor, dass ihr nicht umhin kommt, mit Freunden in einer Kneipe einen trinken zu gehen, aber das heißt nicht, dass ihr die Kneipe nie mehr verlassen dürft. Ihr geht im Wald spazieren und wollt Erdbeeren pflücken, einverstanden, aber bleibt dort nicht ewig, sonst kommt die Nacht und ihr findet euren Weg nicht mehr. Jemand beklagt sich: »Oje, ich habe zu jemandem etwas Verletzendes gesagt, das hat alles zunichte gemacht«. Das macht nichts, sagt zu ihm jetzt ein paar Worte, die das wieder reparieren können. »Ja, aber ich habe ihn auch mit einem vernichtenden Blick angesehen!« Nun, erhöht zum Ausgleich den Anteil der guten Blicke.

Jemand klagt mir sein Leid, weil er angeblich verdammt ist. Ich widerspreche ihm nicht, denn das wäre sinnlos, er will unbedingt verdammt sein. Doch ich erkläre ihm, dass das nicht für immer so sein wird. Man mag zwar für einen Moment verdammt sein, aber dann muss man einen Schritt weiter gehen. Jemand gerät in einen Sumpf voller Schlangen, Mücken, Wespen, Kröten, Heuschrecken, und er schreit um Hilfe, spricht Gebete, aber nichts hilft. »Nun, beweg dich, mein Freund, es gibt andere wirtlichere, ruhigere Orte«. Denkt auch in den schlimmsten Situationen immer, dass nichts endgültig ist, und dass man nur daran denken muss, sich von der Stelle zu bewegen.

Ich versichere euch, die Bitten der Mehrheit der Leute, die gewöhnlich beten, werden nur deshalb nicht erhört, weil sie mit ihrer Sichtweise der Dinge falsch liegen. Sie bitten den Herrn, sie an dem Ort, wo sie sich befinden, aufzusuchen, das heißt, dass sie, ohne etwas an ihrem Verhalten oder an ihrer Denkweise zu ändern, glauben, Gott werde sie aus der Hölle herausholen und ihnen einen Platz im Himmel geben.

Nehmt einmal an, ihr seid in einer Grotte oder unter der Erde und ihr fleht die Sonne an, euch ihr Licht dorthin zu schicken. Ihr werdet niemals erhört werden, weil die Sonne ihren Platz nicht verlassen und sich in die Grotte begeben wird. Ihr müsst herauskommen, um ihr Licht zu empfangen. Was repräsentieren die Grotten und Höhlen? Bestimmte Vergnügungen, schlechte Gewohnheiten, die ihr nicht aufgeben wollt. Ihr lebt also weiter wie in der Vergangenheit und verlangt indessen, dass der Himmel sich eures Falles annimmt, dass er euch erleuchtet, euch hilft, euch heilt, euch reich macht. Das ist unmöglich, er wird es nicht tun. Ihr selbst müsst euch zu einem neuen Leben entschließen.

Nehmen wir jetzt eine Übung, die wir jeden Tag ausführen. Warum stehen wir jeden Morgen sehr früh auf, um auf den Felsen zum Sonnenaufgang zu gehen? Nun, das hat auch symbolische Bedeutung.

Bereits dadurch, dass wir unser Bett verlassen, unser Zimmer, unsere »Höhle«, um zum Sonnenaufgang zu gehen, zeigen wir, dass wir uns der Notwendigkeit bewusst sind, uns von der Stelle zu bewegen, um erhellt, erwärmt und belebt zu werden.

Solange die Menschen sich weigern, ihre alten Lebensweisen aufzugeben, und sie zum Herrn auf die gleiche Weise beten, wie sie die Sonne bitten würden, sie am Grunde einer Grotte zu erhellen, so lange vergeuden sie ihre Zeit. Sie selbst müssen sich von der Stelle bewegen, ihr Leben ändern. Diejenigen, die gelernt haben, sich fortzubewegen, empfangen das Licht der Sonne, die Wärme der Sonne, und da die Sonne das Symbol für den Herrn ist, empfangen sie die Reichtümer, die der Herr überall im Raum verteilt hat. Alles findet sich dort in Hülle und Fülle, aber man muss es sich holen. Welcher Hochmut, zu glauben, dass alles zu uns kommen und der Herr sich auf den Weg machen muss! Hochmut ist die größte Dummheit, die es gibt, und die größte Weisheit, die größte Vernunft liegt in der Demut. Demütig werden, heißt sich bewegen. Damit macht ihr die erste Geste, und in dem Moment empfangt ihr. Ihr seht, wie klar und logisch alles ist!

Derjenige, der wirklich will, dass sein Gebet erhört wird, muss aufhören, sich an den physischen Körper zu klammern, an die Instinkte, an die Erde und sich in die Regionen des Geistes erheben. Genauso wie man physisch sein Bett und sein Haus verlässt, um zum Sonnenaufgang zu gehen, muss man sich auch innerlich von der Stelle bewegen, sonst werdet ihr selbst im Angesicht der Sonne nicht viel empfangen: Ein wenig Licht, Wärme und Leben, das ist alles. Die wahren Reichtümer werden euch entgehen. Ihr müsst noch weiter, noch höher gehen, bis zur Quelle aufsteigen, aus der die Sonne selbst schöpft. Es genügt also nicht, auf dem Felsen zu sein und die Sonne zu betrachten, denn manche, die sie seit Jahren betrachten, sind dieselben geblieben: egoistisch, ungerecht, grausam. Man muss weiter gehen, man muss jetzt ein Diener Gottes werden und nichts anderes in seinem Kopf haben, als ein Vorbild zu sein, ein Mittler für all das, was der Herr uns sendet… ja, indem man es wie die Sonne macht.

Ich stelle euch jetzt eine Methode vor, die ich praktiziere und mit der ihr euch besser mit der Sonne verbinden könnt. Ich habe sie euch noch nicht verraten, weil man eine Methode immer erst hunderte Male prüfen muss, bevor man sie anderen vorschlägt.

Ihr seid jetzt beim Sonnenaufgang und wartet auf den ersten Sonnenstrahl… Ihr seid wach und aufmerksam, und wenn dieser erste Sonnenstrahl erscheint, trinkt ihr ihn, atmet ihr ihn ein. Auf diese Weise beginnt ihr, die Sonne zu trinken. Anstatt sie nur zu betrachten und zu atmen, trinkt ihr sie, esst ihr sie, und ihr stellt euch vor, dass dieses lebendige Licht sich in alle Zellen eurer Organe ausbreitet, dass es sie stärkt, belebt und reinigt. Diese Übung hilft euch bei der Konzentration und die Ergebnisse sind fantastisch: Euer ganzes Wesen erschauert und ihr könnt erspüren, dass ihr wahrhaft Licht trinkt. Trinkt also die Sonne, das wird euch helfen, besonders aufmerksam zu bleiben, mit wachem Bewusstsein: das Bedürfnis weiter zu trinken, wird euch wach halten.

Als Zarathustra den Gott Ahura Mazda fragte, wie sich der erste Mensch ernährte, antwortete ihm dieser: »Er aß Feuer und trank Licht«. Warum sollten nicht auch wir lernen, Feuer zu essen und Licht zu trinken, um zur Vollkommenheit des ersten Menschen zurückzukehren?

Lernt, euch von Licht zu ernähren, denn dieses Licht bringt die größten Segnungen mit sich. Ihr fühlt euch dann derart reich, dass ihr beginnt, alle Geschöpfe zu lieben. Armut erzeugt Hass. Die Reichen hassen niemals jemanden. Aber versteht mich richtig, ich spreche von den wahrhaft Reichen, den großen Meistern. Sie leben in einer solchen Überfülle, dass sie überquillt. Wie könnten sie Hass empfinden, wenn sie in einem solchen Zustand der Fülle leben? Nur wer unter Entbehrungen leidet, wird beginnen, sich mürrisch und eifersüchtig zu zeigen, und wird die anderen hassen. Wenn ihr jemanden seht, der die anderen nicht liebt, der innerlich weder Edelmut noch Großzügigkeit zeigt, so bedeutet das, dass er arm und bedauernswert ist.

Meine lieben Brüder und Schwestern, vergesst das nie. Wenn man sich all der Reichtümer, die Gott uns gegeben hat, bewusst wird, spürt man, wie sich das Herz mit Liebe füllt, man denkt nur noch daran, den anderen zu helfen, sie aufzuklären. Da man ja reich ist und alles überfließt, muss man zwangsläufig mit anderen teilen. Wenn man jedoch denkt, man sei arm, beneidet man natürlich die Reichen, und damit bleibt einem nichts anderes übrig, als sie anzugreifen und auszurauben. Deshalb ist Armut – Armut in all ihren Formen – der Ursprung von Kriminalität.

Le Bonfin, den 9. Juli 1980

Anmerkungen

1. Siehe auch Band 243 der Reihe Izvor »Das Lächeln des Weisen«, Kapitel 14: »Beim Festmahl«.
2. Siehe auch Band 232 der Reihe Izvor »Feuer und Wasser, Wunderkräfte der Schöpfung«, Kapitel 17: »Das Herabsteigen des Heiligen Geistes«.

# III

Nun, meine lieben Brüder und Schwestern, wie fühlt ihr euch heute? Ah! Dieser Sonnenaufgang, welch ein Segen! Die Atmosphäre ist so sanft, rein und klar! Unmöglich, sich davon loszureißen… Ich verspüre heute überhaupt keine Lust zu sprechen, und dennoch werde ich euch ein paar Worte sagen.

Wie ihr wisst, hat die Wissenschaft schon vor Jahrzehnten die Existenz von Wellen entdeckt, die den Raum durcheilen. Diese Entdeckung begründete dann die Entwicklung von Radio, Telefon, Radar usw. Das einzige Problem bestand darin, Geräte zu entwickeln, welche die Wellen empfangen oder aussenden konnten. Aber warum es der Wissenschaft oder Technik überlassen, als Einzige diese Entdeckung zu nutzen? Der Raum wird nicht allein von Wellen durchquert, mit deren Hilfe wir telefonieren, Radio hören oder fernsehen können. Andere, noch feinstofflichere Wellen durchqueren ihn, und wir sollten auch lernen, diese aufzufangen, wir haben die Mittel dazu. Der Herr hat im Menschen Apparate aufgestellt, die ihm ermöglichen, Wellen zu empfangen, welche die Eingeweihten, die Engel, die Erzengel und der ganze Himmel aussenden. Aber anstatt diese Botschaften zu empfangen, anstatt diese Strömungen aufzufangen, und aus ihnen all das zu schöpfen, was sie brauchen, um ihre Gesundheit zu verbessern oder ihr Verständnis der Dinge, richten die Menschen ihre Aufmerksamkeit auf etwas anderes, sie sind mit anderen Stationen verbunden, die man Hölle nennt, und die nur den Lärm von Streit und Auflehnung im Programm haben. Und da sie nicht wissen, wie sie den Sender wechseln oder das Gerät ausschalten sollen, sind sie immer beunruhigt, ruhelos, unglücklich.

Die Arbeit des Schülers besteht also darin, sein Bewusstsein für all diese Reichtümer des Universums, die zur Verfügung stehen, zu erwecken. Er profitiert nur deshalb noch nicht davon, weil er blind, verschlossen, eingeschlafen ist. Er gleicht jenem, der bis zum Hals im Wasser steht und am Verdursten ist. Die Menschen verbringen ihre Zeit mit Klagen darüber, dass ihnen dieses und jenes fehlt. Nein, ihnen fehlt nichts, nur in ihrem Bewusstsein fehlt ihnen etwas. Darum habe ich ein Sendegerät – es befindet sich im Hochgebirge – und von Zeit zu Zeit gehe ich in Gedanken dort hinauf, um der ganzen Welt zu sagen: »Wacht auf, wacht auf, die Sonne erhebt sich bereits über der Welt. Ihr seid auf die Erde gekommen, um eine gigantische Arbeit zu verrichten, um die Ankunft des Reiches Gottes vorzubereiten«.

Wenn ihr am Morgen auf den Felsen kommt, denkt daran, dass ihr diese Wellen, welche die Sonne euch sendet, auffangen könnt. Anstatt jedes Mal euren Groll, eure schlecht gelösten Probleme wiederzukäuen, denkt daran, euch mit den himmlischen Sendestationen zu verbinden, sonst werdet ihr ewig derselbe arme Unglückliche bleiben, der keinen Vorteil darin sieht, den Sonnenaufgang zu betrachten.

Ich weiß übrigens sehr wohl, dass manche sich fragen: »Warum morgens auf den Felsen gehen? Das bringt mir nichts«. Tatsächlich hängt alles davon ab, wie sie die Frage stellen. Wenn sie sich ehrlich sagen würden: »Ich habe im Leben nur Probleme und Schwierigkeiten, ich fühle mich in die Enge getrieben…« und sie am Morgen auf den Felsen gingen und alle ihre Probleme ausbreiten würden, um eine Lösung dafür zu finden, vielleicht würde es ihnen gerade dann gelingen, sie zu lösen. Aber ja, am Morgen, beim Sonnenaufgang, befasst euch gerade da mit all euren Schwierigkeiten, und die Sonne, die euch ebenfalls sieht, sagt sich: »Da sitzt ein armer unglücklicher Mensch, erhellen wir ihn, helfen wir ihm«. Wie kann die Sonne euch helfen? Eben durch ihre Lichtwellen.

Ihr habt nur noch nicht begriffen, dass das Licht dazu dient, für Klarheit zu sorgen, und dass es deshalb nicht in euch eindringen kann, weil ihr eure »Fenster« nicht geputzt habt, um es durchscheinen zu lassen. Es steht niemandem zu, seine Meinung zu äußern, solange sein Bewusstsein nicht erwacht ist, denn unter diesen Umständen irrt man sich zwangsläufig. Und darum habe ich tausend Mal wiederholt, dass ihr euch am Vorabend darauf vorbereiten müsst, dem Sonnenaufgang beizuwohnen, dass ihr mit den besten Gedanken und Gefühlen einschlafen müsst. Auf diese Weise macht ihr während der Nacht den Weg frei und am nächsten Morgen kommt ihr wach und munter zur Sonne und denkt: »Der Himmel spricht, die Engel sprechen, sie senden uns Botschaften… mein Herr und Gott, danke… ich kann heute ein wenig mehr Weisheit gewinnen, ein wenig mehr Gesundheit, ein wenig mehr Liebe«. Wenn ihr nur einige Wellen auffangen könntet, würdet ihr all die himmlischen Wesen von eurer Zukunft sprechen hören, von den Reichtümern, die ihr besitzt, von dem Leben, das eures sein wird, wenn euer Bewusstsein einmal erwacht.[1] Ja, der Himmel spricht zu euch, er singt zu euch. Wie könnt ihr anschließend sagen, es gäbe da nichts?

Am Morgen sollten wir zuallererst unsere Blicke auf die Sonne richten, denn auf diese Weise wird sie unseren ganzen Tag segensreich beeinflussen. Das sind Dinge, denen man heutzutage fast keine Bedeutung beimisst, doch zu Unrecht. Wenn ihr morgens euer Haus verlasst und dieser oder jener Person begegnet, ist das nicht ohne Bedeutung, denn manche Personen bringen euch Glück und Erfolg und andere Unglück und Misserfolg.

Als ich noch in Bulgarien war – das war natürlich noch vor dem letzten Krieg – gab es einen sehr schönen, anrührenden Brauch: Am Neujahrsmorgen schickte man die Kinder los, um in den Straßen und Häusern der Nachbarschaft ein gutes neues Jahr zu wünschen, weil die Kinder rein sind und man denkt, dass sie nur Gutes bringen können. Jedes Kind hielt einen kleinen Zweig (den französischen Namen des Baumes weiß ich leider nicht), an dem manchmal auch noch Bänder befestigt waren, und mit diesem Zweig mussten sie die Personen berühren und dabei gute Wünsche für Gesundheit, Erfolg und gute Ernten aussprechen. Man bedankte sich mit Obst, Bonbons und Kuchen, und darum trugen die Kinder einen Sack, fast so groß wie sie selbst, für all diese Dinge bei sich.

Und auch ich ging, als ich noch ganz klein war, mit meinem Zweig allen in der Nachbarschaft ein gutes neues Jahr wünschen. Ich weiß nicht, warum die Leute glaubten, ich könne ihnen Segen bringen, aber es gab viele Familien, die meine Mutter baten, mich sehr früh am Morgen vor den anderen loszuschicken. Also weckte sie mich, zog mich an… und das fiel mir schon sehr schwer, weil ich noch müde war und dann hinaus in die Kälte, in den Schnee musste – ihr wisst, die Winter in den Bergen von Mazedonien, das sind nicht die Winter an der Côte d'Azur! Aber ich machte es trotzdem, und halb schlafend ging ich in die Häuser, um die ganze Familie mit meinem kleinen Zweig zu berühren, und ich murmelte die Worte, die man mich hat auswendig lernen lassen und deren Sinn ich noch nicht einmal verstand. Aber es war dennoch ein sehr schöner Brauch.[2]

Mit der Sonne ist es das Gleiche. Sie sollte als Erstes bei euch eintreten, um euch zu grüßen, euch »Guten Tag« zu sagen, dann werden alle eure Angelegenheiten gut verlaufen. Darum ist es so wichtig, dass ihr euch am Abend vorbereitet und dabei denkt, dass ihr euch am nächsten Morgen der besten Dienerin Gottes gegenüber befinden werdet, und dass ihr mit ihrem Licht, ihrer Wärme und ihrem Leben euren Durst löschen könnt. Bemüht euch, eure kleinen und großen Sorgen beiseite zu lassen, um euch vollständig der göttlichen Welt zur Verfügung zu stellen, um mit den segensreichen Kräften in euch und um euch herum zu kommunizieren.

Seht nur, wie viele Leute miteinander kommunizieren können, seit die Menschen die Verbindung über die Radiowellen erfunden haben! Sogar wenn sie auf Schiffen, in Flugzeugen oder Höhlen in Gefahr geraten, können sie Hilfe anfordern, und jeden Tag senden uns Radio und Fernsehen Botschaften aus aller Welt. Das ist gut und schön, aber warum immer in Kommunikation mit Menschen treten, von denen wir nur Schreie, Forderungen, Revolten und Drohungen zu hören bekommen? Man sollte die Apparate benutzen, die Gott uns gegeben hat, um mit der Sonne, mit den Wesen, die über uns stehen, in Verbindung zu treten, uns mit ihrer Wellenlänge zu harmonisieren, in ihre Aura, in ihr Glück, in ihr Licht, in ihren Frieden einzutreten, und hat man sich einmal bei ihnen gestärkt, kann man sich erlauben, mit den armen Menschen in Verbindung zu treten.

Manch einer denkt gerade: »Wann ist endlich Schluss? Sie sprechen zu uns von der Sonne, und die ganze Zeit brennt sie uns auf den Kopf«. Nun, umso besser, ihr werdet gekocht, gut gekocht, um verspeist zu werden! Weil es intelligente Geister gibt, die Gärtnern gleichen, die ihren Obstgarten aufsuchen, um Früchte zu ernten und sie mit Genuss zu verspeisen. Sie sagen: »Oh, diese Wassermelone, dieser Pfirsich – was für herrliche Früchte!« Ja, wenn sie einen Menschen sehen, der endlich zum spirituellen Leben erwacht, kümmern sie sich um ihn, und erquicken sich an allem, was er an Lichtvollem ausstrahlt und verströmt. Auf diese Weise werden alle Frauen und alle Männer von Gärtnern des Himmels aufgesucht. Jemand wirft ein: »Aber ich kann nichts abgeben, ich bin kein Obstgarten, wie kommt man darauf, bei mir etwas zu suchen?« In Wirklichkeit ist immer etwas Nützliches dabei, selbst bei den giftigen Pflanzen, und sei es nur, um Medikamente daraus herzustellen.

Aber wenn ich mich jetzt nicht zügele und weiter über dieses Thema zu euch spreche, werden wir kein Ende finden, denn dies ist eines der am meisten fesselnden Themen. Die Menschen ahnen nicht, dass sie von Geschöpfen der anderen Welt besucht werden, und auch die Mädchen werden besucht, sogar die Jungen werden besucht, weil sie alle Laboratorien voller chemischer Elemente gleichen. Aber der Moment ist noch nicht gekommen, um dieses Thema auszuweiten. Ich erwarte zumindest, dass ihr mit den elementarsten Themen vertraut seid, sonst werdet ihr die bedeutenderen Themen nicht verarbeiten können. Wenn ich sehe, dass ihr noch nicht einmal besondere Aufmerksamkeit für den Sonnenaufgang aufbringen könnt, dann werde ich euch nicht in Bereiche führen, wo die größte Bemeisterung unserer Gedanken und unserer Energien notwendig ist.

Im spirituellen Leben, noch mehr als anderswo, ist es gefährlich, den schnellen Erfolg zu suchen. Wenn ich euch einen Talisman geben würde, mit dem ihr die Geister anrufen könntet, würdet ihr zermalmt werden, weil ihr noch zu schwach und unerfahren seid. Hätte ich euch damit etwas Gutes getan? Ihr werdet erst bereit sein, wenn ihr all diese Themen in Betracht zieht, die ihr im Augenblick für unbedeutend und unwichtig haltet. Nun gut, das ist nicht interessant, aber es ist das, was euch das Leben retten wird, das hingegen, was euch interessiert, wird euch nur Unheil bringen. Wir müssen uns verstehen, andernfalls ist nichts zu machen. Auch ich bin starrköpfig, hartnäckig, unbeeinflussbar, da ist nichts zu machen. Ihr müsst also all das, worauf ich Nachdruck lege, immer wieder lesen und dürft es nicht als etwas Zweitrangiges beiseite lassen. Für euch ist nichts jemals wichtig. Was gibt es also an Wichtigem im Leben…?

Dennoch bin ich, was euch betrifft, voller Hoffnung, ihr seid nicht zufällig hierher gekommen, Gott hat euch geschickt, um eine neue Menschheit zu erschaffen, um einen Kern von Menschen zu bilden, die Träger einer neuen Denk- und Lebensweise sind. Bis zu dem Tag, an dem ihr, so wie die Hefe den Teig gehen lässt, die ganze Welt beeinflussen werdet.

Le Bonfin, den 22. Juli 1971

Anmerkungen

1. Siehe auch Band 323 der Reihe Broschüren »Meditationen beim Sonnenaufgang«.
2. Siehe auch Band 301der Reihe Broschüren »Das neue Jahr«.

## IV

*Lesung des Tagesgedankens:*

»Wir sind hier im Bonfin, in diesem Saal, zwischen diesen vier Wänden, aber wir sind auch im Kommunalbereich von Fréjus. Fréjus liegt im Var, der Var liegt in Frankreich und Frankreich befindet sich in Europa. Europa ist ein Kontinent und Teil dieser Erde. Und die Erde, sie ist Teil der Planetenfamilie dieses Sonnensystems: Wir befinden uns also im Sonnensystem. Das Sonnensystem seinerseits ist Teil einer Galaxis, und diese Galaxis ist ein kleiner Teil des Kosmos. Aber ja, das ist bemerkenswert, wir hier in diesem Saal, wir befinden uns gleichzeitig im Kosmos!

Nun, sollten wir daraus nicht eine Schlussfolgerung ziehen? Da wir kosmische Wesen sind, dürfen wir uns nicht ewig begrenzen, sondern sollten unsere Augen öffnen und uns sagen, dass wir kosmische Aufgaben erfüllen müssen. Wozu dient es, der Großen Universellen Weißen Bruderschaft anzugehören, wenn nicht dazu, in einem viel weiteren und umfassenderen Sinn zu wirken, für die ganze Welt? Bemüht euch daher von nun an, ein wenig eure Denkweise zu ändern, weniger begrenzt zu sein, zu erfassen, dass ihr im Kosmos lebt, dass ihr mit dem ganzen Universum verbunden seid, und dass dies ein neues Verhalten bedingt und neue Aktivitäten«.

Manch einer, der das hört, wird jetzt sagen: »Aber all das wissen wir bereits, das ist nicht neu!« Sicher, das ist nicht neu, aber es ist ein so bedeutsames Thema, dass man unablässig darauf zurückkommen und daran arbeiten muss, um in Harmonie mit diesem Universum zu sein, in dem wir leben und um mit ihm nur den besten Austausch zu pflegen. Denn das Universum ist lebendig, es schwingt, es strahlt, und wer sich nicht mit diesen Schwingungen zu harmonisieren weiß, wird zerstört. Es genügt nicht zu wissen, dass wir im Universum schwimmen, man muss sich dieser Unermesslichkeit, von der wir ein Teilchen sind, bewusst werden, damit das kosmische Leben zu unserer Entfaltung beiträgt.

Es heißt zum Beispiel in diesem Gedanken, dass die Erde, auf der wir leben, Teil der Planetenfamilie des Sonnensystems ist. Sicher, das weiß jeder, aber es genügt nicht, es zu wissen, es geht darum, mit der Sonne in Kontakt treten zu können, damit wir umfassend von ihrem Leben, ihrer Wärme und ihrem Licht profitieren können.

Wir haben einen physischen Körper, dessen Teilchen sich alle sieben Jahre erneuern. Da kann man sich natürlich die Frage stellen, warum wir immer dieselben Schwächen, dieselben Krankheiten haben, wenn wir uns doch ständig erneuern? Das rührt daher, dass die neuen Teilchen die Einflüsse von bereits in die lebendige Materie eingravierten Eindrücken aufnehmen, und sie sind gezwungen, den alten Direktiven zu folgen. Darum gelingt es den neuen Teilchen nicht, unser Temperament und unsere Schwächen zu ändern.[1]

Was da geschieht, ist damit vergleichbar, wie zum Beispiel eine Behörde funktioniert. Von Zeit zu Zeit müssen Mitarbeiter aufgrund von Alter, Krankheit oder Tod usw. ersetzt werden und man holt sich neue, jüngere, kräftigere Mitarbeiter. Was jedoch die Arbeit betrifft, so müssen sie sich dem anpassen, was die Mitarbeiter vor ihnen gemacht haben. Selbst wenn also die Personen neu sind, bleibt die Aktivität die gleiche. Dasselbe geschieht auch mit den neuen Teilchen, die wir aufnehmen durch unsere verschiedenen Aktivitäten, wie zum Beispiel die Ernährung, die Atmung, das Nachdenken, das Empfinden usw. Wenn wir nun also wollen, dass diese neuen

Teilchen wirklich neu sind und neue Wirkungen hervorrufen, müssen wir Einprägungen und Gewohnheiten ändern, und dafür habe ich euch Methoden genannt.

Aber gehen wir weiter. Ihr befindet euch der Sonne gegenüber, die überall in den Raum Lichtteilchen von großer Reinheit sendet. Was hindert euch nun daran, euch darauf zu konzentrieren, dass ihr aus eurem Organismus die alten, abgenutzten, dunklen Teilchen entfernt und sie durch diese neuen, von der Sonne kommenden Teilchen ersetzt? Damit habt ihr eine sehr nützliche Übung, die ihr beim Sonnenaufgang ausführen könnt. Bemüht euch, mit ganzem Herzen, mit ganzer Seele diese göttlichen Teilchen aufzunehmen und ihnen in euch einen Platz einzuräumen. Auf diese Weise werdet ihr nach und nach die Materie eures Wesens vollständig erneuern, ihr werdet denken und handeln wie ein Sohn Gottes, dank der Sonne.

Ihr versteht, warum die Religion der Zukunft die Sonnenreligion sein wird: Weil man jeden Tag durch die Sonne mit der Gottheit kommunizieren kann. Ein ferner und abstrakter Gott kann den Menschen nicht bei ihrer Umwandlung helfen. Die Sonne hingegen ist da, wirklich, mächtig, großartig. Es ist Christus, der durch die Sonne wirkt.[2] Da schon Hermes Trismegistos sagte: »Das, was unten ist, ist wie das, was oben ist, und das, was oben ist, ist wie das, was unten ist«, warum sollte man dann nicht verstehen, dass die Sonne, die unten ist, wie derjenige ist, der oben ist, der Herr? Hinter der Sonne, die für uns etwas Sichtbares, Spürbares ist, gibt es den Herrn. Die physische, konkrete, sichtbare Welt ist das Abbild der abstrakten, unsichtbaren Welt. Wenn man zu beobachten weiß, was auf der Erde ist, kann man entdecken, was im Himmel ist. Auf diese Weise bin ich vorgegangen. All das, was ich euch offenbare, habe ich nicht in den Büchern von Menschen gefunden, sondern im großen Buch der lebendigen Natur, die das Spiegelbild der oberen Welt ist. Man muss dieses Buch der Natur zu lesen wissen, von der auch wir selbst ein Teil sind.

Meine lieben Brüder und Schwestern, ihr solltet euch entschließen, auf göttliche Weise zu arbeiten, mit dem Licht und der Wärme der Sonne und alle eure alten Teilchen ersetzen. Krankheit ist nichts anderes als eine Ansammlung von Fremdstoffen, derer sich der Organismus nicht entledigen kann, und um euch zu heilen, müsst ihr sie loswerden. Das ist das wahre Verständnis von Gesundheit: die Säuberung. Nur die Teilchen, die uns die Sonne bringt, schaffen in uns keine Überfüllung, keine Unreinheiten, deshalb ist es derart wichtig, dass wir wissen, wie wir sie am Morgen auffangen können. Alles, was ihr esst, trinkt, atmet, hinterlässt immer einige Abfälle, das ist unvermeidlich. Nur die Sonnenstrahlen hinterlassen keine Abfälle. Darum sollte man lernen, sich mit diesem höheren Element, dem Licht zu ernähren.

Der Magen ernährt sich von fester und flüssiger Materie, die Lungen nähren sich von Luft und das Gehirn nährt sich von Licht. Ihr wendet ein: »Ja, aber indem man isst und trinkt, nährt man auch das Gehirn«. Das ist richtig, aber nur seinen am wenigsten feinstofflichen Teil. Denn das Gehirn, das ein hierarchisch aufgebautes Organ ist, besteht aus mehreren Zonen: Die einen enthalten Zentren, mit deren Hilfe man sich in den Realitäten der materiellen und intellektuellen Welt zurechtfinden kann und andere enthalten Zentren, mit denen man mit den Realitäten der spirituellen, der göttlichen Welt in Verbindung treten kann. Ihr erwidert: »Ja, sicher, aber um alle zu ersetzen, sind vielleicht Jahrhunderte nötig«. Nein, ihr könnt diese Transformation durch die Intensität eurer Liebe beschleunigen. Je mehr ihr das Licht liebt, desto mehr davon nehmt ihr in euch auf.

Die meisten Menschen haben der Sonne gegenüber dasselbe Verhalten wie gegenüber der Nahrung. Sie kümmern sich nicht um die Art und Weise wie sie essen. Selbst wenn sie während der Mahlzeiten reden, gestikulieren oder sich streiten, so sagen sie sich, dass der Organismus sich darum kümmern wird, alle für sein gutes Funktionieren notwendigen Elemente aufzunehmen und auszusortieren. Und das ist ja richtig, der Organismus kümmert sich darum, was sie aber nicht wissen, ist, dass die Nahrung feinstoffliche Kräfte und Elemente aus dem Raum enthält, die wir nur durch eine bewusste Ernährung aufnehmen können. Diese Elemente, die der Äther-Ebene, der Astral-Ebene und sogar der Mental-Ebene angehören, können uns helfen, unsere Gedanken, unsere Gefühle und unser ganzes Verhalten zu verbessern. Ja, aber noch einmal, nur unter der Bedingung, dass wir bewusst zu essen wissen.

Und genau das vollzieht sich, wenn wir dem Sonnenaufgang beiwohnen. Wenn ihr dort vor der Sonne sitzt und an etwas anderes denkt, empfangt ihr immer einige physische Wohltaten von ihrer Wärme und ihrem Licht, aber die feinstofflicheren Elemente, die euch bei eurer spirituellen Entwicklung helfen können, die werdet ihr nicht empfangen. Indem der Schüler sich bewusst ist, dass die Sonne ihm durch ihre Strahlen ihr Leben, ihre Liebe, ihre Weisheit, ihre Schönheit übermittelt, bereitet er sich darauf vor, diese zu empfangen. Er öffnet in sich selbst tausende von Türen, durch welche diese Strahlen eintreten und all ihre Schätze deponieren können, und auf diese Weise füllt er sein ganzes Wesen mit den Segnungen der Sonne.

Darum ist es so wichtig, sich dessen bewusst zu sein, was die Sonne darstellt, denn nur auf diese Weise könnt ihr die Elemente empfangen, die euch helfen werden, die Gesetze und die Mysterien der Natur zu vertiefen und Frieden und Glück zu genießen. Aber solange wir nicht bewusst sind, werden wir uns der Sonne gegenübersetzen und dann genauso unbedarft wie zuvor wieder zurückkehren. Ich habe sogar Briefe von einigen Brüdern und Schwestern erhalten, die mir erklären, sie hätten angesichts der Sonne noch nie etwas entdeckt oder empfunden, und es würde sich daher nicht lohnen, seine Zeit damit zu vergeuden, sie am Morgen zu betrachten. Aber was kann ich da tun? Mein Gott, wie nur kann man die Menschen dahingehend aufklären, dass es ihnen gelingt, all die Schätze zu empfangen und anzusammeln, die ihr Dasein verwandeln könnten?

Aber was ich euch hinsichtlich der Ernährung und des Sonnenaufgangs sage, das sage ich euch auch, wenn es darum geht, mich zu verstehen und euch umzuwandeln, alles hängt von euch ab, von eurer inneren Haltung meinen Worten gegenüber. Wenn ihr zerstreut seid oder sie als unbedeutend einstuft, werden sie nicht wirken, ihr werdet das ganze Leben unbewusst bleiben, verschlossen gegenüber der Herrlichkeit der göttlichen Welt. Aber wenn ihr meinen Worten Beachtung schenkt, wird es großartige Veränderungen geben. Auch das ist etwas, was ihr nicht verstanden habt. Der Beweis: Seit Jahren hört ihr Wahrheiten, welche die ganze Welt in Bewegung versetzen können, aber sie führen bei euch zu keinem Ergebnis, weil ihr nicht zuhören und das Wesentliche behalten könnt, um sie in die Praxis umzusetzen. Nun, was soll ich noch tun? Ich kann euch nicht umwandeln, wenn ihr nicht selbst etwas dafür tut.

Le Bonfin, den 8. April 1980

Anmerkungen

1. Siehe auch Band 5 der Reihe Gesamtwerke »Die Kräfte des Lebens«, Kapitel 2: »Charakter und Temperament«.
2. Siehe auch Band 10 der Reihe Gesamtwerke »Sonnen-Yoga – Pracht und Herrlichkeit von Tiphereth«, Kapitel 16: »Christus und die Sonnenreligion«.

## Teil V

*Lesung des Tagesgedankens:*

»Das höchste Ideal besteht darin, die Sonne als Vorbild zu nehmen. Wenn ihr einen Wissenschaftler, einen Philosophen oder sogar einen Helden, einen Heiligen, einen Eingeweihten nachahmen wollt, empfangt ihr zweifellos einige Teilchen ihrer Tugenden, aber niemals in so großer Zahl und von so reiner Qualität, wie wenn euer Vorbild die Sonne ist.

Das Bild der Vollkommenheit, das ist die Sonne, und wenn ihr sie als Vorbild nehmt, wenn ihr, so wie sie, nur daran denkt, die Geschöpfe zu erhellen, zu erwärmen und zu beleben, erst dann werdet ihr euch wahrhaft verwandeln. Denn selbst wenn ihr nie an das Licht, die Wärme und das Leben der Sonne heranreicht, wird euch allein der Wunsch, diese Eigenschaften zu erlangen, in die himmlischen Regionen versetzen, wo ihr wahrhaft Wunder vollbringen werdet. Dieser Wunsch, die Geschöpfe zu erhellen, zu erwärmen und zu beleben, wird euch selbst lichtvoller, warmherziger und lebendiger machen«.

Das ist wieder eine Seite, die manche ein wenig schockieren und andere erstaunen wird. Die Sonne als Vorbild nehmen! Jeder wird zu mir sagen: »Aber hören Sie, das ist doch unglaubwürdig, die Sonne ist kein intelligentes und bewusstes Wesen!« Und eben darin täuschen sie sich. Sicher, die Sonne präsentiert sich in ihrer Erscheinungsform als Feuerkugel. Aber der Mensch, in welcher Erscheinungsform präsentiert er sich? Ein Körper, der einer Maschine gleicht. Und auch das Universum ist eine Maschine. Es gab sogar einige geniale Gehirne, die in der Welt aufstanden und behaupteten, der Körper sei ein Werk des Zufalls. Aber ein derart intelligenter, derart scharfsinniger Zufall, das ist schon seltsam, nicht wahr?

Damit eine Maschine funktioniert, muss sie jemand in Bewegung setzen. Ihr habt noch nie eine Maschine gesehen, die sich in Bewegung setzt, ohne dass eine Energie, eine Intelligenz diese Bewegung ausgelöst hätte. Denn sobald es Materie gibt, muss es einen Geist geben, der sie belebt. Darum ist es reine Dummheit zu denken, die Sonne sei nur eine weiß-glühende Feuerkugel. Die Sonne ist eine großartige Erde, bewohnt von den am weitesten entwickelten Wesen, welche die Planeten lenken. Es sind die Schwingungen dieser Wesen, die sich im Raum in Wärme und in Licht umwandeln, auf der Sonne selbst jedoch, herrscht eine äußerst gemäßigte Temperatur. Nur, wer wird mir glauben? Die Kinder vielleicht. Und die anderen…? Nun gut, ich rate ihnen, es nachzuprüfen. Übrigens: Selbst im Feuer leben Wesenheiten, die man Salamander nennt, und von allen Geschöpfen, welche die Elemente bewohnen, sind sie die am weitesten entwickelten. Viele Eingeweihte haben sie gesehen und mit ihnen gesprochen, und ihnen wurden großartige Offenbarungen zuteil.

Ich setze keinen der großen Meister der Menschheit herab, wenn ich sage, dass wir die Sonne als Vorbild nehmen sollten, denn auch sie haben sie als Vorbild genommen. Indem sie die ganze Welt durch ihre Weisheit erleuchteten, bewiesen Sie, dass sie die Sonne als Vorbild nahmen. Übrigens, wenn die Sonne beständig ihr Licht und ihre Wärme aussendet und wenn sie ohne Unterlass das Leben im Universum unterstützt, dann nur deshalb, weil auch sie ein Vorbild hat, das sie nachahmt: den Herrn.

Nachahmung ist eine angeborene Neigung beim Menschen, wie bei allen Geschöpfen. Nur, wen will man nachahmen? Einen Filmschauspieler oder eine Filmschauspielerin, einen Fußballchampion oder einen Sänger… Man weiß nicht, wen man als Vorbild nehmen soll und noch weniger weiß man, wie sehr diese Frage des Vorbildes für das psychische Leben von Bedeutung ist. Ihr habt einen Freund: Allein indem ihr ihn aufsucht, nehmt ihr bestimmte Teilchen von ihm auf, und auf diese Weise gibt er euch, auch ohne euer Wissen, etwas von seinen Tugenden und von seinen Schwächen. Indem ihr die Sonne »aufsucht«, indem ihr euch jeden Tag von ihrer Schönheit, ihrer Klarheit, ihrer Macht und von all diesem hervorsprudelnden Leben begeistern lasst, werdet ihr in gleicher Weise nach einiger Zeit wahrnehmen, dass sich in euch selbst, in euren Zellen, Transformationen vollziehen: Etwas in euch beginnt, anders zu schwingen und ihr werdet immer lichtvoller, warmherziger und lebendiger.[1]

Wenn ihr einen segensreichen Einfluss auf die Menschen haben wollt, tretet jeden Tag in Kontakt mit der Sonne, um von ihr einige Teilchen aufzunehmen, die ihr anderen übermittelt. Die Sonne kann für euch als Einzige beste Voraussetzungen schaffen, um den Menschen zu helfen und sie zu lieben. Solange man nicht dieses Vorbild von Wärme und Licht hat, überlässt man sich niederen Manifestationen. Seht, was in der Welt geschieht. Man sieht überall nur Leute, die von den anderen profitieren wollen, sie unterwerfen, sie zermalmen wollen. Das ist alles andere als rühmenswert! Mit der Sonne hingegen habt ihr das Bild eines strahlenden, großzügigen Wesens, und ihr werdet beeinflusst. Sogar angenommen, sie sei kein intelligentes und vernünftiges Geschöpf in dem Sinne, wie wir es verstehen, kann der Kontakt mit ihrer Wärme und ihrem Licht nur brüderlichere Gefühle gegenüber anderen in euch wachrufen: Geduld[2], Nachsicht[3], Vergebung[4].

Um die Philosophie der Sonne kennen zu lernen, nun, da verabredete ich mich eines Tages mit ihr. Ja, wir trafen uns in einem Bistro, bestellten einen Aperitif und dann fragte ich sie: »Oh, liebe Sonne, ich möchte dich gerne etwas fragen, weil das in meinem Herzen noch nicht ganz klar ist. Wie kommt es, dass du derart lichtvoll bist?« – »Weil ich vor Liebe brenne«, sagte sie, »und Liebe das Licht hervorbrechen lässt.« – »Aber erkläre mir, wie stellst du es an, die Menschen immer weiterzulieben und zu erleuchten, wo du doch besser als jeder andere siehst, wie boshaft sie sind?« – »Oh, weißt du, ich habe mich schon vor langer Zeit entschlossen, mich nicht mehr darum zu kümmern, wie sie sind. Ich kümmere mich nur um mich selbst, und weil es mir gefällt, die Wärme meiner Liebe zu verbreiten, mache ich weiter, und ich selbst habe Freude daran. Und jetzt ist es mir egal, ob die Menschen mich schätzen oder nicht, und ich rate dir, es genauso zu machen, denn wenn du anfängst, darauf Rücksicht zu nehmen, was die Menschen sind, wirst du es nie bei ihnen aushalten.«

Ich habe mich daher entschlossen, die Sonne nachzuahmen, und deshalb kann ich mit meiner Arbeit weitermachen. Denn wenn ihr glaubt, es gäbe viele Leute, die mich schätzen und die bereit sind, mir zu helfen, dann irrt ihr euch, es gibt viele, denen ich lästig bin und die mich gerne loswerden möchten. Und ich gestehe: Wenn ich sehe, wie arglistig, boshaft, selbstsüchtig und undankbar manche sind, finde ich manchmal, dass es wirklich Zeit ist, seinen Hut zu nehmen und sich nicht mehr um die Menschen zu kümmern. Aber glücklicherweise ist die Sonne da und flüstert mir zu: »Erinnere dich an unsere Unterhaltung im Bistro.« – »Oh ja, ja!« sage ich und mache weiter. Und ihr, warum solltet nicht auch ihr die Sonne nachahmen?

Natürlich hat es immer außergewöhnliche Menschen gegeben, die man als Vorbild nehmen kann aufgrund ihrer Reinheit, ihrer Güte, ihrer Intelligenz und ihrer Aufrichtigkeit. Aber Vollkommenheit, das ist etwas anderes. Vollkommenheit erfordert die ideale Entwicklung dieser drei Faktoren Intellekt, Herz und Wille, was sehr selten ist. Es gibt außergewöhnlich intelligente und gelehrte Leute, die überhaupt keine Liebe für die anderen aufbringen. Oder andere, die voller Liebe sind, aber überhaupt keine Willenskraft haben und so weiter. Das Leben zeigt uns unaufhörlich Menschen, die in bestimmten Bereichen ganz bemerkenswert sind, aber in anderen sehr fehlerhaft. Die Sonne hingegen gibt uns das ideale Bild der Vollkommenheit. Denn ihr Licht lehrt uns, dass sie alles kennt, ihre Wärme erzählt uns von ihrer Liebe und das Leben, das sie dem Universum bringt, offenbart uns ihre Allmacht.

Die Sonne ist da, sie erwärmt, sie erhellt, aber die Menschen haben anderes im Kopf und genau das hindert sie daran, warmherzig, lichtvoll, unsterblich zu werden. Die Sonne ist da, das ist wunderbar, das ist herrlich, aber niemand kümmert sich darum… außer, dass man seit einiger Zeit nach Möglichkeiten sucht, das Erdöl zu ersetzen. Gäbe es diese Probleme mit der Energie nicht, würde sich niemand um die Sonne kümmern. Man wird daher an die Sonne denken, um sie zu benutzen, um sie in Flaschen zu füllen, sie zu verkaufen, aber niemals, um ein besserer Mensch zu werden. Die Menschen müssen begreifen, dass sie sich nicht damit zufriedengeben dürfen, sich der Sonne um eines lukrativen Zieles willen zu bedienen, sondern lernen sollten, wie sie zu werden, denn dann wären Überfluss und Frieden auf der Erde die Folge.

Nehmt die Sonne als Vorbild. Selbst während des Tages, wenn ihr nicht mehr ihr gegenüber sitzt, beobachtet euch, analysiert euch, indem ihr euch fragt: »Bin ich dabei, zu strahlen und das Licht zu verbreiten? Erwärme und erweitere ich jetzt gerade die Herzen der Geschöpfe? Bringe ich ihnen das Leben?« Ja doch, stellt euch jeden Tag immer wieder diese Frage, denn das ist der Schlüssel zu eurer Vervollkommnung.

Le Bonfin, den 4. April 1980

Anmerkungen

1. Siehe auch Band 10 der Reihe Gesamtwerke »Sonnen-Yoga – Pracht und Herrlichkeit von Tiphereth«, Kapitel 20: »Die Sonne ist der beste Pädagoge, weil sie ein Vorbild darstellt – die Sonne, das Herz des Universums«.
2. Siehe auch Band 242 der Reihe Izvor »Unerschöpfliche Quellen der Freude«, Kapitel 12: »Die ungeahnten Schätze der Geduld«.
3. Siehe auch Band 239 der Reihe Izvor »Die Liebe ist größer als der Glaube«, Kapitel 10: »Die Liebe ist größer als der Glaube«.
4. Siehe auch Band 215 der Reihe Izvor »Die wahre Lehre Christi«, Kapitel 7: »Vater vergib ihnen, denn sie wissen nicht, was sie tun« und Kapitel 8: »Wenn dich jemand auf deine rechte Backe schlägt…«.

# V

# DER GEIST DIESER LEHRE

# I
## Abschnitt 1

Es existiert in der menschlichen Natur eine Neigung, die darin besteht, immer etwas anderes, Neues bringen zu wollen, ein Wunsch, sich originell zu zeigen, die Dinge nach seiner eigenen Sichtweise zu ändern und umzubilden. Das ist sehr verbreitet, ihr werdet das überall bemerken, jeder will seine Sichtweise ausdrücken und durchsetzen. Analysiert euch und ihr werdet sehen, dass man in allen Bereichen, bei allen Themen gerne mitreden, etwas abändern, umstoßen, umwerfen, etwas auf den Kopf stellen möchte usw. Das ist nebenbei bemerkt normal, natürlich, akzeptabel, zumindest in der Welt. Aber in der Bruderschaft stellt sich die Frage anders dar. In der Vergangenheit kamen viele Leute, die bereits ihre Meinung hatten, ihre Vorlieben und als sie zu uns kamen, fanden sie, dass man eine Menge Dinge ändern müsste. Sie wollten sich sogar darin einmischen, was ich in meinen Vorträgen sagen darf und was nicht, und wenn ich sie hätte gewähren lassen, wäre es mit der Lehre vorbei gewesen.

Ihr wendet ein: »Ja, aber das geschieht überall, alle haben das Recht zu diskutieren, ihre Meinung zu sagen«. In der Welt, ja, einverstanden, dort sollen sich die Leute üben, suchen, vorantasten, das ist wunderbar. Sie kennen die Wahrheiten der Einweihungslehre nicht, diese Wissenschaft ist noch nicht bis zu ihnen vorgedrungen, und es ist daher normal, dass es jedem gestattet ist, seine Meinung zu haben und sie zu äußern. Solange die Menschen noch nicht die Wahrheit gefunden haben, müssen sie sich üben, reden, diskutieren, sich an die

Gurgel gehen. Das ist normal und sogar notwendig, unverzichtbar für die Weiterentwicklung. Dadurch, dass sie ihre Messer schärfen, die Eisen kreuzen und Funken stieben lassen, wird es ihnen vielleicht gelingen, etwas Besseres zu finden und sich langsam der Wahrheit zu nähern. Ich verstehe das also sehr gut.

Ist man aber einmal in eine Schule eingetreten und hat dort die großen Wahrheiten empfangen, ist es ein sehr schlechtes Verhalten, wenn man weiterhin diskutiert, kritisiert und seine Ansichten durchsetzen will. Und das habt ihr noch nie begriffen. Ich wiederhole, in der Welt ist die Verschiedenartigkeit, die Vielheit wünschenswert, es sind viele Denker, Forscher, Professoren nötig, und sie sollen sich streiten und diskutieren, das ist sehr gut. Eines Tages werden sie die Wahrheit entdecken, und es wird keine Diskussionen mehr geben, alle werden sich einig sein, aber bis dahin ist die Welt ein wunderbares Feld, das der Himmel den Menschen gegeben hat, um alle Dummheiten sagen zu können, bevor sie die Wahrheit entdecken.

Man hämmert den Menschen immer mehr ein kritisches Verhalten ein. In Frage stellen, protestieren, verweigern… Meinetwegen, man muss unterscheiden können, aber in einer Schule, wo man euch die ewigen Wahrheiten präsentiert, dort dieses Verhalten beizubehalten, das ist die schlimmste Verirrung. Und es gibt hier nur deshalb einen einzigen Lehrer, weil ein einziger genügt, wenn er wahrhaftig ist, um euch zur Einheit zu führen. Aber die Leute lieben die Veränderung, sie brauchen immer neue Gesichter, neue Lehren, sie lieben die Abwechslung. Wie in den Varietés, sie brauchen alle möglichen Stars. Lässt sie das die Wahrheit entdecken? Nein, aber das ist ihnen egal, sie geben sich sogar mit Lügen zufrieden, wenn sie ihrem Geschmack entsprechen. Wenn ihr also die Abwechslung liebt, dann geht auch ihr in die Varietés, ihr werdet immer zufrieden gestellt werden, ihr werdet dort alle möglichen Nummern, Vorführungen und Grimassen sehen. Aber hier müsst ihr die »Grimassen« von einem Einzigen akzeptieren, weil er euch die Wahrheit bringt.

Ich sehe mir oft Debatten im Fernsehen an, und wenn ich das, was jeder von sich gibt, im Licht dieser Philosophie betrachte, die mir von Oben gegeben wurde, sage ich mir: »Wie weit sind sie noch entfernt! Aber sie üben sich, die Armen, und vielleicht werden sie eines Tages, nachdem sie Jahrtausende diskutiert haben, die Wahrheit finden.« Sie erscheinen vor den Kameras, sie streiten miteinander und gehen auseinander, ohne irgendetwas gelöst zu haben. Wenn sie wüssten, dass sich viele Probleme, über die sie diskutieren, durch die Reinkarnation erklären lassen… Aber die meisten erkennen sie nicht an, und deshalb bleiben so viele Fragen ohne Antwort.[1] Ich frage mich manchmal, ob die Menschen wirklich die Wahrheit suchen.

Alle lieben die Abwechslung: Man wechselt die Nahrung, die Kleidung, die Zerstreuung, die Häuser, die Freunde und sogar die Frauen… Ja, immer variieren, abwechseln. Selbst in einer Einweihungsschule verlangt man nach Variationen. Früher musste ich viele Leute, die zu uns kamen, daran hindern, alles zu reformieren und umzuwandeln. Ich sagte mir: »Wenn ich sie gewähren lasse, wird keine Spur vom Geist dieser Lehre übrig bleiben. Mögen sie ihre Eier woanders legen!«, und sie gingen fort.

Noch heute kommen manche zur Bruderschaft, und anstatt die Art der Arbeit, die wir hier ausführen, zu begreifen, wollen sie gleich Verbesserungen anbringen. Und was sind das für Verbesserungen? Praktiken aus anderen Lehren einführen oder sogar Tänze und Gesänge aus Afrika oder Haiti. Es ist großartig, den Wunsch zu haben, die Dinge zu verbessern, aber wo sollte man Veränderungen anbringen? Wo nichts läuft oder nichts in Ordnung ist, da hat man das Recht dazu. Außerdem darf man es auch nicht irgendwie tun. Hat man zum Beispiel darüber nachgedacht, dass jemand an der Spitze dieser Bruderschaft steht, der sie lenkt, der verantwortlich ist, der dort hingestellt wurde, weil er auf diese Arbeit vorbereitet und dafür qualifiziert war…? Oh nein, es ist nicht nötig, sich an ihn zu wenden, ihn zu konsultieren, ihm Erklärungen zu geben, ihn um Erlaubnis zu bitten: Man fängt gleich an, vor den Brüdern und Schwestern zu reden oder zu gestikulieren, man ist ja frei!

Nun, gerade dieses anarchistische, in der Welt so verbreitete Verhalten ist die Ursache so vieler katastrophaler Ereignisse. Die Leute weigern sich, die Regeln zu respektieren, selbst wenn sie großartig, göttlich sind, und wenn sie zu uns kommen, wo wir diese Regeln kennen und respektieren, wollen sie Anarchie propagieren, wie das überall geschieht. Aber ich bin da und wache, ich weiß, wohin sie führen, alle diese Theorien und diese Handlungsweisen: Sie können all das zersetzen und auflösen, was wir hier bisher erreichen konnten. Dann mische ich mich schließlich ein und sage: »Nein, geht wohin ihr wollt, es gibt viele andere Orte. Das ist zu einfach, in eine schon vorbereitete und organisierte Gemeinschaft zu kommen und führen, befehlen und regieren zu wollen. Nur zu, führt dieselben Arbeiten aus wie ich, macht euch die Mühe, eine Bruderschaft zu gründen, es wird sich zeigen, ob ihr Erfolg haben werdet. Als Erstes hört eure Frau nicht auf euch, genauso wenig wie eure Kinder! Es ist zu einfach, auf einem Weg zu gehen, den andere bereits zum Preis von zahllosen Anstrengungen und Opfern frei geräumt haben. Versucht, selbst eine Bruderschaft aufzubauen, es wird sich zeigen, was ihr an Fähigkeiten, an Kenntnissen, an Liebe vorzeigen könnt. Aber wenn ihr dort säen wollt, wo andere bereits das Terrain vorbereitet haben, müsst ihr sie wenigstens um Erlaubnis bitten.«

Wenn die Brüder und Schwestern alle Lieder und Gebärden aus aller Herren Länder dümmlich einfach so akzeptieren, ohne zu unterscheiden, was das bringen wird, werden sie schließlich alle möglichen finsteren Geister wachrufen. Und das ist traurig, denn das beweist, dass, wenn ich nicht da bin, um zu wachen, ihr euch auf alles Mögliche einlassen werdet: Der Erstbeste, der euch angeblich magische Gesten zeigen wird, Zeremonien aus ich weiß nicht welcher Religion, dem werdet ihr folgen, ohne nachzudenken, ohne zu überlegen, wohin euch all das führen kann.

Euer Ehrgeiz treibt euch immer an, zu erneuern, zu erschaffen, aber der Irrtum liegt in der Vorstellung, alles sei erhaben, was euch durch den Kopf geht. Ihr müsst es bei jemandem, der kompetent ist, nachprüfen, ob eure Pläne wirklich großartig sind, ob sie dazu dienen, Harmonie zu schaffen oder sie im Gegenteil zu zerstören. Aber die Leute fragen niemanden irgendetwas, und da sie jenen höheren Bewusstseinsgrad nicht erlangt haben, mit dessen Hilfe sie unterscheiden können, was gut und was schlecht ist, werfen sie alles durcheinander. Sie begreifen nicht, worin unser Ziel, unsere Arbeit besteht, in welche Richtung wir gehen, und trotzdem wollen sie hier alles umwälzen. Dass ich von Meister Peter Deunov beauftragt bin, niemals irgendjemandem zu erlauben, den Geist dieser Lehre zu verändern, bedeutet ihnen wenig, sie wollen uns alle möglichen spirituellen Methoden aus Japan, aus dem Kongo oder aus Marokko bringen. Dort mag das sehr gut passen, aber nicht hier für unsere Lehre.

Aber geht und lehrt die Menschen Unterscheidungsvermögen! Es gibt da eine junge Frau im Alter von ungefähr zwanzig Jahren, die seit einiger Zeit in die Bruderschaft kommt. Vor einem Jahr war sie wirklich bezaubernd, sie hatte etwas Frisches, Reines und Graziöses. Als ich sie neulich bemerkte, war ich erstaunt, zu sehen, wie sehr sie sich verändert hatte, ihr Blick, ihre Haltung, man hätte meinen können, sie sei um zehn Jahre gealtert. Ich sprach einen Moment mit ihr, und sie erzählte mir, dass sie jetzt tanzen würde. »Oh, welche Art von Tanz?« – »Marokkanische Tänze, und besonders den Bauchtanz«. Ich war verblüfft und sagte zu ihr: »Aber wie kommt es, dass Sie nicht wahrgenommen haben, dass diese Tänze in Ihnen Kräfte erwecken, die nicht mit unserer Lehre in Harmonie sind, und dass alles, was zuvor Ihren Liebreiz ausmachte, verschwunden ist? Ich bin nicht gegen das Tanzen, unter der Bedingung, dass es Bewegungen sind, die göttliche Impulse erwecken, mit diesen Bewegungen jedoch werden sinnliche, sexuelle Impulse geweckt«.[2] Man überlasse diese Tänze den Afrikanern, die sie entwickelt haben, für sie sind sie wunderbar, aber nicht für uns, nicht für unser Ideal. Wir hier entwickeln auf andere Art die noch im Menschen schlummernden Fähigkeiten.

Wenn ihr nicht verstanden habt, dass unsere Arbeit hier ganz und gar speziell ist, geht in andere Bewegungen, ich hindere euch nicht daran, es gibt da ganz großartige. Aber lasst mich meine Arbeit machen. Meister Peter Deunov hat Jahre um Jahre an mir gearbeitet, damit ich den Geist dieser Lehre bewahren kann. Aber selbst die Brüder und Schwestern haben noch nicht begriffen, was dieser Geist ist. Sie lassen sich noch von jedem x-Beliebigen, egal wo, beeinflussen, sie können nicht erspüren, was für ihr Vorankommen am besten ist.

Nun, meine lieben Brüder und Schwestern, versteht mich also richtig. Ich widersetze mich niemals denen, die konstruktive Initiativen ergreifen, im Gegenteil, ich brauche dynamische, aktive, tatkräftige Brüder und Schwestern, die fähig sind, Gigantisches zu schaffen und zu vollbringen, sie sind höchst willkommen. Doch wenn manche Praktiken einführen wollen, die dem Geist unserer Lehre widersprechen, die unsere Zielsetzung verfälschen, oh, wenn ich das zulassen würde, dann würde ich vom Himmel Ohrfeigen bekommen. Nur weil bestimmte Praktiken oder Riten jetzt im Westen sehr bekannt und Mode werden, wie zum Beispiel der Voodoo-Zauber, müssen wir sie nicht übernehmen. Damit sollen sie in ihren Stämmen, auf ihren Inseln bleiben, ich habe nichts dagegen, aber ich möchte das hier nicht haben, denn hier arbeiten wir einzig für das Licht, für die Große Universelle Weiße Bruderschaft.

Aber ja, ich bin schrecklich, aber ich bin verpflichtet, über die Bruderschaft zu wachen. Selbst wenn man mir Milliarden anbietet, um die Ausrichtung, um den Geist unserer Lehre zu ändern, werde ich das niemals akzeptieren, ich habe das gezeigt. Mehrmals in der Vergangenheit wollten reiche Leute, Männer und Frauen, mich kaufen, und nie habe ich da mitgemacht. Ich bin nicht hier, um einigen zu gefallen, die sich der Spiritualität für ihre eigenen Ziele bedienen wollen, sondern um den Willen der Geister des Himmels zu erfüllen, die mich gesandt haben.

Ich wiederhole, ihr habt nur in einem einzigen Fall das Recht, Veränderungen zu bringen. Wenn ihr ein Vorbild an Ehrenhaftigkeit, Integrität und Selbstlosigkeit seid, wenn ihr eure Fehler besiegt habt, wenn ihr nichts Finsteres mehr in euch habt, in dem Moment gibt euch die kosmische Intelligenz das Recht, überall Reformen und Verbesserungen einzubringen. Aber solange ihr nicht so weit seid, habt ihr nicht das Recht dazu. Ich sagte eines Tages zu jemandem: »Ihr habt alles Recht, jemandem Ohrfeigen und Schläge zu verpassen, ja, jedes Recht, aber unter der Bedingung, dass es euch damit gelingt, ihn umzuwandeln. Ihr habt das Recht, jemanden in einen Ofen zu stecken und ihn rösten zu lassen, aber einzig, wenn ihr in der Lage seid, ihn besser und verjüngt dort wieder herauszuholen. Wenn nicht, habt ihr keinerlei Recht dazu«. Ihr gebt jemandem eine Ohrfeige und Zeugen, welche die Szene gesehen haben, sind entsetzt… aber ja, seine Kinnlade war ausgerenkt und eure Ohrfeige hat sie wieder eingerenkt, wo ist da die Untat? Jemand wird sagen: »Aber das ist gegen das Gesetz, man darf keine Ohrfeigen austeilen.« Einverstanden, aber seht wie seine Kinnlade saß… und wie sie jetzt sitzt. Worüber soll das Gesetz also richten? Über die Handlung oder eher über die Ergebnisse?

Ist es erlaubt, das Haus von jemandem zu zerstören? Ja, wenn ihr ihm ein besseres dafür aufbauen könnt, sonst setzt euch auf euren Allerwertesten und rührt euch nicht. Man muss wiederherstellen können: Manch einer, der das Haus seines Nachbarn abgefackelt hat, kommt und entschuldigt sich, bittet um Verzeihung und glaubt, das genüge. Nein, man muss ihm sein Haus wieder aufbauen, nur unter dieser Bedingung wird euch vergeben. Die Vergebung greift nicht ein, solange die Schuld nicht bezahlt ist. Die Leute meinen, eine Entschuldigung würde genügen. Nein, eine Entschuldigung ist gut, aber wenn das Haus in Schutt und Asche liegt, genügt das nicht.

Ihr seht, wie weitreichend und vielschichtig diese Frage ist. Es liegt jetzt also an euch zu erforschen, wann ihr euch einmischen könnt, um Veränderungen zu bringen, und wann ihr nicht das Recht dazu habt.

Le Bonfin, den 4. Januar 1980

Anmerkungen

1. Siehe auch Band 12 der Reihe Gesamtwerke »Die Gesetze der kosmischen Moral«, Kapitel 8: »Die Reinkarnation«.
2. Siehe auch Band 223 der Reihe Izvor »Geistiges und künstlerisches Schaffen«, Kapitel 8: »Magie der Gestik«.

# I

## Abschnitt 2

Selbst im spirituellen Leben suchen die Menschen nach dem bequemsten Weg. Man soll ihnen alles geben, ohne dass sie auch nur ansatzweise ihre Willens- oder Konzentrationskräfte einsetzen müssen. Aber hier in unserer Lehre ist das keineswegs so. Hier zeigt man euch den schwierigsten Weg, der ständig Anstrengungen erfordert, und gerade dadurch wandelt man sich um, wird mächtig und Herr seiner selbst.[1] Ist das nun klar? Aus diesem Grunde akzeptiere ich keine anderen Philosophien. Sollen die Leute, die etwas anderes wollen, ihre eigene Schule woanders gründen, aber nicht kommen und hier Elemente einfließen lassen, die unserer Lehre fremd sind. Wir hier setzen den Akzent auf den Willen, auf die Anwendung, auf die Praxis.

Nehmen wir als Beispiel eine Orange. Die Wissenschaft und alle philosophischen Theorien werden euch zahlreiche Dinge darüber zu berichten wissen: Ihre Herkunft, die chemischen Elemente, aus denen sie zusammengesetzt ist, ihr Gewicht, ihre Form, ihre Eigenschaften, die verschiedenen Arten sie zu verwenden, ihre Geschichte, ihre Symbolik und so fort. Theoretisch wissen sie alles, aber sie vergessen das Wesentliche: Sie zu kosten! Und ich, der nichts von alledem weiß, ich esse die Orange und lasse sie mir Tag und Nacht schmecken. Macht es genauso, kümmert euch nicht so viel um Einzelheiten, esst!

Selbst wenn sie sich auf die Spiritualität einlassen wollen, sind die Menschen verbildet durch die akademische Gewohnheit, Kenntnisse anzuhäufen, sich über dieses, dann über jenes zu informieren, alles anzureißen, über alles auf dem Laufenden zu sein, ohne jemals an sich selbst zu arbeiten. Natürlich ist es der Menschheit dank dieser Neugier gelungen, gigantische intellektuelle Fortschritte zu machen. Aber für das spirituelle Leben ist das ein sehr schädliches Verhalten.

Um eine wahre spirituelle Arbeit zu verrichten, muss man sich an eine Philosophie, an ein System halten und es vertiefen. Sonst geschieht mit dem psychischen Organismus genau das, was mit dem physischen Organismus geschieht. Wenn ihr alle möglichen unterschiedlichen Nahrungsmittel zu euch nehmt, werdet ihr krank, ihr übergebt euch. In gleicher Weise kann der psychische Organismus Verdauungsstörungen haben, von all dem, was ihr ihm einflößt. Was soll er auch machen mit einer Mischung von ägyptischen, hinduistischen, tibetanischen, chinesischen, gnostischen, aztekischen Überlieferungen, denen ihr noch die Theosophie, die Anthroposophie oder wer weiß was hinzufügt? Wenn ihr wenigstens noch eine ausreichend solide mentale Struktur hättet, um zu wissen, wie ihr euch inmitten all dessen orientieren sollt! Aber die meisten können nicht einmal eine klare Vorstellung von einem einzigen philosophischen System entwickeln, und so vermischen sie alles: Kabbala, Zen, Voodoo, Druiden, Alchimie, Katharismus, Freimaurerei, Tarot…! Und dann beschuldigt man die Spiritualität, sie werfe die Leute aus der Bahn. Es ist nicht der Fehler der Spiritualität, wenn die Menschen absolut nicht verstehen wollen, dass sie kein Marktplatz ist, wo man alle möglichen Attraktionen findet, und sogar die gefährlichsten wie Drogen, Schwarze Magie oder übertriebene Erotik. Wahre Spiritualität, meine lieben Brüder und Schwestern, besteht darin, dass ihr durch euch selbst diese göttliche Lehre, der ihr folgt, zum Ausdruck bringt.

Als ich begonnen habe, Versammlungen abzuhalten, das war 1938 in Paris, da kamen eine Menge Männer und Frauen, die sich schon in wer weiß wie vielen Lehren umgesehen hatten. Sie kamen also auch zu uns, und nach einiger Zeit, in dem Glauben, alles gelernt zu haben, was es hier zu lernen gibt, gingen sie woanders hin… um wieder anderes zu lernen! Aber was für eine innere Arbeit kann man unter diesen Bedingungen ausführen? Einige von ihnen traf ich Jahre später wieder: Sie sind weiter überall und nirgends hin gegangen, und ihr verwüstetes Gesicht zeigte, dass sie überhaupt keinen Fortschritt im Sinne der wahren Spiritualität gemacht hatten.

Ich leugne nicht, dass es interessant oder sogar nützlich ist, all die Versuche zu kennen, welche die Menschheit seit Jahrhunderten und Jahrtausenden unternommen hat, um die Mysterien des Universums zu durchdringen und sich der Gottheit zu nähern, aber das genügt nicht. Da diese Religionen und diese philosophischen Theorien von nichts anderem als der Herrlichkeit, der Vollkommenheit, der Vergöttlichung sprechen, sollte man sich bemühen, dieses Ideal zu verwirklichen. Wenn man manche sieht, wie sie Reden halten über die Größe und Weisheit der Eingeweihten der Vergangenheit, wobei es so offensichtlich ist, dass sie selbst klein, schäbig, schwach und unfähig geblieben sind, ihr Leben vernünftig zu führen, ist man schon höchst erstaunt. Wie können sie nur die Tatsache ignorieren, dass sie lächerlich wirken und dass das kein Zeichen von Spiritualität ist?[2]

Ich hoffe, ihr versteht jetzt, warum ich nicht will, dass die Bruderschaft zu einem Marktplatz wird, wo man alles, was an Theorien und religiösen Praktiken existiert, ausgestellt findet. Es ist möglich, dass ihr in unserer Lehre Ideen oder Methoden finden werdet, die in anderen Formen von Spiritualität existieren, weil es bestimmte Grundwahrheiten gibt, die sich überall wiederfinden, aber man darf nicht alles vermischen, und das Wesentliche bleibt dic Arbeit an sich selbst.

Der Unterschied zwischen einem Intellektuellen und einem wahrhaft spirituellen Menschen besteht darin, dass der Intellektuelle die horizontale Ebene gewählt hat – indem er ständig das Feld seiner Kenntnisse erweitern will, entwickelt er sich an der Oberfläche – der Spirituelle hingegen, der die vertikale Linie gewählt hat, beginnt zu graben und zu graben, bis zu dem Tag, an dem das Öl sprudelt, und er wird Milliardär der Milliardäre. Die anderen hingegen befinden sich im Elend, trotz all ihrer Hektar an Land. Wenn ihr daher so arbeiten wollt wie wir, in der Tiefe, wird das Öl sprudeln und in einiger Zcit wird man von diesem Öl gratis in der ganzen Welt verteilen können. Und Pech für den Iran, Pech für Saudi Arabien, wir werden ihnen Konkurrenz machen: Erdöl gratis! Nun, versteht das, wie ihr wollt...

Jeden Tag könnt ihr feststellen, wie verbildet ich bin. Ja, aber das ist eine Verbildung, die euch sehr weit ins Glück, in die Freiheit und den Frieden führen wird.

Im Augenblick nehmen die Wissenschaftler, die Gebildeten, die Gelehrten den ersten Platz ein. Aber in der Zukunft wird sich das ändern und die ganze Welt wird sich vor denen verneigen, die daran gearbeitet haben, Eigenschaften wie Güte, Reinheit, Integrität, Edelmut zu erlangen. Wisst daher sehr wenig, aber werdet Herr eurer selbst. Dann ist sogar die Natur euch gegenüber gehorsam, sie hört auf euch und schätzt euch. Sicher, wenn man beides verbinden könnte, Charaktereigenschaften und großes Wissen, das wäre ideal. Ja, aber die Zeit ist knapp, das Leben ist so kurz!

Ihr seht diese beiden Dreiecke: Das blaue Dreieck, dessen Spitze nach unten zeigt, und das rote Dreieck, dessen Spitze nach oben zeigt. Bei mehreren Gelegenheiten habe ich euch gezeigt, wie diese beiden Dreiecke uns über bestimmte, besonders schwierig zu lösende Fragen belehren können, und heute kann ich euch dazu noch einen weiteren Aspekt entschlüsseln.[3] Das rote Dreieck zeigt, dass sich der Mensch in der Vergangenheit nach oben ausrichten musste, das heißt, sein Gehirn, seine intellektuellen Fähigkeiten entwickeln musste. Das blaue Dreieck mit der Spitze nach unten zeigt, dass der Mensch jetzt in seinem Handeln all das verwirklichen soll, was er gedanklich erfasst hat. Es genügt nicht mehr, intellektuell zu verstehen und das, was man verstanden hat, brillant zum Besten zu geben. Dieses Verständnis muss jetzt in unserem täglichen Leben Einzug halten. Es sind nicht mehr allein unsere Worte, die von dem zeugen sollen, was wir verstanden haben, sondern unser Handeln, unsere Gesten, unser Verhalten im Leben. Gerade darin besteht die Einzigartigkeit unserer Lehre.

Le Bonfin, den 10. August 1980

Anmerkungen

1. Siehe auch Band 242 der Reihe Izvor »Unerschöpfliche Quellen der Freude«, Kapitel 5: »In der Schule des Lebens: Die Lektionen der Kosmischen Intelligenz« und Kapitel 14:»Sich immer wieder einen neuen Gipfel als Ziel nehmen«.
2. Siehe auch Band 28/29 der Reihe Gesamtwerke »Die Pädagogik in der Einweihungslehre«, Kapitel 1 von Band 29: »Die Gesetze der spirituellen Arbeit«.
3. Siehe auch Band 218 der Reihe Izvor »Die geometrischen Figuren und ihre Sprache«, Kapitel 3: »Das Dreieck«.

## II

Zunehmend greifen Lehren aus dem Orient auf die westlichen Länder über. Nun, ich werde den Wert dieser Lehren und dieser Jahrtausende alten Wissensgebiete in keiner Weise leugnen. All die großen Religionen und Philosophien aus Indien, Tibet, China oder Japan waren Höhepunkte des Denkens und der Spiritualität. Was ich aber anzweifle, das ist die Wirksamkeit dieser »Yogas« für die Menschen im Westen, und da besonders die Art, in der sie diese praktizieren – selbst wenn es Hindus, Tibeter oder Japaner sind, die sie ihnen hier vermitteln. Ich sehe, dass für die meisten von ihnen all das im Äußeren, an der Oberfläche bleibt. Wie können sie sich einbilden, dass die Ausübung von einigen Asanas (Körperhaltungen), Mudras (Gesten) und die Rezitation einiger Mantras sie umwandeln werden? Manche werden sagen, dass dies die Haltungen von Buddha waren, als er unter einem Feigenbaum meditierte und die Erleuchtung empfing. Wie dem auch sei, man muss zuerst berücksichtigen, was Buddha für ein Mensch war, es sind nicht die Haltungen, die er eingenommen, nicht die Gesten, die er ausgeführt hat, die ihn zum Buddha machten, es sind seine außergewöhnlichen Eigenschaften, und sie hätten sich auch unabhängig davon manifestiert, welche Haltungen er eingenommen hätte.

Ich sage nicht, dass manche Haltungen, manche Bewegungen nicht dazu beitragen, den Menschen für besonders machtvolle oder segensreiche Strömungen zu sensibilisieren, aber das ist ganz und gar nicht das Wesentliche. Wenn der Mensch keine wahren inneren

Anlagen für das göttliche Leben hat, wird keine Übung diesen Mangel ausgleichen können. Und darum komme ich auch immer wieder auf die vorherrschende Rolle der Mutter für das zukünftige Schicksal des Kindes zurück. Wenn sie ihm nicht die Samen für bestimmte gute Eigenschaften mitgibt, werden trotz Regen und Sonne (symbolisch gesprochen) keine Früchte wachsen. Und umgekehrt sind selbst unter den schlechtesten Bedingungen manche Menschen zu Helden und Heiligen geworden, weil sie die Keime von Heldentum und Heiligkeit besaßen. So kann man in gleicher Weise Menschen sehen, denen gerade mal ein wenig Bemühen ausreicht, um in jedem beliebigen Bereich Erfolg zu haben, während andere lange vergeblich lernen, Lehrer haben, Tag und Nacht üben, es ist nichts zu machen: Sie haben keine guten Samen.

Als ich in Japan war, verbrachte ich einige Tage in einem buddhistischen Zen-Kloster. Es gab dort ein Dutzend sehr freundlicher und sympathischer Mönche. Sie überließen mir sogar einen kleinen, etwas isoliert stehenden Tempel, damit ich nicht durch den Lärm gestört wurde. Jeden Morgen nahm ich an ihren Meditationsübungen und an ihren Zeremonien teil. Und ich hoffe, meine lieben Brüder und Schwestern, dass ihr stolz sein werdet, zu hören, dass man jeden Morgen vor dem versammelten Kloster zu Ehren der beiden Besucher aus Frankreich die Marseillaise spielte und die französische Flagge hisste! Oh, ihr seid erstaunt? Ja, jeden Morgen gab es eine kleine Zeremonie von einigen Minuten, im Verlaufe derer man eine Schallplatte mit der Marseillaise auflegte und danach die japanische Nationalhymne, und man hisste beide Flaggen. Das kam natürlich unerwartet.

Aber kehren wir zurück zur Meditationsübung oder Za-Zen. In einem Raum mit vollständig kahlen Wänden saß jeder im Lotussitz auf einem Kissen und blickte auf die Wand. Ich gehe nicht näher auf diese Sitzhaltung ein (die Haltung von Kopf, Schultern, Händen usw.), das ist unwesentlich. Was interessant war, das ist die Anwesenheit eines mit einem Stock ausgerüsteten Mönches, der mit diesem Stock demjenigen auf die Schulter klopfte, der einnickte oder dessen Haltung nachließ. Denn der Mensch besitzt anscheinend an der

Schulter ein wichtiges Nervenzentrum und der Schlag mit dem Stock auf diesen Punkt soll die Energien harmonisieren, also den aufwecken, der einschläft, aber auch denjenigen beruhigen, der nervös ist. Um die Wirkung dieses Stocks zu erfahren, bat ich den Mönch, mir einen Schlag zu versetzen. Aber er wollte nicht, er sagte, ich hätte das nicht nötig. Da ich aber darauf bestand, stimmte er schließlich zu: Ich spürte nichts Außergewöhnliches – vielleicht gerade deshalb, weil ich es nicht brauchte – dennoch, es bewirkte etwas.

Was mich bei den Mönchen in diesem Kloster erstaunte, und übrigens bei den meisten Mönchen, denen ich begegnete und die Zen praktizieren, das ist die Ausdruckslosigkeit ihrer Gesichter nach der Meditation: Kein Licht erhellt sie, kein Leben belebt sie, und bei manchen sind die Gesichtszüge sogar von einer großen Härte. Natürlich will ich mich nicht über eine Disziplin auslassen, die ich nicht gut kenne. Aber vom Gesichtspunkt der wahren Einweihungswissenschaft aus ist eine Meditation, die keine Verbindung zur göttlichen Welt herstellt, die nicht geeignet ist, Spuren einer größeren Liebe, eines größeren Lichts zu hinterlassen, nicht sehr nützlich. Ihr werdet erwidern, das Ziel von Za-Zen bestehe darin, das Denken anzuhalten und Leere herbeizuführen. Leider finde ich, dass in bestimmten Fällen diese Leere zu stark zu spüren ist. Das Lebensziel kann nicht darin bestehen, sich hinzusetzen und Leere herzustellen. Ich sage nicht, dass dies nicht manchmal nützlich sein kann, nein, und außerdem gibt es noch vieles über dieses Herstellen von Leere zu sagen. Ich werde in den nächsten Tagen darüber sprechen.[1]

Nun, ich wiederhole, ich will mich nicht über ein Thema äußern, das ich nicht ausreichend kenne, aber ich denke der Zen, ebenso wie der Yoga sind sehr alte Disziplinen, entwickelt von Menschen von außergewöhnlich hoher Spiritualität, die aber nicht mehr aus demselben Geist heraus praktiziert werden, selbst in ihren Ursprungsländern nicht. Ich denke auch, dass die Art und Weise, wie die Menschen im Westen sich darauf stürzen, in manchen Fällen ziemlich beunruhigend ist. Denn es ist eine Illusion zu glauben, dass ohne präzises

Wissen bezüglich der Struktur des Menschen und seiner Beziehungen zum Universum, ohne bestimmte sehr strikte Lebensregeln und ohne ein hohes Ideal von Liebe und Brüderlichkeit, es mit einigen Körperhaltungen möglich wird, große spirituelle Ergebnisse zu erzielen, so wie manche das glauben. Das ist eine genauso große Illusion, wie zu glauben, dass, wenn man jeden Sonntag zur Messe geht, sich hinkniet, geweihtes Wasser nimmt, das Kreuzzeichen macht und die Kommunion empfängt, man als Christ vom Heiligen Geist besucht werden wird.

Das, woran man arbeiten muss, das ist das Leben. Warum das Leben? Ich erkläre euch das mit einem Beispiel.

Nehmen wir an, ihr lest gerade einen Roman. Diese Lektüre spricht eure Intelligenz, eure Sensibilität, aber auch euren Willen an, zumindest um das Buch zu halten! Aber plötzlich fällt ein Bild von der Wand: Es fällt euch auf den Kopf und ihr werdet ohnmächtig. Jetzt funktioniert weder euer Verstand, noch euer Empfinden, noch euer Wille, aber das Leben in euch geht weiter, und dank ihm können die anderen Aktivitäten von einer Minute auf die andere wieder aufgenommen werden.

Da also im Menschen eine Bewegung existiert – das Leben –, die nie unterbrochen wird, haben die Eingeweihten darauf ihr Hauptinteresse gerichtet. Und darum lehren sie ihre Schüler, dass sie, was auch immer geschieht, niemals vergessen dürfen, dass die kosmische Intelligenz ihnen die Möglichkeiten gegeben hat, ihre Aktivitäten fortzuführen. Auf das Übrige kann man sich nicht verlassen, denn das kann von einer Minute auf die andere ausfallen, aber dieser Impuls, diese Vibration, das Leben, ist immer da, und daran muss man arbeiten, weil von ihm das wahre Wissen und die wahre Macht kommen.[2]

Und darum kann auch keine Gymnastik, kein Yoga, keine Körperhaltung, welcher Richtung auch immer, eine wahrhaft wirksame und definitive Lösung sein. Man muss sehr viel weiter auf die Suche gehen, man muss das Leben suchen, das aus der Quelle kommt. Der physische Körper ist nur eine späte Ausformung des Geistes, und man darf sich über seine Möglichkeiten keine Illusionen machen, genauso wie man sich keine Illusionen über die Möglichkeiten der Materie machen darf. Welche Reichtümer sie auch enthalten mag – und sie enthält viele – diesen Reichtümern sind Grenzen gesetzt.

Betrachtet noch einmal den physischen Körper: Er ist nur handlungsfähig, weil er von etwas belebt ist, das wir Geist nennen oder Lebensatem, und sobald dieser Atem den Körper verlässt, ist der Körper zu nichts mehr fähig. Man darf sich daher nicht täuschen. Der Geist ist fähig, sich in einem Baum niederzulassen oder in einem Stein, und dort Arbeiten zu verrichten, aber wenn er sich zurückzieht, ist es vorbei.

Daher kann zu ich zu all den Praktizierenden des Hatha-Yoga oder des Za-Zen sagen, dass alles großartig ist, was man sie an Praktiken lehrt, aber dass sie mithilfe dieser Haltungen weder zum Buddha noch erleuchtet werden. Man kann zum Buddha werden, ohne überhaupt eine dieser Disziplinen anzuwenden. Ich sage ihnen sogar, dass sie mehr als Buddha werden können. Ja, wenn sie vom Feuer der göttlichen Liebe erfasst sind, können sie es. Und diese Liebe kommt jedenfalls nicht vom physischen Körper. Der physische Körper ist lediglich der Empfänger dieser Liebe, die von sehr weit oben kommt, und er profitiert davon.

Ich bin immer wieder erstaunt zu sehen, dass so wenige Leute verstanden haben, dass das spirituelle Leben wahrhaft das Leben des Geistes ist: Sie belasten sich mit allen möglichen Dingen, die sie begrenzen und den Geist begrenzen. Es kann im Leben zu Ereignissen kommen, die es unmöglich machen, die gewohnten täglichen spirituellen Übungen auszuführen, aber ist das ein Grund dafür, keinen Kontakt mehr mit dem Geist zu haben? Warum zum Beispiel der Messe oder anderen Riten und Zeremonien solch eine Bedeutung beimessen? Der Geist braucht all diese Formen nicht, er steht über ihnen, da er sie ja geschaffen hat, ist er nicht von ihnen abhängig. In jeder beliebigen Situation, in jeder beliebigen Lage könnt ihr mit dem Geist in Verbindung treten. Solange man an bestimmte Formen gebunden ist, begrenzt man sich, das spirituelle Leben hingegen ist der Bereich des Grenzenlosen.

Man muss auf dem Leben bestehen, denn das Leben gehört allen Geschöpfen. Nicht alle haben Intelligenz, Liebe, Schönheit oder Glaube, aber alle sind lebendig. Man muss daher mit dem Leben beginnen, denn dank ihm kann man sich dann in alle Richtungen ausbreiten. Ja, das Leben, zuallererst das Leben. Säubert die Quelle, damit das Leben sprudelt, und danach wird euch Weisheit, Stärke, Liebe, Schönheit, Reichtum und Glück zuteil.

Le Bonfin, den 17. Juli 1970

Anmerkungen

1. Siehe auch Band 14/15 der Reihe Gesamtwerke »Liebe und Sexualität«, Kapitel 17 von Band 15: »Leere und Fülle: Der Gral«.
2. Siehe auch Band 240 der Reihe Izvor »Söhne und Töchter Gottes«, Kapitel 1: »Ich bin gekommen, damit sie das Leben haben«.

## III

Durch die Medizin wurden die Menschen zu einer sehr schlechten Angewohnheit verleitet. Ob sie nun Kopfschmerzen, Leberbeschwerden, Magenkrämpfe oder andere Beschwerden haben, sie werden in der Apotheke immer etwas finden, um sie zu beheben, und es gibt sogar Pillen, die euch fröhlich machen, wenn ihr traurig seid. Leider gibt es im spirituellen Leben keine Pillen. Hellsicht, magische Kräfte und Tugenden, die aus euch einen Eingeweihten machen können, die müsst ihr selbst entwickeln. Das Gleiche gilt, wenn ihr Bücher zu Hilfe nehmt, auch sie leiten euch zu Übungen an. Oh, und natürlich, wenn ihr darauf besteht, findet ihr schließlich einen Scharlatan, der euch Himmel und Erde verspricht.[1] Aber er knöpft euch zunächst einmal euer ganzes Geld ab, und dann »auf Wiedersehen, auf Wiedersehen!«, und ihr werdet ihn nie wieder sehen.

Ein wahrer Meister stellt euch alle Methoden vor, aber ihr selbst müsst die Arbeit machen, um zu bekommen, was ihr euch wünscht. Er wird es nicht an eurer Stelle tun, das würde übrigens auch nichts nützen. Um von Dauer zu sein, muss eine spirituelle Errungenschaft oder eine psychische Gabe aus dem Inneren kommen, durch eure Anstrengungen, durch eure Arbeit. Ein Meister kann euch also Türen öffnen, aber eintreten müsst ihr selbst, er wird euch nicht mit Gewalt drängen, und wenn er sieht, dass ihr Fortschritte macht, wird er euch neue Türen öffnen. Jedes Mal, wenn der Meister sieht, dass ihr Fortschritte macht, präsentiert er euch eine weitere Stufe, und auch diese neue Stufe müsst ihr selbst überwinden. Aber wie die Kinder, die immer wollen, dass man sie trägt, tun die meisten Menschen nichts, um über sich selbst hinauszuwachsen: Sie haben Angst! Sie haben Angst vor dieser Vollkommenheit, die sie doch herbeiwünschen und nach der sie sich sehnen, die sie aber nie verwirklichen, weil es innerlich noch zu viele ungeklärte Dinge gibt.

Wartet also nicht mehr darauf, dass jemand euch auf einen Schlag zur Erleuchtung verhilft, indem er seine Hand auf euch legt oder ein paar magische Formeln ausspricht. Niemand, nicht einmal euer Meister, der in eurer Nähe ist, wird das tun. Erwartet keine Wunder. Die größten Wunder gibt es bereits, um euch herum, zu jeder Minute eines jeden Tages. Man verlangt immer nach sensationellen Ereignissen, aber selbst wenn diese Ereignisse eintreten, haben diejenigen, die dabei waren, sie schnell wieder vergessen. Es gab in der Vergangenheit Eingeweihte, die Wunder vollbrachten. Eine Zeit lang waren die Leute natürlich beeindruckt, aber das hinderte sie nicht daran, sich weiterhin zu amüsieren und Verbrechen zu begehen.

Und seht euch Jesus an: Er vollbrachte Wunder vor einer begeisterten Menge. Und nachdem sie ihn auf triumphale Weise in Jerusalem empfangen hatten mit den Rufen: »Hosianna dem Sohn Davids!« (Mt 21,9), rief kurze Zeit später dieselbe Menge: »Kreuziget ihn!« (Mt 27,23). Daher dienen Wunder oft nur zur Volksbelustigung. Unter Wunder verstehe ich die aufgehende Sonne, eine sich öffnende Blüte, ein lächelndes Kind, ein Insekt, das sich den Weg durch das Gras bahnt. Wunder, das sind die Sterne, das ist der Mensch selbst, die Art wie er gestaltet ist… Und das größte Wunder, das ist die Umwandlung des menschlichen Herzens. Warum? Weil dies am schwierigsten ist.

Um sich zu verwandeln, muss jeder Anstrengungen unternehmen, denn die Umwandlung kann nicht mechanisch von außen erfolgen. Wenn ihr das begreift, wird das für die Bruderschaft einen großen Schritt nach vorne bedeuten. Die Hindus sagen: »Wenn der Schüler bereit ist, kommt der Meister«. Dieser Satz ist sehr tiefgründig, er zeigt gut, dass es immer der Schüler ist, der Anstrengungen machen muss, um Hilfe zu erlangen. Sind die Anstrengungen einmal erbracht, kommt die Hilfe, das ist gewiss. Es existiert ein universelles Gesetz der Liebe und der gegenseitigen Hilfe, das aber nur zur Wirkung kommt, wenn ihr die Anstrengungen selbst unternehmt.

Verlasst euch nicht mehr auf die Wunder, die euer Meister eurer Ansicht nach für euch bewirken sollte, und ihr werdet schnell voranschreiten, dann kann euer Meister euch viel besser helfen. Das klingt mysteriös, aber in der Tat, wenn ihr ständig auf jemanden fixiert seid und alles von ihm erwartet, lähmt ihr ihn. Er kann also nichts für euch tun und ihr bleibt unproduktiv. Arbeitet also, bereitet euch vor: In dem Moment, in dem ihr bereit seid, werdet ihr Hilfe empfangen. Das ist genauso wie in der alchemistischen Arbeit: Sobald die Materie bereit ist, steigt der universelle Geist herab, um sie zu beleben, und dann kann der Alchemist mit einer sehr geringen Menge dieser Materie alle Metalle in Gold verwandeln.[2]

Die Christen sind stolz auf Jesus: »Unser Herr Jesus… keiner ist größer als er!« Ja, aber Jesus ist Jesus, und sie, was sind sie? Dummköpfe und Faulpelze, die nichts dafür tun, um wie Jesus zu werden. Es genügt nicht, sich daran zu erfreuen, dass Jesus eine Gottheit war. Die Größe Jesu rechtfertigt die Christen nicht, Zwerge zu bleiben. Auch sie sollen werden wie er. Das ist die wahre Philosophie.

Und es sind nicht allein die Christen: alle, Moslems, Buddhisten, Juden, alle sind sie stolz, weil sie Mohammed, Buddha, Moses und all die heiligen Bücher hinter sich haben. Dass sie selbst schwach, finster, boshaft sind, das hat keine Bedeutung, sie gehören einer wunderbaren Religion an und sie brüsten sich mit ihr. Seht nur, wie die Christen die Geburt Jesu feiern: Welches großartige Ereignis, das muss man feiern! Und wie? Mit Fress- und Trinkgelagen… Wie glücklich muss Jesus sein, wenn er sieht, dass man seine Geburt auf eine Weise feiert, die genau im Gegensatz zu seiner Lehre steht…!

Es kommt die Zeit, wo der Mensch aufhören muss, sich auf die Größe seiner Religion und ihrer Gründer zu berufen, und sich darum kümmern muss, was er selbst ist. Natürlich, dass er sich auf die Eingeweihten und auf die heiligen Bücher stützt, das ist normal und sogar wünschenswert, aber dass er sich damit zufriedengibt, mit seiner Religion Eindruck zu machen und selbst gänzlich mittelmäßig zu bleiben, nein, das darf es nicht mehr geben.

Ich sehe auch genau, dass viele unter euch sich sagen: »Ah, unser Meister ist großartig, er macht dieses und jenes«, aber sie tun nichts, um sich zu bessern. Ich bin daher nicht besonders glücklich, dass man sich so an meinem Namen berauscht ohne das Bemühen, auf meine Weise zu handeln oder die Dinge zu betrachten. Für die Brüder und Schwestern ist das, was ich tue, meine Angelegenheit, sie aber machen ruhig weiter, wie es ihnen beliebt. Sie stellen überall mein Foto hin, sie würden sich sogar schlagen, wenn es sein müsste, um zu unterstreichen, dass sie den besten Meister haben, den großartigsten und außergewöhnlichsten, aber ihn in seinem Verhalten, in seiner Philosophie nachzuahmen, nein. Ein Meister ist dazu da, um verehrt zu werden, das ist alles, aber nicht um nachgeahmt zu werden. Mein Gott, was für eine Mentalität! Und ihr könnt nicht sagen, dass das falsch ist, was ich euch da erzähle. Also, hört auch ihr auf damit, mich zu glorifizieren, und entschließt euch, etwas von meinen Ideen aufzunehmen und sie anzuwenden, das wäre sehr viel besser.

Die Zeit ist jetzt gekommen, sich nicht mehr wie Kinder zu verhalten. Was nützt es euch, einen Meister zu haben, wenn ihr doch nur einfach so weiter lebt und alles tut, was euch gefällt? Der Meister ist untadelig – und er muss untadelig sein – das genügt euch. Ich weiß übrigens genau, dass, würde ich mir auch nur die kleinste Übertretung erlauben, ihr empört wäret und mich verlassen würdet und sagt, ich hätte euch getäuscht, weil ich nicht genau dem Bild gleiche, das ihr euch von einem Eingeweihten, von einem Meister macht. Ich muss untadelig sein, ihr dagegen, ihr könnt euch alles erlauben! Ihr weist den Eingeweihten eine eigene Welt zu. Das ist sehr ehrenhaft für sie, sie fühlen sich sehr geschmeichelt. Aber ihr solltet euch lieber entschließen, in dieselbe Welt wie sie einzutreten, denn dann würdet ihr euch verpflichtet fühlen, eure Lebensweise zum Besseren zu ändern. Ihr denkt, dass die Eingeweihten sehr rein, sehr edel sind, und dass sie es sein müssen. Aber was ihr tut, was tut das zur Sache? Aber gerade darauf kommt es an.

Von nun an müsst ihr lernen, von euch selbst das zu verlangen, was ihr von den Eingeweihten verlangt. Ihr wünscht euch, dass sie aufrichtig sind, dass sie euch nicht in die Irre führen, dass sie euch helfen? Nun, fordert dieselben Dinge von euch selbst den anderen gegenüber.

Also, meine lieben Brüder und Schwestern, wenn ihr all die Wahrheiten, die ich euch seit Jahren dargelegt habe, ernst nehmt, wenn ihr jeden Tag bei einem Gedanken verweilt wie bei einem Wesen, das vom Himmel zu euch kommt, wird sich eine neue Welt vor euch auftun. Vergesst nicht, dass die Wesen dort oben beobachten, wie ihr die Wahrheiten schätzt, die euch ein Meister bringt. Ein Meister gleicht einem Gesandten, einem Botschafter, der ein ganzes Land – den Himmel – repräsentiert, und indem ihr ihn wertschätzt, zeigt ihr, dass ihr auch das Land achtet, das ihn gesandt hat. Der Himmel lässt mich euch sagen, was für eure Evolution notwendig ist, und wenn ihr meine Worte nicht ernst nehmt, wie werdet ihr ihn dann von eurem Respekt und eurer Liebe zu ihm überzeugen können? Ihr werdet es nicht können, und da er eure Nachlässigkeit sieht, wird der Himmel euch seine Hilfe entziehen.

Um das Wohlwollen des Himmels anzuziehen, muss man mit dem Anfang beginnen: Man muss seine Gesandten ernst nehmen. Ihr wisst nicht, wie viele Geister damit befasst sind, euch zu helfen durch mich. Ja, tausende von Wesen sind gekommen, um eure Weiterentwicklung zu fördern, und wenn ihr das alles mit Nachlässigkeit betrachtet, umso schlimmer für euch. Ich mache mit meiner Arbeit weiter, selbst wenn ihr nicht begreift und tue es ungeachtet eurer Einstellung. Ich selbst werde jedenfalls davon profitieren und wünschte, dass auch ihr davon profitieren könntet. Aber ihr sollt wissen, dass dies nur möglich sein wird, wenn ihr endlich begreift, wie viele Wesen und Kräfte an dieser Arbeit der großen Universellen Weißen Bruderschaft beteiligt sind und wenn ihr euch entscheidet, euer Leben zu ändern, um ernsthaft an dieser Arbeit mitzuwirken.[3]

Bonfin, den 21. Juli 1962

Anmerkungen

1. Siehe auch Band 239 der Reihe Izvor »Die Liebe ist größer als der Glaube«, Kapitel 8: »Wenn ihr nicht werdet wie die Kinder…«.
2. Siehe auch Band 241 der Reihe Izvor »Der Stein der Weisen«, Kapitel 12: »Der Mai-Tau« und Kapitel 13: »Die Entfaltung des göttlichen Keims«.
3. Siehe auch Band 28/29 der Reihe Gesamtwerke »Die Pädagogik in der Einweihungslehre«, Kapitel 7 von Band 29: »Nehmt teil an der Arbeit der Universellen Weißen Bruderschaft«.

# VI

# MATERIE UND LICHT

# I

Es heißt, Gott sei ein verzehrendes Feuer, und in den meisten Mythologien ist die mächtigste Gottheit die Gottheit des Feuers. Doch es handelt sich nicht um das Feuer, das wir kennen, um das physische Feuer, das nur ein Aspekt des universellen Feuers ist. Es existieren vielfältige Arten von Feuer: Das Feuer, das im Herzen des Menschen brennt, das Feuer, das an der Basis der Wirbelsäule schläft, das Feuer der Sonne und das der Hölle, das Feuer, das sich im Herzen der Steine und der Metalle verbirgt und so fort.

Man kann das Feuer nur erkennen, wenn es mit dem Licht einhergeht, sonst sieht man es nicht und weiß nicht, was es ist. Licht ist daher nichts anderes als eine Materie, durch welche sich das Feuer manifestiert. Wenn man dieses Bild überträgt, wird man entdecken, dass das Licht die Materie ist, die Gott – das Ur-Feuer – am Ursprung der Welt aus sich selbst hervorströmen ließ, als Er sagte: »Es werde Licht!« (1 Mo 1,3). Dieses Licht ist das WORT, das am Anfang des Johannes-Evangeliums erwähnt wird: »Im Anfang war das Wort und das Wort war bei Gott, und Gott war das Wort (Joh 1,1)… Alle Dinge sind durch dasselbe gemacht, und ohne dasselbe ist nichts gemacht, was gemacht ist…« (Joh 1,3). Das Licht ist das WORT, das der Schöpfer aussprach und mit dem Er die Welt erschuf.[1]

Die physische Welt, so wie wir sie kennen, ist nichts anderes als eine Kondensation des Urlichtes. Gott, das aktive Prinzip, strahlte das Licht aus, und an diesem Licht, welches bereits eine Materie war, arbeitete Er, um das Universum zu erschaffen. Ab da beginnt man, die

Manifestation der beiden Prinzipien wahrzunehmen. Gott, das Feuer, das männliche Prinzip, entnahm aus sich selbst das weibliche Prinzip, das Licht, die Materie, womit Er den Akt der Schöpfung einleitete, und strahlte es aus.

Es heißt, Gott habe die Welt aus nichts erschaffen. Aus nichts außerhalb von Ihm. Ja, und genau das ist schwer zu verstehen für uns, die wir nur mit Materialien und Werkzeugen außerhalb von uns etwas erbauen können. Tatsächlich kann man nicht aus nichts etwas erschaffen, und diese Vorstellung einer Schöpfung aus nichts bedeutet lediglich, dass Gott eine Substanz aus sich selbst entnommen hat. Das Universum ist nichts anderes, als diese aus Ihm extrahierte Substanz, die zu etwas außerhalb von Ihm geworden ist, die aber immer Er selbst ist.

Woraus spinnt die Seidenraupe ihren Kokon und die Spinne ihr Netz? Womit stellt die Schnecke ihr Haus her? Mit einer Substanz, die sie ihrem eigenen Körper entnehmen. Wenn man die Natur zu beobachten weiß, wie viele Phänomene können uns da Dinge offenbaren, die die Denker als unerforschliche Geheimnisse betrachten! Sogar die Wissenschaft wird eines Tages entdecken, dass das Licht die Ur-Materie ist, aus der das Universum erschaffen wurde, und wenn der Mensch einmal lernt, wie er vorzugehen hat, kann auch er zum Schöpfer werden, wie Gott.

Das Licht ist also der feinstofflichste Zustand von Materie, und das, was wir Materie nennen, ist nur die am stärksten verdichtete Form von Licht. Im gesamten Universum handelt es sich immer um dieselbe Materie… oder um dasselbe Licht… mehr oder weniger feinstofflich, mehr oder weniger verdichtet. Darum existiert alles, was ihr auf der Erde verdichtet vorfindet, auch auf der ätherischen Ebene in einer feineren, reineren Form. Und gerade da liegt der Sinn der spirituellen Arbeit: Es zu erreichen, alles, was wir brauchen, in einem feinstofflicheren Zustand zu finden, der dem ursprünglichen Zustand näher ist.

Wir betrachten deshalb am Morgen den Sonnenaufgang, damit wir uns mit der reinsten Nahrung ernähren können: dem Licht. Habt ihr Früchte reifen sehen ohne das Licht und die Wärme der Sonne?

Nein. Wie können dann die Menschen hoffen, ohne das Licht und die Wärme der spirituellen Sonne zu reifen? Sie bleiben bitter, sauer, ungenießbar. Sie werden sagen, dass die Gesellschaft sie hat verbittern lassen. Ganz und gar nicht! Sie selbst sind die Schuldigen, die sich nicht der Sonne ausgesetzt haben. Denn allein die Strahlen der Sonne transformieren die unverdaulichen Säfte in schmackhafte Säfte.

Manche werden sagen: »Aber jeder setzt sich der Sonne aus, sehen Sie sich an den Stränden um.« Ja, sie legen sich am Nachmittag an die Strände und kommen von dort energielos, schlapp und krank zurück. Die Vögel wissen, wann sie aufstehen müssen, um in der Sonne zu singen: Am Morgen, wenn jeder noch schläft, sind sie schon da, ganz wach. Und andere Tiere wissen, wann sie in den Wald oder zu Quellen und Flüssen gehen müssen, um ihre Opfer zu fangen, sie gehen nicht zu irgendeinem x-beliebigen Zeitpunkt dorthin, denn dann würden sie ohne Beute zurückkehren. Nur die Menschen wissen nicht, wann sie sich der Sonne aussetzen sollen, um sich von ihren Strahlen zu nähren.

Die Sonne ist da, das ist ja gut und schön, das ist normal, was ist daran so großartig…? Ohne Zweifel präsentiert sie sich zu einfach, um Aufmerksamkeit auf sich zu ziehen. Sie trägt weder Stock, noch Hut, noch Schmuck. Sie ist ein Feuerball und die Menschen kommen nicht auf die Idee, dass das Feuer sie irgendetwas lehren könnte. In Wirklichkeit ist das Feuer ein Tor, das sich ins Jenseits öffnet, weil es die Grenze zwischen physischer und ätherischer Welt darstellt. Mithilfe des Feuers ist es daher einfacher, mit der göttlichen Welt in Kommunikation zu treten.[2] Die Eingeweihten wissen, dass allein das Feuer ihnen Zugang zu den feinstofflichen Regionen verschaffen und bewirken kann, dass ihr Gedanke oder ihre Stimme gehört wird, deshalb pflegen sie eine Flamme zu entzünden, bevor sie eine bedeutsame Handlung ausführen.

Mit dem Feuer beginnt man die physische Welt zu verlassen, um in die spirituelle Welt einzutreten. Und zu diesem Thema möchte ich auf eine Frage antworten, die man mir bezüglich der Feuerbestattung oft gestellt hat: Ob man einen Verstorbenen besser begräbt oder verbrennt. Tatsächlich kann man diese Frage nicht mit ja oder nein beantworten. Zunächst müsst ihr wissen, dass jeder Mensch, der Verbindungen mit den vier Elementen hat, mit einem von ihnen besonders verbunden ist. Diese Verbindung kann auch eine Bedrohung sein, weil aus karmischen Gründen das eine oder andere Element ihn belastet. Da nun die zwölf Tierkreiszeichen nach den vier Elementen verteilt sind, kann derjenige, der genügend in der Astrologie bewandert ist, im Horoskop von bestimmten Personen erkennen, ob es ihnen bestimmt ist, unter Einwirkung von Wasser, Feuer, Luft oder Erde zu sterben.

Was nun die Frage angeht, ob man einen Verstorbenen besser beerdigt oder verbrennt, würde ich sagen, dass für die meisten Menschen eine Erdbestattung vorzuziehen ist, weil sie viel Zeit brauchen, um ihren physischen Körper zu verlassen. Sie waren ihrem materiellen Besitz und den physischen Vergnügungen derart verhaftet, dass manche selbst nach dem Tod weiter um ihren Körper herumirren. Sie glaubten nicht an eine andere Welt, an ein anderes Leben, und jetzt sind sie völlig orientierungslos, weil sie nicht wissen, wo sie sich befinden. Es müssen andere Wesen der unsichtbaren Welt kommen, um sie aufzuklären und zu führen. Wenn diese Personen dann nach ihrem Tod verbrannt werden, ist die Trennung von Seele und Körper äußerst brutal und sie sind umso verwirrter. Für einen Eingeweihten hingegen, der schon während seines Lebens gelernt hat, sich von der Materie zu lösen, ist eine Verbrennung besser, denn das Feuer hilft ihm, alle Verbindungen zu seinem physischen Körper schneller zu durchtrennen.

Die Menschen, die sich von der spirituellen Sonne entfernt haben, haben sich derart abgekühlt, derart verhärtet, dass sie, wenn sie ihren Wünschen und ihren Plänen neue Formen verleihen wollen, das nicht können, selbst wenn sie es wollen, sie befinden sich einer Materie gegenüber, die widerstandsfähig ist wie gehärteter Stahl. Man muss ihn wieder ins Feuer tauchen, um ihn geschmeidig zu machen und ihm neue Formen zu geben. Und wie beim Stahl muss der Mensch daher ins Feuer eintauchen, um seine Materie umformen zu können.

Aber wie ich euch schon sagte, gibt es Feuer und Feuer, und weil er oft das göttliche Feuer, das spirituelle Feuer, nicht akzeptieren will, muss er gezwungenermaßen durch das Feuer der Leiden gehen, und dieses Feuer bringt seine Materie zum Schmelzen, bis zu dem Punkt, an dem er sich für eine Veränderung entscheidet. Auf diese Weise leidet derjenige, den seine Verrücktheiten in den Ruin getrieben haben und der sich entschließt, vernünftiger zu werden. Ein anderer, der sich von allen verlassen fühlt, weil er sich egoistisch und grausam zeigte, trifft die Entscheidung, seine Charaktereigenschaften zu verbessern…

Wenn sie nicht leiden würden, würden sich die Menschen nie dazu entschließen, etwas an ihrem Leben zu ändern. Anstatt sich gegen das Leiden aufzulehnen, sollte man seinen Nutzen verstehen, denn das Leiden ist ein Feuer, das unsere Unreinheiten verbrennt. Das Feuer besitzt eine Eigenschaft, die man kennen sollte: Es zerstört niemals das, was von gleicher Natur ist wie es selbst, sondern verbrennt nur das, was unrein ist. In dem Moment, wo das Feuer den Menschen durchdringt, verbrennt es nur seine Unreinheiten, die reine Materie wird nicht aufgezehrt, sie widersteht dem Feuer und wird lichtvoll, weil sie in Einklang mit ihm schwingt. Es ist diese Materie, die den Glorienleib, den Lichtkörper bildet, von dem in den Schriften die Rede ist. Wenn es dem Eingeweihten gelingt, dieses Feuer zu entzünden, strahlt er wie die Sonne.

Habt also keine Angst, das Feuer zu entzünden, meine lieben Brüder und Schwestern: Es wird nur das verzehren, was fehlerhaft ist, und wird das, was göttlich in euch ist, in eine Feuersglut verwandeln, die nichts jemals auslöschen kann.

Um immer mehr in Kontakt mit dem Feuer zu treten, betrachtet es. Und wenn ihr keinen Kamin zuhause habt, entzündet eine Kerze, betrachtet die Flamme und meditiert über sie.[3] Macht euch klar, dass sie von derselben Essenz ist wie die Sonne, dass sie dieselben Kräfte besitzt wie sie. Die Flamme einer Kerze ist ganz klein und schwach, ein Luftzug kann sie auslöschen, wenn sie aber eine bestimmte Größe erreicht, können im Gegenteil jeder Luftzug und alle Winde ihre Kraft nur noch steigern. Das beweist, dass, solange ihr schwach seid, das geringste Ereignis im Leben euer Feuer zum Erlöschen bringen kann, das heißt eure Inspiration, euren Elan. Seid ihr jedoch stark, ist euer Feuer eine Glut, für die Schwierigkeiten und Hindernisse immer zur Nahrung werden.

Solange der geringste Anlass euch zum Aufhören bringt, heißt das, dass euer Feuer sehr schwach ist. Bringt ihm daher Papier, kleine Zweige und selbst große Äste. Ihr entgegnet: »Aber ich habe keine!« Was, ihr habt keine? Und all die alten Dinge, die ihr in euch habt, diese Haufen von altem Holz und schwarzen Ästen? Werft sie ins Feuer! So werdet ihr euer Feuer nähren. Man nennt das Opfer. All eure niederen Begierden, all eure Begehrlichkeiten, opfert sie, werft sie ins Feuer. Ihr werdet von ihnen befreit sein und werdet gleichzeitig Wärme und Licht gewinnen. Wer Angst hat, auch nur irgendetwas zu opfern, wird ewig Kälte und Dunkelheit ausgesetzt sein. Ohne Opfer gibt es für euch kein Feuer.

Lasst den anderen ihre materiellen Aktivitäten, sie sind nützlich, das leugne ich nicht. Ihr aber, die Brüder und Schwestern der Universellen Weißen Bruderschaft, beginnt eine Arbeit zu verrichten, an die sie bisher noch nicht gedacht haben. So wird es, wenn ihr ihnen eines Tages begegnet, einen Austausch geben: Sie werden alles vor euch ausbreiten, was sie in der objektiven Welt entdeckt haben, und ihr werdet ihnen zeigen, was ihr in euch gefunden habt. Das wird ein großartiger Austausch: Sie werden eure Früchte kosten und anerkennen, dass sie duftend und wohlschmeckend sind, wie auch ihr finden werdet, dass ihre Früchte gut sind. Und was diejenigen angeht, die fähig sind, gleichzeitig eine äußere Aktivität und die innere Arbeit zu tun, so ist das natürlich für sie noch besser.

Le Bonfin, den 24. August 1979

Anmerkungen

1. Siehe auch Band 9 der Reihe Gesamtwerke »Im Anfang war das Wort – Kommentare zu den Evangelien«, Kapitel 1: »Im Anfang war das Wort«.
2. Siehe auch Band 232 der Reihe Izvor »Feuer und Wasser, Wunderkräfte der Schöpfung«, Kapitel 10: »Das Feuer ist das Mittel der Verwirklichung«.
3. Siehe auch Band 232 der Reihe Izvor »Feuer und Wasser, Wunderkräfte der Schöpfung«, Kapitel 12: »Die Flamme der Kerze« und Kapitel 13: »Wie man das Feuer anzündet und erhält«.

## II

Wie viele Menschen würden gerne die Offenbarung der göttlichen Welt haben, sich inspiriert fühlen, in Ekstasen leben, aber sie stellen sich vor, dass es extrem schwierig sein müsse, das zu erreichen. In Wirklichkeit ist es sehr einfach, so einfach, dass sie es nicht glauben würden, wenn man ihnen erklären würde, auf welche Weise das möglich ist. Sie werden daher nichts tun, um dort hin zu gelangen und sie werden niemals die Herrlichkeit der göttlichen Welt kennen lernen.

Vor Jahren, als ich noch ein sehr junger Schüler bei Meister Peter Deunov war, stellte ich ihm folgende Frage: »Welches ist die wirksamste Methode, sich mit Gott zu verbinden und spirituelle Eigenschaften und Tugenden zu entwickeln?« Er antwortete mir: »Man muss an das Licht denken, sich darauf konzentrieren, sich vorstellen, dass das gesamte Universum in Licht getaucht ist.« Ich habe lange an diesem Bild des Lichtes gearbeitet und viel gelernt. In Wirklichkeit ist Gott nicht das Licht, Er ist viel mehr als das, man kann Ihn weder kennen- noch sich Ihn auch nur vorstellen. Es heißt übrigens in der Genesis, dass Er das Licht am ersten Tag erschaffen hat, somit ist Er eben nicht das Licht, sondern Er erschuf mit ihm das Universum.

Gott ist nicht das Licht, aber da das Licht die erste göttliche Emanation ist, enthält es alle guten Eigenschaften und alle Tugenden Gottes. Darum kann man Gott durch das Licht erkennen. Also könnt ihr folgende Übung machen: Jeden Tag, mehrmals am Tag, sobald ihr einige Minuten Zeit habt, denkt daran, euch auf das Licht zu konzentrieren, im Licht zu ruhen, mit dem Licht zu verschmelzen, euch mit ihm zu sättigen, stellt euch vor, das ganze Universum bade in diesem Licht. Ihr werdet nach und nach spüren, das alles in euch wieder ins Lot kommt, dass dieses Licht euch das wahre Wissen bringt, wahren Frieden, Gleichgewicht und Kraft.

Anstatt eure Zeit mit allen möglichen nutzlosen Aktivitäten zu vergeuden, denkt an das Licht, das erhellt, das belebt, das beruhigt. Denn ihr werdet den Sinn des Lebens niemals außerhalb des Lichtes finden können. Nehmen wir ein sehr einfaches Beispiel aus dem täglichen Leben. Wenn ihr während der Nacht aufwacht und aufstehen wollt, werdet ihr als Erstes Licht machen. Sobald ihr dann klar sehen könnt, könnt ihr tun, was ihr wollt, in der Dunkelheit hingegen könntet ihr Gegenstände umstoßen, euch verletzen und so weiter. Ja, aber die meisten Menschen haben diese Lehre des Lichts noch nicht verstanden, sie tun alles im Dunkeln, symbolisch gesprochen, sie wissen nicht, woran sie sind, und darum rennen sie sich den Kopf ein.

Man muss das Licht suchen, sich darauf konzentrieren, es trinken, es essen, es über alle Schätze der Erde stellen. Sobald ihr einen freien Augenblick habt, schließt die Augen und konzentriert euch auf das Bild vom Licht, das alles durchdringt und alle Segnungen bringt. Ihr müsst beim Zahnarzt oder am Bahnhof warten – nun, anstatt in Illustrierten voller unnützem oder dummem Zeug zu blättern, denkt einige Minuten an das Licht.

Wenn ihr eine Straße entlang geht, kann es geschehen, dass euch negative Gedanken oder Gefühle überfallen. Natürlich könnt ihr in dem Fall nicht einfach stehen bleiben und die Augen schließen, sonst würde sich in kürzester Zeit eine Menschenmenge um euch sammeln. Manche würden ihre Stühle mitbringen, sich hinsetzen und euch beobachten, sogar der Verkehr würde ins Stocken geraten. Aber nichts hindert euch daran, einen Moment vor einem Schaufenster stehen zu bleiben und so zu tun, als würdet ihr hinein schauen (natürlich nicht in ein Schaufenster, durch das euch von innen andere sehen können) und da konzentriert ihr euch einige Sekunden und bemüht euch, das Licht in euch aufzunehmen. Wenn ihr dann weitergeht, fühlt ihr euch erleichtert und gereinigt.

Das sind Methoden, welche die meisten Menschen nicht kennen. Sie werden ein, zwei Stunden völlig genervt herumgehen, aber sie werden diesen Zustand den ganzen Tag über mit sich herumschleppen. Sie werden nicht einmal auf die Idee kommen, in einen Park zu gehen, um zu versuchen, ihren Gemütszustand – umgeben von den Bäumen, den Blumen und den Springbrunnen – zu verändern. Sie gehen vielmehr in ein Lokal, wo sie etwas trinken und dabei die Passanten betrachten, genau wie die Kühe, die Züge vorbeifahren sehen. Dann gehen sie wieder – immer noch mit ihrem Ärger – und wenn sie nachhause kommen, übertragen sie das auf ihre Frau, die auf sie wartet: »Wie geht es dir, Liebling?« Und hopp, ein zärtlicher Kuss, durch den sie all ihre inneren üblen Ausdünstungen auf sie übertragen. Und dann überträgt die Frau sie auf ihre Kinder… Auf eben auf diese Weise leben die Menschen unbewusst und dumm vor sich hin.

Auch wenn ich so zu euch spreche, bin ich nicht sicher, dass ihr Gefallen daran findet, euch auf das Licht zu konzentrieren, zu sehen, wie es an euch arbeiten kann, um euch zu modellieren, euch zu reinigen, euch zu beleben, euch wiederzuerwecken. All das, was zu Komplikationen und Ärger führen kann, ist man bereit aufzunehmen, dem öffnet man weit die Türen. Aber für das Licht hat man keine Zeit. Genau das erklärt, weshalb die Menschen immer schwach und unglücklich sind: Weil sie ihren Intellekt, ihr Herz, ihre Seele und ihren Geist noch nicht der einzigen Sache geöffnet haben, für die es sich lohnt: dem Licht.

Diese Übung, die ich euch gerade aufgezeigt habe, ist in allen Lebensumständen anwendbar: Ob ihr kocht, Briefe schreibt, euch wascht, euch ankleidet oder auszieht, ihr könnt euch für einige Sekunden dieses Licht vorstellen, in dem das ganze Universum badet. Bestimmte Hellseher haben es gesehen: Sie haben gesehen, dass alle Geschöpfe, alle Gegenstände, selbst die Steine in diesem Licht baden und dieses Licht verströmen.

Dieses Licht bezeichnet man zunächst als astrales Licht, weil es mit dem Licht der Sterne vergleichbar ist. Aber über diesem Licht existiert noch ein anderes, feinstofflicheres Licht. Wenn ihr meditiert oder in einem sehr spirituellen Zustand seid, habt ihr vielleicht manchmal spüren können, dass alles in euch lichtvoll wird, als ob euch eine Sonne erhellen würde, als ob Lampen angegangen wären, und ihr spürt sogar, dass dieses Licht aus eurem Gesicht leuchtet. Sobald ihr euch zu den höheren Regionen der Güte, der Großzügigkeit, der Sanftmut und Reinheit erhebt, geht das Licht in euch an, ihr seht es, alles wird hell. Wenn ihr euch jedoch Gefühlen von Eifersucht, Egoismus, Habgier überlasst, ist es nicht einmal notwendig, dass ihr euch in einem Spiegel betrachtet, um euch dessen bewusst zu sein: Ihr spürt physisch die Finsternis auf eurem Gesicht.

Man darf jetzt natürlich nicht verallgemeinern. Wenn ihr einen Schatten auf dem Gesicht eines Bruders, einer Schwester oder eines Freundes seht, dürft ihr nicht glauben, dass sie gezwungenermaßen von schlechten Gefühlen oder schlechten Absichten beseelt sind. Nein, wenn ihr keine anderen Urteilskriterien habt, könnt ihr euch täuschen, denn es kann sein, dass es dort jemand anderen gibt, der gerade einen Schatten auf das Gesicht dieser Person wirft. Nicht sie befindet sich in Dunkelheit, sondern es gibt da eine Wolke, die vorüberzieht oder einen Gegenstand, der seinen Schatten wirft. Und manchmal, wenn sein Gesicht strahlt, kann das ebenso jemand anderer sein, der mit Spiegeln spielt, und diese Spiegel werfen ein Leuchten auf sein Gesicht. Es ist nicht die Person selbst, die dieses Licht hervorbringen konnte: Eine Wesenheit ist für einen Moment einfach so gekommen und spielt auf ihr, und sobald sie wieder verschwindet, bleibt nichts davon übrig. Um sich über das Gesicht von jemandem äußern zu können, muss man fähig sein, über den Anschein hinaus zu sehen. Aber geht auf alle Fälle als Grundlage für eure Bewertung davon aus, dass je nach euren Gedanken, euren Gefühlen, euren Wünschen, euren Plänen und euren Absichten das Licht in euch variiert.

In Wirklichkeit ist die Frage der Liebe von ausschlaggebender Bedeutung, damit es gelingt, dieses Licht zu besitzen. Man sollte aufs Engste mit dieser Frage verbunden sein. Erst wenn ihr die Liebe zu verstehen wisst, wie ihr sie manifestieren, sie durch euch hindurch fließen lassen könnt, werdet ihr lichtvoll. Ihr sagt, dass ihr den Bezug nicht seht… Nun, ich werde ihn euch zeigen.

Ihr wisst, wie die Naturvölker Feuer machten: Sie nahmen zum Beispiel zwei Holzstücke, die sie gegeneinander rieben. Diese Reibung erzeugte Wärme, und schließlich erschien das Feuer. Es gibt also drei Etappen: die Bewegung, die Wärme und das Licht. Wenn wir dieses Phänomen interpretieren, werden wir herausfinden, dass die Bewegung der durch den Willen hervorgerufenen Aktivität entspricht, die Wärme entspricht der vom Herzen hervorgerufenen Empfindung, und das Feuer, das Licht, entspricht dem vom Intellekt hervorgerufenen Gedanken. Symbolisch gesehen können wir sagen, dass die Menschen sich in Bezug auf die Liebe mit der Bewegung begnügen. Sicher, diese Bewegung ruft Wärme hervor, aber sie müssen jetzt über dieses Stadium des einfachen Empfindens hinauskommen, um weiterzugehen, bis zum Licht, um zu den Mysterien des Universums vorzudringen. Die Liebe kann sie bis dorthin führen, aber unter der Bedingung, dass sie aufhören, sie lediglich als angenehme Aufwallung zu betrachten. Es existiert eine ganze Wissenschaft, die den Schüler lehrt, wie man das Licht hervorruft, aber dazu darf er nicht allein das Vergnügen suchen, weil das Vergnügen all seine Energien absorbiert und verhindert, dass das Licht hervorbricht.[1]

Wenn wir uns versammeln und in der Stille bleiben, lasst alle anderen Beschäftigungen beiseite, konzentriert euch auf das Licht, als hinge alles von ihm ab, als würde euer Leben von ihm abhängen. Denkt, euer letzter Augenblick sei gekommen, ihr müsstet die Erde verlassen und nur das Licht könne euch retten… und ihr verbindet euch mit ihm. Das Licht, nichts anderes darf zählen. Das ist die wunderbarste Übung, die es gibt.

Dieses Licht könnt ihr euch als weißglühend vorstellen, und dann könnt ihr wie die Eingeweihten sagen: »Ich bin Teilchen unter den Teilchen der weiß glühenden Seele…« Ihr könnt es euch violett, blau, grün, gelb, orange oder rot vorstellen. Aber weiß ist vorzuziehen, weil weißes Licht alle anderen Farben vereint. Mit diesem weißen Licht habt ihr im Violett die Allmacht, im Blau den Frieden und die

Wahrheit, im Grün den Reichtum und die ewige Jungend, im Gelb die Weisheit und das Wissen, im Orange die Gesundheit, Spannkraft und Vitalität, im Rot die Stärke, die Aktivität und die Tatkraft.[2] Aber vor allen Dingen sollte es weiß sein. Wenn ihr so weit seid, euch auf das Licht zu konzentrieren, dass ihr es als einen schwingenden, wogenden, rauschenden Ozean spüren könnt, in dem alles Frieden, Glück und Freude ist, beginnt ihr, auch zu spüren, dass dieses Licht ein Duft und eine Musik ist – diese kosmische Musik, die man die Musik der Sphären nennt, der Gesang all dessen, was im Universum existiert.

Es gibt keine würdigere, ruhmreichere, machtvollere Arbeit, als diese Arbeit mit dem Licht. Wenn ihr euch wirklich mit etwas Großem, Edlem befassen wollt, gibt es nur das. Alle anderen Aktivitäten haben eine gute und eine schlechte Seite. Wenn ihr euch beobachtet, werdet ihr nach einigen Jahren feststellen, dass, egal welche Tätigkeit ihr auch ausgeübt habt, ihr dabei Federn gelassen habt, ihr dabei eure Kräfte, eure Gesundheit, eure Schönheit geopfert habt. Natürlich gab es einige kleine Vorteile, ein paar Groschen, ein paar kleine Ehrungen, aber wenn ihr all das in die göttliche Waagschale legen müsstet, würdet ihr feststellen, dass das Wenige, das ihr gewonnen habt, nicht die Reichtümer aufwiegt, die ihr verloren habt.

Leider sind die Menschen für gewöhnlich nicht mit dieser Art von Berechnung vertraut. Sie stellen vielleicht viele Berechnungen an, aber wenn sie Geld, Ehre, Ruhm oder Wissen erwerben wollen, legen sie auf die andere Seite der Waage nie die Verluste, die diese Errungenschaften nach sich ziehen werden: Verlust an Frieden, Gesundheit, Freude, Reinheit. Vielleicht erlangen sie schließlich, was sie wollen, aber einige Jahre später sieht man sie in psychiatrischen Kliniken oder Krankenhäusern, unfähig zu essen, zu trinken, Freude zu erleben. Erst dann werden sie sich des Wertes dessen, was sie verloren haben, bewusst. Sie sagen: »Wenn ich gewusst hätte...!« Aber es ist zu spät. Man hätte früher wissen müssen. Und darum, meine lieben Brüder und Schwestern, widmet ihr, die ihr wisst, den Gedanken an das Licht immer mehr Zeit. Das ist die einzige Aktivität, die euch wirklich bereichern, euch wiederherstellen kann. Mit allen anderen

Aktivitäten, glaubt mir, werdet ihr für das Wenige, das ihr auf der einen Seite gewinnt, viel Wertvolleres auf der anderen verlieren. Blickt zurück, überprüft euer Leben, und ihr werdet entdecken, wie wahr das ist.

Also, wenn ihr euch in Unternehmungen stürzen wollt, die euch zu neuen Vorteilen in der Welt verhelfen sollen, dann denkt von nun an darüber nach, wie viel euch das zumindest in zwei Bereichen kosten wird: in dem der Gesundheit und in dem der Weiterentwicklung, der spirituellen Evolution. Meine Aufgabe ist es, euch Kriterien zu nennen, die euch ermöglichen, in das neue Leben einzutreten. Wenn ich euch zu eurem Vergnügen noch die Regeln des alten Lebens predigen soll, lohnt sich das nicht, es bliebe dann nur noch, den Laden zu schließen. Daher werde ich euch weiterhin die Regeln darlegen, welche die Menschen zur Vernunft bringen und sie so der Ausrichtung auf den Himmel wieder den ersten Platz einräumen. Dass es jetzt nicht viele Kandidaten gibt, die diesen Regeln folgen, das ist eine andere Frage, ich jedenfalls muss sie weiterhin vorgeben.

Also, meine lieben Brüder und Schwestern, ob ihr nun hier, bei euch zuhause oder woanders seid, denkt von nun an daran, euch mit der Quelle allen Segens zu verbinden: dem Licht. Das ist alles.

Es ist sehr lange her, ich war ungefähr zwanzig, da las ich die Worte, die ich nie mehr vergessen konnte, ein Zitat aus dem Sohar. Das war natürlich in bulgarischer Sprache, aber ich werde es euch ins Französische übersetzen: »Sieben Lichter weilen im Höchsten, dort wohnt der Älteste der Alten, der Verborgene der Verborgenen, der Geheimnisvolle der Geheimnisvollen, Ain Soph«. Als ich diese Worte aussprach, erbebte, erschauerte alles in mir. Ain Soph, das ist das Unendliche. Die Kabbala spricht von Ain Soph Aur, dem Licht ohne Grenze, und eben dieses Licht sollte man kontemplieren.[3]

Wenn ihr den Wert dessen, was ich euch heute vermittle, begreift, habt ihr ein unfehlbares Mittel. Doch weil ihr dem Licht zu lange fern geblieben seid, erzielt ihr nicht gleich Ergebnisse. Es sind so viele lichtundurchlässige Elemente in euch, die sich dort angesammelt haben und die das Licht noch nicht durchdringen kann! Es trifft auf zu dichte Wände, ihr müsst ihm helfen, sich seinen Weg zu bahnen, indem ihr euch läutert, damit die Wände dünner und durchlässiger werden. Und eines Tages wird sich das Licht endlich seinen Weg bahnen und alles überfluten, das wird der Triumph der Universellen Weißen Bruderschaft in der ganzen Welt sein. Aber es braucht brennende, lebendige Lampen, wie Rabbi Shimon bar Yokai, den man die »Heilige Lampe« nannte, weil er das Licht verbreitete. Als er starb, sagte man, die Lampe sei erloschen. Aber die Lampe leuchtet noch in der jenseitigen Welt.

Le Bonfin, den 26. Juli 1962

Anmerkungen

1. Siehe auch Band 12 der Reihe Gesamtwerke »Die Gesetze der kosmischen Moral«, Kapitel 9: »Macht nicht auf halbem Wege halt«.
2. Siehe auch Band 10 der Reihe Gesamtwerke »Sonnen-Yoga – Pracht und Herrlichkeit von Tiphereth«, Kapitel 9: »Die Geister der 7 Lichtstrahlen«.
3. Siehe auch Band 236 der Reihe Izvor »Weisheit aus der Kabbala«, Kapitel 6: »Ain Soph Aur: Licht ohne Ende«.

## III

*Lesung des Tagesgedankens:*

»Nichts kommt seiner Geschwindigkeit gleich, deshalb nimmt das Licht eine erstrangige Stellung ein. Ja, die Geschwindigkeit ist ein Kriterium von Vollkommenheit. Wenn euer Denken sich verlangsamt, könnt ihr euch nicht mehr darauf verlassen, schnell eine kritische Situation richtig einzuschätzen und habt einen Unfall oder geratet in eine Falle. Auch wenn das innere Leben, das psychische Leben in Zeitlupe abläuft, wird alles viel schwieriger.

Das Licht ist ein Maß, ein Kriterium. Das Licht führt nichts Böses im Schilde, es hat kein Eigeninteresse, es ist gelöst, frei von aller Begehrlichkeit, darum ist es immer zuerst an Ort und Stelle. Und wenn ihr das menschliche Herz erkunden wollt, so erkundet das Universum, all die Reichtümer der Universalseele, und wisst, dass euch das nur gelingen wird, wenn ihr die Geschwindigkeit, die Intensität des Lichtes erreicht.«

Von allen Dingen, die wir in der physischen Welt kennen, ist das Licht am schnellsten: 300 000 km in der Sekunde. Warum hat die kosmische Intelligenz dem Licht die größte Geschwindigkeit verliehen? Außer den Eingeweihten, die dem Licht in ihrer Philosophie immer den ersten Platz beigemessen haben, hat niemand je daran gedacht, sich eine solche Frage zu stellen, um daraus Konsequenzen für das spirituelle Leben zu ziehen.

Was die verschiedenen Reiche des Universums unterscheidet, das ist die Intensität der Schwingungen, die ihre Teilchen beleben, oder sagen wir die Intensität ihres Lebens. Vom Mineralreich bis zum Menschenreich und darüber hinaus, durch die Engelshierarchien bis hinauf zum Thron Gottes, manifestiert sich das Leben mit zunehmender Intensität und Feinstofflichkeit. Darum kann man sagen, dass das Maß für die Evolution eines Wesens die Intensität seines Lebens ist. Die meisten Menschen jedoch, die diese Wahrheit nicht verstanden haben, leben verlangsamt: Herz, Lungen, Leber, Gehirn, das Denken, alles stagniert bei ihnen und sie wissen nicht, dass das das Gefährlichste ist. Wer verlangsamt lebt, gleicht einem sich langsam drehenden Rad: Der ganze Schmutz bleibt daran kleben; aber lasst das Rad sich schneller drehen, dann wird der Schmutz weggeschleudert. Das ist doch so einfach zu verstehen!

Und unter euch, meine lieben Brüder und Schwestern, gibt es da nicht noch einige »Räder«, die sich ein wenig zu langsam drehen? Woher habt ihr diese Gewohnheit? Die Leute glauben, das intensive Leben nur dann zu erfahren, wenn sie wütend sind oder aber mit jemandem im Bett. Sie sagen: »Und wie, wir leben ein intensives Leben!« Oh, aber das intensive Leben, das besteht nicht aus Schreien, Gestikulieren oder Ausbrüchen von Leidenschaft. Das intensive Leben ist fast nicht wahrnehmbar. Derjenige, der ein intensives Leben lebt, macht keine Bewegung, und doch schwingt er innerlich genauso schnell wie das Licht, und sogar noch schneller. Denn es ist zwar richtig, dass das Licht auf der physischen Ebene das Schnellste ist, aber der Mensch kann auf der ätherischen, der astralen oder der mentalen Ebene noch viel größere Geschwindigkeiten erzielen: Durch das Denken, durch den Geist, kann er sich mit einer Geschwindigkeit von Millionen von Kilometern pro Sekunde fortbewegen. Das Licht der Sonne braucht acht Minuten, um bis zur Erde zu gelangen, Gedanken hingegen können augenblicklich den am weitesten entfernten Punkt im Raum erreichen. Die Bewegung des Geistes ist viel schneller als die des Lichtes. Aber in der physischen Welt bleibt das Licht das beste Vorbild an Geschwindigkeit, um uns zu zeigen, dass wir die Intensität unseres Lebens erhöhen müssen.

Wenn ihr in allen Lebensumständen die Geschwindigkeit des Lichts als Kriterium nehmt, könnt ihr besser urteilen, besser überlegen und alle Phänomene eures Innenlebens auf wahrheitsgemäßen Grundlagen besser analysieren. Und das ist wichtig. Denn nachdem ihr einige erhabene Momente durchlebt habt, müsst ihr erkennen können, ob ihr fähig seid, diesen Bewusstseinszustand aufrechtzuerhalten. Wenn ihr Musik hört, habt ihr alle feststellen können, dass ihr bei demselben Stück an manchen Tagen in Schwingung geratet, davongetragen werdet, und dass es andere Tage gibt, an denen ihr fast nichts spürt. Nun, es geht jetzt darum, in allen anderen Bereichen des psychischen Lebens auch dieses Bewusstsein zu haben, den Grad der Intensität eurer Emotionen kennen zu lernen. Die Verliebten sind vielleicht die Einzigen, die euch sagen können, ob ihr erster Kuss oder ihr letzter der intensivste war. Sie wenigstens haben Kriterien. Nun ja, drücken wir es mal so aus…

Der Schüler muss sich also beobachten und besonders in seinen Meditationen unterscheiden können, ob es ihm gelungen ist, die Subtilität, die Intensität, in einem Wort die Spiritualität seiner Bewusstseinszustände zu erhöhen oder ob er im Gegenteil Rückschritte gemacht hat. Das ist eine weitere gute Eigenschaft, die entwickelt werden muss, das Unterscheidungsvermögen: Jeden Tag, jeden Monat, jedes Jahr zu wissen, ob ihr Fortschritte gemacht, ob ihr euch nach oben hin entwickelt habt im Verhältnis zu vergangenen Tagen, Monaten und Jahren. Das psychische Leben bietet mannigfaltige Variationen und folglich gibt es dort tausende von Dingen zu vertiefen, zu analysieren, einzuordnen.

Indem ihr unablässig ein intensives Leben lebt, könnt ihr innerlich neue Entdeckungen machen, denn diese Intensität offenbart euch jeden Tag neue Wahrheiten. Ihr fragt: »Aber wie kann man in sich Entdeckungen machen? Beim Lesen und Studieren verstehe ich es, aber ganz allein, in sich selbst, kann man da wirklich etwas entdecken?« Aber ja, das intensive Leben, das ist der Weg, um die grundlegenden Wahrheiten des Universums zu finden. Diese Wahrheiten werdet ihr niemals entdecken, wenn sie nicht ihre Quelle in euch haben, wenn ihr sie nicht erlebt habt. Natürlich ist das gut, wenn sie euch jemand offenbart, ein Mensch, dem ihr glaubt, den ihr liebt, aber trotzdem müsst ihr die Bestätigung dafür in euch selbst finden.

Die Menschen befinden sich immer in Unsicherheit und Zweifel, weil sie die Wahrheit auf äußeren Wegen gesucht haben und man sich allem Äußeren niemals sicher sein kann. Allein der innere Weg macht den Zweifel unmöglich. Dort könnt ihr, selbst wenn ihr es wolltet, nicht zweifeln. Wenn ihr Zahnschmerzen habt, könnt ihr daran zweifeln? Sagt ihr etwa: »Moment mal... Habe ich Schmerzen oder nicht? Nein... doch... nein... nun, vielleicht...?« In diesem Fall sind leider jegliche Zweifel ausgeschlossen! Nun, so ist das: All dessen, was wir in unserem Inneren spüren, sind wir uns sicher. Darum befindet sich der wahre Weg im inneren intensiven, starken, sprudelnden Leben. Man muss es sich wünschen, nach ihm verlangen, und die Bedingungen vorbereiten, damit es sich niederlässt.

Seht, beim Sonnenaufgang zum Beispiel: Wenn ihr da sitzt ohne Elan, werdet ihr einschlafen. Wenn ihr aber wach seid, von intensivem Leben belebt, beginnt euer ganzes Wesen zu vibrieren und die Sonne zu spüren. Ohne intensives Leben könnt ihr weder die Sonne, noch die Sterne, noch den Herrn, noch die heiligen Bücher, noch euren Meister oder sonst irgendetwas kennen lernen.

Was also tun, um endlich mit diesem intensiven Leben zu beginnen? Nun, zuallererst muss man den Gedanken daran akzeptieren, verstehen, dass er wünschenswert und nützlich ist. Dann muss man ihn lieben, ihn herbeisehnen, und schließlich muss man sich entscheiden, ihn zu verwirklichen. Anschließend wird sich nach und nach alles Übrige einfinden. Wichtig ist jedoch, diesen Gedanken zuerst einmal zu akzeptieren, denn solange wir ihn nicht akzeptiert haben, leben wir verlangsamt, wir treten auf der Stelle. Und selbst wenn manche vielleicht himmlische Inspirationen haben, tun sie alles, um sie zurückzuweisen, unter dem Vorwand, das seien beunruhigende Erscheinungen. Nun, soll man lieber wie die Steine sein? Viele hindern die göttlichen Strömungen daran, sie aufzusuchen, weil wenig aufgeklärte Leute behaupten, dass diese Kontakte mit dem Himmel sie in den Irrsinn treiben würden. Seit wann führt das intensive Leben bei den Menschen zu seelischen Störungen? Seht euch das mal an! All die Leute in den Psychiatrien, und das göttliche, intensive, sonnenhafte Leben hat sie dort hingebracht…? Ein seltsamer Gedankengang!

Das Licht ist deshalb so schnell, weil es selbstlos ist, weil es die besten Absichten im Kopf hat. Ihr seid erstaunt, niemand hat euch je gesagt, dass das Licht einen Kopf hat, nicht wahr? Ja, das Licht ist schnell, weil es frei ist von allem Niederen, Animalischen oder auch rein Menschlichen, es ist mit keiner Last beladen. Habt ihr einen mit einer Last beladenen Menschen je laufen sehen? Er kann es nicht. Um zu laufen, muss man sich entlasten, alles Schwere abwerfen. Und das Licht, das sehr intelligent ist, wollte sich nie mit Lasten beladen, darum läuft es, es galoppiert geradezu! Und auch ihr werdet euch, wenn ihr euch entschließt, wie das Licht zu werden, von allen Begrenzungen befreien, ihr werdet alle Fesseln, die euch zurückhalten, abstreifen. Ihr werdet derart geistig und voller Liebe, dass nichts euch wird mehr aufhalten können: So wie das Licht werdet ihr das ganze Universum durcheilen können.

Das ist das Ideal des Schülers: wie das Licht zu werden. Natürlich ist das nicht so einfach. Solange man in der Welt, in der Materie lebt, gibt es so viele Hindernisse und Beschränkungen. Wer aber bewusst ist und sich entschlossen hat, das Licht als Führer zu nehmen, löst sich, befreit sich und schwingt so intensiv, dass ihn nichts mehr aufhalten kann: Er durcheilt den Raum, er besucht Regionen, er beobachtet, und dank seiner inneren Geschwindigkeit gelingt es ihm, die Wunder des Universums zu entdecken. Vergleicht ihn mit all denen, die sich nicht von der Stelle bewegen wollen! Sie sind nie gereist, sie haben nie ihr Dorf verlassen, sie haben ihr ganzes Leben mit Schweinen, Kühen und Schafen verbracht, was können sie euch erzählen? Sie haben nie etwas gesehen oder besucht. Das Licht hingegen, es reist, sieht, entdeckt, lernt, und das Licht eben sollte man bitten, von all dem zu berichten, was es auf dem Weg zu uns gesehen hat. Doch man ist weit entfernt von diesen Methoden. Niemand befasst sich damit, die Sonnenstrahlen zu bitten, von dem zu erzählen, was sie gesehen haben, was sie von ihren Reisen berichten können – geschweige denn sich dazu zu entschließen, es so wie sie zu machen.

Jeden Morgen beim Sonnenaufgang habt ihr alle Bedingungen dafür, mit dem intensiven Leben zu beginnen. Doch zuerst muss man lernen, sich von materiellen Begehrlichkeiten zu befreien, denn nur wenn man sich materiell mit sehr wenig begnügt, kann man die Intensität des Denkens und des Empfindens steigern und durch den Raum reisen. Jesus, der dieses Gesetz kannte, hat es mit folgendem Bild zum Ausdruck gebracht: »Es ist leichter, dass ein Kamel durch ein Nadelöhr gehe, als dass ein Reicher ins Reich Gottes komme« (Mt 19,24).[1] Dem Anschein nach ist das völlig absurd: Wie soll ein großes, schweres Kamel durch ein Nadelöhr passen, ein kleiner, magerer Reicher hingegen nicht durch ein riesiges Tor? Nun die Einweihungswissenschaft erklärt, dass Jesus nicht vom physischen Körper sprach, sondern vom Astralkörper. Wenn der Astralkörper von allen möglichen Begierden aufgebläht ist, kann der Mensch nicht in das Reich Gottes kommen, er passt nicht durch das Tor. Das Kamel hingegen ist das Symbol für ein Wesen mit einem ganz kleinen Astralkörper, denn es ist genügsam, zur Durchquerung der Wüste gibt es sich mit einer geringen Menge an Nahrung und Wasser zufrieden.

Ja, alle Eingeweihten sind sich einig: Je mehr der Mensch in Geschäfte verwickelt ist, desto weniger hat er die Voraussetzungen, um ein intensives Leben zu führen und mit dem Licht in Einklang zu schwingen. All diese Leute, die Lust haben, die ganze Welt zu verschlingen, seht sie euch an! Sicher, sie schreien herum, sie geben Befehle, sie durchreisen die Welt in alle Richtungen, man kann nicht leugnen, dass sie eine große Aktivität an den Tag legen. Aber das ist nicht das intensive Leben. Das intensive Leben tritt nicht durch Worte, Gesten oder Bewegungen in Erscheinung. Man kann völlig bewegungslos sein und doch das Herz des Universums berühren. Aber ihr könnt das nur verstehen, wenn ihr es verwirklicht. Das ist genauso schwer auszudrücken wie die Momente, wo ein Mann und eine Frau einen Blick wechseln, den sie nie wieder vergessen können. Keine Geste wurde gemacht, kein Wort gesprochen und doch könnte nichts die Intensität der Liebe, die sie einander gegeben haben, in Worte fassen. Aber das ist sehr selten, sicher. Ein anderer hingegen wirft sich auf die Knie und beteuert: »Ich liebe Sie, ich liebe Sie… Ihre Augen, Ihre Haare, Ihr Lächeln… Ich werde Ihnen den Himmel herbeischaffen, ich werde für Sie sterben…« Oh je, oh je, was für ein Tamtam! Man möchte ihn am liebsten wie ein Kind aufs Zimmer schicken.

Und auch ich, unaufhörlich spreche ich zu euch, erkläre euch, erkläre und erkläre – Oh Gott, was für eine Aufgabe! Aber ich warte auf den Tag, an dem ich euch endlich nichts mehr sagen muss, an dem wir einfach so zusammen sein werden, in der Stille. Aber ihr müsst darauf vorbereitet werden. Denn ihr braucht eine Vorbereitung, um all das erfassen, spüren, auffangen zu können, was ich euch auf diese Weise einmal geben kann.

Ihr seht, es gibt in meinem Kopf eine ganze Wissenschaft, ein ganzes Programm, nach dem ich mich richte. Viele sind nicht sonderlich zufrieden. Ginge es nach ihnen, müsste ich auf eine bestimmte Art sprechen, ein bestimmtes Thema behandeln und eine bestimmte Entscheidung treffen… Ich weiß sehr wohl, dass in der Welt die Redner sich immer bemühen, den Publikumsgeschmack zufrieden zu stellen, aber in meinem Fall verhält es sich anders, mein Programm gründet auf anderen Dingen, als auf dem Geschmack und den Vorlieben von Leuten, die nicht immer aufgeklärt sind. Und selbst wenn sie unzufrieden sind, dann haben sie eben Pech gehabt, ich jedenfalls akzeptiere niemals irgendeinen Vorschlag von denen, die mich bitten, ihnen Bücherwissen zu vermitteln. Sie sind zu sehr daran gewöhnt, nur ihren Intellekt zu üben, ohne je etwas zu tun oder anzuwenden: Sie meditieren nicht, sie beten nicht, sie machen keine Übungen, sie verwandeln sich nicht. Nur Kenntnisse: Sie lesen, sie registrieren, sie informieren sich, sie halten sich auf dem Laufenden über alles, was in der Welt zur Zeit geschieht. Doch das ist nicht die beste Art und Weise sich weiterzuentwickeln und zu befreien. Sie werden das eines Tages feststellen, denn sie tun nichts, um ihre Kenntnisse in ihren Gesten, ihrem Handeln, ihrem Verhalten konkret werden zu lassen und zur Anwendung zu bringen.

Die Leute wissen alles, aber sie tun nichts. Sie wissen, dass man mit Geduld Wunder vollbringen kann, aber sie sind nicht geduldig. Sie wissen, dass man mit Sanftmut außergewöhnliche Ergebnisse erzielt, aber sie hören nicht auf, in Zorn zu geraten. Sie wissen, sie wissen, sie wissen, aber wenn sie dieses Wissen umsetzen sollen, finden sie es viel weniger interessant. Gut, sollen sie tun, was sie wollen, aber auf diese Weise werden sie sich nicht verwandeln, im Gegenteil, sie werden schwach bleiben, verletzlich, stumpf, kränklich und unglücklich.

Also meine lieben Brüder und Schwestern, nehmt das Licht zum Vorbild, denn es zeigt euch beispielhaft das intensive Leben. Messt von nun an alles in eurem Leben am Kriterium der Intensität. Ich bin auf dem Laufenden über die aktuellen wissenschaftlichen Forschungen über das Licht, und die sind sehr gut, sie haben zu zahlreichen technischen Fortschritten geführt und werden es weiterhin tun. Was mich jedoch interessiert, das ist, wie man diese Entdeckungen über das Licht im Bereich der Moral, des Verhaltens anwenden soll.[2] Anfang des Jahrhunderts fuhren die Automobile kaum dreißig Stundenkilometer und heute durchbrechen die Flugzeuge die Schallmauer. Im äußeren, objektiven Leben wissen alle, wie Geschwindigkeit und Schnelligkeit zu erhöhen sind, aber in ihrem inneren Leben stumpfen sie ab. Stumpfsinnig werden heißt, im Zeitlupentempo zu leben. Das ist eine Definition, die ihr in keinem Wörterbuch finden werdet: »Stumpfsinn: Leben im Zeitlupentempo«. Aber eines Tages wird man in den zukünftigen Wörterbüchern neue Definitionen wie diese finden.

Man darf nicht mehr im Zeitlupentempo leben. Die Menschen sind auf die Erde gekommen, um über das rein menschliche Stadium hinaus zu gelangen, ein intensiveres Leben zu leben, immer intensiver und zu Gottheiten zu werden. Ja, Vergöttlichung bedeutet für den Menschen nichts anderes, als die Intensivierung der Bewegungen seines inneren Lebens.

Le Bonfin, den 24. August 1979

Anmerkungen

1. Siehe auch Band 217 der Reihe Izvor »Ein neues Licht auf das Evangelium«, Kapitel 5: »Gehet ein durch die enge Pforte«.
2. Siehe auch Band 31 der Reihe Gesamtwerke »Leben und Arbeit in einer Einweihungsschule«, Kapitel 10: »Die Allmacht des Lichtes«.

# VII

# DIE REINHEIT, VORAUSSETZUNG FÜR DAS LICHT

# I

Alle Eingeweihten haben von der Universalseele gesprochen, die man auch den kosmischen Ozean nennt, und deren individuelle Seelen Wassertropfen gleichen. Diese Seelen reisen im Raum und kehren dann in den Ozean zurück. In dem Moment, in dem sie ihn verlassen, sind diese Tropfen rein; sie verdunsten, steigen auf und fallen dann wieder auf die Erde, bleiben dort eine Weile und kehren dann zurück und verschmelzen mit dem Ozean, bis zu dem Zeitpunkt, an dem sie ihn aufs Neue verlassen, dann wieder zurückfallen und so fort. Es handelt sich also um einen ununterbrochenen Kreislauf von Seelen bis zu dem Augenblick, in dem sie die Vollkommenheit erlangen. Aber Vollkommenheit in welcher Hinsicht...? Vollkommenheit der Seele oder der Materie...? Das ist eine Frage die der Klärung bedarf.

Dieses Kommen und Gehen zwischen Himmel und Erde, zwischen der sichtbaren und der unsichtbaren Welt, finden wir im täglichen Leben wieder. Wenn der Mensch einschläft, entfernt sich seine Seele vom physischen Körper, um wieder in die Universalseele einzutauchen. Während dieser Ruhephase des Körpers vollzieht sich eine umfassende Säuberung, Reinigung in ihm. Ist diese Arbeit vollzogen, kann die Seele ihre Aufgaben wieder aufnehmen und sich in der Materie durch alle Arten von Aktivitäten zum Ausdruck bringen. Dieser Vorgang wiederholt sich jede Nacht und für manche Menschen sogar während des Tages. Also während der Nacht verlässt die Seele den physischen Körper (wobei sie jedoch ständig durch ein feinstoffliches

Band, das man Silberschnur nennt, mit ihm verbunden bleibt), und wenn sie am Morgen zurückkehrt, findet sie das Haus gefegt, gesäubert und gewaschen vor und sie kann ihre Arbeit wieder aufnehmen.

Würde die Seele den Körper nicht verlassen, würde der Mensch vergiftet werden und ersticken, weil die innere Säuberung nicht stattfinden könnte. Ihr fragt: »Aber warum diese Giftstoffe?« Weil das Leben ein Verbrennungsvorgang ist. Alle physischen, emotionalen, mentalen Vorgänge, die wir als »Leben« bezeichnen, bewirken eine Kräftefreisetzung, hinterlassen aber auch Schlacken, deren Beseitigung ihre Zeit braucht. Es ist daher notwendig, dass die Seele sich entfernt, damit die Reinigung sich vollziehen kann. Auf diese Weise hat die Natur das Problem des Lebens gelöst. Also kehrt jede individuelle Seele während des Schlafes zur Universalseele zurück, und dort findet sie ihre Heimat wieder, sie ist glücklich. Aber nach einigen Stunden ist sie gezwungen, zurückzukehren.

Das Wachen und der Schlaf repräsentieren daher für die Seele eine unablässige Reise zwischen der höheren und der niederen Welt, bis zu dem Tag, an dem die wahre Abreise stattfinden wird, eine Abwesenheit, die viele Jahre dauern wird… bis sie wieder auf die Erde zurückkehrt, um sich in einem neuen Körper zu inkarnieren. Man kann sagen, dass es sich immer um denselben Prozess handelt (Leben – Tod, Ankunft – Abreise, Wachen – Schlaf), nur die Dauer der Phasen ist verschieden. Wenn ihr einige Sekunden einnickt, ist eure Seele auch fort.[1]

Da die in den Körper eindringenden Unreinheiten die Seele dazu zwingen, ihn zu verlassen, folgt daraus, dass, je reiner und lichter ein Mensch wird, die Seele ihn umso weniger verlassen muss, damit die Reinigung ihres Hauses vorgenommen wird. Wenn aber der Mensch sich mit schwer verdaulicher Nahrung überlastet (und ich verstehe darunter auch eine astrale und mentale Nahrung, ebenso wie die physische), dauert die Reinigung sehr lange. Das ist sehr einfach zu verstehen: Wenn das Dienstmädchen kommt mit Besen, Eimer und Wischlappen bewaffnet, ist der Hausherr gezwungen, ihr den Platz zu überlassen und woanders zu warten, bis alles fertig ist! Die Seele wird also aus dem Körper verjagt, weil es darin zu viel zu tun gibt. Ja, aber während dieser Zeit bleibt sie nicht untätig, sie reist, sie kontempliert die Unermesslichkeit, sie kommuniziert mit himmlischen Geistern, sie stärkt sich in der Erkenntnis von Liebe, Weisheit und Wahrheit.[2]

Wenn die Seele nach einigen Stunden Schlaf in den Körper zurückkehrt, bringt sie die Erinnerung an all diese Reichtümer mit und versucht, diese dem Gehirn einzuprägen. Und selbst wenn der Mensch sich dessen nicht sofort bewusst ist, wird er früher oder später davon Kenntnis erlangen, da all diese großen Wahrheiten in ihm einen ätherischen Abdruck hinterlassen. Und darum kommt es auch vor, dass der Schüler plötzlich, wie in einem Aufleuchten, die Übermittlung bestimmter erhabener Wahrheiten erfährt, die er in seinem Unterbewusstsein sicher schon seit langem in sich trug. Der Moment, sich dessen bewusst zu werden, war für ihn noch nicht gekommen, aber es gab einen passenden Moment, wo sich das Gehirn in guter Verfassung befand, und auf einen Schlag sprudelte diese Wahrheit hervor. Wenn der Schüler es sich natürlich zur Gewohnheit gemacht hat, an seinem physischen Körper zu arbeiten, um ihn zu reinigen und empfindsamer zu machen, kann die Seele diese erhabenen Wahrheiten sehr viel leichter aufzeichnen. Darum ist es wichtig, dem physischen Körper reine Nahrung zu geben, reine Luft, reine Getränke, reine Gedanken, reine Gefühle und reine Aktivitäten.

Spiritualität besteht nicht darin, sich mit dem Geist zu befassen und die Materie zu vernachlässigen, denn die Manifestationen des Geistes sind begrenzt durch den Evolutionsgrad unseres physischen Körpers. Der Geist hat alle Macht, alle Fähigkeiten, aber er kann sie nicht zum Ausdruck bringen, solange die entsprechenden Organe in unserem Körper nicht entwickelt sind. Die Alchimisten, die diese Wahrheit verstanden hatten, befassten sich damit, die Materie zu transformieren, sie zu reinigen, zu sublimieren, sie formbar und feinstofflich zu machen. Diese ganze Arbeit, die sie an den Metallen in Schmelztiegeln, Destillierkolben und im Athanor* ausführten, war symbolisch. In Wirklichkeit war

* Ein Athanor ist ein Ofen, eigentlich »philosophischer Ofen«, zur Herstellung des Steins der Weisen.

es eine Arbeit am physischen Körper, eine Arbeit mithilfe von Wasser, Luft und Feuer, bis der Körper fähig war, das himmlische Licht und die Tugenden des Geistes widerzuspiegeln.

Der Geist bedarf keiner Evolution; seine Rolle ist im Gegenteil die Involution, das heißt herabzusteigen, um die Materie zu beleben. In der erhabenen Region, welche ja die seine ist, ist er vollkommen. Das ist eine Frage, die für den spirituellen Schüler ganz klar sein muss: Der Geist hat oben alle Möglichkeiten, auf der physischen Ebene jedoch ist er machtlos, solange die Organe des physischen Körpers nicht bereit sind, seine Manifestation sicherzustellen. Es ist sehr wichtig, das zu verstehen, denn die Menschen sind entweder durch die materialistische Philosophie beeinflusst oder durch eine irrige Auffassung von Spiritualität, und es gelingt ihnen nicht, die beiden miteinander in Einklang zu bringen. Auf verschiedene Art und Weise brachten die Alchimisten immer dieselbe Idee zum Ausdruck. Sie gaben an, an der Materie zu arbeiten, um sie zu verfeinern und aus ihr reines Gold zu machen, Symbol der Vollkommenheit.[3]

Man sollte sich also nicht so sehr um Seele und Geist kümmern, sondern um die physischen Instrumente, über deren Vermittlung sie sich Ausdruck verleihen, und eines dieser bevorzugten Instrumente ist natürlich das Gehirn. Wenn ihr einem Schwachsinnigen begegnet, so ist nicht sein Geist schwachsinnig – sein Geist ist vielleicht der eines großen Weisen –, sondern es ist das Instrument, sein Gehirn, mit dessen Hilfe er sich manifestieren muss, das gestört ist. Gebt dem größten Geigenspieler eine Geige mit schlaffen Saiten, er wird darauf nicht spielen können. Auch der Geist ist ein Virtuose, der zum Spielen ein gutes Instrument braucht. Man verlangt zu viel vom Geist, man gibt ihm einen zerrütteten Körper und erwartet sich von ihm Wunder. Aber das kann er nicht, das ist, als wollte man ein feuchtes Streichholz anzünden, das geht nicht.

An manchen Tagen, wie heute, an denen das Wetter euch schläfrig macht, könnt ihr diesen Zustand so nutzen wie ihr auch den Schlaf nutzt. Versucht nicht, euch zu konzentrieren, zu meditieren, es wird euch nicht gelingen, es sind nicht die Bedingungen, um im Denken aktiv zu sein;

verhaltet euch daher ruhig und lasst es zu, dass eure Seele ein wenig den Körper verlässt, um im Raum zu reisen… Bei ihrer Rückkehr wird sie euch etwas von diesen großartigen Wahrheiten berichten, die sie kontempliert hat. Auf diese Weise treten Medien in Kontakt mit der unsichtbaren Welt. Allerdings stellt sich da folgende Frage: Wird die Seele, die den Körper verlässt, immer wieder zur Universalseele streben oder wird sie nur in den niederen Bereichen dahin treiben? Das hängt vom Menschen ab, von der Natur und der Qualität seiner Wünsche, seiner Gefühle und seiner Gedanken.

Was die Menschen daran hindert, Offenbarungen zu empfangen, ist die Tatsache, dass es ihnen nicht gelingt, sich von ihren materiellen Beschäftigungen zu lösen. Ich sehe es genau, selbst wenn sie hier sind, beschäftigen sich manche weiterhin mit ihren Angelegenheiten – wie sie dies oder jenes arrangieren werden – anstatt sich mit der göttlichen Welt zu verbinden, mit der Sonne. Ich habe nicht gesagt, man solle seine Angelegenheiten aufgeben, aber man sollte wenigstens wissen, wie man sie für einen Moment irgendwo ablegt, wie man auch eine Last ablegt. Seht euch zum Beispiel einen Lastenträger an, der die Lasten einer Expedition in die Berge hinaufträgt: Von Zeit zu Zeit setzt er sie ab, atmet tief durch, setzt sich, isst und trinkt eine Kleinigkeit und nimmt dann seine Last wieder auf und setzt seinen Aufstieg fort. Könnt ihr es nicht genauso machen? Wenn ihr hierher kommt, lasst eure Sorgen für ein oder zwei Stunden irgendwo; ich versichere euch, niemand wird sie euch wegnehmen! Es gibt nicht viele Kandidaten, die die Sorgen anderer auf sich nehmen. Legt sie also voller Vertrauen ab – ihr werdet sie später genau an derselben Stelle, wo ihr sie abgelegt habt, wieder finden – und verbindet euch mit dem Himmel. Sonst gleicht ihr der Schnecke, die ihr Haus auf ihrem Rücken trägt aus Angst, es zu verlassen. Und darum kommt sie so langsam voran. Und so sind die Materialisten: Sie sind wie die Schnecken, sie tragen ihre Sorgen, sie wollen nicht, dass man sie ihnen nimmt, und darum sind sie langsam und schwerfällig. Hier lernt ihr wenigstens, euch zu entlasten und werdet so schneller vorankommen.

Le Bonfin, den 26 Juli 1962

Anmerkungen

1. Siehe auch Band 228 der Reihe Izvor »Einblick in die unsichtbare Welt«, Kapitel 14: »Der Schlaf, Spiegelbild des Todes«.
2. Siehe auch Band 228 der Reihe Izvor »Einblick in die unsichtbare Welt«, Kapitel 15: »Wie man sich im Schlaf schützen kann« und Kapitel 16 »Die Reisen der Seele im Schlaf«.
3. Siehe auch Band 241 der Reihe Izvor »Der Stein der Weisen«, Kapitel 9: »Die alchimistische Arbeit: Die 3 über der 4« und Kapitel 11: »Die Regeneration der Materie: das Kreuz und der Tiegel«.

## II

*Lesung des Tagesgedankens:*

»Der Himmel ist weder grausam noch taub, die Hindernisse kommen aus uns selbst. Wir haben um uns herum so viele dichte Schichten angehäuft und sie derartig genährt und verfestigt, dass nicht einmal der Himmel sie durchdringen kann, um bis zu uns zu gelangen. Wir sind in die göttliche Welt eingetaucht und wir sind deshalb von ihr isoliert, getrennt, eben weil diese Schichten, die wir durch unsere niederen Gedanken und Gefühle geformt haben, eine Art Schild bilden, das uns daran hindert, mit ihr in Kontakt zu treten. In Wirklichkeit ist alles da und es umgibt uns: der Himmel, das Glück, die Freude. Wenn ihr euch also entschließt, an euch selbst zu arbeiten, um euch zu reinigen und eure feinstofflichen Körper empfänglich und sensibel zu machen, werdet ihr bemerken, dass eigentlich keine Trennung zwischen dem Himmel und euch existiert.«

Geht und versucht den Menschen zu erklären, dass sie in Licht, in Fülle, in Glück, in ewiges Leben eingetaucht sind! Sie werden es nicht glauben können, weil sie es nicht sehen und nicht spüren. Und wie könnten sie es auch spüren und sehen, wo sie doch um sich herum so viele dichte Schichten geformt haben?

Vor einigen Jahrzehnten, als man noch Petroleumlampen benutzte, musste die Hausfrau gezwungenermaßen jeden Abend das Glas der Lampe säubern, weil jede Verbrennung Rückstände hinterlässt, und das Petroleum erzeugt beim Verbrennen eine Art Ruß, der sich auf dem Glas absetzt, und selbst wenn die Flamme brennt, spendet die Lampe kein Licht mehr. Damit sie Licht spendet, muss man sie säubern. Dasselbe Phänomen tritt auch in uns auf, weil das Leben eine Verbrennung ist: Unsere Gedanken, unsere Gefühle, unsere Handlungen, all unsere Manifestationen sind das Ergebnis einer Verbrennung. Um dieses Licht hervorzubringen, diese Flamme, diese Energie, die uns leben lässt, müssen irgendwo Materialien verbrannt werden. Aber diese Verbrennung ist zwangsläufig begleitet von Rückständen, die beseitigt werden müssen; sonst wird der Mensch in Dunkelheit und Kälte versinken und schließlich das Leben verlieren, genauso wie die Lampe, deren Glas man nicht gesäubert hat, kein Licht mehr durchlässt oder der Kohleofen, aus dem man die Asche nicht entfernt hat, keine Wärme mehr abgeben kann.

Leider glauben die Menschen, die noch nie über diese Entsprechungen nachgedacht haben, sie könnten alles tun, ohne sich um die Ausscheidung der Unreinheiten zu kümmern. Sie waschen sich jeden Tag, denn sie wissen, dass die Poren der Haut sonst verstopfen, was der Gesundheit sehr abträglich ist; aber innerlich waschen sie sich nicht, und darum sind die Poren ihrer spirituellen Haut verstopft und sie haben nicht die geringste Verbindung mit der göttlichen Welt.

Es ist äußerst wichtig für den Menschen, zu wissen, wie er sich von den Unreinheiten seines psychischen Organismus befreien kann. Darum nehmen die Reinigungsübungen einen so großen Stellenwert im Leben des Schülers ein, und nicht nur die Reinigung durch physische Methoden wie Fasten, Atemübungen, rituelle Waschungen[1] und so weiter, sondern die Reinigung durch spirituelle Methoden wie Meditation[2] und Gebet[3], denn mithilfe dieser Übungen kann man eine Substanz in sein Inneres einführen, die alle fremden und schädlichen Elemente auflöst.

Reinheit ist die Voraussetzung für die Entfaltung des Menschen, die Voraussetzung für seine Gesundheit, seine Kraft, seine Schönheit, seine Intelligenz, seine Freude, seine Liebe. Leider wird man sich der Bedeutung der Reinheit meist erst dann bewusst, wenn man völlig gelähmt ist, unfähig zu denken, zu lieben, zu handeln. Krankheit, Traurigkeit, Verrücktheit entstehen durch dem Organismus fremde Elemente, denn da sie fremd für ihn sind, rufen sie Beeinträchtigungen hervor. Beseitigt diese Elemente und alles kommt wieder in Ordnung. Aber wer will schon die Macht der Reinheit begreifen und ihre Notwendigkeit für ein gutes Funktionieren unseres physischen und psychischen Körpers? Man schluckt all den Schmutz und ist dann erstaunt, dass nichts mehr geht! Kümmert euch um die Reinheit und alles Übrige wird von ganz allein zu euch kommen.

Der Schüler muss sich daher als Erstes damit befassen, die Bedeutung der Reinheit zu verstehen. Deshalb habe ich euch schon mehrmals Übungen angegeben, die man mit den vier Elementen ausführt: dem Feuer, das verbrennt, der Luft, die zerstreut, dem Wasser, das wäscht und der Erde, die in sich verschlingt. Versucht diese Übungen wieder aufzugreifen und praktiziert sie.[4] Es liegt in eurem Interesse. Jeden Tag, mehrmals am Tag, denkt daran, dass eure physischen und psychischen Aktivitäten das Resultat einer Verbrennung sind und Rückstände produzieren, derer ihr euch entledigen müsst. Diese Rückstände sind vielleicht nur mit einer kleinen Menge Rauch vergleichbar; aber auch eine kleine Menge Rauch, die sich Tag für Tag niederschlägt, ihr wisst, was das auf lange Sicht bewirken kann.

Nehmen wir ein Phänomen aus dem Alltag, bei dem ihr noch nie daran dachtet, es zu interpretieren. Wenn ihr gegessen habt, müsst ihr bestimmte Stoffe wieder ausscheiden; das ist ein Gesetz, dem alle Geschöpfe unterworfen sind. Untersucht das Verdauungssystem des Menschen. Dort ist alles aufs Beste eingerichtet, um die Nahrung aufzunehmen und das wieder auszuscheiden, was nicht assimiliert werden konnte. Und wenn ein Bestandteil anfängt, das richtige Funktionieren von Nieren oder Eingeweiden zu stören, wird sich der Mensch nach und nach vergiften. Das gilt nicht nur für die physische Ebene. Wenn die Ausscheidung nicht genauso korrekt auf der ätherischen, astralen und mentalen Ebene stattfindet, vergiftet sich der Mensch ebenso. Wie viele Leute haben sich psychisch vergiftet, weil ihr ätherischer, astraler oder mentaler Körper von Unreinheiten gesättigt ist! Sie wissen nicht, dass es auch auf diesen Ebenen Elemente auszuscheiden gilt, und alle Kanäle werden blockiert, verstopft. Man muss sie wieder öffnen, damit die Zirkulation wieder funktioniert.

Ihr seht also, wie sehr die Seite, die ich euch vorgelesen habe, der Wahrheit entspricht. Wir leben in einer Welt des Überflusses, alles ist da, aber wir fühlen diesen Überfluss nicht, weil, wie ich euch gesagt habe, die Kanäle verstopft sind, die Kommunikation unterbrochen ist. Und darum besteht die wesentliche Rolle der Einweihung darin, den Schüler zu lehren, dass nur, wenn er sich reinigt, es ihm gelingen wird, die Verbindungen wiederherzustellen, damit das göttliche Leben in ihm im Fluss bleiben kann. Denn sobald das Leben fließt, bringt es den Zellen all die unverzichtbaren Elemente. Wenn diese Zirkulation nicht stattfindet, folgt der Tod. Das muss man sogar den Kindern erklären. Selbst wenn sie es noch nicht verstehen, sollte man es ihnen erklären, damit diese Wahrheiten dann an der Oberfläche ihres Bewusstseins erscheinen und für sie offensichtlich sein werden, wenn sie es vom Alter her verstehen.

Was ich euch da offenbare, ist von der kosmischen Intelligenz in der Natur aufgezeichnet, aber ihr habt euch nicht die Mühe gemacht, es zu ergründen. Erforscht das Leben aller Geschöpfe und ihr werdet feststellen, dass sie dann und wann alle etwas auszuscheiden haben. Denkt daher jeden Tag, mehrmals am Tag, an die Säuberung, an die Reinigung. Lasst das Wasser fließen, das himmlische Wasser, stellt euch vor, ihr seid in einem Gebirgsbach oder unter einem Wasserfall, und all eure Unreinheiten werden fortgespült. Ihr könnt euch auch vorstellen, dass ihr ein Kristall seid: Nach und nach gelingt es euch, die Unreinheiten aufzulösen, die ihr durch das häufige Aufsuchen einer bestimmten Person, durch das Essen bestimmter Nahrung oder das Einatmen einer bestimmten Atmosphäre angesammelt habt und ihr werdet transparent. Oh, natürlich kann das keine physische Transparenz sein, aber im ätherischen, astralen und mentalen Bereich würden Hellsichtige bei euch feststellen, dass ihr wahrhaft transparent und rein wie ein Kristall seid, und dass die Energien des Himmels euch durchfließen wie das Licht ein Prisma durchdringt und sich in sieben Farben auffächert.

Da es wirksame Methoden gibt, warum sie nicht anwenden, anstatt immer nur leiden, jammern und die anderen belästigen? Das Erste, was zu tun ist, ist die Säuberung. Wenn jemand Vergiftungssymptome zeigt, versucht man sofort, ihn zum Erbrechen zu bringen. Viele Krankheiten rühren daher, dass die Ausscheidung von Nahrungsresten nicht richtig vor sich geht; daher ist ein Brech- oder Abführmittel oft nützlicher als alle Tabletten gegen Migräne oder Schwindelgefühle oder Depression. Alle Ablagerungen, die sich in den Eingeweiden stauen, rufen Gärungen hervor, die schädliche Rückwirkungen auf das Gehirn und den psychischen Zustand haben können. Und wenn jemand Fieber hat, weil ihm zu kalt geworden ist, sollte er mehrere Tassen heißes Wasser trinken und ein Fußbad nehmen, so heiß wie möglich, um zu schwitzen und die Giftstoffe auszuscheiden, anstatt alle möglichen Medikamente zu schlucken, die das Fieber senken sollen, und er wird gesund werden. Umso mehr, als ein heißes Fußbad auf seinen Solarplexus einwirken wird (da die Füße und der Solarplexus miteinander verbunden sind), und der Plexus wirkt seinerseits auf die Gesamtheit des Organismus ein.[5]

Ihr müsst jeden Tag daran denken, euch zu reinigen, denn von überall her nehmt ihr unablässig Unreinheiten auf; nicht nur auf der physischen Ebene beim Essen, Trinken, Atmen, sondern auch auf der psychischen Ebene durch eure Gedanken und eure Gefühle, sowie durch die Gedanken und die Gefühle von anderen, und ihr seid vergiftet. Also, gebt acht auf euch, lest und betrachtet nicht einfach irgendetwas, verkehrt nicht mit irgendjemand, und gebt ganz besonders acht auf eure Gedanken, eure Gewohnheiten, die ihr annehmt, denn nur auf diese Weise werdet ihr rein, spirituell rein. Und diese Reinheit wird euch nicht nur alle Segnungen bringen, sondern eure Gegenwart wird auch ein Segen für die anderen sein: Ihr werdet allen Geschöpfen, denen ihr begegnen werdet, Gutes tun, ihr werdet sie säubern, ihr werdet sie erhellen.

Ihr dürft nie vergessen, dass euer innerer Zustand nicht nur euch allein betrifft, sondern dass er auch die anderen beeinflusst. Wenn ihr unrein seid, beschmutzt ihr durch eure Emanationen auch die anderen. Ihr wollt Gutes tun, einverstanden, aber ihr müsst wissen, dass ihr nicht das geringste Gute tun könnt, wenn ihr nicht rein seid. Das ist alles, und es hat absolute Gültigkeit. Wenn ihr der Menschheit wahrhaft helfen wollt, könnt ihr es durch eure Reinheit tun. Selbst wenn ihr zu niemandem etwas sagt, durch eure Reinheit tragt ihr zur Reinigung der Atmosphäre auf der ganzen Erde bei. Ja, allein durch eure Anwesenheit. Seid ihr aber unrein, das heißt boshaft, ungerecht, habgierig, kriminell, dann tragt ihr zur Vergiftung der ganzen Welt bei. Ob ihr das jetzt glaubt oder nicht, es ist so; ich meinerseits glaube es, oder vielmehr ich weiß es.

Deshalb rate ich euch, in dem Band die »Mysterien von Jesod« nachzulesen, denn dort werdet ihr endlich die Bedeutung dieser in der ganzen Welt gering geschätzten Tugend begreifen: der Reinheit. Man strebt nach Intelligenz, nach Stärke, nach Willenskraft, nach Liebe und vor allem nach Geld! Dem Geld rennt die ganze Welt hinterher, aber die Reinheit, dieses nutzlose Ding, warum sollte man danach streben? Und doch ist die Reinheit die Grundlage von allem. Befasst euch mit der Reinheit und das Übrige wird von ganz allein zu euch kommen. Die Reinheit wird euch intelligenter machen, stärker, schöner, gesünder. Die Unreinheit hingegen wird eure guten Qualitäten fesseln.

Ihr müsst also jeden Tag daran arbeiten, das Licht hereinzulassen, jeden Tag säubern, schrubben, waschen… So wie die Hausfrau, deren Arbeit das ist. Ihr wendet ein: »Was? Uns, die wir vorhaben, Prinzen und Prinzessinnen zu werden, uns fordern Sie auf, wie Hausfrauen zu werden?« Aber ja, eine Hausfrau kann Prinzessin werden. Wenn ihr einmal alles in euch in Ordnung gebracht habt, werdet ihr eure alten Kleider ablegen und euch in fürstliche Gewänder kleiden!

Die Frage der Reinheit ist sehr weitreichend, meine lieben Brüder und Schwestern, denn tatsächlich genügt es nicht, an sich selbst an der Reinheit zu arbeiten, sondern man muss darüber hinaus fähig sein, alle Unreinheiten umzuwandeln, die wir von allen um uns herum aufnehmen, auch aus der Nahrung, aus der Luft und sogar aus den Gedanken und den Gefühlen, die von den Menschen ausgehen. Ich gehe sogar noch weiter und sage euch, dass man alles, was man von anderen an Kritik, an Hass empfängt, umwandeln muss. Was habe ich nicht alles an Steinen von allen Seiten abbekommen! Berge von Steinen… Aber ich habe die Methode herausgefunden, sie in Edelsteine zu verwandeln. All diese Schätze, die ich jeden Tag an euch verteile, sind Steine, die man auf mich geworfen hat. Genau das ist wahre Alchimie. Da die Erde fähig ist, Steine in Edelsteine zu verwandeln, warum nicht auch wir? Die Hauptsache ist, daran zu denken. Ein Mensch besitzt alle Kräfte und Fähigkeiten, selbst der Stein der Weisen ist in ihm, der Stein der Weisen, der alles in Gold verwandelt. Solange ihr euch diese Philosophie nicht zu eigen macht, fühlt ihr euch unglücklich, niedergeschlagen, das geringste negative Wort, das man über euch sagt, wird euch zu Boden werfen.

Ihr habt noch nicht den Sinn von Hindernissen erfasst. Warum können Schiffe auf dem Wasser vorankommen? Weil das Wasser einen Widerstand darstellt. Das Gleiche gilt für die Luft und die Flugzeuge. Ohne Materie, die einen gewissen Widerstand bietet, ist es unmöglich, voranzukommen. Man muss verstehen, dass Hindernisse und Schwierigkeiten im Universum etwas Natürliches sind, und dass derjenige, der sie zu nutzen weiß, viel schneller vorankommen und sich vervollkommnen kann.

Le Bonfin, den 12. April 1975

Anmerkungen

1. Siehe auch Band 7 der Reihe Gesamtwerke »Die Reinheit, Grundlage geistiger Kraft«, Teil 3, Kapitel 2: »Das Fasten«, Kapitel 3: »Wie man sich waschen soll«, Kapitel 4: »Die wahre Taufe« und Kapitel 5: »Wie man während der Atemübungen mit den Engeln der vier Elemente arbeitet«.
2. Siehe auch Band 302 der Reihe Broschüren »Die Meditation«.
3. Siehe auch Band 305 der Reihe Broschüren »Das Gebet«.
4. Siehe auch Band 13 der Reihe Gesamtwerke »Die neue Erde«, Kapitel 6: »Anleitungen zur Reinigung und Läuterung«.
5. Siehe auch Band 2 der Reihe Gesamtwerke »Die spirituelle Alchimie«, Kapitel 7: »Die Füße und der Solarplexus« und Band 6 der Reihe Gesamtwerke »Die Harmonie«, Kapitel 9: »Sonnengeflecht und Gehirn«.

III

*Lesung des Tagesgedankens:*

»Eine der Funktionen der Aura besteht darin, den Austausch zwischen den äußeren Sternen und den Sternen in uns zu gewährleisten. Wenn unsere Aura unrein und dunkel ist, kann sie die guten Strömungen nicht aufgreifen, sie ist dann nur in der Lage, die schlechten aufzufangen. Man sagt, es gäbe segensreiche und unheilvolle Planeten. Aber warum sollte nun ein und derselbe Planet auf manche günstig wirken und auf andere ungünstig? Ganz einfach deshalb, weil derjenige, der nur die unheilvollen Einflüsse aufnimmt, nicht vorbereitet ist, die guten aufzunehmen. In Wirklichkeit sind alle Planeten segensreich, aber ihre Auswirkung auf den Menschen hängt von dessen Aura ab. Wenn sich in seiner Aura Elemente befinden, die es allen guten Eigenschaften eines Planeten unmöglich machen, in sein Inneres vorzudringen, verfälschen sich die Einflüsse dieses Planeten, brechen sich und führen zu schädlichen Auswirkungen. Wenn seine Aura hingegen rein und mächtig ist, werden alle Einflüsse für ihn gut, selbst die schlechten.«

Ich habe zu euch schon viel über die Aura[1] gesprochen, über ihre Rolle und wie der Mensch durch sie mit den Kräften und den Geistern der Natur kommunizieren kann. Der Zustand des Menschen – ob gut oder schlecht, harmonisch oder disharmonisch – hängt von der Qualität seiner Aura ab, denn sie gleicht einer Antenne, die Wellen auffängt, und je nach ihrer Reinheit, ihrer Stärke und ihrer Ausdehnung empfängt sie genau festgelegte Einflüsse und Elemente.

Seid nicht erstaunt, zu hören, dass die Planeten auch in uns vorhanden sind… Da der Mensch eine Widerspiegelung des Kosmos ist, existieren alle Planeten ebenso in ihm, und so wie im Universum kreisen sie um seine innere Sonne. Es gäbe vieles darüber zu sagen. Dieses Wissen war in der Vergangenheit bekannt; heutzutage ist es fast verloren gegangen, wird aber in der Zukunft aufs Neue gelehrt werden.

Mars, Saturn, Uranus und Pluto gelten als unheilvolle Planeten; in Wirklichkeit sind es in erster Linie die Menschen, die sich ihren günstigen Einflüssen verschließen. Die guten Qualitäten von Mars sind Willenskraft, Kühnheit, der Wunsch, Schwierigkeiten zu besiegen, das gesetzte Ziel zu erreichen; und die schlechten sind natürlich Grausamkeit, Gewalt, der Drang zu zerstören. Die guten Qualitäten von Venus sind Schönheit, Anmut, Feingefühl und die schlechten sind Sinnlichkeit, Oberflächlichkeit, Untreue. Es sind die guten oder die schlechten Aspekte dieser Planeten, die sich im Menschen manifestieren, je nachdem ob seine Aura rein oder von Elementen verstopft ist, die dann aufgrund von Affinität eben ihre guten oder ihre schlechten Einflüsse anziehen.

Das Gleiche geschieht auch mit den anderen Planeten. Es ist die Qualität der Aura des Menschen, welche die Tugenden von Saturn anzieht wie Geduld, Beständigkeit, Wissensdurst oder seine Schwächen wie Traurigkeit, Eigensinn, Bissigkeit, die Tugenden von Jupiter wie Größe, Großzügigkeit, Güte, Milde oder seine Schwächen wie Ehrgeiz, Eitelkeit, der Wunsch andere zu beherrschen, sie sogar niederzumachen. Daher stellt sich für den Schüler die Frage, wie er an seiner Aura arbeiten kann, damit sie nur die günstigen Einflüsse der Planeten aufnimmt. Denn im Gegensatz zur Meinung der meisten Astrologen sind die guten oder schlechten Einflüsse von Planeten auf einen Menschen weder ausschließlich vom Zeichen und dem Haus, in dem sie sich befinden, abhängig, noch von den Aspekten, die sie untereinander haben. Je nach Entwicklungsgrad der Person werden diese Einflüsse unterschiedlich zum Ausdruck kommen. Darum heißt es, dass die Sterne geneigt machen, aber nichts vorbestimmen.

Tatsächlich hängt der Zustand der Aura, ihre Reinheit, ihre Klarheit, von der Lebensweise des Menschen ab. Wenn er sich der inneren Trägheit, dem Materialismus hingibt oder sogar tierischen Instinkten, wie manche es tun, wird seine Aura einer Wolke vergleichbar, aus der alle möglichen ungesunden Ausdünstungen austreten, welche die anderen spüren. Selbst wenn sie nichts sehen – denn wenn man nicht hellsichtig ist, ist es schwierig, die Aura der Menschen zu sehen – spüren sie eine schwere, dunkle Atmosphäre, wie in der Nähe eines Sumpfes. Ein Eingeweihter, ein Meister hingegen, der Jahrhunderte oder Jahrtausende lang daran gearbeitet hat, in sich Liebe, Weisheit, Reinheit und Selbstlosigkeit zu entwickeln, besitzt eine riesige Aura, in der sich die Geschöpfe baden und durch die sie sich genährt fühlen, beruhigt, gestärkt und in eine göttliche Richtung getragen. Deshalb können die Schüler viele Segnungen von der Aura ihres Meisters empfangen, aber unter der Bedingung, dass sie sich dessen bewusst sind, denn wenn sie es nicht sind, kann ihr Meister tun, was er will, sie werden seinen guten Einflüssen gegenüber verschlossen bleiben.

Aber der Schüler darf sich nicht damit zufriedengeben, von der Aura seines Meisters zu profitieren; auch er muss an seiner eigenen Aura arbeiten und er kann dies auf zweierlei Art tun: Kraft seines Denkens, mithilfe seiner Vorstellungskraft bemüht er sich, die reinsten und schönsten Farben anzuziehen, und er umgibt sich mit diesen Farben. In Wirklichkeit ist das eine Arbeit, die im Äußeren stattfindet und deren Wirkung nicht von Dauer sein wird, wenn er sich nicht zugleich darum bemüht, die Tugenden umzusetzen, denen diese Farben entsprechen. Denn im spirituellen Leben besteht das Wesentliche darin, Tugenden zu entwickeln. Selbst wenn der Schüler daher überhaupt nicht an der Konzentration arbeitet, um diese Farben anzuziehen, aber an der Entwicklung der göttlichen Tugenden arbeitet, versorgt er seine Aura mit all den herrlichen Farben, die diesen Tugenden entsprechen, und solange er diese Tugenden umsetzt, werden sich die Farben immer schöner und leuchtender manifestieren.

Das Ideal ist natürlich, die Arbeit des Denkens und der Vorstellung mit der Ausübung der Tugenden[2] zu verknüpfen, wohl wissend, dass die Arbeit mit der Vorstellungskraft nicht die wichtigste ist. Denn wenn der Mensch nichts tut, um sein mittelmäßiges, von Schwächen und Dummheiten geprägtes Leben zu ändern, dann wird dieses Leben die gute Arbeit seiner Denkkraft zerstören. Man betet, man meditiert, man nimmt Yogahaltungen ein, aber wenn man sich nicht wirklich entschließt, sein Leben zu ändern, werden all diese Meditationen und diese Posen nicht viel bewirken. Das stellt man besonders hinsichtlich der Meditation fest. Das Meditieren ist heutzutage Mode geworden. Es wurde noch nie so viel über Meditation geredet, und die Transzendentale Meditation verbreitet sich überall. Aber die Menschen bleiben dieselben, denn sie verlassen sich auf ihre »Meditation«, ohne das geringste Bemühen, etwas in sich zu verbessern. Das Gleiche geschieht auch in der Medizin, wenn man sich damit zufriedengibt, Medikamente zu nehmen ohne seine Lebensweise zu ändern. Die Medikamente sind allenfalls ein Notbehelf, beziehungsweise ein Linderungsmittel.

Aber es ist sehr schwierig, den Menschen begreiflich zu machen, dass die einzig wahrhaft wirksame Methode darin besteht, ihre Lebensweise zu verändern. Viele suchen mich zum Beispiel auf, um mir ihre Missgeschicke und ihre Schwierigkeiten zu erzählen, und es ist augenscheinlich, dass sie von mir ein Wunder erwarten. Aber man sollte endlich verstehen, dass ich nicht immer meine Zeit mit Leuten vergeuden kann, die mir von ihren Problemen erzählen, ohne entschlossen zu sein, irgendetwas zu deren Lösung beizutragen. Ich werde keine Wunder wirken, es wird vielmehr das Leben ihnen Lektionen erteilen und die Lektionen des Lebens werden schrecklich sein. Es wäre daher besser, wenn sie sich beeilen würden, diese Lektionen unserer Lehre anzunehmen, anstatt darauf zu warten, dass das Leben mit seinen Hämmern kommt, um sie zu brechen.

Es gibt auf der Erde keinen einzigen Menschen, den das Leben nicht Prüfungen ausgesetzt und vor Probleme gestellt hat, die er bewältigen musste. Darum sind sich alle Eingeweihten in diesem Punkt einig: Das Leben ist der einzig wahre Meister. Die Weisen können die Menschen unterrichten; sie sind hoch entwickelte Wesen, die viel gearbeitet, viel gelitten haben und die daher die anderen von ihrer Erfahrung profitieren lassen können. Aber selbst diese Wesen können sich nicht mit dem Leben vergleichen. Darum ist das Leben auch für sie ein Meister.

Die Menschen glauben, über das Leben verfügen und nach eigenem Gutdünken handeln zu können, aber es ist das Leben, das ihnen Lektionen erteilt und das sind sogar die besten Lektionen. Es weiß für jeden genau, in welchem Punkt er noch besonders hinzulernen muss. Sicher, ein Meister erteilt auch jedem Lektionen, entsprechend seinem Alter und seinem Entwicklungsgrad, aber oft verfügt er nicht über alle notwendigen Bedingungen, das Leben hingegen hat alle Mittel zu seiner Verfügung, es weiß genau wo, wie stark und auf welche Weise es auf die Menschen einwirken muss. Bei dem einen ist es die Gesundheit, bei dem anderen die Intelligenz, bei einem weiteren das Gefühl oder das Geld und so fort.

Anstatt also sich zu bilden durch das Lesen von Büchern, die oft von kranken, verbildeten oder sogar gestörten Menschen geschrieben wurden, nehmen die Eingeweihten das Leben als Meister, sie studieren es und bemühen sich, so zu leben, wie das göttliche Leben es ihnen rät. Daraus schöpfen sie also ihr außergewöhnliches Wissen! Darum fordere ich euch beständig auf, euer Leben umzuwandeln, damit es in Harmonie schwingt mit dem göttlichen Leben, so wie dieses sich oben manifestiert, denn dann wird sich alles Wissen, werden sich alle guten Eigenschaften in euch niederlassen.

Man sollte nur an das Leben denken. Ja, denn stellt euch einen Menschen mit außergewöhnlichen Gaben vor, der aber völlig leblos ist; das wäre so, als hätte er nichts mehr. Aber gebt ihm das Leben zurück und er findet all seine Fähigkeiten wieder. Jeder kann in sich die größten Talente entwickeln, aber wenn er ohne Leben ist, ist das so, als hätte er nichts. Jeder weiß das, aber niemand zieht daraus irgendeine Schlussfolgerung. Das Leben findet bei den Menschen keine Berücksichtigung. Sie streben nach einem Vergnügen, irgendeinem Besitz, und sie wenden schnell ihr Leben auf, das Wertvollste, um sich das Objekt ihres Verlangens zu beschaffen, das nichts ist im Vergleich zu dem Leben, das sie verloren haben. Und auf diese Weise sind sie dabei, sich zu zerstören, ohne es zu bemerken.

Die Menschen sind dickköpfig, sie bilden sich was ein auf ihr Wissen und wenn sie dann Misserfolge erleben, jammern sie, ohne zu begreifen, dass diese Misserfolge daher kommen, dass sie sich nicht mit den Gesetzen der Natur in Harmonie gebracht haben. Jeder fordert: »Ich will dies… Ich will jenes…« und setzt alles daran, es zu bekommen. Die Gesetze der Natur, die dem entgegenstehen, widersetzen sich der Befriedigung dieser chaotischen Wünsche, aber da die Menschen uneinsichtig sind, beharren sie auf diesen Wünschen bis zu dem Tag, an dem sie daran zerbrechen. Warum wollen sie nicht begreifen…? Aber ich werde nicht wiederholen, was ich euch bereits zwanzig, dreißig Mal zu diesem Thema gesagt habe, sonst verliere ich meine gute Laune. Herr und Gott, gib mir neue Themen, damit ich nicht immer dieselben Dinge wiederhole!

In Wirklichkeit weiß ich wohl, dass es nicht an neuen Themen mangelt, aber da die »alten« noch nicht richtig verstanden sind, wozu wäre es dann gut, nach neuen zu suchen? Man muss die alten Themen wiederholen, damit sie vielleicht bei der fünfzigsten Wiederholung allmählich verstanden werden. Ja, und wie viele Male habe ich zu euch seit Jahren über die Aura gesprochen… Aber was habt ihr mit dem gemacht, was ich euch gesagt habe?

Eine reine Aura bringt zunächst in euch selbst Verbesserungen, aber sie verwandelt auch die Atmosphäre um euch herum und darum beginnen die anderen euch zu lieben, ohne dabei zu wissen, warum sie sich in eurer Nähe wohl fühlen. Tatsächlich ist das, was sie fühlen, eine Anwesenheit, die Anwesenheit von lichtvollen Wesen, die eure Aura angezogen hat. Denn die himmlischen Wesen lieben reine Farben, und wenn sie ein Wesen wahrnehmen, das von diesem Licht und diesen Farben umgeben ist, eilen sie zu ihm. Ihr habt von abscheulichen Gegenständen gehört, deren sich die Hexer und Hexen bedienen, um die Geister der Finsternis anzuziehen… Auf die gleiche Weise zieht eine reine, lichtvolle Aura die Engel an.[3] Aber die Menschen sind derart unbewusst, dass sie weder wissen warum noch wie sie die guten oder die schlechten Dinge anziehen.

Es bedarf daher umfangreicher, jahrelanger Arbeit an sich selbst, um aus seiner Aura eine Antenne zu machen, die fähig ist, all das wahrhaft Schöne und Segensreiche im Universum anzuziehen. Wenn ich euch frage: »Liegt euch eure Gesundheit, eure Schönheit, euer Frieden, euer Glück wirklich am Herzen? Liegt euch wirklich daran, geliebt zu werden?«, werdet ihr alle antworten: »Aber ja, doch, wir wollen nur das!« Aber warum tut ihr dann nichts dafür? All diese Segnungen können euch nicht einfach zufällig in den Schoß fallen. Das beste Mittel sie anzuziehen, ist die Arbeit an der Aura: durch die Liebe belebt ihr sie, durch die Weisheit macht ihr sie leuchtender, durch die Kraft eures Charakters macht ihr sie mächtiger, durch ein reines Leben macht ihr sie hell und klar. Die Qualitäten, die ihr eurer Aura gebt, sind abhängig von den Tugenden, die ihr zu entwickeln vermögt.

Man darf nicht glauben, dass man mit der Entwicklung einer einzigen Tugend schon alle Segnungen erlangt. Nein, alles im Universum ist festgelegt und jede Tugend zieht eine bestimmte Segnung an. Ich habe nicht die Zeit, über alle Nuancen zu sprechen, aber ihr könnt selber darüber nachsinnen... Sofern ihr richtig beobachten könnt, habt ihr dies bestimmt schon in ganz einfachen Lebenssituationen bemerkt. Jemand spricht, er drückt sich kraftvoll und überzeugend aus, und diese Überzeugung beeinflusst die anderen; aber wenn man seine Worte genau analysiert, merkt man, dass er viel Unsinn geredet hat. Und auch das Gegenteil kommt vor: Es gibt sehr intelligente Menschen, die auch auf intelligente Weise reden, aber es fehlt ihnen die Fähigkeit zu überzeugen und die anderen hören ihnen nicht zu. Die Überzeugungskraft ist eine Sache und die Intelligenz ist eine andere! Das sind also verschiedene Tugenden, die der Aura ihre verschiedenen Qualitäten verleihen.

Ihr solltet darüber nachdenken und vor allem begreifen, dass ihr bekommt, was ihr euch wünscht, indem ihr an eurer Aura arbeitet. Ihr wollt zum Beispiel fähig sein, überall das Wahre vom Falschen zu unterscheiden: Dazu braucht ihr einen Bezugspunkt, ein Muster, um die Wahrheit zu erkennen; dieses Muster könnt ihr nur dann haben, wenn ihr in eurer Aura die Farbe Blau besitzt, die wahre Farbe Blau, sie ist es, die euch leiten wird. Oder ihr sucht die Weisheit, die Intelligenz, ihr werdet sie dank der Farbe Gelb in eurer Aura finden.

Man kann nicht irgendeine beliebige Methode anwenden, um das zu bekommen, was man sich wünscht. Wenn es möglich wäre, wäre ich der Erste, der kein Gesetz, weder ein göttliches noch ein menschliches, respektiert, aber unglücklicherweise – oder glücklicherweise – ist das unmöglich, und das würde ich den Menschen gerne sagen. Aber wie vier Milliarden Individuen erreichen? Und wie zu ihnen über die Aura sprechen? Unter dem Vorwand, sie hätten diese noch nie gesehen, werden sie mir nicht glauben. Sie glauben nur an das, was sie sehen. Einverstanden. Aber wenn ich dann eines Abends an einer Straßenecke auf einen dieser intelligenten Kerle warte, die behaupten, nur an das zu glauben, was sie sehen, und ihn im Moment des Vorbeigehens an der Gurgel packe mit den Worten: »Geld oder Leben«, was wird er wohl tun? Nun, er wird mir all sein Geld überlassen, das gut sichtbar und greifbar ist, um ein Leben zu retten, das er nie gesehen hat. Das ist die Logik der Menschen! Nun, meine lieben Brüder und Schwestern, entschließt euch, an eurer Aura zu arbeiten: Das ist die beste Methode, die Qualitäten zu erlangen, die ihr euch wünscht.

Le Bonfin, den 17. April 1977

Anmerkungen

1. Siehe auch Band 6 der Reihe Gesamtwerke »Die Harmonie«, Kapitel 12: »Die Aura« und Band 309 der Reihe Broschüren »Die Aura, unsere geistige Haut«, die auch als Hörbuch (Art. 97309) erhältlich ist.
2. Siehe auch Band 28/29 der Reihe Gesamtwerke »Die Pädagogik in der Einweihungslehre«, Kapitel 3 von Band 28: »Die gestaltende Vorstellungskraft«.
3. Siehe auch Band 242 der Reihe Izvor »Unerschöpfliche Quellen der Freude«, Kapitel 18: »Der Besuch der Engel«.

# VIII

# DER SINN DER EINWEIHUNG

# I

Einweihung ist nichts anderes als eine Erweiterung des Bewusstseins. Diese Erweiterung hat natürlich Abstufungen, und die letzte Stufe ist die, wo es dem Schüler gelingt, mit der Universalseele zu verschmelzen, in Einklang mit ihr zu schwingen, das heißt, in die Region absoluter Harmonie einzutauchen, wo die Musik der Sphären erklingt. Das ist die höchste Stufe der Einweihung. Sicher, es ist sehr schwierig, bis dorthin zu gelangen, aber zwischen dem gewöhnlichen Bewusstsein und diesem erhabenen Grad existieren zahllose Zwischenstufen, und unsere Aufgabe während unseres Lebens ist es, die größtmögliche Anzahl dieser Stufen zu überschreiten, unser Bewusstsein so klar und transparent zu machen, dass sich allmählich das ganze Universum darin widerspiegeln kann. Solange der Mensch sich nur in einem kleinen Kreis bewegt – nur er selbst mit seinen eigenen Angelegenheiten – schließt er sich von der Einweihung aus.

Es ist natürlich möglich, verschiedene Definitionen von Einweihung zu geben: Manche werden euch sagen, dass es die Entwicklung bestimmter Chakras ist, das Erlangen bestimmter Fähigkeiten; das ist nie von der Hand zu weisen, aber alle werden einer grundlegenden Definition zustimmen: die Erweiterung des Bewusstseins, weil dieser Begriff alle anderen Phänomene mit einschließt. Wenn der Schüler anfängt, Licht auf alle mechanischen, instinktiven, automatischen Bewegungen in sich selbst zu werfen, und vor allem sobald er sich dessen bewusst wird, was aus den himmlischen Bereichen zu ihm kommt an Strömungen, Botschaften, Wesenheiten, Existenzen, dann wird er sich in vollem Umfang entwickeln. Sonst bleibt er einem Insekt vergleichbar.

Die Insekten, wie übrigens alle Tiere, handeln nicht bewusst, sie folgen ihrem Instinkt, ohne zu wissen warum, angetrieben durch die Gruppenseele. Erst ab dem Menschen fasst das individuelle Bewusstsein Fuß auf der Stufenleiter der Wesen. Bei den Tieren und den Pflanzen befindet sich das Bewusstsein außerhalb der Individuen, es ist eine Kollektivseele, die sie lenkt, die ihnen vorgibt, in welchem Zeitraum sie wachsen, blühen, sich fortpflanzen sollen. Und da der Mensch in sich eine große Anzahl von aus dem Tierreich ererbten Neigungen bewahrt hat, laufen viele Dinge in ihm genauso wie bei den Tieren ab, instinktiv, unbewusst: Impulse, diverse Verlangen…[1] Deshalb ist die Arbeit des Schülers immer ausgerichtet auf ein höheres Bewusstsein und größere Bemeisterung seiner selbst. Je mehr es ihm gelingt, sich der zahlreichen Phänomene, die in ihm und um ihn herum geschehen, bewusst zu werden, und je mehr es ihm gelingt, sie zu ordnen, sie zu harmonisieren, sie auszurichten oder sie sogar willentlich hervorzurufen, desto mehr wird er zu einem Eingeweihten.

So ist das, vergesst das nie. Daher sollten jetzt diejenigen unter euch, die Lust haben zum instinktiven, leidenschaftlichen Leben zurückzukehren, weil sie genug davon haben, Anstrengungen zu unternehmen, wissen, dass sie Rückschritte machen werden. Ich leugne nicht, dass es angenehmer wäre, euren Neigungen freien Lauf zu lassen. Ohne Zwänge, ohne Regeln, ohne Lehrer, die zu respektieren sind, welche Freude, welches Glück! Leider wird das Leben anschließend immer komplizierter: All das, was in euch im Aufbau war, was sich zu klären begann, was eine harmonische Form annahm, beginnt sich zu verzerren und sich zu verdunkeln. Und wenn ihr später auf die eine oder andere Weise den Weg des Aufstiegs wieder aufnehmen wollt, dann werdet ihr die leidvolle Erfahrung machen, dass es euch nicht mehr gelingt, euch zu erheben: Zu viel Schwere hat sich angesammelt, und ihr begegnet allen möglichen Schwierigkeiten. Die Leiden kommen also später. Solange man sich den Hang hinab gleiten lässt, was ist das für ein Spaß! Es ist eine wahre Freude: wie die Kinder beim Spielen mit einem Schlitten. Ja, aber danach, wenn man den Hang wieder hinaufsteigen muss, wie mühsam!

Ihr sagt, dass ich ewig dieselben Dinge wiederhole. Aber ja, weil ihr sie nicht verstanden habt. Wenn ihr sie verstanden hättet, wäre es nicht nötig, sie zu wiederholen. Aber die unsichtbare Welt, die über mir ist, die mich lenkt, drängt mich dazu, bestimmte Themen wieder aufzugreifen; nicht ich entscheide, worüber ich zu euch spreche, es ist derjenige, der sieht, dass ihr bestimmte Fragen nicht richtig verstanden habt oder dass ihr bestimmte Methoden nicht anzuwenden wusstet, und er besteht durch mich darauf. Der Beweis, dass die Wiederholungen notwendig sind, ist übrigens, dass manchmal Brüder und Schwestern zu mir kommen und sagen: »Oh Meister, heute habe ich zum ersten Mal diesen Vortrag verstanden.« Er ist bereits vier- oder fünfmal gehalten worden, aber heute hat man ihn zum ersten Mal verstanden!

Ich befinde mich in den Händen der unsichtbaren Welt, und weil sie findet, dass ihr diese oder jene Fragen kennen lernen oder vertiefen solltet, drängt sie mich zum Sprechen. Nicht ich bin es, der das Programm bestimmt; wenn ich ankomme, weiß ich nicht einmal, worüber ich zu euch sprechen werde, aber der Himmel, der sieht, was in euch vor sich geht, woran ihr leidet, was ihr braucht, er inspiriert mich, dieses oder jenes Thema zu behandeln. Und manchmal sagen mir einige, dass ich die Antwort auf bestimmte Fragen gegeben habe, die sie sich am Morgen oder am Vortag gestellt hatten. Alles hängt also von euch ab. Wenn ihr euch des Wertes dieser Lehre bewusster werdet, könnt ihr euch nicht vorstellen, zu welchen Offenbarungen der Himmel mich drängen kann. Selbst ich werde durch meine eigenen Worte dazulernen. Ja, während ich mir zuhöre, werde ich erstaunt feststellen, dass ich selbst Neues lerne!

Und darum würde ich mich sehr darüber freuen, wenn ihr begreifen würdet, wie wichtig es ist, hier eine heilige Atmosphäre schaffen zu können. Ich weiß wohl, dass ihr euch dies in der Welt nicht zur Gewohnheit machen konntet, wo die Leute, wenn sie sich versammeln, sich nicht darum kümmern, mit demselben Gefühl von Respekt, Andacht, Verehrung zu kommunizieren, außer vielleicht bei manchen Messfeiern oder bei manchen Konzerten. Dazu beizutragen, eine Atmosphäre von Harmonie um einen Menschen herum aufzubauen, gibt den Leuten das Gefühl, verhext, unterworfen zu werden, und selbst bei einem Meister fühlen sie sich veranlasst, ihre Unabhängigkeit zu demonstrieren oder sich sogar feindselig und provokant zu verhalten.

In den antiken Heiligtümern lehrte man die Schüler, empfänglich, demütig, vibrierend zu werden. Auf diese Weise machte man aus ihnen Könige und Priester, wahrhaft fähig zu führen und Verantwortung zu übernehmen. Ihr glaubt, ein großer Anführer werden zu können, ohne Gehorsam gelernt zu haben…? Sicher, ihr könnt immer die Leute bedrohen, Gewalt anwenden, aber bei der ersten Gelegenheit werden sie Mittel finden, sich gegen euch zu wenden. Wenn ihr nicht damit beginnt, eine rezeptive Haltung einzunehmen, eine Charakteristik des weiblichen Prinzips, werdet ihr euch, einmal an der Macht, die größten Probleme einhandeln.

Daher lernten die Schüler in den Heiligtümern der Vergangenheit, eine so vollkommene Atmosphäre der Harmonie zu schaffen, dass sie lichtvolle Präsenzen anzogen und ihrem Meister die Möglichkeit gaben, seine Fähigkeiten in Fülle zu manifestieren. Der Schüler, der um sich herum lichtvolle Präsenzen spürte oder sogar sah, der Offenbarungen empfing, merkte wohl, dass er weder unterjocht noch begrenzt war, sondern im Gegenteil dabei war, selbst Fähigkeiten zu erwerben. Aber wie kann man den Menschen begreiflich machen, dass es wünschenswert ist, diese Atmosphäre von Vertrauen, von Harmonie, von gemeinsamen Schwingungen zu erschaffen? Jeder ist widerspenstig, aufsässig, und will nur seinen Kopf durchsetzen, was diese göttlichen Manifestationen, die ein Eingeweihter hervorrufen kann, unmöglich macht, denn eine einzige falsche Note und alles ist vorbei.

Ja, wenn die Schüler es verstehen, eine heilige Atmosphäre herzustellen, können Wunder geschehen. Was diese guten Wirkungen verhindert, ist, dass alle zusammen da sind, vermischt: diejenigen, die seit zwanzig, dreißig Jahren hier sind und diejenigen, die gerade mal erst angekommen sind. In den Heiligtümern der Antike platzierte man die neuen Anhänger abseits, und gab ihnen einen geeigneten Unterricht; auf diese Weise verursachten sie nicht die geringste Dissonanz, welche die Arbeit der anderen hätte stören können.

In unserer Epoche, wo wir unter vollkommen anderen Bedingungen leben, versuchen wir, etwas zu tun… mit Bordmitteln, wie man sagt! Aber anstatt meine Arbeit zu unterstützen, behindern sie viele… Oh ja, ohne sich darüber im Klaren zu sein, ahnungslos, unbedarft, aber trotzdem… Ich will jedem helfen, ich akzeptiere jeden, aber manche führen sich rüpelhaft auf: Um ihnen dann Manieren beizubringen, sie zu unterrichten, muss ich viel Zeit und Kraft aufwenden, und unterdessen sind die anderen gezwungen, ewig auf eine Atmosphäre zu warten, die nie realisiert wird.

Es ist jetzt an euch zu erkennen, wo euer Interesse liegt: ob ihr in diesem Klima von Vertrauen zu Sklaven werdet und eure Fähigkeiten nicht mehr zur Geltung bringen könnt, oder ob ihr euch im Gegenteil dazu entschließt, euer Verlangen teilzunehmen noch zu verstärken, um bessere Ergebnisse zu erzielen. Mein Wunsch – ich wünsche es mir nur, ich dränge es euch nicht auf – ist, euch alle an der Arbeit teilnehmen zu sehen, die ich in der Stille ausführe, verbunden mit mir und meinen Gedanken und sie dabei sogar noch zu verstärken.

Wir arbeiten hier, damit eines Tages die ganze Welt als Bruderschaft lebt, damit die Grenzen abgeschafft werden, Kriege und Elend verschwinden. Ist es schlecht, sich einer solchen Idee zu widmen? Und wie ich euch bereits sagte, selbst wenn es nicht gelingt, dieses Ideal zu verwirklichen, weil es vier Milliarden starrköpfige Menschen gibt, werden wenigstens wir von unserer Arbeit profitieren. Wenn das Paradies nicht für alle Menschen auf die Erde kommt, werden wir es wenigstens in uns selbst verwirklicht haben. Es kommt allein auf diese Idee an. Wenn ihr euch zum Ideal setzt, für das Licht in der Welt zu arbeiten, für die Harmonie in der Welt, für das Glück in der Welt, werdet ihr vielleicht nicht konkret sehen, was ihr bewirkt, aber ihr werdet spüren, wie wunderbare Kräfte in euch in Gang gesetzt werden.

Niemand findet mehr zu einer heiligen Einstellung gegenüber den tief greifenden Wahrheiten. Der Mensch des zwanzigsten Jahrhunderts hat sich an der Peripherie der Dinge verirrt, an der Peripherie seiner selbst: Er weiß alles, er kennt alles, aber er hat den Sinn für das Heilige verloren. Und in der Einweihung steht gerade die heilige Haltung an erster Stelle.[2]

Le Bonfin, den 26. Juli 1972

Anmerkungen

1. Siehe auch Band 11 der Reihe Gesamtwerke »Der Schlüssel zur Lösung der Lebensprobleme«, Kapitel 19: »Wie man die inwendigen Tiere bezähmt«.
2. Siehe auch Band 14/15 der Reihe Gesamtwerke »Liebe und Sexualität«, Kapitel 1 von Band 15: »Eine ehrfürchtige Haltung«.

# II

Ihr wollt wissen, meine lieben Brüder und Schwestern, woran ich heute denke? Ich denke an die ferne Vergangenheit, an die Mysterien, die in den Tempeln des alten Ägypten abliefen, an die Prüfungen, welche die Schüler bestehen mussten, um würdig zu sein, unter den Eingeweihten aufgenommen zu werden.

Ihr habt alle von diesen Mysterien gehört, in welche berühmte Persönlichkeiten wie Orpheus, Pythagoras, Platon und Apollonius von Tyana eingeweiht wurden. Jahrhunderte lang gingen all diejenigen, die in den erhabensten Prinzipien der Wissenschaft, der Philosophie und der Religion unterrichtet werden wollten, nach Ägypten. Selbst Moses wurde von den ägyptischen Priestern unterrichtet. In Ägypten hatte er die magischen Kräfte entwickelt, die es ihm ermöglichten, später so viele Wunder zu vollbringen, um sein Volk zu retten und es nach Kanaan zu führen. Alle verschiedenen Vorschriften und Riten, die er in den verschiedenen Büchern des Pentateuch auffuhrte, alle Symbole, die er benutzte, wurden ihm durch die Kenntnisse, die er in Ägypten erwarb, eingegeben, aber natürlich auch bei Jitro, dem Hohepriester von Midian, dessen Tochter Zippora er geheiratet hatte (2 Mo 18).

Unter den großen Eingeweihten der Antike wurden also viele in Ägypten unterrichtet, wenigstens solange die Priester in den Tempeln die wahre Überlieferung der Mysterien aufrechterhalten konnten. Aber selbst nach ihrem Verschwinden beeinflusste diese Überlieferung weiterhin die Philosophie und die Religion. Denn selbst wenn das Wesentliche der Lehre der Priester geheim gehalten worden war, verbreiteten sich gewisse Aspekte dieser Lehre in einer mehr oder weniger symbolischen und verschleierten Form. Der griechische Historiker Herodot, der sich im Tempel von Sais aufhielt, hatte Kenntnis von den ägyptischen Einweihungen; und Manethon, ägyptischer Historiker und selbst Hohepriester von Heliopolis, wird von vielen Gelehrten als eine wertvolle Informationsquelle betrachtet.

Man findet diese Einflüsse von den Mysterien bei Denkern wie Plutarch wieder (der Hohepriester im Apollo-Tempel von Delphi war, Ägypten bereiste und eine Abhandlung über Isis und Osiris schrieb); später dann auch beim Heiligen Clemens von Alexandrien, bei Origenes, Plotin, Porphyrus, Jamblichus und Prokulos. In seinem Buch »Der Goldesel« beschrieb der römische Schriftsteller Apuleius bestimmte Zeremonien des Isis-Kults. In der Tat ist die gesamte esoterische Überlieferung vom Einfluss Ägyptens geprägt. Es ist unmöglich, alle Namen aufzuzählen, aber erwähnen wir nur Agrippa von Nettesheim, Jean Tritheme, Paracelsus… den Grafen von Saint-Germain, Cagliostro, Claude de Saint-Martin… Swedenborg, Goethe, Novalis, Balzac, Gerard de Nerval, Villiers de l'Isle-Adam, Huysmans… Fabre d`Olivet, Saint-Yves d`Alveydre… Stanislas de Guaita, Papus, Eliphas Levi, Steiner… Die Liste wäre noch lang, aber lassen wir es dabei bewenden.

Was man jedoch auf alle Fälle wissen sollte, ist, dass das in den Tempeln vermittelte Wissen nicht allein ein theoretisches Wissen war. Die Einweihung war eine Disziplin, die den Intellekt, das Herz und den Willen betraf… den Geist, die Seele und den Körper. Der Schüler musste unter Beweis stellen, dass es ihm gelungen war, alle Manifestationen seiner niederen Natur, seine Instinkte und seine Leidenschaften zu überwinden. Deshalb würde ich euch gerne eine Vorstellung über die Art und Weise vermitteln, wie die Prüfungen in den Tempeln abliefen. In meiner Jugend hatte ich das Glück, auf Bücher und Manuskripte über die Einweihung zu stoßen, in denen ich viele Dinge bezüglich der früheren Einweihungen erfuhr, und ich entdeckte auch viele Erinnerungen aus meiner fernen Vergangenheit wieder. Es mag sein, dass ihr das, was ich euch erzählen werde, bei mehreren berühmten Autoren findet, was mich aber nicht daran hindert, es euch auf meine Art darzulegen.

Derjenige, der, entbrannt von einem heißen Verlangen nach der Wahrheit, sich den Prüfungen der Einweihung unterwerfen wollte, wandte sich an einen Priester eines großen Heiligtums, und wenn dieser ihn für würdig erachtete, führte er ihn bis zur Cheops-Pyramide. Auf der sechzehnten Ebene dieser Pyramide war eine Öffnung von drei Fuß Höhe eingebaut, und von dort aus betraten der Adept und sein Führer die Pyramide. Sie befanden sich dann auf einem langen, schmalen Gang, feucht und dunkel, und schritten weiter, ausgerüstet mit einer Lampe. Sie gelangten dann bis zu einem Schacht, aus dem dichter Rauch aufstieg. Kaum konnte man im Licht der Lampe eine Leiter erkennen, die hinab führte. Der Priester stieg zuerst hinab, gefolgt vom Kandidaten. Am Grund des Schachtes befand sich eine Öffnung, von wo aus eine Treppe weiterführte, deren Stufen sie hinaufstiegen, dann ein Gang, der sie nach etlichen Windungen bis zu einer mit zwei Türflügeln verschlossenen Tür führte, eine eherne Tür. Dieses Mal hielt der Priester an und sagte: »Da sind wir, ich habe nicht das Recht, dich weiter zu begleiten, von jetzt an wirst du allein sein. Da der Weg sehr schwierig ist, und du Tod oder Wahnsinn riskierst, musst du deinen letzten Willen niederschreiben«, und er forderte ihn auf, sein Testament zu machen.

Der Priester verließ ihn und die beiden Türflügel öffneten sich geräuschlos ganz von selbst. Der Kandidat trat ein und in dem Moment schloss sich die Tür mit einem Furcht erregenden Getöse. Dieser Krach ließ die Priester des Heiligtums wissen, dass ein Wagemutiger – oder ein Narr! – den Versuch unternahm, die Wahrheit zu finden. Er schritt also allein in einem Gang weiter voran. Auf beiden Seiten waren Nischen in die Mauern gehauen worden, und in diesen Nischen sah er zu Grimassen verzogene Gesichter auftauchen, die im flackernden Schein der Lampe umso schrecklicher und feindseliger erschienen. Er dachte, es seien die Seelen Verstorbener, die kamen, um ihn zu quälen, um ihm den Durchgang zu verwehren, aber es waren in Wirklichkeit nur Statuen. Er überwand seine Furcht und ging weiter: Er gelangte an eine von drei mit Schwertern bewaffneten Männern bewachte Tür. Sie trugen Helme in der Form eines Schakal-Kopfes. Einer der drei stürzte auf ihn und sagte: »Wenn du es wagst, kannst du passieren. Du hast noch die Möglichkeit umzukehren, aber Vorsicht, hast du einmal diese Tür durchschritten, wirst du nicht mehr umkehren können. Wenn deine Unternehmung misslingt, wirst du nicht mehr aus diesem Tempel herauskommen, du wirst hier Sklave bleiben. Wir sind Tag und Nacht da, um diese Tür zu bewachen.«

Wenn der Kandidat sich entschloss weiterzugehen, verneigten sie sich und ließen ihn eintreten. Er gelangte in einen großen Saal, erhellt von einer riesigen Feuersglut, die er durchqueren musste. Das brennende Holz stammte von Sträuchern, die man in Ägypten findet (Gummi arabicum, ägyptischer Dornbusch und Tamarinden). Eigentlich handelte es sich um zwei Feuer, die durch eine optische Illusion wie ein einziges erschienen; und wenn der Kandidat die Kühnheit besaß, ihm nah genug zu kommen, nahm er einen sehr schmalen Durchgang war, durch den er ganz schnell hindurchgleiten konnte. Dann gelangte er an ein dunkles und abstoßendes Gewässer, das er auch durchqueren musste. Er legte seine Kleidung ab und hielt sie zusammengebunden auf seinem Kopf und dank seiner Lampe konnte er sich orientieren und das andere Ufer erreichen. Er befand sich dann vor einer Plattform, an der er sich festhielt. Er bemerkte eine elfenbeinerne Tür und versuchte, sie aufzustoßen, aber sie öffnete sich nicht, er bemerkte jedoch auf dieser Tür zwei Metallringe, die in der Dunkelheit glänzten: Er ergriff sie und plötzlich verschwand die Plattform unter seinen Füßen und er fühlte, wie er in einen bodenlosen Abgrund hinabstürzte, aus dem ein wirbelnder und eisiger Wind aufstieg. Wie lange würde das dauern…? Würden seine Arme die Kraft haben, ihn lange in dieser Position, bei solch einer Kälte zu halten…? Aber dann spürte er plötzlich wieder Boden unter seinen Füßen, er sah, wie sich eine Tür vor ihm öffnete, und starr vor Kälte und erschöpft von all diesen Prüfungen (Prüfungen durch Feuer, durch Wasser, durch Erde und Luft) gelangte er in einen großen Saal. Zwei Reihen von Priestern, in prächtige Gewänder gekleidet, warteten dort, um ihn zu empfangen. Ihre Kopfbedeckung trug das Symbol von Osiris (das Dreieck mit einem Auge im Zentrum); ihr Verhalten zeigte, dass sie zufrieden waren mit der Art und Weise, wie der Kandidat die Prüfungen durchlaufen hatte. Einer von ihnen führte ihn vor die Statuen von Isis, Osiris und Horus und ließ ihn dort niederknien und ein Gebet an Isis sprechen, sie um Unterstützung bittend für seine folgenden Prüfungen. Denn es war noch nicht geschafft!

Der Kandidat ging dann zu einer Tür und klopfte an. Von der anderen Seite fragte eine Furcht erregende Stimme: »Was willst du?« – »Ich bin ein Sünder, der Verbrechen begangen hat, ich möchte mich nun reinigen und Buße tun.« Die Tür öffnete sich, er trat ein und befand sich drei Priestern gegenüber, die wie Richter dort saßen. Der mittlere trug um den Hals eine goldene Kette, an der ein riesiger Saphir hing, geschmückt mit dem Bild einer nackten Frau, die sich in einem Spiegel betrachtete. Das war das Symbol des sich erforschenden Bewusstseins. Der Kandidat begann dann, im Detail all das zu berichten, was er bisher in seinem Leben getan hatte, seine guten und seine schlechten Handlungen. Da diese Richter Eingeweihte waren, welche die Phrenologie und die Physiognomie kannten und außerdem noch hellsichtig waren, war es für sie leicht zu erkennen, ob er die Wahrheit sagte. Wenn sie sahen, dass er aufrichtig war, akzeptierten sie ihn. Daraufhin gaben sie ihm einen Kelch, dessen Rand mit Honig bestrichen war, der aber ein bitteres Getränk enthielt; als er diesen Trunk zu sich nahm, vergaß er alle seine Verbrechen und seine schlechten Handlungen. Danach gaben sie ihm einen Kelch mit Nektar, dessen Rand aber mit einer bitteren Substanz bestrichen war; als er diesen Nektar trank, empfing er die Erinnerung an all das, was gut und wahrhaftig war.

Natürlich hatten diese Kelche auch eine symbolische Bedeutung: Der eine zeigte, dass demjenigen, der nur das Vergnügen sucht, auf lange Sicht nichts als Bitterkeit bleibt, derjenige hingegen, der die Schwierigkeiten akzeptiert, am Ende Freude, Stärke und Freiheit findet.

Und dann begannen die Qualen. Nun, alles, was ihr in der griechischen Mythologie lesen konntet über die Qualen des Tantalus (der, im Wasser stehend, niemals trinken konnte, weil das Wasser sich zurückzog, wenn er sich hinunter beugte, oder der neben einem Baum voller Früchte nicht davon essen konnte, weil die Äste sich zurück bogen, sobald er die Hand danach ausstreckte), die Qual von Sisyphus (dazu verurteilt, einen Felsblock einen Abhang hinauf zu rollen, der kaum oben angekommen, wieder bis unten zurückfiel) oder die Danaiden (die ewig Wasser in eine Tonne ohne Boden füllen mussten), wird euch eine Vorstellung von diesen Qualen vermitteln. Denn diese griechischen Mythen, die erfundene Geschichten zu sein scheinen, um das Volk zu amüsieren oder zu erschrecken, haben in Wirklichkeit einen initiatischen Ursprung.

Der Kandidat gelangte nun also in einen wunderschönen Park, wo junge Mädchen und junge Burschen herumtollten, tanzten, sich umarmten. Auf dem Rasen standen Körbe voll saftiger Früchte, Amphoren mit köstlichem Wein, und er musste, hungrig und durstig wie er war, widerstehen. Er musste auch dem Charme der jungen Frauen widerstehen, die mit leichten Schleiern bekleidet in schmachtenden Posen dort lagen; sie luden ihn ein, aber wenn er der Versuchung erlegen wäre, wäre es mit ihm vorbei gewesen: Er wäre Sklave im Tempel geworden. Hinreißende junge Mädchen begannen, ihn zu entkleiden und einmal nackt, schlugen sie ihn mit Ruten. Dann kämpfte der Arme natürlich mit seinen Begierden und sein Fleisch war in einem jämmerlichem Zustand. Wenn er dann bewiesen hatte, dass er fähig war zu triumphieren, beendeten die Priester die Prüfung und versetzten ihn in einen Zustand von Harmonie. Mittels Klängen, deren magische Macht sie kannten, erweckten sie in ihm das Bewusstsein für die göttliche Welt.

Ihr habt damit eine Vorstellung von den Prüfungen, denen sich der zukünftige Eingeweihte unterziehen musste. Wenn er als Sieger hervorging, verließ er das Heiligtum, angeführt von den Priestern in Zeremoniengewändern. Er selbst trug eine weiße Robe, auf dem

Kopf einen Myrtenkranz und in der Hand einen Palmzweig, das Symbol des Sieges. Auf den Straßen, von den Balkonen jubelte ihm die Menge zu, alle nannten seinen Namen und sogar der Pharao sandte ihm Geschenke.

In Wirklichkeit entspricht das, was ich euch gerade erzählt habe, nur den vorbereitenden Prüfungen, denen sich der Schüler unterwerfen musste, um das Recht auf die letzten Grade der Einweihung zu erlangen. Der letzte Grad der Einweihung war die Erfahrung von Tod und Auferstehung. Die Priester führten den Kandidaten in das Heiligtum, wo er sich in einen Sarkophag legen musste, und dort versetzten sie ihn durch die Rezitation von Formeln regelrecht in einen Zustand der Lethargie, dem Tode ähnlich: Sein Äther- und sein Astralkörper verließen dann seinen physischen Körper, um im Raum zu reisen, die verschiedenen Regionen des Universums zu kontemplieren und die Gesetze zu verstehen, die es regieren. All das zeichnete sich in seinem Ätherkörper auf, der die Erinnerung daran bewahrte. Und da in diesen Fällen immer die Gefahr besteht, dass das Band reißen könnte, das die Verbindung zwischen seinen feinstofflichen Körpern und seinem physischen Körper aufrechterhielt, wachten Priester bei ihm. Das konnte drei Tage und drei Nächte dauern… Dann holten sie ihn mithilfe anderer Formeln wieder in seinen Körper zurück.

Diese Erfahrung konnte der Schüler niemals vergessen, denn sie machte aus ihm wahrhaft ein neues Wesen. Übrigens steht diese Erfahrung von Tod und Auferstehung in anderer Form im Zentrum der christlichen Religion, denn Jesus sagte: »Wer sein Leben retten will, wird es verlieren, und wer sein Leben verlieren will, wird es retten« (Mt 10,39).[1] Oder auch: »Wenn ein Mensch nicht aufs Neue geboren wird, kann er das Reich Gottes nicht sehen« (Joh 3,3).[2]

Hatte der neue Eingeweihte seine lange Schulung beendet, nahm er Abschied von seinen Meistern. Manchmal ging er weiter bis nach Persien, um in die Mysterien von Mithra eingeweiht zu werden, oder bis nach Indien, um die Lehre der Brahmanen zu empfangen. Er hatte bei Todesstrafe versprochen, nichts von den Geheimnissen preiszugeben, zu denen er Zugang gehabt hatte. Daher sprach der Fremde nach seiner Rückkehr in sein Heimatland von dem, was er gelernt und erlebt hatte, nur in unklaren Begriffen und bediente sich der Mythen und Bilder, die die Wirklichkeit gleichzeitig verbargen und enthüllten.

Selbst die Karten des Tarot, mit deren Entzifferung sich so viele Okkultisten abgemüht haben, stellen eine Zusammenfassung der Wissenschaft der ägyptischen Eingeweihten dar, die ihr immenses Wissen in einigen wenigen Bildern zu symbolisieren wussten. Ihr sagt: »Aber das ist doch unmöglich!« Doch. Alle Eingeweihten haben die Natur als Meister: Sie beobachten sie und ahmen sie nach. Und was macht die Natur…? Nehmt zum Beispiel einen Baum. Einmal gepflanzt, wächst er, bekommt Blätter, Blüten und Früchte. In der Frucht gibt es einen Samen oder einen Kern, der in sich den ganzen Baum in seiner Ganzheit birgt. Ihr sammelt diesen Samen oder diesen Kern auf und schon haltet ihr potentiell einen ganzen Wald in der Hand. Wie ist es der Natur gelungen, solche Kräfte und Eigenschaften auf einen so reduzierten Raum zu konzentrieren? Das ist ein Mysterium. Die Eingeweihten jedoch, die die Natur beobachten, haben sie zum Vorbild genommen und in einigen Bildern, in einigen Symbolen die Gesamtheit ihres Wissens verdichtet. Wenn man sie nun interpretieren soll, indem man sie auf alle Bereiche des Daseins, mit denen sie in Beziehung stehen, anwendet, wird ein ganzes Leben nicht dafür ausreichen.

Ich habe zwar gerade damit begonnen, euch bestimmte Autoren zu nennen, die von den Mysterien Ägyptens beeinflusst wurden, ich muss euch jedoch darauf hinweisen, dass ihr nicht durch das Lesen von Einweihungsbüchern zu Eingeweihten werdet. Die Einweihung ist eine ununterbrochene Arbeit der Organisation, der Reinigung und Bemeisterung. Und darum ist das, was zur Zeit geschieht, dieses immer mehr festzustellende Interesse an Werken über Okkultismus, in Wirklichkeit nicht das Bedürfnis nach wahrer Spiritualität, sondern der Wunsch, in unbekannte, mysteriöse, verbotene Bereiche vorzudringen. Übrigens sieht man, was dabei herauskommt: Diese Bücher machen die Leute nicht weiser, ausgeglichener, reiner, im Gegenteil, sie setzen in ihnen dunkle Kräfte frei, vernebeln ihre Vorstellungen, machen sie zu Opfern niederer Wesenheiten, die den Menschen nur schaden wollen.

Jahrhundertelang hat die Kirche die Tradition der Einweihung zu Unrecht bekämpft. Aber was heutzutage abläuft (die okkulten Wissenschaften, die all den schwachen, lasterhaften, übel gesinnten Leuten zugänglich gemacht werden), ist auch nicht wünschenswert. Die Forschungen, die man in manchen Ländern über die Macht der Gedanken anstellt, um sie für ein destruktives Ziel zu benützen, sind genauso gefährlich, wie die Forschungen an Atomwaffen, und vom moralischen Standpunkt aus sind sie noch verwerflicher. Der Mensch hat nicht das Recht, sich dieses göttlichen Faktors, des Denkens, zu bedienen, um Böses zu tun; das ist schwarze Magie und diejenigen, die sie praktizieren, wissen nicht, dass sie früher oder später einen schrecklichen Rückstoß erleben werden. Denn alles, was der Mensch an guten oder bösen Gedanken und Gefühlen ausströmt, durcheilt den Raum und kehrt eines Tages verstärkt zu ihm zurück.

Das Ziel der Einweihung ist zunächst, das Bewusstsein des Schülers für die Existenz der höheren Welt zu erwecken und dann daran zu arbeiten, aus seinem Körper eine Wohnstätte für die Gottheit zu machen. Und eben genau das tun wir in der göttlichen Schule: Wir erwecken unser Bewusstsein für die göttliche Welt, und wir erbauen unseren Tempel mit den reinsten Materialien, um den Heiligen Geist anzuziehen, damit er in uns Wohnung nimmt. Dieser Tempel ist der Glorienleib, von dem ich sprach, als ich euch erklärte, wie man die himmlischen Teilchen anzieht, die zu seinem Aufbau beitragen sollen.[3]

Heutzutage sind sich alle, die Spiritualität suchen, nicht im Klaren darüber, dass sie noch keinen Sieg über sich selbst errungen haben. Sie sind sich nicht bewusst, was Einweihung bedeutet. Sie stehen immer da, als Opfer ihrer niederen Natur, schreien, beklagen sich, fordern, revoltieren. Bei der geringsten Schwierigkeit sind sie am Boden zerstört, sie können nicht den geringsten Verlust, die geringste Demütigung ertragen: Nun, ist das etwa die Einweihung?

Die Prüfungen finden in unseren Tagen nicht mehr in den Tempeln statt, sondern im Leben. Im Leben muss man die Prüfungen der vier Elemente durchlaufen. Als der Mensch aus dem Paradies vertrieben wurde, weil er gegenüber dem Herrn ungehorsam war, verlor er seine Macht über die Elemente. Um diese Macht wieder zu finden, muss er lernen, seinen physischen Körper (die Erde), seine Gefühle (das Wasser), seine Gedanken (die Luft) zu bemeistern und seine Sexualkraft (das Feuer) zu beherrschen. Aber versucht doch mal, den Menschen jetzt etwas von der Beherrschung der Sexualkraft zu erzählen, wo in diesem Bereich alle Regeln immer mehr mit Füßen getreten werden! Die Jugend ebenso wie die Erwachsenen denken nur daran, diese Kraft auf dumme Art zu vergeuden, diese Quintessenz, die eine Kondensation des heiligen Feuers ist, und auf diese Weise gestatten sie Krankheit und Tod, schleichend in sie einzuziehen.[4] Als ich sechzehn Jahre alt war, fiel mir ein Büchlein von Paracelsus in die Hände, wo er sagte, dass der Verlust des Samens für den Mann den Verlust des Lebens bedeutet. Das Lesen dieses Gedankens war für mich entscheidend, er brachte mich zu langem Nachdenken und ermöglichte mir danach die Verwirklichung vieler Dinge.

Es gab einmal in einem Kloster einen armen Mönch, der intellektuell so beschränkt war, dass man ihm nur die gröbsten Aufgaben anvertrauen konnte: Fegen, Geschirr spülen, Müll entsorgen… Aber in seinen Kopf war doch eine Wahrheit eingedrungen, die einzige, die er niemals vergaß. Wenn er das Geschirr spülte, sagte er: »Herr, so wie ich dieses Geschirr spüle, so wasche bitte mein Herz.« Und wenn er fegte: »Herr, so wie ich diesen Raum fege, so …« und so weiter. Das ging so Jahre lang, und eines Tages, aufgrund der Reinheit, an der er unaufhörlich arbeitete, wurde er hellsichtig und derart weise, dass Kardinäle ihn aufsuchten und sich bei ihm Rat holten. Ja, nur eine

Wahrheit... Und ihr, meine lieben Brüder und Schwestern, die ihr so viele Wahrheiten kennt, worauf wartet ihr, um damit zu arbeiten? Macht euch auf den Weg! Aber nein, alles bleibt theoretisch. Wählt einige Wahrheiten aus und arbeitet daran Tag und Nacht, ihr werdet die Ergebnisse sehen.

Vidélinata (Schweiz), den 14. März 1976

Anmerkungen

1. Siehe auch Band 2 der Reihe Gesamtwerke »Die spirituelle Alchimie«, Kapitel 2: »Wenn ihr nicht sterbt, werdet ihr nicht leben«.
2. Siehe auch Band 1 der Reihe Gesamtwerke »Das geistige Erwachen«, Kapitel 1: »Bittet, so wird euch gegeben. Suchet, so werdet ihr finden. Klopfet an, so wird euch aufgetan«.
3. Siehe auch Band 9 der Reihe Gesamtwerke »Im Anfang war das Wort – Kommentare zu den Evangelien«, Kapitel 13: »Der Körper der Auferstehung«.
4. Siehe auch Band 221 der Reihe Izvor »Alchimistische Arbeit und Vollkommenheit«, Kapitel 12: »Die Sublimicrung der Sexualkraft«.

## III

Der Mensch ist ein Mikrokosmos. Die ganze Natur (der Makrokosmos) ist in ihm beinhaltet, und nicht nur in seinem physischen Körper, sondern auch in seinen feinstofflichen Körpern, dem Astral-, dem Mental-, dem Kausalkörper… Im Augenblick spiegelt dieser Mikrokosmos noch nicht die Herrlichkeit des Makrokosmos wider, denn über zu lange Zeit hat der Mensch durch seine Begierden, seine Sinneslust, seine Unwissenheit oder seinen Widerwillen wild zusammengewürfelte, finstere, sogar diabolische Elemente angezogen, die sich an ihm festgesetzt haben und ihm hinderlich sind. Sie führen ihn in die Irre, hindern ihn daran, dies klar zu erkennen und lähmen seinen Willen. Er muss also daran arbeiten, sich ihrer zu entledigen. Die Eingeweihten der Antike erlegten ihren Schülern Reinigungsübungen auf; es handelte sich dabei nicht nur um rituelle Waschungen oder das Eintauchen in einen Fluss oder ins Meer, sondern um eine umfassende Art zu leben, zu arbeiten, zu denken, zu fühlen. Es brauchte Jahre, um sich zu reinigen; es war eine umfassende Wissenschaft.

Jeder Gedanke, jedes Gefühl, jeder Wunsch hat die Eigenschaft, aus dem Raum die ihm entsprechende Materie anzuziehen. So ziehen gute Gedanken, gute Gefühle und gute Wünsche, unterstützt durch einen festen Willen, Teilchen von reiner, ewiger, unvergänglicher Materie an. Wenn der Schüler jeden Tag daran arbeitet, diese Materie anzuziehen, fließt sie in ihn ein und lässt sich in seinem ganzen Organismus nieder, sie findet darin ihren Platz und vertreibt zugleich alle alten, verstaubten, farblosen, vermoderten Teilchen… bis hin zur vollständigen Erneuerung des physischen Körpers, des Ätherkörpers, des Astralkörpers und des Mentalkörpers.

Was ihr außerdem noch wissen müsst, ist, dass mit jedem Materieteilchen auch eine Kraft verbunden ist. Je reiner also eine Materie ist, desto mehr schwingt sie und zieht ihrer Reinheit entsprechende Kräfte an. Sobald ihr in eurem Organismus bereits gealterte Teilchen durch neue, reinere, in den himmlischen Regionen empfangene ersetzt, zieht ihr in euch auch Strömungen und Kräfte an, die von den Höhen herabkommen. Überall in der Natur regiert das Gesetz der Hierarchie. Sternzeichen, Flüsse, Berge, Edelsteine, Früchte, die Teile des physischen Körpers, alles ist auf die Art eingeteilt, dass das Dichteste und Schwerste sich unten befindet und das Leichteste, Reinste aufsteigt. Um die feinstofflichsten Teilchen aufzufangen, muss sich der Schüler daher angewöhnen, mithilfe von Meditation und Kontemplation in die höchsten Regionen aufzusteigen. Da diese Materialien mit Kräften und Energien verbunden sind, die ihnen entsprechen, sind mit ihnen auch – je reiner sie sind – umso reinere Wesenheiten verbunden. Auf diese Weise führt der Schüler, indem er die abgenutzten Teilchen seines Körpers durch andere, neue ersetzt, gleichzeitig in seine Psyche höher entwickelte Wesen und Besucher ein.

Die kosmische Intelligenz hat uns das wirksamste Mittel gegeben, um uns ins Universum zu begeben und das zu nehmen, was wir brauchen. Dieses Mittel ist das Denken.[1] Wenn ihr eine physische Krankheit habt oder Kummer oder Sorgen, könnt ihr euer Denken darauf konzentrieren, indem ihr euch vorstellt, dass ihr es durchdringt, es erhellt, es erwärmt; auf diese Weise wird es euch gelingen, die Teilchen eurer physischen oder psychischen Organe zu harmonisieren und einige Zeit später sind diese Unannehmlichkeiten verschwunden. Das Denken besitzt noch unbekannte Kräfte; nur, um Ergebnisse zu erzielen, muss es einem gelingen, das Denken zu konzentrieren, es dazu zu bringen, dass es die von negativen Elementen heimgesuchten Organe durchdringt. Darin liegt eine der großen Wahrheiten, welche die Einweihungslehre uns offenbart. Wendet sie an und ihr werdet ihre Wirksamkeit feststellen. Ihr kommt nur noch zu keinen Ergebnissen, weil ihr noch keine ausreichende Übung mit dieser großartigen Waffe habt.

Indem ihr sehr hoch hinaufsteigt, indem ihr die göttliche Welt in all ihren Formen von Licht, Schönheit, Musik, Harmonie kontempliert, tragt ihr neue Teilchen zusammen, und da jedes lebendig ist, kommt es nicht allein, es führt die Kräfte, die Energien, die Geister mit sich, die ihm entsprechen. Keine andere Aktivität im Leben kommt an Bedeutung derjenigen gleich, die alte, dunkle, trübe, krankhafte Teilchen durch neue himmlische und strahlende Teilchen ersetzt. Diese Arbeit ist nichts anderes als die Errichtung, der Aufbau des Tempels, von dem ich schon gesprochen habe. Der Schüler baut und errichtet seinen eigenen Tempel mit Edelsteinen vergleichbaren, unvergänglichen und durchscheinenden Materialien. Und wenn er Jahre damit verbracht hat, sich zu säubern, sich zu reinigen, sich zu heiligen, dann ist der Tempel bereit.[2] Doch all das sind nichts als Vorbereitungen, um den Heiligen Geist herabsteigen zu lassen.

Wenn es dem Schüler gelungen ist, seinen Tempel zu reinigen, wird der Heilige Geist von dieser reinen und lichtvollen Wohnstätte angezogen. Und natürlich kommt er nicht allein, sondern begleitet von Engeln und Erzengeln, von einer ganzen himmlischen Hierarchie, sowie von zahlreichen Dienern der lebendigen Natur. Der Schüler wird dann zu einem Tabernakel des Ewigen und es ist der Heilige Geist, der sein Leben lenkt, ordnet und ausrichtet. Es gibt in ihm keine Begierden, Leidenschaften, Laster mehr, kein unmoralisches oder prosaisches Verhalten mehr: Er ist vollständig befreit, er denkt nur daran, den anderen zu helfen und das Reich Gottes im Rahmen seiner Möglichkeiten zu verwirklichen.

Dieser zweite Vorgang ist von höchster Bedeutung, denn hat der Heilige Geist den Schüler erst einmal als Wohnstätte erwählt, wird er immer geführt und geschützt, und in dem Maße wie die Jahre vergehen, manifestiert er sich auf immer göttlichere Weise. Darin bestehen also die beiden großen Arbeiten des Schülers. Nichts anderes vermag ihnen gleichzukommen, sie sind die Krönung, die Vollendung aller menschlichen Aktivitäten.

Jemand wird fragen: »Aber wozu sich so abmühen für Ergebnisse, die nur ein Dasein überdauern? Das ist doch so kurz! Lohnt sich das?« Ja, denn in Wirklichkeit lebt der Mensch nicht nur ein Leben lang, und das ist die einzige Arbeit, deren Ergebnisse endgültig sind. Wenn der Mensch die Erde verlässt, nachdem er diese Vollkommenheit erlangt hat, wird er, wenn er wieder herabsteigen und sich reinkarnieren muss, mit diesem endgültigen Klischee wiederkommen, er muss im folgenden Dasein nicht mehr dieselben Anstrengungen aufbieten: Von der Zeugung an, von der Schwangerschaft an, wird sein neuer Körper genau nach dem Grad der Vollkommenheit modelliert und geformt, den er in seiner vorangegangenen Inkarnation erlangt hat. Es erstaunt euch vielleicht zu hören, dass selbst die Arbeit zur Veränderung des physischen Körpers endgültig ist. Denn um den physischen Körper rein und unverwundbar zu machen, muss man auch die anderen Körper verändern und vervollkommnen; es ist eben diese an den anderen Körpern ausgeführte Arbeit, die schließlich Auswirkungen auf der physischen Ebene hat. Die Anstrengungen, die ihr auf der spirituellen Ebene macht, sind nie vergebens. Die einzig lohnende und für die Ewigkeit dauerhafte Arbeit, die einzige, die Ergebnisse von unschätzbarer Tragweite erzielt, das ist, aus seinem Körper den Tempel des Herrn zu machen.

Damit es jetzt gelingt, dies bis zur Vollkommenheit auszuführen, muss man natürlich viele Dinge kennen, wie zum Beispiel die Beschaffenheit all dessen, was wir als Nahrung, Getränke, Luft, Gefühle, Wünsche, Gedanken in uns hereinlassen… Man muss ihre Qualität und ihren Reinheitsgrad zu unterscheiden wissen. Ihr werdet all diese Kenntnisse in der Lehre finden. Schon vor längerer Zeit gab ich in meinen Vorträgen Methoden an, wie man unterscheiden kann, was rein ist und was nicht. Ihr solltet euch also mit der Frage der Reinheit intensiv befassen, und vielleicht den Band »Die Mysterien von Jesod« noch zwei oder drei Mal lesen, bis ihr die Aufklärungen findet, die ihr beim ersten Mal dort nicht finden konntet, da ihr darin so schnell wie in einem Roman gelesen habt.

Glücklich diejenigen, die heute begriffen haben, dass die erhabenste Beschäftigung darin besteht, an sich selbst zu arbeiten, um alles neu zu bearbeiten und zu ersetzen. Das Ersetzen ist ein Vorgang, den die kosmische Intelligenz schon immer angewandt hat, und ganz besonders in unserem Organismus, wo alle Zellen alle sieben Jahre ersetzt und erneuert werden. Wenn man das weiß, stellt sich folgende Frage: Da doch alle Zellen erneuert sind, wie kommt es dann, dass der Mensch derselbe bleibt, kümmerlich, zerbrechlich, cholerisch, sinnlich, geizig, eifersüchtig? Das ist der Beweis dafür, dass, auch wenn die Zellen des physischen Körpers ausgetauscht werden, die anderen Körper keine Veränderung erfahren; das Gedächtnis, die Gewohnheiten sind dieselben geblieben. Wenn man vom »Aufbau« spricht, geht es daher nicht allein darum, den physischen Körper durch Erneuerung seiner Teilchen zu transformieren, was automatisch geschieht, sondern dieselbe Erneuerung in den anderen Körpern vorzunehmen. Und das muss sich bewusst vollziehen. Auf diese Weise wird es dem Schüler schließlich gelingen, seinen Glorienleib aufzubauen. Der Glorienleib ist nichts anderes, als der Körper der Unsterblichkeit, der Leib Christi oder der Buddhi-Leib.[3] Ist er einmal gebildet, kann ihn nichts trüben, denn die Reinheit hat sich in allen Regionen niedergelassen.

Von nun an muss der Schüler die Idee in sich verankern, dass die Reinheit der Schlüssel zu allem ist, zum ewigen Leben, zur Hellsicht, zur Gesundheit, zur Freude, zur Macht, zum Wissen. Wenn ihr euch reinigt, tritt das Licht leichter in euch ein und wieder aus, und ihr beginnt dann klarer zu sehen, klarsichtiger zu werden… Die kranken Teilchen, die der Gesundheit schaden, werden vertrieben und ihr werdet gesünder… Die Teilchen, die den Willen behindern, werden abgestoßen und ihr werdet stärker… Alles, was dunkel und finster ist, verlässt euch, und wenn ihr traurig wart, erfasst euch die Freude, denn Freude ist nichts anderes als ein Aspekt der Reinheit: Je mehr man sich reinigt, desto leichter, fröhlicher und glücklicher fühlt man sich. Und da Unreinheit Gärung, Zerfall und Tod nach sich zieht, strebt man, je mehr man sich reinigt, der Unsterblichkeit entgegen. Also sind Unsterblichkeit, Freude, Glück, Wissen, Macht, Gesundheit nichts anderes als unterschiedliche Aspekte von Reinheit. Hiermit habt ihr eine Zusammenfassung der Einweihungswissenschaft. Es liegt jetzt an euch nachzuprüfen, ob das wahr ist!

Ich weiß, dass ihr noch nicht begreifen könnt, welch unermesslichen Schatz ich euch gebe. Wenn ich es aber tue, dann zu meinem Vergnügen, zu meiner Freude; ich bin es, der strahlt, indem ich euch diese Reichtümer gebe. Also los, stürzt euch in diese Arbeit!

Trotz eurem guten Willen könnt ihr natürlich nicht alles auf einmal überwinden. Wie viele Misserfolge, Abstürze, Entmutigungen warten noch auf dem Weg! Aber lasst euch nicht aufhalten, richtet euch wieder auf, beginnt von vorne, macht weiter, und zum Schluss werdet ihr das letzte Wort haben, ihr werdet endgültig triumphieren. Ihr seht, ich bin nicht so naiv zu glauben, dass, nachdem ihr diesen Vortrag gehört habt, alles gelaufen ist, ihr fortgeht und fähig seid, von heute auf morgen alle Hindernisse zu überwinden. Leider sind die alten Neigungen immer da: Bedürfnisse, Wünsche, Begierden, Schwächen, aber das ist kein Grund, um euch ewig die Haare zu raufen. Man sollte sagen: »Heute ist das so, ich habe diese Schwäche, diesen Fehler, dieses Bedürfnis. Aber die Lehre ist ein großartiges Mittel, um alles zu besiegen.« Und dann nehmt ihr euch die Zeit, die nötig ist. Mein Meister, Peter Deunov, sagte oft: »Rabota, vreme, vera«, was heißt: »Arbeit, Zeit, Glaube«... Und das ist alles. Ihr macht euch also an die Arbeit, ihr glaubt daran, und je mehr die Zeit vergeht, desto mehr verändert ihr euch, ihr werdet euch selber darüber wundern.[4]

Ich bin sehr wohl in der Lage und vielleicht besser als irgendein anderer, die Schwierigkeiten zu erkennen, die das aktuelle Leben für jeden von euch bereithält. Ich kenne sie, aber nie werde ich jemandem Recht geben, der sich widerstandslos besiegen lässt. Ich werde demjenigen Recht geben, der sich jeden Tag bemüht nachzuprüfen, wie stark der menschliche Geist ist. Wenn ihr bis jetzt keine großen Siege zu verzeichnen habt, dann deshalb, weil ihr zweifelt und nie die Macht des Geistes ausprobiert habt. Von dem Tag an, an dem ihr an diese Macht glaubt, werdet ihr entdecken, wie real sie ist. Je mehr Zeit vergehen wird, desto mehr werdet ihr erleben, wie diese Macht sich in ihrer ganzen Herrlichkeit manifestiert.

Glaubt mir, wenn ihr mit diesem Licht verbunden bleibt, wenn ihr die Lehre liebt, wenn ihr sie niemals aufgebt, was auch immer ihr für Schwierigkeiten haben mögt, so werden sie sich in Glück, Erfolg und großartige Ergebnisse verwandeln, das weiß ich genau. Aber gebt die Lehre nicht auf. Wenn ihr eines Tages findet, dass sie euch auf die Nerven geht, weil sie euch daran hindert, etwas Interessanteres in der Welt zu verwirklichen, dann seid ihr natürlich frei, aber ihr werdet schnell erkennen, wessen ihr euch beraubt, ihr werdet das Ausmaß eures Irrtums einsehen. Ich für meinen Teil wünsche euch, dass ihr niemals die Lehre aufgebt, weil ihr durch sie eine Verbindung mit dem Himmel habt, eine Verbindung, dank derer ihr lernt und vorankommt, selbst ohne es zu merken. Wenn ihr diese Verbindung durchtrennt, sage ich euch voraus, dass ihr verloren seid, egal welch wunderbare Gelegenheit euch die Welt auch bieten mag, denn ihr befindet euch außerhalb des Lichtes. Wenn etwas in mir eingraviert und absolut unauslöschlich ist, dann diese Wahrheit. Sie hat sich mir seit Jahrhunderten und Jahrtausenden so fest eingeprägt, dass ich sie nicht löschen kann. Was ich euch da sage, ist absolut. Denkt darüber nach. Ihr glaubt, es ginge euch viel besser außerhalb dieses Lichtes, dieser großen Wahrheiten? Nun, wir werden sehen…

Ich freue mich sehr, dass ich heute gekommen bin, um zu euch zu sprechen. Wenn ich nicht jeden Tag komme, glauben manche unter euch, ich würde euch im Stich lassen. Nein, da habe ich zu arbeiten, das ist alles; und selbst wenn ich nicht komme, um zu euch zu sprechen und mit euch zu essen, bin ich euch manchmal näher, als wäre ich physisch anwesend. Es ist an euch, es zu spüren, euch endlich ein wenig zu entwickeln, voranzukommen, zu verstehen, dass physische Anwesenheit noch lange nicht alles bedeutet.

Le Bonfin, den 4. April 1976

Anmerkungen

1. Siehe auch Band 224 der Reihe Izvor »Die Kraft der Gedanken«.
2. Siehe auch Band 223 der Reihe Izvor »Geistiges und künstlerisches Schaffen«, Kapitel 12: »Der Aufbau des Tempels«.
3. Siehe auch Band 9 der Reihe Gesamtwerke »Im Anfang war das Wort – Kommentare zu den Evangelien«, Kapitel 13: »Der Körper der Auferstehung«.
4. Siehe auch Band 238 der Reihe Izvor »Der Glaube versetzt Berge«, Kapitel 13:»Rabota, vreme, vera: Arbeit, Zeit, Glaube«.

## IV

Man kann die Struktur des Menschen nur verstehen, wenn man die Struktur des Universums bereits kennt, und man kann die Struktur des Universums nur verstehen, wenn man die Struktur des Menschen kennt. Der Mensch manifestiert sich als Geist, Seele und physischer Körper (Intelligenz, Empfindsamkeit und Wille), weil er in den drei Welten existiert, in der göttlichen, in der spirituellen und in der physischen. Im Verlauf ihrer Studien und ihrer Meditationen stellten die Eingeweihten immer diese Struktur fest und fanden damit einen wesentlichen Schlüssel. Alles ist nach diesem Schema aufgebaut, alles imitiert und spiegelt die Wirklichkeit der drei Welten wider: der Welt der Prinzipien, der Gesetze und der Tatsachen.

Tatsachen und Phänomene gibt es in unermesslich großer Zahl; diese Tatsachen werden von einer geringeren Anzahl von Gesetzen regiert und diese Gesetze werden von einigen Prinzipien regiert, die in einem münden: Gott selbst. Die Welt der Tatsachen ist die Welt der Vereinzelung, die göttliche Welt dagegen ist die Welt der Einheit. Das ist ein ganz einfacher Schlüssel, der euch die Lösung aller Probleme bietet. Die Menschen beklagen sich darüber, dass sie sich in Dunkelheit und im Chaos fühlen, weil sie einfach die Existenz dieser drei Welten und ihre Struktur nicht berücksichtigen. Solange man ausschließlich in der physischen, materiellen Welt bleibt, wird man durch all das, was nur auf der Erde existiert, überwältigt. Wenn man allein die Flora und Fauna nimmt (mit so vielen Arten von Bäumen,

Kräutern, Blumen… so vielen Arten von Insekten oder Fischen), das geht bis ins Unendliche. Weder Botaniker noch Entomologen (Insektenforscher) konnten bislang alles erfassen.

Solange wir zu weit unten bleiben, auf der Ebene der Tatsachen, der Ereignisse, wird es uns nie gelingen, darin klar zu sehen oder die Situation zu beherrschen. Um deshalb die Dinge klar im Blick zu haben und wenn wir handeln und schöpferisch tätig sein wollen, müssen wir uns mithilfe des Denkens so weit erheben, bis wir diese Region der Prinzipien erreichen, wo der Geist herrscht, wo das Licht Gottes herrscht. Leider zieht es die Mehrheit der Leute vor, in der physischen Welt herumzugondeln, herumzutappen, und dort können sie lange nach der Wahrheit suchen, sie können sie nicht finden, weil es ihnen vom Standpunkt aus, den sie eingenommen haben, nicht möglich ist, diese Einheit zu sehen, diese Verbindungen, diese Struktur, die allein vom Gipfel aus wahrgenommen werden kann.[1]

Die großen Eingeweihten Ägyptens wählten für ihre Monumente die Form der Pyramide mit ihren aufsteigenden Linien, die in einem Punkt an der Spitze zusammenlaufen, weil sie uns lehren wollten, diesen Punkt dort, den Gipfel, zu suchen. Viele Leute haben über die Pyramiden geschrieben, aber womit haben sie sich befasst? Mit der Anordnung all dieser riesigen Steinblöcke, die man ohne Zement zusammengefügt hat, mit dem Ausmaß von Gängen und Sälen, von denen sie detaillierte Pläne und Skizzen fertigten mit all den Objekten, die sie enthielten, und so weiter. Sie beobachteten, wie die Öffnungen bezüglich der Kardinalpunkte oder bestimmter Sternzeichen angeordnet sind, und ihre Bücher weisen wirklich fantastischen Reichtum und fantastische Gelehrtheit auf. Und ich für meinen Teil, seht ihr, ich habe von diesen Details keine Ahnung; ich habe diesen Bereich den Wissenschaftlern überlassen, habe aber etwas sehr Einfaches gesucht, was mir die Möglichkeit gibt, die komplexesten Probleme zu lösen.

Und wisst ihr, was mir die Pyramide sagt? Oh, sie sagt mir vieles, aber insbesondere dieses: dass es den Politikern niemals gelingen wird, die internationalen Probleme zu regeln, solange sie nicht die Botschaft der Pyramidenstruktur entschlüsselt haben. Wenn ich diese

Abgeordneten, diese Ökonomen im Fernsehen reden höre, die sich versammeln, um Europa zu gestalten, sehe ich, dass jeder nur damit beschäftigt ist, die Interessen seines Landes zu verteidigen, und unter diesen Bedingungen können sie sich niemals verstehen, das sage ich euch, niemals, weil sie zu weit unten bleiben, im Bereich der Tatsachen, der Ereignisse. Man kann sich nicht verstehen, man kann keine Einheit herstellen, wenn man in seinem Verständnis, in seinen Einstellungen keinen höheren Standpunkt einnimmt. Man muss zu einer höheren Ebene von Verständnis aufsteigen, um die Gesetze zu finden, welche die Tatsachen regieren, dann noch höher, um die Prinzipien zu finden, die diese Gesetze lenken, bis hinauf zu diesem höchsten Prinzip, das alles umfasst: der ewige Geist.

Das ist die Ebene, auf der man all die Probleme lösen könnte, selbst die politischen, ökonomischen und sozialen Probleme. Sonst lässt man sich durch Instinkte, Begierden, Egoismus, Voreingenommenheit leiten; unmöglich, sich mit den anderen zu verstehen! Um die Menschen verstehen zu können, muss man sich zuerst auf die Gefühlsebene begeben. Aber auch dort ist es nicht vollkommen; im Bereich der Gefühle findet man keine Einheit, denn die Menschen wählten als Leitbild Vergnügen und Missvergnügen, Sympathie und Antipathie… Man muss hinaufsteigen, noch höher hinaufsteigen in den Bereich der Vernunft, der Weisheit, das heißt in den Bereich der Prinzipien, denn dort müssen alle zwangsläufig dieselbe Sicht auf die Dinge haben.

Ihr sagt, es sei unmöglich, dass alle auf dieselbe Weise denken. Ah! Natürlich, solange ihr auf der Ebene der Tatsachen bleibt, seht ihr die anderen als getrennte, feindselige Wesen, als zu bekämpfende Gegner. Wenn ihr euch höher hinauf auf die Gefühlsebene begebt, werdet ihr die einen sympathisch, die anderen unsympathisch finden, und ihr könntet mit den einen arbeiten, aber nicht mit den anderen; dabei handelt es sich also noch um eine Region, wo man getrennt, uneins ist. Aber wenn es euch gelingt, euch zur göttlichen Ebene zu erheben, auf die Ebene des Geistes, werdet ihr entdecken, dass alle Brüder und Schwestern sind. Und erst dann versteht man sich, man akzeptiert sich, man hört auf, sich gegenseitig umzubringen. Wie wollt ihr euren Bruder oder eure Schwester töten? Aber verlasst diesen erhöhten Standpunkt und ihr werdet wieder zu Feinden und bringt euch gegenseitig um, das ist normal.

So sieht also die Methode aller Eingeweihten aus: sich bis zu dem Punkt erheben, wo man feststellt, dass wir alle eins sind; dann ist es mit Trennungen vorbei, man reicht sich die Hand und die Frage der Einheit ist gelöst.[2] Solange die Menschen nicht bei dieser Sicht der Dinge angelangt sind, werden sie sich nicht verstehen. Vielleicht werden sie im Äußeren Kompromisse machen, weil es aus politischer, ökonomischer oder militärischer Sicht vorteilhaft erscheint, aber in ihrem Inneren werden sie sich verabscheuen. Das Problem ist daher noch nicht gelöst. Es gibt Fälle im Leben, wo man gezwungen ist, Konzessionen zu machen, obgleich man innerlich nicht einverstanden ist, aber das ist nicht die wahre Lösung.

Die wahre Lösung, meine lieben Brüder und Schwestern, ich kenne sie: dass das Licht sich verbreitet, dass Liebe und Brüderlichkeit sich verbreiten, dass alle Menschen beginnen, sich zum Gipfel der Pyramide zu erheben, dem einzigen Punkt, von wo aus man alles klar sehen kann. Vom Gipfel eines Berges aus nimmt man das gesamte Panorama wahr, aber sobald man hinabsteigt, verengt sich der Blickwinkel zusehends: Derjenige auf der einen Seite sieht einen Aspekt der Landschaft, derjenige, der weiter weg ist, sieht einen anderen und am Ende, wenn keiner mehr dasselbe sieht, aber jeder überzeugt ist, im Besitz der Wahrheit zu sein, bringen sie sich schließlich gegenseitig um. Wie soll man den Menschen begreiflich machen, wo sich das wahre Verständnis der Dinge befindet, das ihnen das wahre Glück bringen wird? Sie haben das Bedürfnis, sich zu zerreißen und sich leiden zu lassen; aber früher oder später werden sie gezwungen sein, diese Philosophie zu akzeptieren, ja, gezwungen aufgrund der Ereignisse.

Darin liegt also eine Wahrheit, die man selbst die Kinder lehren muss. Wenn man unten auf der physischen Ebene bleibt, hat man keine klare Sicht, die Welt ist unsinnig, und man erklärt den anderen den

Krieg. Man muss bis zu dem Punkt aufsteigen, wo man sieht, dass wir alle eins sind, alle Söhne und Töchter Gottes. Die Eingeweihten haben deshalb die Form der Pyramide für all ihre Heiligtümer gewählt, weil sie wollten, dass diese an der Spitze zusammenlaufenden Linien, die zur Sonne aufsteigen, den Menschen den Weg zur Einheit lehren.

Die Pyramide ist ein Symbol des hierarchischen Aufbaus, der im Universum existiert. In welchem Bereich auch immer, dieses Symbol der Pyramide kann uns helfen, von der niederen Ebene der Vielheit und der Zerstreuung zur höheren Ebene der Einheit zu gelangen. Es ist diese zunehmend klare Sicht, die es uns ermöglicht, göttlich zu handeln. Man muss also lernen, sich nach den Linien der Pyramide auszurichten, oder um ein anderes Symbol zu verwenden, nicht an der Oberfläche der Dinge zu bleiben, bei der Schale, der Haut, sondern ins Fleisch vordringen, dorthin, wo die Lebenskräfte kreisen, und sogar noch weiter vordringen, in den Kern, das heißt in den Geist.[3] Bevor man eine Schlussfolgerung zieht und sich zum Handeln entschließt, sollte man aufsteigen, um die Situation vom Gipfel aus zu betrachten. Das ist es, was ich oft tue. Die Brüder und Schwestern werden ungeduldig: »Worauf wartet er denn, der Meister, um eine Entscheidung zu treffen?« Sie sind sich nicht bewusst, dass nichts wirklich gelöst wäre, wenn ich so wie die meisten Leute handeln würde.

Vidélinata (Schweiz), den 8. März 1980

Anmerkungen

1. Siehe auch Band 235 der Reihe Izvor »Im Geist und in der Wahrheit«, Kapitel 5: »Von der Vielfalt zur Einheit«.
2. Siehe auch Band 242 der Reihe Izvor »Unerschöpfliche Quellen der Freude«, Kapitel 5: »Unsere Zugehörigkeit zum Lebensbaum«.
3. Siehe auch Band 234 der Reihe Izvor »Die Wahrheit, Frucht der Weisheit und der Liebe«, Kapitel 5: »Unsere Zugehörigkeit zum Lebensbaum«.

## V

Dies ist der letzte Vortrag, den ich dieses Jahr in Vidélinata halte… Aber wenn es unter euch einige gibt, die zu Ostern oder im Sommer noch nichts vorhaben, brauchen sie nur in den Bonfin zu kommen: Aber keine Sorge, es wird dort andere Vorträge geben, um ihnen zuzusetzen, sie zu drangsalieren.

Ja, meine lieben Brüder und Schwestern, mich beschäftigt immer nur ein einziger Gedanke: Wie ich euch nützlich sein kann. Das ist es, was mich unaufhörlich antreibt: Wie euch in jedem Vortrag etwas bringen, was in den anderen noch nicht vorkam, ein neues Element, eine neue Wahrheit. Ihr fragt: »Eine neue Wahrheit?« Ja, denn es existiert eine Vielzahl an Wahrheiten, aber sie sind alle zusammen Teil einer Wahrheit, so wie Milliarden von Zellen gemeinsam einen Organismus bilden. Nur können wir diese allumfassende Wahrheit, die all die anderen Wahrheiten vereint, noch nicht erkennen; wir können nur Wahrheiten erkennen, die uns dieser großen Wahrheit immer näher bringen.

Seit Jahren habe ich nichts anderes getan, als euch zahllose Wahrheiten zu präsentieren, welche die verschiedenen Welten berühren, die physische, die astrale, die mentale, die kausale und so weiter… in der Hoffnung, dass ihr eines Tages diese eine große Wahrheit erreichen könnt, die alles umfasst. In den ägyptischen Einweihungen wurde diese Wahrheit durch die enthüllte Isis dargestellt. Isis ist ein Symbol der Natur. Und es ist diese für den gewöhnlichen Menschen undurchdringliche Natur, welcher der Schüler ihre Schleier abstreifen muss, um sie in ihrer Nacktheit, in ihrer Wahrheit erscheinen zu sehen.[1]

Wenn die Menschen sich mit den nebensächlichsten Tätigkeiten ihres täglichen Lebens befassen würden, um sie zu interpretieren, nur allein das Sich-Ankleiden und Sich-Auskleiden jeden Tag, würden sie verstehen, dass auch sie, so wie die Natur, Schleier tragen: ihre verschiedenen Körper. Jeden Morgen beim Aufwachen wiederholen wir den Prozess unseres Abstiegs in die Materie. Genauso wie wir beim Ankleiden mit der leichtesten Kleidung beginnen (Unterhemd, Hemd usw.) und zum Schluss Jacke oder Mantel überziehen, genauso treten wir, um uns auf der Erde zu inkarnieren, in immer dichtere Körper ein, bis hin zum physischen Körper. Darum ist es dem Menschen noch nicht gelungen, sich zu erkennen: weil er von mehreren Schichten bedeckt ist. Um sich zu erkennen, muss er sich all dieser Kleider entledigen. Die vollkommen nackte Wahrheit zu erkennen, das will heißen, bis zur göttlichen Ebene vorzudringen, zur Kausal-, Buddhi- und Atman-Ebene, und erst dann erscheint Isis, ihrer Schleier entledigt, vor dem Blick des Eingeweihten.

Ihr wendet ein: »Aber die Natur kennt man doch!« Nein, man kennt sie nicht, sie ist bekleidet, und man muss sie ihrer Kleider entledigen. Die Erde mit ihren Ozeanen, ihren Bäumen, ihren Bergen ist nichts anderes als ein dickes Gewand, ein Überzieher; man muss den ätherischen Körper jenseits der Erde sehen, mit seinen Schwingungen, seinen Emanationen. Die entschleierte Isis zu kontemplieren, bedeutet, die Natur so zu kontemplieren, wie sie in den erhabenen Regionen erscheint, denn all diese verschiedenen Schichten der Materie, die wir sehen, sind Schleier. Selbst der ätherische Körper ist noch ein Schleier, eine Illusion, über die man hinausgehen muss. Um die Wahrheit zu finden, muss man alle Hüllen und Erscheinungsformen der Natur entfernen. Und genau das erklärt man den Schülern in der Einweihung. Man sagt ihnen: »Ihr seid von verschiedenen Körpern eingehüllt und diese gleichen Panzern, die euch daran hindern, euch als das zu verstehen und zu sehen, was ihr seid. Oben seid ihr Herrlichkeit, Unermesslichkeit, Licht, aber da ihr euch immer durch die deformierten Prismen dieser undurchsichtigen Körper seht, weckt das natürlich nicht gerade eure Begeisterung.«

Es gelingt uns noch nicht, die anderen und uns selbst zu sehen, und genau das führt zu den vielen Irrtümern und Missverständnissen. Man hat bei einem Menschen weder seine innere Hässlichkeit noch seine innere Schönheit gesehen, man hat nur das Äußere gesehen, und so täuscht man sich natürlich. Wie viele Leute haben das festgestellt! Sie vertrauten jemandem, der ihnen aufrichtig erschien, und sie wurden hintergangen oder betrogen. Oder aber sie hatten Misstrauen und dann bedauerten sie es, als sie Jahre später erkannten, dass diese Person nicht die geringste Absicht hatte, ihnen zu schaden.

Die großen Hierophanten offenbarten ihren Schülern daher, dass der Mensch nach dem Bild der Natur geschaffen ist: Verborgen unter Schichten von Materie wohnt ein Geist, ein Funke, ein unzerstörbares Wesen, allwissend, allmächtig: Gott selbst. Und wenn der Schüler durch Askese, durch Gebet, durch Entsagung fähig war, den Forderungen des Geistes zu gehorchen, gelang es ihm, mit der Gottheit zu verschmelzen. Denn dieser unsterbliche Geist, der reines Licht ist, möchte nichts anderes, als zum Schöpfer zurückzukehren, um in Ihm aufzugehen. Solange der Mensch nicht weiß, dass sein Geist diese Verschmelzung anstrebt, tut er nichts, um ihn zufrieden zu stellen; er befriedigt nur seine niederen Körper, die auch ihren Teil fordern; aber natürlich sind ihre Forderungen viel weniger edel und selbstlos!

Der Schüler, der weiß, dass er nur für sehr kurze Zeit auf der Erde ist, begreift, dass es sich nicht lohnt, seine Kräfte mit der Suche nach Ehren, Titeln und Besitztümern zu vergeuden, die er im Moment des Todes zurücklassen muss. Er bemüht sich daher, sich auf die ewigen, unzerstörbaren Reichtümer zu konzentrieren, die er bis zum Verlassen der physischen Ebene Früchte tragen lässt, und dann hat er, obgleich er nichts von dem besitzt, worum ihn die Menschen beneiden könnten, so große Schätze in seinen feinstofflichen Körpern angesammelt, dass er direkt in die lichtvollen Regionen geht, woher er die Teilchen genommen hat, um diese Körper zu formen. Denn das ist ein Gesetz: wenn ihr in euch himmlische Materialien aufnehmt, werdet ihr eines Tages gezwungen sein, in die Regionen zu gehen, woher sie gekommen sind. Aufgrund des Gesetzes der Affinität werdet ihr durch eben diese Materialien in die ihnen eigene Region geleitet, und ihr werdet dort eine Ewigkeit in Freude damit verbringen, die Herrlichkeiten des Universums zu entdecken.

All diejenigen, denen nicht das Licht der Einweihungswissenschaft den Weg weist, die ihr Leben mit der Suche nach kurzlebigen Befriedigungen verbringen, gelangen nackt, arm und elend auf die andere Seite und sie sind gezwungen, in die Regionen zu gehen, die den dunklen Teilchen entsprechen, die sie während ihres Daseins auf der Erde angesammelt haben (das sind die Regionen, die man Hölle nennt), um dort zu leiden, aber in erster Linie, um die Leiden zu sehen, die sie den anderen zugefügt haben, und um diese selbst zu erleiden. Weil sie sich bis dahin dessen nicht bewusst waren; um sich dessen bewusst zu werden, müssen sie dieselben Leiden an sich erfahren. Danach durchqueren sie eine andere Region, wo sie sich reinigen: das Purgatorium oder Fegefeuer, und endlich, um auch die Freuden der guten Handlungen, die sie vollbrachten, zu spüren, gehen sie ins Paradies.[2]

Hölle, Fegefeuer und Paradies existieren. Viele halten sie für Erfindungen der Kirche und ziehen sie ins Lächerliche. Nein, das ist die reine Wahrheit. Manche wenden ein: »Aber was geschieht mit den ganz kleinen Kindern, die sterben, bevor sie die geringste Übertretung begangen haben?« Da der Astralkörper dieser Kinder keine Einprägung ihrer Empfindungen und ihrer Begierden enthält, brauchen sie natürlich nicht durch das Fegefeuer zu gehen und noch weniger durch die Hölle, um sich dort zu reinigen, zu läutern; sie werden direkt an einen Ort gehen, der dem Paradies gleicht, wenn ihr so wollt, oder sie führen ein sehr glückliches Dasein. Sie warten dort auf den Moment, sich wieder zu inkarnieren. An diesem paradiesischen Ort entbehren sie nichts, und engelhafte Präsenzen kümmern sich um sie. Sie fühlen sich nicht getrennt von ihren Eltern, die sie besuchen kommen und sie mit ihrer Zuneigung umgeben; viele Eltern sind sich dessen nicht bewusst, aber manche, die sensibler sind als andere, spüren die Gegenwart ihres Kindes, als hätte es sie nicht verlassen.

Wenn diese Kinder auf die Erde zurückkehren, erinnern sie sich nicht an diese engelhafte Existenz, die sie dort oben durchlebt haben, und um sich zu entwickeln, müssen sie aufs Neue Schwierigkeiten, Leiden, Krankheiten und Entbehrungen die Stirn bieten. Denn nur auf der Erde vollzieht sich wirklich die Entwicklung des Menschen, nicht woanders. Selbst derjenige, der aufgrund seiner Verbrechen lange in der Hölle leidet, muss auf die Erde zurückkehren, um diese Verbrechen wieder gutzumachen. Denn es reicht nicht aus zu leiden, das Leiden ist keine Wiedergutmachung des Bösen, das man getan hat. Man muss es hier auf der Erde wieder in Ordnung bringen, da man ja auf der Erde Verbrechen begangen hat.

Nehmen wir ein Beispiel: Ein junger Mann verführt ein Mädchen und nachdem er sie glauben ließ, dass er sie heiraten würde, lässt er sie mit einem Kind sitzen. Nun, er wird zurückkommen müssen, um seinen Fehler zu berichtigen. Er wird ihr aufs Neue begegnen, muss sie heiraten, für sie sorgen und sogar für sie leiden. Übrigens macht die Reinkarnation nur unter dieser Bedingung Sinn. Warum sollte man sonst auf die Erde zurückkehren müssen, da man seine Fehler ja bereits auf der Astral-Ebene gesühnt hat? Tatsächlich existiert ein Gesetz, dem zufolge ihr eure Irrtümer in allen Bereichen des Universums, wo diese Fehler Schäden angerichtet haben, wieder gutmachen müsst.

Diese Frage ist daher viel ernster und vielschichtiger als man meint. Der Ort unserer Entwicklung ist die Erde, weil es die Erde ist, auf der der Mensch sich niederlassen muss, um zu leben, sich zu entfalten und sich zu manifestieren. Es ist die Erde, auf der sich die ganze Schönheit, das Licht und die Intelligenz des Himmels konkretisieren sollte. An dem Tag, an dem dieses Programm verwirklicht sein wird, wird der Mensch diese physische Ebene verlassen, um auf der ätherischen Ebene zu leben, wo er ebenso lernen wird, sich in vollem Umfang zu manifestieren. Danach wird er zur Astral-Ebene weitergehen… dann zur Mental-Ebene. Aber während er darauf wartet, dass er diese Entwicklungsstufe erreicht – was erst nach Abertausenden von Jahren geschehen wird – müssen alle Anstrengungen des Menschen zur physischen Ebene hin zusammenlaufen, zur Erde, zu seinem physischen Körper, um diese lichtvoll und feinstofflich zu gestalten und sie in Harmonie mit der göttlichen Welt schwingen zu lassen.

Wenn ihr nach der Wahrheit, nach dem Licht strebt und wenn ihr jeden Tag in diese Richtung arbeitet, zieht ihr damit bereits sehr reine Elemente an, tragt sie zusammen und formt mit ihnen eine erhabene Welt in euch und in eurer Umgebung. Für den Augenblick seht ihr das nicht, aber wenn ihr die Erde einmal verlasst, werdet ihr sehen, dass eure Arbeit Realität war. Sobald man des physischen Körpers, des Astralkörpers und selbst des niederen Mentalkörpers entledigt ist, erspürt man zunehmend die Wirkung vorher kaum wahrnehmbarer Einflüsse und beginnt, mit den kleinsten himmlischen Wellen mitzuschwingen.

Das ist die Wahrheit, welche die Eingeweihten des alten Ägypten ihren Schülern in dem Symbol der entschleierten Isis präsentierten. Wenn ihr einzig nach dem Licht verlangt, nach dem erhabenen Leben, kann euch nichts daran hindern, euch in diese Regionen zu projizieren, und wenn ihr euren Körper einmal verlasst, werdet ihr euch inmitten von Wesen vorfinden, die diese Herrlichkeit besitzen, die ihr beständig angestrebt habt, und ihr werdet mit ihnen leben.

Ich stelle euch heute also die beste Aktivität vor: auf dieses Licht hinstreben. Und wenn ihr manchmal durch die Schwierigkeit dieses Vorhabens entmutigt seid oder durch die Prüfungen, die ihr durchlaufen müsst, dann sagt wie in diesem Lied: »Pri vsitschkite uslovia na schivota, ne gubi svoia mir« (»Bewahre in allen Lebenslagen deinen Frieden«). Wenn ihr nicht bereits mit dem Licht verbunden seid, euch an etwas Unsterblichem festhaltet, wird euch natürlich die geringste Unannehmlichkeit zu Boden werfen. Aber wenn ihr ein hohes Ideal habt, gleicht dieses einem Seil, das euch mit dem Himmel verbindet, und dieses lebendige Ideal arbeitet an euch, es stützt euch und richtet euch wieder auf.

Nehmt euch jetzt die Zeit, über diese Wahrheiten zu meditieren und sie in euch aufzunehmen. Einige unter euch haben vielleicht das Gefühl, sie zu kennen, das heißt, dass ihr nicht zum ersten Mal auf die

Erde herabgestiegen seid. Ja, ich weiß es, ihr habt alle nachgeprüft, was ich euch gerade sagte: Alle, ohne Ausnahme, habt ihr bereits alle Regionen bis hinauf zum Himmel durchlaufen und seid zurückgekehrt. Nur, dieser Panzer, den ihr tragt, hindert euch, euch daran zu erinnern, aber alle diese Wahrheiten sind schon dort aufgezeichnet, in euch, und manchen, freier von materiellen Interessen als andere, gelingt es, sie wieder zu finden.

Wenn ihr mich heute verstanden habt, wenn ihr die Vorstellung akzeptiert, dass das Denken ein realer, mächtiger Faktor ist, werdet ihr große Fortschritte machen, und anstatt es in nutzlosen und sogar schädlichen Belangen herumirren zu lassen, werdet ihr euch bemühen, es zu erziehen und zu lenken, damit es immer auf erhabene Ziele ausgerichtet bleibt. Wenn euch das gelingt, besitzt ihr den Schlüssel zu allen Fähigkeiten. Allein das Licht heilt, das Licht stellt wieder her, das Licht macht vollkommen… und womit beschäftigt man sich? Mit der Finsternis! Man empfängt sie mit offenen Armen und wird verschlungen. Also los, arbeitet jetzt mit dieser Wahrheit, die ich euch heute vermittle.

Von dem Tag an, an dem ihr euch dieser immensen Arbeit, die ihr zu vollbringen habt, wahrhaft bewusst werdet, tragt ihr zu eurer Evolution und zur Evolution der ganzen Menschheit bei, zur Verwirklichung des Reiches Gottes auf der Erde. Als Jesus sagte: »Dein Reich komme, dein Wille geschehe, auf der Erde wie im Himmel« (Mt 6,10), unterstrich er nur einen Prozess, der sich gerade verwirklicht.[3] Jesus konnte nicht etwas verlangen, was nicht den Plänen des Herrn entsprach. Wenn er also sagte: »Dein Wille geschehe auf der Erde wie im Himmel«, dann wusste er, dass in den Plänen Gottes, die Evolution der Menschheit über die Beherrschung und die Vergeistigung der physischen Ebene vor sich gehen würde. Dann wird die Materie transparent und strahlend sein… Selbst die Bäume, selbst die Felsen, selbst der physische Körper des Menschen, alles wird kristallklar sein.

Vidélinata (Schweiz), den 21. März 1976

Anmerkungen

1. Siehe auch Band 235 der Reihe Izvor »Im Geist und in der Wahrheit«, Kapitel 7: »Die Kontemplation der Wahrheit: Die entschleierte Isis«.
2. Siehe auch Band 304 der Reihe Broschüren »Der Tod und das Leben im Jenseits«.
3. Siehe auch Band 215 der Reihe Izvor »Die wahre Lehre Christi«, Kapitel 1: »Vater unser, der Du bist im Himmel«.

**Omraam Mikhaël Aïvanhov**

# LEBEN UND ARBEIT IN EINER EINWEIHUNGSSCHULE

*Gesamtwerke Band 31*

**PROSVETA VERLAG**

# I

# DAS NEUE LEBEN

# I

## Abschnitt 1

Heute, meine lieben Brüder und Schwestern, möchte ich euch ein paar Worte darüber sagen, was uns die esoterische Überlieferung zum Thema erster Tag im neuen Jahr lehrt. Aber ihr wisst, die einzigen Kenntnisse, die mich interessieren, sind diejenigen, die der Mensch umsetzen kann. Was ich euch also sagen werde, kann sofort in eurem täglichen Leben Anwendung finden.

Die Kabbala lehrt uns, dass jeder Tag ein lebendiges Wesen ist, das all unsere physischen und psychischen Aktivitäten aufzeichnet. Man kann also sagen, dass die dreihundertfünfundsechzig Tage des Jahres so etwas wie ein Tonband sind, auf dem jeder Tag aufgezeichnet wird, mit allem, was weiß ist und was schwarz ist, was gut und was schlecht ist. Jedes Jahr unseres Lebens stellt auf diese Weise ein bespieltes Tonband dar.

Normalerweise befinden sich die Leute am ersten Tag des Jahres in den Tanzlokalen und Nachtbars. Sie freuen sich darüber, das neue Jahr begrüßen zu können, deshalb beginnen sie es mit Belustigungen, Vergnügungen und Dummheiten, und anschließend leben sie dann so das ganze Jahr lang in Nutzlosigkeiten und Unbewusstheit. Und da Unbewusstheit Leid nach sich zieht, wird sich schon sehr bald Leid einstellen. Es ist dumm, das Jahr so zu beginnen, das beweist, dass man keinerlei Kenntnis vom okkulten und magischen Aspekt aller Dinge hat. Nun, mich interessiert genau dies.

Das neue Jahr ist ganz und gar neu, aber gleichzeitig ist es in all dem alt, was der Mensch bereits erlebt hat. Genauso wie sich das reine Wasser der Berge mit dem stehenden Wasser der Ebene vermischt, so ist das neue Jahr nicht ganz und gar neu, weil es von Menschen gelebt wird, die zu viele alte Dinge mit sich herumschleppen. Deshalb gelingt es ihnen nicht, ein neues Leben zu leben, obwohl alles neu ist. Das neue Jahr ist jungfräulich und unbefleckt, aber wo ergießt es sich hinein, bei wem zieht es ein? Die Vergangenheit, das heißt die Zustände und Ereignisse, die der Mensch durchlebt hat, wird in ihm aufgezeichnet und bleibt dort eingraviert. Deshalb ist es für ihn so schwierig, diese Einprägungen, Aufzeichnungen und Klischees der Vergangenheit zu löschen. Damit ihm das gelingt, braucht er ein umfangreiches Wissen, aber auch viel Geduld und Willenskraft.

Aber wenn ich von der Vergangenheit spreche, handelt es sich nicht nur um die Vergangenheit dieser Inkarnation, dieser Tage und Jahre, die man gerade durchlebt hat, sondern auch um andere Inkarnationen, denn der Mensch schleppt die Einprägungen seiner nahen und fernen Vergangenheit mit sich herum. Nur die Eingeweihten wissen, wie man an sich arbeitet, um sich von den Flecken der Vergangenheit zu säubern, die anderen ahnen nicht einmal, dass es da eine Arbeit zu verrichten gilt, damit alles Neue, das da kommt, nicht von dem Alten, Schimmligen oder Überholten angesteckt wird. Ihr seht, die Frage ist nicht so einfach, wie man sich das vorstellt. Leider denken die meisten Menschen nicht daran, dass es etwas zu studieren, zu vertiefen, zu verwandeln gibt. Sie warten mit jedem neuen Jahr in der festen Hoffnung darauf, dass ihnen dieses Jahr endlich das bringen wird, was sie sich wünschen: das große Los in der Lotterie, die Hochzeit mit einem Prinzen, die märchenhafte Erbschaft einer Großmutter oder eines Onkels aus Amerika. Andere suchen Tag und Nacht nach Formeln, die es ihnen ermöglichen, in Höhlen oder am Grund der Meere verborgene Schätze wieder zu entdecken. Man versucht immer in Illusionen zu leben, man sagt sich: »Das neue Jahr wird mir dies oder jenes bringen«, und man wartet. Aber das Jahr vergeht wie jedes andere, und manchmal noch schlimmer als die anderen. Man hat nichts ausgesät und erwartet, dass etwas keimt… Aber nichts ist jemals irgendwo einfach so gewachsen! Nur nachdem man gepflanzt hat, hat man das Recht, auf Früchte zu warten, sonst darf man nichts erwarten.

Wenn ihr gearbeitet habt, wenn ihr die Erde, eure eigene Erde bearbeitet habt, wenn ihr in euch etwas gesät und gepflanzt habt, dann ja, dann könnt ihr erwarten, dass euch das neue Jahr Freude, Glück und Frieden bringt, und selbst wenn ihr es nicht erwartet, wird es euch all das bringen. Aber wenn ihr niemals etwas gepflanzt habt und voller Hoffnung seid – dann ist das eine zweifelhafte Hoffnung, das kann ich euch versichern, denn sie basiert auf keinem Naturgesetz!

Das neue Jahr ist vom alten nicht absolut getrennt. Vielleicht nicht direkt, aber indirekt ist es immer mit ihm in Verbindung. Weil es neu ist, scheint das Jahr jungfräulich und frisch zu sein wie ein Kind. Von einem neugeborenen Kind sagt man, es sei unbefleckt und unschuldig. Ja scheinbar, denn dieses Kind ist nicht nur mit seinen Eltern, Großeltern und Urgroßeltern verbunden und auch mit der Gesellschaft und dem Zeitgeist, sondern es bringt auch die Einprägungen seiner vergangenen Leben mit sich und eines Tages kommt all dies auf die eine oder andere Weise hervor. Das neue Jahr ist jungfräulich, unschuldig, seine Kleider sind von einem makellosen Weiß, aber kaum kommt es in Berührung mit dem Menschen, färbt es sich; so wie das reine Wasser, das vom Himmel fällt, die Farbe der Umgebung annimmt, die es durchqueren muss.

Das Jahr, das man neu nennt, ist von Beginn an alt, denn es begegnet einem Menschen, der in seinen Gedanken, Gefühlen und Gewohnheiten bereits alt ist. Er hat nicht daran gedacht, die Gefäße, Töpfe oder Krüge zu reinigen, mit denen er das reine Wasser des neuen Jahres auffängt. Und doch lernt man genau das in jeder Küche. Wenn man sauberes Wasser in ein Gefäß gießen muss, wäscht man dieses und manchmal ist man sogar gezwungen, es auszukratzen, um allen möglichen Schmutz, der an den Wänden klebt, wegzubekommen, sonst wird das Wasser wegen des Gefäßes schmutzig. Sogar die Kinder wissen das. Aber wenn es sich darum handelt, in seine

Seele, in seinen Kopf, in sein Herz etwas Reines hineinzugießen, säubert sich der Mensch nie, er hat die Lektion, die er jeden Tag in seiner Küche anwendet, nicht gelernt. Er hat nicht verstanden, dass er auch im inneren Bereich den gleichen Regeln folgen muss: Alles, was bereits schmutzig ist, abweisen und nur das behalten, was rein ist.[1] Wie viele Dinge im Leben können uns diese Wahrheit begreiflich machen! In einem Haus zum Beispiel gibt es Bilder, schöne Möbel oder wertvollen Schmuck, die man jahrelang und manchmal sogar Jahrhunderte lang aufbewahrt, aber man entledigt sich all dessen, was keinen Wert hat. Und so ist es auch mit den Blumen, man bewahrt sie zwei, drei Tage auf, dann muss man sie ersetzen. Aber der Mensch glaubt, in seinem Inneren alles Hässliche, Schmutzige und Verdorbene ewig aufheben zu müssen.

Ja, meine lieben Brüder und Schwestern, man sollte das neue Jahr jetzt besser verstehen, es mit der tiefen Überzeugung empfangen, dass es ein lebendiges und reiches Wesen ist, das große Geschenke bringt und dass man, wenn man diese Geschenke empfangen will, in seinem Inneren zahlreiche Orte vorbereiten und diese unablässig säubern muss, um die alten Dinge zu verjagen, die sich im Herzen und im Kopf angesammelt haben. Sogar schon vor der Ankunft des neuen Jahres muss man im Inneren bereits einen Platz für es vorbereiten.

In der Kabbala heißt es auch, dass das neue Jahr von den Sternen beeinflusst wird und dass deshalb die Geburt eines Jahres vergleichbar ist mit der Geburt eines Kindes. Es ist die Geburt eines Lebens, das ein ganzes Jahr lang andauert. Wenn ein Kind geboren wird, erstellt man sein Horoskop nach dem Tag und der Stunde seiner Geburt, um den Ablauf der Ereignisse für sein ganzes Leben herauszufinden. So ist es auch für das Jahr: Der erste Tag bestimmt den ersten Monat, der zweite Tag den zweiten Monat, der dritte Tag den dritten Monat usw. Man sollte also wenigstens während der ersten zwölf Tage des Monats richtig leben, denken und fühlen, um eine intelligente, lichtvolle Basis zu schaffen, dank der die zwölf Monate auf die rechte Weise beeinflusst, bestimmt und empfangen werden.

Manche werden sagen: »Ich habe zwölf Monate lang mein Möglichstes gegeben, aber das Jahr war nicht gerade überwältigend.« Das kommt daher, dass ihr es mit den alten Dingen aus der Vergangenheit beeinflusst habt. Man muss alles in sich säubern, auskratzen, waschen und reinigen, aber man macht es nicht, daran denkt man nicht. Da es unmöglich ist, alles zu säubern, alles zu reinigen, aufgrund der vergangenen Jahrhunderte, wird das neue Jahr natürlich immer mit dem alten vermischt sein. Es ist unmöglich, eine hundertprozentige Verbesserung zu erreichen. Hundert Prozent bleibt den Gottheiten vorbehalten. Die Situation um fünfzig Prozent zu verbessern ist schon viel, sogar für die Schüler. Ja, fünfzig Prozent, das ist viel…

Nun bitte ich euch, wach, aufmerksam und Herr eurer selbst zu sein bei allem, was ihr während dieser ersten zwölf Tage tun werdet. Aber passt auf, denn gerade wenn man solche Entscheidungen trifft, kommen alle bösartigen Geister aus dem Inneren, um euch zu schmeicheln und euch zu hätscheln, um euch dazu zu bringen, genau das Gegenteil dessen zu tun, was ihr euch vorgenommen habt. Ihr dürft euch nicht beeinflussen lassen. Ich weiß, dass das nicht leicht ist, aber es ist schön, diese Arbeit auf sich zu nehmen. Das ist eine Übung, die eines Schülers würdig ist!

Wenn ihr euer Jahreshoroskop erstellen wollt, dürft ihr nicht Mitternacht als Ausgangspunkt nehmen, denn zur Mitternacht erhaltet ihr, trotz der Unterschiede der Längen- und Breitengrade, ein Horoskop für die ganze Menschheit und es wird nicht mit den Ereignissen übereinstimmen, die im Leben jedes Einzelnen geschehen können. Ihr werdet sagen, es sei möglich, dieses Horoskop mit dem Geburtshoroskop zu vergleichen, um die Ereignisse zu erklären. Ja, das kann man machen. Aber wenn man das Jahreshoroskop für jemanden individuell bestimmten möchte, muss man den Moment wählen, in dem er erwacht und zu handeln beginnt. Das ist der Moment seiner »Geburt«, der erste Tag des neuen Jahres. Wenn ein Mensch um elf Uhr morgens aufgestanden ist, nun, so muss das Horoskop für elf Uhr morgens gemacht werden, weil dies der Moment ist, wo er angefangen hat, sich zu regen, herumzuschreien, seine Frau zu fragen, wo seine Socken, sein Hemd und vor allem seine Manschettenknöpfe sind, die wie immer unauffindbar bleiben! Ja, das Leben jedes Einzelnen wird bestimmt von dem, was er am ersten Tag des Jahres beim Aufwachen zuerst gemacht hat.

Für uns, die wir eine Gemeinschaft sind, beginnt das Jahr jetzt, in dem Moment, in dem wir beten und singen. Danach solltet ihr den ganzen Tag über eure Gedanken und eure Worte wachen. Und wenn euch irgendwelche Worte auf der Zunge brennen, versteckt euch irgendwo, sprecht ein paar Worte aus, um euch zu erleichtern und kommt lächelnd zurück. Auch morgen solltet ihr euch in Acht nehmen, um so gute Bedingungen für den nächsten Monat vorzubereiten… Natürlich kann es sein, dass auch damit euer Jahr nicht absolut ideal verlaufen wird, denn, wie ich euch bereits sagte, ist die Gegenwart mit der Vergangenheit verbunden, das heißt, mit den vorangegangenen Jahren und auch mit den vorherigen Leben. Wenn ihr zum Beispiel jemandem Geld schuldet, kann es sein, dass er am ersten Tag des Jahres kommt und es zurückfordert. Er wird nicht bis zum Ende des Jahres warten. Vielleicht wird er genau an diesem Tag kommen… Und wenn ihr auf der Astral-Ebene Feinde habt, so werden sie auch nicht, nur weil heute der erste Januar ist, von euch ablassen und euch nicht bedrängen. Wie entledigt man sich seiner inneren Feinde? Das ist eine sehr wichtige Frage, denn ihr müsst wissen, meine lieben Brüder und Schwestern, der Mensch hat innere Feinde, und genau die sind seine schlimmsten Feinde.

Selbst wenn ihr keine absoluten Ergebnisse erzielt, wird das, was ich euch sage, immer von Nutzen sein, denn damit könnt ihr eure Situation verbessern und vor allem verhindern, dass sie sich noch verschlimmert. Jetzt können wir uns erheben und mit unseren Gebeten beginnen, wie immer. So tragen wir den ersten Tag des Jahres 1963 in die Register der Akasha-Chronik ein, indem wir diesen Tag im Gebet, in Anbetung, in Liebe und mit den Liedern verleben. Und der gütige und barmherzige Gott neigt sich über die Bruderschaft und gibt ihr die Möglichkeit, sich zu entfalten, ihr Licht in die ganze Welt hinaus zu senden, damit Sein Reich so bald wie möglich auf die Erde kommt und Frieden und Harmonie sich endlich unter den Menschen niederlassen! Wenn die Menschen auch zu sehr von ihren Angelegenheiten eingenommen sind oder sich zu häufig in den Nachtclubs und Kneipen herumtreiben, anstatt die Verwirklichung des Reiches Gottes auf Erden zu wünschen und zu erbitten, so mögen wenigstens ein paar Menschen danach streben!

Das ist für dieses Jahr eure Arbeit, die ihr machen sollt. Zuerst legt ihr dieses Ideal fest, dieses erhabene Ziel: Das Reich Gottes und seine Gerechtigkeit auf Erden zu verwirklichen,[2] und dann, immer wachsam und bewusst zu sein, um euch zu beobachten und zu sehen, ob ihr euch diesem Ideal nähert oder euch von ihm entfernt. Widmet dann all eure Kräfte und Fähigkeiten der Verwirklichung dieser Aufgabe. Dann folgen Verstand, Herz und Wille der gleichen Richtung. Der Verstand ist immer scharfsinnig, aufgeklärt, aufmerksam, wachsam und klar. Das Herz nährt dieses hohe Ideal, es wünscht es sich, es liebt es und steht immer mit ihm in Verbindung. Und der Wille macht sich an die Arbeit, um dem Herzen zu dienen, das sich das Beste wünscht, aber auch dem Verstand, der als Führer, Berater und Lehrer überwacht, aufklärt und lenkt. Unter diesen Bedingungen wird der Geist des Menschen immer triumphieren, wie immer die Hindernisse und Schwierigkeiten auch geartet sein mögen. Ob jetzt oder später, er wird triumphieren, weil diese drei maßgebenden Faktoren über äußerst mächtige Elemente verfugen, die wir noch nicht einmal kennen.

Wenn ihr nicht die Ergebnisse erzielt, die ihr euch wünscht, so deshalb, weil ihr diese drei Faktoren noch nicht vollständig eingesetzt, in Einklang gebracht und untereinander verbunden habt. Jeder arbeitet, aber nur für seine eigene Angelegenheit, ohne Bezug zueinander, ohne Harmonie. Wenn der Verstand verstanden hat, dass es großartig ist, sich zu den Höhen aufzuschwingen, die Gipfel zu erreichen, sich mit dem Schöpfer zu verbinden, hat das Herz seinerseits seine Vorlieben, seine Gelüste, seine Begierden, die in eine ganz andere Richtung gehen. Deshalb müsst ihr versuchen, es zu zügeln, es zur Vernunft zu bringen, zu lenken und zu führen. Es ist euch möglich, euer Herz dazu zu bringen, das zu unterstützen, was euer Verstand vernünftig, weise und nützlich findet, und euren Willen dazu, dies auszuführen.

Aber die meisten Menschen sind sich nicht einmal über das Vorhandensein dieser inneren Widersprüche, dieser Zerrissenheit, dieser Kriege bewusst, oder wenn es ihnen bewusst ist, akzeptieren sie es wie etwas Unabwendbares. Sie wissen nicht, warum das so ist. Sie haben noch keinen Führer gefunden, der ihnen rät, diese drei Kräfte, den Verstand, das Herz und den Willen zu vereinen und sie in die gleiche Richtung zu lenken. In Wirklichkeit kann der Mensch seine inneren Spaltungen beseitigen, indem er sich ein göttliches Ideal erschafft und ihm um jeden Preis folgen, es nähren und hegen und pflegen will, damit es von ihm Besitz ergreift, sich in ihm niederlässt, konkret wird und sich inkarniert, bis er schließlich mit diesem Ideal verschmilzt. Alle, die ohne Ideal sind, merken bald, dass sich all ihre Kräfte verzetteln und dass sie ihr Leben komplett verschwenden.

Leider findet man diesen wunderbaren Zusammenschluss, diese untrennbare Vereinigung von Verstand, Herz und Willen zur Verwirklichung eines Ideals am häufigsten bei Verbrechern. Unbewusst ist es ihnen gelungen, diese drei Faktoren zu vereinen, aber mit dem Ziel zu stehlen, zu töten oder zu zerstören. Und im Allgemeinen befindet sich zwischen diesen Kriminellen und den Eingeweihten eine große Menge von Menschen ohne wahre Orientierung, bei denen diese drei Faktoren nicht vereint sind oder gegeneinander kämpfen.

Es heißt in der Offenbarung: »Ach, dass du kalt oder warm wärest! Weil du aber lau bist und weder warm noch kalt, werde ich dich ausspeien aus meinem Munde«[3] (Offb 3,15). Diese Worte beinhalten eine ganze Wissenschaft: »Ach, dass du kalt oder warm wärest!«, das bedeutet: Sei für das Gute oder für das Böse, aber sei nicht unbestimmt, schwankend. Mögen dein Verstand, dein Herz und dein Wille, alle drei gemeinsam, wenigstens etwas verwirklichen. Der Himmel mag keine Verbrecher, aber wenigstens sind es starke, entschlossene, fähige Menschen, und der Himmel liebt diese Eigenschaften. Selbst wenn diese Menschen momentan Böses tun, sagt sich der Himmel: »Die dort werden wir schon noch umdrehen. Man wird ihnen einen kleinen Knüppel zwischen die Beine werfen, der sie zur Richtungsänderung veranlasst. Aber sobald sie sich lange darin geübt haben, ihr Herz, ihren Verstand und ihren Willen zusammenzubringen, sind sie wertvoll für uns, wir können sie gebrauchen.« Denn so sehr sie den Eifer, den Geist der Entschlossenheit und den Willen hatten zum Stehlen, zum Zerstören, zum Vernichten, so sehr werden sie ihn auch haben, um Gutes zu tun. Die Unentschlossenen, Schwachen hingegen tun vielleicht nichts Böses, aber sie sind auch unfähig, das Gute zu tun, und der Himmel kratzt sich am Kopf, weil er nicht weiß, wofür er sie einsetzen kann. Alles in ihnen ist unkontrolliert. Sie haben keine Überzeugung, jeder kann sie beeinflussen, und sogar die Schwarze Loge kann sich ihrer bedienen. Sie sind also gefährlich und deshalb heißt es, sie würden »ausgespien«, das heißt zurückgewiesen.

Wenn manche es weder innerlich noch äußerlich schaffen, etwas zu verwirklichen, so deshalb, weil die drei Kräfte Verstand, Herz und Wille entzweit sind. Es ist genauso wie in einer Familie: Wenn der Vater in eine Richtung, die Mutter in eine andere und die Kinder in eine dritte Richtung gehen, was geschieht dann? Diese Familie wird sich auflösen. Nun, dieselben Gesetze herrschen in der inneren Familie: Der Vater, der Verstand macht, was er will. Die Mutter, das Herz macht etwas ganz anderes und der Wille, das heißt die Kinder, die keinerlei Richtung haben, machen überall nur Dummheiten.

Meine lieben Brüder und Schwestern, ihr seid in einer Einweihungsschule, damit euch eine Menge neuer Wahrheiten bewusst werden, um euer Leben wieder in Ordnung zu bringen, es wiederherzustellen, es auszurichten und ihm eine göttliche Richtung zu geben. Macht einen Versuch, verbindet diese drei Faktoren und lenkt sie zu dem gleichen Ziel: die Erfüllung von Gottes Willen. Schafft Ordnung in euch selbst, in eurem Verstand, eurem Herzen, eurem Willen und ihr werdet sehen, wie sehr sich euer Leben verändert. Das heißt nicht, dass ihr nicht mehr von Wirbelstürmen und Erdbeben erschüttert werdet. Nein, solange ihr auf der Erde lebt, werdet ihr durchgerüttelt, aber das wird schnell vergehen und keine Spuren mehr hinterlassen, so wie in der Vergangenheit. Das Haus wird stehen bleiben, weil es aus widerstandsfähigen Materialien gebaut wurde. Vorher hingegen stürzte es beim geringsten Stoß gleich ein.

Ich mache euch keine großen Versprechungen, ich sage euch nicht, dass ihr alle Reichtümer, allen Ruhm und die Freundschaft aller Fürsten erlangen werdet, wenn ihr in die Lehre eintretet. Das Einzige, was ich euch sagen kann, ist, dass in eurem Bewusstsein eine Veränderung geschehen wird, wenn es euch gelingt, euren Verstand, euer Herz und euren Willen auf ein gleiches Ziel auszurichten. Diese Veränderung wird zuerst winzig sein, aber sie enthält im Keim Himmel und Erde. Erinnert euch, was Jesus über das Senfkorn sagte: »Das ist das kleinste unter allen Samenkörnern. Wenn es aber gewachsen ist, so ist es größer als alle Kräuter und wird ein Baum, sodass die Vögel unter dem Himmel kommen und wohnen in seinen Zweigen«[4] (Mt 13,32). Es kommt also nicht darauf an, ob das Samenkorn groß oder klein ist, sondern was zählt, ist seine Lebenskraft. Man kann das Senfkorn als einen Gedanken oder ein Gefühl auffassen, scheinbar kaum wahrnehmbar, die aber, wenn sie intensiv sind und man gute Bedingungen für sie schafft, die Macht haben, Gigantisches zu verwirklichen. »Sodass die Vögel unter dem Himmel kommen und wohnen in seinen Zweigen«, sagt Jesus. Die Vögel, das sind die Geister der unsichtbaren Welt, die kommen und uns besuchen und sogar in euch wohnen werden.

Ich mache euch also keine großen Versprechungen, ich sage euch nur, dass, wenn ihr mich gut versteht, wenn ihr das kleine Versprechen, das ich euch heute gemacht habe, mit Liebe aufnehmt, wenn ihr es pflegt, es nährt, dass dann ein großer Baum heranwachsen wird, in dem sogar die Engel Schutz suchen werden. Das Samenkorn, das ich euch heute gebe, ist der Gedanke, dass ihr die drei Faktoren Verstand, Herz und Wille zusammenschließen und ihnen ein gleiches Ziel geben sollt, denn nur unter diesen Bedingungen sind große Verwirklichungen möglich. Da diese Faktoren göttlichen Ursprungs sind, enthält jeder von ihnen unglaubliche Schätze und wenn sie einmal mit dem Himmel vereint und ihm angeschlossen sind, bleiben sie in ständiger Kommunikation mit ihm. Wenn der Verstand seine Wurzeln im Bereich des Himmels hat, nimmt sein Licht zu und er empfängt unaufhörlich Inspirationen und Offenbarungen. Wenn das Herz mit dem Himmel verbunden ist, wo es seinen Ursprung hat, trinkt es das Elixier des unsterblichen Lebens, trinkt es die Liebe und ist immer bezaubert, immer entzückt und wird weit wie das All. Und auch der Wille, der sich beständig übt, wird so mächtig, dass er alle Hindernisse überwindet. Wenn er mit dem Himmel verbunden ist, kann er mächtig werden wie Gott.

Man sagt, dass Einigkeit stark macht, aber diese Einigkeit wurde fast immer äußerlich verstanden, im sozialen, politischen oder militärischen Bereich: Man vereinigte sich, um zu zerstören, man vereinigte sich, um aufzubauen, aber es war immer eine äußere Einigkeit. Von nun an sollte man die Einigkeit innerlich verstehen. Wir sollten vereint sein durch unser Ideal, wir sollten vereint sein durch eine göttliche Idee, vereint durch unsere brüderliche Liebe, vereint in der Arbeit, die wir ausführen für die Verwirklichung des Reiches Gottes. Ja, in diesem Augenblick wird die Einigkeit zu einer außergewöhnlichen Kraft. Die äußere Einigkeit ist nicht schlecht, aber unvollständig. Die Menschen schließen sich für einen Moment zusammen und dann wird dieser Zusammenschluss aufgelöst und jeder kehrt wieder zu sich nach Hause zurück. Die Einigkeit hingegen, von der wir sprechen, die Einigkeit, die die wahre Kraft verleiht, hält ewig. Wenn ihr euch mit den Engeln, dem Himmel, eurem Höheren Ich vereinigt, ist es nicht nur für ein, zwei Tage oder nur für ein paar Jahre, ihr vereint euch nicht, um irgendein Ergebnis zu erzielen, nach dem ihr wiederum in Unwissenheit und Dunkelheit versinkt, nein, das ist eine Einigkeit für immer, für die Ewigkeit… Eben das solltet ihr begreifen.

Also, meine lieben Brüder und Schwestern, heute ist der erste Tag des Jahres und es sollte euch jetzt gelingen, euch wenigstens zwölf Tage lang aufmerksam zu beobachten, auf eure Worte, eure Gefühle, eure Gesten zu achten, und immer ausgerichtet auf das Reich Gottes und die Universelle Weiße Bruderschaft zu handeln. Selbstverständlich ist das sehr schwierig, weil immer unvorhergesehene Dinge geschehen. Aber wenn euer Bewusstsein gegenwärtig ist und überwacht, lenkt und Abhilfe schafft, könnt ihr eine ruhmreiche Arbeit, eine göttliche Arbeit ausführen. Es kann sein, dass ihr während dieser zwölf ersten Tage Versuchungen, Prüfungen, Einwirkungen von ganz niederen Geschöpfen unterliegt – das ist zu erwarten, ich verspreche euch nicht, dass während dieser zwölf Tage alles einfach sein wird, weder für mich noch für euch. Aber wenigstens können wir alle vereint, gemeinsam, uns gegenseitig helfen. Das Wichtigste ist die Verbindung, aber zuallererst die Verbindung unseres Herzens, unseres Verstandes und unseres Willens in uns selbst.

Eines Tages, wenn ihr einmal die Möglichkeit habt, alle Geschehnisse zu überprüfen, die sich in den verschiedenen Momenten eures Lebens ereigneten, werdet ihr feststellen können, dass die Minuten, die ihr mit der Bruderschaft in Meditationen, mit den Gesängen und Gebeten verbracht habt, die wichtigsten und kostbarsten eures Lebens waren. Heute seht ihr es nicht, ihr wisst es nicht, aber eines Tages wenn ihr die Dinge mit mehr Klarheit seht, werdet ihr verstehen, an welcher Arbeit ihr teilgenommen habt. In dem Augenblick werdet ihr sagen: »Gott sei gelobt! Gott sei gepriesen dafür, dass Er mir erlaubt hat, an diesem großartigen Werk teilzunehmen!« Und wenn man euch die Auswirkungen dieser Arbeit zeigen wird, die Wunder, die sich auf der ganzen Welt auf Grund dieser Arbeit ereignen, werdet ihr hingerissen sein, denn diese Arbeit, an der ich euch bitte teilzunehmen, wurde oben bereits von den Engeln, von den Gottheiten vollbracht und wir auf der Erde wollen nur eine kleine Tür öffnen, damit diese göttliche Arbeit auch auf der physischen Ebene Ergebnisse hervorbringen kann.

Sèvres, 1. Januar 1963 (morgens)

Anmerkungen

1. Siehe auch Band 9 der Reihe Gesamtwerke »Im Anfang war das Wort«, Kapitel 2: »Man füllt keinen neuen Wein in alte Schläuche«.
2. Siehe auch Band 25/26 der Reihe Gesamtwerke »Der Wassermann und das Goldene Zeitalter«, Kapitel 5 von Band 26: »Das Reich Gottes und Seine Gerechtigkeit«.
3. Siehe auch Band 4 der Reihe Gesamtwerke »Das Senfkorn«, Kapitel 8: »Ach, dass du kalt oder warm wärest!«.
4. Siehe auch Band 4 der Reihe Gesamtwerke »Das Senfkorn«, Kapitel 10: »Das Senfkorn«.

I

## Abschnitt 2

Also, meine lieben Brüder und Schwestern, ihr wartet darauf, dass ich noch etwas sage. Seid ihr nicht müde? Das ist unglaublich…! Seit heute Morgen sind wir bereits zehn Stunden zusammen… Ihr seid dabei, unermüdlich zu werden…

Heutzutage trifft man immer mehr müde Leute. Warum? Weil ihr Organismus überladen ist mit Unreinheiten, die sich angesammelt haben aufgrund der Nahrung, der Getränke, der verschmutzten Luft, aber auch aufgrund der groben Gedanken und Gefühle, denen sie sich hingeben. Man muss die Bedeutung der Reinheit in den verschiedenen Bereichen gut verstehen.[1] Wenn es dem Menschen gelingt, wirklich für Reinheit in all seinen Zellen zu sorgen, wird er ermüdungsfrei, wird er unsterblich. Ja, dann weicht der Tod zurück, er kann ihm nichts mehr anhaben. Auf diese Weise ist es manchen in der Vergangenheit gelungen, jahrhundertelang zu leben. Ihr werdet sagen, das sei nicht möglich. Doch, der menschliche Organismus ist darauf vorbereitet, selbst Tausende von Jahren standzuhalten, und wenn der Mensch heutzutage nicht so lange lebt, so liegt das an der Art und Weise, wie er lebt.

Manche Überlieferungen berichten, dass sich bei der Geburt eines Kindes drei Gottheiten versammeln, die über das Schicksal der Menschen herrschen und von den Griechen Parzen genannt wurden. Für andere Völker waren es Feen, die die Lebensdauer festlegten und dem Kind gute Eigenschaften oder Schwächen mitgaben. In Wirklichkeit gibt es weder Parzen noch Feen, denn das Schicksal eines Menschen wird schon lange vorher durch das Gute oder das Schlechte bestimmt, wofür er im Laufe seiner vorangegangenen Inkarnationen verantwortlich war. Ihr werdet fragen: »Aber wie wird das festgelegt?« Das geschieht ganz automatisch. Ja, das sind automatische Zuteilungen. Aufgrund seiner früheren Leben ist es notwendig, dass jene Person in jener Familie, in jenem Land, in jener Epoche geboren wird, in Übereinstimmung mit dem, was sie erfüllen muss, und automatisch wird alles ausgelöst, damit all das geschehen kann. Ihr geht in einen Lebensmittelladen, um Obst, Käse und Zucker zu kaufen und eine Maschine rechnet die Summe aus, die ihr bezahlen müsst. Oder ihr steckt ein paar Geldmünzen in einen Automaten, und es fallen ein Sandwich oder Bonbons oder Rasierklingen herunter... Und wenn die Menschen intelligent genug sind, um Automaten zu bauen, glaubt ihr, die unsichtbare Welt wäre nicht dazu imstande? Da oben wird alles verteilt, klassifiziert, gelenkt, niemand braucht sich den Kopf zu zerbrechen.

Es gibt keine Göttinnen, die das Schicksal der Menschen lenken, das war nur ein Bild, das die Eingeweihten im Altertum den Menschen gaben, um ihnen zu zeigen, dass alles von Geburt an vorherbestimmt ist. Ja, hier habt ihr eine große Wahrheit: Alles ist je nach den früheren Leben vorherbestimmt. Wie ist das möglich? Nun, im Menschen befinden sich »elektronische Geräte« und diese Geräte zeichnen alles auf, was er gemacht hat: Ob er gut oder böse gelebt hat, ob er die Gesetze geachtet oder übertreten hat... Ja, diese Maschinen kümmern sich um all das. Um anschließend den Menschen zu klassifizieren, wird nur ein Name eingegeben und in dem Augenblick schicken ihn bestimmte Wesen, die weder Parzen noch Feen sind, sondern noch höhere Wesen, in die eine oder in die andere Richtung.

In euch selbst hat die Natur Geräte eingebaut, die dann alles aufzeichnen, speichern, auswerten und festlegen, was ihr seid. Ihr bestimmt euch also durch euch selbst. Niemand anderer als ihr selbst hat das Recht, euch zu bestimmen, Voreingenommenheit und

Ungerechtigkeit wären die Folge. Die absolute Gerechtigkeit bedeutet, von sich selbst beurteilt zu werden, das heißt von dem, was in uns ist, denn ihr seid die Einzigen, die alles im Detail kennen: eure Beweggründe, eure Absichten… Niemand anderer als ihr kann das wissen. Ja, meine lieben Brüder und Schwestern, jeder von euch wird sich eines Tages selbst richten, die Geräte sind vom Schöpfer so gut in euch eingebaut, dass ihr euch nicht täuschen könnt.

Wenn die Astronomen extrem komplizierte Berechnungen anstellen müssen, für die sie Wochen brauchen würden, geben sie sie in einen Computer ein und in ein paar Sekunden sind diese Berechnungen gemacht. Für den Menschen gilt das Gleiche: Alle Daten für sein »Problem« werden aufgezeichnet und es erscheint ein Name, der zusammenfasst, was er ist, und dieser Name bestimmt automatisch seine folgende Inkarnation. Aber wenn ich sage »automatisch«, so soll das nicht heißen, dass es unbewusst, unintelligent geschieht. In der unsichtbaren Welt sind selbst die Geräte bewusst. Auf der Erde sind die Geräte nicht bewusst, aber oben ist alles bewusst, weil alles lebendig ist.

In der Natur findet man nichts als Aufzeichnungsgeräte und Sender: die Felsen, die Steine, der Sand… Ja, wenn ihr nur wüsstet, was jedes Sandkörnchen alles an Aufzeichnungen enthält! Man kennt noch kein Mittel, um sie zu entziffern, aber eines Tages wird es vielleicht gelingen: Man wird einen Stein aus Ägypten, aus Indien oder sogar aus Atlantis nehmen, den man aus den Tiefen des Meeres heraufholt und wird sich die Geschichte aller Epochen erzählen lassen, die er erlebt hat. Schon jetzt spricht man davon, die Töne aufzuzeichnen, die die Sonne und die Sterne aussenden. Alle Planeten, alle Sterne senden Töne aus. Deshalb sagten die Eingeweihten, dass alles in der Natur Musik ist, dass alles singt. Tatsächlich sind es die Steine, die uns die meisten Aufschlüsse liefern können. Alles andere ist verschwunden: Pflanzen, Tiere, Menschen mit ihren Entdeckungen sind verschwunden und es bleiben nur ein paar Steine, ein paar Metalle, aber das sind Überreste, die uns die Geschichte der Welt erzählen können. Das bedeutet wahre Archäologie! Man sollte diese Stücke entschlüsseln, indem man die Schwingungen aufnimmt, die sie aussenden.

Ihr habt eine Kassette, legt sie in den Kassettenrekorder ein und hört Symphonien. Wo befindet sich die Musik auf dem Magnetband? Ihr könnt es wiegen, im Mikroskop betrachten und es ist nichts zu sehen. Alles ist in der Magnetspur enthalten. Auf diese Weise erfolgen auch im Menschen die Aufzeichnungen. Das solltet ihr also wissen, denn wenn ihr es wisst, müsst ihr euch gezwungenermaßen überwachen und euch korrigieren. Die meisten Menschen meinen, sie könnten Böses tun, ohne dass jemand davon weiß und diese Gewissheit, ihre Handlungen verbergen zu können, hindert sie daran, sich weiterzuentwickeln. Den anderen Menschen gegenüber kann man natürlich vieles verbergen, aber sich selbst gegenüber kann man es nicht, denn man ist bei allem, was man sagt, was man tut, was man denkt, selbst dabei. Deshalb hat die Natur, die sehr intelligent ist, in den Menschen diese kleinen Geräte eingebaut, die fotografieren und aufzeichnen, ohne dass er davon weiß.[2] An dem Tag also, wo er versteht, dass Täuschung unmöglich ist, wird er ehrlich, endgültig ehrlich werden.

In der Vergangenheit konnten die Eingeweihten der Masse der Menschen diese Wahrheiten nicht offenbaren und sie sprachen deshalb zum Beispiel vom Auge Gottes, das immer da ist und uns beobachtet. In Wirklichkeit hat Gott etwas anderes zu tun, als sich die Abscheulichkeiten und Verbrechen anzusehen, die auf der Erde begangen werden. Wenn Er das alles sehen würde, wäre Er das bedauernswerteste Wesen, das es gibt. Gott sieht nicht alles, weil Er nicht alles sehen möchte. Ihr werdet sagen: »Also weiß Er nicht alles?« Doch, aber Er braucht nicht dabei zu sein. Wenn Er etwas wissen möchte, weiß Er es augenblicklich. Aber wenn Er das nicht möchte, wenn Er sich ein bisschen ausruhen möchte, sieht Er gar nichts mehr an und stellt das Telefon ab…! Wenn nicht, stellt euch vor, all die Bitten, die Er jeden Tag erhält! »Herr, gib mir Geld!« … »Herr, bring meinen Feind zur Strecke!« und sogar: »Herr, lass meinen Mann sterben, damit ich meinen Geliebten heiraten kann!« Deshalb hat er mir – im Vertrauen – gesagt, dass Er, um Ruhe zu haben, einfach das Telefon abstellt. Ihr werdet sagen, das widerspräche allem, was in der Bibel steht. Überhaupt nicht, aber um die verborgene Weisheit, die Tiefe und das Wissen in der Bibel zu verstehen, sind die Kenntnisse der Einweihungswissenschaft nötig.

In Wirklichkeit ist die Schöpfung besser ausgestattet, als man denkt. Gott hat Geräten und der ganzen Natur die Aufgabe übertragen, alles automatisch aufzuzeichnen. Denn warum sollte es Seine Aufgabe bleiben, die Menschen Tag und Nacht zu überwachen… und mit einem Notizblock und einem Bleistift überall herumzulaufen? Und stellen wir uns vor, dass er zum Beispiel ein Taschenmesser holen muss, um seinen Bleistift zu spitzen… In dieser Zeit hätte sich so viel ereignet, was Er gar nicht aufschreiben konnte! Nein, nein, meine lieben Brüder und Schwestern, das sind Erklärungen für die Kinder. Für die Eingeweihten ist Gott ein Geist, der überall lebt, aber der nicht alles sehen möchte, weil andere an seiner Stelle damit beauftragt sind, alles zu sehen. Und wenn Er etwas wissen möchte, ist das sehr einfach. Wenn ein Firmenchef Informationen über einen Angestellten braucht, fragt er seinen Sekretär, der die Datenbank befragt, und sofort hat er die Information. Warum sollte der Herr seine Zeit damit verbringen, Verbrechen zu überwachen und zu notieren? Glaubt ihr etwa, das wäre eine würdige Funktion für Ihn? All diese Engel und Erzengel, die Er erschaffen hat, tun nichts, und Er sollte alles machen? Oh nein, das kann nicht sein.

Heute überzeugt ihr die Menschen nicht mehr, wenn ihr ihnen sagt, dass Gott sie beobachtet und bestraft, denn viele unter ihnen, die überlegen, werden sagen: »Das ist unmöglich, Er wird nicht seine Zeit damit verlieren, mich zu beobachten bei meinem Tun«, und sie begehen weiterhin Verbrechen. Wenn ihr ihnen jedoch klar macht, dass alles im Menschen selbst liegt, aufgezeichnet und fotografiert und dass er danach eines Tages gerichtet wird, ändert das natürlich alles. Was ich euch heute sage, meine lieben Brüder und Schwestern, ist die reine Wissenschaft. Wenn ihr diese Wahrheiten kennt, habt ihr die magische Möglichkeit, euer Leben neu zu erschaffen, eure Zukunft zu verwandeln. Wenn ihr ein wenig in euren Archiven sucht, werdet ihr sehen, dass ihr verleumdet und gelogen habt, dass ihr egoistisch und bösartig wart und dass dies alles aufgezeichnet ist. Also versucht jetzt augenblicklich etwas Gutes, Edles, Lichtvolles aufzuzeichnen, denn auf diese Weise werdet ihr zu Schöpfern eures Schicksals.

Ihr werdet fragen: »Aber, diese Aufzeichnungsgeräte, die im Menschen eingerichtet wurden, wie sehen die denn aus?« Das ist eine winzige Filmspule, ein Atom, und auf diesem Atom zeichnet sich alles auf. Ihr werdet sagen, das sei nicht möglich. Doch, das ist möglich, seht doch: Die ersten Radiogeräte waren riesengroß. Aber jetzt findet man immer mehr die Möglichkeit, sie zu verkleinern und statt Drähte zu verwenden, werden Platten mit elektrischen Leiterbahnen gebaut und der Strom fließt genau in diesen vorgegebenen metallenen Leiterbahnen. Es gelingt also, die Geräte immer kleiner und leichter zu bauen und eines Tages kann man vielleicht ein Fernsehgerät in die Tasche stecken. Nun, die Natur hat den Menschen noch übertroffen: Sie hat diese Filmspulen so verkleinert, dass sie sie auf Atomgröße reduziert hat. Wenn ein Mensch stirbt, stellt er dieses Atom seinen Richtern vor und der ganze Film seines Lebens beginnt abzulaufen. Das Schreckliche daran ist, dass der Mensch mitten unter unnachgiebigen Richtern dem selbst beiwohnt und eine Menge Dinge wieder sieht, an die er sich nicht mehr erinnerte.

Manche Bücher wie das ägyptische Totenbuch zum Beispiel erzählen, wie die Seele sich vor den Richtern der Unterwelt präsentiert, um dort ihren Urteilsspruch anzuhören. In Wirklichkeit sagen die Richter gar nichts, sie sind schweigende Wesen. Und woher erfährt der Mensch seinen Urteilsspruch? Aus seinem Inneren. Sein eigenes Urteil verdammt oder lobpreist ihn. Und wer ein wirklich vollkommenes Leben geführt hat, stellt sich nur seinen Richtern vor und sagt: »Ich bin rein, ich bin rein, ich bin rein, so rein wie der Phönix von Heliopolis«. Er zittert nicht, er sieht sie an und sagt einfach: »Ich bin rein.« Denn er hat bereits vor langer Zeit über sich selbst geurteilt. Aber die anderen, die nicht wissen, was sie sind und die alles vergessen haben, sehen den ganzen Ablauf ihres Lebens und dieser Ablauf enthält bereits ihren Urteilsspruch.

Also, meine lieben Brüder und Schwestern, glaubt mir, das ist die reine Wahrheit, und ihr werdet übrigens auch die Wirklichkeit dieser Beobachter, dieser Richter erkennen, die in euch sind. Ich spreche heute darüber, damit ihr mit dem Beginn des neuen Jahres daran denkt, nur positive und lichtvolle Gedanken, Gefühle und Handlungen in euch aufzuzeichnen.

Heute Abend gleicht ihr Bienen, die mit Pollen beladen sind und ihr werdet den köstlichsten Honig zubereiten, um die Geschöpfe oben zu ernähren. Ja, diejenigen sind Bienen, die wissen, wie man Honig zubereitet, die daran arbeiten, für den Herrn den Honig zuzubereiten. Und man braucht Bienen, denn nur sie kennen die Regeln der neuen Gesellschaft, der neuen Bruderschaft. Die Bienen bringen uns eine umfassende Lehre. Indem die Schüler für die Universelle Weiße Bruderschaft arbeiten, werden sie zu Bienen, die den Honig in Harmonie und Reinheit zubereiten.

Ein gutes und lichtvolles neues Jahr, meine lieben Brüder und Schwestern!

Sèvres, den 1. Januar 1963 (nachmittags)

Anmerkungen

1. Siehe auch Band 7 der Reihe Gesamtwerke »Die Reinheit – Grundlage geistiger Kraft«, Kapitel 4: »Die Reinheit in den drei Welten«.
2. Siehe auch Band 12 der Reihe Gesamtwerke »Die Gesetze der kosmischen Moral«, Kapitel 17: »Das ätherische Doppel – Neue Muster vorgeben«.

## II

Also, meine lieben Brüder und Schwestern, habt ihr bemerkt, dass der Frühling kommt? Dass es noch ein paar neblige, kalte Tage gibt, das ist nicht wichtig: Der Frühling wird bald da sein. Wenn ihr vor Kälte zittert, reicht es dann nicht aus, um euch mit Freude zu erfüllen, wenn ihr denkt: »Pah, das dauert nicht an, der Frühling wird kommen!« Und auch er dauert nicht an, aber das macht nichts. In Bulgarien nennen wir den Frühling »Baba Marta« (Großmutter Marta), weil der Monat März einer alten mürrischen Frau gleicht: Er schickt oft Regen, Wind und Hagel. Und schließlich, was hat man eigentlich vom Frühling verstanden? Nicht viel, er ging zu schnell vorbei. Nach dem Frühling kommt der Sommer, der zu heiß ist, und dann der Winter, der zu kalt ist…! Der Herbst ist letztlich die beste Jahreszeit. Vielleicht nicht in allen Ländern, das ist klar, aber in bestimmten Gegenden wie der Côte d'Azur gibt es im Herbst die klarsten, am meisten ausgeglichenen Tage, und was für wunderschöne Farben!

Was ist im Leben des Menschen die beste Jahreszeit? Der Frühling geht sehr schnell vorbei, der Sommer ist überschäumend, von Leidenschaften bewegt. Im Herbst schließlich wird alles friedlich, das ist das beste Alter im Leben, wo der Mensch, nun endlich Herr über sich, fähig ist, Früchte hervorzubringen: Das ist Reichtum und Überfülle. Was den Winter betrifft, sprechen wir nicht davon, das ist die Jahreszeit der Kälte, der Kargheit. Natürlich ist der Winter nicht absolut schlecht, alles hängt davon ab, wie der Mensch während der vorangegangenen Jahreszeiten gelebt hat. Der Winter ist, wenn ihr so wollt, die Wahrheit. Von diesem Gesichtspunkt aus betrachtet, kann man übrigens sagen, dass die Kindheit (der Frühling) das Leben ist. Die Jugendzeit (der Sommer) ist die Liebe. Die Reife (der Herbst) ist die Weisheit. Und schließlich das Alter (der Winter) ist die Wahrheit… für viele die leider traurige Wahrheit! Denn in dem Augenblick, in dem sie auf die andere Seite hinübergehen müssen, können sie sich keine Illusionen mehr machen: Sie merken, dass sie nichts zustande gebracht haben, dass sie die Leute in die Irre geführt haben und dass man sie nicht liebt. Aber jetzt ist es zu spät, man muss gehen. Oh ja, die traurige Wahrheit! Für die Eingeweihten jedoch ist es die beste Wahrheit: Während des Winters stoßen sie Seufzer der Erleichterung aus.

Also ihr seht: das Leben, die Liebe, die Weisheit und die Wahrheit. Es ist sehr interessant festzustellen, wie diese vier Begriffe den verschiedenen Lebensaltern des Menschen entsprechen.

Aber kehren wir zum Frühling zurück. Mit der Ankunft des Frühlings kommt es in der ganzen Natur zu großen Veränderungen. Das Gras, die Blüten, die Bäume, die Quellen, die Bäche, alles treibt, sprudelt, fließt. Die Vögel singen, die Insekten fliegen. Die Tiere, die sich während des Winters versteckt hielten, sind wieder unterwegs. Es wird wärmer und auch die Menschen sind glücklich, wieder hinausgehen und spazieren gehen zu können. Der Frühling ist die Zeit der größten Poesie. Keinem Dichter, keinem Maler ist es gelungen, diesen Reichtum, diese Schönheit des Frühlings zum Ausdruck zu bringen.

Weil sie das wissen, bilden sich die meisten Menschen ein, sie wüssten, was der Frühling ist. Nein, der Einweihungswissenschaft zufolge bleiben noch viele Dinge, die man wissen und verwirklichen sollte, denn der Frühling, der wahre Frühling ist im Universum nicht nur diese kurze Zeitspanne von drei Monaten in einem Jahr oder fünfzehn Jahren im Leben des Menschen. Schaut einmal, was in einem Baum im Frühling geschieht: Mit dem Saft setzt sich eine Kraft, eine Energie in Bewegung, um aufzusteigen. Während des Winters schlief sie in den Wurzeln, unter der Erde und jetzt möchte sie herauskommen, sich manifestieren, sich entfalten in Form von Blättern, Früchten, Farben und Düften.

Die gleichen Phänomene manifestieren sich auf verschiedenen Ebenen sowohl in der Natur als auch im Menschen. Bei den Menschen, wie wir gesehen haben, ist der Frühling die Kindheit. Die Kinder sind immer in Bewegung, aufgrund dieser Energien, die in ihnen sprudeln und die sich ihren Weg suchen. Die Alten hingegen, in denen sich das Leben zurückzieht, erstarren immer mehr in Unbeweglichkeit. Auch die Phasen des zunehmenden und abnehmenden Mondes stellen ein ähnliches Phänomen dar und die Frauen übrigens, die jeden Monat von diesen Veränderungen betroffen sind, können sich zu diesem Thema viel besser äußern als die Männer. Während vierzehn Tagen nimmt der Mond zu und während der vierzehn folgenden Tage nimmt er ab. Wenn ihr euch während der vierzehn Tage des zunehmenden Mondes beobachtet, werdet ihr feststellen, dass die physischen und psychischen Energien, die die Natur in euch hineingelegt hat, euch helfen, euch als bewusster, aktiver, unternehmungslustiger, willensstarker Mensch zu manifestieren. Danach, während der vierzehn Tage des abnehmenden Mondes, fühlt ihr, dass eure Energien mehr die Tendenz haben sich zurückzuziehen, um die Wurzeln zu ernähren, das heißt den Magen, die Geschlechtsorgane: Appetit und Sinnlichkeit nehmen zu und ihr braucht mehr Ruhezeiten.

Diejenigen, die sich beobachtet haben, konnten bei sich diesen Wechsel in Verbindung mit den Jahreszeiten und den Mondphasen feststellen. Man kann also sagen, dass sich das Leben bewegt. Während des abnehmenden Mondes steigt es zu den Eingeweiden hinab, während des zunehmenden Mondes hingegen steigt es zum Gehirn auf. Dieses Aufsteigen und Absteigen manifestiert sich auf zahlreichen Gebieten, auf zahlreichen Ebenen. Das Leben beim Kind zum Beispiel erscheint zuerst ganz im Äußeren, beim alten Menschen hingegen zieht es sich ins Innere zurück. Das soll nicht heißen, dass es verschwindet, nein, es dauert fort und sogar wenn der Mensch stirbt, inkarniert er sich von neuem wieder auf der Erde, wird wieder zu einem Baby, das schreit und alle um es herum beeilen sich, es zu streicheln und zu umarmen. Niemand denkt mehr daran, dass es einmal ein unangenehmer, mürrischer und griesgrämiger Kerl war, der allen Menschen auf die Nerven ging. Das Leben ist so aufgebaut: Frühling – Winter, zunehmender Mond – abnehmender Mond…

Da diese Schwankungen überall existieren, ist es besser, sie zu kennen, um intelligenter handeln zu können, wenn sie auftreten. Es ist zum Beispiel besser, sich nicht in neue Unternehmungen zu stürzen, während der Mond abnimmt, denn diese könnten misslingen oder auf Hindernisse stoßen. Aber wenn ihr euch von einer Schwäche, einer Untugend, einer Sorge oder von quälenden Gedanken befreien möchtet, könnt ihr genau diese Zeitspanne wählen und sagen: »So, wie der Mond gerade abnimmt am Himmel, so möge dies oder jenes in mir abnehmen und verschwinden.« Und das ist zudem weiße Magie. Während des zunehmenden Mondes hingegen kann man Formeln aussprechen, um seine guten Eigenschaften zu verstärken, bestimmte Erfolge zu erlangen und in der Fülle zu leben.

Aber das sind Fragen, die ich für später aufbewahre, denn solange ihr noch nicht dem richtigen Weg folgt und Herr eurer selbst seid, weiß ich, dass ihr Gefahr lauft, diese Kenntnisse für das Böse einzusetzen, und ich möchte dafür nicht verantwortlich sein. Ich kann euch vieles offenbaren, aber ihr müsst mir Beweise für eure Uneigennützigkeit liefern und für euren Willen, gut zu arbeiten. Ein Eingeweihter kann keine Reichtümer, die er zum Preis großer Anstrengungen, großer Schwierigkeiten, großer Prüfungen erworben hat, Menschen geben, die nicht ganz klar ein göttliches Ziel anstreben.

Nun, gehen wir noch einen Schritt weiter. Auf der Erde, das ist wahr, ist man immer Schwankungen ausgesetzt: Der Himmel ist blau, die Sonne scheint, aber von einem Moment auf den anderen kommen Wolken, die sich zwischen die Sonne und uns schieben und schon sind wir in Kälte und Finsternis getaucht. Das gilt für die physische Ebene und es gilt auch für die spirituelle Ebene. Als die Menschen im Paradies lebten, war alles einfach für sie. Aber als sie begannen, sich vom Paradies zu entfernen, um in die Materie hinabzusteigen, fanden sie Kälte und Dunkelheit, Krankheit und Tod. So erklärt uns die Einweihungswissenschaft die Bedingungen, in denen wir zurzeit leben.

Doch es existiert im Universum auch eine Region, die aus einer ätherischen, lichtvollen, strahlenden Materie besteht, wo ewiger Frühling herrscht. Dort scheint ununterbrochen die Sonne, die Vögel singen, die Blumen erfüllen die Atmosphäre mit Wohlgeruch. Auf der physischen Ebene ist es euch natürlich unmöglich, dem Wechsel der Jahreszeiten und der glücklichen oder unglücklichen Ereignisse zu entgehen, aber kraft eurer Gedanken könnt ihr euch bis zu dieser Region des Ewigen Frühlings erheben. Denn dieser ewige Frühling existiert… Wenn es euch gelingt, die erhabenen Regionen zu erreichen, wird sich nichts mehr zwischen die Sonne und euch stellen und ihr werdet immer erhellt, erwärmt, belebt… überglücklich sein.

Auf Bulgarisch heißt der Frühling »prolet«. Es gibt übrigens ein Lied von Meister Peter Deunov, »Proletna pessen«: »Das Lied des Frühlings«, in dem es heißt: »Prolet, Prolet e doschla«: »Der Frühling, der Frühling ist da!« Im Englischen benutzt man das gleiche Wort für Frühling und für Quelle: »spring«, und das ist sehr tiefgründig. Der Frühling ist wirklich eine Quelle, die hervorsprudelt, die den Durst löscht, die alles wachsen lässt. Und im Ewigen Frühling leben heißt, eine erhabene Philosophie zu haben, die euch lehrt, ein Wesen zu sein, das immer hervorsprudelt, strahlt, das überall, wo es vorübergeht, schöpferisch tätig ist und das Leben neu erwachen lässt.

Wenn ich einen gelehrten, gebildeten Menschen treffe und ich sehe, dass er finster ist, ohne Ausstrahlung, ohne Wärme, ohne Licht, ohne Ausdruckskraft, weiß ich, dass dieser Mensch ein Egoist ist, der einzig mit seinem eigenen Ruhm beschäftigt ist und der nicht im Frühling lebt. Aber wenn ich jemanden sehe, der Wärme, Licht und Freude ausströmt, sage ich mir: »Ah, das ist der Frühling, er lebt im Frühling!« Ja, im Frühling zu leben heißt, immer strahlend, lichtvoll und ausdrucksstark zu sein, das heißt, aus sich heraus das Leben hervorsprudeln zu lassen, um endlich alle Geschöpfe zu tränken, zu erquicken und fruchtbar zu machen. Man trifft Millionen von Menschen, deren einziges Ziel, deren einziger Antrieb es ist zu nehmen, an sich zu reißen, anzuhäufen. Es wimmelt nur so von ihnen auf der

Erde. Hingegen sieht man sehr wenige Menschen, die den Frühling in ihrem Inneren tragen, aber wenn man sie trifft, ist man entzückt und voller Freude. Durch den Blick eines Menschen, durch sein Lächeln, durch seine Worte, durch seine Ausströmungen hindurch zu fühlen, was der Frühling ist – dieser Bewusstseinszustand, wo alles sprudelt, alles sich entfaltet, alles Düfte ausströmt, wo die Vögel singen, wo die Flüsse strömen – das ist wundervoll!

Wie ist es nun möglich, ununterbrochen im Frühling zu leben, trotz des Winters, trotz des abnehmenden Mondes, trotz der Krankheiten, des Alters und der Sorgen? Nun, alles hängt davon ab, ob ihr genug Licht in euch tragt, um zu verstehen, dass ihr euch innerlich über all diesen Veränderungen halten, über den Wolken schweben, im Licht fliegen könnt.[1] Genau das ist der ewige Frühling. Sonst seid ihr an einem Tag gut drauf und lacht, und am nächsten Tag seid ihr unangenehm und mürrisch… Oh ja, da kann man Veränderungen erleben! Nein, man sollte ununterbrochen im gleichen Zustand des Strahlens, des Hervorsprudelns, der Güte, der Liebe sein, alle Tage, ununterbrochen, jahrelang. Erst wenn ihr in euch selbst diesen wunderbaren Zustand verwirklicht habt, dann habt ihr wirklich verstanden, was der Frühling ist.

Ich kann natürlich noch nicht sagen, dass ich das erreicht habe, aber was sicher ist, das ist die Tatsache, dass ich mich darum bemühe, mich übe und daran arbeite. Und versucht auch ihr jetzt, den Frühling in euch zu verwirklichen. Beschäftigt euch nicht damit, den absoluten Erfolg zu haben: Beginnt einfach mit der Arbeit und ihr werdet spüren, dass die Pflanzen sprießen, das Gras wächst, die Vögel singen, die Menschen sich an die Arbeit machen… Es gibt so viele Bilder zu interpretieren.

Kehren wir nun zu dem Bild des Baumes zurück, das ich euch vorhin ganz am Anfang gegeben habe. Wenn sich im Winter das Leben in die Wurzeln zurückzieht, ist der Baum schwarz, nackt, unangenehm anzuschauen, ohne Blüten, ohne Schönheit, ohne Duft, niemand nähert sich ihm. Sobald jedoch das Leben in ihm aufzusteigen beginnt, nähern sich alle, vor allem die Kinder und die Vögel. Über die Lehre, die man daraus ziehen kann, sollte man meditieren. Wenn ihr Leute seht, wie sie immer mehr in ihre Wurzeln hinabsteigen, das heißt, den ersten Platz ihren Begierden, Leidenschaften und Vergnügungen einräumen, bedeutet das, dass sie bereits auf den Winter zugehen. Und je weniger schön, lichtvoll, farbenfroh und lebendig sie sind, desto mehr beginnen sich die anderen von ihnen fernzuhalten. Da gibt es kein Wenn und Aber. Leider werden sie die Letzten sein, die verstehen, warum man sie verlässt: Sie sind Bäume ohne Blätter und ohne Blüten, das ist alles. Sie waren dumm genug, in sich selbst den Winter einziehen zu lassen.

Von nun an solltet ihr euch also von dieser Philosophie des Abstiegs, des Niedergangs, des Begrabenseins entfernen, um wieder in andere Regionen, in andere Aktivitäten aufzusteigen.[2] Denn das ist der Frühling: Das Aufsteigen der Energien. Sobald ihr sie in niedere Tätigkeiten abfließen lasst, lebt ihr im Winter, und selbst wenn ihr imstande seid, alle möglichen wissenschaftlichen Erklärungen zum Frühling abzugeben, habt ihr in Wirklichkeit nichts vom wahren Frühling verstanden. Merkt euch Folgendes gut: Solange ihr eure Energien und eure Liebe auf prosaische und egoistische Beschäftigungen konzentriert, könnt ihr nur stagnieren, denn ihr werdet in den Winter eintreten mit Kälte, Dunkelheit und Lähmung. Man hat euch die Frage des Frühlings und des Winters niemals auf diese Weise dargestellt? Und dabei ist es ganz einfach: Im Winter fließt die Energie zu den Wurzeln hinab und im Frühling steigt sie wieder in Richtung Wipfel auf. Warum hat man nicht erkannt, dass sich das gleiche Phänomen in unserem spirituellen Leben zeigt?

Videlinata (Schweiz), den 2. März 1981

Anmerkungen

1. Siehe auch Band 7 der Reihe Gesamtwerke »Die Reinheit – Grundlage geistiger Kraft«, Kapitel 9: »Man muss sich erheben, um die Reinheit zu finden« und Band 10 der Reihe Gesamtwerke »Sonnen-Yoga – Die Herrlichkeit von Tiphereth«, Kapitel 10: »Steigt über die Wolken! – Die Sephira Tiphereth«.
2. Siehe auch Band 221 der Reihe Izvor »Alchimistische Arbeit und Vollkommenheit«, Kapitel 2: »Der menschliche Baum«.

## III

Ihr erwartet, dass ich zu euch spreche, aber was wollt ihr denn noch mehr? Seht doch, die Natur hat bereits zu allem gesprochen. Habt ihr bemerkt, dass sich überall um euch herum etwas ereignet, was man Erneuerung nennt…? Ah! Habt ihr es bemerkt…? Das ist herrlich. Man fühlt, dass sich alles regt, wie eine neue Welle, die aufbrandet und sehr bald – was für ein Schmuck wird da auf der ganzen Erde sein mit all den Blumen, Bäumen und Vögeln…! Das ist eines der großartigsten Phänomene des Lebens: die Erneuerung.

Jedes Jahr erneuert sich alles. Ja, alles außer den Menschen! Die Menschen selbst bleiben, wie sie sind, sie bringen sich nicht in Einklang mit dieser Erneuerung. Sie fühlen, dass etwas in der Luft liegt, aber sie lassen sich nicht davon beeinflussen. Sie sollten jetzt lernen, ihre inneren Türen und Fenster zu öffnen, damit dieses Leben sie durchdringen und erfüllen kann. Das ist das Wichtigste, was ich euch heute Morgen sagen kann. Denn es ist schade, dass diese Erneuerung nur in der Natur geschieht und dass die Menschen, die zu sehr auf die alten Dinge konzentriert sind, es kaum bemerken. Man sollte frei sein, ungebunden und vorbehaltlos mit offenen Armen dieses neue Leben aufnehmen. Natürlich ist jeder unbewusst ein ganz klein wenig aufgerüttelt, vor allem die jungen Leute. Sie wissen nicht, was mit ihnen passiert, aber sie spüren plötzlich neuen Schwung, das Bedürfnis zu lieben. Diese Stimme, die da ertönt und die allen Samen, der ganzen Saat sagt: »Kommt, erwacht, beginnt auszutreiben«, hat eine erstaunliche Kraft, aber die meisten Menschen, die dieser Stimme gegenüber taub sind, bleiben unbeweglich und stagnieren.

Für einen Eingeweihten ist diese Zeit der Frühlings-Tagundnachtgleiche sehr bedeutsam. Er versteht es, sie für eine umfangreiche Arbeit der Reinigung, der Erneuerung zu nutzen, und genau das bedeutet Auferstehung. Ja, es genügt nicht festzustellen, dass die Vögel singen, dass die Blumen sprießen und dass die Leute ein bisschen fröhlicher sind. Es gilt eine große Arbeit auszuführen, die Arbeit der Erneuerung. Jeden Morgen, wenn ihr zum Sonnenaufgang geht, solltet ihr nichts anderes im Kopf haben als diese Erneuerung. Lasst also alle anderen Themen beiseite, alles, was schon alt und überholt ist, um endlich das neue Leben aufzunehmen und in Kommunikation mit diesem großen Strom zu treten, der aus dem Herzen des Universums kommt.

Meine lieben Brüder und Schwestern, freut euch, der Frühling ist da, singt, tanzt! Manche werden sagen: »Aber für uns ist er vorbei, der Frühling, das ist etwas für die Jugend.« Wenn ihr so denkt, schneidet ihr euch selbst vom Leben ab. Alle sollten in Einklang mit dieser Erneuerung schreiten, denn hier wird keine Unterscheidung zwischen Jung und Alt gemacht. Habt ihr schon einmal alte Bäume sagen hören: »Oh, wisst ihr, wir haben das Alter des Aufblühens und des Grün-Werdens bereits hinter uns, wir überlassen das jetzt den jungen Bäumen«? Nein, auch sie bedecken sich im Frühling mit Blüten und Blättern. Also, sogar die alten Großmütter, sogar die alten Großväter sollten sich einreihen, hüpfen, springen und tanzen – wenigstens symbolisch – und alles wird besser werden.[1]

Wie sollte man nicht wahrnehmen, dass die ganze Natur an uns denkt? Jeden Frühling wieder schickt sie uns alles, was wir brauchen an Energien und Anregungsmitteln für das ganze übrige Jahr, und es liegt an uns, sie nicht einfach vorbeiziehen zu lassen, ohne etwas davon zu nehmen.

Ihr habt heute Morgen beim Sonnenaufgang bereits viel empfangen, was soll ich da noch hinzufügen? Ich bin da, um bestimmte Phänomene zu interpretieren, euch Erklärungen zu geben, euch die Richtung zu weisen, aber wer kann sich mit der Sonne vergleichen? Seht nur die Arbeit, die sie an all diesen kleinen Samenkörnern macht, die noch schliefen! Sie sagt zu ihnen: »Aber worauf wartet ihr noch? Ihr müsst jetzt etwas schaffen. Auf, an die Arbeit!« – »Aber wir sind klein, wir sind schwach…« – »Nein, nein, versucht es, ihr werdet schon sehen, ich werde euch helfen.« Und dann fassen sich all die kleinen Samen ein Herz. Jeden Tag erwärmt sie die Sonne, streichelt sie, spricht zu ihnen und nach einiger Zeit sieht man wunderbare Blumen hervorkommen, deren Gegenwart Dichter, Maler und Musiker suchen, um sie zu bewundern und inspiriert zu werden. Warum sollte nicht dasselbe mit uns geschehen?

Wir sind Samenkörner, die irgendwo in die spirituelle Erde eingepflanzt wurden, und unter den Strahlen der Sonne können wir so wunderbare Farben und Düfte hervorbringen, dass selbst die Gottheiten in Ekstase geraten werden. Was ist eine Blume? Sie kann weder singen noch tanzen, noch Geige spielen und dennoch geraten sogar Sänger, Tänzer, Geigenspieler vor ihr in Ekstase. Und wenn wir es nun verstehen, so zu werden wie die Blumen, warum sollten dann die Gottheiten, die doch so hoch über uns stehen, nicht auch kommen und in Ekstase geraten? Sie werden sagen: »Oh, was für schöne Blumen!«, und sie werden sich um uns kümmern, um uns noch reiner, lichtvoller und duftender zu machen.

Das also ist die nahende Erneuerung, Regeneration und Auferstehung, und eben dieser Vorgang ist es, der uns interessiert. Alles andere sollte beiseite gelassen werden. Diese Zeitspanne der Frühlings-Tagundnachtgleiche ist eine der wichtigsten des Jahres, und die Auferstehung Jesu wurde deshalb auf diesen Zeitpunkt gelegt, weil es sich in Wirklichkeit um die Auferstehung der ganzen Natur handelt, die schon lange vor Jesus gefeiert wurde. Nur ging im Laufe der Jahrhunderte das Licht der Einweihung immer mehr verloren und die Christen wissen nicht mehr, wie sie die Auferstehung verstehen sollen.

Dass unzählige Wesen, die bereits seit Tausenden von Jahren tot sind, mit ihrem physischen Körper wieder auferstehen sollen – das ergibt doch überhaupt keinen Sinn! Was für eine Geduld muss denn der Göttliche Geist aufbringen, um sie über diese ganze Zeit hinweg an jeglicher Bewegung zu hindern, ohne den geringsten Nutzen für die kosmische Ökonomie! In Wirklichkeit bleibt nichts im Leben ohne Bewegung. Alles bewegt sich, alles verwandelt sich, alles tauscht den Platz, und selbst die Partikel der faulenden und zerfallenden Körper verteilen sich, um in die Erde, das Wasser, die Luft überzugehen, und vielleicht sind sie eines Tages sogar Teil der Körper anderer Menschen. Oh je, was für ein Problem ergibt sich da am Ende der Zeiten, wenn man die einen Menschen zerstören muss, um die anderen wieder herzustellen! Ihr seht, das ergibt keinen Sinn. Um welche Auferstehung handelt es sich also?[2]

Nehmen wir das Beispiel von Jesus. Hat er Tausende von Jahren abgewartet, um aufzuerstehen? Nein, er hat nicht gewartet. Er hat also die Dogmen der Kirche durchbrochen, er war ein Ketzer, und wenn ich ihn treffe, werde ich ihn darauf hinweisen…! Tatsächlich, und das sagte ich euch bereits, offenbarte man in allen Einweihungsheiligtümern der Vergangenheit – und sogar schon lange vor Jesus – den Schülern, wie man aufersteht, um Unsterblichkeit zu erlangen. Die Eingeweihten erforschten die Auferstehung zuerst in der Natur, die immer ihr Führer war. Sie beobachteten die Natur und mithilfe der Metamorphose der Raupe in einen Schmetterling oder des Samenkorns, das sterben muss, um Frucht zu tragen, verstanden sie die Lehren der Natur.

Jesus sagte: »Wer sein Leben erhalten will, der wird's verlieren. Wer aber sein Leben verliert um meinetwillen, der wird es finden« (Mt 16,25).[3] Ja, der Begriff Auferstehung ist verbunden mit dem des Todes, des Zerfalls: Man kann nicht auferstehen, wenn man nicht das Arkanum des Todes verstanden hat. In den Alchimiebüchern lest ihr, dass der alte Adam sterben soll, damit der neue Mensch geboren werden kann.

Solange das Samenkorn nicht stirbt, widersetzt es sich der Manifestation dieser Lebenskraft, die in ihm verborgen liegt. Und auch die Raupe muss sterben, um zum Schmetterling zu werden. Ebenso muss im Menschen die Raupe, das heißt die niedere Natur sterben, um dem

Schmetterling, dem Geist, diesem göttlichen Prinzip den Platz zu überlassen, das dann die Möglichkeit findet, sich frei zu machen, um wirken und alles verwandeln zu können. Das Geheimnis der Auferstehung liegt vor uns, es wartet darauf, dass wir es verstehen, dass wir uns entscheiden, bewusst zu sterben, damit aus uns ein neuer Mensch hervorkommt. Selbst unter den Eingeweihten ist sehr wenigen die Auferstehung gelungen, um unsterblich zu werden. Denn nichts ist schwieriger, als die niedere Natur zu bändigen, die äußerst gewandt und listig ist und die genau weiß, was sie tun muss, damit wir zu ihr ins Boot steigen. Um ihr zu entgehen, ist scharfes Unterscheidungsvermögen nötig, unerschütterliche Liebe und ein starker Wille.

In einigen Einweihungen der Vergangenheit war die Abschlussprüfung für den Schüler, der erfolgreich die Vorprüfungen bestanden hatte, die Prüfung von Tod und Auferstehung.[4] Er wurde in einen Sarkophag gelegt, wo er drei Tage und drei Nächte verblieb, bewacht von seinen Meistern, die ihn durch Praktiken, die sie kannten, in einem todesähnlichen Zustand hielten. Von seinem physischen Körper trennten sie seinen Äther- und Astralkörper, dank derer der Schüler dann im Raum reiste. Drei Tage lang besuchte er alle Regionen: die Hölle, das Paradies… Er schaute, er war erstaunt, erschreckt, er rührte an die Wahrheit. Wenn er dann zurückkam, waren die Verbindungen zwischen seinem Äther- und Astralkörper mit seinem physischen Körper ganz anders geartet: Alles, was er gesehen hatte und alle Eindrücke, die er durchlebt hatte, waren in seinem Gehirn aufgezeichnet, und er konnte sich jetzt bis in die Einzelheiten an alles erinnern.

Manche spirituellen Bewegungen haben diese Riten von Tod und Auferstehung bewahrt. Leider ist dies in den meisten Fällen nur noch eine Komödie, denn die Eingeweihten und großen Meister sind nicht mehr da. Da liegt nun – bitte entschuldigt mich – so ein Esel im Sarkophag, umgeben von Leuten, die so tun, als würden sie diesen Vorgang überwachen und leiten, und wenn er dort heraussteigt, ist er nicht viel aufgeklärter als zuvor. Es handelt sich nicht um mehr, als nur eine ferne Erinnerung an die alten Riten, wobei man darauf wartet, dass die Menschen eines Tages den tiefen Sinn, den sie einst besaßen, wieder finden. Doch das ist sehr schwierig. Damit es einem gelingt, diese ganze Wissenschaft wiederzufinden und zu leben, muss man sich von den Hemmnissen der niederen Natur befreien, und es gibt nur sehr wenige, die sich wirklich befreien wollen.

Um aufzuerstehen und die Unsterblichkeit zu erlangen, gibt es mehrere Methoden, die uns durch die Symbole der beiden Dreiecke offenbart wurden: das eine mit der Spitze nach oben, das andere mit der Spitze nach unten. Diese beiden Dreiecke stellen die beiden universellen Prozesse von Evolution und Involution dar, die Evolution der Materie und die Involution des Geistes.[5] Sie lehren uns, wie wir uns bis zur Gottheit aufschwingen können, um mit ihr zu verschmelzen, wobei wir sie zugleich anziehen sollen, damit sie kommt, um in uns zu wohnen und sich in uns zu manifestieren. Ihr sagt: »Herr, nicht ich bin es, der lebt und sich manifestiert, sondern Dein Geist.« Ihr verliert euch im unendlichen Raum, sodass kein Atom von euch übrig bleibt, damit Er kommt, Er, der Mächtige, der Große, der Starke und euren Platz einnimmt.

Auf diese Weise sollte man den Tod vom spirituellen Gesichtspunkt aus betrachten, denn ihr zerstört nicht den physischen Körper, sondern nur das Prinzip in euch, das am Tod festhält. Das ist das »solve« und »coagula« der Alchimisten: Ihr löst euch auf, ihr verschmelzt mit dem Raum und bittet, dass Gott, der Unermesslichkeit ist, kommt und sich in euch verdichtet. Ihr begreift jetzt, wie diese beiden Dreiecke den Prozess der Auferstehung zum Ausdruck bringen. Sie sind vor allem unter dem Namen Hexagramm oder Salomonsiegel bekannt, aber dieses Symbol existierte schon lange vor Salomon.

Selbstverständlich geschieht die vollständige, endgültige Auferstehung des Menschen nicht plötzlich, sondern nach und nach. Wenn ihr eine Kerze anzündet, seid ihr euch sicher, dass ihr die ganze Erde in Flammen setzen könnt, da ihr bereits eine Flamme besitzt. In gleicher Weise kann man sagen, dass ihr brennt, sobald eine Zelle in eurem Herzen oder eurem Gehirn brennt. Und sogar wenn alle anderen Zellen in euch noch nicht brennen, kann das noch geschehen. Zu Ostern zündet der Patriarch in den orthodoxen Kirchen eine Kerze an, ein Begleiter zündet daran seine eigene Kerze an… Und so zündet jeder seine Kerze an derjenigen seines Nachbarn an, und nach und nach ist bald die ganze Kirche erhellt.

Genau das kann auch in euch geschehen: In dem Moment, wo ihr eine Zelle entzündet, kann euer ganzer Körper angezündet und erhellt werden, natürlich unter der Bedingung, dass die niedere Natur sich nicht diesem Prozess der Regeneration widersetzt. Unter der endgültigen Auferstehung versteht man, dass bereits mehrere andere Auferstehungen geschehen sind… Also, meine lieben Brüder und Schwestern, es muss euch gelingen, wenigstens eine Zelle auferstehen zu lassen, denn sie ist fähig, eine andere neben sich anzuzünden und diese wieder eine andere, und auf diese Weise wird sich das Licht nach und nach in eurem ganzen Wesen verbreiten.

»Wer sein Leben erhalten will, der wird's verlieren. Wer aber sein Leben verliert um meinetwillen, der wird's finden« (Mt 16,25). Wer also das Sterben nicht akzeptiert, der wird nicht leben. Sterben bedeutet, im Unendlichen zu verschmelzen, um dem Herrn den Platz zu überlassen, damit Er es ist, der in euch regieren wird. Ihr klammert euch nicht mehr an eure Existenz, ihr wollt verschwinden, aber unter einer Bedingung, dass Gott Selbst euren Platz einnimmt. Und wenn ihr wirklich darauf besteht, ist Er gezwungen zu kapitulieren, weil ihr Kräfte von gleicher Natur benutzt wie Er. Er kann nicht sagen: »Also gut, Ich werde darüber nachdenken, Ich werde prüfen, wie er in der Vergangenheit gelebt hat.« Es gibt keine Vergangenheit mehr, es gibt nichts mehr: Angesichts eines solchen Wunsches ist alles andere ausgelöscht, es gibt nur noch das, was ihr heute entscheidet.

Solange ihr den Platz in euch nicht einem höheren Wesen, nicht einmal dem Herrn räumen wollt, bleibt ihr verwundbar, kümmerlich, ängstlich, unglücklich. Es gibt keine höhere Religion als das Opfer: Das Sterben akzeptieren, um zu leben, mit einem anderen Leben in euch als eurem eigenen, um lebendig zu sein, aber mit dem Leben Gottes in euch. Ihr wolltet verschwinden und nun seid ihr nicht verschwunden, sondern seid noch größer als vorher geworden. Das ist wahres Heldentum. Die wahren Helden sind diejenigen, die keine Angst haben vor dem Verschwinden, um durch die Gottheit ersetzt zu werden.

Dazu kann ich euch eine Übung angeben: Ihr stellt euch vor, ihr schwingt euch in die Höhen hinauf, aber zur gleichen Zeit, in der ihr aufsteigt, dehnt ihr euch im unendlichen Raum aus, ihr löst euch in der Universalseele auf und ihr verschwindet ohne Angst, ohne Furcht. Selbst wenn ihr den Eindruck habt, eurer selbst nicht mehr bewusst zu sein, so darf euch das nicht ängstigen. Und zur gleichen Zeit, in der ihr euch im Raum auflöst, denkt ihr, dass der Göttliche Geist zu euch herabsteigt, dass er sich niederlässt, um in euch zu arbeiten, dass er es ist, der spricht, dass er es ist, der handelt, dass er es ist, der sich manifestiert. Ängstigt euch nicht darüber, was geschehen wird, ihr werdet immer ihr selbst sein. Obwohl ihr nicht mehr ihr seid, werdet ihr nichts von eurer wahren Identität einbüßen.

Zeigt mir etwas Bedeutungsvolleres in der Welt als diese beiden Begriffe Leben und Tod. Es gibt nichts. Alles ist im Leben und im Tod enthalten. Diese zwei Wörter sind die mächtigsten. Schon wenn ihr nur »Leben« oder »Tod« sagt, liegt darin alles, und die Menschen zittern oder freuen sich. Alles andere ist nichts im Vergleich zu diesen beiden Wörtern. Man muss sterben, um das Leben zu haben und wer leben möchte, ist bereits dabei zu sterben.

Tag und Nacht suche ich die Mittel, die Methoden, um euch nützlich zu sein. Ja, sogar während der Nacht kann ich manchmal nicht schlafen, weil ich dabei bin, mir zu sagen: »Ich habe bereits dieses und jenes Thema auf diese oder jene Art und Weise dargestellt, und es wirkt nicht, es zeigt keinerlei Wirkung, wie kommt das? Das sind so wertvolle Schätze, dass man sie nur in den Einweihungstempeln offenbarte, aber es kommt nichts dabei heraus. Herr und Gott, gib mir noch andere Argumente. Wenn es etwas Wahreres, Richtigeres, Schöneres gibt, hilf mir, damit ich es meinen Brüdern und Schwestern geben kann.« Versucht jedoch wenigstens heute, diese großen Wahrheiten aufzunehmen und sie am heiligsten Ort eures Herzens zu verwahren. Denn ich führe euch zur Urquelle, an der die wahren Eingeweihten schöpften. Durch mich kommen die größten Wahrheiten bis zu euch, und ihr könnt daran euren Durst stillen.

Sèvres, den 30. März 1966

Anmerkungen

1. Siehe auch Band 4 der Reihe Gesamtwerke »Das Senfkorn – Symbole im Neuen Testament«, Kapitel 7: »Das Kind und der Greis«.
2. Siehe auch Band 308 der Reihe Broschüren »Das Osterfest«.
3. Siehe auch Band 240 der Reihe Izvor »Söhne und Töchter Gottes«, Kapitel 3: »Wer sein Leben retten will, wird es verlieren«.
4. Siehe auch Band 213 der Reihe Izvor »Die menschliche und göttliche Natur in uns«.
5. Siehe auch Band 218 der Reihe Izvor »Die geometrischen Figuren und ihre Sprache«, Kapitel 3: »Das Dreieck«.

# II

# MATERIALISTEN UND SPIRITUELLE MENSCHEN

# I

Es gibt im Leben zwei Tendenzen, zwei Ausrichtungen: Die eine geht in Richtung Innenwelt, den subjektiven Bereich, die andere geht in Richtung Außenwelt, den objektiven Bereich. Die Mehrzahl der Menschen wählte die Arbeit in die zweite Richtung, die Eingeweihten hingegen schlugen den Weg in Richtung Innenwelt, in Richtung Mittelpunkt ein.

Es ist offensichtlich, dass der Mensch besser vorbereitet ist für ein Leben in der Materie als für das spirituelle Leben, denn die Instrumente, die er besitzt, um an der Materie zu wirken, die fünf Sinne, sind viel entwickelter als die Instrumente, die ihm Zugang zur spirituellen Welt ermöglichen. Aus diesem Grund erreichen übrigens viele nichts, die den Weg der Spiritualität einschlagen, oder sie enden zerrüttet. Die anderen hingegen sind in ihrem Beruf, in der Fabrik, auf den Feldern, auf den Baustellen oder in den Laboratorien in ihrer Arbeit erfolgreich und jeder kann deren Ergebnisse sehen.

Denn es gibt da noch diesen einen wichtigen Punkt: Wenn ihr ein Haus baut, genügen ein paar Wochen, damit jeder es sieht, wenn ihr hingegen etwas auf der spirituellen Ebene schaffen wollt, sieht niemand etwas, weder ihr noch die anderen. Also, es gibt keine Sicherheit, keine Klarheit und ihr seid unentschlossen, unglücklich, von Zweifel erfasst, so sehr, dass ihr am liebsten alles aufgeben würdet und euch wie alle anderen auf eine Aktivität einlassen würdet, deren Ergebnis endlich für alle sichtbar ist. Macht was ihr wollt, eines Tages jedoch werdet ihr fühlen, dass euch selbst inmitten der größten Erfolge innerlich etwas fehlt. Und das ist normal, weil ihr nicht das

Wesentliche berührt habt, ihr habt noch gar nichts im Bereich des Lichtes, der Weisheit, der Liebe, der Kraft, der Ewigkeit gepflanzt. Nur eure inneren Verwirklichungen können euch gehören, denn nur sie haben Wurzeln in euch geschlagen. Und wenn ihr ins Jenseits hinübergeht, werdet ihr in eurer Seele, in eurem Herzen, in eurem Geist Edelsteine – gute Eigenschaften und Tugenden – besitzen, die ihr mitnehmen könnt und euer Name wird eingeschrieben in das Buch des ewigen Lebens.

Für diejenigen aber, die den Weg der Spiritualität wählen, besteht die größte Gefahr darin, sich ohne Führer dorthin zu wagen. Ich bin immer erstaunt festzustellen, dass Leute, die nie auf die Idee kommen würden, ohne Bergführer eine Bergtour zu machen, sich einfach so, ganz allein in die Erforschung der psychischen Welt stürzen, wo die Gefahren sich zu verirren, in Abgründe zu stürzen oder von Lawinen verschüttet zu werden, viel größer sind. Außerdem muss man, um die Strömungen der spirituellen Welt zu ergreifen, zum Funktionieren zu bringen und vor allem zu beherrschen, bestimmte gute Eigenschaften und Tugenden entwickeln wie Liebe, Sanftmut, Reinheit… denn in diesem Bereich reicht der Wille nicht aus. Vielen spirituellen Menschen ergeht es so, dass sie zwar nicht locker lassen, wünschen und hoffen, aber da sie nicht daran gedacht haben, die Vorbedingungen zu schaffen, damit das Erwartete geschieht, kommen sie zu keinem Ergebnis und sind enttäuscht.

Diese Enttäuschung gäbe es nicht, wenn die spirituellen Menschen von Anfang an eine wesentliche Tatsache verstanden hätten: Dass man seine Arbeit vorbereiten muss. Arbeiter und Handwerker wissen es. Seht euch einen Maler, einen Maurer, einen Bäcker, einen Chirurgen an, sie wissen sehr gut: Bevor sie sich in die Arbeit stürzen, müssen sie alle Werkzeuge und Materialien, die sie brauchen, zusammentragen. Und der Chemiker weiß, dass er, um eine bestimmte Reaktion auszulösen, für diesen und jenen Stoff im Voraus bestimmte Bedingungen schaffen muss: Reinheit, Menge, Temperatur usw. Wenn alle Bedingungen erfüllt sind, läuft der erwartete Prozess ab; sonst kann er lange in seinen Destillierkolben hineinschauen – es wird sich nichts tun.

Worin liegt nun der Fehler vieler spiritueller Menschen? Sie geben ihrer Aktivität keine solide Basis. Sie stürzen sich einfach so, ohne Vorbereitungen hinein und glauben, es genüge, sich alles zu wünschen und zu ersehnen, damit sich ihnen die unsichtbare Welt offenbart, damit die Engel kommen und ihnen dienen und damit alle Macht in ihre Hände fällt. Oh nein, leider nein. Die wahren spirituellen Menschen verbringen zwanzig oder dreißig Jahre damit, sich unter der Leitung eines Meisters vorzubereiten und dann endlich erlangen sie innerhalb sehr kurzer Zeit wirkliche Ergebnisse. Es ist die Vorbereitung, die lange dauert im spirituellen Bereich. Aber die Menschen bereiten sich nicht vor, sie halten weiterhin in ihrem Innersten alle möglichen Gedanken, jeden Schmutz oder jede Ungerechtigkeit aufrecht. Natürlich meditieren sie angeblich ab und zu ein bisschen, und das reicht ihnen. Ihnen vielleicht, ja, aber in Wirklichkeit genügt das nicht. Denn es gibt Vorbedingungen zu erfüllen, und erst, wenn sie diese erfüllen, werden sie entdecken, dass die Regeln der spirituellen Welt genauso sicher und wahrhaftig sind wie die Regeln der physischen Welt. Wenn die Bedingungen respektiert werden, bringt die spirituelle Arbeit genauso viele Ergebnisse wie die Arbeit in der Materie.

Das Bemerkenswerteste an der inneren Arbeit ist übrigens, dass keine einzige Gedankenübung ohne Ergebnis bleibt. Es gibt immer Ergebnisse. Nur sind diese Ergebnisse manchmal sehr bedauerlich. Warum? Weil der Mensch die Elemente seiner Innenwelt umgewälzt hat, ohne sie zu läutern oder zu ordnen. Er hat alles Nebulöse und Zwielichtige aufgewühlt. Er ist in den Sümpfen der Astral-Ebene geblieben. Er hat sich nicht aufgeschwungen, um das Licht der Mental-Ebene zu finden. Daher kommt das Unglück zahlreicher Medien, Mystiker oder Hellseher: Sie sind in den finsteren Regionen geblieben. Sie wussten nicht, von Jesod nach Tiphereth aufzusteigen, von der Mondregion zur Sonnenregion, wo alles klar und hell wird: Dort gibt es weder Zweifel noch Unentschlossenheit, man ist in der absoluten Gewissheit. Man berührt die Wirklichkeit der spirituellen Welt.[1]

Wer bis Tiphereth gekommen ist, kann sicher sein, dass alles, was er mit dem Denken erschaffen hat, ihm gehört. Es gehört ihm, es ist ein Teil von ihm und überall, wo er hingeht, wird er dieses Gepäck, diesen Schatz mit sich nehmen. Das ist ein großer Vorteil. Und es gibt noch einen zweiten: Dieser Schatz ist unvergänglich[2], denn er ist von anderer Natur als die materiellen Besitztümer. Jesus sagte, dass dieser Schatz angesammelt wird »wo sie weder Motten noch Rost fressen und wo die Diebe nicht einbrechen und stehlen« (Mt 6,20).

Die größte Gefahr für den Schüler ist, in den niederen Regionen der Astral-Ebene zu stagnieren. Wie viele stellen sich vor, um spirituelle Menschen zu sein, reiche es aus, ein paar Schmöker zu lesen, ein paar spiritistischen Sitzungen beizuwohnen, Hellseher aufzusuchen, damit sie ihnen die früheren Leben offenbaren! Sie bemerken nicht, dass nichts von all dem klar ist. Natürlich wimmelt es von Medien auf der Erde. Es gibt Tausende und Abertausende davon, die sich für extrahellsichtig erklären, die Werbung in den Zeitungen für ihre Horoskope, ihre Talismane und ihren Schmuck machen, die euch alles bringen werden: Wohlbefinden, Reichtum, Liebe und Glück... Ich für meinen Teil glaube, dass es große Hellseher in der Welt gibt, aber die meisten – reden wir nicht davon! Niemand glaubt so sehr an die Hellsichtigkeit wie ich und sogar die Schulwissenschaft gibt allmählich zu, dass es auf der Erde Geschöpfe gibt, die übersinnliche Wahrnehmungsfähigkeiten besitzen.[3]

In Wirklichkeit liegt für mich die Frage nicht darin, zu zweifeln oder zu glauben, sondern die besten Arbeitsmethoden zu finden, um im spirituellen Leben voranzukommen... Die besten Arbeitsmethoden, das heißt die am wenigsten gefährlichen, die wirksamsten, die vielleicht am meisten Zeit benötigen, aber dafür am dauerhaftesten sind. Das Unglück besteht darin, dass es die Menschen eilig haben, dass sie weder die Zeit noch die Geduld noch das Vertrauen haben, sich auf einen lichtvollen, langsameren, aber sichereren Weg zu begeben. Sie haben es eilig, sie wollen auf einen Schlag Medium, Magier, Hellseher werden, so wie man Fuß- oder Handpfleger wird und sobald sie ein kleines Ergebnis erzielen, machen sie darum viel Lärm. Sie führen sogar viele Menschen in die Irre, indem sie davon profitieren, dass die Masse der Menschen keine Kriterien besitzt und alles schluckt.

Um auf die Vor- und Nachteile dieser beiden Ausrichtungen zurückzukommen, die sich dem Menschen anbieten: Der Hauptvorteil des Weges nach innen, des spirituellen Weges, ist der Wert der Elemente, die ihr ansammelt. Sie bestehen aus der reinsten, lichtvollsten Materie, einer Materie, die von Gott kommt. Zweitens gehören sie euch wirklich, also seid ihr reich. Der dritte Vorteil besteht darin, dass ihr frei werdet und im Frieden und in der Fülle lebt, da ihr ja reich seid. Natürlich fehlen euch einige äußerliche Vorteile, aber was hindert euch daran, sie auf eine andere Art und Weise zu erlangen? Da ihr ja reich seid, könnt ihr diesen spirituellen Reichtum in einen anderen Reichtum umwandeln.

Wie oft habe ich euch erklärt, dass Gold eine Verdichtung des Lichtes ist! Wenn ihr dieses Licht besitzt, wird es sich früher oder später in Gold verwandeln und ihr werdet reich sein.[4] Aber solange ihr nicht durch eine bestimmte Arbeit das Licht erlangt habt, bleibt ihr im Elend. Darin liegt die negative Seite des spirituellen Lebens: Solange man nicht die Bedingungen erfüllt, um mit der inneren Arbeit Erfolg zu haben, erlangt man nichts Großartiges. Und die Gelehrten, die Geschäftsleute, alle, die sich für die Erforschung und Ausbeutung der Materie entschieden haben, spotten mit Recht über die spirituellen Menschen und Mystiker, die kein greifbares Ergebnis vorweisen können. Sie jedenfalls arbeiten, kämpfen und leisten einen Beitrag zum Fortschritt der Menschheit.

Und wartet, ich sehe noch eine weitere gute Seite bei den Materialisten: Wenn sie euch zum Essen einladen, bekommt ihr wirklich eine gute Mahlzeit. Ihr seht, das ist doch immerhin eine positive Seite. Wenn euch hingegen ein Mystiker einlädt, denkt daran, Proviant mitzunehmen, man weiß ja nie! Man hat mir sehr amüsante Geschichten zu diesem Thema erzählt. Bei einem Mystiker ist es wie in der Fabel »Der Fuchs und der Storch« von La Fontaine. Der Fuchs lädt den Storch zum Essen ein, aber er stellt ihm einen so flachen Teller hin, dass dieser mit seinem langen spitzen Schnabel nichts aufpicken kann, und so isst der Fuchs alles auf. Um ihm eine Lektion zu erteilen, lädt nun der Storch den Fuchs ein, aber er stellt ihm ein Gefäß hin, das so hoch und so eng ist, dass er seine Schnauze nicht hineinbekommt. Der Storch hingegen steckt seinen Schnabel in die Öffnung – und klapp, klapp, klapp, isst er alles auf, und dieses Mal ist der Fuchs an der Reihe, mit leerem Bauch nach Hause zu gehen. Das ist eine sinnige Fabel: So sind die Menschen. Sie verstehen die Dinge so, wie sie es wollen. Sie versetzen sich nicht in die Situation des anderen und sagen sich: »Also, was für ein Tier ist das? Welche Form hat seine Schnauze? Ich sollte ihm anbieten, was es braucht…«

Um mit einem weiteren Bild zu sprechen, werde ich euch erklären, dass beide, Materialisten und Spirituelle, Bildhauer sind, aber der Materialist hat sich eine Materie außerhalb von sich ausgesucht und bearbeitet sie. Er füllt die Welt mit seinen Statuen, die er verkauft und dank derer er sich bereichert. Der Spirituelle hingegen formt und modelliert sich selbst durch seine Gedanken und seine Wünsche. Wenn ihr zu ihm geht, seht ihr vielleicht noch nichts, aber eines Tages, wenn nach langer Arbeit seine Kunstwerke sichtbar werden, seid ihr hingerissen.

Nun, ich bin der Meinung, dass es besser ist, an sich selbst zu arbeiten, denn von allen Verwirklichungen auf der materiellen Ebene bleibt eines Tages nicht eine Spur übrig: Die Schöpfer dieser Werke nehmen diese nicht mit sich in die andere Welt und man weiß nicht, wer sie besitzen wird. All diese Gemälde hingegen, alle Skulpturen, alle spirituellen Kunstwerke, die der Schüler in sich selbst geschaffen hat, bleiben bei ihm in alle Ewigkeit. Wer in seinem Innersten mit Genauigkeit, Exaktheit und Klarheit arbeitet und dafür die schönsten Farben und die schönsten Formen benützt, wird sich nicht darüber beklagen, äußerlich nicht reich zu sein, denn die äußere Ebene zählt für ihn nicht: Er weiß, er fühlt, dass seine Arbeit in seinem Inneren erfolgt. Er kann den Mut nicht verlieren, er kann nicht zweifeln. Nichts liegt für ihn im Dunkeln.

Keine Sprache kann die Größe und Herrlichkeit seiner Arbeit zum Ausdruck bringen. Oh, wenn die Menschheit nur wüsste, dass diese Arbeit möglich ist, dann würden die Menschen aus dem Elend und der Armut herauskommen. Sie wären reich wie die Eingeweihten, die ununterbrochen daran arbeiten, in sich selbst Meisterwerke zu erschaffen. Ihr werdet sagen: »Ja, aber solange man sie nicht sieht…!« Meine Güte, sie erschaffen sie ja nicht für euch, sondern für andere Geschöpfe, für die aus der unsichtbaren Welt: Diese kommen und sehen sie sich an, sie betrachten diese Ausstellung, anschließend äußern sie sich dazu und kaufen ihre Gemälde… und die Eingeweihten werden gefeierte Künstler da oben. Und wenn sich eines Tages diese Wesenheiten dazu entschließen, sie hier auf der Erde berühmt zu machen, so ist das sehr einfach für sie. Aber es ist nicht dieser irdische Ruhm, den man suchen sollte. Man sollte einzig und allein die unsichtbare Welt zufrieden stellen und bezaubern wollen, indem man jeden Tag sagt: »Also, was sagt ihr heute zu meinem Kunstwerk?«

Von dem Augenblick an, wo ihr mit diesen Pinseln, dieser Palette oder diesem Meißel arbeitet, nämlich euren Gedanken, euren Gefühlen, eurer Vorstellungskraft, eurem Willen, erwartet nicht, dass sich sofort materielle Ergebnisse einstellen. Der spirituelle Bereich und der materielle Bereich sind zwei verschiedene Dinge. Man sollte wissen, was man erwarten und was man nicht erwarten kann. Licht, Frieden, Harmonie, Gesundheit, Intelligenz erwarten – das ja; aber darauf warten, von der Menge anerkannt zu werden, nein, da verwechselt ihr die beiden Welten und werdet unglücklich sein. Ihr solltet keinerlei materielle Vorteile erwarten von euren spirituellen Aktivitäten. Was ihr erschafft, wird noch lange unsichtbar und ungreifbar bleiben.

Wenn ich meinerseits erwartet hätte, schnelle, sichtbare, konkrete Ergebnisse zu erzielen, wäre ich schon längst an Entmutigung gestorben. Seit so vielen Jahren, die ich arbeite, ist noch immer nichts da! Da ich mir jedoch keine sofortigen, spektakulären Ergebnisse erwarte, setze ich meine Arbeit fort, denn ich weiß, wo und wie unsere Tätigkeit Früchte trägt.[5] Wenn ich euch alles sagen würde, was an Segensreichem, Lichtvollem in der ganzen Welt dank unserer Arbeit geschieht, würdet ihr euren Ohren nicht trauen. Ihr würdet sagen: »Das ist nicht möglich, das ist doch Eitelkeit!« Wie ihr wollt, aber lasst mich meine Arbeit weitermachen. Eines Tages, wenn sich auf der physischen Ebene die Dinge zum Guten verwirklichen und jeder sie sehen und berühren kann, nun, da werdet ihr schon sehen! Aber jetzt ist noch nicht die Zeit dafür gekommen.

Endlich fühle ich, dass diese Frage klarer für euch ist. Es gibt nichts Wichtigeres, als eine klare und genaue Sicht auf die Dinge zu haben. Ich für meinen Teil liebe die Klarheit sehr. Seht, wie klar, einfach, konkret und bilderreich meine Sprache ist! Leider benutze ich keine Sprache, wie sie in Mode ist und ich bin weit von dem entfernt, was die Französische Akademie oder die anderen Akademien lehren und schätzen. Ich beherrsche weder gut die Grammatik noch das Vokabular noch die richtige Satzstellung, aber ich besitze die Einfachheit. Die Akademiker und Literaturkritiker werden niemals meine Bücher lesen. Sie sind zu einfach für sie. Sie suchen die Form, den schönen Stil, sie suchen nicht den Inhalt. Es ist ihnen nicht wichtig, was in meinen Büchern an Aufbauendem, Aufklärendem für die Menschen enthalten ist, für sie ist der Stil das Wichtige. Ihr seht, auch sie haben den Weg nach außen gewählt, in Richtung Form, in Richtung äußeres Erscheinungsbild.

Ich habe nicht Schulen und Universitäten besucht, um eure Sprache zu lernen. Ich habe sie einfach so, ganz allein gelernt, indem ich ins Theater und ins Kino gegangen bin. Ja, und an dem Tag, als ich zum ersten Mal auf Französisch sagen konnte: »Was ist denn hier los?«, oh, wie glücklich war ich da, das war ein großer Fortschritt für mich. Nach und nach konnte ich andere Wörter, andere Sätze zusammenfügen, und drei Monate später hielt ich meinen ersten Vortrag auf Französisch!

Heutzutage ist es der Stil, der den Erfolg der Schriftsteller ausmacht. Sogar wenn ihre Bücher die großen moralischen Werte zerstört und den Glauben und die Hoffnung ihrer Leser zerstört haben, das ist nicht wichtig, solange es gut geschrieben ist. Soll das ewig so weitergehen? Das ist genauso, wie wenn man euch ein Paket schenkt, das mit Seidenpapier und herrlichen Bändern verpackt ist: Ihr seid begeistert, wenn ihr das Paket öffnet – und drin ist nichts! Oder wenn etwas drin ist, dann müsst ihr euch die Nase zuhalten. Selbstverständlich braucht man auch eine angemessene »Schachtel«, eine schöne Präsentation, einen schönen Umschlag, aber der Gegenstand, der darin ist, sollte trotzdem wertvoller und schöner sein als die Verpackung.

Ja, das unterstreiche ich besonders, darauf lege ich besonderen Wert, ich lege die Betonung auf den Inhalt. Die Form ist nur zum Schutz des Inhaltes da, um ihn intakt zu halten, nicht um die Aufmerksamkeit auf eine Weise an sich zu ziehen, dass man den Inhalt vergisst. Aber die Menschheit hat sich so sehr angewöhnt, sich mit dem äußeren Schein zu begnügen, dass sie unfähig ist, hinter der Einfachheit den Reichtum der göttlichen Welt zu sehen. Und sogar diejenigen, die die Bibel lesen und kommentieren, sind bei der äußeren Seite stehen geblieben. Sie konnten hinter dieser anekdotenhaften Form den Sinn dieser ganzen Geschichten mit all diesen Personen und Orten nicht entschlüsseln, die eigentlich Symbole sind. Die Bibel hat eine Form, außerdem einen Inhalt und schließlich einen verborgenen Sinn, der dank der Kabbala erklärt werden kann.

Soll ich euch an diese Worte des Apostels Paulus erinnern: »Der Buchstabe tötet, aber der Geist macht lebendig« (2 Kor 3,6)?[6] Die Menschen sind beim Buchstaben stehen geblieben… und sie sind tot. Sie müssen also jetzt den Geist wieder finden, der belebt. Und genau das mache ich: Ich zeige euch eine Seite des Lebens, die unbekannt, missachtet und verspottet blieb, die aber dennoch am wertvollsten ist. Wenn ich noch ein paar Grammatikfehler mache, werden sie sicher einigen auffallen, und das hindert sie daran, den Reichtum und die in meinen Ausführungen enthaltenen Wahrheiten zu erspüren, denn sie halten sich nur bei der Form auf. »Ach«, werden sie sagen, »es fehlt eine Einleitung, ein Hauptteil oder ein Schluss«, und auf diese Weise bleiben sie immer außerhalb des Lebens.

Sèvres, den 22. Dezember 1968

Anmerkungen

1. Siehe auch Band 228 der Reihe Izvor »Einblick in die unsichtbare Welt«, Kapitel 3: »Der Zugang zur unsichtbaren Welt: von Jesod nach Tiphereth«.
2. Siehe auch Band 2 der Reihe Gesamtwerke »Die spirituelle Alchimie«, Kapitel 5: »Sammelt euch Schätze…«.
3. Siehe auch Band 228 der Reihe Izvor »Einblick in die unsichtbare Welt«, Kapitel 4: »Die Hellsichtigkeit: Aktivität und Rezeptivität« und Kapitel 5: »Sollte man sich von Hellsehern beraten lassen?«.
4. Siehe auch Band 25/26 der Reihe Gesamtwerke »Der Wassermann und das Goldene Zeitalter«, Kapitel 6 von Band 25: »Gold und Licht«.
5. Siehe auch Band 238 der Reihe Izvor »Der Glaube versetzt Berge«, Kapitel 13: »Rabota, vreme, vera: Arbeit, Zeit, Glaube«.
6. Siehe auch Band 241 der Reihe Izvor »Der Stein der Weisen«, Kapitel 1: »Über die Deutung der Schriften«: 1. »Der Buchstabe tötet, und der Geist belebt«.

## II

Ihr werdet oft verführt vom großen Reichtum, in dem die Materialisten leben. Ihr wünscht euch, an ihrer Stelle zu sein und ihr fragt euch, ob ihr nicht den falschen Weg eingeschlagen habt mit eurer Entscheidung für ein spirituelles Leben. Ein für alle Mal: Ihr müsst den Unterschied zwischen den spirituellen und den materiellen Reichtümern kennen. Wenn ihr betet und meditiert, habt ihr keine materiellen Vorteile davon, ihr habt etwas anderes. Wenn euch das jetzt nichts sagt, müsst ihr eben woanders nach dem suchen, was »euch etwas sagt«. Wie soll man euch das noch klarer darlegen?

Der Unterschied zwischen einem spirituellen Menschen und einem Materialisten ist, dass der spirituelle Mensch überall, wo er auch hingeht, sein Haus mit sich trägt, während der Materialist es gezwungenermaßen zurücklassen muss, weil er es nicht versetzen kann. Ja, der spirituelle Mensch, für den die Schätze im Inneren liegen, hat immer Freude, Glück und ein weites Herz im Gepäck, während sich der Materialist mit seinem ganzen Besitz nicht von der Stelle bewegen kann.

Ein spiritueller Mensch ist also nur reich in dem Maße, wie er fähig ist, sich seiner Reichtümer auch bewusst zu sein. Wenn sein Bewusstsein nicht erhellt ist, besitzt er nichts, ist er der Ärmste von allen, während der Materialist, ob sein Bewusstsein nun erhellt ist oder nicht, immerhin ein paar äußere Besitztümer hat, die ihm bleiben (wenigstens für eine bestimmte Zeit), was ihm eine scheinbare Überlegenheit über den spirituellen Menschen verleiht. Es liegt jetzt am spirituellen Menschen zu verstehen, wo seine wahre Überlegenheit liegt, sonst ist er verloren. Also: »Größe und Elend der Spirituellen...« Man sollte ein Buch darüber schreiben!

Der Reichtum eines Spirituellen ist etwas äußerst Subtiles, ja, sogar nicht Fassbares, ist er sich jedoch dieses Reichtums bewusst, besitzt er Himmel und Erde, während die anderen nur ein kleines Stückchen Erde irgendwo haben. Warum versteht man das nicht? Jemand wird sagen: »Aber ich verstehe das durchaus. Ich verstehe, dass all unsere Besitztümer weder sicher noch dauerhaft sind, dass uns nichts Materielles jemals wirklich gehört, dass wir es eines Tages aufgeben müssen, weil es unmöglich ist, es auf die andere Seite mitzunehmen. Doch sogar wenn ich weiß, dass ich mich irre, lebe ich dennoch lieber das Leben eines Materialisten. Es gefällt mir.« Und leider ist das so: Wenn der Verstand den Vorteil einer Sache versteht und das Herz sich etwas anderes wünscht, was macht dann der Wille? Er wird dem Wunsch des Herzens folgen. Er wird nur das machen, was ihm gefällt. Um dieses weite, umfassende, vielfältige Leben leben zu wollen, muss man es lieben. Verstehen genügt nicht.

Ich tue immer mein Möglichstes, um euch den Weg verständlich zu machen, dem ihr gerne folgen möchtet, aber den Gefallen daran, diesen Weg auch zu gehen, müsst ihr selbst entwickeln, dahingehend kann ich nichts für euch tun. Euch alles erklären, das ist selbstverständlich. Ich kann auch noch andere Argumente finden. Gott gibt mir vielleicht die Möglichkeit, andere Mittel und Wege zu finden, um euch zu überzeugen. Aber euch dazu veranlassen, das spirituelle Leben zu lieben, das kann ich nicht, das hängt nicht von mir ab, das hängt von euch ab. Natürlich kann ich euch auf eine bestimmte Art beeinflussen. Wenn jemand etwas liebt, ist diese Liebe ansteckend und kann andere beeinflussen, denn jeder Mensch kann auf andere ein Element von dem übertragen, was er besitzt. Sogar Blumen, Steine oder Tiere können das tun. Aber wenn die anderen diesen Einfluss nicht akzeptieren, kann sie nichts dazu zwingen. Es ist also möglich, dass etwas von meiner Liebe für die Herrlichkeit der göttlichen Welt auf euch übergeht. Aber es hängt von euch ab, ob ihr diesen Einfluss akzeptiert.

Ihr könnt nicht ausführen, was ihr nicht liebt. Erst wenn ihr etwas liebt, drängt es euch dazu, euch ihm anzunähern und Gebrauch davon zu machen. Wenn ihr Hunger habt, verspürt ihr Liebe zum Essen und sofort steht ihr auf, um in Schränken oder Läden danach zu suchen. Das Gleiche gilt für alles andere. Wenn ihr die »Lehre« liebt, wenn ihr das spirituelle Leben liebt, könnt ihr nicht einfach untätig bleiben, erstarrt und mit verschränkten Armen sitzen bleiben: Es drängt euch dazu, dieser Liebe Ausdruck zu verleihen, ihr tut alles, was ihr könnt, um dieses Bedürfnis nach dem spirituellen Leben zu befriedigen.

Zusammenfassend kann man also sagen, dass ein Meister, ein Lehrer nötig ist, der dem Schüler klar darlegt, worin das spirituelle Leben besteht und warum es wichtig ist, sich diesem Leben anzunähern, aber es ist Sache des Schülers, es zu lieben und es zu leben. Der Meister gibt das Licht und der Schüler entscheidet sich mit dem Herzen: Er liebt oder er liebt nicht, und die Umsetzung folgt automatisch. Ihr seht, wie klar das ist: Das Licht kommt vom Meister, die Liebe kommt vom Schüler und die Bewegung, die Handlung ist das Ergebnis beider. Stellt euch vor, der Meister sei eine Lampe: Der Schüler, dem Lesen sehr viel bedeutet, sucht die Nähe der Lampe und beginnt zu lesen.

Aller Reichtum eines spirituellen Menschen befindet sich in ihm, in seinem Bewusstsein und wenn er sich dieses Reichtums nicht bewusst ist, ist er schlechter dran als alle Materialisten: Die Materialisten besitzen wenigstens etwas, er hingegen besitzt nichts. Wenn er jedoch lernt, sein Bewusstsein zu erweitern, um mit allen entwickelten Seelen des Universums zu kommunizieren und ihr Wissen, ihr Licht, ihre Freude aufzunehmen, welcher Materialist kann sich da mit ihm vergleichen? Sogar Edelsteine und Diamanten verblassen vor dem Funkeln all dieser inneren Schätze, vor der Herrlichkeit des Lebens einer blendend schönen Seele, eines strahlenden Geistes.

Der spirituelle Mensch, der ein weites und erhelltes Bewusstsein besitzt, ist reich wie der Herr, also viel reicher als der Reiche, der wiederum nicht den ganzen Reichtum des Herrn besitzt. Der Materialist weiß nicht, dass er ein Erbe Gottes ist. Er denkt immer, er sei der Erbe seines Vaters, seines Großvaters oder seines Onkels, und das ist wenig. Der Spirituelle hingegen fühlt, dass er ein Erbe Gottes ist und dass sich dieser Reichtum, den er erben soll, in seinem Bewusstsein befindet.[1] Solange es euch nicht gelingt, auf diese Weise zu denken, bleibt ihr immer arm und elend. Ihr werdet sagen: »Erben des Herrn... Was für Geschichten erzählen Sie uns da?« Das sind keine Geschichten. Wenn euer Bewusstsein einmal erhellt ist, werdet ihr fühlen, dass ihr wirklich Erben des Herrn seid. Wenn ihr das im Moment nicht fühlen könnt, dann heißt das, dass ihr noch immer von der materiellen Seite in Bann gezogen werdet, dass ihr einzig und allein darauf zählt, was euch von euren Eltern und Großeltern hinterlassen wird. Man sollte dieses begrenzte Verständnis etwas erweitern.

Schon seit langer Zeit spreche ich zu euch über Materialisten und Spirituelle, damit ihr die Schwachpunkte und Stärken beider Seiten richtig erkennt. Wenn ihr wahre Spirituelle seid, darf euch Armut nicht erschrecken. Ihr solltet sogar so weit kommen, dass ihr euch über diese Armut freut und den Herrn preist, indem ihr sagt: »Oh, Herr und Gott, wie gut und weise Du bist! Du hast mich beschützt. Wenn ich Fabriken und Banken hätte, welche Sorgen, welchen Zeitmangel hätte ich dann! Jetzt hingegen, im Elend, habe ich alle Möglichkeiten, an Dich zu denken. Daran habe ich übrigens kein großes Verdienst, weil meine Bedürfnisse mich dazu drängen, aber nun ja...« Seht euch doch einmal all diese Chefs und Direktoren an: Sie stehen immer unter Druck, sind ständig am Rennen und Telefonieren und ihr Nervensystem gibt auf: Zu viele Sorgen, zu viel Last liegt auf ihren Schultern. Ihr hingegen, ohne Besitztümer, ohne Häuser, ohne Autos, ohne Tresore: was für eine Freiheit! Dankt dem Himmel.

Oh ja, meine lieben Brüder und Schwestern, solange ihr noch nicht die gute Seite eurer Entbehrungen gesehen habt, habt ihr nichts verstanden. Ihr solltet euch sagen können, dass es in eurer Situation sicherlich etwas zu verstehen gibt. Versucht ausnahmsweise euch Klarheit zu verschaffen und zu verstehen, warum euch dieser oder jener Vorteil entzogen wird. An dem Tag, an dem ihr euch entscheidet, euch mit dieser Frage zu beschäftigen, wird ein Licht in euch aufleuchten und ihr werdet verstehen, dass diese Entbehrungen etwas Gutes sind. Hört also auf mit dem Klagen: »Oh, hätte ich die Mittel dazu gehabt, hätte ich die Möglichkeiten gehabt, was hätte ich dann nicht alles gemacht!« Ihr hättet Millionen von Köpfen rollen lassen, ihr hättet Städte in Brand gesteckt – das hättet ihr gemacht! Gott sei Dank hattet ihr nicht die Mittel dazu.

Und ihr solltet wissen, dass ich das, was ich zu euch sage, auch zu mir selbst sage. Ihr glaubt, dass ich mich nicht frage, warum ich noch nicht die Möglichkeit habe, all diese so grundlegenden Wahrheiten vor der ganzen Welt darzustellen? Ich bin wie eine Stimme in der Wüste, obwohl ich vor Verlangen brenne, nützlich zu sein… Und ich finde die Antwort: Von dem Tag an, an dem einen Millionen von Menschen hören und folgen, hat man keine Ruhe mehr. Die ganze Zeit ist damit ausgefüllt, sich um diese Personen zu kümmern, es bleibt keine Minute mehr für das innere Leben. Jeden Tag stelle ich mir Fragen: Warum treffe ich immer auf Hindernisse…? Warum bin ich so begrenzt in manchen Bereichen…? Und Gott sei Dank übrigens, stelle ich mir diese Fragen, weil die Antwort kommt. Und ihr, stellt auch ihr euch solche Fragen? Wenn ja, umso besser.

Manche beklagen sich: »Ich wollte heiraten, ich wollte Kinder haben, ich habe alles versucht, aber niemand will mich!« Und sie sind unglücklich und lehnen sich auf. Würden sie sich fragen, warum das so ist, würden sie sicherlich eine Antwort bekommen und statt verärgert zu sein, würden sie dem Himmel danken, ihnen auf diese Art manchen Ärger erspart zu haben und sie frei gelassen zu haben für bedeutsamere Aktivitäten. Es gibt großartige Lösungen: Die gute Seite von dem zu sehen, was die Vorsehung für uns vorbereitet hat. Aber die Menschen stellen der Vorsehung keine Fragen. Sie wissen alles besser: Es wäre immer besser so gewesen, wie sie es sich vorstellen. Sie hören nur auf ihre Dickköpfigkeit, auf ihre Blindheit. Deshalb sind sie, ob verheiratet oder unverheiratet, immer unglücklich.

Jemand fragte einen Weisen, ob er heiraten solle. »Ob du heiratest oder nicht, du wirst es bereuen.« Und er täuschte sich nicht. Ein anderer fragte eine Hellseherin, ob es wahr sei, dass der Freitag ein schlechter Tag für eine Hochzeit sei. »Nicht schlimmer als die anderen«, antwortete die Hellseherin.

Oh ja, das Glück hängt nicht von diesem oder jenem Wochentag ab, das Glück hängt vom richtigen Verständnis der Dinge ab, denn dann können ihm die Umstände nichts anhaben.[2] Um das Glück jedoch im richtigen Verständnis zu suchen, muss man ein bisschen reifer sein, als es die meisten Menschen sind, die nur ihre Sinne befriedigen wollen: sehen, berühren, hören, fühlen… Wie die Kinder. Die Kinder sind immer beeindruckt von der äußeren Welt, die allein auf sie einwirkt, denn sie haben noch nicht gelernt, dass in ihnen andere, von den fünf Sinnen unabhängige Regionen existieren. Die Menschen sind der äußeren Welt gegenüber so empfänglich, weil sie noch sehr jung sind. Wären sie erwachsen, wären sie der göttlichen Welt gegenüber empfänglich, die viel realer ist als die wirkliche Welt.

Je weiter sich der Mensch entwickelt, desto mehr wird ihm die Wirklichkeit der inneren Welt bewusst. Nur reicht es nicht aus, sich ihrer bewusst zu sein: Man muss sie auch organisieren, reinigen, kontrollieren können. Dichter, Musiker und alle Künstler oder selbst die Philosophen leben mehr in ihrer inneren Welt als in der äußeren, aber da sie sie nicht beherrschen können, werden sie von allen möglichen Strömungen weggetragen und ertrinken. Sie versuchen nicht, sich einer ewigen Philosophie anzupassen. Sie sagen immer: »Ich bin der Meinung…« oder »Ich denke, dass…« Sie wollen Erneuerer und Schöpfer sein und halten sich auch dafür. Nein, sie sind Anarchisten, das ist alles. Und was dabei herauskommt, ist, dass man fünfzehn verschiedene Meinungen hört, wenn zehn Personen diskutieren!

Es existiert eine einzige, ewige Philosophie und eure Arbeit hier ist es, euch dieser Philosophie anzunähern. Das bedeutet nicht, dass ihr euch nicht mehr auf eure eigene Art und Weise zum Ausdruck bringen dürft. Ihr dürft euch ausdrücken, ihr dürft originell sein, sogar einzigartig, sofern ihr die Philosophie der Eingeweihten akzeptiert. Übrigens hat jeder Eingeweihte mit seinem eigenen Temperament diese ewige Philosophie zum Ausdruck gebracht: Zarathustra drückte sie nicht so wie Orpheus aus und Jesus nicht so wie Buddha, die Prinzipien jedoch waren immer dieselben. Und so sollten auch die Philosophen und Künstler handeln: Sie sollten sich nach einer höheren

Ordnung richten. Sie sollten das Licht zum Ausdruck bringen, das wahre Leben bringen. Sonst sind sie Zerstörer, Anarchisten, denen nur eine einzige Sache gelungen ist: In den Köpfen und in den Herzen und im Verhalten der anderen Unordnung zu schaffen, weil sie aus sich heraus Dinge produzieren, die weder Hand noch Fuß haben. Deshalb solltet ihr hier die Kriterien erfahren, um sie beurteilen zu können und euch nicht von Anarchisten mitreißen zu lassen.

Auf der Smaragdtafel sagt Hermes Trismegistos: »Und wie alles aus Einem stammt, durch das Denken des Einen, rührt auch alles Gewordene durch Angleichung aus diesem Einen.«[3]

Da dem so ist, wird es einem nie gelingen, die Aspekte und Kombinationen der Einheit, von Gott, auszuschöpfen. Es ist also möglich, Schöpfer zu werden, ohne aus dieser Einheit herauszutreten. Und weiter unten fügt Hermes Trismegistos hinzu: »Dies ist der Vater von allen, das Telesma der Welt. Grenzenlos ist seine Kraft, wenn sie sich der Erde zuwendet.« Das bedeutet, dass man diese göttliche Kraft bis auf die physische Ebene herunter bringen sollte, um sie zu verdichten und zu konkretisieren. In diesem Augenblick kann sie sich manifestieren. Hier steht die Erde als Symbol für die materielle Ebene.

Jetzt überlasse ich es euch, aus dieser kleinen Plauderei die Schlussfolgerung zu finden. Warum soll ich euch am Schluss immer den Kern zusammenfassen? Von nun an ist es eure Aufgabe, euch zu üben und ihn zu finden. Wenn ihr ein Buch zu Ende gelesen habt, übt ihr euch dann darin, ein paar Minuten lang nachzudenken, um die Grundidee herauszufinden und die Absicht des Autors zu verstehen? Nein, ihr macht es nicht, ihr lest und fertig, ihr vergesst alles. Und doch ist das eine ausgezeichnete Methode, um eure intellektuellen Fähigkeiten zu entwickeln, aus allem, was ihr lest oder hört, die Quintessenz herauszuziehen. Allein mithilfe dieser Methode werdet ihr schon ein Alchimist!

Bemüht euch von nun an also, die grundlegende Idee meiner Vorträge herauszufinden. Denkt nicht, das, was ich euch sage, sei zerstreut, zerfahren und ohne Zusammenhang. Es ist niemals zusammenhanglos. Alles, was ich euch sage, bildet eine Einheit, ein lebendiges Wesen, das atmet, etwas ausströmt, denkt, spricht und sich bewegt. Meine Vorträge sind so wie die Natur, wo ihr, wenn ihr sie zu sehen versteht, Verbindungen wahrnehmt zwischen allen Aspekten der Schöpfung, den Steinen, den Pflanzen, den Tieren, den Menschen, den Sternen…

Sèvres, den 30. Dezember 1963

Anmerkungen

1. Siehe auch Band 238 der Reihe Izvor »Der Glaube versetzt Berge«, Kapitel 8: »Unsere göttliche Abstammung«.
2. Siehe auch Band 231 der Reihe Izvor »Saaten des Glücks«.
3. Siehe auch Band 241 der Reihe Izvor »Der Stein der Weisen«, Kapitel 8: »Und wie alle Dinge aus dem Einem entstammen«.

## III

Die Suche nach Gott, nach dem Absoluten ist natürlich lang und enttäuschend, man hat den Eindruck, in der Leere zu arbeiten. Aber das ist nur dem Anschein nach so. Nehmen wir das Beispiel eines Menschen, der in der Erde gräbt, um Wasser zu finden: Man sieht das Wasser noch nicht, aber er hat das Bild dieses Wassers in seinem Kopf, in seinem Herzen, in seiner Seele. Er lebt mit der Idee, dem Gedanken, der Hoffnung von Wasser. Und wenn dieses Wasser physisch noch nicht sprudelt, so sprudelt es wenigstens in ihm. Auf die gleiche Weise arbeitet derjenige, der Gott sucht mit einer sehr mächtigen Wirklichkeit, die in ihm lebt, obwohl er dem Anschein nach nichts findet. Er kann sich sagen: »Natürlich, ich habe Gott noch nicht gefunden, aber Gott hat sich in meinen Gedanken, meinen Gefühlen widergespiegelt, denn diese Hoffnung, dieser Glaube ist auch Gott.«

Ich verdeutliche das mit einem anderen Bild: Ein Goldsucher ist damit beschäftigt, den Flusssand durch ein Sieb zu filtern und Goldkörnchen für Goldkörnchen wird er reicher. Während all dieser Zeit ist ein Alchimist auf der Suche nach dem Stein der Weisen, der die Metalle in Gold verwandelt, und jahrelang findet er nichts, er ist immer noch genauso arm. Aber eines Tages, nach Jahren… oder Jahrhunderten, wenn er den Stein der Weisen findet (und wenn er nach den Regeln arbeitet, muss er ihn finden), wird er von einer Sekunde auf die andere der reichste Mensch der Welt: Er kann sogar Berge in Gold verwandeln.

Wer Gott sucht, ist wie ein Alchimist, der den Stein der Weisen noch nicht gefunden hat, und gleichzeitig wie jemand, der am Flussufer den Sand siebt und ein paar Goldkörnchen findet. Denn wenn man Gott sucht, ist es unvermeidlich, dass man jeden Tag ein paar Partikel Seines Lichtes, Seiner Liebe, Seiner Kraft, Seiner Schönheit erlangt. Genau das mache ich. So wie der Alchimist verrichte ich eine Arbeit, deren Ergebnisse ich nie sehe, aber das entmutigt mich nicht und ich gebe mich mit den Goldkörnchen zufrieden, die ich jeden Tag bekomme, denn sie sind bereits das Abbild des Steins der Weisen.[1]

Wenn ich zu euch sage: »Sucht das Absolute, sucht nach dem, was ihr weder erlangen noch verwirklichen könnt«, dann deshalb, weil ihr dank dieser Suche jeden Tag etwas mehr erlangt. Natürlich werdet ihr niemals alles haben, aber wenn ihr euch auf ein unerreichbares Ziel konzentriert, müsst ihr zwangsläufig einige Regionen durchqueren, einige Etappen meistern und das ist es, was zählt. Ihr verlangt weder nach Wissen noch nach Güte noch nach Gesundheit noch Glück, ihr verlangt nach dem Absoluten, nach Gott, aber ihr werdet alles andere dazu bekommen, ohne danach verlangt zu haben.

Stellt euch vor, ihr wolltet Wissen erlangen: Ihr schließt euch in Bibliotheken ein, werdet blasser und magerer, verliert eure Haare und es wird euch nie gelingen, alles zu wissen und außerdem fehlt euch auch noch der ganze Rest: Schönheit, Liebe usw. Das ist also keine Lösung. Man sollte sagen: »Ich möchte meine Zeit nicht für das eine oder andere vergeuden, ich verlange nach dem Unerreichbaren, dem, was nicht verwirklicht werden kann, nach Gott selbst.« Nun, so werdet ihr den ganzen Rest dazu bekommen, denn um bis zu Gott zu gelangen, kommt ihr zwangsläufig vorbei am Licht, an der Schönheit, der Gesundheit, dem Wissen, dem Reichtum, der Liebe, dem Glück und allen Wundern, die diesen Weg säumen.

Glückselig diejenigen, die mich verstehen können! Warum sich auf etwas Kleines festlegen, das euch nicht zufrieden stellen kann? Selbst wenn ihr es erlangt, wärt ihr enttäuscht. Was begrenzt ist, wird nie die Unermesslichkeit eurer Seele und eures Herzens ausfüllen können. Nur das Absolute, Gott selbst, kann euch erfüllen und nur wenn ihr Ihn sucht, ohne auf dem Weg stehen zu bleiben, könnt ihr alles erlangen, sogar das, wonach ihr gar nicht verlangt habt.

Natürlich ist es nicht das erste Mal, dass ich so zu euch spreche. Seit langem schon kläre ich euch über dieses Thema auf, aber ich bin gezwungen zu wiederholen, denn ich sehe, dass sich alle auf kleine Dinge stürzen in der Hoffnung, dass sie diesen unendlichen Raum ausfüllen, der in euch ist… Nein, glaubt nicht daran. Also, es gibt zwei Wege: Der eine, der scheinbar nichts bringt außer Enttäuschungen, aber der euch alles geben wird, so, dass ihr eines Tages sagen könnt: »Ich habe nichts und doch gehört mir das ganze Universum«; und der andere Weg, der euch vielleicht Reichtümer bringt, euch aber immer unzufrieden zurücklässt, weil ihr fühlt, dass euch das Wesentliche entgangen ist, selbst wenn ihr etwas in der Hand habt.

Wenn ihr mich heute versteht, dann habt ihr nicht mehr den Eindruck, eure Zeit zu verlieren, wenn ihr am Morgen zum Sonnenaufgang kommt. Ihr werdet fühlen, dass sich die Sonne in euren Herzen, in euren Seelen, in euren Augen widerspiegelt. Warum verschließt ihr euch also? Warum verhindert ihr durch eure ungeordneten Gedanken und Gefühle, dass der Himmel kommt und sich in euch widerspiegelt? Eines Tages wird sich der ganze Himmel in euch niederlassen. Aber auch wenn es bis dahin nur Spiegelungen sind, ist es wunderbar, ist es erstrebenswert. Und was sind das für Spiegelungen des Himmels? Alle Manifestationen von Harmonie, Klarheit, Dynamik, Hoffnung, Liebe in euch, alles, was rein, lichtvoll, lebendig ist, das sind die Spiegelungen des Himmels. Ihr werdet sagen: »Und wann werden es endlich keine Spiegelungen mehr sein?« Wenn ihr den Stein der Weisen gefunden habt.[2] Bis dahin solltet ihr nicht den Mut verlieren, sondern das Wesen eures Trachtens verstehen.

Alle, die das Wesen ihrer Aktivitäten gut kennen, sagen in Bezug auf bestimmte Hindernisse: »Oh ja, diese Unannehmlichkeiten bringt der Beruf mit sich«, aber das hindert sie nicht daran weiterzumachen. Jeder weiß, dass jeder Beruf seine Unannehmlichkeiten hat. Und warum kennen die spirituellen Menschen nicht die Unannehmlichkeiten ihres Berufs? Da sie den Mut verlieren, da sie aufgeben wollen, beweist das, dass sie die Unannehmlichkeiten ihres Berufes nicht begriffen haben. Wenn sie sie im Voraus gekannt hätten, hätten sie mit noch mehr Eifer weitergemacht. Wenn ihr entmutigt seid, solltet ihr euch aufgrund dieser Entmutigung umso mehr Mut machen können! Ich sehe, dass ihr mich nicht verstehen könnt, und dennoch: Das ist Alchimie, der Stein der Weisen. Jeden Tag arbeitet man, gräbt man: Das Wasser ist noch nicht da, aber es wird durch eure Augen und eure Gedanken widergespiegelt. Ihr werdet sagen: »Aha, also werden wir Multimilliardäre sein?« Warum nicht? Grabt, das ist das Beste, was ihr tun könnt.

Das Geheimnis besteht darin, dass man etwas lernen möchte, dass man seinen Horizont erweitern möchte. Leider sind viele erschreckt, wenn sie den Umfang und die Unermesslichkeit der Lehre sehen, anstatt sich zu freuen und sie ziehen sich in ihr Schneckenhaus zurück. Nun, diese Leute werden nicht weit kommen. Wenn ihr euch an euren alten Ideen festklammert, indem ihr glaubt, es ginge euch damit besser, dann täuscht ihr euch: Alle Arten von Scherereien werden kommen, um euch zu piksen und euch zu beißen und euch endlich dazu anzutreiben, dass ihr euch weiterentwickelt. Gebt jede Hoffnung auf, dass ihr glücklich sein werdet, wenn ihr euch der Stagnation überlasst. Ja, diejenigen, die hierher kommen, in diese Schule, sollten diese Hoffnung aufgeben. Man sollte eine Schrifttafel anbringen, so wie am Eingang zur Hölle von Dante: »Ihr, die ihr eintretet, lasst alle Hoffnung fahren…« Man wird diese Schrifttafel am Eingang vom Bonfin anbringen, und das wird großartig sein! Alle, die kommen, werden erschreckt sein und sagen: »Aber das ist ja die Hölle!« Großartig, der Bonfin ist die Hölle für diejenigen, die sich nicht vervollkommnen wollen.[3] Aber für die anderen, ist er das Paradies. Entschließt euch also, euch zu vervollkommnen und ihr werdet ins Paradies eintreten.

Ich habe viele Leute getroffen, die zu mir sagten: »Ach, Meister, sie ist großartig, ihre Lehre! Ich möchte mich ihr widmen, aber zuvor möchte ich bestimmte Aufgaben bei meinem Mann – oder meiner

Frau – oder meinen Kindern erledigen, usw.« Gut, einverstanden, aber nach zehn, zwanzig Jahren sehe ich sie und sie haben es noch immer nicht geschafft, sich von diesen Aufgaben zu befreien und manche sind sogar schon gestorben, ohne dass sie es geschafft haben, eine Minute dem spirituellen Leben zu widmen. Warum? Weil sie eine falsche Denkweise hatten. Um sich dem Licht, einer göttlichen Lehre zu weihen, darf man nicht warten, bis man dieses oder jenes erledigt hat, denn nichts ist jemals endgültig erledigt. Es gibt immer etwas, was irgendwo nicht stimmt. Wartet nicht, sogar wenn nichts erledigt ist, widmet euch ab sofort dem spirituellen Leben und ihr werdet sehen, dass sich alles arrangiert, ohne dass ihr überhaupt wisst, wie das gehen konnte.

Was auch immer ihr auf der materiellen Ebene tut, nichts ist jemals endgültig geregelt. Das ist genau so, als wolltet ihr einem Gummiball, der keine Luft mehr hat, wieder seine runde Form geben. Wenn es euch gelungen ist, die Einbuchtung auf einer Seite rauszubekommen, bildet sie sich wieder auf der anderen Seite. Ihr glaubt, eure Ruhe zu haben, weil ihr eure Tochter verheiratet habt… Aber bald versteht sie sich nicht mehr mit ihrem Mann und sie lässt sich scheiden: Was für eine Geschichte! Oder aber es kommen die Enkelkinder eins nach dem anderen und so weiter… Das Haus ist jetzt zu klein und man muss umziehen… Und dann ist eines der Kinder krank… Ich sage euch, es hört nie auf. Wartet also nicht ab, um euch dem spirituellen Leben zu weihen, denn ihr müsst auch wissen, dass ihr dank des spirituellen Lebens bessere Lösungen finden werdet für alle Probleme, die sich vor euch auftun.

Natürlich sollte man nun selbstverständlich das rechte Maß bewahren. Ein Bruder sagte mir gestern: »Meister, ich habe mich entschlossen, mein Leben von nun an so zu organisieren, dass ich meine Zeit und meine Energien nicht mehr in der Welt ausgebe.« Ich gratulierte ihm, riet ihm aber doch, trotzdem nicht in die andere Richtung zu übertreiben, denn man kann nicht so tun, als würde die Welt und die Gesellschaft nicht existieren. Sonst lebt man wie ein unsozialer Mensch, ein Parasit und das ist nicht empfehlenswert. Man muss beide Seiten miteinander in Einklang bringen: das Leben in der Welt und das innere Leben. Das ist ein Problem, mit dem ich mich schon seit jungen Jahren auseinandersetze, und das ist ein Problem, das auch ihr lösen müsst: Wie ihr in der Welt leben sollt, wie man Beziehungen mit ihr eingeht und dabei dem Wesentlichen den ersten Platz einräumt, eurer Seele und eurem Geist.

Je nach der Art und Weise, wie jeder diese beiden Aspekte, den materiellen und den spirituellen, in Einklang bringt, offenbart er seine Intelligenz, seine Liebe, seinen Willen und nichts ist schwieriger. Für die einen besteht die Versuchung darin, in das materielle Leben einzutauchen und dabei das Leben des Geistes zu vergessen und für die anderen darin, sich nur um das Leben des Geistes zu kümmern und das materielle Leben zu vergessen. Aber es gibt eine dritte Lösung und die muss jeder für sich selbst finden, denn jeder Fall ist einzigartig. Im Grunde besitzt natürlich jeder Mensch dieselbe Natur, dieselbe Quintessenz, dieselben Bedürfnisse. Alle Menschen sind aus den Händen des Schöpfers hervorgegangen, aus denselben Ateliers, wenn ihr so wollt, aber ihr Entwicklungsgrad ist nicht derselbe, ihr Temperament ist nicht dasselbe, ihre Bestimmung in diesem Leben ist nicht dieselbe und jeder sollte sein Problem individuell lösen, ohne den Nachbarn nachahmen zu wollen. Wer sich dazu gedrängt fühlt, eine Familie zu gründen, kann die Frage nicht so lösen wie derjenige, der lieber ledig bleiben möchte. Wer viel physische Aktivität braucht, kann nicht dasselbe Leben führen wie derjenige, der ein meditatives, kontemplatives Temperament besitzt.

Ihr werdet sagen: »Kann man denn niemanden zum Vorbild nehmen?« Doch, um sich auszurichten, für die grobe Richtung, aber nicht bis in die Einzelheiten. Selbst ich habe meinen Meister Peter Deunov nicht vollständig nachgeahmt. Das war nicht möglich, denn unsere Lebensumstände waren nicht dieselben, unsere Temperamente waren verschieden. Ich habe seine Philosophie angenommen, aber ich konnte nicht genau so leben wie er, genau dasselbe tun, was er tat. Stellt euch vor, manche von euch wollten mich vollkommen nachahmen… Sie würden vielleicht auf große Schwierigkeiten stoßen.

Jeder hat seinen Weg, seine Mission, und selbst wenn ihr euren Meister als Vorbild nehmt, müsst ihr euch immer eurer eigenen Natur gemäß entfalten. Ich habe es euch gesagt, es handelt sich nur darum, dass ihr die Partitur, die man euch gegeben hat, singen könnt, indem ihr die Noten, den Takt und den Rhythmus berücksichtigt, aber ihr seid gezwungen, sie mit eurer Stimme zu singen und die gleicht sicher nicht der eures Meisters. Aber das ist auch überhaupt nicht wichtig. Das Einzige, was wichtig ist, das ist, die Partitur vollkommen wiederzugeben, das heißt, sich mit der einzig wahrhaftigen Philosophie, der ewigen Philosophie der Eingeweihten in Übereinstimmung zu bringen.

Le Bonfin, der 13. August 1963

Anmerkungen

1. Siehe auch Band 241 der Reihe Izvor »Der Stein der Weisen«, Kapitel 14: »Das Gold des wahren Wissens: Alchimist und Goldsucher«.
2. Siehe auch Band 241 der Reihe Izvor »Der Stein der Weisen«, Kapitel 10: »Der Stein der Weisen, Frucht einer mystischen Vereinigung«.
3. Siehe auch Band 30 der Reihe Gesamtwerke »Leben und Arbeit in der Göttlichen Schule«, Kapitel 2: »Der Bonfin« und Kapitel 3: »Die Arbeit in der Göttlichen Schule«.

## IV

Haben die spirituellen Menschen in der Gesellschaft und in der Welt ein Gewicht? Nein. Und warum nicht? Weil sie in Zwietracht leben. Sie betrachten einander mit Feindseligkeit, sie verleumden sich, sie denken nicht daran, etwas gemeinsam zu tun. Die Materialisten hingegen, seht euch an, was sie alles unternehmen, was sie alles erfolgreich machen! Es kann sein, dass vom spirituellen, initiatischen Gesichtspunkt aus betrachtet die Gelehrten im Irrtum sind, dass sie noch kein hohes Ideal und auch nicht die wahre Sichtweise auf die Dinge besitzen, dass sie nicht wissen, in welche Richtung sie arbeiten sollen, aber sie arbeiten gemeinsam, sie unterstützen und helfen sich gegenseitig, sie teilen sich ihre Entdeckungen mit und deshalb sind sie eine enorme Macht in der Welt.

Wann werden sich also auch die Spirituellen dazu entschließen, sich zu vereinen, damit sie endlich auch mitreden können? Wo ist die Macht der spirituellen Menschen? Was haben sie bis heute gemacht? Alle machen sich lustig über sie. Sie sind in einer trostlosen Situation, sie sind rein nichts. Sie müssen jetzt aus ihren Schlupfwinkeln hervorkommen. Und man wird sie dazu bringen…! Man wird ihnen sagen: »Warum versteckt ihr euch? Ihr habt Fähigkeiten, ihr habt Kenntnisse, aber wozu seid ihr nutze? Die ganze Welt ist dabei zusammenzubrechen und ihr macht nichts?« Natürlich ängstigen sich viele, denn sie sehen, dass die Menschheit verrückt geworden ist, dass sie den Planeten in die Luft jagen wollen, und sie vereinigen sich, aber sie bleiben unter sich, abseits. Nein, sie sollten sich jetzt offen vereinen, sonst bringt dies nicht viel für das Wohl der Menschheit.

Ihr werdet sagen: »Aber durch ihre Gedanken, ihre Gebete setzen sie Kräfte und lichtvolle Strömungen in Bewegung…« Ja, aber wo sind die Ergebnisse? Man sollte auch auf der physischen Ebene Ergebnisse sehen. Es ist gut, oben auf der Ebene der Gedanken zu arbeiten, aber das reicht nicht aus.

Ein wahrhaft spiritueller Mensch muss das Licht besitzen, selbstverständlich, aber auch die Liebe, und dieses Licht und diese Liebe muss er auf der physischen Ebene manifestieren. Deshalb sollte er lernen, in den drei Welten zu arbeiten. Seid also nicht so stolz darauf, spirituelle Menschen zu sein.[1] Solange ihr nicht diese Liebe füreinander und auch für die ganze Schöpfung, für die Tiere, die Pflanzen, die Mineralien aufbringt und solange ihr sie noch nicht manifestieren könnt, seid ihr keine spirituellen Menschen.

Wie kommt es, dass die Gelehrten, die doch in der Mehrzahl Materialisten sind und die ihre Forschungen nicht immer in die beste Richtung betrieben, etwas Großartiges, nämlich diese Zusammenarbeit untereinander erreicht haben? Und wie kommt es, dass die spirituellen Menschen, die die beste Philosophie haben, nicht vereint sind? Sie suchen vielleicht nach Frieden, jeder in seiner eigenen Ecke… Nun ja, Frieden werden sie auf diese Weise nie finden. Solange man isoliert für sich selbst arbeitet, häuft man vielleicht Schätze an, aber es ist nicht sicher, dass man sie lange Zeit bewahren kann. Wer weiß, was für eine böse Überraschung von allen Seiten auf die Gemeinschaft wartet. Wenn ein Krieg oder eine Revolution ausbricht, was bleibt dann von diesen Schätzen? Die beste Art und Weise für sich selbst zu arbeiten, ist die Arbeit an der Verbesserung der Gemeinschaft, denn wenn in der Gemeinschaft alles gut funktioniert, ist man selbst geschützt. Deshalb lautet die Philosophie der Universellen Weißen Bruderschaft: arbeiten, um das kollektive Leben zu verbessern. Und unter Verbesserung des kollektiven Lebens versteht man zuallererst das Ideal von Bruderschaft und Universalität.[2]

Die Materialisten wissen sich zu helfen. Sie sind aktiv, dynamisch, man kann sehen, was sie alles verwirklicht haben, während die spirituellen Menschen ihr Leben mühsam fristen in Faulheit und

Müßiggang, weil sie sich sagen, dass sie die Ewigkeit vor sich haben... oder aber, dass Gott die Dinge schon richten wird! Nun, keineswegs, der Herr wird gar nichts richten. Solange die spirituellen Menschen nicht verstanden haben, dass sie eine unglaublich segenbringende Macht sein können, wenn sie sich zusammentun, werden sie verachtet und lächerlich gemacht, und die Masse von groben, gewalttätigen, verrückten Leuten wird weiterhin die Welt regieren.

Ihr werdet sagen: »Der Beweis, dass die spirituellen Menschen nie etwas zustande brachten, kann man bei Ihnen sehen. Was haben Sie jahrelang gemacht?« Oh ja, ihr dürft aber nicht vor dem Ende urteilen. Zuerst einmal, das kann ich euch sagen, kann man allein nicht viel ausrichten, und sind denn viele unter euch, die daran denken, mir zu helfen? Und dann: Die Menschen selber sind nie wirklich mächtig, außer sie empfangen die Hilfe von himmlischen Wesenheiten. Aber um diese Wesenheiten anzuziehen, um in ihnen den Wunsch zu wecken, den Menschen zu helfen, müssen diese ein reines Leben im Einklang mit den göttlichen Gesetzen führen, sonst werden sie nicht einmal ihre Gedanken und Gebete empfangen.

Wie sollten wir die lichtvollen Geister aufhalten und sie dazu bringen, einen Blick auf uns zu werfen, wenn wir nichts haben, um ihre Aufmerksamkeit anzuziehen? Es ist notwendig, dass sie Signale sehen, ein Aufblitzen von Licht. Nur wenn sie von weitem ein lichtvolles Geschöpf sehen, das jeden Tag durch sein Herz, seine Seele und seinen Geist Funken und Feuerwerke mit den herrlichsten Farben ausstrahlt, sagen sie sich: »Oh, was da unten für ein Fest ist! Lasst uns dorthin gehen.« Sie nähern sich, sie empfinden für dieses Wesen dort Zuneigung, sie lassen sich oft sogar in ihm nieder, um ihm zu helfen und alles wird ihm leichtfallen. Deshalb ist es der Mühe wert, seine Lebensweise zu verbessern, damit man endlich die Hilfe und sogar die Anwesenheit all dieser lichtvollen Geister anzieht, die dann kommen werden, um uns bei unserer Arbeit für das Reich Gottes auf Erden zu helfen.

Vergesst niemals, dass die Art und Weise zu leben, das Einzige ist, was von den Geistern da oben, die alles lenken, in Betracht gezogen wird. Wenn sie ein Wesen sehen, das versucht, mit den Gesetzen der kosmischen Harmonie in Einklang zu leben, müssen sie kommen und ihm helfen. Wenn nicht, verschließen sie ihre Augen und Ohren, sie hören nichts, sie sehen nichts und sie lassen die Menschen sich weiterhin die Köpfe einrennen. Nur durch unser Leben können wir sie dazu zwingen, in die Angelegenheiten der Erde einzugreifen. Und glaubt mir, sie werden es tun, ihr werdet Zeugen ihres Kommens und ihrer Manifestation sein.

Ich glaube nicht so sehr an die Möglichkeiten derjenigen, die die Macht in der Welt innehaben. Sie haben zu viele persönliche Sorgen und Probleme. Nur die wirklich freien Menschen können etwas tun. Deshalb zähle ich auf diese Wesen, die vollkommen und mächtig sind und uns beobachten. An dem Tag, an dem sie finden, dass genügend Geschöpfe auf der Erde wirklich im Einklang mit ihrem Willen, ihren Plänen sind, werden sie eingreifen. Also, meine lieben Brüder und Schwestern, warum arbeitet nicht auch ihr daran, diese lichtvollen Geister anzuziehen für das Wohl der ganzen Welt? Macht es, was immer auch kommt. Und selbst wenn eure Tätigkeit von den Menschen nicht beachtet und geschätzt wird, lasst euch nicht verdrießen.

Alle wollen geschätzt und anerkannt werden für das, was sie tun, und wenn nicht, sind sie enttäuscht, ärgerlich und es lässt ihnen keine Ruhe. Nun, das ist eine Schwäche, die der Schüler der göttlichen Schule ablegen muss. Von dem Moment an, wo er sich bewusst ist, dass seine Tätigkeit segensreich, uneigennützig, lichtvoll und edel ist und wo er Vertrauen in die Gesetze hat, weiß er, dass er früher oder später den Platz einnehmen wird, der ihm zusteht. Genau daran glaube ich. Sonst hätte ich nicht nur längst alles aufgeben müssen, sondern ich hätte auch versucht, mich dafür zu rächen, dass meine Arbeit so schlecht belohnt wird.

Wenn es etwas gibt, woran ich glaube, dann ist es die Existenz von Gesetzen im Universum. Ihr sprecht ein Wort aus, macht eine Geste, ihr habt einen Wunsch, einen Gedanken: Sofort wird er aufgezeichnet, klassifiziert und eines Tages bringt er Wirkungen hervor. Auf diese Gesetze sollte man zählen, denn alles kann sich um euch herum verändern, nur nicht diese Gesetze. Sogar eure Familie und eure Freunde können euch verraten oder sehr wohl woanders beschäftigt sein und euch vergessen. Diese Gesetze hingegen werden euch genau das schicken, was ihr verdient, je nach der Art und Weise, wie ihr gearbeitet habt. Zählt also auf nichts anderes als auf eure Arbeit.

Die Christen zählen auf den Herrn, auf die Engel, die Heiligen, die Propheten und sie sind immer in Krankenhäusern, im Elend, in der Dunkelheit. Warum sind ihnen diejenigen, auf die sie zählen noch nicht zu Hilfe gekommen? Weil sie selbst nie etwas dafür getan haben, damit ihnen geholfen werden kann. Nehmen wir ein ganz einfaches Beispiel: Wenn ihr kein Samenkorn eingepflanzt habt, wird nichts wachsen, selbst wenn ihr den Herrn um Hilfe anruft. Der Herr hat Gesetze gemacht, die die Menschen kennen sollten, und wenn sie sie nicht kennen wollen, wird der Herr diese Gesetze nicht aufheben, um Unwissenden einen Gefallen zu tun. Doch sät ein Samenkorn und alle Gesetze der Natur werden dazu beitragen, es wachsen zu lassen.[3] Man sollte zuerst auf seine Arbeit zählen und anschließend auf den Herrn, das heißt auf die Gesetze, die Er im Universum eingerichtet hat.

Ja, arme Christen! Warum hat man sie nichts Besseres gelehrt? Man sagt sogar zu ihnen: »Oh, ihr seid unglücklich, krank, schwach, aber macht euch keine Sorgen, wenn ihr diese Erde einmal verlasst, werdet ihr zur Rechten des Herrn sitzen.« Du meine Güte, so einfach und so schnell? Was haben sie Großartiges gemacht, dass sie es verdienen, zur Rechten des Herrn zu sitzen? Und dann werden diese armen Unglücklichen auch noch auf die Erde zurückkommen, um weiterzuarbeiten, um sich zu vervollkommnen. Nichts als Irrtümer in den Köpfen der Christen! Einfach so, wie sie sind, werden sie an der Seite des Herrn sein…! Oder aber sie gehen geradewegs in die Hölle wegen nichts und wieder nichts: Weil sie am Sonntag nicht in der Messe waren, weil sie nicht geglaubt haben, was der Priester sagte… Was sich doch für Dummheiten verbreiten, wenn man nicht das Einweihungswissen besitzt! Seht euch das doch einmal an: Ein armes Würstchen, das fünfzig, sechzig Jahre gelebt hat, was hat das denn in so kurzer Zeit verwirklicht, um zur Rechten des Herrn sitzen zu dürfen? Die Türken sind intelligenter, in ihrem Paradies gibt es wenigstens dralle, nackte tanzende Frauen und Berge von Reis, um sich auf ewig satt essen zu können. Ein Paradies, in dem wüste Gelage stattfinden, während man all die nackten Schönheiten betrachtet, das ja, das lohnt sich…! Arme Christen, denen das vorenthalten wird!

Ich habe nichts gegen die Christen. Auch ich bin Christ, aber es ist ihre Unwissenheit, gegen die ich vorgehen möchte. Warum werden die Menschen getäuscht? Anstatt zu ihnen zu sagen: »Faulpelz, tu was für dich. Selbst wenn du denkst, du wärst krank, kannst du immer noch ein paar Gesten machen, ein paar Worte aussprechen und Licht in die ganze Welt schicken«, sagt man zu ihnen: »Hier ist es schrecklich, aber bleib ganz ruhig mein Freund, im Jenseits wird Herrlichkeit und Überfluss sein.« Man soll ja barmherzig sein, versteht ihr, man soll die Leute mit Lügen in Sicherheit wiegen! Aber nein, so ist das ganz und gar nicht, im Jenseits wird es das Gleiche sein, und sogar noch schlimmer. Ja, ich bin dorthin gegangen, ich habe es gesehen, und ich bin wieder zurückgekommen, um es euch zu sagen.

Man muss damit aufhören, die Christen in ihrer Faulenzerei zu unterstützen durch Versprechen, die sich niemals verwirklichen werden. Das ist genauso, als würde man ihnen sagen: »Glaubt und ihr werdet gerettet!« Wenn sie keine Anstrengungen unternehmen, um sich zu verbessern, dann sollten sie sich auch nicht vorstellen, dass der Glaube sie retten wird. Das wäre zu einfach, jeder kann glauben und als Übeltäter weiterleben. So viele Verbrecher glauben an Gott und sie werden nicht durch ihren Glauben gerettet werden. Ein Glaube, der sich nicht durch ein entsprechendes Verhalten und entsprechende Gesten ausdrückt, ist nahezu nutzlos. Der Glaube ist nur wirklich mächtig, wenn ihm Taten folgen.[4] Nehmen wir ein sehr einfaches Beispiel: Ihr glaubt an die Wirksamkeit eines Medikaments. Oh ja, aber wenn ihr dieses Medikament nicht nehmt, werdet ihr auch kein Ergebnis erzielen. Wenn ihr es hingegen nehmt, wird es aufgrund eures Glaubens zwei, drei, zehn Mal besser wirken, als wenn ihr es ohne Glauben eingenommen hättet. Der Glaube macht nicht alles, der Glaube öffnet nur die Türen, die Fenster, das heißt, er gibt Möglichkeiten, er ebnet euch den Weg, damit ihr ihn gehen könnt. Aber wenn ihr keine Kraft zum Gehen habt, werdet ihr ganz einfach vor dem offenen Durchgang stehen bleiben. Der Glaube hat euch den Weg geöffnet, aber wenn ihr euch nicht bewegt, werdet ihr das Ziel nicht erreichen.

Ich weiß, was die Menschen suchen und worunter sie leiden. Deshalb drängt es mich immer dazu, nur über das Notwendigste und Wirksamste für das tägliche Leben zu sprechen. Ich lasse alle Einzelheiten über das, was sich in den Wäldern von Afrika, Asien und auf dem Meeresgrund abspielt, beiseite. Ich beschäftige mich nur damit, euch zu erklären, wie ihr frei werden könnt, wie ihr eure Schwierigkeiten besiegen, eure Probleme lösen, Frieden finden, mit den Menschen und der ganzen Natur in Harmonie kommen, mit dem Himmel kommunizieren könnt... Ihr werdet in meinen Vorträgen nur diese Themen finden, denn ich weiß, dass es das ist, was ihr am dringendsten benötigt. Aber ich weiß ebenso: Wenn es euch nicht gelingt vorwärtszukommen, trotz all eurer Kenntnisse, die ihr besitzt, so deshalb, weil ihr euch nicht entschließt, euch von bestimmten alten Gewohnheiten und Beschäftigungen loszulösen. Und vor allem, ihr glaubt nicht daran, dass ihr das Heil finden werdet, wenn ihr euch davon loslöst. Ihr glaubt nicht daran, ihr habt sogar Angst davor und ihr lasst euch bis zum Hals von Beschäftigungen vereinnahmen, die es euch niemals erlauben, dem zu entfliehen, um den Himmel zu fühlen.

Was die betrifft, die sich abrupt loslösen, ohne dafür bereit zu sein, so gibt es natürlich auch für die einige Unannehmlichkeiten. Das ist also eine sehr komplexe Frage. Man braucht sich nicht einzubilden, dass man von einem Tag auf den anderen alle Probleme regeln und in Gebet und Meditation leben kann, befreit von allen Wünschen und Bedürfnissen. Das ist die beste Art und Weise, verrückt zu werden. Man muss weise und mit Maß vorgehen. Aber viele benützen den Vorwand, dass man es riskiert, verrückt zu werden, wenn man sich Hals über Kopf in die Spiritualität stürzt, um keine ihrer schlechten Gewohnheiten aufzugeben. Wenn man weiß, wie man vorgehen soll, und ich habe euch die Methoden dafür genannt, läuft alles wunderbar.

Videlinata (Schweiz), den 1. März 1980

Anmerkungen

1. Siehe auch Band 239 der Reihe Izvor »Die Liebe ist größer als der Glaube«, Kapitel 9: »Die Liebe ist größer als der Glaube«.
2. Siehe auch Band 11 der Reihe Gesamtwerke »Der Schlüssel zur Lösung der Lebensprobleme«, Kapitel 22: »Das Wirken für die weltweite Verbrüderung« und Band 14/15 der Reihe Gesamtwerke »Liebe und Sexualität«, Kapitel 29 von Band 15: »Auf dem Weg zur großen Familie«.
3. Siehe auch Band 241 der Reihe Izvor »Der Stein der Weisen«, Kapitel 13: »Die Entfaltung des göttlichen Keims«.
4. Siehe auch Band 238 der Reihe Izvor »Der Glaube versetzt Berge«, Kapitel 3: »Wahrer Glaube und persönliche Überzeugung« und Band 239 der Reihe Izvor »Die Liebe ist größer als der Glaube«, Kapitel 6: »Nur unser Tun bezeugt unseren Glauben«.

# III

# DER WAHRE SINN DES WORTES ARBEIT

# I

*Lesung des Tagesgedankens:*

»Der Schlüssel, der große Schlüssel ist, immer hellwach zu sein, sogar wenn ihr schlaft. Ja, hellwach! Warum steht geschrieben: ›Wachet und betet‹ (Mk 14,38)? Sogar die spirituellen Menschen haben das noch nicht verstanden. Warum wach sein? Das ist doch ermüdend, während es doch so wunderbar ist zu schlafen und sich der mentalen oder physischen Trägheit hinzugeben! Und das ist der Grund, warum die Menschen anschließend nicht weiterkommen, trotz all der Bücher und all der großen Meister, die da sind, um sie zu unterrichten: Sie schlafen, sie machen nichts weiter als schlafen.

Seid von nun an wachsam und sagt euch: ›Aufgepasst, ich muss daran denken, mich auf morgen vorzubereiten, indem ich darauf achte, dass ich mich nicht mit allen möglichen Dingen überlade. Sei es nun in Bezug auf die Nahrung, die Gedanken oder Gefühle, ich werde nur die leichtesten, lichtvollsten Elemente auswählen, um mein Gehirn, mein Herz, meine Lungen aufzubauen. Auf diese Weise werde ich immer leichter, wacher und dynamischer, dynamisch sogar während meines Schlafes.‹ Ja, denn es gibt Schlaf und Schlaf. Wenn der Schüler darin geübt ist, wachsam zu sein, dann bleibt er selbst im Schlaf hellwach und er hört, versteht und handelt weiter in der unsichtbaren Welt.«

»Wachet und betet«, wie soll man diese Worte auffassen? Da sich die meisten Menschen nicht eingehend mit der Einweihungswissenschaft befasst haben, können sie zwischen physischem Körper und Geist nicht richtig unterscheiden, und diese Unklarheit beeinflusst ihre Denk- und Handlungsweise sehr negativ.

Der Einweihungswissenschaft zufolge stellt unser Körper für den Geist ein Instrument, ein Reittier, wenn ihr so wollt, einen Wagen dar und man darf das Pferd nicht mit dem Reiter und den Wagen nicht mit dem Fahrer verwechseln. Der Geist ist oben, allmächtig, allwissend, aber wenn der Körper, der ihm zur Verfügung steht, zu stark behindert ist, kann er sich nicht den Weg bahnen, um sich auszudrücken: Er trifft auf zu viele Unreinheiten, die ein Hindernis darstellen und ihn daran hindern, sich zu manifestieren. Und dafür gibt uns die Einweihungswissenschaft Methoden, um den Körper zu organisieren und zu harmonisieren, damit sich der Geist durch ihn hindurch manifestiert.

Der Wert einer Einweihungslehre drückt sich darin aus, dass sie den Schüler lehrt, wie er leben sollte, wie er am bestmöglichsten jede Handlung im Alltag so ausführt, dass er nur die reinsten Elemente in sich einführt.[1] Denn nur dann, wenn es ihm gelungen ist, seinen physischen und psychischen Organismus zu reinigen, kann sein Geist wirklich mit der Manifestation beginnen. Wenn ihr euch von nun an darin übt, euren physischen Körper zu reinigen und zu erhellen, wird ein Moment kommen, wo ihr, selbst wenn ihr ihm ein paar Stunden der Ruhe gönnt, damit er sich erholt, von der jenseitigen Welt aus weiterhin lernt, arbeitet und den Menschen helft. Eben das macht ein Eingeweihter in der Nacht: Sein physischer Körper liegt ausgestreckt und unbeweglich, aber sein Geist geht überall hin, um den Geschöpfen zu helfen und sie aufzuklären. Sein Geist schläft nicht, er bleibt aktiv.[2] Darin liegt der Unterschied zwischen einem Eingeweihten und einem gewöhnlichen Menschen.

Der gewöhnliche Mensch, der sich nie darin geübt hat, aus seinem Körper ein Instrument für seinen Geist zu machen, hat nicht die Möglichkeit, sich zu befreien, um eine Arbeit in der unsichtbaren Welt zu verrichten. Er bleibt an seinen Körper gebunden, um den herum er die ganze Nacht kreist und er schläft einen schweren Schlaf, der von unerquicklichen Träumen durchsetzt ist. Man sollte verstehen, dass der Körper im spirituellen Leben eine sehr wichtige Rolle spielt. Wenn er nicht erzogen ist, hindert er den Geist daran, auf Reisen zu gehen, um seine Arbeit auszuführen.

Ich habe euch bereits erklärt, dass jede Handlung eine Verbrennung zur Folge hat.[3] Ob diese Handlung physisch, gefühlsmäßig oder verstandesmäßig erfolgt, es entstehen jedenfalls Abfälle, die man abstoßen muss, sonst führt ihre Anhäufung zu schädlichen Blockaden im Organismus. Wenn ihr in einem Ofen oder Kamin ein Feuer anzünden sollt, könnt ihr dieses Feuer nicht machen, wenn ihr nicht zuerst die Asche und Schlacke vom Vortag entfernt, der Ofen wird nicht funktionieren. Das Gleiche gilt für euren physischen Organismus und ebenso für den Bereich der Gedanken und Gefühle. Deshalb solltet ihr die Art und Weise, wie ihr lebt, denkt, fühlt, euch ernährt und liebt verbessern, denn genau damit ersetzt ihr die verbrauchten Materialien durch andere, viel subtilere, leichtere, ätherischere, dank derer ihr weiterhin euer inneres Feuer ernährt, um eure Aufgabe erfüllen zu können.

Wenn es in den Heiligen Büchern heißt: »Wachet und betet«, so bedeutet »wachen« natürlich keineswegs, nicht zu schlafen, sondern es bedeutet, auf der spirituellen Ebene nicht zu schlafen. Man sollte immer hellwach und wachsam sein in seinen Gedanken, um sich bewusst zu sein, dass es Strömungen, unreine, schädliche Elemente gibt, und sie vermeiden.[4] Wer nicht wachsam ist, wer nicht wach bleibt, ist allen Gefahren ausgesetzt. Es gibt nichts Schlimmeres, als mit geschlossenen Augen zu leben. Man muss die Augen offen halten, um sich unaufhörlich dessen bewusst zu sein, was in einem abläuft, von welchen Strömungen, Bewusstseinszuständen, Gefühlen und Gedanken man durchzogen wird. Nur wer die Augen offen hält, besitzt die Intelligenz des inneren Lebens: Er lässt sich nicht mehr von jeder Kraft, jeder Wesenheit binden. Einen schlafenden Menschen, das ist ganz klar, den kann einfach jeder überraschen! Man muss also wachen.

Und was bedeutet nun »beten«? Nachdem man gewacht hat, das heißt einen Blick darauf geworfen hat, was vor sich geht, solltet ihr intervenieren, euch direkt dort hineinbegeben, um jenes Element auszulöschen und jenes hinzuzufügen, euch zum Herrn der Situation zu machen, um die Feinde, die euch überfallen und ausrauben wollen, daran zu hindern. Das bedeutet »beten« – Beten heißt, ein Heilmittel, eine Verbesserung mitzubringen, und um das zu erreichen, besteht die beste Methode darin, sich an den Himmel anzuschließen. Das menschliche Gehirn ist eine Art Radio- oder Fernsehgerät: Es empfängt bestimmte Sender, bestimmte Wellenlängen. Auf eurem Radio könnt ihr, wenn ihr einen Knopf dreht, eure Sendung auswählen, entweder Musik oder Informationen usw. Nun, innerlich spielt sich dasselbe ab: Wenn ihr irrtümlich auf bestimmte Knöpfe drückt, hört ihr höllische Musik, Lärm und heftige Wortwechsel. Also, ändert die Wellenlänge! Drückt mithilfe des Denkens, der Vorstellungskraft einen anderen Knopf, das ist sehr einfach, und ihr werdet die Sendungen des Himmels hören.

Beten heißt nichts anderes, als den Knopf der kürzesten und schnellsten Wellenlängen zu drücken, die euch in Verbindung mit dem Herrn bringen, und auf diese Weise ändert ihr die Bewegungen und die Schwingungen in eurem Inneren. Beten heißt, eine positive, lichtvolle, göttliche Bewegung in sich auslösen.[5]

Das Gebot »Wachet und betet« ist also von großer Wichtigkeit im spirituellen Leben. Dem physischen Körper sollte man selbstverständlich die Stunden des Schlafens gönnen, die er braucht, aber der Geist in uns darf nie schlafen und sollte sogar während des Schlafes weiterarbeiten. Es gibt so viele Menschen auf der Erde, die unglücklich sind, die leiden, die sich in der Finsternis befinden! Diesen kann der Eingeweihte eben während der Nacht helfen. Und auch ihr könnt mit dieser Arbeit beginnen, aber unter der Bedingung, dass ihr es lernt, euch auf den Schlaf vorzubereiten.[6] Bevor ihr einschlaft, sagt euch: »Also, ich werde meinen Körper diese Nacht verlassen, um in der unsichtbaren Welt zu lernen und den Menschen zu helfen.« Vergesst nie, mit einem großartigen Ziel einzuschlafen, um von der anderen Seite aus Arbeiten ausführen zu können, denn dieser Gedanke bewirkt alles.

Videlinata (Schweiz), den 28. Februar 1981

Anmerkungen

1. Siehe auch Band 227 der Reihe Izvor »Goldene Regeln für den Alltag«.
2. Siehe auch Band 228 der Reihe Izvor »Einblick in die Unsichtbare Welt«, Kapitel 16: »Die Reisen der Seele im Schlaf«.
3. Siehe auch Band 232 der Reihe Izvor »Die Offenbarungen von Feuer und Wasser«, Kapitel 2: »Das Geheimnis der Verbrennung«.
4. Siehe auch Band 243 der Reihe Izvor »Das Lächeln des Weisen«, Kapitel 2: »Wie ein Hirte über seine Schafe wacht«, Kapitel 3: »Die Grenzen unserer Seele schützen« und Kapitel 4: »Die Erwartung, die uns wach hält«.
5. Siehe auch Band 305 der Reihe Broschüren »Das Gebet«.
6. Siehe auch Band 228 der Reihe Izvor »Einblick in die unsichtbare Welt«, Kapitel 15: »Wie man sich im Schlaf schützen kann« und Kapitel 16: »Die Reisen der Seele im Schlaf«.

## II

Der für den Menschen am schwierigsten zu erlangende Zustand ist das Gleichgewicht: Entweder sind sie so angespannt und nervös, dass sie Beruhigungsmittel nehmen müssen oder aber sie sind ganz erschöpft und energielos und müssen Aufputschmittel nehmen. Überall also nichts als Beruhigungsmittel oder Aufputschmittel. Ja, aber all diese Mittel sind nur Notbehelfe, denn nach ein paar Stunden fällt man in die gleiche Nervosität oder die gleiche Apathie zurück, weil die Ursachen nicht behandelt wurden. Und die Ursachen sind nichts anderes als schlecht beherrschte, schlecht gezügelte Wünsche, Gedanken oder Gefühle. Also muss man von Neuem ein paar Drogen schlucken, aber innerlich hat man nichts gemeistert.

Als ich gestern mit einer Schwester sprach, sagte ich zu ihr: »Da Sie vorgestern schon angekommen sind, waren Sie sicher schon auf dem Felsen oben…« – »Nein, Meister, noch nicht.« – »Sie waren also noch nicht beim Sonnenaufgang?« – »Nein, noch nicht.« – »Aber Sie sind doch zu den Vorträgen gegangen?« – »Nein.« – »Und warum sind Sie dann in den Bonfin gekommen? Das ist doch das Wesentliche: die Sonnenaufgänge und die Vorträge.« – »Ich war müde«, sagte sie. Wie oft hört man diese Worte: »Ich bin müde!« Und dennoch haben sehr wenige verstanden, was die Müdigkeit wirklich ist.

Die Müdigkeit ist etwas, was sich an euch anklammert… So wie manche aufdringliche Frauen, die euch nicht mehr loslassen wollen und immer fordern, dass man sie liebt, dass man bei ihnen bleibt! Weil man die Müdigkeit akzeptiert und sich um sie kümmert, ist sie immer da. Aber ja, man stärkt sie... Bemüht euch um eine andere Einstellung und ihr werdet sehen, was passiert. Nehmen wir an, dass ihr eines Morgens keine Lust habt, zum Sonnenaufgang zu gehen, weil ihr angeblich müde seid. Sagt euch: »Gut, einverstanden, ich bin müde, aber ich möchte trotzdem aufstehen.« Also steht ihr auf, wascht euch das Gesicht, geht an die frische Luft hinaus und plötzlich fühlt ihr, dass die Müdigkeit verschwunden ist. Damit die Müdigkeit verschwindet, muss man wenigstens eine Bewegung, eine Geste machen. Wenn ihr nichts gegen sie unternehmt, wird sie auch nicht verschwinden.

Stellt euch ein junges Mädchen vor, das erfährt, dass ihr Liebster, den sie verloren glaubte, zurückgekehrt ist: Sogar wenn sie im Augenblick, wo sie diese Neuigkeit hört, erschöpft und ausgelaugt ist, ist plötzlich alle Müdigkeit wie weggeblasen und sie fühlt sich so voller Energie, dass sie Berge versetzen könnte. Wie oft haben die Menschen diese Art von Erfahrungen gemacht – wenn auch in geringerem Ausmaß natürlich –, aber sie denken nicht daran, Lehren daraus zu ziehen, um dann auch unter anderen Umständen ihren Zustand abzuwandeln.

Glaubt nur nicht, dass ich mich nie müde fühle am Morgen, wenn man so früh aufstehen muss, um zum Sonnenaufgang zu gehen! Aber ich mache es trotzdem! Ein paar Augenblicke später ist die Müdigkeit verflogen und danach halte ich euch den ganzen Tag Vorträge, empfange euch, lese meine Korrespondenz, beantworte sie usw. Meine Methode ist einfach: Selbst wenn ich müde bin, mache ich die Arbeit, denn wenn ich sie nicht mache, wird mich die Müdigkeit nicht loslassen.

Natürlich gibt es zum Thema Müdigkeit noch vieles hinzuzufügen. Um den ganzen Tag aktiv sein zu können, ohne müde zu sein, muss man sich entspannen können und nicht nur ein oder zwei Mal, das ist nicht genug, sondern zehn, fünfzehn, zwanzig Mal täglich, wenigstens jedes Mal eine Minute. Sobald ihr einen freien Moment habt, egal wo, profitiert davon, anstatt verkrampft zu bleiben, anstatt euch aufzuregen, weil man euch warten lässt, preist den Himmel und sagt: »Oh Herr, das gibt mir wiederum eine Gelegenheit, zur Ruhe zu kommen, mein Gleichgewicht wieder zu finden, um danach meine Aktivitäten mit neuen Kräften wieder aufzunehmen.« Das ist die korrekte Art und Weise, wie man überlegen und handeln sollte. Und habt keine Angst, eure Zeit zu verlieren, ihr werdet sie danach reichlich wiedergewinnen.

Was unseren Zeitgenossen so sehr schadet, ist diese Hektik, diese Anspannung, in der sie leben. Das führt zu Schäden in ihrem Innenleben, denn diese Hast verhindert nicht nur, dass sie ihre guten Eigenschaften manifestieren können, sondern sie lässt auch zu, dass alle möglichen abnormen Verhaltensweisen hervorkommen. Manchmal sage ich: »Ihr lasst eure Wasser- und Gashähne, symbolisch gesprochen, immer offen und es fließt und fließt den ganzen Tag: Schließlich sind eure Vorratsbehälter leer, das heißt euer Nervensystem ist erschöpft. Wenn ihr daran denken würdet, ein paar Minuten innezuhalten, um ›die Wasserhähne zu schließen‹, würdet ihr euch nie leer fühlen.«

Denkt daran, euch von Zeit zu Zeit willentlich in einen Zustand der Passivität zu versetzen. Nicht irgendeine Passivität natürlich. Die Passivität, von der ich spreche, ist ein Zustand, in dem es euch gelingen sollte, euch wieder aufzuladen, aber unter der Bedingung, dass sie intelligent kontrolliert wird, sonst zieht ihr negative Strömungen und niedere Bilder anstatt der Kräfte des Himmels an. Das ist übrigens ein ganz wichtiger Punkt, der das ganze psychische Leben des Menschen betrifft und mit dem sich empfängliche Menschen, wie zum Beispiel Medien, näher befassen sollten. Wenn man nicht bewusst und wachsam ist, zieht man das Gute wie das Böse gleichermaßen an, und leider viel öfter das Böse als das Gute. Deshalb ist es wichtig, dass ihr lernt, ein bewusstes Medium zu werden, fähig, euren Zustand der Passivität so zu bestimmen, dass ihr nichts Negatives anzieht.[1]

Um nie müde zu werden, sollte man sich darin üben, mit den beiden Prinzipien Männlich und Weiblich, ausströmend und rezeptiv zu arbeiten. Es ist unmöglich, den ganzen Tag lang aktiv zu sein, zu sprechen, zu lesen oder zu schreiben. Sobald ihr eine Tätigkeit beendet habt, begebt euch also bewusst in einen Zustand der Empfänglichkeit, indem ihr euch mit dem Himmel verbindet, um nur reine und lichtvolle Energien anzuziehen. Es ist nicht einfach, mit seinen Kräften haushalten zu lernen. Die Leute sind geizig, aber nicht sparsam. Sparsam zu sein heißt nicht zwangsläufig, egoistisch zu sein; ebenso wie verschwenderisch zu sein, nicht zwangsläufig heißt, dass man freigebig ist, es ist vielmehr ein Beweis von Dummheit. Ja, man muss unterscheiden können: Diejenigen, die ihre Energien verschwenden und alles zum Fenster hinauswerfen, gelten als freigebig… Ganz und gar nicht, das ist Gedankenlosigkeit oder Eitelkeit oder Dummheit, alles, was ihr wollt, aber nicht Freigebigkeit. Um sich freigebig zeigen zu können, muss man die Kunst der Sparsamkeit kennen. Was bleibt euch sonst zu verteilen, wenn ihr alles verschwendet habt? Und sparsam zu sein heißt, alles zu seiner Zeit und an seinem Ort auszugeben, so viel, wie notwendig ist und nicht mehr.[2]

Ihr denkt nicht genug daran, euch in einen Zustand der Passivität zu versetzen. Ihr lasst euch immer von dieser Betriebsamkeit mitreißen, die heute zur gewohnten Atmosphäre geworden ist und die sich sehr nachteilig auf das Gleichgewicht der Menschen auswirkt. Von nun an solltet ihr mehr auf euer Nervensystem achten, indem ihr ihm von Zeit zu Zeit Entspannung gönnt. Das sind fünfzehn Minuten pro Tag, fünfzehn Mal eine Minute, macht es, diese Zeit wird nicht verloren sein, im Gegenteil, ihr werdet sehen, was ihr dabei gewinnen werdet. Ihr erwidert: »Ja, aber ich habe so viel zu tun. Ich muss so viele Menschen empfangen, dass ich mich nie zurückziehen kann.« Doch, ihr könnt immer sagen, dass ihr telefonieren müsst, dass ihr ein Taschentuch oder etwas anderes holen geht, dass ihr in einer Minute wiederkommt. Niemand wird unzufrieden sein, denn eine Minute ist sehr wenig. Also zieht ihr euch in einen ruhigen Raum zurück, streckt euch flach auf dem Bauch aus, entspannt Arme und Beine und lasst euch gehen, als ob ihr in einen Lichtozean eintauchen würdet, ohne euch zu rühren, ohne an etwas zu denken… Nur eine Minute, dann steht ihr auf und kehrt zu eurer Arbeit zurück, und alle sind erstaunt, dass sie euch nie müde sehen.

Das ist alles. Das ist so wenig, aber es ist sehr wichtig. Wendet diese Methode oft an, die ich euch hiermit gebe und ihr werdet sehen, dass ihr den ganzen Tag lang bei Kräften sein werdet. Sonst werdet ihr, selbst ohne zu arbeiten, müde sein. Ihr habt das übrigens sicher schon festgestellt: Ihr habt nichts gemacht und seid müde. Sogar wenn ihr euch drei Stunden lang auf einem Liegestuhl ausgeruht habt, seid ihr noch erschöpfter. Warum? Weil ihr es nicht verstanden habt, innerlich die Wasserhähne zuzudrehen: Ihr ruht euch aus, aber eure Kraft fließt ungenützt irgendwo weg. Das ist schade, denn die Müdigkeit zwingt euch, wesentliche Aktivitäten zu vernachlässigen.

Wenn ich so zu euch spreche, lasse ich natürlich wesentliche Einzelheiten beiseite. Es ist offensichtlich, dass ihr ausreichend essen, schlafen und auch gut atmen müsst, um euch ganz wohl zu fühlen. Wenn ihr lange nichts gegessen habt, könnt ihr euch lange entspannen, diese Art von Entspannung verhilft euch nicht zu neuer Kraft. Wenn ich euch rate, euch zu entspannen, setze ich als selbstverständlich voraus, dass ihr zuvor gut geatmet, gegessen und geschlafen habt, das sind unerlässliche Voraussetzungen. Aber selbst wenn ihr auf diese Weise viele Energien angesammelt habt, kann es sein, dass ihr sie schnell verliert, wenn ihr nicht wisst, wie ihr euch wieder aufladen könnt. Schlaf, Ernährung[3] und Atmung[4] sind also nur unerlässliche Vorbedingungen. Was die Entspannung angeht, ist sie ein Mittel, um die Energie gut zu verteilen, sie geregelt auszugeben und anschließend die Akkus wieder aufzuladen.

Natürlich gibt es Yogis und Eingeweihte, die über ihren physischen Körper und ihre Gedanken eine solche Beherrschung erlangt haben, dass sie, selbst wenn sie weder gegessen noch getrunken noch geschlafen haben, fähig sind, sich intensiv an die großen Speicher der kosmischen Kräfte anzuschließen, dass sie auf diese Weise großartige Energien schöpfen und diese dann in Energien für den physischen Körper umwandeln können. Das ist möglich, es gibt solche Wesen, aber sie sind sehr selten, man muss sehr geübt sein, um diese Stufe zu erreichen und keiner von euch ist bisher dort angekommen.

Ihr seht also, ich setze jedes Ding an seinen Platz. Ich betone das, was wesentlich ist und was unwesentlich ist, das, was möglich ist und was unmöglich ist. Jetzt liegt es an euch, mich gut zu verstehen und die Methoden, die ich euch darlege, richtig anzuwenden.

Le Bonfin, den 23. August 1962

Anmerkungen

1. Siehe auch Band 14/15 der Reihe Gesamtwerke »Liebe und Sexualität«, Kapitel 17 von Band 15: »Leere und Fülle: Der Gral«.
2. Siehe auch Band 12 der Reihe Gesamtwerke »Die Gesetze der kosmischen Moral«, Kapitel 10: »Über den rechten Gebrauch der eigenen Energien«.
3. Siehe auch Band 204 der Reihe Izvor »Yoga der Ernährung«.
4. Siehe auch Band 303 der Reihe Broschüren »Die Atmung«.

## III

*Lesung des Tagesgedankens:*

»Die beste Art sich auszuruhen ist, die Arbeit zu wechseln und hier, in der Universellen Weißen Bruderschaft, ist die Arbeit ganz anders. Es handelt sich nicht darum, irgendwo herumzubasteln oder in einem Büro sein Geld zu verdienen, sondern darum, unsere göttliche Natur zu entfalten, die uns von unserem Himmlischen Vater gegeben wurde und die im gewöhnlichen Leben von allen möglichen Tätigkeiten und Beschäftigungen, die eben nicht göttlich sind, erstickt und begraben wird.

Wenn ihr hierherkommt, um auf die gleiche Weise weiterzuleben wie in der Welt, dann ist das unnütz, dann werdet ihr leiden, dann werdet ihr euch bedrängt und nervös fühlen und ihr werdet nicht das finden, was ihr braucht. Wenn ihr aber gute Bedingungen finden wollt, um Ordnung und Harmonie in euch herzustellen und eine gigantische Arbeit in Angriff zu nehmen, zum Wohl der ganzen Welt, dann solltet ihr hierherkommen, ihr seid herzlich willkommen! Entschließt euch also für euch, zu eurem Wohl, euren Aufenthalt hier in Harmonie, in Liebe und Licht bestmöglich zu nutzen.«

Das ist ein sehr wichtiger Gedanke, der einmal mehr unterstreicht, wie wesentlich es ist, dass man seinen Aufenthalt hier, wo die Bedingungen so verschieden sind vom gewöhnlichen Leben, zu nutzen weiß. Viele, die zum ersten Mal kommen, denken zuerst nur daran, wieder abzureisen, so sehr fühlen sie sich durcheinander gebracht und unwohl. Sie wissen nicht, warum sie sich in diesem Zustand befinden, aber für mich ist das ganz klar. Bevor sie hierherkamen, haben sie mir doch oft geschrieben, wie sehr sie es sich wünschten, die Bruderschaft kennen zu lernen. Wie soll man es sich nun erklären, dass sie schon nach wenigen Tagen Lust haben, den Bonfin wieder zu verlassen?

Ihr werdet sagen: »Das ist doch ganz einfach, sie fanden nicht, was sie suchten. Sie suchten Vollkommenheit, sie suchten Schönheit, Reinheit, Licht. Sie suchten geniale, außergewöhnliche Männer und Frauen und fanden nichts von all dem. Manche sagen übrigens auch, sie seien enttäuscht.« Ja, das ist schon unglaublich, jeder verlangt von anderen Intelligenz, Güte, Vollkommenheit, aber er selbst… wie er selbst ist, das fragt er sich nie. Doch da es nun mal nicht sehr viele vollkommene Menschen auf der Welt gibt, weil alle auf die gleiche Art und Weise denken, erwarten alle, dass die anderen vollkommen sein sollen, während sie selbst sehr wohl bleiben können, wie sie sind.

Die Menschen sind es gewohnt, immer die Schwächen und Unvollkommenheiten der anderen zu sehen, aber ihre eigenen sehen sie nie: Sie sind makellos! Nun, in der Göttlichen Schule lernt man das Gegenteil: Man lernt, dass die wahre Arbeit darin besteht, sich mit sich selbst zu befassen und die anderen in Ruhe zu lassen.[1] Ihr werdet sagen: »Aber Sie lassen uns doch auch nie in Ruhe, dauernd treiben Sie uns an!« Ja, wenn sich ein Meister erlaubt, seine Schüler zu belehren, so deshalb, weil er viele Jahre lang an sich selbst gearbeitet hat. Und auch ihr könnt euch eines Tages um die anderen kümmern, aber erst wenn es euch gelungen ist, euch zu beherrschen und euch von manchen Schwächen zu befreien, nicht vorher.

Nehmen wir nur das Thema Eltern: Sie beschäftigen sich mit ihren Kindern, das ist gut, das kann man ihnen nicht vorwerfen. Aber haben sie sich etwa zuerst um sich selbst gekümmert, bevor sie sich um ihre Kinder kümmern? Nein, sie haben einfach so vor sich hin gelebt. Sie haben es zugelassen, dass Unordnung in ihnen eingezogen ist und jetzt, wo sie verformt und zerrüttet sind, wollen sie sich um ihre Kinder kümmern! Dass diese Kinder ein Beispiel von sehr bedauerlichem Verhalten geboten bekommen, das ihre Psyche und sogar ihre Gesundheit sehr negativ beeinflussen wird, das ist nicht von Bedeutung. Da die Leute nicht wissen, was sie tun sollen, da sie sich ganz allein langweilen, heiraten sie, bekommen Kinder und daraus ergeben sich anschließend unentwirrbare Schwierigkeiten…[2] Nein, meine lieben Brüder und Schwestern, man sollte sich zuerst um sich selbst kümmern und danach heiraten und Kinder haben.

Bevor ihr andere erzieht, kümmert euch darum, euch selbst zu erziehen, sonst ist es genauso, als wolltet ihr mit rußgeschwärzten Händen einen kleinen Fleck in jemandes Gesicht wegwischen: Ihr macht ihn nur noch schmutziger. Alle, die sich dabei einmischen wollen, um die anderen aufzuklären und zu belehren, während sie selbst dem Anspruch nicht genügen, können sie nur in die Irre führen. Sie sollten mit der Verbesserung zuerst bei sich selbst anfangen und danach kann sie nichts mehr aufhalten, trotz der Schwierigkeiten und misslichen Bedingungen des Lebens, sie werden über alles triumphieren.

Da es in der Genesis heißt, dass Gott es bereute, den Menschen geschaffen zu haben, wie soll es denn dann eurer Meinung nach einfach sein, mit den Menschen umzugehen? Ihr solltet wissen, dass es schwierig ist, und dann eure Arbeit fortsetzen. Auf diese Weise werdet ihr die Möglichkeit haben, allem die Stirn zu bieten, was auch immer auf euch zukommt. Sonst werdet ihr so sehr erstaunt sein, so sehr verblüfft über ihr Verhalten, dass ihr beim ersten Misserfolg alles aufgeben und euch sogar umbringen wollt, so wie es schon mit vielen anderen geschehen ist, die handfester waren als ihr.

Lasst also die Menschen in Frieden und denkt nur daran, euch selbst zu verbessern. Wenn ihr einmal stark, vollkommen und zu einem Vorbild geworden seid, werden die anderen sich auch ändern, das ist unvermeidlich. Warum seine Zeit damit verbringen, sich über die Unvollkommenheiten der Menschheit zu beklagen? Kümmert euch nicht darum, kümmert euch darum, euch selbst zu vervollkommnen.

Dann seid ihr innerlich nicht mehr so aufgewühlt, ihr sinnt nicht mehr auf Rache und ihr beschleunigt eure Entwicklung, da es eure Vervollkommnung ist, auf die ihr euch konzentriert.

Schon vor Jahren habe ich diese Frage für mich geregelt: Ich lasse die anderen machen, was sie wollen, und arbeite an mir selbst. Ich muss mich entwickeln, ich muss ein Vorbild sein. Es wird euch nicht gelingen, die Menschen weiser zu machen, das ist unmöglich, aber wenn ihr selbst Vorbilder seid, werden sie euch trotz allem folgen. Und anstatt deshalb immer darauf zu warten, dass in eurer Familie, in eurer Umgebung und an eurem Arbeitsplatz Harmonie herrscht und euch zu beklagen, dass sie nicht herrscht, fangt an, sie in euch selbst zu verwirklichen. Wenn die anderen sehen, wie sehr ihr euch verändert habt, werden sie gezwungen sein, sich auch zu verwandeln, denn das ist ansteckend und magisch: Ein Mensch, der aufrichtig an sich selbst arbeitet, löst Kräfte aus, die seine Umgebung zwingen, es ihm gleichzutun.[3]

Man muss die Natur der Menschen kennen, wissen, wie sie sind und sich nicht zu sehr um ihre Manifestationen kümmern, die in euch schlechte Gefühle auslösen. Weil ihr die Entsprechungen nicht kennt, die es zwischen euren Beschäftigungen und den Zuständen gibt, in denen ihr euch befindet, lasst ihr in euch negative Gefühle gegenüber anderen zu und anschließend seid ihr erstaunt, dass ihr euch unwohl fühlt. Dabei ist daran überhaupt nichts erstaunlich. Um nicht ins Wanken gebracht und entmutigt zu werden, darf man sich nur auf seine innere Arbeit verlassen. Ich hätte gerne, dass ihr zur gleichen Schlussfolgerung kommt wie ich: Baut nur noch auf eure Arbeit an eurer Vervollkommnung.

Le Bonfin, den 3. April 1980

Anmerkungen

1. Siehe auch Band 242 der Reihe Izvor »Unerschöpfliche Quellen der Freude«, Kapitel 13: »Und ihr werdet alle Menschen auf den Weg der Freude mitziehen« und Band 243 der Reihe Izvor »Das Lächeln des Weisen«, Kapitel 8: »Die Sprache des Eisens und die Sprache des Goldes«.
2. Siehe auch Band 27 der Reihe Gesamtwerke »Die Pädagogik in der Einweihungslehre«, Kapitel 3: »Erziehung und Bildung – Die Macht des Vorbildes«.
3. Siehe auch Band 12 der Reihe Gesamtwerke »Die Gesetze der kosmischen Moral«, Kapitel 19: »Die beste pädagogische Methode ist das Beispiel«.

## IV

*Lesung des Tagesgedankens:*

»Wenn ein Meister einen Schüler sieht, der wirklich für das Licht, für das Glück der ganzen Welt arbeiten will, so wendet er sich ihm zu, beschützt ihn und übermittelt ihm seine Eigenschaften und Tugenden. Dann wächst der Schüler, entwickelt sich weiter und selbst wenn niemand es bemerkt und ihn dafür schätzt, ist das, was er macht, von ausschlaggebender Bedeutung für das Geschehen in der Welt. Wo auch immer er sich befindet, ob bekannt oder unbekannt, er ist ein Zentrum, ein Brennpunkt, so mächtig, dass nichts ohne ihn geschieht. Er harmonisiert die Kräfte des Universums mit einem lichtvollen Ziel, er nimmt an den Entscheidungen der Geister oben teil.«

Vielleicht hört ihr so etwas zum ersten Mal, meine lieben Brüder und Schwestern: Dass ein Mensch, dem es gelungen ist, alles in sich zu harmonisieren, zu reinigen und zum Leuchten zu bringen, am Rat der lichtvollen Geister teilnehmen darf. Aber das ist normal: Warum sollten die lichtvollen Geister, die über das Schicksal der Welt wachen, nicht die Meinung anderer Geister berücksichtigen, die ihnen durch ihre Strahlkraft und ihre Ausströmungen gleichen? Wenn niemand hier auf der Erde seine Meinung zum Ausdruck bringen dürfte, wenn Entscheidungen für die Zukunft der Menschheit getroffen werden, wäre das doch weder logisch noch gerecht. Ihr solltet also von nun an wissen, dass eure Stimme gehört werden kann, um das Schicksal der Welt mit zu entscheiden und wie ihr an den Ratsversammlungen oben teilnehmen könnt. Dann wird euer Leben einen neuen Sinn bekommen. Ihr werdet besser verstehen, wie wichtig es ist, ein göttliches Leben zu beginnen, sodass ihr würdig seid, eure Stimme an der Seite von erhabenen Wesen zu Gehör zu bringen.

Ihr werdet sagen: »Aber ist sich der Schüler dieser Rolle bewusst?« Er kann es werden, aber zu Beginn ist er es sicherlich nicht. Es gibt etwas in ihm, das teilnimmt, das in Erwägung gezogen und gehört wird, aber das geschieht in den höheren Sphären seines Bewusstseins, zu denen sein gewöhnliches Bewusstsein keinen Zugang hat. Die physische Ebene ist dermaßen undurchsichtig und dicht, dass viel Zeit und Anstrengung nötig ist, damit die Ereignisse, die in den himmlischen Regionen ablaufen, sich hier widerspiegeln. In den ersten Augenblicken, in den ersten Jahren wird diese Teilnahme nicht sehr bewusst sein, aber sie wird trotz allem wirklich sein. Sonst – wie ich schon sagte – wäre das nicht gerecht, dass manche sich alles angeeignet haben und für die armen Menschen keine Möglichkeit mehr bleibt, ihre Stimme in den himmlischen Versammlungen zu erheben. Aber um Oben abstimmen zu können, muss man sehr aufmerksam, bewusst, weise und rein sein. Da ist es nicht so wie auf der Erde, wo jeder das Recht hat sich zu äußern, sogar die Unfähigen, die Verrückten und die übel Gesinnten.

Als Jesus sagte: »Mein Vater wirkt bis auf diesen Tag; und ich wirke auch« (Joh 5,17), brachte er die gleiche Idee zum Ausdruck, die ich euch gerade darlegte. Und nicht nur Jesus kann an der Arbeit seines Vaters teilnehmen, da er ja auch sagte: »Wer an mich glaubt, der wird die Werke auch tun, die ich tue, und er wird noch größere als diese tun« (Joh 14,12). Wenn wir die Voraussetzungen erfüllen, können auch wir daran teilnehmen. Wann entscheiden sich die Christen endlich dazu, himmlische Wahrheiten zu verstehen, die es ihnen ermöglichen würden, sich zu befreien und großartige Dinge für die ganze Welt zu tun? Warum immer unscheinbar und unnütz irgendwo verbleiben? Und ist es das Ideal eines Christen, seine Finger in Weihwasser zu tauchen, Kerzen anzuzünden, ein paar Hostien zu schlucken und dann nach Hause zu gehen, um seine Hühner und Schweine zu füttern, einen guten Schluck zu trinken und seine Frau zu schlagen?

Meine lieben Brüder und Schwestern, außer mir gibt es auch noch andere, die unzufrieden sind und es äußern wollen, weil der Augenblick gekommen ist, nicht nur im Christentum vieles zu verändern, sondern in der ganzen Welt. Es ist Zeit für die Christen, die Lehre Christi auf eine viel umfassendere Art und Weise zu verstehen, eine wirkliche Arbeit zu beginnen in dem Sinne, wie er es ihnen gezeigt hat und sich nicht gemütlich auszuruhen in der Gewissheit, dass er sie gerettet hat, indem er sein Blut für sie vergoss und sie also nichts mehr zu tun brauchen.

Auf der physischen Ebene wurde der Mensch von der kosmischen Intelligenz mit einer bestimmten Anzahl von Gliedern und Organen ausgestattet, mit deren Hilfe er allen möglichen Aktivitäten nachgehen kann. Das Gehirn, die Augen, der Mund, die Ohren, die Nase, die Lungen, die Arme, die Hände, die Beine sind zahlreiche Möglichkeiten, die er zu seiner Verfügung hat. Auf die eine oder andere Art ist er also gezwungen zu arbeiten, und die Faulen werden dazu verdammt zu verschwinden. Glücklicherweise hat die Natur, die vorausschauend ist, ein radikales Mittel gegen die Faulheit entdeckt: den Magen. Da der Mensch Hunger hat, muss er sich durchschlagen, um etwas zum Essen zu finden: Entweder er sucht seine Nahrung oder aber er arbeitet, um sie zu kaufen. Hätte er keinen Hunger, würde er nichts tun, das ist sicher.

Mangel und Not sind die einzigen Heilmittel gegen Faulheit. Deshalb sollte man die Faulen in ihrer Not lassen, denn diese Not ist es, die sie heilen wird. Leider ist das eine Wahrheit, die viele Mütter nur mit Mühe verstehen. In ihrer blinden Liebe wollen sie ihren Kindern jegliche Not ersparen und so treiben sie sie in die Faulheit, in die Schwäche. Die Mütter sind fähig, vieles zu verstehen, außer dass wahre Liebe bedeutet, ihre Kinder arbeiten zu lassen, denn in der Arbeit kann man alles finden: Gesundheit, Glück, Kraft, den Sinn des Lebens.

Nehmt also die Tätigkeit, die euch gefällt, stagniert nicht. Zittert vor der Trägheit wie vor dem größten Feind, der sich euch nähert, denn sie ist es, die euch Chaos, Krankheit und Tod bringen wird. Ob diese Trägheit nun intellektueller, gefühlsmäßiger oder psychischer Natur ist, man muss gegen sie ankämpfen und sich von ihr befreien. Wenn ihr das übrigens nicht tut, so ist es die Natur, die euch dazu zwingen wird, indem sie euch auf die eine oder andere Weise in Not bringen wird.

Warum sind die ersten Menschen nicht im Paradies geblieben? Weil sie anfingen, unbeweglich zu werden. Ja, ich habe Untersuchungen darüber angestellt. Sie waren so glücklich in ihrem Nichtstun unter den Strahlen der Sonne! Aber die Natur, die sie beobachtete und sich dachte, dass es an der Zeit sei, sie aus dieser Glückseligkeit herauszuholen, fand das Mittel, sie zu verjagen. Ihr werdet sagen, dass dies so nicht in der Bibel steht. Das weiß ich, aber ich habe das trotzdem gelesen! Und einmal aus dem Paradies vertrieben, wurden sie zur Arbeit gezwungen. Der Herr hat übrigens die Arbeit verteilt, als Er zum Mann sagte: »Im Schweiße deines Angesichts sollst du dein Brot essen« (1 Mo 3,19) und zur Frau: »Mit Schmerzen sollst du Kinder gebären« (1 Mo 3,16). Jedem also seine Arbeit. Und zur Schlange sagte Er: »Auf dem Bauche sollst du kriechen und Staub fressen dein Leben lang! Und ich will Feindschaft setzen zwischen dir und dem Weibe und zwischen deinem Samen und ihrem Samen: Sie wird dir nach dem Kopfe treten, und du wirst ihr nach der Ferse schnappen« (1 Mo 3,14-15). Das sind geheimnisvolle Worte. Noch schwieriger zu interpretieren, als das, was Er zu Adam und Eva sagte. Warum muss die Schlange kriechen und Staub fressen, obwohl sie das intelligenteste unter den Tieren war? Warum muss sie die Frau in die Ferse beißen und diese ihr den Kopf zertreten? Das ist ein großes Mysterium, das mit vielen anderen Fragen verbunden ist.[1] Ihr bittet: »Oh, sagen Sie es uns, sagen Sie es uns!« Nein, heute möchte ich mit euch ein viel wichtigeres Thema besprechen: die Arbeit.

Ihr seid hier wie auf einem Feld, das ihr kultivieren sollt. Wie auch immer eure Beschäftigungen aussehen mögen, sogar wenn ihr im Wald spazieren geht oder euch ausruht, solltet ihr alles vermeiden, was der Stagnation gleicht und in euch einen Zustand von geordneter und harmonischer Aktivität herstellen, das heißt alle Strömungen und Energien in euch und außerhalb von euch ausgleichen und zur Quelle des Lebens, zum Licht hin ausrichten. Das ist die absolut einzige Arbeit, die der Schüler im Sinn haben sollte. Ein neues Licht kommt in die Welt, um allem, was man tut, einen Sinn zu geben. Mit diesem Licht ist ein anderes Verständnis des Wortes Arbeit verknüpft.

Ihr fragt jemanden: »Was machen Sie?« – »Ich arbeite.« Na ja, er ist eben noch weit davon entfernt zu wissen, was Arbeit ist: Er bastelt herum, er schlägt sich durch, er strengt sich an, und auch das ist noch nicht die wahre Arbeit. In Wirklichkeit arbeitet nur Gott und die Engel und die Erzengel, Seine Diener, weil sie Ihn zum Vorbild genommen haben. Deshalb wird das Wort Arbeit in der Lehre der Zukunft in einem neuen Licht erscheinen und einen magischen Sinn annehmen, denn durch eine solche Arbeit verwandelt sich der Mensch.

Jesus sagte: »Mein Vater wirkt bis auf diesen Tag; und ich wirke auch« (Joh 5,17). Sehr wenige, sogar unter den Eingeweihten, können eine solche Aussage machen. »Ich bastle an etwas herum« oder »Ich mache Fehlversuche« oder »Ich zerbreche mir den Kopf über bestimmte Probleme«, genau das können die meisten Menschen sagen. Aber um zu sagen, »Ich arbeite«, muss man sich bis zum Göttlichen Geist erhoben haben, um ihn zum Vorbild zu nehmen, um sich von ihm inspirieren zu lassen.

Seit zweitausend Jahren war man sich der tiefen Bedeutung dieses Satzes: »Mein Vater wirkt bis auf diesen Tag; und ich wirke auch«, nicht bewusst. Er blieb also einfach so stehen, ohne Sinn. Man hat sich nicht einmal gefragt, was das für eine Arbeit Gottes ist, noch wie Er arbeitet, noch warum Jesus mit Ihm daran teilhat. In Wirklichkeit ist das so unermesslich, dass selbst ich mir nicht anmaße, es verstanden zu haben. Ja, das ist atemberaubend. Diese Arbeit Christi heißt, alles zu reinigen, zu harmonisieren, zu erleuchten… alles zur göttlichen Quelle hin auszurichten, damit das Wasser dieser Quelle die Erde und ihre Geschöpfe beleben kann. Deshalb sagte Jesus: »Ich aber bin gekommen, damit die Schafe Leben haben und Überfluss haben« (Joh 10,10) [2], denn das Leben ist das göttliche Wasser, das alles austreiben lässt. Dieses Wassers, dieses Lebens beraubt, ist der Mensch nur eine Wüste. Die Arbeit Christi besteht darin, das Leben fließen zu lassen, und der Mensch, ein Kind Gottes, muss ebenso lernen, diese Arbeit auszuführen.

Natürlich müssen die Menschen, bevor sie dorthin gelangen, zunächst grobe, mühselige Arbeit auf sich nehmen, wie es bei den meisten heute der Fall ist. Das ist notwendig, das ist ein Stadium. Solange sie nicht fähig sind, die andere Arbeit auszuführen, müssen sie wenigstens diese machen, denn es ist auf alle Fälle notwendig, irgendetwas zu tun. Die Natur toleriert keine Geschöpfe, die nichts tun. Jeder muss irgendwo engagiert und aktiv sein. Ein Teilchen, das untätig herumspaziert, wird nicht toleriert, es muss einem Ganzen, einem System angeschlossen sein. Diejenigen, die einfach so, ohne Ausrichtung, ohne Ziel, ohne alles herumspazieren, werden von anderen schrecklichen Zentren angezogen und verschlungen, und das bedeutet für sie das Ende. Man muss also immer gegen diese Kräfte der Trägheit ankämpfen und sich für die Arbeit entscheiden, so wie auch Christus arbeitete.

Tatsächlich kann jede Arbeit zu einer spirituellen Arbeit werden. Für mich ist alles Arbeit. Das Wort Arbeit ist Tag und Nacht in meinem Kopf und ich versuche, alles für die Arbeit einzusetzen. Ich weise nichts zurück, ich setze es ein. Selbst wenn ich mich nicht bewege und scheinbar nichts mache, arbeite ich in Gedanken, um Leben, Liebe und Licht überall ins Universum zu senden. Dann habe ich das Gefühl, endlich den Sinn des Lebens zu finden.

Der Sinn des Lebens, meine lieben Brüder und Schwestern, liegt in der Arbeit. Manche sagen, er liege in der Liebe, andere, dass er in der Macht liegt oder im Studium oder im Vergnügen. Das ist natürlich möglich, aber für mich liegt er in der Arbeit, in einer Arbeit, die auf ein göttliches Ziel hin ausgerichtet ist. Übrigens, hütet euch vor dem, was nicht auf ein göttliches Ziel ausgerichtet ist, denn überall, wo der Herr nicht dabei ist, ist der Teufel dabei.

Wenn euch heute wirklich bewusst wird, dass es Aktivitäten gibt, die es wert sind, dass man sie kennt und ausführt, werdet ihr arbeiten, damit eure Stimme berücksichtigt wird und die Waagschale sich dadurch im positiven Sinn für die Menschheit neigt. Von den mehr als vier Milliarden Individuen auf der Erde, wie viele glaubt ihr, wünschen sich wirklich Frieden und Glück für die Menschheit? Ihre Stimmen werden von den Stimmen derjenigen erstickt, die – bewusst oder unbewusst – nur die anderen beherrschen wollen und so vieler Ländereien und Reichtümer wie möglich habhaft werden wollen. Deshalb sind die himmlischen Wesen oben, wenn sie sich die »Stimmzettel« ansehen, gezwungen, die Menschheit noch leiden zu lassen. Ohne sich dessen bewusst zu sein, nehmen die Menschen in einer kollektiven Unternehmung entweder am Guten oder am Bösen teil. Wenn die heilsamen, die lichtvollen Stimmen in der Mehrzahl sind oder selbst wenn sie das nicht sind, aber mächtiger, überzeugender, so wird die Entscheidung zugunsten des Reiches Gottes und des Goldenen Zeitalters gefällt. Aber die Menschen müssen selbst die Waagschale in diese Richtung neigen, denn die lichtvollen Geister oben werden nicht eingreifen: Sie geben sich damit zufrieden, die Stimmen zu zählen.

Gott wollte, dass der Mensch die Freiheit hat, sein eigenes Schicksal zu wählen, und weder die Engel noch die Erzengel haben das Recht, gegen dieses Gesetz zu verstoßen. Wenn sich die Menschen entschließen, sich die Köpfe einzurennen, sind sie gezwungen, sie machen zu lassen. Sie wissen, dass sie die Ewigkeit vor sich haben, um zu lernen, zu leiden und vernünftig zu werden. Sie haben es nicht eilig dort oben. Hier habt ihr den Beweis: Millionen Jahre sind vergangen, seit die Menschheit existiert und sie greifen nicht in ihre Angelegenheiten ein, sie sind geduldig, sie warten. Wir sind es, die aktiv sein und es eilig haben sollten, alles zu verbessern. Sie jedoch, dort oben, sind gut eingerichtet, sie sind frei, sie sind im Licht, nichts stört sie. Wenn ihr ein Heiliger werden wollt, lassen sie euch zum Heiligen werden. Wenn ihr ein Verbrecher werden wollt, lassen sie auch das zu. Aber da sie wissen, dass es Gesetze gibt, sagen sie: »Der Arme, er wird leiden, er wird sich den Kopf einrennen.« Das sehen sie im Voraus, aber sie lassen euch eure Erfahrungen machen und eure Schlussfolgerungen daraus ziehen. Wir sind also frei, so zu handeln, wie wir wollen. Es gibt Gesetze, denen zufolge wir bestraft werden, wenn wir schlecht handeln und belohnt werden, wenn wir recht handeln, aber wir sind frei, im Guten oder im Bösen zu handeln.

Von nun an solltet ihr euch dessen bewusst sein, wie wichtig es ist, dieses Licht zu verbreiten, damit die Menschen verstehen, dass sie alle schrecklichen Ereignisse, die sie bedrohen, vermeiden können. Es sind die Menschen, welche die Kriege auslösen und manchmal sogar Kataklysmen. Die Wissenschaft wird dem natürlich nicht zustimmen, die negativen Gedanken und Gefühle der Menschen jedoch können, wenn sie sich ansammeln, Kataklysmen, Tornados oder Vulkanausbrüche hervorrufen.[3] Und wie oft habe ich sogar hier im Bonfin bemerkt, dass das Wetter abhängt von der Art und Weise, wie die Brüder und Schwestern leben. Ja, durch unsere Art und Weise zu leben, können wir die Strömungen der Atmosphäre beeinflussen. Nichts bleibt einfach so ohne Folgen. In einem anderen Bereich werden sehr kleine Kinder nervös und krank als Spiegel der Streitigkeiten und Diskussionen ihrer Eltern. Ihr seid an diese Sichtweise nicht gewöhnt, aber es ist an der Zeit für euch, dass ihr endlich denen glaubt, die Bescheid wissen, denn sie haben ihr Leben dem Studium der Wirklichkeit der Dinge gewidmet.

Die meisten Menschen verbringen ihre Zeit damit, Gedanken voller Zorn, Hass und Rache hinauszuschicken, die dazu beitragen, Unordnung und Katastrophen auszulösen. Der Schüler hingegen sollte alles, was ihn bekümmert, ihn quält oder irritiert vergessen und stattdessen nur denken, dass er im Licht ist und das Licht verbreitet. Alle Menschen haben die gleiche Möglichkeit, mit ihren Gedanken Licht zu erschaffen, nur benutzen manche ihre Gedanken, um Böses zu tun, und andere, um Gutes zu tun. Das ist der Unterschied. Nicht weil manche begabter oder privilegierter und andere benachteiligt sind, nein, alle besitzen die gleichen Keime, und in ihnen finden sich die gleichen Bausteine. Deshalb sollte der Schüler der göttlichen Schule, anstatt sich immer negativen Kreationen hinzugeben, zwanzig, dreißig, fünfzig Mal am Tag, daran denken, Ordnung in seiner Vorstellungskraft zu schaffen, um all das zu erschaffen, was schön, harmonisch und göttlich ist.[4]

Also, meine lieben Brüder und Schwestern, jetzt ist der Augenblick der Entscheidung, für unsere Lehre zu arbeiten. Dafür solltet ihr eure Energien und Talente einsetzen. Wenn ihr diese Arbeit ausführt, werde ich euch einen Scheck ausstellen, der bei jeder himmlischen Bank eingelöst werden kann. Ich kann den Menschen nicht helfen, deren einziges Ideal darin besteht, ihr eigenes Leben zu leben, aber für alle, die an diesem großen Werk der Universellen Weißen Bruderschaft teilnehmen wollen, werde ich alles tun: Alles, was der Himmel mir gegeben hat, wird zu ihrer Verfügung stehen.

Le Bonfin, den 31. August 1980

Anmerkungen

1. Siehe auch Band 230 der Reihe Izvor »Die Himmlische Stadt – Kommentare zur Apokalypse«, Kapitel 10: »Die Frau und der Drachen«.
2. Siehe auch Band 240 der Reihe Izvor »Söhne und Töchter Gottes«, Kapitel 1: »Ich bin gekommen, damit sie das Leben haben«.
3. Siehe auch Band 28/29 der Reihe Gesamtwerke »Die Pädagogik in der Einweihungslehre« Kapitel 4 von Band 29: »Das lebendige Wissen« Teil 3 »Die Medizin der Zukunft« und Teil 2: »Die spirituelle Atmosphäre«.
4. Siehe auch Band 28/29 der Reihe Gesamtwerke »Die Pädagogik in der Einweihungslehre«, Kapitel 3 von Band 28: »Die gestaltende Vorstellungskraft«.

# IV

# WIE MAN MIT SCHWIERIGKEITEN UMGEHT

# I

Ihr wisst nicht, wie ihr angesichts mancher Schwierigkeiten und Hindernisse reagieren sollt: Ihr erwartet immer, dass die Lösungen von außen kommen und wenn sie nicht kommen, wisst ihr nicht, was ihr machen sollt. Um euch zu zeigen, wie wahr das ist, möchte ich nur von meinem Gartentor erzählen. Mein Tor ist ein universeller, absoluter Maßstab, um die Menschen einzuordnen, zu sehen, ob sie sich zu helfen wissen, ob sie intelligent und erfinderisch sind, ob sie überlegen und Initiative ergreifen können. Doch was stelle ich oft fest? Dass manche Tiere ihnen überlegen sind. Mäuse zum Beispiel oder Katzen oder Hunde finden einen Durchgang, um herein- und wieder hinauszukommen, aber diese Brüder und Schwestern…! Da mache ich so meine Erfahrungen.

Ein Bruder (oder eine Schwester) kommt vor meinem Gartentor an… Ich sehe ihn und sage ihm, er solle hereinkommen. Er antwortet, er wüsste nicht, wie man das Tor öffnet: »Gut, schauen Sie mal: Was sehen Sie hier? Da hängt doch etwas…« Er schaut und sieht nichts. »Meine Güte! Und dieser Haken, sehen Sie ihn nicht?« Ich nehme den Haken und reiche ihm diesen: »Also, mit dem öffnet man das Tor. Also, was machen Sie jetzt damit?« Er sieht sich den Haken an und da er nicht einmal bemerkt, dass es kein Schlüssel ist, steckt er ihn ins Schlüsselloch und dreht ihn nach rechts und nach links. »Oh«, sagt er, »es geht nicht auf!« Also frage ich ihn: »Haben Sie schon einmal beobachtet, wie eine Tür aufgeht, wo das Teil ist, das sich bewegt, damit eine Tür auf- oder zugeht?« Nein, er hat nie bemerkt, welches

Teil eine Tür öffnet oder schließt! In dem Moment bin ich wirklich sprachlos. (Nun, nicht so sehr, weil mir das so oft passiert, dass ich mich daran gewöhnt habe – und ich bin eigentlich nicht mehr sprachlos, aber ich tue so, als wäre ich es.) Und die Person schaut immer noch nach links und nach rechts... aber nein, sie weiß nicht, wie man aufmacht! Ich nehme wieder den Haken und sage: »Sehen Sie doch, alles hängt von diesem kleinen Teil hier ab, dem Riegel. Wenn Sie ihn bewegen können, hopp, öffnet sich das Tor.« Ihn bewegen? Nein, er hat noch nie gesehen, wie sich der Riegel in einem Schloss hin und her bewegt. Also ziehe ich mit dem Haken an dem Riegel – und siehe da: Das Tor öffnet sich!

Und das sind von mehreren Universitäten diplomierte Professoren! Als ich euch sagte, dass man an den Universitäten nicht das Wesentliche lehrt, so habt ihr hierfür nun den Beweis! Ihr lernt dort alles, außer wie man eine Tür öffnet. Aber es ist doch wichtig zu wissen, wie man eine Tür öffnet, oder nicht? Also sage ich zu dieser Person: »Nun, kommen Sie herein!«, und sie ist verlegen und konfus, weil sie sich ein bisschen bloßgestellt hat. Ein ganzes Leben lang Kinder und sogar Erwachsene unterrichten und nicht wissen, wie man eine Tür öffnet... Das ist schon eine Niederlage!

Man ist es nicht gewohnt zu beobachten, man macht alles automatisch, ohne zu beobachten, ohne darauf zu achten, wie die Dinge funktionieren, um sie intelligenter nutzen und sie eventuell sogar wieder herrichten zu können. Man hat es eilig, es ist doch nicht von Bedeutung; und alles im Leben ist automatisiert. Man sieht nichts, man bemerkt nichts. Nun, auf diese Art und Weise wird man seine Intelligenz nicht fördern.

Intelligenz entwickelt sich, wenn man auf Probleme stößt, die zu lösen sind, auf Hindernisse, die zu überwinden sind. Wenn man weiß, wie man vorgehen soll, sind das die besten Voraussetzungen, seine Intelligenz zu entwickeln. Deshalb sorgt die Natur überall für Schwierigkeiten, damit sich die Intelligenz ihrer Kinder entwickelt.[1] Aber diese Kinder entwickeln sich nicht, denn statt zu beobachten und Verständnis zu entwickeln, jammern sie und fangen an zu weinen. Oh ja, sich die Haare raufen, mit den Füßen stampfen, beißen, kratzen und etwas zerschlagen, da kennen sie sich aus, aber suchen, nachdenken und eine Lösung finden, das ist eine andere Sache.

Wäre es nicht besser, nachzudenken und einen Weg zu suchen, aus der Zwickmühle herauszukommen, anstatt seine Energien und seine Zeit mit Weinen zu verbringen? Aber die Menschen verschwenden lieber ihre Kräfte mit Tränen, Klagen, Wutausbrüchen und in Aufregung. Wenn sie erschöpft sind, beruhigen sie sich natürlich, aber die Hindernisse sind immer noch da. Die Energie ist weg, aber die Hindernisse sind geblieben. Was für eine komische Methode! Manchmal frage ich jemanden: »Wie lange haben Sie geweint?« – »Drei Stunden.« – »Und haben Sie das Problem gelöst?« – »Nein.« – »Nun, das nächste Mal geben Sie sich mit zehn Minuten Weinen zufrieden. Da Ihnen ja offensichtlich etwas fehlt, wenn sie nicht weinen, gut, dann tun Sie es, aber nie länger als zehn Minuten. Wenn die zehn Minuten um sind, stopp – fangen Sie an zu überlegen. Es gibt zahlreiche Methoden, um Probleme zu lösen!«

Stellt euch vor, ihr geht im Wald spazieren und habt euch verirrt. Ihr habt den Weg verlassen und befindet euch auf einem Pfad, der euch in eine sumpfige Gegend führt, wo es von Fliegen, Wespen, Stechmücken und Schlangen nur so wimmelt. Und ihr werdet bedroht, angegriffen und gestochen. Nun, was solltet ihr tun bei diesen ersten Anzeichen? Fliehen, kehrtmachen, zurückgehen, um euren Weg wieder zu finden. Wie wollt ihr diese Stechmücken und Wespen töten? Es sind Millionen. Die einzige Lösung ist, ihr Gebiet zu verlassen. Ihr werdet sagen, dass ich euch in anderen Vorträgen gesagt habe, ihr solltet nicht vor den Schwierigkeiten weglaufen, sondern euch im Gegenteil darin üben, sie zu ertragen, um stärker zu werden. Das ist richtig, in bestimmten Fällen muss man fliehen und in anderen muss man widerstehen.

Das Beispiel des Sumpfes mit den Stechmücken gilt für die psychische Ebene, wenn die Hindernisse und Feinde von innen kommen. Oft verirrt ihr euch tatsächlich in Gegenden, wo es von bösartigen Wesenheiten, die euch stechen und euch beißen, nur so wimmelt.

Sobald ihr das wahrnehmt, müsst ihr diese Orte verlassen und höher hinaufsteigen, denn wenn ihr dort bleibt, um gegen diese Wesenheiten zu kämpfen, werdet ihr zu ihren Opfern, da sie die Stärkeren sind. Verlasst also diesen Ort und rettet euch in Gegenden, wo ihr vor ihren Angriffen sicher seid.[2]

In Wirklichkeit gibt es Situationen, wo man fliehen sollte und andere, wo man bleiben sollte, um zu widerstehen. Wenn ihr vor bestimmten Anstrengungen, bestimmten Arbeiten flieht, die euch von außen vom Leben auferlegt wurden, ist das etwas anderes: Ihr entwickelt euch nicht weiter, erlangt weder Widerstandsfähigkeit noch Beständigkeit noch Stärke. Manche finden, dass ihr Leben in ihrer Familie oder ihrer Arbeit schwierig wird und verlassen beides. Andere fliehen vor allen Verantwortlichkeiten in der Gesellschaft. Nun, genau hier ist Flucht nicht zu empfehlen. Wenn das Schicksal euch bestimmten Umständen aussetzt, gibt es einen Grund dafür. Angesichts der Hindernisse der äußeren Welt muss man kräftig und robust werden, so wie die Sportler, die trainieren, um Kälte, Hitze, Müdigkeit, Entbehrungen und Hunger auszuhalten, oder so wie die Seeleute, die erfolgreich gegen Strömungen ankämpfen, denen es gelingt, Unwetter durchzustehen, größten Gefahren ins Auge zu sehen. Es ist ratsam, so zu sein wie sie, sich darin zu üben, zu widerstehen und durchzuhalten. Wenn allerdings ein Augenblick kommt, wo ihr merkt, dass die Situation über eure Kräfte geht, dann bringt euch in Sicherheit. Aber versucht erneut, die Stirn zu bieten, bis ihr wirklich standhaft geworden seid.

Im subjektiven Bereich der Gedanken, der Emotionen und Gefühle ist es nicht ratsam, lange den gleichen Kräften, den gleichen negativen Strömungen ausgesetzt zu sein, denn dort ist es gefährlich und es ist immer besser, eine Auseinandersetzung zu vermeiden. Wenn ihr lange in der Dunkelheit bleibt, werdet ihr sie nicht besiegen, sondern sie wird euch besiegen. Wenn ihr lange im Hass bleibt, wird euch der Hass zerstören. Wenn ihr in Angst, in Sinnlichkeit, in Leidenschaft, in Boshaftigkeit verharrt, so werden diese die Oberhand gewinnen, nicht ihr. Man sollte sie sofort verlassen, ihnen entkommen, höher hinaufsteigen und sie durch andere Gedanken, andere Gefühle ersetzen: Das ist das einzige Mittel, um euch zu retten. Die Gesetze der psychischen Welt sind völlig anders, deshalb muss das Verhalten auch ein ganz anderes sein.

Es liegt also an euch, euch zu beobachten: Wenn ihr fühlt, dass ihr innerlich durch chaotische Zustände hindurchgeht, bleibt nicht dort, um dagegen anzukämpfen. Macht es wie die Vögel: Sie kämpfen nicht, sie fliegen weg. Die Tiere auf der Erde nehmen die Herausforderung an, sie gehen gegen die Gefahr vor und kämpfen. Die Vögel hingegen retten sich, sie spüren, dass sie nicht für einen Kampf gerüstet sind, dass sie Federn lassen würden und sie fliegen lieber weg. Außer sie sind sehr zahlreich, dann können auch sie große Raubtiere angreifen und sogar den Menschen, und sie werden immer gewinnen. Ist ein Vogel jedoch ganz allein, ist seine erste Reaktion die Flucht nach oben, um unerreichbar zu werden. Auf der psychischen, intellektuellen, emotionalen Ebene sollte man es so machen wie der Vogel und wegfliegen anstatt zu kämpfen, denn die unsichtbaren Kräfte sind viel mächtiger und das einzige Mittel, um nicht zu unterliegen, ist, sich davonzumachen!

Die Gesetze sind also nicht dieselben auf diesen beiden Ebenen. In der psychischen Welt sollte man fliehen und höher hinaufsteigen, um eine Lösung zu finden, während man in der materiellen Welt seinen Willen, seine Hartnäckigkeit, seine Unnachgiebigkeit beweisen sollte, das heißt also, sich zu schlagen, zu kämpfen und zu siegen und am Ende wirklich unerschütterlich werden.

Manche kommen zu mir, um sich zu beklagen, dass sie gequält und verfolgt werden bis an den Rand des Wahnsinns. Ich erkläre ihnen: »Das ist deshalb so, weil Sie sich an Regionen angeklammert haben, die von Feinden der Menschen heimgesucht werden, und diese greifen Sie an, das ist normal. Sie kämpfen natürlich, damit diese sie loslassen, aber da sie stärker sind als Sie, ist nichts zu machen, sie behalten die Oberhand und Ihr Zustand verschlimmert sich.« Man sollte eine andere Methode finden. Ein Vogel pickt am Boden Körner auf und plötzlich nähert sich eine Katze. Was macht er? Wartet er, um ihr die Stirn zu bieten? Nein, er fliegt weg. Aber die Menschen haben nicht verstanden, was die Vögel verstanden haben: Statt wegzufliegen, bleiben sie da, wo sie sind und kämpfen und sie werden ausgeraubt und massakriert.

Ihr werdet fragen: »Aber wie soll man wegfliegen?« Es gibt so viele Methoden! Mithilfe des Willens, der Vorstellungskraft, des Gebetes, der Lektüre, der Musik, der Erinnerung an einen lichtvollen Moment… Ihr habt so viele Möglichkeiten zu eurer Verfügung! Aber habt ihr wirklich den Willen, aus dieser Situation herauszukommen? Oh nein, ihr bleibt dort, ohne etwas zu tun, außer Pillen zu schlucken und mich mit Briefen zu belästigen, in denen ihr mir eure Ängste und Albträume beschreibt. Von nun an muss Schluss sein mit diesen negativen Zuständen.

Le Bonfin, den 17. September 1967

Anmerkungen

1. Siehe auch Band 242 der Reihe Izvor »Unerschöpfliche Quellen der Freude«, Kapitel 5: »In der Schule des Lebens: Die Lektionen der kosmischen Intelligenz«.
2. Siehe auch Band 231 der Reihe Izvor »Saaten des Glücks«, Kapitel 11: »Das Land Kanaan«.

## II

Habt ihr bemerkt, dass die Geschöpfe bewusst oder unbewusst dazu gedrängt werden, manche Zustände zu verkürzen und andere zu verlängern? Wenn ihr leidet, wenn ihr unglücklich seid, wollt ihr, dass es schnell aufhört, aber wenn ihr glücklich seid, wenn ihr euch bei eurer oder eurem Liebsten aufhaltet, hättet ihr gerne, dass es ewig andauert. Leider zeigt sich diese Neigung nicht immer, wenn es wirklich notwendig ist und oft auch nicht in einem guten Sinne. Wenn es sich darum handelt zu arbeiten, Anstrengungen zu machen, zu beten, möchtet ihr oft, dass das sehr schnell zu Ende ist, wenn es sich hingegen darum handelt zu essen, zu trinken und sich zu amüsieren, findet ihr, dass das nie lange genug dauert. Nun, dabei handelt es sich um Manifestationen der niederen Natur! Wenn wir zum Beispiel zusammen meditieren, langweilt sich bei vielen von euch diese niedere Natur, sie wird ungeduldig, sie kann es kaum abwarten, dass es bald aufhört und murrt über mich, der diese Augenblicke der Meditation verlängert. Und dasselbe gilt für den Sonnenaufgang. Die höhere Natur hingegen freut sich in diesen Momenten. Sie findet Gefallen daran.

Die meiste Zeit seid ihr euch dieser verschiedenen Einstellungen nicht einmal bewusst. Nun, ihr solltet euch ihrer nicht nur bewusst werden, sondern euch auch bemühen, mehr und mehr eure höhere Natur zufrieden zu stellen. Denn genau das macht ein Weiser, ein Meister: Wenn er ein angenehmes Gefühl empfindet, das ihm keine spirituelle Bereicherung bringt, begrenzt er dessen Dauer oder er unterbricht es sogar. Wenn er jedoch eine Arbeit verrichten oder sich anstrengen soll, oder wenn er vielleicht sogar leidet, versucht er im Gegenteil, diesen Zustand zu verlängern. Ihr werdet sagen: »Aber warum? Das ist doch nicht normal!« Doch, er hat ganz einfach etwas verstanden, was die Kinder und die Erwachsenen, die oftmals auch noch Kinder sind, nicht verstanden haben. Die Kinder lieben nur das Angenehme und Süße – die Marmelade. So wie dieses Kind, das beim Beten sprach: »Herr, mach, dass mein Papa und meine Mama, meine Oma und mein Opa gesund bleiben und dass die Vitamine im Kuchen und nicht im Spinat sind.« So sind die Kinder! Leider werden die Vitamine nie im Kuchen sein, genauso wenig wie die spirituellen Vitamine in den Vergnügungen sein werden, sondern in der Arbeit und in den Schwierigkeiten.

Nur die wahren Erwachsenen finden Zugang zu dem, was sich an Reichtum und Tiefe in jeder Prüfung, in jeder Bitterkeit verbirgt, während die verlängerten Freuden und Vergnügungen nur dazu dienen, den Menschen zu betäuben, ihn in seinen Schwächen zu belassen und ihn von der Wahrheit abzuhalten. Deshalb, meine lieben Brüder und Schwestern, bittet nicht darum, dass euch die Schwierigkeiten und Prüfungen erspart bleiben, denn sie sind das beste Mittel, um euch weiterzuentwickeln.[1] Ihr werdet sagen, dass nach eurer Beobachtung des Lebens die Prüfungen für die einen segensreich und für die anderen verhängnisvoll sind: Manche erliegen und werden böse, während andere im Gegenteil ihren Willen, ihre Liebe, ihr Licht stärken. Ja, das stimmt, denn damit die Prüfungen für den Menschen segensreich sind, reicht es nicht aus, dass er kräftig und willensstark ist, es ist auch notwendig, dass das Denken ein Wörtchen mitspricht.

Das Erste für den Schüler, was er angesichts einer Prüfung machen sollte, ist, sie zu akzeptieren, indem er sich sagt, dass er, da er ja ein Kind Gottes ist, in sich selbst die Mittel besitzt, diese Prüfung zu bestehen. Und er sucht diese Mittel, die aus allem Möglichen bestehen können. Aber, ich wiederhole, das Erste, was es zu tun gilt, ist, die Prüfung zu akzeptieren und nicht zu sagen: »Was? Mir so etwas anzutun? Nun, eben gerade dir, und du solltest versuchen, die nützlichsten Elemente für deine Weiterentwicklung da herauszuholen.« Deshalb soll man Prüfungen lieben. Aber sie zu lieben bedeutet nicht, so dumm zu sein, sie zu suchen. Sie werden auf jeden Fall kommen, ohne dass ihr sie sucht! Ich sage nur, dass ihr die Prüfungen, die sich euch stellen, in Liebe annehmen sollt, denn das ist die beste Art und Weise sie durchzustehen.

Ich lebe in derselben Welt wie ihr. Ich bin nicht so blind, dass ich all die Schwierigkeiten nicht bemerkt hätte, die sich einem stellen können. Aber um nicht vollständig erdrückt und zersetzt zu werden, muss man innerlich die passenden Methoden finden. Ich bin da, um sie euch aufzuzeigen: Was auch immer euch an Unangenehmem geschieht, sucht nach einer inneren Einstellung, derer ihr euch euer ganzes Leben lang und sogar in alle Ewigkeit bedienen könnt, anstatt euer ganzes Vertrauen in Medikamente, Pillen, Drogen oder chirurgische Eingriffe zu setzen, die nur eine begrenzte Wirkung haben. Angesichts jeder Schwierigkeit, die sich euch stellt, sagt euch zum Beispiel, dass das nicht ewig dauern wird. Ihr seid überrascht? Ihr glaubt nicht, dass das wirksam sein kann? Doch, meine lieben Brüder und Schwestern, das ist eine wirksame Formel, ich habe sie nachgeprüft.

Der alleinige Gedanke, dass unsere Unannehmlichkeiten nicht von Dauer sind, hilft uns, sie zu ertragen. Und es ist übrigens richtig: Sie dauern nicht ewig. Zwanzig, dreißig, vierzig Jahre? Nun, das ist nicht die Ewigkeit! Die Dinge verändern sich, sie wandeln sich, das eine ersetzt das andere. Eure Frau hat euch verlassen? Jeder wird sagen: »Eine verloren, zehn wiedergefunden!«, was euch vielleicht nicht trösten wird… Also solltet ihr euch sagen: »Sie wird wiederkommen. Dieser Seitensprung wird nicht lange dauern.« Es dauert vielleicht sechzig Jahre, ein Jahrhundert, aber das macht nichts, eines schönen Tages wird sie wiederkommen. Vielleicht in einer anderen Form, in einem anderen Leben. Sagt euch: »Ich habe sie geliebt, ich habe sie ernährt, ich habe Geld für sie ausgegeben und da sie nicht dankbar war, wird das Gesetz sie zwingen, wiederzukommen und alles wieder gutzumachen.«

Man kann immer jemanden verlassen, aber erst nachdem man vollständig bezahlt hat, was man ihm schuldig ist. Sonst wird man vom Gesetz gezwungen, von Neuem zu diesem lieben Ehemann – oder dieser lieben Ehefrau – zurückzukehren, den man nicht mehr ertragen kann. Wenn ihr jemanden nie mehr wiedersehen wollt, bezahlt all eure Rechnungen und ihr werdet ihn nie mehr wiedersehen. Das ist ein Gesetz, das die Menschen nicht kennen. Sie tun alles, um jemanden zu verlassen, die Verbindung mit ihm zu durchtrennen, aber wie oft schon hat das Karma einen Menschen dazu gezwungen, seine Frau, seine Kinder oder seinen Chef in einer anderen Inkarnation wieder zu treffen!

Um also zu der Methode zurückzukehren, die ich euch darlegte: Wenn euch Unannehmlichkeiten begegnen, könnt ihr euch sagen, dass sie vergänglich sind und ihr werdet eines Tages fühlen, dass ihr den Schwierigkeiten überlegen seid. Sagt mir, wie lange eure Missgeschicke schon andauern – zehn Jahre, zwanzig Jahre, dreißig Jahre? Oh, das ist nicht extrem lange, das ist noch keine Ewigkeit! Und vor allem werden sie eines schönen Tages verschwinden.

Natürlich gibt es noch viele andere Dinge zu sagen zum Thema Leiden. Nehmen wir ein Beispiel: Jemand leidet, er jammert und schreit. Ich sehe ihn, nähere mich ihm, aber was soll ich tun? Das ist nicht so einfach. Man muss zuerst verstehen, was da abläuft. Stellt euch eine Mine vor, die eingestürzt ist. Alle Arbeiter sind unter den Trümmern, viele Meter unter der Erde begraben. Natürlich ist jedermann alarmiert. Die Rettungskräfte sind gekommen und mehrere Teams kümmern sich darum, das Gelände frei zu räumen, um diese Unglücklichen zu befreien. Ja, aber da dies nicht sofort geschehen kann, haben die Opfer da unten keine Ahnung von dieser ganzen Aktion. Sie glauben sogar, dass sich niemand um sie kümmert. Damit sie wissen, dass man ihnen hilft, müssen sie mit den Rettern Verbindung aufnehmen.

Genau das geschieht mit jemandem, der leidet. Er schreit und denkt, er bekäme keine Hilfe. Und doch sind die Rettungskräfte bereits im Anmarsch, aber er kann sie noch nicht fühlen, weil die

Verbindungswege abgeschnitten sind. Man muss ihm also zu verstehen geben, dass die Arbeiter da sind, dass sie an seiner Befreiung arbeiten, dass er aber Geduld haben muss. Nur, er will sich nicht gedulden. Er ist ein Prinz, der verlangt, dass der Himmel ihm sofort zu Diensten steht. Er ist sich dessen nicht bewusst, dass er jahrelang alles dafür getan hat, dass sein physischer oder psychischer Organismus zusammenbricht. Da hat er Geduld gezeigt. Jetzt muss er sich auch gedulden, bis er wieder hergestellt ist. Wenn man Jahre damit verbracht hat, Unordnung in sich zu schaffen, ist es natürlich schwierig, wieder Ordnung herzustellen. Das ist so, als ob Formen, die verbogen oder zerbrochen sind, ins Feuer geworfen werden, um sie einzuschmelzen und neu zu formen.[2] Dieses Feuer ist das Leiden. Der Mensch muss viel leiden, um sich neue Formen schmieden zu können.

Das Böse ebenso wie das Gute braucht Zeit, um sich zu manifestieren. Wenn jemand unglücklich oder krank ist, sollte er sich sagen: »Mein Guter, du leidest. Nun sag zuerst einmal Danke für dieses Leid, damit die Verbindungswege wieder hergestellt werden. Die Rettungsleute sind schon da, aber hab ein bisschen Geduld.« Die Dinge laufen nicht so ab, wie man sich das vorstellt. Man muss zuerst das Denken freimachen, und die beste Art und Weise es zu befreien, ist zu danken. Das Leiden ist euer Freund, weil es euch anzeigt, dass ihr dabei seid, in die Irre zu gehen. Die Natur hat wunderbaren Wesen, die über euch wachen, einen Platz zugewiesen; und wenn ihr dabei seid, etwas in eurem Verstand, eurem Herzen oder eurem physischen Körper zu zerstören, beginnen sie, euch zu piksen und zu beißen, um euch zu sagen: »Los, kehr auf den rechten Weg zurück.« Da das Leiden euch warnt, ist es euer größter Freund: Würdet ihr die Sprache des Leidens verstehen, würdet ihr euch immer auf dem Weg der Befreiung befinden. Es kommt nur, um euch zu zeigen, dass ihr abseits der guten Bedingungen geraten seid, wo alles klar und einfach war. Es liegt also an euch, die Sprache des Leidens zu verstehen und ihm zu sagen: »Gott segne dich, ich habe verstanden, ich werde die Dinge wieder in Ordnung bringen.«

Das Leiden ist also ein von der unsichtbaren Welt zu unserer Rettung geschicktes Wesen, und gegen einen Retter darf man nicht kämpfen. Je mehr man gegen das Leiden ankämpft, desto schrecklicher wird es. Es sagt: »Ach so, du willst nicht verstehen? Nun, dann wirst du schon sehen«, und es legt zu. Aber in dem Augenblick, wo ihr verstanden und euch entschlossen habt, eure Fehler wieder gut zu machen, bekommt das Leiden den Befehl zu verschwinden, denn es hat seine Arbeit ausgeführt. Es hat seine Arbeit erledigt und seine Mission erfüllt. Anstatt sich also aufzulehnen und dagegen anzukämpfen, sollte man für etwas Ordnung in seinem Kopf sorgen und zum Herrn sagen: »So weit, Herr, bin ich also gekommen durch meine unsinnige Art und Weise zu leben. Aber nun will ich mich bessern. Also, gib mir einen Kredit, gib mir die Bedingungen, damit ich die Möglichkeit habe, alles zu reparieren, um mich Deinem Dienst zu weihen.« Das ist das einzig Richtige, was man machen kann. Aber sich aufzulehnen, das ist dumm. Das Leiden kommt nicht, um sich zu rächen oder uns zu bestrafen, es ist nur ein Diener Gottes, der geschickt wurde, um uns zu warnen.

Da der Mensch das Leiden nicht vermeiden kann, ist es besser für ihn, zu leiden und dadurch voranzukommen, als zu leiden und derselbe zu bleiben. Wie viele Menschen leiden, ohne dass sie wissen, warum! Und das ist das Schreckliche dabei: Prüfungen und Unglück durchzumachen, ohne jemals zu verstehen, warum, denn das kann ewig so weitergehen. Möge der Schüler wenigstens verstehen, warum er leidet. Das ist das einzige Mittel für ihn, sich zu befreien und Fortschritte zu machen.

Le Bonfin, den 25. August 1962

Anmerkungen

1. Siehe auch Band 242 der Reihe Izvor »Unerschöpfliche Quellen der Freude«, Kapitel 3: »Das Leiden als Antrieb«.
2. Siehe auch Band 232 der Reihe Izvor »Feuer und Wasser«, Kapitel 2: »Das Geheimnis der Verbrennung«.

# III

## Abschnitt 1

*Lesung des Tagesgedankens:*

»Das Leben ist niemals dasselbe, es kreist, es fließt, es verwandelt sich, es versetzt die Wesen und die Dinge an andere Orte. Heute ist es euch gelungen, ein bestimmtes Problem zu lösen, das ist sehr gut. Aber schon kommt am nächsten Tag ein anderes Ereignis und all eure Pläne sind dahin: Ihr könnt ihm nicht mit der gleichen Lösung vom Vortag beikommen, ihr seid gezwungen, euch an diese neue Situation anzupassen.

Man sollte nicht denken, dass man mit den gleichen Verhaltensweisen alle Probleme lösen kann. Jedes Problem verlangt nach einer eigenen Lösung. Das Leben wird euch immer verschiedene Situationen präsentieren und wenn ihr das gleiche Verhalten, die gleichen Methoden beibehaltet, werdet ihr zermahlen und in Stücke zerschlagen. Was euch gestern ermöglicht hat, euer Problem zu lösen, war zum Beispiel eine Geste der Güte, der Großzügigkeit. Aber heute werdet ihr eine andere Schwierigkeit haben und ihr müsst sie vielleicht mit Vernunft, mit Aktivität oder aber mit Gleichgültigkeit lösen. Sucht also immer danach, wie ihr euch anpassen könnt.«

Da dieser Tagesgedanke uns sagt, dass jedes Problem nach einer speziellen Lösung verlangt, denkt ihr vielleicht, man müsste die Formel, die wir vor und nach dem Essen sprechen, ändern: »Boschiata ljubov rasreschawa vsitschkite problemi – Die Liebe Gottes löst alle Probleme.« Nein, denn in Wirklichkeit ist das immer richtig und wahr. Es ist immer die göttliche Liebe die Grundlage, sie ist es, die uns das Leben, die Kraft, die Möglichkeiten und alles Nötige gibt, um mit den geeignetsten Mitteln zu handeln. Man sollte also weder an dieser Formel zweifeln noch sie ändern, weil sie immer wahrhaftig ist. Wie habe ich sie gefunden? Ich habe sie gar nicht gefunden, ich habe sie in meinem eigenen Leben überprüft, wo sich mir so viele Probleme gestellt haben, die es zu lösen galt. Aber es ist auch wahr, dass eine Methode, die euch einmal geholfen hat, ein Problem zu lösen, euch nicht dazu dienen kann, alle Probleme zu lösen, weil jedes Problem anderer Natur ist: Manche berühren den Verstand, andere das Herz, andere den Willen und man muss jedes Mal die entsprechende Lösung herausfinden.

Seht, was mit der Nahrung geschieht: Auch wenn ihr gestern ein Gericht gegessen habt, das ihr köstlich fandet, ist es nicht sicher, dass euer Magen heute noch einmal danach verlangt, er braucht vielleicht etwas anderes. Ihr seht also, selbst im Bereich der Ernährung merkt man, dass man variieren sollte, und jeden Tag liegt es an jedem von uns, herauszufinden, was einem zusagt. Auf die gleiche Weise verlangt im Leben jedes Problem eine besondere Lösung und es liegt an jedem von uns, seine Probleme nach seinen Wünschen, Bedürfnissen und seinem Ideal zu lösen. Aber die Menschen sind so faul und schläfrig, dass sie, um sich nicht den Kopf darüber zerbrechen zu müssen, immer dieselben Methoden anwenden und oft sind es vorsintflutliche Methoden.

Man muss nach neuen Methoden suchen, und in diesem Bemühen entwickelt man sich übrigens unglaublich weiter. Auf diese Weise werdet ihr herausfinden, dass es im Allgemeinen drei Methoden gibt, um alle Probleme zu lösen: das Licht (das heißt Erklärungen und Argumente), die Liebe und die Kraft. Schaut einmal, wie eine Mutter handelt: Zuerst erklärt sie dem Kind, warum es dieses oder jenes machen oder nicht machen soll. Da das dem Kind oft völlig egal ist und es nach seinem Kopf handelt, versucht sie dann, sein Herz zu berühren, indem sie ihm zeigt, dass seine Unfolgsamkeit sie betrübt. Und wenn auch diese Methode keinen Erfolg hat – nun, dann gibt es einen Klaps auf den Hintern! Und oft ist diese dritte Methode die wirksamste, weil alle sie verstehen.

Deshalb ist es auch die Methode, derer sich die unsichtbare Welt bedient, um die Menschen zu erziehen. Sie beginnt mit der Methode des Lichts: Sie schickt Eingeweihte, Weise, um die Menschheit zu führen, aber sie werden nicht anerkannt. Man spottet über sie, man sperrt sie ein oder bringt sie um. Dann schickt die unsichtbare Welt, um das Herz der Menschen zu berühren Heilige, Wesen voller Liebe und Hingabe, die sich aufopfern. Und da die Menschen auch hier nicht verstehen und den schlechten Weg beharrlich fortsetzen, schickt die unsichtbare Welt schließlich Henker, und schon kommt es zu Unheil, Kriegen und Verwüstungen. Dann werden ihre Schutzpanzer aufgebrochen und sie beginnen zu verstehen. Wie viele Menschen, die sich zu gewöhnlichen Zeiten kalt und unsensibel zeigten, kümmern sich in Kriegszeiten um die anderen und werden brüderlich! Aber wenn der Krieg vorbei ist, wenn die Gefahr gebannt ist, kennen sie sich nicht mehr, es gibt keine Solidarität, keine Brüderlichkeit mehr unter ihnen.

Ein Meister, der dieselben Methoden wie der Himmel anwendet, appelliert zuerst an die Intelligenz und an das Herz seiner Schüler, und wenn sie sich darauf versteifen, nicht zu verstehen, überlässt er sie dem Leben, damit es ihnen Lektionen erteilt, und diese Lektionen sind Krankheiten, Verluste, Unfälle, Enttäuschungen, die unausweichlich die Unvernünftigen erwarten. Deshalb kann man sagen, dass die drei grundlegenden Methoden zur Lösung der Probleme Weisheit, Liebe und Kraft sind – oder der Wille, was gleichbedeutend ist. Probiert sie also jeden Tag aus und ihr werdet sehen, dass es Schlüssel sind, die alle Türen der Einweihung aufschließen.

Ein Mensch ist unsympathisch und ihr verabscheut ihn. Es ist für euch unmöglich, ein gutes Gefühl ihm gegenüber zu empfinden. Wie kann man diese Situation ändern? Ihr versucht es mit der Methode der Liebe und ihr schafft es nicht. Ihr versucht es mit der Methode des Willens, das heißt mit einem guten Verhalten, und auch damit habt ihr keinen Erfolg. Versucht es also mit Überlegung und sagt euch: »Ach, der Arme, dass er so unsympathisch wurde, hat sicher zur Ursache, dass er unter sehr schlechten Bedingungen gelebt hat. Er hatte keine Chance. Warum sollte ich ihn verabscheuen? Er ist zu bedauern, das ist alles, und ich sollte barmherziger sein, ich sollte Mitleid mit ihm haben.«[1] Mit dieser Überlegung fühlt ihr, dass ihr ihn auf einmal leichter ertragen könnt. Also, versucht es. Ihr wisst doch, dass viele sich getröstet fühlen, wenn sie sehen, dass andere unglücklicher sind als sie selbst. Wenn sich also jemand über sein Schicksal beklagt, sollte man ihn in Krankenhäuser, Gefängnisse oder in Armutsviertel führen, damit er begreift, dass es noch unglücklichere Menschen gibt als ihn. Aber ja, es ist schon seltsam, weshalb die Menschen Trost empfinden, wenn sie sehen, dass andere unglücklicher sind als sie! Und warum sind sie wütend, wenn sie sehen, dass man sie an Schönheit und Glück übertrifft? Ach ja, die menschliche Natur, reden wir nicht davon…!

Eins kann ich euch sagen: Es gibt auf jeden Fall für jedes Problem eine Lösung. Wenn ihr kein Geld habt, um Gas, Strom oder Miete zu bezahlen, welche Lösung könnt ihr dann finden – wenigstens für ein paar Minuten? Nehmen wir als Beispiel jemanden, der immer unzufrieden ist, weil er kein Geld hat. Ich sage zu ihm: »Hör zu, ich gebe dir vierzig Millionen und du gibst mir dafür deine Augen.« Na, so was, er akzeptiert das gar nicht. »Die gleiche Summe für deine Ohren… für deinen Mund… für deine Nase… für deine Arme… für deine Beine…« Er akzeptiert auch das nicht. Wenn er nun zusammenrechnet, entdeckt er, dass er Multimilliardär ist. Warum freut er sich nicht darüber?[2] Weil er ein Dummkopf ist, der nicht nachdenken kann. Er ist unglücklich, weil ihm ein bisschen Kleingeld fehlt, dabei besitzt er in Wirklichkeit unschätzbare Reichtümer. Ihr seht, man kann sich trotz allem wenigstens für ein paar Minuten trösten.

Warum hat die kosmische Intelligenz beschlossen, uns jeden Tag andere Probleme zu schicken? Seht, was mit dem Menschen geschieht. Jemand sagt: »Oh, wenn ich ein Stück Brot hätte, wäre ich glücklich, ich würde nichts weiter verlangen.« Ihr gebt ihm ein Stück Brot. »Oh, wenn ich ein bisschen Wein hätte, wäre ich so zufrieden. Das würde mir schon reichen.« Ihr gebt ihm eine Flasche Wein. »Oh, wenn ich eine kleine Zigarette hätte, das wäre großartig!« Ihr gebt ihm eine Zigarette. »Oh, wenn ich ein hübsches Mädchen hätte…« Ihr seht, das endet nie. Ihr habt das Bedürfnis zu essen, zu trinken, zu schlafen, euch irgendwo zurückzuziehen, euch zu kleiden, zu arbeiten, spazieren zu gehen, zu lesen, Musik zu hören, Menschen zu treffen, nachzudenken, zu bewundern usw., die kosmische Intelligenz hat die Dinge so eingerichtet, damit der Mensch sich in allen Bereichen und auf allen Ebenen entwickelt. Sobald ein neues Bedürfnis auftaucht, erscheint auch ein neues Problem und dann noch eins und dann noch eins… Und der Mensch muss sich darin üben, jedes Mal eine passende Lösung dafür zu finden.

Immer neue Bedürfnisse erscheinen unaufhörlich und schaffen wieder neue Probleme, also auch neue Aktivitäten. Die Ursache dafür ist das Leben selbst, weil es fließt, zirkuliert, die Dinge von der Stelle bewegt, und der Mensch ist gezwungen, seinem Strom zu folgen. Er muss dabei durch diesen oder jenen Ort hindurch, dann durch einen anderen, oder aber er muss die Fließrichtung ändern, wie man es mit manchen Flüssen macht. Das Leben lässt uns nicht stagnieren, es führt durch alle möglichen Orte, um auf alle möglichen Arten zu sehen, zu verstehen, zu fühlen und zu handeln. Man muss also immer danach suchen, wie man die neuen Probleme lösen kann, vor die das Leben uns stellt. Diese Probleme sind aber in Wirklichkeit von dreierlei Art: Sie betreffen den Verstand, das Herz oder den Willen; oder auch den Geist, die Seele und den Körper, das kommt auf das Gleiche heraus.

Le Bonfin, den 17. August 1979

Anmerkungen

1. Siehe auch Band 9 der Reihe Gesamtwerke »Im Anfang war das Wort«, Kapitel 9: »Vater, vergib Ihnen, denn sie wissen nicht, was sie tun«.
2. Siehe auch Band 243 der Reihe Izvor »Das Lächeln des Weisen«, Kapitel 12: »Dank: Quelle von Licht und Freude«.

## III

### Abschnitt 2

In ihren Beziehungen untereinander drängt es die Menschen ständig dazu, die Probleme mit Gewalt zu lösen. Ob Individuen oder Länder, alle glauben, Gewalt sei das wirksamste Mittel, und wenn es ihnen gelänge sich durchzusetzen, würden sie ihre Probleme lösen. Das Gegenteil tritt ein: Alles wird immer komplizierter, alles verschlimmert sich, denn durch dieses Verhalten provozieren sie die niedere Natur, die Personalität bei den anderen, das heißt das Verlangen zurückzuschlagen, die Stirn zu bieten oder sogar, sie umzubringen. Das muss man wissen: Gewalt provoziert immer Feindseligkeit und es folgen Jahre und Jahrhunderte des Streits, ohne dass man jemals etwas lösen kann.

Die Lösung besteht darin, Güte, Liebe und Demut unter Beweis zu stellen. Natürlich bringt man damit nicht sofort alles in Ordnung, denn wenn ihr euch freundlich und demütig zeigt, halten euch die Menschen, die sehr schlecht erzogen sind, für schwach und dumm und sie profitieren davon und treten euch weiterhin mit den Füßen. Aber einige Zeit später merken sie, dass euer Verhalten nicht von Schwäche, sondern im Gegenteil von großer moralischer und spiritueller Stärke diktiert war, und dann beginnen sie ihrerseits, demütiger und respektvoller zu werden und alles kommt wieder in Ordnung. Die Frage ist nur, dass man nicht damit rechnet, dass alles schon in den ersten Tagen in Ordnung kommt. Aber wenigstens werden mit der Zeit die Probleme endlich gelöst, während mit Gewalt, ich wiederhole es, sie niemals gelöst werden. Deshalb habe ich mich entschlossen, die Formel von Meister Peter Deunov: »Boschiata ljubov nossi pölnia schivot« (Die Liebe Gottes bringt die Fülle des Lebens) umzuändern in: »Boschiata ljubov rasreschava vsitschkite problemi«, was so viel heißt wie: Die Liebe Gottes löst alle Probleme.

Ja, »Boschiata ljubov rasreschava vsitschkite problemi«, in der Familie, in der Gesellschaft und auf der ganzen Erde. Doch es ist schwierig, diese Idee in die Köpfe der Leute hineinzubekommen. Beobachtet einmal einen Menschen, der den Eindruck vermitteln möchte, dass er sehr mächtig ist: Er macht viel Getöse, um zu zeigen, dass er vorbildlich handelt, dass er überall Erfolg hat, dass er sehr glücklich ist und dass es ihm an nichts fehlt. Mit diesem Verhalten glaubt er, die anderen seien beeindruckt und ließen sich beherrschen. Manche werden es selbstverständlich auch sein. Aber nehmt nun an, dass es einen viel sensibleren, hellsichtigeren Menschen gibt: Er wird sehen, dass dieser Mensch ein Lügner und ein unehrlicher Mensch ist, denn diese ganze Komödie dient ihm nur dazu, seine Schwäche zu verstecken. Diejenigen, die wirklich stark sind, müssen ihre Kraft nicht zur Schau stellen. Sie zählen darauf, dass die anderen sie früher oder später verstehen und fühlen werden.

Ihr seht also, Schwäche hat ihre Methoden und auch wahre Stärke hat ihre Methoden. Deshalb sind es auch die Eingeweihten, die die wahre Stärke besitzen. Sie nehmen nicht alle möglichen Tricks in Anspruch, um die anderen zu beeindrucken. Wenn etwas von ihrem inneren Licht durchscheint, so ist das etwas ganz anderes. Sie können nicht verhindern, dass ihre Emanationen, ihre Ausstrahlungen sich manifestieren und sich ihren Weg bahnen, um auf die Geschöpfe zu wirken. Aber sie versuchen niemals zu bluffen oder sich aufzudrängen, um diesen oder jenen Erfolg zu erlangen. Sie haben die Geduld zu warten, bis die Menschen ihnen Recht geben, denn sie wissen, dass sie das früher oder später tun werden, das ist unabänderlich. Sie werden es tun müssen. Warum? Weil es überall im Universum eingeschrieben steht, dass der Weiseste, der Stärkste und der Beste herrschen soll. Aber ja, wieder einmal ist es das Gesetz der Hierarchie, das da gilt. Solange der Mensch nicht die spirituelle, die lichtvolle Kraft, die Kraft der göttlichen Liebe wählt, sondern die brutale Gewalt der Tiere, werden die Angelegenheiten niemals in Ordnung kommen. Ihr werdet sagen, es gäbe andere Gründe, warum sich die Probleme nicht lösen. Natürlich gibt es sekundäre Gründe, aber der Hauptgrund ist die Tatsache, dass die Menschen nach physischer, materieller Gewalt streben, um ihre Ziele zu erreichen, und anstatt die Probleme zu lösen, macht sie das immer komplizierter. Seht doch, heutzutage hört man überall nur von Aufrüstung sprechen: Alle Länder rüsten auf, um sich gegenseitig einzuschüchtern, vor allem die Sowjetunion und die USA. Bringt dies die Dinge in Ordnung? Nein, der Beweis: Um überlegen zu sein, ist jedes Land danach bestrebt, immer mörderischere Waffen herzustellen, bis zu dem Tag, an dem sie die ganze Erde zerstören werden, wenn sie sie benutzen. Ihr seht, je mehr Zeit vergeht, desto größer werden die Schwierigkeiten mit dieser Methode. Versucht also, von heute an eure Probleme mit euren Eltern, euren Freunden, euren Feinden zu lösen, indem ihr Liebe und Güte manifestiert. Wenn ihr so handelt, löst ihr ein Gesetz aus, das sie dazu zwingt, früher oder später auf dieselbe Art und Weise zu antworten. Aber ja, so sieht die Macht der Provokation aus. Solange ihr nicht verstanden habt, wie ihr die Probleme lösen könnt, provoziert ihr die schlechte Seite bei den anderen, immer die schlechte Seite, und dann wartet diese schlechte Seite darauf, dass ihr nicht wachsam seid, dass ihr schwächer werdet, um angreifen zu können. Studiert die Geschichte, es ist immer schon so gewesen. Also, mehr Liebe, meine lieben Brüder und Schwestern! Vor allem unter euch, denn ich sehe, dass dies sogar in der Bruderschaft noch nicht alle verstanden haben: Sie glauben ihre Probleme mit anderen Methoden als mit der Liebe regeln zu können, aber sie werden nie Erfolg damit haben.

Jemand wird mir die Frage stellen: »Sie wollen also sagen, dass man sich malträtieren lassen soll, wenn man Schwierigkeiten mit jemandem hat?« Nein, ich predige nicht die Schwäche. Liebe manifestieren heißt nicht, Tiere und Idioten zufriedenzustellen.[1] Man muss wissen, wie man handeln soll, um nicht das Böse zu provozieren, aber sich auch nicht von ihm auffressen zu lassen.

Le Bonfin, den 19. April 1981

Anmerkungen

1. Siehe auch Band 14/15 der Reihe Gesamtwerke »Liebe und Sexualität«, Band 15, Kapitel 27: »Die wahren Waffen: Liebe und Licht«.

## IV

Unsere Innenwelt wurde nach dem Bild der Außenwelt geschaffen. So wie wir auf der Erde in Richtung Berge, Meere, Flüsse, Wälder, Wiesen, Höhlen, aber auch in Richtung Sümpfe, Treibsand oder Wüsten gehen können, so kann auch unser innerer Weg all diese Regionen durchqueren. Manche Menschen haben übrigens manchmal eine Vorahnung dieser inneren Zustände, die sie durchqueren müssen: Sie sehen sich im Traum, wie sie im Sumpf versinken… oder sich im Wald verirren… oder in der Wüste verdursten… Dann sollten sie natürlich sehr wachsam sein, denn das ist die Vorankündigung von kommenden Prüfungen.

Nehmen wir an, ihr fühlt euch innerlich so, als würdet ihr eine trockene Gegend, eine Wüste durchqueren. Ihr habt auf nichts mehr wirklich Lust, alles wird nichtssagend und fremd. Das ist der schlimmste Zustand, den ihr durchlaufen könnt. Das Schlimmste ist nicht, krank zu werden, Geld zu verlieren oder einen Misserfolg zu erleiden, sondern keine Liebe, keinen Schwung, keinen Glauben mehr zu fühlen. Das ist wirklich schrecklich! Und da das jedem von uns passieren kann, sollten wir die erforderlichen Elemente vorbereiten, um dieser Situation begegnen zu können. Jede Schwierigkeit hat ihre besondere Lösung. Diese Lösung kann das Licht oder der Wille oder die Demut oder die Reinheit oder die Liebe sein. Deshalb darf der Schüler einer spirituellen Lehre nichts versäumen, nichts unterlassen, damit er alle Hindernisse, die sich auf seinem Weg befinden könnten, überwindet. Ihr braucht vielleicht dieses oder jenes Element nicht heute, aber ihr könnt sicher sein, dass ihr es in einigen Monaten oder Jahren brauchen werdet.

Nehmen wir an, ihr müsstet mit Gold beladen die Wüste durchqueren… Was macht ihr mit diesem ganzen Gold? Ihr habt nichts davon und zudem ist es euch nur eine unnütze Last. Um die Wüste zu durchqueren, braucht man kein Gold, sondern Wasser. Der Schüler also, der weiß, dass der Tag kommen wird, wo er die Wüste durchqueren wird, arbeitet daran, Wasser anzusammeln, das heißt Glauben, Liebe, Inspiration, und selbst beim Durchqueren der Wüste darf er all das nicht verlieren. Wenn er es verliert, ist es sein Fehler, er hat es zugelassen, dass es verloren geht. Wenn er es nicht zulässt, wird er es nicht verlieren, selbst wenn er vor Durst beinahe umkommt. Wenn er es wirklich verliert, dann auf Grund seiner niederen Natur, seiner Personalität, die noch nicht vollständig unter Kontrolle gebracht war und die auf eine günstige Gelegenheit wartete, sich auf ihn zu stürzen, um ihn niederzuwerfen.

Selbst inmitten der Wüste muss der Schüler sagen können: »Herr und Gott, ich bin in Deinen Händen, Du hast meinen Weg vorgezeichnet und ob es nun Wasser gibt oder nicht, ich werde weitergehen, ich bin Dir zu Diensten. Ich liebe Dich, Herr, hilf mir.« Das ist alles. Er darf nicht so leicht seinen Glauben, seine Liebe und sein Vertrauen verlieren. Wenn er sie verliert, so bedeutet das, dass er sie nie wirklich besaß oder allenfalls nur oberflächlich. Wenn er wirklich eine gute Eigenschaft besitzt, dann ist sie mit ihm zusammengewachsen, dann ist sie ein Teil von ihm und er kann sie nicht verlieren. So sollte man denken.

Wenn sich also der Schüler bewusst wird, dass er die guten Eigenschaften nicht offenbaren kann, die er zu besitzen glaubte, so sollte er sich an den Herrn wenden mit den Worten: »Herr, es ist wahr, dass ich etwas verloren habe. Ich habe keinen Mut mehr, ich habe keinen Glauben mehr, aber Du, der Du Liebe und Weisheit bist, hilf mir, sie wieder zu finden. Ich will Dir dienen.« Das sollte er sagen und mit noch größerem Eifer weitermachen und doppelt so stark glauben. Denn darin liegt sein einziges Heil. In dem Moment, wo er sich innerlich in der Wüste verirrt fühlt, muss er sein Möglichstes tun, um weiterzugehen. Er wird sicher irgendwo eine Frucht oder etwas Wasser finden. Selbst inmitten der Wüste gibt es Oasen. Also muss er weitergehen, bis er in sich selbst eine Oase erreicht, um dort Wasser zu finden, das ihm ermöglicht, seinen Weg fortzusetzen. Dieses Wasser ist die Liebe, die Demut, die Sanftmut.

Wenn der Schüler entmutigt ist oder wütend, sei es über sich selbst, über andere oder über den Herrn, dann ist das sehr schlecht. Er sollte demütiger sein, sonst beweist das, dass seine Denkweise nicht stimmt. Und es ist immer das Verschulden der Personalität, die sich in einem Augenblick einschleichen konnte, als es sehr günstige Bedingungen gab. Das ist so, als hätte der Himmel einigen Personen oder Umständen gesagt: »Geht, beißt ihn ein bisschen… oder sagt ihm ein paar Worte, um zu sehen, was geschieht.« Und das, was dann geschieht, ist ein Durcheinander, was beweist, dass man nicht bereit war, die Prüfungen abzulegen. Oh ja, der Himmel bereitet uns auf diese Weise mit kleinen Prüfungen vor, damit wir uns besser kennen lernen, denn wir kennen uns nicht.

Solange jemand keine Prüfungen durchmachen musste, kann man nicht wissen, ob er wirklich überzeugt ist, und er selbst weiß es übrigens auch nicht. Erst danach weiß er es. Erst danach sind die Menschen manchmal sehr erstaunt über sich selbst: »Ich hätte nie gedacht, dass ich mich von dieser Seite zeigen könnte… Ich hätte niemals gedacht, dass ich so etwas machen könnte!« Oh ja, danach ist man sich im Klaren darüber. Jemand sagt: »Ich bin rein, ich habe allen Versuchungen widerstanden.« Nun, lasst ihn unter schönen Mädchen leben und ihr werdet sehen, wie er reagieren wird. Und andere, die sich für ehrlich und gut halten, denen gebt viel Geld oder Macht und ihr werdet sehen, ob sie nicht davon profitieren werden, um sich auf unehrliche Weise zu bereichern oder ein paar Köpfe rollen zu lassen. Wer hingegen wahrhaft überzeugt ist, der zeigt im Gegenteil gerade in den Prüfungen, wozu er fähig ist und dass er stärker, aufgeklärter und sogar freundlicher ist.[1] Das beweist, dass er mit Hilfe der Prüfungen, anstatt dass sie ihn ins Wanken bringen, in seinem Inneren Reserven und Ressourcen entdecken konnte, die er dort vermutete. Er kannte sich noch nicht. Er wusste nicht, dass er solch einen Reichtum besaß.

Ihr könnt nicht verlieren, was ihr in euch besitzt. Ihr könnt nur verlieren, was euch nicht gehört, das heißt, was noch nicht euer Eigentum ist, was noch nicht ein Teil von euch ist. Einen Augenblick lang habt ihr Glauben und anschließend zweifelt ihr… Einen Augenblick lang liebt ihr und anschließend hasst ihr… Das heißt, dass weder der Glaube noch das Licht noch die Liebe euch gehören. Ihr selbst sollt die Liebe und das Licht werden, so wie Jesus sagte: »Ich bin das Licht« (Jh 8,12). Er identifizierte sich mit dem Licht. Er sagte nicht: »Das Licht ist in mir oder bei mir«, sondern »Ich bin das Licht der Welt.«[2] Ihr seht, auch da hat man nicht verstanden, dass in dieser Formel eine ganze Wissenschaft und Wahrheiten liegen, die in allen möglichen Situationen nützlich sein können.

Es steht geschrieben: »Kein Auge hat gesehen und kein Ohr hat gehört […], was Gott bereitet hat denen, die ihn lieben« (1 Kor 2,9). Natürlich geben viele vor, dass sie Gott lieben, aber sie müssen das beweisen, und der Beweis ist die Art und Weise, in der es ihnen gelingt, die Schwierigkeiten zu lösen, die Hindernisse zu überwinden, die sie auf dem Weg antreffen, der sie bis zu Ihm führt. Diese Hindernisse und Schwierigkeiten können schrecklich sein, denn es heißt in der Einweihungswissenschaft auch, dass diejenigen, die nicht bis zum Letzten vom Bösen verachtet wurden, nie die höchste Einweihung erlangen können. Das Böse muss euch also verachten und euch bekämpfen, und wenn ihr trotz seiner Angriffe in die gleiche Richtung, bis zu Gott weitergeht, ist das der Beweis, dass ihr Ihn liebt. Dass das Böse euch verachtet, heißt, dass ihr nicht für es Partei ergriffen habt, sonst liebt es euch sehr, ist die ganze Zeit bei euch, gibt euch Ratschläge, verwöhnt euch, wiegt euch, schläfert euch ein, damit ihr ein wenig länger unter seinem Einfluss bleibt. Aber wenn ihr ihm zu seinem Unglück entkommt, erklärt ihr ihm den Krieg. Ihr wollt ihm nicht dienen, ihr geht in Richtung Gott. In dem Augenblick erweckt ihr seinen Hass, aber dank dieses Hasses werdet ihr sehr weit kommen.

Für alle großen Eingeweihten, die dafür vorgesehen waren, bis zum Gipfel zu gelangen, war das Böse erbarmungslos, hartnäckig. Aber das war das einzige untrügliche Zeichen für alle, die es interpretieren konnten. Unwissende sagten natürlich: »Oh, der arme Unglückliche! Was für ein Schicksal!« Aber diejenigen, die wussten, freuten sich. Sie sagten: »Er ist dazu vorherbestimmt, den Gipfel zu erreichen.« Schreibt euch diese Wahrheit auf und meditiert über sie.

Habt also Mut, meine lieben Brüder und Schwestern! Mit dem richtigen Verständnis werdet ihr die Wüste durchqueren, die Hindernisse überwinden. Mit diesen wenigen erklärenden Worten, habe ich euch alles gegeben: Mut, eine Lampe, den Weg, die Mittel. Jetzt müsst ihr nur noch weitergehen. Jetzt habt ihr alles, sogar das Wasser, denn mein Wort kann auch Wasser sein, das den Durst stillt. Ja, mein Wort kann alle möglichen Formen annehmen: Wasser, Feuer, Luft, Erde, Frucht, Gold, Silber.

Mögen Licht und Friede mit euch sein! Mögen die Arbeiter des neuen Lebens kommen und auf diesem Feld arbeiten, dem Feld des Herrn, dem schönsten und ruhmreichsten Feld!

Le Bonfin, den 30. Juli 1964

Anmerkungen

1. Siehe auch Band 239 der Reihe Izvor »Die Liebe ist größer als der Glaube«, Kapitel 7: »Bewahrt euren Glauben an das Gute«.
2. Siehe auch Band 241 der Reihe Izvor »Der Stein der Weisen«, Kapitel 3: »Ihr seid das Salz der Erde«, Teil 1: »Der Materie das Siegel des Geistes aufprägen«, Teil 2 »Die Quelle der Energien« und Kapitel 6: »Ihr seid das Licht der Welt«.

# V

# DIE BESCHÄFTIGUNG DES SCHÜLERS MIT SEINER NIEDEREN NATUR

# I

Ihr könnt nur in Sicherheit sein unter der Bedingung, dass ihr alles Gott gebt: Euren Geist, eure Seele, euren Körper… ja, und sogar euer Haus und das Geld, das ihr besitzt. Natürlich wird Gott nicht kommen, um euer Geld zu nehmen und es in seinen Tresor zu sperren, aber allein schon die Geste, der Gedanke, Ihm alles zu geben, reicht schon aus, dass dieses Geld in Sicherheit ist und dann wartet ihr auf den Augenblick, wo er euch sagt, was ihr damit machen sollt. Ihr seid der Bankier, der Kassenführer und Gott, der der Besitzer ist, wird euch gute Ratschläge geben, dank derer ihr dieses Geld nie verlieren werdet: Weil es Gott gehört. So viele reiche Leute verlieren nur ihr Geld oder machen schlechte Geschäfte, weil sie zuvor ihr Geld nicht Gott geweiht haben, der als Einziger fähig ist, ihnen zu raten, wie sie es für das Gute nutzen können.

Aber vor allen anderen Dingen solltet ihr euer Herz Gott geben, Er bittet euch darum. Warum? Weil sich das Böse ins Herz einschleicht. Das Herz entspricht der Astral-Ebene, die die physische Ebene berührt, deshalb können es die dunklen Kräfte viel leichter beeinflussen als etwa den Verstand und die Seele oder vor allem den Geist. Was auch immer ihr an Bösem tut, euren Geist könnt ihr nicht mit hineinziehen. Der Geist ist ein Funke, dem niemals sein Glanz genommen oder der ausgelöscht werden kann. Er ist zu nahe bei Gott. Wenn man vom »bösen Geist« einer Person spricht, so kann es sich in Wirklichkeit nicht um seinen Geist handeln. Der Geist hat nie an etwas teil, was böse ist. Aber man weiß nicht, was der Geist ist, man verwechselt ihn mit dem Verstand.

Der Herr bittet um euer Herz, aber ihr haltet entgegen: »Warum denn, Herr? Mein Herz ist für diesen… oder jenen.« – »Gut, ich habe verstanden, ich bin einverstanden« sagt der Herr, »aber gib es mir trotzdem, denn alles Unglück und deine Leiden rühren daher, dass du dein Herz für dich behältst und es dir damit nur üble Streiche spielen kann.« Gebt also Gott euer Herz und es ist in Sicherheit. Er zumindest weiß, wie man es trägt, Er lässt es nicht fallen. Bei der Person, die ihr liebt hingegen, könnt ihr nie sicher sein. Vielleicht gibt Er es einem Seiner Engel in die Obhut, denn Er selbst ist sehr beschäftigt. Aber ja, niemand hat so viel zu tun, wie der Herr. Er streikt nie. Er schläft nie. Ihr werdet sagen: »Aber in der Bibel steht geschrieben, dass Er am siebten Tag ruhte« (Gen 2,1-3). Aber wie fasst ihr die Ruhe Gottes auf? Ihr denkt wohl, er hat Seine Kleider ausgezogen, hat sich hingelegt und ist eingeschlafen? Für irgendeinen gewöhnlichen Menschen ist das natürlich die einzige Art, Ruhe zu verstehen, aber die göttliche Ruhe bedeutet Arbeit, eine andere Arbeit.

Der Herr ruht sich niemals aus, denn Er kann nicht müde sein. Müdigkeit ist das Ergebnis von Abfällen und Giftstoffen, weil der Mensch nicht weiß, wie man richtig isst, atmet oder arbeitet. Mit der Müdigkeit geht immer irgendwo eine Unvollkommenheit einher, und Er, der Herr, kann nicht müde sein. Das ewige Leben kann das Wort Müdigkeit nicht akzeptieren, es gibt keine Müdigkeit für die Geister, die keinerlei Unreinheit haben. Mit der Müdigkeit gehen Unreinheiten einher, die das richtige Funktionieren des Organismus beeinträchtigen und die man ausscheiden muss.

Natürlich glaube ich an das, was in der Bibel geschrieben steht, aber ich interpretiere es so, wie es oben im Himmel geschrieben wurde, denn die wahre Heilige Schrift befindet sich oben. Alles, was in den menschlichen Büchern geschrieben steht, ist nur eine Übertragung, eine Anpassung, die oft keinen Bezug mehr mit der wahrhaft wahren Wahrheit hat.

Jetzt ist es an euch, die passenden Schlussfolgerungen daraus zu ziehen, aber ich sage euch, solange ihr Gott nicht euer Herz geweiht habt, seid ihr innerlich immer großen Unruhen ausgesetzt. Wie viele außergewöhnliche Menschen werden von ihrem Herzen in Chaos und Dummheiten hineingezogen! Das Herz… Niemand ist sicher vor Dämonen, die versuchen, sich des menschlichen Herzens zu bemächtigen. Deshalb solltet ihr den himmlischen Schutz suchen, indem ihr Gott euer Herz gebt, und Gott wird Seine lichtvollen Diener schicken, die sich in eurem Herzen niederlassen und daran arbeiten, es zu schützen.[1]

Der Astralkörper berührt den physischen Körper, der Mentalkörper den Astralkörper. Ich habe euch vor Jahren eine Skizze gezeichnet, die zeigt, wie der Mensch dank seines Bewusstseins zwischen die niedere und die höhere Welt gestellt ist.[2] Wenn er nicht wachsam ist, wenn sein Bewusstsein nicht erweckt ist, beginnen die dunklen Kräfte die Oberhand zu gewinnen.

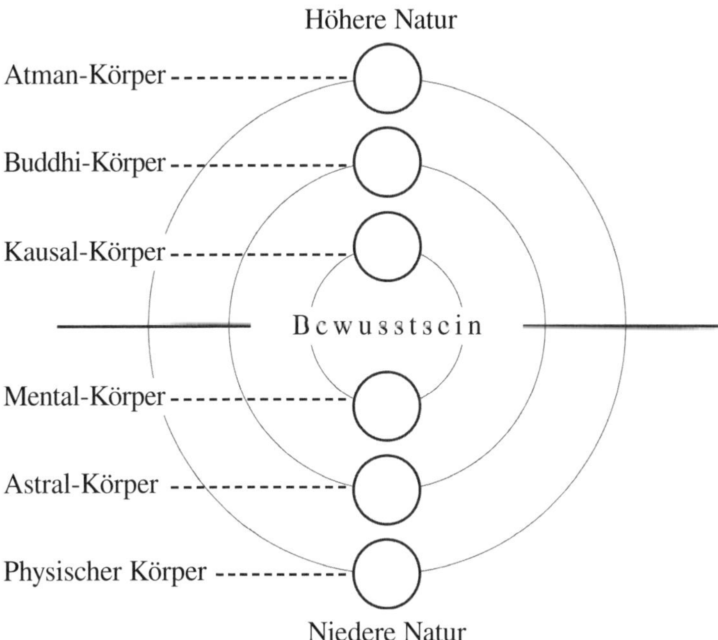

Diese dunklen Kräfte, das sind die Gefühle und Gedanken, die versuchen sich seiner zu bemächtigen, um ihn zu zermalmen und zu verschlingen. Und einmal verschlungen, wird er wieder ausgespuckt. Es bleiben dann von ihm vielleicht noch ein paar kleine Knochen übrig, aber das Fleisch, die Muskeln, alles ist verschwunden, nichts ist mehr auffindbar, nicht einmal er selbst. Wie viele Menschen sagen übrigens: »Ich weiß nicht mehr, woran ich bin!« Wenn ihr jemanden diese Worte sagen hört, dann wisst, dass er euch gerade eine Zusammenfassung seiner Situation gibt.

Wenn der Mensch sich hingegen von den Kräften der höheren Welt anziehen und absorbieren lässt, wird alles hell und er wird zu einem wahren Schöpfer, zu einem Zentrum mächtiger und segensreicher Strömungen. Aber so wie er der Anziehungskraft der niederen Welt entkommen sollte, so sollte er sich auch nicht vollständig der Anziehung der höheren Welt überlassen: Er sollte mit den himmlischen, segensreichen Kräften arbeiten, aber ohne das nötige Gleichgewicht aus den Augen zu verlieren. Er ist auf der Erde und er sollte sie nicht vorzeitig verlassen. Wenn er dieses Gleichgewicht stört, um sich schneller mit dem Himmel zu vereinen, wird er vielleicht in der Unermesslichkeit, im Licht leben, aber er wird seine Mission nicht erfüllen, die darin besteht, auf der Erde mit den Mitteln des Himmels zu arbeiten. Deshalb sollte der Mensch im Zentrum zwischen der höheren und der niederen Welt bleiben.

Diese Vorstellung vom Menschen, der an die Grenze der höheren und der niederen Welten gestellt ist, drückten die Vorfahren mithilfe des Bildes vom Schutzengel an seiner rechten Seite und dem Dämon an seiner linken Seite aus. Der Engel berät ihn, erleuchtet ihn, während auf der anderen Seite der Dämon ihn in die Irre führen möchte, damit er sein Opfer wird. Man kann sich fragen, warum dieser Engel und dieser Dämon sich nicht umgehend an die Gurgel gehen. Das wäre doch viel einfacher und der Sieger würde sich dieses armen Schluckers von Mensch bemächtigen. Aber nein, sie respektieren sich, schätzen sich und grüßen sich: »Hallo! Guten Tag, bist du wieder da? Wie geht es dir?« Der Teufel tut nichts gegen den Engel des Lichts und auch der Engel schmettert ihn nicht nieder. Denn in Wirklichkeit sind Schutzengel und Teufel Bilder, die diese beiden Wirklichkeiten einer höheren und einer niederen Welt ausdrücken, zwischen denen sich der Mensch befindet. Die Entscheidung liegt also bei ihm, welcher der beiden er sich zuwenden will.

Wie ihr in der Abbildung seht, befindet sich oberhalb des Menschen seine Seele und sein Geist, die beide über viel mächtigere Mittel verfügen als sein Verstand und sein Herz. An wen wendet ihr euch im Alltag, um eure Angelegenheiten zu regeln: an die Hausmeisterin, an den Straßenreiniger, an das Dienstmädchen? Nein, sondern an eine hochgestellte Persönlichkeit, die mehr Macht besitzt als ihr. So wie es also eine äußere Hierarchie gibt, die ihr respektieren müsst, damit ihr das erlangt, dessen ihr bedürft, so gibt es auch eine innere Hierarchie, an deren Spitze unsere Seele und unser Geist regieren. An sie sollten wir uns wenden zur Lösung unserer Probleme. Solange die Menschen diese innere Hierarchie nicht akzeptieren, solange sie sich weigern, sich einem göttlichen Prinzip in ihnen zu unterwerfen und den blinden Leidenschaften folgen, solange werden sie zermalmt.

Alle, die die Wirklichkeit der höheren und der niederen Welten in der Natur und in sich selbst studieren konnten, stellten fest, dass sie mit allen Arten von Wesen bevölkert sind; dass die Wesen der höheren Welt sich mit Liebe, Güte, Großzügigkeit, Sanftmut und Geduld manifestieren, während die Geschöpfe der niederen Welt grausam und gnadenlos sind. Warum also immer auf die Einflüsterungen dieser bösen Wesen hören, anstatt dem Licht, der göttlichen Lehre der Großen Universellen Weißen Bruderschaft, allen Geistern der Sonne das Ohr zu leihen? Ich sage euch, nach ganz kurzer Zeit werdet ihr verschlungen werden. Um diese Idee zum Ausdruck zu bringen, kann man noch ein anderes Bild nehmen und sagen: Was unterhalb von uns ist und uns versucht, ist der Mond, der die Instinkte, den Bauch, das Geschlecht darstellt. Oberhalb von uns hingegen ist die Sonne, die unsere Seele, unseren Geist darstellt. Es ist immer dieselbe Vorstellung: das Höhere und das Niedere, Himmel und Hölle. Und der Mensch ist zwischen beide gestellt, mit der Möglichkeit, sich in die Höhen zu schwingen oder sich in die Abgründe fallen zu lassen. Beobachtet einmal diejenigen, die ihren triebhaften Instinkten die Vorherrschaft einräumen und dabei die spirituellen Aktivitäten vergessen: Sie sind bleiern und lustlos. Diejenigen hingegen, die dem Himmel, der Sonne, der göttlichen Seite den Vorzug geben, die in die entsprechende Richtung aktiv sind, damit diese sich durch sie ausdrücken können, leben im Licht, in der Freude und in der Freiheit. Die wahrhaft spirituellen Menschen verlassen nicht die Erde, sie leben auf der Erde, aber sie nimmt nicht den ersten Platz ein: Ihr ganzes Interesse gilt einer anderen Wirklichkeit.

Warum spreche ich heute zu euch über dieses Thema? Weil ich das mache, was man mir sagt, ich höre auf die Vorschläge der unsichtbaren Welt. Sie geben mir das Thema vor und oft ist es nur ein Bild. Welches Bild gab man mir heute Morgen für euch? Ein Mensch, der irgendwo sitzt, über ihm ein anderer Mensch und unter ihm noch ein anderer. Das war das Thema des Vortrags, das vorgegeben war. Manchmal wird mir das Thema auch auf eine andere Art und Weise präsentiert, weniger kompakt, aber heute war es dieses Bild: Der Mensch, hin- und hergerissen zwischen seinem höheren und seinem niederen Ich. Wenn er versteht, wo sein wahres Interesse liegt, unternimmt er jeden Tag Anstrengungen, um sich seinem höheren Ich zuzuwenden, denn nur in seiner Nähe wird er alle Reichtümer finden. Sein niederes Ich hingegen macht ihn nur arm und plündert ihn aus.

Le Bonfin, den 8. August 1964

Anmerkungen

1. Siehe auch Band 14/15 der Reihe Gesamtwerke »Liebe und Sexualität«, Kapitel 16 von Band 14: »Die Lehre von der Liebe in der Einweihung«, Band 231 der Reihe Izvor »Saaten des Glücks«, Kapitel 14: »Die Suche nach Glück ist die Suche nach Gott«.
2. Siehe auch Band 17/18 der Reihe Gesamtwerke »Erkenne dich selbst – Jnani-Yoga«, Kapitel 7 von Band 17: »Das Bewusstsein«.

## II

Alle Vergnügungen, Belustigungen, Zerstreuungen liegen ausgebreitet vor den Menschen. Ich sage nicht, dass das nicht schön ist, ich sage nicht, dass das nicht interessant ist, aber ich für meinen Teil habe mir angewöhnt, mir bei allem, was auf mich zukommt, die Frage zu stellen: »Was bringt mir das für meine Entwicklung?« Wenn ich sehe, dass es nichts Großartiges bringt, dass es vor allem Zeit- und Energieverschwendung bedeutet, befasse ich mich nicht damit.

Aber ja, das Leben präsentiert alle möglichen Versuchungen für die Menschen, und wenn der Schüler nicht ausreichend gelernt hat, sich zu kontrollieren, um ihnen zu widerstehen, erliegt er, und anschließend bereut er es, weil er spürt, dass es ihn geschwächt und erniedrigt hat. Für die meisten Menschen ist es natürlich normal, dass sie Versuchungen erleben und ihnen erliegen. Ihrer Meinung nach sind sie ja schon beinahe allein aus diesem Grund auf die Erde hinabgekommen. Aber beschäftigen wir uns nicht mit dieser Mehrheit, beschäftigen wir uns mit den Schülern. Der Schüler könnte viele Irrtümer vermeiden, wenn er, bevor er sich in ein Abenteuer stürzt, sich sagen würde: »Wenn ich dieses oder jenes tue, werde ich zwar mein Verlangen befriedigen, aber was wären die Auswirkungen meines Verhaltens auf mich und auf meine Umgebung?« Wer sich diese Fragen nicht stellt, ist danach erstaunt, was mit ihm geschieht. Dabei ist das überhaupt nicht erstaunlich. Was geschieht, hätte man voraussehen können, die Folgen sind immer vorhersehbar.

Ihr werdet sagen: »Aber nein, es ist unmöglich, alle Folgen seiner Handlungen vorauszusehen.« Einverstanden, das Leben ist reich an allen möglichen Ereignissen, die auf unerwartete Art und Weise auftreten können, und keiner kann den Lauf der Dinge verändern, mit Ausnahme derer, die die Möglichkeit haben, in die höheren Ebenen aufzusteigen. Um genau die Zukunft zu erfahren, kann man nicht absolut alles vorhersehen. Aber vorausgesetzt man ist ehrlich und aufrichtig, ist das Wesentliche einfach vorherzusehen.[1] Wenn man natürlich blind sein möchte, ist das etwas anderes.

Auflehnung wird heutzutage zur Gewohnheit, zur Mode. Man macht Demonstrationen, Streiks, man wirft Bomben… Alle empfinden, dass ihr Kampf gegen die Menschen, die sie für ungerecht und grausam halten, seine Richtigkeit hat. Das ist wahr, ich bin damit einverstanden, man darf weder Ungerechtigkeit noch Grausamkeit akzeptieren. Aber wie kommt es, dass all die Revoltierenden sich niemals gefragt haben, ob es nicht ein Thema gibt, wo es sich mehr lohnt sich aufzulehnen? Statt sich gegen diese Situation, jene Person, jene Partei aufzulehnen, warum lehnen sie sich nicht gegen ihre eigenen Schwächen, ihre eigene Mittelmäßigkeit, ihre eigene Faulheit auf? Da gibt es endlich etwas, entrüstet, angewidert und wütend darüber zu sein, da lohnt sich das Kämpfen. Aber nein, ihre Dummheiten, ihre Schwächen rechtfertigen sie, streicheln sie, nähren sie, aber den anderen gegenüber sind sie unerbittlich!

Bevor ein wahrer Schüler sich gegen diesen oder jenen auflehnt, was sowieso nichts bringt, lehnt er sich gegen all die bösen Wesenheiten auf, die sich – natürlich durch seine Schuld – in ihm niedergelassen haben. Er versucht, sie zu verjagen und zu vernichten, um sich zu befreien. Die Auflehnung existiert im Universum nur, weil sie eine Rolle zu spielen hat. Ja, aber die Menschen haben noch nicht verstanden, welche Rolle die Auflehnung eigentlich spielt. Sich Auflehnen: wo, wann, wie und gegen wen… Man muss sich auflehnen, aber gegen all diese Wesen, die sich in Form von Schwächen in uns niedergelassen haben und uns täuschen, uns annagen. Aber ja, danach ändert sich alles. Manche Brüder und Schwestern sagen mir, dass sie unglücklich und unzufrieden sind, weil sie sich ihrer Fehler und Schwächen bewusst sind. Aber sie lehnen sich noch nicht so sehr dagegen auf, wie es sein sollte, um aus dieser Situation herauszukommen, und es geht immer so weiter. Natürlich sind sie unzufrieden, aber sie tun nichts zur Verbesserung der Situation.

Hört also auf, euch gegen eure Frau, euren Mann, euren Chef usw. aufzulehnen… und lehnt euch gegen euch selbst auf. Ihr werdet sagen: »Ja, aber wenn ich mich nicht gegen die anderen auflehne, nutzen sie mich doch weiterhin nur aus.« Nein, ihr habt nichts verstanden. Damit sie ihr Verhalten ändern, darf man sie nicht bekämpfen: Sie werden sich ändern, wenn sie fühlen, dass ihr euch verändert habt, dass ihr strahlend, lichtvoll und intelligent seid. Durch die Auflehnung gegen euch selbst werdet ihr also die anderen besiegen und sie verwandeln. Ich habe dieses Mittel gefunden. Wie soll man sonst so viele Feinde besiegen?

Lehnt euch gegen euch selbst auf, um euch freizumachen, denn die wahren Feinde sind in euch. Sucht sie nicht außerhalb, sie sind innen und bereiten euch Überraschungen. Ein Mann sagt: »Jetzt ist aber Schluss mit den Frauen. Sie haben mir zu viel Unglück, zu viel Kummer eingebracht.« Aber da er sich noch nie gegen die Wesenheiten in seinem Inneren aufgelehnt hat, die ihn immer in dieselbe Richtung treiben, gibt es wieder Unglück. Und was sagen sie, diese Wesenheiten? »Sicher, all diese Frauen waren grausam und untreu. Aber die da, die dir gerade gefällt, wird dir Freude und Inspiration bringen.« Und einmal mehr tappt er in die Falle.

Wie soll man euch verständlich machen, dass ihr von getarnten Feinden beraten werdet, die nur eure Erschöpfung und euren Ruin wollen? Und ihr, ohne euch dessen bewusst zu sein, streichelt sie, liebkost sie, nährt sie. Ihr solltet euch von nun an auflehnen. Dafür sind Mittel notwendig und die habt ihr. Zuerst muss man nur akzeptieren und erkennen, dass die größten Feinde nicht außerhalb von euch sind, sondern in euch.[2] Und wenn ihr einmal eure inneren Feinde besiegt habt, wird es euch gelingen, durch euer Vorbild, euer Verhalten, eure

Worte, eure Blicke, eure Ausströmungen, eure äußeren Feinde zu besiegen. Warum haben die Menschen diese Mittel noch nicht gefunden? Messer, Revolver und Bomben haben noch nie Probleme gelöst. Seht einmal: Hat sich je etwas verbessert, seit man sie verwendet…? Fangt also jetzt mit der Auflehnung gegen euch selbst an und dann habt ihr von mir aus noch genügend Zeit, um euch gegen die anderen aufzulehnen, aber mithilfe der Größe und der Allmacht der Liebe.

Le Bonfin, den 3. Juli 1980

Anmerkungen

1. Siehe auch Band 12 der Reihe Gesamtwerke »Die Gesetze der kosmischen Moral« Kapitel 1: »Ihr werdet ernten, was ihr gesät habt«.
2. Siehe auch Band 5 der Reihe Gesamtwerke »Die Kräfte des Lebens«, Kapitel 7: »Die unerwünschten Wesen«.

## III

In manchen Situationen ist der Instinkt ein guter Führer, aber in anderen überhaupt nicht. Zu einer Zeit, als sich der Mensch noch in einem sehr primitiven, den Tieren nahen Stadium befand, war der Instinkt sein bester Führer. Aber als er dank der Weiterentwicklung seines Gehirns eine höhere Ebene erreichte, hatte er allmählich andere Führer: Vernunft und Intelligenz, und heute muss er diesen Führern folgen. Was in der Vergangenheit akzeptabel oder sogar gut war, ist es in der Gegenwart überhaupt nicht mehr. Nehmen wir als Beispiel die Angst. Für die Tiere ist sie ein sehr guter Führer: Sie rettet sie, durch sie lernen sie. Aber dem Menschen ist Ängstlichkeit nicht mehr erlaubt. Deshalb war es immer schon die Rolle der Einweihung, den Schüler die Überwindung der Angst zu lehren.[1]

Gegen die Angst hat man kein besseres Mittel gefunden als die Liebe: Wenn ihr liebt, habt ihr keine Angst mehr. Wissen ist auch wirksam, aber nicht immer so sehr wie die Liebe, denn die Liebe gehört ebenso wie die Angst dem Bereich des Instinkts an, und es ist einfacher, einen Instinkt durch einen anderen Instinkt zu besiegen, als durch Wissen oder Vernunft. Es kann manchmal vorkommen, dass die Vernunft die Angst beruhigt, aber das Ergebnis ist nicht immer dauerhaft und auch nicht sicher. Berührt hingegen das Herz von jemandem, und er wird sich für euch ins Feuer stürzen. Wenn eine Frau einen Unbekannten in Gefahr sieht, zögert sie vielleicht, ein Risiko einzugehen, bei dem Versuch ihm zu helfen, aber wenn es sich um ihren Liebsten handelt, wird sie ohne langes Nachdenken losstürzen. Oder auch wenn ein junges ängstliches Mädchen eines Nachts einen Friedhof überqueren muss, um ihren Liebsten zu treffen, nun, so wird sie ihn ohne Angst durchqueren, weil ihr die Liebe diesen Wagemut verleiht.

In anderen Fällen ist Wissen eine Waffe gegen die Angst. Ihr habt euch in einem Wald verirrt und wisst den Weg nicht. Da ist es ganz normal, dass ihr Angst habt. Wisst ihr jedoch, wie ihr euch orientieren könnt, geht ihr ganz ruhig weiter. Man hat immer Angst vor dem, was man nicht kennt und womit man nicht umzugehen weiß, so wie die Tiere, die vor dem Feuer Angst haben oder wie die Urvölker, die die Kräfte der Natur nicht kannten und vor ihnen zitterten. Heute, wo es den Menschen gelungen ist, diese Kräfte zu kontrollieren, arbeiten sie in den Elektrizitäts- oder Atomkraftwerken und drücken ganz ruhig diesen Knopf und öffnen jenen Hahn und haben keine Angst, weil sie wissen, was sie betätigen dürfen und was nicht. Aber jemand, der sich darin nicht auskennt, wird natürlich Angst davor haben, auch nur irgendetwas zu berühren.

Der kultivierte Mensch, der zivilisierte Mensch hat keine Angst mehr vor den Elementen und Kräften der Natur, aber er hat Angst vor seiner Frau, vor seinen Nachbarn, vor seinem Chef, Angst vor Krankheit, Angst vor Geldmangel und vor allem Angst vor der öffentlichen Meinung. Er fürchtet vielleicht weder Gott noch Teufel, aber die öffentliche Meinung lässt ihn erzittern und er ist bereit, alles für sie zu opfern. Es gibt viele Ängste, die der zivilisierte Mensch noch nicht besiegt hat.

Nastradin Hodja, der nicht dumm war, hatte bemerkt, dass jeder sich vor irgendetwas fürchtet, auch wenn er es nicht zugeben will. Eines Tages, als er kein Geld mehr hatte, entschloss er sich, sich Geld zu verschaffen, indem er die Leute dazu zwang zuzugeben, dass sie Angst hatten. Er band ein paar Säcke auf den Rücken seines Esels und durchquerte so das Land: Diese Säcke füllten sich schnell, denn auf die eine oder andere Art offenbarten alle, denen er begegnete, durch ihre Worte oder ihre Einstellung, dass sie irgendetwas oder irgendjemanden fürchteten, und jedes Mal verlangte er ein paar

Münzen von ihnen. Schließlich kam er eines Tages an den Hof des Sultans: »Majestät«, sagte er, »ich habe eine Methode gefunden, um sehr reich zu werden und ich bin gekommen, um auch durch Euch reich zu werden.« – »Oh«, sagte der Sultan, »du wirst bei mir mit leeren Händen weggehen, ich fürchte mich vor nichts.« Aber da er sehr großzügig war, lud er ihn zum Essen und Trinken mit ihm und ein paar Kurtisanen ein. Mitten im Festmahl sagte Nastradin Hodja, der neben dem Sultan saß, plötzlich mit lauter Stimme: »Majestät, ich habe im Laufe meiner Reisen eine reizende Frau kennen gelernt. Sie ist wahrhaft eures Harems würdig. Wenn Ihr wollt, werde ich sie Euch holen.« – »He, nicht so laut«, sagte der Sultan, »meine Favoritin wird dich hören.« – »Seht Ihr, auch Ihr habt Angst! Los, gebt mir ein bisschen Geld.«

Ihr werdet sagen: »Aber ist es wirklich so wichtig, keine Angst zu haben? Man kann auch mit Angst leben!« Ja, natürlich, aber seht einmal: Ihr begegnet auf der Straße einem Hund… Wenn ihr zu laufen beginnt, weil ihr Angst habt, wird der Hund, der das spürt, euch bellend hinterherlaufen, und wenn andere Hunde ihren Genossen bei eurer Verfolgung sehen, werden auch sie hinterherrennen und bellen… Und so habt ihr eine ganze Meute hinter euch, nur weil ihr Angst habt! Hättet ihr euch hingegen umgedreht, anstatt Angst zu haben und dem Hund gesagt, er solle still sein, hätte er euch in Ruhe gelassen. Genau das geschieht auch innerlich: Die Menschen haben Angst und fangen an zu laufen, aber der »Feind« verfolgt sie und je mehr sie rennen, desto mehr werden sie gehetzt und gebissen. Sie sollten sich umdrehen und all diesen Ungeheuern, die sie erschrecken, ein wenig ins Gesicht sehen und diese werden die Flucht ergreifen. Aber genau das hat man sie nicht gelehrt, und anstatt sich umzudrehen und der Gefahr ins Gesicht zu blicken, rennen sie zu Apothekern oder Psychiatern. Nun, das ist die beste Art und Weise Opfer zu sein, denn es gibt ein Gesetz demzufolge man das anzieht, wovor man Angst hat. Wenn ihr also nicht wollt, dass ein Unglück euch heimsucht, fürchtet euch nicht davor. Sobald ihr stark seid, lassen euch alle in Ruhe.

Wenn zum Beispiel ein Mann Angst hat, ein nacktes Mädchen zu sehen, weil er denkt, dass er in Versuchung geführt wird und die Beherrschung verlieren könnte… (ich weiß sehr wohl, dass es diese Angst immer weniger gibt, weil man heutzutage im Gegenteil Versuchungen sucht, aber nehmen wir dennoch dieses Beispiel), nun, so schafft diese Angst die Voraussetzungen für seine Niederlage. Was ist übrigens schlecht daran, eine nackte Frau zu sehen? Das Schlechte liegt nicht darin, das Schlechte ist nur, schwach zu sein und zu erliegen. Man darf nicht schwach werden, das ist alles. Man darf nicht scheitern und anschließend zur eigenen Rechtfertigung sagen: »Das war stärker als ich.« Wer sagt, das sei stärker gewesen als er, unterzeichnet sein Todesurteil. Nichts darf stärker sein als ihr.

Wie viele Menschen suchen Zuflucht hinter diesem Satz: »Das war stärker als ich!«, und alle finden das natürlich normal, denn die Schwachen verstehen sich untereinander. Aber ein Eingeweihter wird nur sagen: »Das ist ein Mensch ohne Willenskraft und Wissen, dem immer etwas begegnen wird, das stärker ist als er, sei es nun Zorn, Sinnlichkeit, Eifer- oder Rachsucht, es wird immer etwas geben, das ihn zu Boden wirft.« Wann kommt dann der Moment, in dem sie endlich die Situation meistern? Wenn man nicht in dieser Inkarnation damit beginnt, sich anzustrengen, um über einige seiner Schwächen zu triumphieren, wird man in der nächsten diesbezüglich immer noch am selben Punkt stehen.

Die Menschen sind ihren Ängsten ausgeliefert, ohne zu wissen, dass diese das Ergebnis eines Mangels an Erkenntnis, eines Mangels an Licht sind. Der Beweis: Wenn man an einen dunklen Ort kommt, fühlt man sich erst dann ruhig, wenn man es geschafft hat, eine Lampe anzuzünden. Welche großartige Schlussfolgerung kann man also aus diesem Phänomen für das spirituelle Leben ziehen! Dunkelheit ist Unwissenheit, und weil man fühlt, dass sie uns allen Gefahren aussetzt, hat man Angst.

Wenn man die Frage vertieft, wird man entdecken, dass selbst die Moral, die den Menschen gegeben wurde, auf Angst beruht: Der Angst, dass sie ihren Schwächen unterliegen. Für diejenigen, die stark sind, die fähig sind, sich zu beherrschen, ist alles gut, ist alles erlaubt. Aber für die Schwachen muss man immer Vorsichtsmaßnahmen treffen, man muss ihnen sogar den Himmel verbieten, denn der Himmel wird sie verrückt machen. Denkt einmal nach, wenn man schwach ist, wird alles gefährlich: Die Liebe, die Schönheit, die Reinheit, das Licht, die Freude... und sogar das Leben ist gefährlich. Was bleibt einem dann noch? Nichts. Wie viele Regeln wurden erfunden aufgrund der menschlichen Schwäche! Aber an dem Tag, an dem der Mensch stärker wird, wird das, was jetzt verboten ist, empfohlen werden. Wenn manche Moralregeln keine Daseinsberechtigung mehr haben werden, wird man sie abschaffen.

Wenn der Mensch nicht mehr stiehlt oder keinen Ehebruch mehr begeht, warum muss er sich dann zu diesen Themen Gebote anhören? Und ich sagte euch bereits, dass man die Ehe erfunden hat, als die Liebe zu verschwinden begann. Als die Menschen nicht mehr wussten, was die wahre Liebe ist, war es notwendig, sie durch einen Vertrag zu binden. Im anderen Fall bedeutet wahre Ehe die Liebe selbst. Die Natur erkennt nur diese Art Ehe an. Für die Gesellschaft gilt: Wenn ihr nicht aufs Standesamt oder in die Kirche gegangen seid, seid ihr nicht verheiratet. Die Natur erkennt diese Ehe jedoch nicht an, sie erkennt nur die Liebe an. Das ist die absolute Wahrheit! Man hat die Ehe eingeführt, aber hindert das die Leute daran, sich scheiden zu lassen? Nein, allein die Liebe kann sie zusammenhalten.

Ich sagte euch, dass die Liebe die beste Waffe gegen die Angst ist, und ich gab euch Beispiele. Aber in Wirklichkeit kann euch nur die Liebe zum Schöpfer – zu Ihm, der alles lenkt, der alles verteilt, der am Reichsten, Schönsten und Mächtigsten ist – wirklich das Gefühl geben, dass ihr geschützt seid. Und wenn man sich geschützt fühlt, hat man auch keine Angst mehr. Das ist ein wichtiges psychologisches Gesetz. Aber die Psychologen beschäftigen sich lieber mit allen möglichen Unausgeglichenheiten und Verirrungen als mit Gefühlen, die es dem Menschen ermöglichen, in allen Lebensumständen zu triumphieren. Seht euch diejenigen an, die ein Martyrium auf sich nehmen für ihren Glauben, für eine Idee; woher nahmen sie ihre Kraft...?

Warum also das ganze Leben lang vor den geringsten Kleinigkeiten zittern? Jemand hat Geld. Seht ihn euch an, wie er daherkommt, wie er Befehle gibt, wie er versucht sich durchzusetzen... Aber nehmt ihm dieses Geld weg und beobachtet ihn: Er bricht zusammen, er bringt sich um, weil er sich durch nichts mehr geschützt fühlt. Seine ganze Macht lag also in seinem Geld, er selbst war weder stark noch mächtig.

Niemals werden die Ängstlichen in das Reich Gottes kommen, und es ist wichtig für den Schüler, dass er lernt, die Angst zu besiegen. Er mag andere Tugenden besitzen, aber wenn er ängstlich ist, reichen all seine anderen Tugenden nicht aus, ihm den Zutritt ins Reich Gottes zu ermöglichen. Das erstaunt euch? Nein, das darf es nicht. Wie oft hat man schon gesehen, dass die Angst sich der Manifestation aller guten Eigenschaften entgegenstellt! Seht zum Beispiel, wie feige, unaufrichtig, egoistisch und grausam die Angst vor Einsamkeit, vor Armut, vor Schande, vor Krankheit und Tod die Menschen machen kann! Wie oft wurden Verbrechen begangen von Menschen, die Angst hatten, etwas zu verlieren, an dem sie hängen und an das sie sich klammern! Deshalb wurde in der Antike derjenige, der die Einweihung durchschreiten wollte, Prüfungen unterworfen, in denen er zeigen musste, dass er die Angst besiegt hatte.

Wenn ihr euch also in Schwierigkeiten befindet, versucht von nun an, ihnen die Stirn zu bieten, anstatt Angst zu haben und die Flucht zu ergreifen, sonst werden euch die Feinde nicht mehr loslassen. Um die Feinde der Astral- und Mental-Ebene zu besiegen, muss man kühn sein, das heißt, man muss Liebe und Licht besitzen, denn das Licht (das Wissen) und die Liebe (das Gefühl) erzeugen die Kraft, die euch den Sieg ermöglicht.[2]

Le Bonfin, den 17. September 1976

Anmerkungen

1. Siehe auch Band 242 der Reihe Izvor »Unerschöpfliche Quellen der Freude«, Kapitel 8: »Ohne Angst voranschreiten«.
2. Siehe auch Band 14/15 der Reihe Gesamtwerke »Liebe und Sexualität«, Kapitel 27 von Band 15: »Die wahren Waffen: Liebe und Licht«.

## IV

Gestern war ich mit ein paar Brüdern zum Besuch einer Ausstellung eingeladen, die den neuesten archäologischen Entdeckungen in der Umgebung von Fréjus gewidmet war. Ich wusste bereits, was uns erwartete, aber um die Menschen nicht zu verletzen, die mich eingeladen hatten, ging ich trotzdem hin… Zuerst ist man fast erstickt, denn trotz der großen Hitze war kein Fenster geöffnet. Alle waren völlig überhitzt, alle schwitzten… Als ich schließlich merkte, dass niemand etwas dagegen unternahm, bat ich, ob man nicht die Fenster öffnen könne, dann wurde es ein bisschen besser…

Also, was gab es da so Großartiges zu sehen? Ein paar Steine, die von alten römischen Häusern stammten sowie ein paar zerbrochene Töpfe… Aber für diese Menschen dort waren das kostbare Gegenstände und sie erzählten alle möglichen Dinge zu diesen Steinen und Scherben. Es gab wirklich nichts Interessantes daran, aber sie stammten von den Römern, versteht ihr, und deshalb musste man sich die Geschichte dieser staubigen Überreste einverleiben. Als wir uns dem endlich entziehen konnten, sagte ich zu den Brüdern, die mich begleiteten: »Versteht ihr jetzt den Unterschied zwischen dieser unnützen, wurmstichigen, schimmligen Nahrung und der Nahrung, die ihr im Bonfin empfangt, die von Licht, von den Sonnenstrahlen, von der Reinheit durchdrungen ist? Das war eine Lektion für sie alle.

Warum sind die Menschen so begeistert von all diesen Trümmern der Vergangenheit? Sie erfreuen sich nicht am Licht und an der Luft, die Gott ihnen jeden Tag gegeben hat, aber an Tonscherben. Da sind sie begeistert, weil diese Scherben dreitausend Jahre alt sind und erzählen euch eine ganze Geschichte über sie mit lateinischen und griechischen Begriffen… Eine unglaubliche Gelehrtheit! Wie soll man da nicht lachen, wenn man diese Leute sieht, wie sie sich treffen, sich beglückwünschen und stolz darauf sind, sich gegenseitig einen Haufen alten Plunder mit so gelehrsamen Worten präsentieren zu können? Und wenn sie sich eines Tages an die himmlischen Wesen wenden müssen, um sie um ihr Licht, ihren Segen, ihre Hilfe zu bitten, werden sie das ganz sicher auch mit der gelehrten Sprache der Menschen tun. Diese Wesen werden ihnen zuhören, sie ansehen und sagen: »Aber wir verstehen euch nicht, was ist das für eine komische Sprache?« – »Was? Wir sind doch Gelehrte, wir gehören mehreren akademischen Gesellschaften an, all unsere Kollegen staunen über unsere Entdeckungen: Wie wir sie fotografiert, gezeichnet und dargestellt haben. Und ihr seid nicht begeistert?«

Nein, die erhabenen Wesenheiten sind nicht begeistert. Sie sind nur begeistert von denjenigen, die versuchen, die großen Einweihungswahrheiten zu verstehen, denn es sind eben diese Wahrheiten, die euch einen Platz unter den Erzengeln verschaffen, und nicht nur einen Platz, sondern auch Geld. Ja, Geld… oder vielmehr Gold, mit dem ihr euch in den himmlischen Geschäften alles kaufen könnt: Gesundheit, Freude, Hoffnung, Glück, Schönheit. Keine Geldscheine sind da oben im Umlauf, das heißt kein unnützes und wurmstichiges Bücherwissen, sondern Gold, das heißt, wahres Wissen, Tugenden. Sobald ihr ein paar Goldplättchen vorzeigen könnt, die ihr hier bei der Sonne eingesammelt habt, geben euch die lichtvollen Geister das, worum ihr bittet.[1] Deshalb beeilt euch, dieses Gold einzusammeln und lasst das intellektuelle Wissen in Ruhe. Natürlich ist es für die Erde nützlich, aber vor den Engeln und Erzengeln bedarf es eines anderen Wissens, und dieses Wissen übermitteln wir hier in der Universellen Weißen Bruderschaft, aber es ist den Menschen so schwierig nahezubringen!

Seit die Menschen merkten, dass der Verstand eine Macht ist, dank derer man die Materie erkennen und auf sie einwirken kann, pflegen sie diese Macht, und so kommt es, dass es in der Welt viele sehr gelehrte, intellektuell sehr begabte Menschen gibt. Aber ein Punkt ist ihnen entgangen: Indem sie so sehr den Verstand, die Fähigkeit zur Erkenntnis entwickelten, fühlten sie nicht, dass es notwendig ist, auch eine Fähigkeit zu pflegen, die imstande ist, ihr Wissen zu beleben. Und jetzt ist die ganze Welt in diesem Räderwerk gefangen, sogar die spirituellen Menschen. Sie sind so intellektuell geworden, dass sie kein wahres spirituelles Leben, keine Wärme, keine Liebe mehr haben. Deshalb können nicht einmal mehr die spirituellen Menschen die Welt retten: Weil sie die göttliche Seite im Menschen nicht erwecken. Alles an ihnen ist kalt, erstarrt, denn das liegt in der Natur des Verstandes: Er ist kalt, er ist nicht lebendig, er ist nicht beseelt. Durchsuchen, analysieren, vertiefen, all das ist gut, aber es kann nicht die Welt retten, im Gegenteil, denn je mehr man die Menschen in diese Richtung treibt, desto mehr versuchen sie, die anderen zu beherrschen, sie sich gefügig zu machen, sich ihnen aufzudrängen. Aber seht euch das an, seht, wie all diese fähigen und gelehrten Menschen sich benehmen. Ihr werdet sagen: »Oh, das ist so, weil sie in ihrem Wesen schlecht sind.« Nein, die ganze Schuld liegt in der Ausbildung, die sie erhalten haben, weil diese eben ihre niedere Natur stärkt. Ja, alles, was man den Menschen beibringt, können sie als Material oder Waffen benutzen, die ihrer niederen Natur dienen. Man vermittelt ihnen keinerlei Kenntnisse, die es ihnen ermöglichen würden, an dieser niederen Natur zu arbeiten, um sie zu beherrschen. Man gibt ihnen Waffen, ohne ihnen das Ideal zu vermitteln, wie man besser wird und so benutzen sie sie, um ihre niedersten Begierden zu befriedigen.

Es ist unglaublich zu sehen, wie die Bildung auf die meisten Menschen wirkt: Sie halten sich bereits für höher stehende Menschen und werden hochmütig, eingebildet, ehrgeizig und kalt. Nun, das ist sehr dumm. Selbst wenn ihr alle Wissenschaften der Erde kennt, müsst ihr euch voller Liebe, warmherzig, empfänglich, liebenswürdig wie ein Kind zeigen. Aber ja, das ist möglich und genau das versuchen wir hier in der Bruderschaft umzusetzen.

Wie ist es möglich, dass man nicht sieht, dass die exzessive Entwicklung des Verstandes das Ende der Welt herbeiführen wird? Ich kenne die Geschichte der menschlichen Rasse und ich weiß, dass bereits mehrere Menschenrassen von der Erde verschwunden sind, weil sie den gleichen Weg wie wir heute genommen haben: zu viele intellektuelle Fähigkeiten, zu viel Wissen und nicht genug Herzensqualitäten. Aus diesem Grunde konnten sie nicht überdauern. Wissen ohne Liebe kann nur Zerstörung nach sich ziehen. Sogar die renommiertesten Menschen haben das nicht verstanden: Seht sie euch an, ihr Verhalten, ihr Gesicht, ihre Mimik, alles zeigt, dass sie sich für den Mittelpunkt des Universums halten, und dass sie wollen, dass die ganze Welt sich um sie dreht.

Ich habe in meinem Leben sehr begabte Personen getroffen. Ich habe wirklich bewundert, wozu sie fähig waren, aber es erschien ihnen nichts wichtiger, als ihr Talent zu pflegen, und meiner Meinung nach begrenzten sie sich genau damit. Ein Talent zu haben, ist sehr gut, aber man darf nicht dabei stehen bleiben.

Ich habe euch erklärt, dass man die Menschen in sechs Kategorien einteilen kann: Die Primitiven, die dem Tier noch sehr nahestehen, die gewöhnlichen Menschen, die Talentierten, die Genies; die Heiligen und schließlich die Meister, die Eingeweihten, die den Stufen der Engel sehr nahe stehen. Das Genie steht bereits über dem talentierten Menschen, ja, aber der Heilige steht über dem Genie, denn er besitzt die Reinheit und die Liebe, was bei den Genies nicht immer der Fall ist. Und ein Meister? Warum steht ein Meister über einem Heiligen? Der Heilige ist rein, er lebt in der himmlischen Liebe, aber er besitzt nicht notwendigerweise Wissen und Macht, ein Meister hingegen ist bereits ein Heiliger, aber er hat auch Wissen und Macht entwickelt.

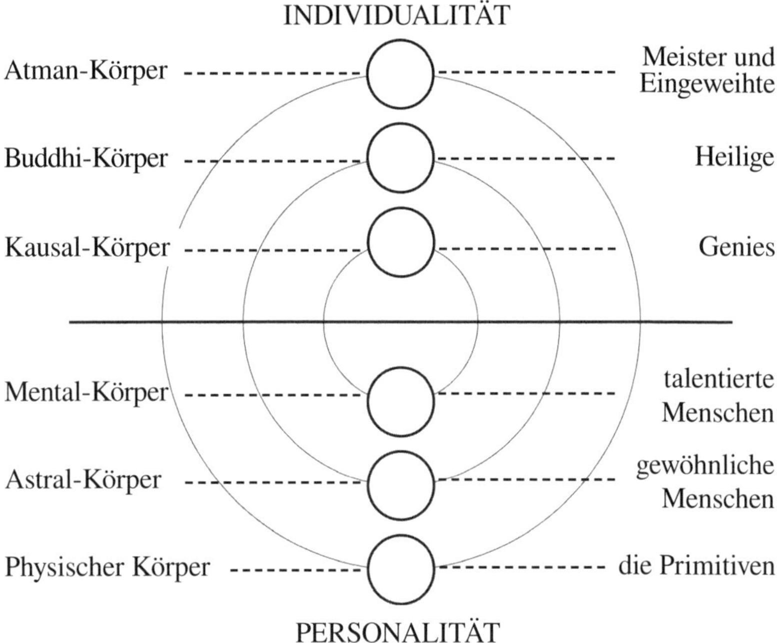


Seine Talente zu entwickeln, reicht nicht aus, denn wie ihr auf dem Schaubild sehen könnt, befinden sich die Talente immer noch im Bereich der Personalität. Man muss weitergehen und die Eigenschaften entwickeln wollen, die aus euch ein Genie, einen Heiligen, einen Eingeweihten machen. Talentiert zu sein, darf also nicht euer Ideal sein. Euer Ideal sollte das höchste Ideal sein: Vollkommen zu werden, ein Vorbild zu werden wie die Sonne, das Leben hervorsprudeln zu lassen, die ganze Welt zu erwecken, zu inspirieren, zu stimulieren und zu befruchten, so wie die Sonne.

Wenn eine Person die Gabe für Malerei, Musik, Theater oder für Architektur und Mathematik manifestiert, sind alle begeistert, alle schätzen sie, laden sie ein, umarmen sie, und sie kümmern sich nicht darum, ob sie gut, gerecht, aufrichtig und freigebig ist. Nein, das Talent ist alles, was man sieht und was man auch bei der Jugend zu pflegen versucht. Deshalb ist jetzt die ganze Welt voll mit sehr fähigen, talentierten Menschen, das ist großartig, es wimmelt davon. Aber warum können so viele Fähigkeiten, Talente und Genies nicht die Welt retten? Alles wird sogar immer schlimmer. Aber man akzeptiert diese Situation. Jemand hat Fähigkeiten, das ist es, was zählt. Ob innerlich Unordnung, Hässlichkeit, Verwesung vorherrschen, das hat keinerlei Bedeutung. Deshalb kümmert sich jeder nur darum, die Eigenschaften zu entwickeln, die von den anderen geschätzt werden.

Ich fühle, dass mir manche das übel nehmen, wenn ich so rede. Nun, sie haben nicht das Recht, es mir übel zu nehmen. Zu denken, dass man am Gipfel angekommen ist, weil man eine Gabe, ein Talent besitzt, nein. Die Begabungen stehen für mich an zweiter Stelle, weil sie oft nur die beste Gelegenheit sind, die Personalität zu unterstützen. Die wichtige Frage für mich ist, wie ihr lebt, wie ihr handelt, ob es im Einklang mit den göttlichen Gesetzen, mit der Reinheit, dem Edelmut, der Größe geschieht oder nicht. Ich brauche hier keine Poeten, Musiker, Maler oder Physiker, ich brauche Vorbilder. Wenn ihr kein Vorbild seid, setzt euch irgendwo hin und erkennt an, dass ihr noch nicht viel von dieser Lehre verstanden habt.

Nehmt es mir also nicht übel, wenn ich nicht so besonders beeindruckt bin von euren erhabenen Schöpfungen! Es gibt so viele Menschen, die schreiben, komponieren, malen, Skulpturen erschaffen, und die Welt ist davon um keinen Deut besser geworden. Die ganze Welt würde sich allerdings verbessern, wenn ihr euch dazu entschließen würdet, selbst zu einer Sonne, einem Licht, einer Quelle, einem Vorbild zu werden. Ich kenne sehr qualifizierte Okkultisten, die ihren Schülern zahlreiche Wahrheiten über die Einweihungssymbolik offenbaren. Ihre Erklärungen mögen großartig sein, aber sie verbessern nicht den Charakter der Leute, weil sie selbst nichts ausströmen, nicht leben, was sie sagen, und das kann keine großen Ergebnisse bringen.

Die neue Lehre bedeutet, dass man beginnt, sich selbst zu verwandeln. Warum wollt ihr die Menschen lehren und verbessern, während ihr sclbst weder Kenntnisse habt noch besser seid? Ja, ich habe

Menschen gesehen, die von himmlischen Dingen sprachen. Jeder war zwar sehr zufrieden damit, aber sie strömten nichts aus, weder Liebe noch Licht noch irgendetwas Göttliches. Nur schöne Worte… Wie viele Menschen eröffnen nach zwei, drei Monaten, nachdem sie ein paar Schmöker gelesen haben, eine Einweihungsschule und predigen Schülern! Werden sie sie wirklich beleben und verwandeln können? Nein, diese armen Unglücklichen bleiben dieselben. Um die Menschen verändern zu können, muss man sich zuallererst selbst verändert haben.

Ein Mädchen liebt einen Trinker und, davon überzeugt, ihn von seinem Laster befreien zu können, heiratet sie ihn. Es ist gut, einen Menschen retten zu wollen, aber womit will sie ihn denn retten? Mit ihrem Körper, mit ihrer Brust…? Und sie ist nicht nur unfähig, ihn zu retten, sondern sie lässt sich dazu auch noch mitreißen, selbst zu trinken, und alle beide finden sich im Abgrund wieder. Die Leute sind absolut überzeugt, dass sie, so wie sie sind, die Menschheit verwandeln werden, ohne sich die Frage zu stellen: »Habe ich das Wissen, habe ich die Liebe, das Licht, die Reinheit, die Willenskraft?« Das fragen sie sich nie. Ihrer Meinung nach sind sie dazu fähig. Da sie nun einmal da sind, da sie nun einmal leben, reicht das aus. Leider nein, und man sieht sie immer scheitern. Sogar ich, mit all meinem Wissen, mit all meiner Arbeit, mit den großartigen Mitteln, die mir der Himmel gegeben hat, sogar ich weiß, dass es mir nicht gelingen wird, sie zu verändern. Und sie glauben daran, dass sie es schaffen werden! Ihr werdet vielleicht entgegnen: »Aber wenn Sie keine Ergebnisse von Ihrer Arbeit erwarten, warum arbeiten Sie dann?« Oh, das ist allein meine Sache.

Ich hatte vor ein paar Jahren die Gelegenheit, mit einigen sehr berühmten Archäologen zu sprechen, die überall in der ganzen Welt, zum Beispiel in Asien, Südamerika und Afrika herumgereist waren und die außergewöhnlichsten Orte aufgesucht hatten. Sie hatten jahrelang in den Trümmern, im Staub, inmitten von Schlangen, Skorpionen und anderem Getier gearbeitet, um Ruinen freizulegen. Natürlich haben sie Wunderbares vollbracht und auch ich interessiere mich für all die alten Zivilisationen. Aber warum liegt mein Ziel nicht darin, die Leute in die ferne Vergangenheit zurückzuführen? Weil das auf die Psyche wirkt. Alles, was man macht, was man studiert, der Ort und die Bedingungen, unter denen man lebt, das alles hat eine Wirkung und im Laufe einer bestimmten Zeit, ähnelt man selber diesen Überresten, diesen Glasscherben, diesen zerbrochenen Tonscherben. Nun, ich möchte meine Bruderschaft nicht in diese gleiche Richtung führen, nein, ich führe sie in Richtung Leben!

Die Sonne ist da, um uns zu erhellen, zu beleben, zu wärmen und zu unterrichten. Zu ihr sollte man gehen, statt sein ganzes Leben lang unter der Erde, in Gräbern zu verbringen, um die alte Vergangenheit der Inkas, Griechen oder Ägypter zu erforschen. Warum sieht man nicht, wo die höchsten, die erhabensten Werte sind, wo die Vollkommenheit, wo der Reichtum ist? Man gräbt in Ruinen, ohne sich zu fragen, warum die kosmische Intelligenz es zugelassen hat, dass diese Zivilisationen verschwanden. Es gibt einen Grund und ich kenne ihn. Alle diese Zivilisationen wurden ausgelöscht und das ist der Beweis, dass sie unvollkommen waren und dass sie nicht lange fortbestehen konnten. Die kosmische Intelligenz zerbricht die alten Formen, sie zerschlägt sie, um andere zu bringen, ganz neue, die näher bei der Gottheit sind. Habt ihr daran nie gedacht?[2]

Ich habe nichts gegen eure Sichtweise, eure Aktivitäten, euren Geschmack. Geht dorthin, wo es euch gefällt, dorthin, wo ihr eure Freude und euer Glück findet. Aber das, was mich interessiert, ist, meine Aktivitäten auf das Leben, das Licht, auf die Herrlichkeit, die Unermesslichkeit auszurichten. Meine lieben Brüder und Schwestern, man sollte jetzt den Menschen etwas Neues bringen, damit sie in sich etwas fühlen, das schwingt, das lebt, das hervorstrahlt. Ihr seht, ich stelle euch neue Aktivitäten, ein neues Leben vor, und das ist es, was zählt.

Gebt jetzt alles auf, was alt und überholt ist, um die Menschen in Richtung neuer Auffassungen zu führen, und ihr werdet endlich geschätzt und seid begehrt. Ihr werdet sogar staunen, wenn ihr seht, wie die Leute endlich unsere neuen Ideen verstehen und akzeptieren. Wenn ihr bei eurem alten Plunder sitzen bleibt, werden sie euch sitzen lassen und sagen: »Der da ist doch ein alter Knochen!« Das ist so wie im Kino, im Theater oder in der Unterhaltungsbranche: Wenn ihr jung und schön seid, habt ihr Erfolg, und dann nach einiger Zeit werdet ihr durch andere ersetzt, die jünger und schöner sind als ihr. Ihr könnt euch lange grämen, euch sagen, dass das nicht gerecht ist, so ist es eben. Man hätte wissen sollen, was einen erwartet. Ihr wolltet dem Publikum gefallen, aber das Publikum ist gnadenlos und man wird immer von Neuen ersetzt und die Neuen durch noch Neuere… außer man kennt ein Geheimnis. Versucht, es herauszufinden!

Dieses Geheimnis ist, das neue Leben zu leben. Wenn ihr fähig seid, das neue Leben zu leben, das heißt die Liebe, das Licht, die Reinheit, die Wärme auszustrahlen, möchte man euch nie gegen jemand anderen austauschen, auch wenn ihr dreihundert Jahre alt seid! Man tauscht auch die Sonne nicht aus. Man tauscht alle möglichen Dinge und Menschen aus, aber es ist noch nie jemandem gelungen, die Sonne auszutauschen. Die Ehemänner tauschen ihre Frau gegen eine andere aus und die Ehefrauen ihre Männer. Ihr werdet sagen: »Ja, aber nur, weil er zu wenig Geld verdiente oder weil er eine krumme Nase hatte.« Nein, weil er nicht das neue Leben ausstrahlte, er war tot. Wenn ihr voller Leben seid, hat niemand Lust, euch auszutauschen, denn man braucht das Leben. Habt ihr mich nun verstanden, ja oder nein?

Jetzt kann ich euch diesen ganzen Vortrag in einem einzigen Satz zusammenfassen: Anstatt den Intellekt zu nähren, sollte man daran arbeiten, die göttliche Seite, das heilige Feuer bei den Geschöpfen zu erwecken. Damit einem das gelingt, wie viel Arbeit an sich selbst, wie viel Selbstverleugnung und wie viele Opfer sind dazu nötig! Aber es gibt keine Beschäftigung, die von höherem Wert ist als diese.

Le Bonfin, den 8. August 1962

Anmerkungen

1. Siehe auch Band 10 der Reihe Gesamtwerke »Sonnen-Yoga – Die Herrlichkeit von Tiphereth«.
2. Siehe auch Band 25/26 der Reihe Gesamtwerke »Der Wassermann und das Goldene Zeitalter«, Kapitel 1 von Band 26: »Die Prinzipien und die Formen«.

# VI

# EITELKEIT UND HOCHMUT

# I

## Abschnitt 1

Erinnert ihr euch noch an die Anekdote von Meister Peter Deunov, die ich euch heute Morgen vorlas? Ein Schüler suchte einen Weisen auf und sagte zu ihm: »Ich bin mit meiner Größe unzufrieden. Ich möchte so groß sein wie die Sonne, um den Raum auszufüllen und schon von weitem gesehen zu werden. Hilf mir, diesen Wunsch zu erfüllen.« »Einverstanden«, sagte der Meister. »Dir geschehe nach deinem Wunsche.« Und der Schüler wurde wirklich riesengroß, alle sahen ihn schon von weitem. Die Gelehrten und Philosophen begannen, ihn zu studieren und Theorien zu schmieden über die Herkunft eines solchen Wesens, und er war natürlich sehr glücklich darüber, dass er so bedeutend geworden war. Einige Zeit später kam ein anderer Schüler zu dem Weisen und sprach: »Meine Größe erlaubt es mir nicht, das zu erforschen, was mich interessiert: Ich bin viel zu groß und möchte kleiner werden, fast unsichtbar, um in die kleinsten Ritzen in der Natur hineinkriechen zu können. Ich bitte dich, erfülle mir meinen Wunsch.« Auch hier gewährte der Weise, worum man ihn bat. Doch keiner der beiden Schüler hatte vorausgesehen, dass sie nach einer bestimmten Zeit genug davon hätten, riesengroß zu sein bzw. winzig klein zu sein. Sie hatten den Weisen nicht gefragt, wie sie ihre ursprüngliche Größe wiederherstellen können und nun saßen sie in der Klemme.

Ich weiß nicht, wo Meister Peter Deunov diese Anekdote gefunden hat, aber eines ist sicher: Würde ein Weiser solche Wünsche seiner Schüler erfüllen, wäre er nicht sehr weise!

Das Leben beruht auf dem ständigen Wechsel von Zusammenziehung und Ausdehnung. Allein die Bewegungen des Herzens und der Lunge sind schon ein Beispiel dafür. Seht euch auch die Fische an. Sie können nur in die Tiefen des Meeres hinabtauchen und danach wieder an die Oberfläche aufsteigen, weil sie eine Schwimmblase besitzen, die anschwillt und wieder abschwillt. Und wenn ich euch sage, dass die Erde sich zusammenzieht und sich wieder ausdehnt, werdet ihr mir das nicht glauben… Und doch ist es die Wahrheit, denn auch die Erde atmet. Man sieht es nur deshalb nicht, weil der Rhythmus ihres Einatmens und ihres Ausatmens äußerst langsam ist. Der Herzrhythmus beträgt zweiundsiebzig Schläge pro Minute. Die Erde hingegen benötigt zweiundsiebzig Jahre für eine einzige Atembewegung und im gleichen Zeitraum bewegt sich der Frühlingspunkt um einen Grad auf der Ekliptik-Ebene zurück.

Das ganze Leben beruht auf diesem Wechsel von Ausdehnung und Zusammenziehung. Das Große und das Kleine sind die beiden Pole, zwischen denen das Leben hin- und herschwingt. Und die Gefahr besteht für den Menschen, so wie für die beiden Schüler der Anekdote, eben darin, dass er sich auf einen einzigen Pol festlegen möchte. Die Tendenz zu wachsen, sich auszudehnen, um so viel Raum wie möglich einzunehmen, besitzen alle, angefangen beim Kind, das in den ersten Lebensjahren unaufhörlich wächst. Wenn sein physischer Körper aufhört zu wachsen, will es sich auf andere Art und Weise vergrößern, indem es immer mehr Geld und Besitztümer erwirbt, indem es bei Wettkämpfen und Wettbewerben den ersten Platz erreicht. Sogar Künstler, Gelehrte und Philosophen wollen im Bereich von Kunst, Wissenschaft oder Philosophie so viel Raum wie möglich einnehmen.

Und alle, die sich dem Herrn geweiht haben, wollen auch den ersten Platz unter seinen Dienern einnehmen. Ihr habt zweifelsohne in den Evangelien gelesen, dass die Mutter der Apostel Jakob und

Johannes Jesus bat: »Lass diese meine beiden Söhne sitzen in deinem Reich, einen zu deiner Rechten und den andern zu deiner Linken« (Mt 20,21). Die Ersten sein zu wollen, die Liebe, die Weisheit, die Schönheit, die Macht des Herrn besitzen zu wollen, daran ist an sich nichts auszusetzen. Gott Selbst hat diesen Wunsch in den Menschen hineingelegt und er schadet auch niemandem… außer manchen Teufeln, wenn ihr so wollt, aber wegen der Teufel, nun, um deren Aufregung braucht man sich keine Sorgen zu machen! Umso besser, wenn sie gestört werden, denn das ist die Ordnung der Dinge, das ist ihr Schicksal, vom Licht, von der Güte, von der Reinheit in Verwirrung gebracht zu werden.

Der Wunsch, größer zu werden, wird erst Besorgnis erregend, wenn man egoistischen Beweggründen folgt und sie auf Kosten anderer erfüllen möchte, indem man jeden um sich herum ausschaltet und an die Wand drückt. Wenn ihr jedoch der reichste Mensch werden wollt, um den Armen zu helfen oder bei Unternehmen mitzumachen, die für alle segensreich sind, ist das natürlich etwas anderes.

Nehmen wir jetzt die andere Neigung: Die Neigung, klein und winzig zu bleiben. Man sieht sie bei manchen Menschen, die immer bescheiden auf dem letzten Platz bleiben, die nicht den Ehrgeiz haben, erfolgreich zu sein. Wie ist es damit, ist das tadelnswert? Das kommt darauf an. Wenn ihr den Weg der Spiritualität gewählt habt und euch jeden Tag dem Herrn, Seiner Liebe und Seinem Licht nähert und dabei verständnisvoll, freigebig und bescheiden bleibt, um die anderen mit eurer Überlegenheit nicht an die Wand zu drücken, dann ist das natürlich wunderbar. Aber wenn eure Bescheidenheit nur mittelmäßigen und engen Lebensauffassungen entspringt, dann ist das nicht gerade überwältigend. Ihr tut niemandem etwas Gutes, ihr seid unnütz.

Ihr seht also, jede Neigung kann gut oder schlecht sein. Es sollten immer Weisheit und Liebe sein, die sie lenken. Aber ohne Ausrichtung, ohne Kontrolle kann sogar der Wunsch, groß zu werden, schaden, wenn nicht den anderen, dann der Person selbst. Es gab in der Geschichte der Menschheit Persönlichkeiten, die sich mit ihrem Wissen, ihrer Auffassung der Dinge so sehr über das Mittelmaß der

Menschheit hinausheben wollten, dass sie immer mehr in die Isolation gerieten und sie darunter litten. Sie hatten nicht bedacht, dass sie auf der Erde lebten und niemals den Kontakt mit den Menschen verlieren sollten. Es ist wahr, dass Genie einsam macht. Sogar die Eingeweihten sind einsam. Aber die Einsamkeit der Eingeweihten ist keine wirkliche Einsamkeit: Sie ist bevölkert von der Gegenwart der wunderbarsten Wesenheiten, mit denen sie Austausch pflegen.[1]

In Wirklichkeit muss man wissen, wann man größer und wann man kleiner werden sollte. Ich gebe euch ein Beispiel. Nehmt einen Eingeweihten, einen Magier, einen Weisen: Wenn er bestimmte Zeremonien ausführen muss, kleidet er sich in prunkvolle Gewänder und trägt Ornate… Sind die Zeremonien jedoch vorbei, zeigt er sich in den gleichen Kleidern wie jeder andere auch. Nach dieser ruhmreichen Manifestation des Geistes, nimmt er wieder ein einfaches natürliches Verhalten an. Und selbst wenn er keine Zeremoniengewänder anzieht, kann ein Meister in bestimmten Umständen seinen Schülern in einem so großartigen, so erhabenen Licht erscheinen, dass sie ihn nicht wiedererkennen und ganz erstaunt und geblendet sind. Aber wenn sie ihm ein paar Stunden später begegnen, erscheint er ihnen wieder einfach, zugänglich, als wäre nichts geschehen. Das beweist, dass dieser Meister weise ist, weise und voller Liebe. Voller Liebe, weil er nicht lange weit von den Menschen entfernt bleiben möchte, und weise, weil selbst ein großer Mensch, und sei er auch der größte Eingeweihte, nicht ununterbrochen auf einer derart erhabenen Ebene bleiben kann, denn das würde einen zu großen Aufwand an psychischen Energien bedingen und sein Nervensystem könnte das nicht aushalten.

Die Menschen, die eine distanzierte und inspirierte Miene aufsetzen, als seien sie fortwährend in Kommunikation mit dem Himmel, spielen eine Komödie, denn es ist nicht möglich, ununterbrochen solche Zustände aufrechtzuerhalten. Und wenn sie eine Komödie spielen, so ist das übrigens auch eine Überlastung für ihr Nervensystem. Nichts ist ermüdender, als die Gesichtsmuskeln zur künstlichen Aufrechterhaltung eines Ausdrucks zu zwingen, der nicht dem inneren

Zustand entspricht. Man sollte die Gesichtsmuskeln entspannen und dafür ist es besser, keine Rolle zu spielen, für die man nicht gemacht ist, sondern einfach und natürlich sein.

Man muss wissen, wann man sich groß und wann man sich klein zeigen soll. Ich sagte euch schon, das Herz bietet euch ein Lehrbeispiel: Abwechselnd erweitert es sich und zieht sich wieder zusammen. Wenn also das Herz so weise ist, warum sollten wir uns nicht auch genauso weise zeigen? Leider fehlt diese Weisheit, vor allem den Frauen: Sie lieben es, sich ausdrucksstärker, liebevoller, inspirierter oder verliebter zu zeigen… Vor allem wenn eine Frau eine Freundin trifft, die sie lange nicht mehr gesehen hat: Um ihr zu zeigen, wie glücklich, wie erfolgreich sie ist, spielt sie eine Rolle. Und kaum ist die Freundin außer Haus, bricht sie wegen nichts in Tränen aus. Wenn man sie dann fragt: »Was ist denn los?«, so sagt sie: »Ach nichts, es sind nur die Nerven.« Natürlich sind das die Nerven, weil sie den Bogen überspannt hat. Aber warum dieses gekünstelte Leben? Um Sand in die Augen zu streuen? Nun, dann ist das Eitelkeit, und eine dumme Eitelkeit obendrein!

Ihr seht also, Eitelkeit bläht die Dinge auf und Demut bringt sie wieder in ihren Normalzustand. Aber Eitelkeit laugt aus. Um zu zeigen, dass er reich ist, lädt jemand ständig zu Empfängen, Banketten und Festen ein… Wenn seine Kassen sich zu leeren beginnen, muss er sich Geld leihen, um so weitermachen zu können, und dann kommt eines Tages der totale Ruin. In wie vielen Bereichen hat man gesehen, wie Menschen durch ihre Eitelkeit in den Ruin getrieben wurden: Sie wollten für außergewöhnliche Menschen gehalten werden! Merkt euch also Folgendes gut: Eitelkeit laugt aus, Einfachheit und Bescheidenheit hingegen helfen euch, wieder zu Kräften zu kommen. Deshalb rät uns die Weisheit, einfach zu bleiben. Ja, für ein paar Stunden, ein paar Tage sollte man einfach und unbedeutend bleiben, um wieder zu Kräften zu kommen, die man gezwungenermaßen ausgeben musste, als man den anderen helfen wollte, sie aufklären und an sie seine Reichtümer verteilen wollte.

Der Mensch ist dazu geschaffen, an der göttlichen Herrlichkeit teilzuhaben. Diese Vorstellung wird in den Evangelien symbolisch dargestellt durch das Gleichnis vom Festmahl. Zu so einem Festmahl wurde ein Gast nicht zugelassen, weil er »kein hochzeitliches Gewand« (Mt 22,10) anhatte.[2] Das bedeutet, dass man, um zu den Festen des Himmels zugelassen zu werden, symbolisch gesprochen Schmuck und ein prunkvolles Gewand tragen muss. Ja, aber anschließend muss man wissen, wie man das Fest verlässt, den ganzen Zierrat ablegt und sich irgendwo zurückzieht, wo einen keiner sieht, damit man sich auf ein anderes Fest vorbereiten kann.

Wenn ihr Beobachtungsgabe hättet, würdet ihr bemerken, dass sogar der Alltag des Menschen diesen beiden Bewegungen folgt. Am Morgen steht er auf, zieht sich an, geht aus dem Haus und macht alles Mögliche. Am Abend kehrt er wieder nach Hause zurück, schließt sich in sein Zimmer ein, löscht das Licht und schläft ein. Und am nächsten Tag beginnt wieder alles von vorne. Der Mensch erscheint und verschwindet also ständig. Instinktiv kennt er also diese beiden Gesetze. Aber wenn es sich darum handelt, sie in anderen Bereichen anzuwenden, warum weiß er dann nicht mehr, wann er erscheinen und wann er verschwinden soll, wann er sich zeigen und strahlen und wann er abtreten bzw. »hinter die Kulissen treten« soll, wie man beim Theater sagt? Denn das Verschwinden ist nichts anderes als ein Schöpfen von Energien. Wenn der Mensch nicht zu verschwinden weiß, wird er nie seine Energien wieder aufladen, so wie all diese Leute, die sich Tag und Nacht übernehmen und dann völlig erschöpft sind. Dann verschwinden sie natürlich, ja, aber gründlich, ein erzwungenes Verschwinden! Aber das ist nicht erstrebenswert.

Le Bonfin, den 2. August 1964

Anmerkungen

1. Siehe auch Band 232 der Reihe Izvor »Feuer und Wasser«, Kapitel 11: »Der Zyklus des Wassers: Liebe und Weisheit«.
2. Siehe auch Band 243 der Reihe Izvor »Das Lächeln des Weisen«, Kapitel 14: »Beim Festmahl«.

# I

## Abschnitt 2

Ja, die Eitelkeit nimmt sehr viele Gesichter an, aber wenn der Mensch sich die Herrlichkeit der Engel und Erzengel wünscht, dann nennt sich das nicht mehr Eitelkeit, sondern göttliche Herrlichkeit, denn dieser Wunsch berührt die Ewigkeit. Man weiß noch nichts Genaueres über diese Kraft, die uns zum Handeln antreibt, um etwas immer Besseres zu erreichen, diese Kraft kennt man noch nicht. In Wirklichkeit ist es einfach: Wenn sie in Richtung Erde gerichtet ist, in Richtung Erwerb von irdischen Gütern, um sich in Szene zu setzen, so ist das Eitelkeit, und man sollte sie nicht unbedingt pflegen. Aber wenn sie in Richtung Himmel gerichtet ist, das heißt, wenn sie sich als das Bedürfnis äußert, den Willen Gottes zu erfüllen, es sich zu verdienen, unter den Auserwählten aufgenommen zu werden, sollte man ihr im Gegenteil freien Lauf lassen.

Nehmen wir als Beispiel die Kleidung. Manche sind empört, wenn sie sehen, wie sich die Aristokraten der Vergangenheit kleideten. All dieser Samt und Satin, die Seide und Spitzen, all diese Perlen und Edelsteine, warum diese ganze Zurschaustellung? Um Aufmerksamkeit auf sich zu ziehen und Sand in die Augen zu streuen? Ja, aber sehen wir mal genau hin: Wenn man auf den Gemälden, in allen Ländern, Engel, Erzengel und Gottheiten darstellen wollte, hat man sie auch nicht in grobe Kleider gehüllt, im Gegenteil: Auch sie wurden in den großartigsten, mit Gold und Edelsteinen geschmückten

Kleidungsstücken dargestellt. Und da ist niemand schockiert, außer ein paar engstirnige Geister, die das Gesetz der Entsprechung nicht anerkennen wollen. Denn unbewusst fühlen alle die Entsprechung, die zwischen dem inneren und dem äußeren Reichtum, zwischen der inneren und der äußeren Schönheit bestehen sollte.

Im unsichtbaren Bereich trägt übrigens ein Eingeweihter, ein Heiliger, ein Prophet, ein großer Meister prunkvolle Kleidung und Edelsteine, und diese Kleidung ist die Aura.[1] Die wahre Kleidung des Eingeweihten ist seine Aura mit all ihren Farben, und die Edelsteine stellen seine guten Eigenschaften und Tugenden dar. Ihr habt sicher in der Bibel die Geschichte von Josef gelesen, dem sein Vater Jakob eine Tunika aus mehreren Farben gab, die die Eifersucht seiner Brüder erregte (1 Mo 37,3). Diese Tunika Josefs ist natürlich das Symbol für seine Aura. Erinnert euch auch an die priesterlichen Kleider, die der Hohepriester bei den Hebräern trug: das Efod (2 Mo 28,6) und vor allem das Pektorale (2 Mo 28,15-22) mit seinen zwölf Edelsteinen.

Die Tradition des priesterlichen Ornats hat sich bis in unsere Zeit hinein mit der gleichen Bedeutung aufrechterhalten: Der äußere Reichtum soll den inneren Reichtum dessen ausdrücken, der sie trägt. Sie spielen auch eine magische Rolle: Sie wirken nicht nur auf denjenigen, der sie trägt, indem sie ihn in einen heiligeren, mystischeren Zustand versetzen, sondern sie wirken auch auf die Geister der unsichtbaren Welt, die er anziehen oder zurückstoßen möchte. Natürlich bleibt das Wesentliche, was wirklich im Herzen und in der Seele des Priesters, des Eingeweihten ablauft, denn es sind nicht Kleidungsstücke, die Größe, Reinheit, Weisheit und Macht verleihen, wenn er von vornherein keine besitzt.

Natürlich existiert diese Entsprechung zwischen innerer und äußerer Erscheinung nicht mehr so recht bei den Menschen: Man sieht äußerlich hässliche oder arme Menschen, die innerlich schön und reich sind, und umgekehrt. Ich erklärte euch bereits, warum das so ist. Aber in der göttlichen Welt, im Himmel, gibt es eine absolute Entsprechung zwischen innen und außen. Ihr werdet sagen: »Haben die Wesen da oben denn eine äußere Erscheinung?«

Sicher, jeder guten Eigenschaft, jeder Tugend und Kraft entspricht eine Form, ein Träger, ein Vehikel. Wir sagen, dass die Wesen dort oben Geister sind, aber sie sind nicht reine Geister. Jeder Geist, und sei er noch so hochstehend, besitzt einen Körper, aber aus einer Materie, die so kristallklar, durchscheinend und subtil ist, dass wir ihn nicht sehen können. Die Geister haben einen Körper, der den Kräften und Eigenschaften entspricht, die sie besitzen, genau wie Colliers, Kronen und jegliche Schmuckstücke spirituellen Errungenschaften entsprechen, weil Perlen und Edelsteine das Symbol bestimmter Tugenden sind. Jetzt seht ihr natürlich Menschen, die wunderbare Kleidungsstücke und Schmuck tragen, die sie aber gar nicht verdienen. Das ist alles nur Lüge, Tarnung: Sie wollen die Aufmerksamkeit auf einen schönen Anschein lenken, um ihre innere Not zu verbergen.

Und dennoch: Das Bedürfnis, sich im besten Licht zu zeigen, hat als solches nichts Verwerfliches an sich. Man kann sogar sagen, die Natur selbst hat diese Neigung in den Menschen hineingelegt, um ihn zur Weiterentwicklung zu zwingen. Denn es kann auch vorkommen, dass es manchen, in dem Wunsch, die Zustimmung oder die Bewunderung der anderen auf sich zu ziehen, gelungen ist, über sich selbst hinauszuwachsen. Menschen, die Angst hatten, aber auf keinen Fall wollten, dass das Vertrauen, das ihre Familie oder ihr Land in sie gesetzt hatte, enttäuscht wurde, sind zu wahren Helden geworden. Ein Künstler strebt unaufhörlich nach Vervollkommnung in seiner Kunst, damit das Publikum seiner und seiner Werke niemals überdrüssig wird. Und Erzieher, Eltern, Professoren versuchen diese Tendenz zu benutzen, damit die Kinder bessere Ergebnisse erreichen. Wenn man einem Kind zeigt, dass man etwas von ihm erwartet, dass man Vertrauen in es hat, wird es sein Möglichstes tun, um Erfolg zu haben. Sogar bei einem Straffälligen kann es zu guten Ergebnissen führen, wenn man ihm eine Verantwortung überträgt, die ihm zeigt, dass man Vertrauen in ihn hat. Auf jeden Fall ist das die Methode, die ich bei den jungen Menschen anwende: Ich zeige ihnen immer, was sie werden können, was für ein Leben voller Herrlichkeit sie haben werden, wenn sie nach den Regeln der Lehre arbeiten und ich habe all die Verwandlungen gesehen, die diese Vorstellung in ihnen hervorrufen kann.[2]

Eitelkeit ist also immer eine gute Neigung in dem Maße, in dem man sie für seine Entwicklung nutzt. Ich habe euch immer gesagt, dass ich eitel bin, aber nicht, weil ich die Zustimmung der Menschen erlangen möchte, denn Gott allein weiß, welche verschlungenen Wege man einschlagen muss, um sie zufrieden zu stellen. Nein, was ich gewinnen will, das ist die Anerkennung der erhabenen Wesen dort oben, und eben das treibt mich dazu an, alles, was in mir an Bestem und Schönstem da ist, zu entfalten. Die Eitelkeit hat übrigens vor allem Bezug zur Schönheit. Wenn jemand schön ist, möchte er sich sofort den anderen zeigen, um bewundert zu werden. Diejenigen, die hingegen nichts haben, was man bewundern könnte, haben auch keine Lust sich zu zeigen. Eine Frau, die einen Fleck auf ihrem Kleid oder eine Laufmasche in ihrer Strumpfhose hat, wird sich nicht auf hell erleuchteten Straßen zeigen, sondern wird es im Gegenteil so einrichten, dass sie irgendwo unbemerkt durchkommt.

Die Natur selbst hat dem Menschen die Eitelkeit gegeben, und die Eitelkeit ist übrigens viel natürlicher als der Hochmut. Hochmut ist nicht natürlich, er ist sogar eine Haltung, die etwas Monströses an sich hat. Versucht also nicht, euch von der Eitelkeit zu befreien, denn dann würdet ihr nichts mehr tun. Oh, meine liebe Eitelkeit…! Wenn ich sie aufgeben müsste, wäre ich verloren. Also bewahre ich sie sorgsam, aber ich richte es so ein, dass sie mir zu Diensten ist und nicht umgekehrt, denn ich weiß genau, wohin sie mich führen würde. Lernt auch ihr, eure Eitelkeit in die beste Richtung zu lenken, das heißt nach oben.

Man kann also sagen, dass es zwei Arten von Eitelkeit gibt: Eine niedere und eine höhere Eitelkeit. Die eine treibt euch dazu, euch in die horizontale Richtung auszubreiten und die andere, euch zu erheben, die vertikale Richtung einzuschlagen. Der Nachteil bei der niederen Eitelkeit besteht darin, dass sie sofort Eifersucht und Feindschaft auslöst, weil sie sich gerne in Szene setzt und Lärm macht. Wenn man euren Namen auf allen Theater- und Filmplakaten oder auf allen Etiketten bestimmter Produkte oder auf den Werbeseiten aller Magazine sieht, wird es immer Menschen geben, die sich durch euren Erfolg benachteiligt fühlen: Auch sie haben Pläne, um erfolgreich zu sein, aber den Erfolg habt ihr erhalten und sie nehmen euch das übel. Wenn ihr sie hingegen ruhig ihren Geschäften nachgehen lasst und euch nur um eure Vervollkommnung und die Annäherung an den Herrn kümmert, dann, glaubt mir, dann ist der Weg viel freier und sie werden euch in Frieden lassen.

Le Bonfin, den 2. August 1964

Anmerkungen

1. Siehe auch Band 309 der Reihe Broschüren »Die Aura – Unsere geistige Haut«.
2. Siehe auch Band 233 der Reihe Izvor »Eine Zukunft für die Jugend«.

## II

*Lesung des Tagesgedankens:*

»Der Geist des Hochmuts ist unermüdlich. Er begleitet sogar die Heiligen und Eingeweihten bis zu den letzten Stufen der Entwicklung. Es ist ziemlich einfach, sich von allen anderen Fehlern zu befreien, aber vom Hochmut, das ist sehr schwierig, schwieriger insofern, als er fähig ist, alle möglichen Erscheinungsformen anzunehmen, sogar die tugendreichsten und lichtvollsten. Wie viele sind schon aufgrund von Hochmut gefallen, stolz auf ihr Wissen, auf ihre Macht, auf ihre Heiligkeit! Trotz ihrer Weisheit, ihrer Reinheit haben sie nicht bemerkt, dass ihr Herz sich verhärtete und manche haben schließlich sogar geglaubt, sie seien Gott auf Erden. Deshalb wird dem Schüler geraten, sich von Anfang an vor dem Hochmut zu schützen.«

Seid nicht erstaunt, meine lieben Brüder und Schwestern. Hochmut ist wirklich der Fehler, der am schwierigsten zu besiegen ist, sogar für einen Meister oder einen Eingeweihten. Diejenigen, die – symbolisch gesprochen – z. B. die höchsten Gipfel erklommen, stellten fest, dass viele Schwächen und niedere Wünsche sie dort oben verließen, sie fühlten sich weiter, selbstloser, großzügiger… Es gab aber etwas, das sie nicht verließ: der Hochmut. Wie die Bäume, die ab einer bestimmten Höhe nicht mehr wachsen können, können unsere niederen Neigungen einer bestimmten spirituellen Höhe nicht mehr widerstehen, außer dem Hochmut. So wie die Flechte sich noch an die höchsten Felsen anklammert, so verlässt der Hochmut die Seele der großen Eingeweihten nicht. War es nicht übrigens der Hochmut, der den schönsten der Erzengel, Luzifer, zu Fall brachte?

Wenn es dem Hochmut gelingt, tatsächlich auf den Höhen zu überdauern, dann ganz einfach deshalb, weil sein Blick und seine Kopfhaltung etwas Bestimmtes an sich haben. Natürlich ist das eine Definition, die ihr in keinem Lexikon findet. Aber warum sollte ich nicht auch das Recht auf meine eigenen Definitionen haben? Und auch die Demut hat eine bestimmte Art, den Kopf zu halten... Ihr werdet gleich verstehen. Nehmen wir an, ihr seid es gewohnt, immer nach unten zu blicken, was seht ihr da? Tiere, Insekten, Mikroben oder wenn ihr so wollt: Dummköpfe, Verrückte, Kriminelle. Wenn ihr euch mit ihnen vergleicht, werdet ihr euch natürlich intelligent, genial, vollkommen finden und ihr werdet anfangen, die anderen gering zu schätzen, sie an die Wand drücken zu wollen. Das ist Hochmut: Der Vergleich mit denjenigen, die unterhalb von euch sind. Demut ist die umgekehrte Haltung: Sie besteht darin, nach oben zu blicken, die Augen aufzuheben zu allen höheren Geschöpfen... und indem ihr euch mit ihnen vergleicht, findet ihr euch noch ganz schön klein.

Die Einweihungstradition berichtet, dass Luzifer der größte Erzengel war. In seiner Macht begann er, sich für Gott gleich zu halten und wollte Ihn sogar entthronen. (Natürlich ist auch das Hochmut: zu glauben, man sei einem Wesen gleich, das uns übertrifft und es ersetzen zu wollen). Als er das sah, erhob sich ein anderer Erzengel und sprach: »Wer ist wie Gott?« Auf Hebräisch: »Mi (wer) – Cha (wie) – El (Gott).« Also sagte Gott, der das sah, zu ihm: »Von nun an wird man dich Michael nennen und du wirst der Anführer der Himmlischen Heerscharen sein.«

Wenn der Hochmut den größten der Erzengel zu Fall gebracht hat, der andere Engel in seinem Fall mit sich gerissen hat, umso mehr kann er Eingeweihte zu Fall bringen. Um dem Hochmut zu entkommen, müssen wir uns darum bemühen, unsere beiden Naturen zu kennen, die höhere und die niedere, die Individualität und die Personalität, von denen ich bereits so viel gesprochen habe, und lernen, mit ihnen zu wirken. Nur unter dieser Voraussetzung kann man sich vor dem Hochmut schützen. Dasselbe gilt für die Eitelkeit, den Zorn, die Sexualkraft. Anstatt vom Hochmut gepackt zu werden, kann man ihn beherrschen, indem man ihm eine Arbeit überträgt.[1] Auch ich fühle mich nicht in Sicherheit, wenn ich diese Arbeit nicht ausführe. Die Menschheit trägt diesen Hochmut schon seit Millionen von Jahren mit sich herum, aber er hat seine Daseinsberechtigung, und nur wenn man lernt, ihn einzusetzen, können wir ihm entgehen.

Wenn ihr eine der Bezeugungen des Hochmuts in der Welt sehen wollt, hört Wissenschaftlern, Philosophen, Künstlern oder Politikern beim Sprechen zu, wenn sie ihre Ideen, ihre Gesichtspunkte, ihr Credo darlegen: Alle sind davon überzeugt, sie hätten als Einzige recht und sind bereit, sich gegenseitig umzubringen, um ihren Überzeugungen zum Sieg zu verhelfen. Die Geschichte ist übrigens voll von diesen Leuten, die, derart überzeugt, die Wahrheit zu besitzen, ja, sogar die rechte Hand des Herrn zu sein, sich erlaubten, ganze Städte zu verwüsten, ganze Völkerschaften auszurotten. Seht nur einmal die Kirche an mit ihrer Inquisition…! All diese Priester, diese Bischöfe waren von solch einer Überlegenheit, nicht wahr, dass sie das Recht hatten, diejenigen zu vernichten, über die sie befanden, sie seien im Unrecht. Was für ein Hochmut, was für eine Anmaßung!

Damit jetzt verständlich wird, was ich euch sagen möchte, müsst ihr euch in Erinnerung rufen, dass das Universum nach einer hierarchischen Struktur aufgebaut ist. Von den Steinen bis zu den Menschen und darüber hinaus bis zu den Engeln, den Erzengeln und Gott selbst, ist alles hierarchisch geordnet, und man sollte wissen, dass die Kenntnis dieser Hierarchie ein Schlüssel ist, der uns bei der Lösung all unserer Probleme helfen kann.

Solange die Menschen sich einbilden, ihre Sichtweise sei die beste und über alles auf eine endgültige Art und Weise urteilen, werden sie nichts als Fehler begehen. Denn diese Einstellung ist das Gegenteil einer intelligenten Einstellung. Die wahre Intelligenz ist die Demut, das heißt anzuerkennen, dass es über uns Wesen gibt, die uns übertreffen und die also die Dinge auf eine klarere, reinere göttlichere Art und Weise als wir auffassen können. Nur ein Dummkopf kann glauben, dass seine Sichtweise absolut ist. Ein intelligenter Mensch wird sich sagen: »Also, momentan denke ich so, fühle ich so, verstehe ich so. Aber das heißt nicht, dass es nicht andere Wesen gibt, die fähig sind, mich zu unterweisen oder mir zu helfen. Ich werde sie suchen.« Das ist wahre Intelligenz, meine lieben Brüder und Schwestern. Aber wo findet ihr Menschen, die so weise denken? Oh nein, manche vergießen ihr Blut, vergeuden ihr Leben, um zu zeigen, dass sie im Recht sind, dass sie die Inkarnation der Vollkommenheit und der Intelligenz sind. Nun, das sind Hochmütige und sie werden sich den Kopf einrennen.

Weisheit, Intelligenz, wahre göttliche Intelligenz besitzen nur die Demütigen. Aber ich meine damit diejenigen, die authentische Demut besitzen, nicht die, die aus Schwäche demütig sind oder notgedrungen, weil sie nicht anders können. Denn gebt ihnen ein wenig Macht und sie werden allen den Kopf abschneiden. Man sollte der Einstellung mancher Menschen nicht vertrauen, nur weil sie gerade keiner Fliege etwas zuleide tun. Sie sind sanft, ja, aber sanft gegenüber wem? Jeder täuscht sich diesbezüglich, niemand hat wahre Kriterien. Jesus zum Beispiel, der die Händler aus dem Tempel trieb, der die Pharisäer »Schlangen und Otternbrut« (Mt 23,33) und »übertünchte Gräber« (Mt 23,27) nannte, war in Wirklichkeit der demütigste Mensch. Warum? Weil wahre Demut nicht darin besteht, sich vor den Reichen, Mächtigen und Henkern zu verneigen, sondern vor dem Himmel, vor der göttlichen Welt, vor dem Herrn. Viele gelten als bescheidene Menschen, weil sie sich angesichts von Stärke fügen, aber sich auflehnen gegen den Herrn. In Wirklichkeit sind sie nur Feiglinge und Angsthasen. Jesus war demütig seinem Vater gegenüber, er führte seinen Willen aus, aber den Scheinheiligen gegenüber beugte er sich nicht, er rüttelte sie durch und prangerte sie an. Das äußere Verhalten gibt nicht sofort Auskunft darüber, ob es sich nun um Hochmut oder Demut eines Menschen handelt.

Alle, die von der absoluten Richtigkeit ihrer Meinungen überzeugt sind, sind hochmütig. Ihr werdet sagen: »Was denn, darf man nicht einmal denken, man sei auf dem guten Weg?« Natürlich dürft ihr das, und ich werde euch eine Methode nennen, um zu vermeiden, dass dieser Gedanke ein hochmütiges Verhalten nach sich zieht. Aber zunächst möchte ich über die Natur der Intelligenz sprechen, über den Ursprung unserer Sichtweisen, unserer Meinungen.

Unsere Intelligenz ist nichts anderes als die Summe, die Synthese all der Kombinationen von Zellen, Organen, Kräften und Funktionen in uns, all der Instinkte, Motive und Leidenschaften, die wir seit Millionen von Jahren in uns tragen. Sie ist eine Zusammenfassung aller Fähigkeiten und Möglichkeiten der Zellen, aus denen unser Organismus besteht. In dem Maße wie unsere Zellen entwickelt, sensibel und harmonisch sind, in dem Maße ist auch unsere Intelligenz entwickelt. Das solltet ihr verstehen, meine lieben Brüder und Schwestern. Intelligenz ist nicht getrennt, verschieden oder unabhängig von der Gesamtheit des menschlichen Wesens, seiner Zellen, seiner Organe. Deshalb sage ich euch oft, dass richtiges Denken nicht allein eine Anstrengung des Verstandes erfordert, es ist in Wirklichkeit eine umfassende Lebensdisziplin.

Gehen wir jetzt noch einen Schritt weiter. Die Intelligenz, die wir besitzen, wo liegt ihr Ursprung? Sie ist die Widerspiegelung der kosmischen Intelligenz, aber eine unvollkommene Widerspiegelung, denn dadurch, dass sie durch alle unsere Zellen hindurch muss, die oft dem Durcheinander der Leidenschaften ausgeliefert sind, findet sie sich natürlich begrenzt und verdunkelt wieder. Die kosmische Intelligenz kann sich nicht vollkommen durch einen Menschen manifestieren, der seine instinktiven Regungen noch nicht beherrschen kann. Aber je mehr er sich reinigt und vervollkommnet, desto mehr kann er das Licht dieser höheren Intelligenz ergreifen und aufnehmen.

Da die Intelligenz des Schülers eine Folge des Zustandes ist, in dem sich alle Zellen seines Körpers befinden, muss er darüber wachen, sie in einem so harmonischen Zustand wie möglich zu bewahren, indem er auf die Qualität seiner physischen Nahrung, aber vor allem auch auf die Qualität seiner psychischen Nahrung (seiner Empfindungen, Gefühle und Gedanken) achtet. Sonst bleiben ihm die großen Offenbarungen verschlossen. Es gibt keine anderen Mittel zur Verbesserung seiner Intelligenz, als seine Lebensweise zu verbessern. Daran habe ich immer geglaubt, das habe ich immer gewusst, und in diesem Sinne habe ich immer gearbeitet.[2]

Wenn ich manche sehe, wie sie sich über Themen äußern, von denen sie keine Ahnung haben, in der absoluten Gewissheit, dass sie recht haben und sogar bereit sind, die anderen zu vernichten und sich im Namen ihrer Überzeugungen selbst zu zerstören, kann ich nur staunen. Sie werden sich niemals fragen: »Und was ist, wenn ich mich täusche? Vielleicht bin ich nicht so entwickelt, so rein, so empfänglich… Habe ich das Recht, absolut überzeugt zu sein? Ich sollte mir Klarheit darüber verschaffen, ich möchte es herausfinden.« Aber nein, sie werden die anderen töten, sie werden sich auch selbst töten, aber sie werden sich nicht von ihren Überzeugungen abbringen lassen. Sie sollten auf dieses unsinnige Verhalten endlich verzichten, sie sollten sich mit Geschöpfen verbinden, die weit über ihnen stehen, mit den Engeln, den Erzengeln, den Gottheiten, dem Herrn, um sie zu fragen, wie sie denken, wie sie die Dinge sehen, damit sie ihnen ihr Licht schicken. Alle täuschen sich, solange sie ihre Meinungen, ihre Sichtweisen nicht überprüfen, indem sie sie mit denen der kosmischen Intelligenz vergleichen. Die Geschichte beweist es, denn Jahre später bemerkt man, dass sie große Fehler begangen haben.

Hier jetzt also eine Methode, die euch helfen kann, dem Hochmut zu widerstehen. In dem Wissen, dass ihr aufgrund eurer Fehler, die ihr vielleicht in euren früheren Inkarnationen begangen habt, in eurem jetzigen Leben eine sehr begrenzte Intelligenz habt und dass man sich nicht auf sie verlassen kann, ohne dass es in einer Katastrophe endet, solltet ihr ständig um die Meinung der göttlichen Welt bitten. Gewöhnt euch an, jeden Tag nach oben zu blicken und zu fragen: »Was ich über dieses Thema, über diese Person denke, entspricht das auch der Wahrheit? Klärt mich auf.« Dann könnt ihr nicht mehr hochmütig sein, sondern empfangt darüber hinaus endlich klare und wahrhaftige Antworten, und seid auf dem rechten Weg. Denkt nie, ihr hättet Vollkommenheit erreicht, nein, ihr befindet euch nur auf dem Weg zur Vollkommenheit. Man sollte sehr bedachtsam sein, denn solange ihr nicht am Gipfel angekommen seid, könnt ihr euch immer noch täuschen.

Ich habe es euch übrigens erklärt: Alle, die nicht wahrhaftig daran arbeiten, ihre Lebensweise zu verändern, die immer weiter von ihren niederen Begierden hin und her gerissen werden, die werden, auch wenn sie den Himmel bitten, sie zu erhellen, eine Antwort bekommen, die unwahr ist. Das ist keine Intuition, das ist ein trügerischer Eindruck. Warum? Weil die Antwort des Himmels einer Deformation unterliegt, während sie all die unreinen Schichten durchquert, die sich in ihnen angesammelt haben. Das ist so, wie wenn man einen Stock ins Wasser taucht. Er scheint einen Knick zu haben. Ja, sogar die Ratschläge der göttlichen Welt können sich verformen, während sie die unreinen Schichten durchqueren. Erst mit der Bemühung sich zu reinigen, zu entschlacken, sich zu veredeln, empfängt man reine, klare und wahrhaftige Antworten vom Himmel, sonst besteht ein großes Risiko für viele Irrtümer, sodass es oft besser ist, nicht darauf zu hören, was man da empfängt. Viele Wesen sind empfänglich, ein bisschen medial veranlagt, ein bisschen hellsichtig und es ist richtig, dass sie Elemente aus der unsichtbaren Welt empfangen, aber das sind sehr gemischte Elemente, auf die man lieber nicht so stolz ist. Nur die Reinheit, der Edelmut, die Harmonie, die von einem Medium ausströmen, können von seiner Wahrhaftigkeit zeugen.[3]

Als ich verstand, wie sehr wir alle vom Hochmut bedroht sind, traf ich Vorkehrungen, um nicht davon erfasst zu werden: Seit vielen Jahren blicke ich jeden Tag nach oben und vergleiche mich mit den Wesen, die mich übertreffen, mit den Erzengeln, den Gottheiten, und dann sehe ich, dass ich gar nichts bin, dass ich noch nicht einmal mit meiner Arbeit begonnen habe. Es ist übrigens sehr selten, selbst wenn ich ein Thema tiefgehend erforscht und erprobt habe, dass ich sage: »Meiner Meinung nach ist das so und so...« Ich sage: »Der

Einweihungswissenschaft zufolge…« oder »Die Großen Meister haben immer gesagt, dass…« Ja, denn diese Einweihungswissenschaft ist keine Anfertigung der Menschen, sie wurde ihnen von den höchsten Geistern geschenkt. Die menschlichen Philosophien sind das Produkt begrenzter und oft kranker Gehirne, während die Einweihungswissenschaft eine Philosophie ist, die den Eingeweihten vom Himmel gegeben wurde. Wenn mir also eine Idee kommt, so vergleiche ich sie immer mit der Wissenschaft, die göttlichen Ursprungs ist, bevor ich sie euch offenbare, und wenn ich sehe, dass sie nicht mit ihr harmoniert, verwerfe ich sie und spreche nicht darüber.

Das ist das Geheimnis meiner Überzeugung. Wenn ich der absoluten Überzeugung bin, dass früher oder später die ganze Welt diese großen Wahrheiten erkennen wird, so deshalb, weil sie nicht von mir stammen.

Die kosmische Intelligenz hat sie übermittelt, sie sind unveränderlich, sie werden bis zum Ende der Zeiten bestehen bleiben, sie werden das letzte Wort haben. Deshalb habe ich eine so unerschütterliche Überzeugung, und das ist kein Hochmut. In dem Moment, wo es sich nicht um meine Intelligenz handelt, um meine Meinungen, um meine Sichtweisen, ist das kein Hochmut. Die Unwissenden können mich natürlich in die Kategorie der Hochmütigen einstufen, denn auch ich habe absolute Überzeugungen, aber man hat das Recht, Überzeugungen zu haben, wenn es sich dabei um die Überzeugungen der kosmischen Intelligenz handelt.

Wie kommt es, dass die Menschen immer so überzeugt sind, dass sie bezüglich der Religion, der Politik oder der Liebe Recht haben…? Einige Jahre später haben sich ihre Ansichten völlig geändert, und dann glauben sie immer noch, Recht zu haben. In ihrer Jugend dachten sie auf eine bestimmte Weise, als Erwachsene dachten sie auf eine andere und in ihrem Alter denken sie wieder anders. Warum klammern sie sich so sehr an ihre Vorstellungen? Sie sollten sich sagen: »Da ich ja schon öfters meine Ansicht geändert habe, wer beweist mir da, dass ich jetzt Recht habe?« Ja, selbst mit neunundneunzig Jahren sollte man sich sagen: »Ich warte noch, bevor ich mich äußere... Heute in ein paar Tausend Jahren sehe ich vielleicht klarer. Ich habe während meines Daseins meine Meinungen schon so oft geändert!«

Aber ja, meine lieben Brüder und Schwestern, man sollte überzeugt sein, aber nicht von seiner Urteilsfähigkeit, denn die ist oft begrenzt und unvollständig. Lebt noch ein bisschen und ihr werdet eure Ansicht ändern. Ein junger Mann sieht die Frau als Gottheit. Später, wenn er ein paar schlechte Erfahrungen gemacht hat, findet er, sie sei der Teufel in Person! Die Meinungen der Menschen variieren je nachdem, was sie erlebt haben und auf welchem Niveau sie es erlebt haben. Sie sind sich also nie sicher. Meine Meinungen hingegen wechseln nie und ich weiß, dass niemand sich ihnen entziehen kann: Alle werden früher oder später nicht mehr an der Einweihungswissenschaft vorbeikönnen, denn die Gesetze der Natur werden sie dazu zwingen.

Videlinata (Schweiz), den 4. April 1981

Anmerkungen

1. Siehe auch Band 5 der Reihe Gesamtwerke »Die Kräfte des Leben«, Kapitel 4: »Der Kampf mit dem Drachen«.
2. Siehe auch Band 315 der Reihe Broschüren »Die Quelle des Lebens« und Band 240 der Reihe Izvor »Söhne und Töchter Gottes«, Kapitel 12: »Aus seinem Leib werden Ströme lebendigen Wassers fließen«.
3. Siehe auch Band 228 der Reihe Izvor »Einblick in die unsichtbare Welt, Kapitel 7: »Die Botschaften des Himmels«.

## III

Bemüht euch, jeden Tag den Gedanken in euch aufrechtzuerhalten, dass ständig unsichtbare Wesen herabsteigen, um euch zu helfen und dass ihr in euch für die nötigen Voraussetzungen zu ihrem Empfang und ihrem dauerhaften Aufenthalt sorgt. Ja, vergesst nie, dass göttliche Wesen immer bereit sind, euch zu besuchen und dass sie einen Ort in eurem Herzen, in eurer Seele, in eurem Geist suchen, wo sie sich niederlassen, arbeiten und euch alle Reichtümer bringen können. Das Einzige, was sie verjagen kann, ist mangelnde Dankbarkeit. Sie wollen, dass die Menschen ihre Liebe und ihre Großzügigkeit schätzen. Mögen sie unvollkommen, schwach oder ein wenig dumm sein, das wissen sie und entschuldigen es sogar, sie halten sich nicht damit auf, im Gegenteil, sie sagen: »Oh, in welchem Zustand sie sind, die Armen, man muss ihnen helfen!« Aber wenn sie sehen, dass sie ihre Gegenwart nicht schätzen, verlassen sie sie. Nicht weil sie diese Dankbarkeit bräuchten, sondern weil sie wissen, dass die Menschen nicht wirklich von all dem profitieren, was sie ihnen geben können, wenn sie diese nicht schätzen.

Ihr fühlt euch manchmal glücklich und voller Begeisterung, ohne dass es einen besonderen Grund dafür gibt… Nun, dann wisst, dass himmlische Wesen euch besucht haben. Wenn ihr ihnen nicht dankbar seid, wenn ihr nicht schätzt, was sie für euch tun, werdet ihr diesen Zustand verlieren. Danach könnt ihr sie lange suchen und alle Anstrengungen unternehmen, um sie wieder zu finden, es ist vorbei, diese Geister besuchen euch nicht mehr, sie schenken euch keinen Blick mehr, sie lächeln euch nicht mehr zu, sie sprechen kein einziges

Wort mehr mit euch, sie reagieren nicht mehr, es ist vorbei. Diese Geister brauchen uns nicht, wir brauchen sie, aber sie sind nicht dazu gezwungen zu kommen.

Viele stellen sich vor, die Engel und Gottheiten müssten sie lieben, sie glücklich machen oder sie sogar bedienen. Natürlich, das kommt vor, die himmlischen Wesenheiten können kommen und den Menschen dienen. Aber nicht, damit diese sich einbilden, sie seien das Zentrum des Universums, sondern um auch sie mit ihrem Beispiel Demut zu lehren. Wenn die Menschen herablassend und verschlossen bleiben, erteilen sie ihnen eine Lektion: »Warum hast du nichts gelernt? Wenn ich mich erniedrigt habe, um dir zu zeigen, wie man handelt, warum hast du dann dieses Verhalten nicht übernommen?« Und dann gehen sie. Sogar ein Meister erniedrigt sich manchmal vor einem Schüler, um ihm ein Beispiel zu geben. Aber wenn der Schüler nichts versteht, entfernt er sich wieder und der Schüler ist natürlich unglücklich.

Ich vertraue euch heute das größte Geheimnis, den größten Schlüssel für euer Glück und euer spirituelles Vorankommen an: die Dankbarkeit.[1] Solange ihr alles schätzt, was der Himmel euch jeden Tag in Form von Luft, Sonne, Nahrung und Zuneigung eurer Freunde gibt, wird er euch nicht verlassen. Ich habe es euch gesagt: Ob ihr nun schwach seid, das ist nicht von Bedeutung, gerade die Schwachen und Kleinen ziehen den Himmel an, weil er fühlt, dass sie ihn brauchen. Wenn er etwas nicht erträgt, dann ist das Undankbarkeit. In dem Moment entfernt er sich und alles kommt zum Erliegen.

Nehmen wir ein Beispiel. Ihr besitzt eine Gabe, ein Talent, eine Tugend: Das bedeutet, es haben sich Freunde in euch niedergelassen, um zu arbeiten. Ihr müsst euch dessen bewusst sein, denn an dem Tag, wo ihr beginnt, allzu stolz auf eure Erfolge zu sein, als wäret ihr es gewesen, der sie verdient hätte, werden sich diese Freunde auf die eine oder andere Weise entfernen und ihr verliert dieses Talent oder diese Tugend. Wie viele Menschen haben ihre Talente wegen ihres Hochmuts verloren! Und andere haben dank ihrer Demut gute Eigenschaften angezogen oder sie verstärkt. Ja, meine lieben Brüder und Schwestern, das ist äußerst wichtig, viel wichtiger, als ihr glaubt.

Wenn ich jemanden zum ersten Mal sehe, möchte ich nicht wissen, welche Diplome er besitzt, ob er reich ist oder welche Position er in der Gesellschaft einnimmt, ich möchte nur zwei Dinge wissen: Welches Ideal, welches Ziel hat er im Leben und hat er die innere Veranlagung, das zu schätzen, was er vom Himmel empfängt. Wenn er sie hat und ein hohes Ideal dazu, weiß ich, dass er in die Kategorie der Geister eingestuft werden kann, die wachsen werden, die sich entfalten werden und die das Wunderbarste anziehen werden, das es gibt. Das ist also ermutigend und der Mühe wert, zusammen mit einem solchen Wesen zu arbeiten.

Die Güte Gottes ist unerschöpflich, das ist richtig, aber die Güte der Geschöpfe, die uns besuchen, ist es nicht, und sie können uns verlassen. Gott wird uns niemals verlassen, denn wenn er uns in die Hölle verfrachtet, damit man uns dort ein wenig zurechtstutzt und einseift, wird Er uns eines schönen Tages von neuem aufnehmen. Aber die Diener Gottes sind nicht ganz genauso wie Er, allmächtig und allliebend: Manchmal haben sie wirklich genug von den Menschen!

Da ihr nun wisst, dass ihr lichtvolle Geister anziehen könnt, solltet ihr jeden Tag sagen: »Kommt, kommt, ihr himmlischen Freunde, lasst euch in mir nieder.« Oder auch: »Herr und Gott, Göttliche Mutter, Heilige Dreifaltigkeit und ihr, ihr Engel und Erzengel, Diener Gottes, Diener des Lichtes, mein ganzes Wesen gehört euch. Tretet in mich ein, verfügt über mich, zum Ruhme Gottes, für das Reich Gottes und seine Gerechtigkeit auf der Erde.« Das ist die wahre Weihe.[2]

Wenn ihr nicht daran denkt, die himmlischen Wesenheiten einzuladen, wundert euch nicht, dass sich dann andere, ganz und gar nicht himmlische Wesen in euch niederlassen. Es ist an euch zu entscheiden, von wem ihr »besetzt« werden wollt. Wenn ihr die Engel nicht einladet, werden sie nicht versuchen, in euch einzudringen. Es sind die Teufel, die ohne eure Einladung abzuwarten, in euch eindringen werden, denn sie respektieren nichts. Die Engel und Erzengel sind respektvoll, niemals gebrauchen sie Gewalt, sie kommen nur, wenn man sie einlädt. Ja, welch ein Unterschied im Verhalten dieser beiden

Kategorien von Geschöpfen! Aber der Mensch, der darüber nicht aufgeklärt ist, weiß nicht, wie er handeln soll und durch seine Schuld haben sich die Teufel gut in ihm eingerichtet und klammern sich fest. Die Engel hingegen kommen nicht herein. Sie sagen: »Solange hier alles besetzt ist, haben wir keinen Zutritt.«

Wenn ihr wollt, dass die Engel kommen, liegt die Entscheidung bei euch, die folgenden magischen Worte auszusprechen: »Also, ich bin hier der Eigentümer, ich bin der Herr, kommt also und verfügt über alle Wohnungen, über alle Zimmer, alle gehören euch.« Wenn diese lichtvollen Wesen fühlen, dass sie den Willen des Eigentümers ausführen, werden sie sehr kühn. Sie werfen sich auf die anderen: »Raus hier, weg mit euch!« Und sie sind in diesem Moment sehr mächtig. Aber solange der Hausherr diese Worte nicht ausgesprochen hat, tun sie nichts, sie respektieren seinen Willen. Oh ja, das sind göttliche Regeln!

Ihr könnt also jeden Tag die lichtvollen Geister rufen, damit sie sich in euch niederlassen für die Verwirklichung des Reiches Gottes auf der Erde. Denn es ist auch wichtig hinzuzufügen: »Für die Verwirklichung des Reiches Gottes auf der Erde«, und ich werde euch erklären, warum. Da das Universum aus einer Vielzahl von Regionen besteht, die alle von unzähligen, mit den verschiedensten Arbeiten beschäftigten Geschöpfen bevölkert sind, fließen nun, wenn ihr glücklich und erfüllt seid, Kräfte und Energien in alle Richtungen in den Raum hinaus, wo diese Geschöpfe sie für ihre Arbeiten benutzen. Alle diese Energien strömen in die Werkstätten und Speicher dort oben, und das ist sehr gut, sie gehen nicht verloren. Aber da das Universum so unermesslich groß ist, kann es sein, dass ihr auf diese Weise nicht viel bewirkt zum Wohl der Menschheit. Solange ihr euren Energien nicht ein genaues Ziel gebt, solange ihr nicht eindeutig sagt: »Für das Reich Gottes auf der Erde«, werden diese Energien in den Raum hinausfließen, wo sie für andere Arbeiten genutzt werden, die mit unserer Erde überhaupt nichts zu tun haben.

Aber da es ja unser Ziel, unsere Aufgabe ist, das Reich Gottes auf der Erde zu errichten, müsst ihr darum bitten, dass eure Energien auch dafür dienen, sonst werden sich andere ihrer bemächtigen für andere Dinge und ihr könnt es ihnen nicht einmal zum Vorwurf machen. Wenn ihr Geld auf die Straße werft, wird der Erste, der es entdecken wird, sagen: »Oh, das ist für mich«, und er wird es in seine Tasche stecken. Aber wenn ihr dieses Geld an eine bestimmte Person schickt, kann es nur dieser Empfänger erhalten. Versucht also, eure Energien, alle eure Energien für die Verwirklichung des Reiches Gottes auf der Erde auszurichten, denn es ist wichtig, dass es auf der Erde verwirklicht wird. Im Himmel existiert es bereits. Hier auf der Erde existiert es noch nicht und dort soll es errichtet werden, so wie Jesus im Vater Unser sagt: »Dein Reich komme, wie im Himmel so auf Erden« (Mt 6,10).[3] Dieses Gebet ist eine erhabene Zusammenfassung: In stark verdichteter Form zeigt es auf, was unsere Aufgabe ist.

Aber kommen wir zur Frage der Dankbarkeit zurück. Ich sagte euch, dass nur Dankbarkeit euch retten kann und dass ihr lernen sollt, auch für die unangenehmen Ereignisse zu danken, denn das ist die beste Art, sie umzuwandeln. Wenn ihr herumjammert und euch auflehnt, wenn Ärger und Schwierigkeiten auf euch zukommen, dann manifestiert ihr Hochmut und könnt diese Schwierigkeiten weder in Gold noch in einen Edelstein verwandeln. Aber wenn ihr sagt: »O Herr, danke, es gibt sicher einen Grund für das, was mir da geschieht, ich muss sicher etwas lernen. Ich bin nicht vollkommen und habe wohl irgendwelche Dummheiten angestellt.« Dank eurer Demut spürt ihr auf einen Schlag, dass sich euer Zustand gebessert hat. Es ist dann, als hättet ihr eure Schwierigkeiten mit Gold überzogen: Sie erscheinen in einem ganz anderen Licht. Versucht es und ihr werdet sehen. Ich habe es schon ganz oft versucht!

Im Laboratorium, das Gott uns gegeben hat – uns selbst –, habe ich alle möglichen Experimente durchgeführt: Ich habe bestimmte Elemente gemischt, sie destilliert, getrennt, verdampft und kondensiert, und ich kann euch die Ergebnisse dieser Experimente nun darlegen. Deshalb sage ich euch: Noch kein Chemiker hat ein Element oder ein Vitamin gefunden, das beim Menschen so mächtige Wirkungen hervorruft wie die Dankbarkeit. In keinem Laboratorium hat man die Auswirkung dessen studiert, die die alleinige Tatsache auf den menschlichen Organismus haben kann, dass man dankt, all das, was sich dadurch im Gehirn, im Herzen, in der Lunge und sogar im Kreislaufsystem und in den Muskeln verändern kann…

Wie soll man nicht danken für alles, was der Himmel uns gibt? Aber man sieht es nicht, weil man gewohnt ist, immer nach unten zu schauen, das heißt, alles zu sehen, was nicht gut läuft, alles, was Sorgen, Unruhe und Kummer verursacht… Man vergisst, nach oben zu schauen, dorthin, wo sich Licht und Schönheit befinden und alles, was eben unsere Seele dazu drängt, die Mittel zu entdecken, mit deren Hilfe wir die Schwierigkeiten überwinden und dem Himmel danken.

Sorgen und Schwierigkeiten gibt es immer, was auch immer ihr tut, es ist sinnlos, gegen sie anzukämpfen, da würdet ihr vielmehr erdrückt werden. Ihr solltet also das tun, was man gegen Unwetter oder Insekten tut: Euch dementsprechend ausrüsten. Gegen den Regen nehmt ihr einen Regenschirm, gegen die Kälte zieht ihr euch warm an oder installiert eine Heizung, gegen Mücken spannt ihr ein Moskitonetz auf oder wendet Insektenspray an. Nun, gegen die Schwierigkeiten gibt es keine andere Lösung, als nach oben zu schauen, um Licht und Kraft zu schöpfen, in dem Moment triumphiert ihr nicht nur, sondern zeigt auch Dankbarkeit.

Also, meine lieben Brüder und Schwestern, eine weitere wahrhaft wahre Wahrheit. Ja, ich tue mich gütlich an all diesen Wahrheiten, denn nur die Wahrheit kann uns ernähren. Und gewöhnt auch ihr euch an, euch von diesen Wahrheiten zu nähren. Schreibt sie in euch auf und wenn ihr euch leer, traurig und verlassen fühlt, dann wiederholt sie, und von Neuem werdet ihr fühlen, dass der Anschluss nach oben wiederhergestellt wird, dass die Lampen wieder anfangen zu brennen, die Geräte zu surren, und das ist großartig!

Le Bonfin, den 23. Juli 1961

Anmerkungen

1. Siehe auch Band 243 der Reihe Izvor »Das Lächeln des Weisen«, Kapitel 12: »Dank, Quelle von Licht und Freude«.
2. Siehe auch Band 242 der Reihe Izvor »Unerschöpfliche Quellen der Freude«, Kapitel 18: »Der Besuch der Engel«.
3. Siehe auch Band 215 der Reihe Izvor »Die wahre Lehre Christi«, Kapitel 5: »Wie im Himmel, so auf Erden«.

# VII

# MEISTER UND SCHÜLER

# I

Selbst wenn sie schlecht gehandelt und Fehler begangen haben, verstehen viele nicht, dass ihnen die anderen ihre Irrtümer vorwerfen oder ihnen die Wertschätzung entziehen. Ihrer Meinung nach ist das ungerecht, man hätte ihnen gegenüber nicht seine Meinung oder sein Verhalten ändern dürfen. Nun, das ist nur eine weitere Art, falsch zu denken. Wenn ihr nicht den Respekt, die Sympathie oder die Freundschaft der anderen verlieren wollt, solltet ihr euch in Acht nehmen. Wenn ihr Gesetze übertretet, habt ihr nicht das Recht, irgendjemandem vorzuwerfen, dass er sein Verhalten euch gegenüber ändert. Euch selbst müsst ihr Vorwürfe machen, denn ihr selbst seid die Ursache für diese Situation. Und es ist auch nicht intelligent, euch gegen euren Meister aufzulehnen, weil er euch darauf aufmerksam gemacht hat, dass ihr diese Gesetze übertreten habt. Er hat damit seine Pflicht erfüllt, und wenn ihr ihm als Dank dafür schlechte Gedanken schickt – die ihn übrigens vielleicht nicht einmal berühren – macht ihr tatsächlich euer Unglück nur größer.

Wenn ihr anerkannt und geschätzt werden wollt, dürft ihr euch nicht bloßstellen. In dem Moment kann euch niemand beschmutzen, selbst wenn man euch Vorwürfe macht, selbst wenn man euch erniedrigt und besudelt, bleibt ihr der Lage gewachsen. Nur ihr selbst könnt euch beschmutzen, niemand anderer, was auch immer man tut. Das ist ein Gesetz. Wenn ihr keine Fehler begeht, wenn ihr immer mit dem Himmel verbunden seid, einzig und allein damit beschäftigt, den Willen Gottes zu erfüllen, werdet ihr immer groß sein, werdet ihr immer lichtvoll sein, was auch immer man euch äußerlich antun will.[1] Denn es sind nicht die Menschen, die am mächtigsten sind, nein, es ist der Himmel. Leider sind es die Menschen gewohnt, nur vor der öffentlichen Meinung, vor der Wertschätzung der Menschen zu zittern. Sie vergessen, dass es auch noch andere Wesen über ihnen gibt, von denen sie geschickt wurden, die sie überwachen und die ihr Urteil abgeben – und übrigens glauben sie nicht einmal mehr an deren Existenz – sie bilden sich ein, es reiche aus und sie hätten ihre Ruhe, wenn es ihnen gelungen ist, ihre schlechten Handlungen vor den anderen zu verbergen. Und da die Menschen blind sind, kommt es oft vor, dass sie weiterhin einen Übeltäter schätzen und respektieren.

Wer nur die Meinung der anderen in Erwägung zieht und die Meinung des Himmels vernachlässigt, beweist, dass er noch nichts verstanden hat und dass er kein Schüler ist. Natürlich kann es vorkommen, dass ihr in eurem Wunsch, dem Himmel zu dienen, von eurer Umgebung nicht verstanden werdet, die das, was ihr macht, falsch interpretiert. Manche sind vielleicht beleidigt, weil ihr ihre Meinung nicht berücksichtigt und dass ihr die Zustimmung dieser erhabenen Wesen vorzieht. Ich sage bewusst »es kann vorkommen«, aber früher oder später werden sie gezwungenermaßen kapitulieren und anerkennen müssen, dass ihr allem Anschein zum Trotz damit Recht habt, nur auf die Meinung des Himmels zu zählen.

Wir leben auf der Erde, wo es Autoritäten zu respektieren und Gesetze und Bräuche gibt, die man besser nicht übertritt. Das ist gut, aber es reicht nicht aus. Es gibt andere, unsichtbare Autoritäten und Gesetze, die wir auch beachten müssen.[2] Denn es bringt nichts, von der ganzen Erde geschätzt zu werden, wenn ihr vom Himmel nicht geschätzt werdet. Selbst wenn die Menschen euch zujubeln und euch Preise und hochtrabende Titel verleihen, wenn der Himmel euch missbilligt, werdet ihr unglücklich oder krank. Und das Gegenteil kann auch der Fall sein: Die ganze Welt ist gegen euch, ihr seid im Gefängnis, aber der Himmel ist mit euch. Dann jubelt ihr, ihr macht Entdeckungen und seid bei vollkommener Gesundheit. Wie ist das möglich? Trotz der Meinung all dieser Dummköpfe seid ihr glücklich.

Als ich über die ägyptischen Einweihungen sprach, sagte ich euch, dass manche Priester, denen der Kandidat gegenüber treten musste, auf ihrem Kopf eine Tiara trugen, die von einem Dreieck mit einem offenen Auge im Zentrum geschmückt war. [3] Das war das Symbol der Allgegenwart und der Allwissenheit Gottes. Dieses Dreieck mit einem Auge im Zentrum erbte das Christentum von der ägyptischen Religion, und man sieht es oft in den Kirchen. Wenn der Schüler jeden Tag daran denkt, dass er bei allem, was er tut, beobachtet, gewogen und gemessen wird, nimmt er nach und nach die Gewohnheit an, auf seine Gedanken, seine Gefühle und seine Handlungen genau zu achten, und macht auf diese Weise Fortschritte. Aber wenn er die Meinung des Himmels vergisst, um nur auf die blinde öffentliche Meinung zu hören, begibt er sich auf einen sehr schlechten Weg.

Glaubt mir, meine lieben Brüder und Schwestern, viele gelten als Schüler der Universellen Weißen Bruderschaft, viele gelten als Christen und spirituelle Menschen, während sie in ihrem Inneren Gedanken, Gefühle und Wünsche nähren, die sehr wenig christlich und sehr wenig spirituell sind. Man sollte mit dieser Komödie aufhören und wissen, dass man eines Tages der unsichtbaren Welt über seine Handlungen Rechenschaft ablegen muss. Man sollte also die unsichtbare Welt für sich gewinnen. Ich meinerseits weiß, wenn ich den Himmel für mich gewinne, wird alles in mir und außerhalb von mir großartig, wenn ich hingegen die Masse für mich gewinne, wird es für mich keine großen Veränderungen geben: Ich werde in den gleichen Schwächen, der gleichen Mittelmäßigkeit verbleiben und den wechselhaften Stimmungen der Menschen ausgeliefert sein, die an einem Tag rufen: »Hosianna dem Sohn Davids!« (Mt 21,9) und ein paar Tage später: »Kreuziget ihn!« (Mk 15,13), wie man es mit Jesus machte. Ja, wie oft hat man das in der Geschichte erlebt! Man rühmt jemanden und ein wenig später bringt man ihn um… Die menschliche Natur ist wechselhaft und unzuverlässig, und wenn ihr auf sie zählt, könnt ihr euch genauso gut glühende Kohlen aufs Haupt legen.

Deshalb kümmere ich mich nicht um die Meinung, die ihr vielleicht von mir habt, sonst würde ich gar nichts tun. Manche von euch haben mir gestanden, dass sie mich hassten, als ich ihnen ihre

Schwächen zeigte. Ob sie mich hassen oder nicht, was soll's, ich habe einen Schutzpanzer, doch um ihnen Gutes zu tun, muss ich sie durchrütteln. Wenn sie noch immer glauben, sie seien untadelig, während sie sich in Wirklichkeit auf eine sehr gewöhnliche oder sogar verwerfliche Art und Weise verhalten, was für einen Fortschritt können sie da erzielen? Es ist viel besser, den Menschen manche Wahrheiten zu enthüllen, was sie zunächst leiden lässt, denn dieses Leiden hält nicht lange an und die Erkenntnis, die sie schließlich über sich selbst gewinnen, ermöglicht es ihnen, sich zu korrigieren.

Ob die Brüder und Schwestern mich also hassen, weil ich ihnen die Wahrheit sage, dass lässt mich völlig kalt, ich weiß im Vorhinein, dass sie mich hassen werden. Aber eines Tages werden sie merken, dass ich ihnen von so großem Nutzen war, dass sie mich bis zu den anderen Planeten hinauf suchen werden, um mir zu danken.

Ihr glaubt, ich sei so dumm, dass ich nicht weiß, wie ich euch alle mit Lügen gewinnen kann? Ihr wäret dann so zufrieden mit mir, dass ihr mich nicht mehr verlassen würdet. Das wären noch zusätzliche Scherereien, aber was soll's… Ich sage euch die Wahrheit, um euch von Nutzen zu sein, wozu wäre es sonst gut, auf der Erde zu leben, wenn man nicht nützlich sein darf? Komplimente zu machen, das ist sehr einfach! Aber was ich meinerseits bei euch erwecken möchte, das ist der Geist, dieser göttliche Funke, damit er endlich die Möglichkeit hat, hervorzukommen und zu strahlen bis ins Unendliche. Ich tue mein Möglichstes dafür, aber wenn man mich nicht versteht, wirft man natürlich mit Steinen nach mir. Das ist nicht sehr angenehm, aber ich akzeptiere es, ich halte es aus in der Hoffnung, dass man mich später verstehen wird.

Warum gibt es diese menschliche Schwäche, immer nach Komplimenten zu heischen? Um sich selbst zu täuschen. Die Menschen haben das Bedürfnis, sich selbst zu täuschen. Sie können nicht leben, wenn sie sich nicht selbst täuschen. Was wäre aus der Menschheit geworden, wenn sie sich nicht selbst getäuscht hätte? Wenn ihr einer alten und gebrechlichen Frau sagt, sie sei eine alte Schachtel – was ja eigentlich wahr ist – wird sie euch das nie verzeihen. Aber sagt ihr, wie jung und schön und reizend sie noch ist, dann wird die kleine alte Schachtel lachen, lächeln, hüpfen vor Freude und wenn sie reich ist, wird sie euch ihr ganzes Vermögen hinterlassen. Ja, für eine Lüge.

Ich betrachte mich als Kieferchirurg. Ich kenne meinen Beruf. Ich habe keine moderne Ausstattung, meine Zangen sind noch ganz alte Modelle. Ich verwende kein Chloroform, also schreit man natürlich. Aber dennoch heilt alles wieder, alles kommt wieder in Ordnung und man ist zufrieden. Kürzlich kam sogar eine Schwester zu mir und sagte: »Meister, schütteln sie mich noch einmal so durch, wie neulich!« – »Oh! Aber warum?« – »Weil mir das so gut getan hat!« Ich sehe sie an und merke, dass sie es ernst meint. Ich sage zu ihr: »Hören Sie, glauben Sie, dass das einfach so geschieht…? Ich schüttle nur jemand durch, wenn ich merke, dass das der richtige Moment ist. Heute werde ich es nicht machen, weil nicht der richtige Moment dafür ist«, und sie ging unverrichteter Dinge wieder weg. Man stellt sich vor, ich mache, was mir gerade gefällt. Nein, bevor ich etwas mache, wird es genau bestimmt, abgewogen, vorausberechnet, damit es Ergebnisse bringt. Es geht nicht darum, jemanden zu misshandeln. Was hätte das für einen Sinn? Das ist nicht mein Beruf. Es handelt sich darum, denjenigen zu heilen, ihm Gutes zu tun, ihn zum Nachdenken zu bringen, in sich zu gehen. Aber ja, die Brüder und Schwestern kennen mich noch nicht. Sie verstehen nicht die Beweggründe meines Handelns. Sie glauben, ich würde handeln, wie und wann ich gerade Lust habe.

Habt also von nun an mehr Vertrauen in meine Methoden. Ich habe übrigens noch einige davon, die ihr euch nicht entfernt vorstellen könnt. Wenn ich euch durchrüttle, wenn ich eine Operation durchführe, wende ich eine Methode an, die ihr nicht kennt, aber es ist immer zu eurem Wohl, um euch von etwas zu befreien, was euch leiden lässt und eure Entwicklung aufhält. Wenn ihr jetzt kein Vertrauen in mich habt, macht was ihr wollt, ihr seid frei, aber ich sage es euch im Voraus: Ihr werdet zu keinen Ergebnissen kommen, zu keinem Vorteil, nur Schäden und Schulden, die ihr bezahlen müsst. Mit meinen Methoden hingegen, werdet ihr schließlich zu Königen, zu immer reichen und siegreichen Gutsherren. Jetzt habt ihr die Wahl.

Versucht von nun an zu verstehen, dass ich uneigennützig bin, wenn ich es wage, euch oft durchzurütteln. Wenn ich einen Nutzen davon hätte, würde ich es nicht wagen, ich hätte Angst, euch zu verlieren und Angst ist ein schlechter Ratgeber. Mein Mut und meine »Dreistigkeit« beweisen euch, dass ich uneigennützig bin. Aber da ihr nicht unterscheiden könnt, zu welcher Eigenschaft meinerseits das Bezug hat, findet ihr, dass es aus einer schlechten Laune heraus oder aus Boshaftigkeit oder aufgrund schlechter Erziehung geschieht: Er ist eben ein ungehobelter Kerl! Nein, ihr habt es nie so gesehen, dass diese Kühnheit von meiner Uneigennützigkeit herrührt. Werdet auch ihr uneigennützig und ihr werdet das Gleiche tun: Ihr werdet den anderen die Wahrheit sagen, ohne Angst zu haben, dass sie euch verlassen, weil ihr nicht von ihnen profitieren wollt.

Ein Lehrer sagt seinem Schüler die Wahrheit, um ihm zu helfen. Und wenn der Schüler das nicht verstanden hat, wenn er sich nicht helfen lassen will, nun, dann soll er gehen. Es werden eines Tages andere kommen, die die Wahrheit suchen. Was soll eurer Meinung nach ein Meister mit so empfindlichen Menschen machen? Immer die großen Fürsten, die großen Weisen, die es nicht vertragen, dass man ihnen irgendetwas sagt, selbst wenn es zu ihrem Wohl ist. Ihr Meister ist nur da als Diener, als Höfling, als Sklave. Wie soll er zufrieden sein, in einer solchen Rolle? Er spielt lieber die Rolle eines uneigennützigen Wesens, die einzige, die ihn wirklich zufrieden stellt.

Erst wenn ihr uneigennützig seid, habt ihr das Recht, mit euch selbst zufrieden zu sein. Solange ihr noch berechnend seid und mit kleinen Tricks arbeitet, habt ihr kein Recht auf Selbstzufriedenheit. Ihr habt Angst, Angst allein zu bleiben oder ohne Geld dazustehen... Angst vor eurer Frau, Angst vor Krankheit, Angst vor der öffentlichen Meinung, Angst vor allem. Was sind das für Menschen, die ständig zittern? Ein Nichts, eine Null! Deshalb heißt es, dass die Ängstlichen nicht in das Reich Gottes kommen werden. Und was mich betrifft, meine größte Tugend, die größte von allen – und ihr seht meine Eitelkeit, ich betone, dass ich sie auch noch habe – ist die Uneigennützigkeit. Ich bin uneigennützig, das ist die größte der guten Eigenschaften, die Gott mir gegeben hat. Sei ich nun dumm oder schwach oder eitel oder hochmütig, einverstanden, aber ich bin uneigennützig. Da könnt ihr nicht Nein sagen: Jahr um Jahr schon beweise ich euch immer eine totale Uneigennützigkeit. Und ich betone es! Mit allem anderen mache ich das nicht: Dass man mich für ein bisschen dumm hält, na gut… ein bisschen schwach, einverstanden… Aber wenn jemand kommt und sagt, ich sei nicht uneigennützig… nein, ich werde ihn nicht umbringen, aber ich werde trotzdem eine Maschinenpistole holen… ja, aber meine eigene, denn ich habe eine, die ganz anders funktioniert als die üblichen!

Ist das nun klar geworden? In einer Einweihungslehre werdet ihr immer klarere Vorstellungen bekommen, um unterscheiden zu können, wie ein aufgeklärter Mensch im Vergleich zu einem gewöhnlichen Menschen fühlt, arbeitet und denkt. Und wenn ihr diese Kriterien, diese Klarheit erlangt habt, nun, dann wählt ihr aus und macht, was ihr wollt.

Und nehmen wir sogar einmal an, ich täte euch unrecht, weil ich euch kritisiere. Wenn ihr verstanden habt, was ich euch heute sagte, werdet ihr euch damit nicht aufhalten, sondern euch im Gegenteil weiterhin untadelig verhalten. Und eines Tages, wenn ihr mir wieder gegenübertretet, werde ich große Augen machen und ausrufen: »Oh, was für ein Wunder!« Also seid ihr diejenigen, die den Sieg davontragen, und ich meinerseits werde das, was ich gesagt habe, korrigieren und mich verneigen.

Ihr habt das Recht, euch darin zu üben, damit ihr besser werdet und den Sieg davontragt, aber ihr habt nicht das Recht, beleidigt zu sein. Ihr seid tatsächlich beleidigt? Das macht nichts. Für diejenigen, die sich beleidigt fühlen, anstatt sich an die Arbeit zu machen, gebe ich keinen Groschen. Geht davon aus, dass ich sie absichtlich durchrüttle, damit sie die Ärmel hochkrempeln… Aber statt zu arbeiten, schmollen sie! Es ist zu einfach zu schmollen, ohne die Probleme zu lösen, ohne zu lernen, ohne in sein Leben ein bisschen mehr Liebe, ein bisschen mehr Licht hineinzubringen. Also, an die Arbeit jetzt, damit ihr dann zu mir kommen und sagen könnt: »Sehen Sie, lieber Meister, Sie haben sich getäuscht.« Und ich werde antworten: »Das stimmt, ich habe mich getäuscht.« Bis jetzt habe ich das noch nie gesagt, weil ihr mir noch keine Gelegenheit dazu gegeben habt. Ihr seid eben beim Schmollen geblieben.

Also, worauf wartet ihr noch? Ihr solltet euch jetzt aufmachen, ihr solltet alles in Bewegung setzen, um mich davon zu überzeugen, dass ich blind war und mich getäuscht habe. Zeigt es mir und ich werde sehr glücklich sein. Wenn ich euch falsch beurteilt habe, habt ihr das Recht, mir zu zeigen, dass ihr edler und großzügiger seid, als ich dachte. Aber da ihr im gleichen Zustand und sogar in noch schlimmerem verbleibt, sehe ich, wie sehr ich Recht hatte. Aber wisst ihr, Recht haben bringt mir gar nichts, weil ich unglücklich bin, wenn ich auf diese Art Recht habe. Ich habe lieber Unrecht, ich täusche mich lieber. Ich sage zum Beispiel zu jemandem, dass er keine Liebe besitzt und dann zeigt er mir durch seine Einstellung eine großartige Liebe… Was für eine wundervolle Überraschung für mich! Und von einem anderen sage ich, er sei geizig und schon schickt er mir Kisten voller Geld. Ihr versteht, warum ich mich manchmal lieber getäuscht hätte: Weil dabei ein bisschen auch was für mich abfällt. Aber bis jetzt habe ich noch nichts davon gesehen und ich sage: »Oh, was für ein Unglück, Recht zu haben!« Ihr seht, man ist oft unglücklich mit dem Recht haben.

Le Bonfin, den 8. Juli 1980

Anmerkungen

1. Siehe auch Band 242 der Reihe Izvor »Unerschöpfliche Quellen der Freude«, Kapitel 9: »Einzig das Licht des Geistes darf uns führen«.
2. Siehe auch Band 12 der Reihe Gesamtwerke »Die Gesetze der kosmischen Moral«.
3. Siehe auch Band 30/31 der Reihe Gesamtwerke »Leben und Arbeit in der Göttlichen Schule«, Kapitel 8 von Band 30: »Der Sinn der Einweihung«.

## II

Der Schüler arbeitet, strengt sich an und ist glücklich zu sehen, dass er auf diese Weise die gute Meinung seines Meisters über sich gewinnt. Was geschieht dann in diesem Moment? Er rechnet mit der Güte, der Großzügigkeit des Meisters, denn wenn er Fehler macht, ist das nicht schlimm, der Meister hat ja freundschaftliche Gefühle für ihn, er wird die Augen zudrücken. So versucht die Personalität des Schülers die Güte des Meisters auszunutzen. Das ist genau das Gleiche, was ein Kind mit seinen Eltern macht, wenn es weiß, dass diese es lieben: Es hofft, tun zu können, was es will, ohne ausgeschimpft oder bestraft zu werden. Wie soll der Meister nun handeln, wenn er merkt, dass der Schüler seine Liebe ausnutzen möchte, um weiterhin bestimmte Dummheiten machen zu können? Er muss sich streng und unnachgiebig zeigen, um ihn ein bisschen zum Nachdenken zu bringen und damit er versteht, dass er nicht so sehr auf die Liebe seines Meisters zählen darf, sondern auf sein eigenes Verhalten und auf seine Weisheit.

Die Kabbalisten stellen den Sephirothbaum auf die beiden Säulen der Strenge und der Milde, um zu zeigen, dass man wissen muss, wie man mit den beiden Seiten arbeiten sollte.[1] Der Schüler jedoch ist sich vielleicht des Ernstes der Lage, in die er sich gebracht hat, gar nicht bewusst. Es geht ihm nur darum, bestimmte Vergnügungen auszukosten, sich froh und zufrieden zu fühlen. Aber der Meister, der die Gefahren sieht, ist verpflichtet, den Schüler zu warnen. Und wenn dieser beleidigt ist, wenn er denkt, er hätte ein besseres Verhalten von Seiten des Meisters verdient, nun, dann hat er Pech. Soll er doch weggehen, wenn er will, aber er muss wissen, dass ihn die kosmische Intelligenz wieder finden wird, wo immer er auch hingeht, und ihm sagen wird: »Ich war es, ich wollte dich durch deinen Meister führen, um dich vor großen Enttäuschungen zu bewahren, warum verkomplizierst du die Dinge?«, und er wird eine doppelte Tracht Prügel einstecken. Bei seinem Meister hatte er wenigstens noch die Möglichkeit, die Situation wieder in Ordnung zu bringen.

Ich habe euch so viele Vorträge gehalten über die Manifestationen der niederen Natur, der Personalität![2] Aber ich sehe, dass ich noch lange darüber sprechen könnte, denn dieses Thema ist einfach unerschöpflich. Ein Charakteristikum der Personalität ist die Tatsache, dass sie sich, was immer sie auch tut, nie schuldig fühlt, sich nie einen Vorwurf macht. Wenn ein Mensch sich bewusst wird, dass er falsch gehandelt hat, dann deshalb, weil seine höhere Natur, seine Individualität kommt und sich äußert. Die Personalität hingegen kann sich ruhig Ausschweifungen hingeben und sagen, sie drücke eine erhabene Liebe aus. Und so kommt es, dass ein verheirateter Mann, der von seiner Frau genug hat, mit einem ganz jungen Mädchen schläft und dabei vorgibt, seine Liebe sei göttlich. Das ist die Personalität, die ihm diesen Vorwand einflüstert, nicht seine Individualität. Ich streite nicht ab, dass auch ein verheirateter Mann eine göttliche Liebe zu einem ganz jungen Mädchen empfinden kann, aber eine göttliche Liebe hat es nicht nötig, gleich ins Bett zu gehen!

Sogar hier, in einer spirituellen Lehre, leben viele so weiter, wie alle anderen. Sie wissen, dass das Ideal des Schülers die Vollkommenheit sein soll und dass diese Vollkommenheit Anstrengungen und Opfer verlangt. Aber sie vermischen alles: Sie verzichten auf kein Vergnügen und gleichzeitig gehen sie den Weg der Spiritualität. So haben sie das Problem gelöst! Sie gehen überall hin und machen alle Dummheiten, die ihnen gerade durch den Kopf gehen, und wenn das nicht mehr geht, kommen sie mit der Gewissheit wieder, mich immer noch hier vorzufinden und nicht nur hier anwesend, sondern bereit, sie mit der größten Nachsicht zu empfangen und sie zu trösten, wenn sie unglücklich sind. Das ist normal, ein Meister ist dazu da: Der Schüler geht sich amüsieren und der Meister muss dableiben, um die zerbrochenen Töpfe zu flicken. Dass ich immer anwesend und »treu auf meinem Posten« bin, selbstverständlich, darauf könnt ihr zählen, aber dass ich euch immer lächelnd empfange, darauf nicht. Wenn ihr Dummheiten gemacht habt (was ich ganz leicht an eurem Blick, an eurem Ausdruck erkenne), werde ich euch mit dem Stock empfangen.

Warum zwingt ihr mich dazu, die Dinge auf unangenehme Art und Weise zurechtzurücken? Was mich betrifft, ich spreche lieber von der Schönheit, vom Licht, von der Herrlichkeit des neuen Lebens. Warum zwingt ihr mich dazu, zu diesen persönlichen Themen zurückzukehren? Ich habe keine Lust mehr, euch auch nur irgendetwas zu sagen. Ihr seid euch überhaupt nicht im Klaren darüber, wie ihr auf mich einwirkt. Denn ihr wirkt auf mich ein, so wie auch ich auf euch einwirke. Der Unterschied besteht nur darin, dass ich mir dessen bewusst bin, während ihr euch dessen nicht bewusst seid, dass ihr günstig oder ungünstig auf mich wirken könnt. Ihr macht jede Dummheit, die euch gerade durch den Kopf geht und fordert von mir, dass ich immer gleich inspiriert bin, um zu euch über tiefgehende, göttliche Themen zu sprechen. Nein, so geht das nicht.

Andererseits, wenn ich euch alles tun lasse, ohne etwas zu sagen, so wird mir der Himmel ein paar Ohrfeigen geben. Er wird zu mir sagen: »Du fürchtest dich, du willst die Wahrheit nicht sagen, um den oder jenen nicht zu verärgern, also wird alles durch deine Schuld nur noch schlimmer!« Ich möchte, dass ihr euch freut, ich möchte euch helfen, ich möchte euch alle lieben. Ja, aber da sind noch meine Pflichten, meine Verantwortlichkeiten. Ein Meister, der die Augen verschließt, ist übrigens nicht von Nutzen. Ich würde niemals so einem Meister folgen! Wozu brauche ich einen Lehrer, wenn er mich alle Dummheiten machen lässt, ohne mich aufzuklären, ohne mich zu korrigieren? Ihr seht, die Schüler wissen nicht einmal, was sie von ihrem Meister erwarten sollen.[3]

Die meisten Menschen sagen euch nicht die Wahrheit über euch selbst, über eure Fehler, über eure Schwächen, weil sie Angst haben, eure Dienste zu verlieren oder euch zum Feind zu machen. Hinter diesem freundlichen, feinfühligen Verhalten steckt also ein Interesse, und so behaltet ihr eure Fehler, die sich im Laufe der Zeit nur noch verstärken. Ein wahrer Eingeweihter hingegen verhält sich anders. Da er kein Eigeninteresse hat, hat er auch keine Angst, hat er nichts zu verlieren: Er hat schon alles gewonnen, weil er die Wahrheit kennt, also wird er euch aufzeigen, wo eure Schwächen liegen und was ihr falsch macht, was euch in den teuflischen Regionen festhält, was euch daran hindert, in das Land des Lichtes, in das Paradies zu gehen… Er hat den Mut, euch alles zu sagen, was euch krank und unglücklich macht, weil er euch die Mittel und die Methoden geben möchte, um euren Unvollkommenheiten und Lücken abzuhelfen.

Aber wenn er dem Schüler die Wahrheit sagt, geht der Meister natürlich nicht nur irgendwie vor. Zuerst gleicht der Schüler einem Kind, das von seiner Mutter ernährt, beschützt und liebkost wird. Aber wenn das Kind im Laufe der Zeit größer geworden ist, wird es von der Mutter abgestillt. So stillt auch der Meister seinen Schüler irgendwann ab. Macht er das aus Grausamkeit? Nein, sondern weil der Augenblick gekommen ist, wo das Kind sich ganz allein ernähren soll. Werft doch einen Blick ins Tierreich: Am Anfang gehen die Mütter äußerst zärtlich mit ihren Jungen um, aber nach einiger Zeit stoßen sie sie zurück, geben ihnen ein paar Hiebe mit den Pfoten: »Fort mit dir, schlag dich durch, jetzt brauchst du mich nicht mehr!«

Ein Eingeweihter betrachtet seine Schüler, seine Jünger zunächst als Kinder, die Zärtlichkeit und Ermutigung brauchen und später, wenn sie größer werden und schon sicher auf ihren Beinen stehen können, gibt er ihnen ein paar Schläge, er sagt ihnen die Wahrheit. Aber er verjagt sie nicht, nein, er behält sie bei sich und beginnt sie zu formen, zu behauen, zu modellieren oder, wenn ihr so wollt, ihnen eine Behandlung mit ein paar Spritzen und Operationen zu verpassen. Ja, das ist die Wahrheit. Für manche ist sie sehr schwer anzuhören und zu ertragen. Aber für den Schüler, der sich für seine Weiterentwicklung und für sein Vorankommen entschieden hat, ist sie wunderbar. Er fleht seinen Meister sogar an, ihm die Wahrheit zu sagen, weil er merkt, dass ihn manche Dinge blockieren, ihn gefangen halten oder ihn zu Dummheiten verleiten.

Nur diejenigen, die wirklich von der Gnade Gottes berührt werden, verlangen nach der Wahrheit, auch wenn sie schmerzhaft ist. Wie oft haben manche Brüder und Schwestern sich gewehrt, als ich die Aufmerksamkeit auf ihre sehr ausgeprägten Schwächen lenken wollte: »Oh nein! Das ist nicht wahr! Ich bin überhaupt nicht so...!« Wenn ich über ihre guten Eigenschaften sprechen würde, würden sie mir zustimmen, wären sie begeistert von meiner Scharfsinnigkeit und der Richtigkeit meiner Bemerkungen. Aber ihre Schwächen, nein, die hätte ich falsch gesehen. Wie oft ist das vorgekommen! Die meisten Menschen leben lieber in ihren Täuschungen und Illusionen – angeblich, um glücklich zu sein! Sie gleichen dem Vogel Strauß, sie stecken den Kopf in den Sand und glauben, sie seien jetzt in Sicherheit. Es ist aber nur der Kopf geschützt, der Rest ihres Körpers bleibt den Hieben der Feinde ausgesetzt. Auf diese Weise kann man sich nicht retten. Man muss die Kühnheit haben, der Wahrheit ins Angesicht zu sehen und anschließend Maßnahmen ergreifen, in seinen Laboratorien und Arsenalen alle Mittel suchen, um zu kämpfen und den Sieg davonzutragen.

Das ist also die Methode der wahren Eingeweihten: Wenn es sein muss, sagen sie die Wahrheit, ohne die Angst, ihre Freunde zu verlieren. Und wenn die Freunde beleidigt, verletzt und gekränkt sind angesichts dieser so offensichtlich wahren Aussagen, was soll's... Wenn diese Freunde nicht ehrlich und aufrichtig sind, um anzuerkennen, was wahr ist, nun, dann ist es besser, man verliert sie. Was nützt es einem Eingeweihten, Freunde zu haben, die unehrlich gegenüber sich selbst sind?

Nein, ein Eingeweihter hat keine Angst, seine Schüler zu verlieren. Er weiß, dass ihn ein wahrer Schüler nicht verlassen wird, weil er vernünftig überlegt. Er sagt: »Ich vertraue meinem Meister, er hat keinerlei Interesse daran, mich zu verletzen oder zu zermalmen. Er braucht mich, was hätte er davon, wenn ich tot bin? Wenn er so mit mir spricht, hat er seine Gründe dafür. Und da er besser weiß als ich, wie er handeln soll, vertraue ich ihm, es führt sicher zum Guten, ich akzeptiere das.« Dann freut sich der Meister, der ihn beobachtet, weil er sieht, dass er da einen wahren Schüler hat, der würdig ist, die Einweihung zu empfangen. Die Einweihung empfangen, die Wahrheit, die Weisheit erkennen, im Licht sein: Es gibt nichts, was das übertreffen könnte. Aber man muss die Personalität besiegt haben, die immer gekränkt, verletzt, beleidigt und rachsüchtig ist.

Wenn ihr nur wüsstet, wie viele Menschen über die Wahrheit gekränkt waren und sich danach an mir rächten! Sie sind zahlreicher als die Haare auf eurem Kopf. Habe ich sie bestohlen, betrogen, zermalmt, umgebracht? Nein, im Gegenteil: Ich habe ihnen eine Liebe entgegengebracht, die sie noch nie gefunden hatten, nicht einmal in ihrer Familie. Aber ich habe es gewagt, ihnen die Wahrheit zu sagen, und es war aus! Sie übersahen dabei, dass sie, solange sie nicht bestimmte Fehler korrigieren, sich selbst Fesseln anlegen, von den Wesen dort oben nicht akzeptiert werden. In der spirituellen Welt gibt es Hindernisse, die man nur unter bestimmten Bedingungen überwinden kann. Wenn ihr darum bittet, dass man euch die Gesetze und die Schönheit der höheren Regionen offenbart, mit ihren lichtvollen Wesen, die sie bewohnen, ihren Farben, ihrer Musik, ihren Düften, ihrem ganzen Aufbau, all dieser Symmetrie, dieser Herrlichkeit, so werden die Bewohner dieser Regionen euch nicht akzeptieren, wenn ihr dessen nicht würdig seid. Und um dessen würdig zu sein, muss man es wenigstens akzeptiert haben, seine Fehler anzuerkennen und sie zu korrigieren.

Also, meine lieben Brüder und Schwestern, euer Schwachpunkt, das, was euch am Zutritt zur wahren Einweihung hindert, ist die Tatsache, dass ihr oft zu empfindlich seid. Was! Euer Lehrer hat es gewagt, euch zurechtzuweisen! Er hat es gewagt, bestimmte Fehler zu unterstreichen! Das hätte er nie tun dürfen, er hätte handeln sollen wie die anderen. Er hätte nicht den kleinsten eurer Mängel erwähnen dürfen, sich nicht in euer Bemühen um Verbesserung einmischen dürfen. Und übrigens, ihr werdet ihn verlassen und dadurch wird er so richtig bestraft werden... Ihr seht also, man liebt angeblich die Wahrheit, man sucht sie, aber wo ist in all dem die Liebe zur Wahrheit?

Der Schüler, der kein Vertrauen hat in seinen Meister, der nicht findet, dass alles, was er macht, zu seinem Wohl beiträgt, weil er kein anderes Interesse hat als seine Entfaltung, sein Glück, seinen Frieden, verbaut sich den Weg der Entwicklung. Denn was soll eurer Meinung nach ein Meister angesichts so eines Menschen machen? Auch er ist gezwungen, nachzudenken und Maß anzulegen: Das heißt, er wird ihm manche »Türen« nicht öffnen und ihm sogar manche »Schränke« verschließen mit den Worten: »Solange Sie schmollen, solange Sie sich rächen möchten, werden Sie nichts zu essen bekommen.« Genauso macht es die Mutter mit ihrem schmollenden Kind und es wird am Ende kommen und sie flehentlich bitten, weil es Hunger hat. Manche wenig aufgeklärte Mütter hingegen beginnen, wenn sie ihr Kind leiden sehen, selbst zu weinen, auf die Knie zu fallen und es um Vergebung anzuflehen, ohne zu wissen, dass sie gerade damit einen Peiniger heranziehen, der nicht nur ihr Leben, sondern das Leben der ganzen Familie, der Nachbarn und der ganzen Welt vergiften wird.

Also, meine lieben Brüder und Schwestern, ihr solltet alles von mir akzeptieren: Ermahnungen, Schläge, ja, sogar Ohrfeigen... (obwohl ich noch nie welche ausgeteilt habe, aber drücken wir es mal so aus), denn das ist nur zu eurem Wohl. Ich bin imstande, euch in Stücke zu schneiden und euch in einem Kessel kochen zu lassen, um euch dort wiederauferstanden herauszuholen. Ja, ich kann das machen, wenn auch nicht physisch, so wenigstens spirituell, aber nur unter einer Bedingung: Ihr müsst es akzeptieren und könnt im Kochkessel sogar singen! Dann werdet ihr neu erstanden hervorkommen. Aber wenn ihr murrt, wenn ihr zurückschlagt, wenn ihr tretet, kann ich euch nicht wiederherstellen, weil sich durch die Tritte die Stücke nicht mehr so gut zusammenfügen.

Viele von euch sagten mir: »Meister, wenn Sie nur wüssten, in welchem Zustand ich war, als sie mir das sagten...! Aber danach habe ich erkannt, habe verstanden und ich fühlte mich überglücklich!

Ich danke Ihnen von ganzem Herzen.« Was spricht dagegen, sofort glücklich zu sein? Warum erst durch so schreckliche Zustände hindurchgehen? Das ist schade, man sollte sofort glücklich und dankbar sein und verstehen. Denn das Ziel – mein Ziel – ist, nie jemanden zu zerstören, sondern ihm zu helfen, ihn zu verwandeln, ihn zu verschönern und ihn zu retten. Es darf aber nicht der Vorgang als solcher für euch zählen, sondern das angestrebte Ziel. Man kann euch mit krimineller Absicht ein Geschenk machen, aber da ihr nicht klar seht, seht ihr nur das Geschenk und – sterbt an einer Vergiftung. So kann man sich täuschen. Es kommt also nicht auf den Anschein an, sondern das Ziel. Aber mein Ziel bei allem, was ich tue, ist immer, euch zu helfen und wenn ihr aufrichtig seid, könnt ihr nicht umhin, das anzuerkennen.

Ich weiß, dass ich jedes Mal viel riskiere, wenn ich jemanden durchrüttle: Wenn er beim Radio arbeitet, wird er eine Sendung gegen mich machen… Wenn er Journalist ist, wird er einen Artikel schreiben, um mich zu verleumden… Wenn er Maler ist, wird er mich karikieren… Ich weiß das im Voraus, aber ich akzeptiere es, sofern ich ihn dazu bringen kann, klar zu sehen. Ich kalkuliere dabei nicht, dass er mein Feind werden könnte, denn dann wäre das eben so. Zu seinem Wohl mache ich das alles. Wenn mir Jahre später die Ereignisse Recht geben, wird er sich an mich erinnern und anerkennen, dass ich sein Bestes wollte, dass ich wollte, dass er frei und reich ist und von allen geliebt wird.

Manche Brüder und Schwestern verließen die Bruderschaft, weil ich sie angeblich gekränkt habe. Nun, auch sie werden eines Tages verstehen. Ich bin geduldig und warte darauf, dass ihr Zorn und ihre Empörung ein bisschen nachlassen. Sie werden eines Tages als Freunde wiederkommen und ich werde sie aufnehmen, weil sie mir mehr helfen werden als die anderen, denn sie wollen es wieder gutmachen und mich entschädigen, indem sie doppelte Arbeit leisten. Diejenigen, die mir keine Sorge bereitet haben, werden sich nicht verpflichtet fühlen, das zu tun. Also gewinne ich dabei. Das ist in guten Banken gut angelegtes Geld... Zuerst geht es bei ihnen etwas auf und ab, aber eines schönen Tages werden sie ihre Aktivitäten wieder aufnehmen und ich erhalte doppelte Zinsen!

Le Bonfin, den 17. September 1967

Anmerkungen

1. Siehe auch Band 237 der Reihe Izvor »Das kosmische Gleichgewicht – Die Zahl 2«, Kapitel 11: »Das Dreieck Kether-Chesed-Geburah.
2. Siehe auch Band 11 der Reihe Gesamtwerke »Der Schlüssel zur Lösung der Lebensprobleme«.
3. Siehe auch Band 234 der Reihe Izvor »Die Wahrheit, Frucht der Weisheit und der Liebe«, Kapitel 4: »Die Liebe des Schülers, die Weisheit des Meisters«.

## III

*Lesung des Tagesgedankens:*

»Ihr werdet kein Geschöpf finden, das vollkommen auf die Erde gekommen ist. Jeder hat eine Schwäche und sogar mehrere, ob er sie nun zeigt oder verbirgt. Sogar die Eingeweihten haben wenigstens eine Schwäche: Einmal ist es die Angst, einmal Hochmut oder Geiz oder Sinnlichkeit. Die Überlegenheit eines Eingeweihten besteht jedoch darin, dass er sich zuerst einmal seiner Schwäche bewusst ist und dann, dass er mit allen Mitteln versucht, sie zu überwinden. Wie hoch entwickelt auch immer sein Geist sein mag, in dem Maße wie ein Mensch sich auf der Erde inkarniert, empfängt er von seinen Eltern ein mehr oder weniger fehlerhaftes Erbe, das er umwandeln muss, was ihm auch dank seiner anderen guten Eigenschaften und Tugenden gelingt. Und wenn ihm das gelungen ist, wird er noch größer, weil er es geschafft hat, grobe, rohe Materie in bearbeitete Materie zu transformieren, derer er sich für seine Arbeit bedienen kann. Bei den Eingeweihten kann man die Macht des Geistes beobachten, denn es gelingt ihnen, alles zu bemeistern, während die meisten Menschen ihr ganzes Leben lang Schwächen mit sich herumschleppen, die sie nicht besiegen können.«

Sicherlich werden einige von euch erstaunt sein zu hören, dass selbst ein großer Meister nicht vollkommen auf diese Erde kommt. Und mögen mir die Christen verzeihen, wenn ich sage, dass sogar

Jesus nicht vollkommen war. Auch er musste sich unterrichten lassen und eine große Arbeit der Reinigung verrichten, bevor er mit dreißig Jahren den Heiligen Geist empfing (Mt 3,16).[1] Jeder Mensch, der sich auf der Erde inkarniert, empfängt gezwungenermaßen für die Formung seines Körpers gebrauchte, dunkle Partikel, die er reinigen und harmonisieren sollte. Man muss verstehen, was das für eine Materie ist, die über Jahrhunderte von Generation zu Generation weitergegeben wurde. Wie auch sollte sie unversehrt und rein sein? Sogar ein Eingeweihter, dessen Eltern außergewöhnliche Menschen sind, muss eine große Arbeit an der Materie seines Körpers ausführen, um daraus ein vollkommenes Instrument für seinen Geist zu machen. Und je mehr Arbeit er an dieser Materie verrichten muss, desto weiter entwickelt er sich.

Glaubt ihr vielleicht, ich war seit meiner frühesten Kindheit so, wie ich heute bin? Oh nein, auch ich musste jahrelang an dieser Materie arbeiten, und es gibt nichts Schwierigeres. Seele und Geist sind von einer göttlichen Essenz und sie kennen und manifestieren sich als solche in ihrer eigenen Welt, aber sie müssen sich auch durch die Materie, durch den physischen Körper hindurch kennen und sich manifestieren. Darin findet sich das größte Mysterium des Daseins, symbolisiert durch das Bild der Schlange, die ihren Schwanz verschlingt. Der Kopf, das Höhere Ich, der Geist muss sich durch den Schwanz, das niedere Ich, die Materie hindurch manifestieren. Der Geist, der oben ist, der allwissend und allmächtig ist, muss sich in der Materie wie in einem Spiegel sehen können. Genau das ist das Ziel der Einweihung: Dass es einem gelingt, die Materie zu verwandeln, damit sie dem Geist ein Spiegelbild zeigen kann.

Wir kommen also immer wieder auf diese Arbeit zurück, die es an der Materie zu verwirklichen gilt: Sie ist die wahre Mission des Menschen auf dieser Erde. Natürlich sollte man den Herrn lieben und mit Ihm verbunden bleiben, aber wenn man dabei alles andere vergessen will, um ständig mit Ihm zu bleiben, ist man für die Menschheit nicht von großem Nutzen… Und man geht dem Herrn auf die Nerven, wenn man ständig weiter an Ihm klebt! Man muss beim Herrn bleiben, aber um hier, auf der Erde, eine Arbeit zu verrichten.

Also, meine lieben Brüder und Schwestern, da wir auf die Erde kommen, um an der Materie zu arbeiten, darf man sich nicht vorstellen, dass das Leben für die großen Meister einfach ist. Im Gegenteil, gerade sie treffen auf die größten Hindernisse. Da sie die Mittel besitzen, diese Arbeit durchzuführen und den Willen, sie zu leisten, wird ihnen die schwerste Aufgabe anvertraut, in ihrem Inneren und auch außerhalb von ihnen, und dank dieser Schwierigkeiten werden sie noch größer. Ja, dank dieser Schwierigkeiten.

Deshalb sollte der Schüler sich nie wünschen, dass das Leben einfach für ihn oder seine Nächsten ist. Die meisten Väter und Mütter, die ihren Kindern ein müheloses, erfolgreiches Leben im Überfluss wünschen, werden natürlich von ihrer Liebe dazu gedrängt, aber das ist eine etwas dümmliche Liebe, die die wahre Entwicklung dieser Kinder nicht berücksichtigt. Natürlich sage ich nicht, dass die Eltern ihren Kindern Leid wünschen sollen. – Nein, überhaupt nicht, sie sollten sich nicht einmal mit dieser Frage befassen. Ihr Wunsch sollte einzig und allein darin bestehen, dass ihre Kinder Wohltäter für die Menschheit werden, und es liegt am Himmel zu entscheiden, welche Erfahrungen sie machen müssen, um sie bis dorthin zu führen. Vielleicht schickt er ihnen Krankheiten, Feinde, Schande, aber das macht alles nichts, sie werden weit kommen, sehr weit, so weit, dass keine Spur von diesen Schwierigkeiten mehr übrig bleiben wird, nicht einmal mehr eine Erinnerung. Eltern lieben ihre Kinder, aber was wird aus diesen Kindern, wenn man ihnen alle Schwierigkeiten erspart? Sie werden verdummen, das ist alles.

Ich für meinen Teil, das müsst ihr wissen, ich kümmere mich nicht um eure Krankheiten, eure Probleme, eure Scheidungen. Wenn euer Karma euch das auferlegt, dann hat das einen Grund. Ich kümmere mich nur um das Mittel, um euch frei, groß und stark zu machen, in welchen Umständen ihr euch auch immer befindet. Ich bin nicht hier, um euch zu heilen, euch zu trösten und eure Probleme zu lösen (übrigens habe ich gar nicht die Zeit dafür, ich würde eine Ewigkeit brauchen, um mich um eure Probleme zu kümmern, und was für Probleme!), sondern ich bin verpflichtet, euch anzuspornen, euch das höchste Ideal zu zeigen, denn wenn ihr das höchste Ideal habt, dann könnt ihr die Probleme selbst lösen.[2] Wenn ich euch hingegen alle Prüfungen erspare, bleibt ihr immer schwach, kümmerlich und verwundbar. Und was tut ihr dann, wenn ich eines Tages nicht mehr da bin?

Gestern wurde im Fernsehen in einer Sendung gezeigt, wie viele Menschen zu Hellsehern, Medien und Magiern gehen, um ihre Gesundheits- und Liebesprobleme zu lösen, um sich zu exorzieren und von einem Zauber befreien zu lassen. Sie selbst tun nichts, um die Schwierigkeiten zu besiegen, um stärker zu werden, sie lassen andere an ihrer Stelle die Arbeit machen. Aber auch wenn sie es zulassen, dass jemand kommt, um sie von einem Zauber zu befreien, kann jemand anderer kommen und sie erneut behexen, weil sie schwach sind. Alle denken nur daran, jemanden zu suchen, der sie dann heilt, tröstet und beruhigt. Deshalb bleiben sie unwissend, schwächlich und verwundbar.

Nun, hier ist es nicht so. Hier tröstet man euch nicht, entlastet man euch nicht, heilt man euch nicht, sondern man gibt euch Mittel und Waffen, damit ihr selbst intelligent, mächtig und unbesiegbar werdet. Und das ist besser, viel besser. Aber da auch ihr die Leichtigkeit sucht, findet ihr, dass es hier nichts und niemanden gibt, der euch helfen kann. Nun, da täuscht ihr euch aber gewaltig! Wenn es jemanden gibt, der euch helfen kann und nicht nur für zwei, drei Tage, sondern für die Ewigkeit, dann bin ich das. Nur macht ihr ja lieber nur den Mund auf, es ist euch egal, dass die Heilmittel, die ihr schluckt, nur Notlösungen sind. Wann werdet ihr begreifen, dass ihr lernen müsst, euch selbst durchzuschlagen?

Hier gibt man euch alle Mittel, versucht wenigstens, euch ihrer zu bedienen! Sogar wenn der größte Meister euch heilt und euch beschützt, wird das nur für kurze Zeit wirken, denn in Wirklichkeit hängt alles von euch ab, ihr habt das letzte Wort. Wenn ihr euch des Lichtes und der Schlüssel, die er euch gibt, zu bedienen wisst, dann ja, dann ist es endgültig, denn dann tritt euer wahres Ich, eure Seele, euer Geist in Aktion.

Ich kenne die menschliche Natur. Ihr wollt, dass ich euch sage: »Verlasst euch auf mich, ich werde euch retten, ich werde euch heilen, ich werde euch glücklich machen.« Nun, meine lieben Brüder und Schwestern, nein, das werde ich euch nicht sagen, weil es nicht wahr ist. Wenn euch das jemand sagt, dann hat er ein Interesse daran, euch zu täuschen. Ich sage euch: »Verlasst euch auf die großen Wahrheiten, die ich euch vermittle, akzeptiert sie in euch, verstärkt sie, belebt sie, ernährt sie und ihr werdet die Ergebnisse sehen.«

Heute habe ich vielleicht einige eurer Illusionen zerstört, aber das geschah um der Wahrheit willen, zu eurem Wohl. Merkt euch, dass jeder Geist, der sich auf der Erde inkarniert, gezwungenermaßen von seinen Eltern ein altes Erbe an Unreinheiten und Schwächen aufnimmt: Seinen physischen Körper, und an diesem Körper muss er arbeiten.

Le Bonfin, den 3. Januar 1981

Anmerkungen

1. Siehe auch Band 240 der Reihe Izvor »Söhne und Töchter Gottes«, Kapitel 7: »Der Mensch Jesus und das kosmische Prinzip des Christus«.
2. Siehe auch Band 307 der Reihe Broschüren »Das hohe Ideal«.

## IV

Frage: »Meister, können Sie uns sagen, was die Anwesenheit von Judas unter den zwölf Aposteln Jesu bedeutet?«

Ich habe bereits in der Vergangenheit über die Zahl dreizehn gesprochen und euch gesagt, dass es zum Beispiel gefährlich ist, wenn dreizehn Personen am gleichen Tisch essen, denn wenn einer unter ihnen nicht rein ist, kann den anderen und vor allem dem Jüngsten ein Unglück geschehen. Nun, Jesus und seine Apostel waren dreizehn, und Judas war nicht sehr rein: Er hegte Zweifel bezüglich Jesus und er wollte es ausprobieren, um zu sehen, ob dieser wirklich der Sohn Gottes war, ob er alle Macht hatte… Aber als er schließlich sah, was er mit seinem Fehler angerichtet hatte, wurde er von so einer Hoffnungslosigkeit gepackt, dass er sich erhängte (Mt 27, 3-5).

Man muss wissen, dass jedes Ding und jedes Wesen auf der Erde zwei Seiten hat. Seht euch einen Baum an: Mit seinen Ästen und Blättern ernährt er sich von Luft und Licht, mit seinen Wurzeln hingegen ernährt er sich von den Elementen der Erde. Auch der Mensch empfängt, wie der Baum, Kräfte von oben und Kräfte von unten, von der höheren Welt und von der niederen Welt. Deshalb unterweist ein Meister seine Schüler, damit sie die unterirdischen Kräfte, die sie mithilfe ihrer Wurzeln aufnehmen, beherrschen und nutzen können.

Als Adam und Eva im Paradies, im Garten Eden lebten (1 Mo 2,8-15), war es, als lebten sie in den Blüten eines Baumes. Die Blüten sind der Luft und dem Sonnenlicht ausgesetzt, sie bekommen Besuch von Schmetterlingen und Bienen... Es ist ein himmlisches und strahlendes Leben, das man in den Blüten lebt... Aber eines Tages, unter dem Einfluss der Schlange (1 Mo 3,2-5), die den Verstand darstellt, verließen Adam und Eva die Blüten und stiegen durch den Stamm bis in die Wurzeln des kosmischen Baumes hinab, um zu sehen, woher diese Energie, dieser Saft, diese Vitalität kam, die in dem Baum zirkulierte. Die Regionen, die sie erreichten, hatten kein Licht und keine Wärme. Sie fühlten nun die Last der Materie und alles wurde schwieriger für sie: sich zu bewegen, sich zu ernähren und auch zu handeln...

Diese Geschichte von Adam und Eva und der Schlange, die in der Genesis erzählt wird, ist in Wirklichkeit eine Geschichte, die aus dem Menschen selbst hergeleitet wurde.[1] Sie ist in ihm niedergeschrieben. Moses verwendete hier Symbole, aber diese Symbole entnahm er aus der individuellen und kollektiven Geschichte des Menschen, wo sich alle diese Ereignisse unaufhörlich wiederholen. Was im Garten Eden geschah, geschieht ständig in der einen oder anderen Form in uns: Der Baum des Lebens, der Baum der Erkenntnis von Gut und Böse, die Schlange, alles ist im Menschen vorhanden, und man muss es dort finden. In diesem Augenblick versteht man, dass Moses nichts erfunden hat und dass dies eine ewige Geschichte ist: Man lebt glücklich im Paradies und dann wird man von den Wurzeln versucht und man verlässt das Paradies...

Sogar Jesus konnte nicht verhindern, dass es um ihn herum ein Geschöpf gab, das von der Lebensenergie der Wurzeln beseelt war. Er wusste es, er war gewarnt. Und der Beweis, dass er es wusste, ist diese Stelle des Johannesevangeliums, wo Jesus beim letzten Abendmahl mit seinen Jüngern auf deren Frage, wer unter ihnen ihn verraten würde, antwortete: »Der ist‘s, dem ich den Bissen eintauche und gebe« (Joh 13,26). Er gab diesen Bissen Judas und sagte dann zu ihm: »Was du tust, das tue bald« (Joh 13,27). Jesus wusste also Bescheid und er verhinderte nichts. Er ermutigte Judas sogar dazu, weil er zu ihm sagte, er solle es bald tun. Wie viele Dinge, über die man nachdenken und die man verstehen sollte! Kein Meister, und sei es auch der größte, kann verhindern, dass dunkle Wesen und Verräter sich um ihn herumtreiben und ihm schaden und versuchen, sein Werk zu zerstören. Das Einzige, was er tun kann, ist, diese Situation zu benutzen, um innerlich noch größer zu werden.

Judas gehörte dieser Sorte mittelmäßiger und schwacher Menschen an, die geeignet sind, die negativen Kräfte in sich einzulassen, die sich immer manifestieren wollen, wenn ein Eingeweihter das Licht hinausstrahlt und große Dinge machen möchte. Aber der Eingeweihte weiß das. Er weiß, dass er die Kräfte des Bösen hervorruft und provoziert, und wenn diese Kräfte ihn erfolgreich zu Fall bringen, dann bedeutet das, dass es von den Vierundzwanzig Ältesten bereits so bestimmt war. Wenn es vom Himmel nicht angeordnet gewesen wäre, dass Jesus unter den Bedingungen sterben musste, unter denen es geschah, so hätte kein Judas etwas ausrichten können. Er war deshalb erfolgreich, weil Jesu Tod schon lange geschrieben stand, und Jesus wusste es, er erwähnte es an mehreren Stellen in den Evangelien. Deshalb versuchte er nicht, dem zu entkommen, und vor Kaiphas (Mt 26,57-67) und Pilatus (Mt 27,11-26) verteidigte er sich nicht einmal.

Mit all der Macht, die er besaß, hätte Jesus dem Tod entgehen können, das wäre einfach gewesen. Er sagte: »Mir ist gegeben alle Gewalt im Himmel und auf Erden« (Mt 28,18). Hätte er also nicht diese Leute niederschmettern oder unsichtbar werden oder sie beeinflussen können, dass sie ihn frei lassen? Er hat nichts gemacht, und gerade dies rief Zweifel und Entmutigung bei seinen Jüngern hervor, so sehr, dass Petrus ihn verleugnete (Mt 26,69-75). Und auch das wusste übrigens Jesus bereits im Voraus. All seine Jünger sahen ihn Kranke heilen, Tote auferwecken, und sie konnten nicht verstehen, dass er sich auf solche Weise zum Märtyrer machen und töten ließ.[2]

Danach, nach anderen Ereignissen, fanden die Jünger ihre Überzeugung natürlich wieder, so weit, dass auch sie sich zu Märtyrern machen ließen. Aber zunächst waren sie enttäuscht zu sehen, dass die Macht ihres Meisters nicht so groß war, wie sie glaubten. Sie verstanden nicht, dass er seine Macht nicht zeigen wollte, damit sich die Dinge erfüllten.

Der Verrat des Judas, der den Tod Jesu herbeiführen musste, war bereits von den Herren des Schicksals bestimmt, und Jesus konnte dem nicht entgehen. Aber Judas selbst war einer dieser schwachen Menschen, die in der Nähe großer Meister immer eine offene Tür darstellen für die Geister der Hölle, die ihrer Arbeit schaden wollen. Das ist die Antwort auf Ihre Frage.

Le Bonfin, den 13. April 1980

Anmerkungen

1. Siehe auch Band 3 der Reihe Gesamtwerke »Die beiden Bäume im Paradies«, Kapitel 9: »Die beiden Bäume des Paradieses: 1. Die Achsen Widder-Waage und Stier-Skorpion – 2. Die Schlange der Genesis«.
2. Siehe auch Band 243 der Reihe Izvor »Das Lächeln des Weisen«, Kapitel 13: »Möge euer Name im Buch des Lebens eingetragen sein«.

# VIII

# WIE MAN ÜBER DIE VORSTELLUNG VON GERECHTIGKEIT HINAUSWÄCHST

I

## Abschnitt 1

Die meisten Menschen können ihre Impulse überhaupt noch nicht kontrollieren. Wenn sie von jemandem enttäuscht sind, tun sie alles, um ihn bei den anderen in Verruf und dann in eine unhaltbare Lage zu bringen. Ob diese Person Gefahr läuft, krank zu werden oder sich sogar umzubringen, das fragen sie sich nicht. Sie denken nicht einmal daran, dass sie vom Himmel dafür zur Verantwortung gezogen werden können und sie sich so ein sehr schlechtes Karma schaffen.

Glaubt nicht, dass ihr, nur weil ihr von jemandem getäuscht oder enttäuscht wurdet, das Recht habt, überall herumzuerzählen, was er euch angetan hat: »Aber damit soll doch nur Gerechtigkeit wiederhergestellt werden!« Nein, diese Auffassung von Gerechtigkeit ist der Ursprung allen Unglücks. Im Namen der Gerechtigkeit glaubt der erste Dahergelaufene, dass er die einen bestrafen und den anderen eine Lektion erteilen kann. Lasst die Gerechtigkeit in Ruhe. »Und was soll man also tun?« Man sollte auf ein Prinzip zurückgreifen, das über der Gerechtigkeit steht, ein Prinzip der Liebe, der Güte, der Großzügigkeit. Aber auch zweitausend Jahre nachdem Jesus diese neue Lehre gebracht hat, wenden die Christen immer noch das Gesetz Mose an: »Auge um Auge, Zahn um Zahn« (2 Mo 21,24). Sie haben noch nicht verstanden, dass man nicht so sehr das Gesetz der Gerechtigkeit anwenden sollte, wenn man wirklich groß und frei sein will. Habt ihr wirklich gesiegt, wenn ihr euren Feind völlig gebrochen seht? Es kann sein, dass ihr nicht sehr stolz auf euch seid und dass ihr anfangt, euch wegen eures Vorgehens Vorwürfe zu machen, aber es wird dann zu spät sein und ihr werdet euch sehr schlechte Bedingungen für diese oder die nächste Inkarnation schaffen.

Man sollte also ein neues Verhalten erlernen. Ihr habt jemandem etwas Gutes getan: Ihr habt ihm zum Beispiel Geld gegeben. Dann findet ihr eines Tages, dass diese Person es nicht verdiente, dass ihr ihr geholfen habt und ihr erzählt allen, was ihr für sie getan habt und zeigt auf, dass sie eure Güte gar nicht verdient hat. Warum erzählt ihr das alles? Wenn ihr Gutes getan habt und ihr es allen weitersagt, zerstört ihr dieses Gute. Es war oben eingeschrieben, dass ihr belohnt werden sollt, und jetzt löscht ihr durch euer Handeln eure gute Tat.

Selbst wenn euch jemand getäuscht oder geschädigt hat, das macht nichts, ihr solltet es nicht erzählen. Im Gegenteil, durch euer Verhalten solltet ihr dieser Person zeigen, dass ihr mehr wert seid als sie. Eines Tages wird sie sich schämen und sie wird nicht nur alles tun, um den Schaden auszugleichen, den sie euch verursacht hat, sondern sie wird euch sogar zum Vorbild nehmen. Wann entschließt ihr euch, euch groß und edel zu zeigen? Man sollte ein bisschen die Augen zumachen und verzeihen, auf diese Weise werdet ihr größer, werdet ihr großartig, und das, was ihr verloren habt, wird euch hundertfach zurückgegeben. Wenn ihr euch hingegen zu rächen versucht, schafft ihr so viele negative Dinge, dass sie eines Tages auf euch zurückfallen und dann wird man euch mit Füßen treten. Im selben Moment werdet ihr die Dummheit eures Verhaltens begreifen. Was man euch also auch immer antut, versucht nicht, euch zu rächen, sondern wartet darauf, dass der Himmel sich zu euren Gunsten ausspricht, was früher oder später zwangsläufig eintreffen wird.[1]

Versteht von nun an, wie nutzbringend es ist, das Licht der Einweihung zu empfangen. Ein gewöhnlicher Mensch, den man beleidigt und dem man Schaden zugefügt hat, schlägt natürlich zurück, um seinem Gegner angeblich eine Lektion zu erteilen, und alle finden das normal und »gerecht«. Ja, vielleicht gerecht entsprechend der Auffassung, die

die Masse von Gerechtigkeit hat, aber ich sagte es euch bereits: Was in den Augen der gewöhnlichen Menschen Gerechtigkeit ist, wird in den Augen der Eingeweihten zur Dummheit. Denn was wird geschehen? Sobald dieser Mensch sein Racheverlangen, das ihm seine Personalität eingibt, freien Lauf gelassen hat, betritt er einen teuflischen Kreislauf, aus dem er nicht mehr herauskommen kann. Er hat sich eines Feindes entledigt, einverstanden… Aber es werden immer wieder andere auftauchen und er wird sich wieder anstrengen müssen, sie auszulöschen, das heißt, in sich selbst Gefühle und Verhaltensweisen aufrechterhalten, die nur die Personalität stärken. Und was wird er damit gewinnen? Nichts, denn all diese umgebrachten Feinde werden wiederkommen, sie sind nicht vollständig verschwunden, sie werden sich wieder verkörpern und alle Möglichkeiten haben, ihrerseits Rache zu nehmen. So bereitet sich jemand, der glaubte, seine Gegner beseitigt zu haben, in Wirklichkeit eine ganze Anzahl anderer Feinde für die Zukunft, und am Ende wird er es sein, der unterliegt.

Diese alte Methode der Rache führt zu keiner Lösung, im Gegenteil, sie verkompliziert die Dinge, sie macht das Dasein schwer, sie vermehrt die karmischen Schulden und führt schließlich zu Niederlagen, die den Menschen früher oder später dazu zwingen, seinerseits zu verschwinden. Man kann also nicht sagen, er habe mit einer erhabenen Intelligenz gehandelt! Doch nehmen wir nun einen wahren Eingeweihten. Auch er wurde schicksalhaft beleidigt, beschmutzt, mit Füßen getreten, geschädigt, gedemütigt von Menschen, die ein Interesse daran hatten, ihn zu bekämpfen. Da er jedoch die Gesetze kennt, wendet er andere Methoden an. Anstatt sich direkt an seinen Gegnern zu rächen, lässt er sie in Ruhe, in Freiheit und in Frieden, sollen sie sich entwickeln, wie sie wollen! Er weiß im Vorhinein, wie sie enden, also wartet er ab und bereitet sich vor. Worauf? Sie umzubringen? Nein, ich sagte, er möchte sich keine Schulden aufladen, die er dann begleichen muss. Er möchte frei und stark sein. Und die Kraft besteht nicht darin, seinen Revolver oder sein Gewehr zu nehmen, um einen Feind niederzuschießen. Das ist keine Kraft, das ist Schwäche… und Unwissenheit!

Also, der Eingeweihte bereitet sich vor. Er sagt: »Ihr glaubt, ihr hättet mich vernichtet? Wartet nur, ihr werdet schon sehen, wie euch geschieht!«, und er beginnt eine gigantische Arbeit an sich selbst. Er betet, meditiert, lernt, übt sich, bis er eines Tages endlich die wahre Weisheit, die wahre Kraft besitzt. Und wenn es dann dazu kommt, dass er seinen Feinden wieder begegnet, sind sie überwältigt. Es geschieht etwas Unbeschreibliches in ihrem Kopf, in ihrem Herzen, in ihrer Seele… Angesichts des Lichtes dieses Eingeweihten, der anstatt sich zu rächen, an sich selbst gearbeitet hat, fühlen sie sich hässlich und unscheinbar. So sieht der wahre Sieg aus, der wahre Triumph für den Eingeweihten: Er beseitigt seine Feinde nicht. Dadurch dass er sie ganz in Ruhe gelassen hat, hat er die Oberhand gewonnen.[2]

Wir sagen in Bulgarien: »Stoßt einen Betrunkenen nicht um, er wird ganz von selbst umfallen.« Wer von seinem Hochmut, seiner Selbstgefälligkeit, seiner Größe trunken ist, wird eines Tages ganz von selbst umfallen, ohne dass ihr ihn umstoßt. Wenn ihr es seid, der ihn umstößt, wird das Gesetz euch für seinen Sturz verantwortlich machen, lasst ihr ihn jedoch in Ruhe, wird er zwangsläufig umfallen, und es ist nicht eure Schuld. In der Zwischenzeit habt ihr euch ausschließlich darum gekümmert, selbst besser zu werden. Ihr habt euch mit allem beschäftigt, was rein, lichtvoll und göttlich ist. Ist das nicht die beste Lösung? Doch. Natürlich muss man viel Liebe, Güte, Geduld und Licht besitzen, um diese Methode anzuwenden, aber ich kenne keine wirksamere. Ohne Boshaftigkeit, ohne Rache häuft ihr glühende Kohlen auf dem Haupt eurer Feinde an. Sie werden euch sehen und das genügt. Danach werden sie Reue zeigen und kommen, um das Böse, das sie euch angetan haben, wiedergutzumachen.

Denn es gibt immerhin ein Gesetz in der Natur: Eines Tages – wenn nicht in dieser Inkarnation so in der nächsten – werden alle, die euch Böses angetan haben, gezwungen sein, euch aufzusuchen, um ihre Fehler wiedergutzumachen. Es kann sein, dass ihr dabei intuitiv fühlt, dass es sich um alte Feinde handelt und ihr ihnen ausweichen wollt. Das macht nichts, sie werden weiter um euch kreisen und euch darum bitten, ihre Dienste anzunehmen. Denn das Gesetz will es so; vielen ist es schon so ergangen. Ihr seht also, alle, die euch Böses angetan haben und denen ihr nicht mit Bösem geantwortet habt, wird das Gesetz dazu zwingen (ob sie es nun wollen oder nicht, ihre Meinung zählt nicht), das Unrecht wieder gutzumachen, das sie euch angetan haben.

Der Eingeweihte ist also fähig, sich zu rächen, aber mit dem Licht, mit der Liebe. Und auch ihr könnt euch rächen: Es ist normal, sich zu rächen, warum nicht? Aber es gibt zwei Arten, es zu tun: Euren Gegner komplett bewusstlos und in Stücke zu schlagen oder ihn unberührt zu lassen, aber in seinem Herzen, in seiner Seele einen Sinneswandel zu bewirken, was sich sowohl für euch als auch für ihn nur positiv auswirkt. Dieses zweite Verhalten ist in doppelter Hinsicht von Vorteil.

Ich rate den Brüdern und Schwestern der Bruderschaft, ihr Möglichstes zu tun, um ihre Probleme zu lösen, ohne sich neues Karma zu schaffen. Warum müssen sich sogar die Mitglieder einer Familie wegen Geldfragen gegenseitig vor Gericht zitieren? Können sie nicht ein bisschen darüber stehen...? Warum müssen die Menschen sich immer an ihren Interessen und ihren Besitztümern festklammern? Eine Geste genügt, mein Gott, und sie sind frei! Zuallererst sind sie natürlich nicht so glücklich über diese Geste, sie leiden. Sie fühlen sich eingeengt. Aber wenn es ihnen gelingt, entdecken sie neue Regionen, neue Lichter und es wird keiner stolzer und glücklicher sein als sie. Denn sie haben etwas sehr Schwieriges verwirklicht: ihre Personalität besiegt.

Es ist die Personalität, die den Menschen ständig rät, die Bettdecke an sich zu ziehen, zu verleumden, sich zu rächen und bis vor Gericht zu gehen, um die anderen bloßzustellen. Und dann glaubt man, die Lehre verstanden zu haben! Überhaupt nicht, man hat nichts verstanden. Man hört die Vorträge, man liest die Bücher, man ist begeistert, aber handelt weiterhin nach den alten Gewohnheiten; das sehe ich doch. Angesichts eines solchen Lichtes, solcher Wahrheiten, solcher Offenbarungen immer noch wie alle anderen zu handeln, das ist wirklich bedauerlich!

Wenn ihr auf die Güte, auf die Intelligenz und auf die göttliche Liebe zählt, wenn ihr nach den Regeln der Lehre handelt, wird euch der Himmel nicht verlassen, weil ihr etwas getan habt, was euch mit ihm verbindet. Das ist wieder ein Punkt, den viele Brüder und Schwestern nicht verstanden haben. Sie haben weder Glauben noch Vertrauen in die Macht der unsichtbaren Welt, die sie unterstützen und ihr Dasein erleichtern kann, wenn sie so arbeiten, wie diese es von ihnen verlangt. Sie vertrauen immer auf die Intrigen und Unehrlichkeiten der Personalität und deshalb erreichen sie auch nicht ihre Ziele, weil ihnen die unsichtbare Welt Hindernisse in den Weg legt. Die Eingeweihten hingegen, die die Gesetze respektieren und auf den Himmel vertrauen, werden niemals allein gelassen. Auch wenn die ganze Welt sie verlässt, werden sie unterstützt, ermutigt und erhellt.

Hört also auf, euch an die alten Auffassungen zu klammern, denn das Leben wird nicht zögern, euch eure Irrtümer unverzüglich aufzuzeigen. Und nicht einmal dann werdet ihr die Lektionen, die euch das Leben auf diese Art und Weise erteilt, verstehen. Ihr werdet euch auflehnen und die ganze Welt und sogar den »ungerechten« Herrn beschuldigen, anstatt zu sagen: »Das geschieht dir recht, du bist zu dumm, wärst du intelligenter, reiner, lichtvoller und stärker, wäre dir das nicht passiert.« Und so werdet ihr immer in den gleichen Problemen herumwaten.

Also, meine lieben Brüder und Schwestern, ihr, die Schüler der Universellen Weißen Bruderschaft, ihr dürft nicht mehr so handeln wie die anderen, die nichts von diesen großen Gesetzen wissen. Ich meinerseits, ich liebe beide Seiten: die »Opfer« und die »Peiniger«. Ich möchte, dass beide Fortschritte machen, dass sie sich befreien und glücklich sind. Da ihr ja in der Universellen Weißen Bruderschaft seid, da ihr die Vollkommenheit sucht, solltet ihr ein anderes Verhalten annehmen.

Le Bonfin, den 2. April 1980

Anmerkungen

1. Siehe auch Band 226 der Reihe Izvor »Das Buch der göttlichen Magie«, Kapitel 16: »Ihr solltet niemals versuchen Rache zu üben«.
2. Siehe auch Band 12 der Reihe Gesamtwerke »Die Gesetze der kosmischen Moral«, Kapitel 20: »Wenn dich jemand auf die rechte Backe schlägt…«.

# I

## Abschnitt 2

Also, angenommen ihr wollt euch an jemandem rächen, der euch Böses angetan hat, wie wollt ihr dann genau wissen, welche gerechte Strafe er verdient? Ihr werdet sagen: »Ja, er hat mir eine Ohrfeige gegeben, also gebe ich ihm eine zurück.« Einverstanden, aber könnt ihr ihm genau dieselbe Ohrfeige zurückgeben? Nein, und für alles andere gilt das Gleiche, ihr könnt nie ganz genau das Böse zurückgeben, das man euch angetan hat. Also, mischt euch da nicht ein, überlasst das denen, die jedem genau das zu geben wissen, was er verdient, sonst begeht ihr in eurer Unwissenheit Irrtümer, die ihr eines Tages wieder gutmachen müsst. Das bedeutet, dass ihr eurem Feind auf eurem Weg wieder begegnet und dass ihr wieder Probleme mit ihm haben werdet.

Diese Idee, die ich euch hier darstelle, wird auf sehr originelle Art und Weise von Shakespeare in seinem »Kaufmann von Venedig« dargestellt. Der Wucherer Shylock leiht dem Kaufmann Antonio die Summe von dreitausend Dukaten und fügt im Vertrag hinzu, dass er zu einem bestimmten Datum, falls Antonio die Summe nicht zurückzahlen würde, das Recht habe, aus Antonios Körper ein Pfund Fleisch herauszuschneiden. Als der Tag kommt und Antonio, dessen Schiffe mit all seinen Gütern durch Schiffbruch untergegangen waren, die Summe nicht zurückzahlen kann, bringt ihn Shylock vor Gericht, um das Pfund Fleisch, das ihm zusteht, zu fordern. Keine Bitte kann

Shylock umstimmen und das Gericht ist gezwungen, das Urteil zu vollstrecken. Plötzlich greift ein Richter (der in Wirklichkeit eine verkleidete Frau ist) in das Geschehen ein: Er verlangt eine Waage, bittet Antonio seine Brust zu entblößen und Shylock, das Pfund Fleisch herauszuschneiden, aber, so fügt er hinzu, ohne einen Tropfen Blut zu vergießen, weil der Vertrag nur das Fleisch erwähnt. Sollte er einen einzigen Tropfen Blut vergießen, würde sein Vermögen konfisziert werden. Natürlich hat Shylock Angst und will seine Klage zurückziehen. Aber der Richter besteht im Gegenteil darauf und fügt dieses Mal hinzu: »Wenn du das ausgemachte Pfund auch nur um den Wert eines Haares vermehrst oder verminderst, wirst du sterben und all deine Güter werden konfisziert.« Shylock hat natürlich noch mehr Angst... Und am Ende geht alles gut aus, dank der Weisheit dieser jungen Frau, die verstanden hatte, wie unvollkommen die menschliche Gerechtigkeit ist.

Und nehmen wir einmal an, es gelänge einem sogar, die Dinge genau zu dosieren, so müssten, um absolut gerecht zu sein, auch die Bedingungen genau dieselben sein. Ist die Geldstrafe von tausend Francs für einen Milliardär dasselbe wie für einen Menschen, der kaum Geld zum Leben hat? Nein. Ihr seht also, dass es fast unmöglich ist, Gerechtigkeit walten zu lassen. Wenn ihr also findet, dass eine Person, die euch geschadet hat, unbedingt eine Strafe verdient, wendet euch an die unsichtbare Welt und sagt zu ihr: »Diese Person hat mir dieses und jenes angetan und aufgrund all dessen befinde ich mich in großen Schwierigkeiten in diesem und jenem Bereich. Ich bitte euch also einzuschreiten, damit dieses Böse wiedergutgemacht wird.« Ihr reicht so eine Klage beim Himmel ein, wie man es im täglichen Leben bei den Gerichten macht und der Himmel wird dann sehen, wie er handeln muss. Aber ihr solltet auf alle Fälle gar nichts machen.

Denn es gibt auch etwas, das ihr oft nicht kennt, nämlich den Grund, warum bestimmte unangenehme Ereignisse in eurem Leben geschehen. Vielleicht wurde die Person, von der ihr glaubt, dass ihr euch über sie beklagen müsst, von der unsichtbaren Welt gedrängt, euch Lektionen zu erteilen, euch bestimmte Wahrheiten verständlich zu machen oder sogar, euch zu zwingen, euch zu verbessern…[1] Warum wollt ihr diese Umstände nicht nutzen, statt über Racheideen zu brüten, euch gegen den Himmel aufzulehnen, der euren Feind noch immer nicht ausgelöscht hat… statt euch schließlich an Unschuldigen zu rächen, wie das oft im Leben geschieht?

Wenn sich also jemand euch gegenüber schlecht verhält, solltet ihr wenigstens lernen, euch richtig zu verhalten. Es ist nicht eure Sache, ihn zu bestrafen, es gibt im Universum Gesetze, die sich darum kümmern werden. Was euch anbetrifft, ihr solltet nicht mit negativen Beschäftigungen leben, denn dieser psychische Zustand wird sich ganz ungünstig auf euer Innerstes auswirken, und sogar euer Gesicht wird eines Tages all diese schlechten Gefühle widerspiegeln, die ihr genährt habt.[2] Ihr werdet sagen, dass ihr euer gutes Recht verteidigt… Das kann sein, aber ihr arbeitet gegen euch selbst und werdet niemals den rechten Weg finden.

Le Bonfin, den 11. September 1980

Anmerkungen

1. Siehe auch Band 231 der Reihe Izvor »Die Saaten des Glücks«, Kapitel 18: »Von der Nützlichkeit der Feinde«.
2. Siehe auch Band 241 der Reihe Izvor »Der Stein der Weisen«, Kapitel 2: »Was zum Mund hineingeht, das macht den Menschen nicht unrein…«.

## II

*Lesung des Tagesgedankens:*

»Ihr solltet euch der Auswirkungen bewusst werden, die eure guten oder schlechten Zustände in der unsichtbaren Welt hervorrufen. Macht ihr das nicht, dann ist das euer Pech, denn eines Tages werdet ihr dazu gezwungen werden. Wenn ihr im Jenseits ankommt und man euch zeigen wird, dass ihr die Ursache dieses oder jenes Verbrechens, dieses oder jenes Unfalls wart, könnt ihr lange protestieren und sagen, dass ihr all diese bösen Taten niemals ausgeführt habt, dass ihr niemals weder gestohlen noch getötet habt, man wird euch antworten: ›Ja, aber diese Personen haben wegen euch gelitten, eure Gedanken und Gefühle haben sie beeinflusst und wegen euch haben sie diese bösen Taten ausgeführt.‹ Man ist nicht nur verantwortlich für seine Handlungen, sondern auch für seine Gedanken und Gefühle, denn diese wirken in der unsichtbaren Welt wie Kräfte, die die Menschen zum Guten oder zum Bösen treiben.«

Die menschliche Gerechtigkeit ist zwangsläufig unvollkommen, weil sie sich nur auf die Handlungen gründet. Sie zieht die Gedanken und Gefühle nicht in Betracht, die jedoch die wahren Kräfte sind.[1] Die Handlungen sind nur die Folgen einer Bewegung, die viel weiter oben, im Herzen, im Verstand, in der Seele oder im Geist geboren wird.

Der Ursprung von allem, was auf der physischen Ebene geschieht, liegt nicht auf der physischen Ebene, sondern viel weiter weg, viel höher oben. Das gilt für die Erde, deren Formen durch das Handeln von Sonne, Luft und Wasser modelliert werden, aber das gilt auch für unser Handeln, das von unseren Gedanken und unseren Gefühlen abhängt.[2] Deshalb müsst ihr der Beschaffenheit eurer Gedanken und Gefühle viel mehr Bedeutung beimessen als der Beschaffenheit eurer Gesten, denn in dem Moment, wo eure Gedanken und Gefühle göttlich sind, werden auch eure Gesten göttlich sein.

Wenn ihr keinen Appetit habt, werdet ihr dann den Speiseschrank öffnen, um Essen herauszuholen? Wenn ihr nicht den Wunsch habt zu töten, werdet ihr dann jemanden töten? Wenn ihr aber diesen Wunsch habt, wirkt er, auch wenn er auf der physischen Ebene nicht verwirklicht wird. Wenn dieser Wunsch tatsächlich sehr stark ist und ihr gut entwickelte psychische Fähigkeiten habt, wirkt er. Das gilt für die Magier, sowohl für die weißen als auch für die schwarzen Magier. Aber da man auf der physischen Ebene nie sieht, dass sie dadurch jemanden retten oder umbringen, werden die Weißmagier von der menschlichen Gerechtigkeit nie belohnt und die Schwarzmagier nie bestraft.

Solange die Menschen nicht die Möglichkeit haben, auf der feinstofflichen Ebene zu forschen, können sie nicht angemessen Gerechtigkeit üben. Denn wie viele verwirklichen, ohne dass sie es wissen, die Projekte von Personen, die sie nicht einmal kennen! Die Gedanken und Gefühle sind wirksame Kräfte, die diejenigen beeinflussen können, die durch ihre psychische Struktur entsprechend vorbereitet sind, die Wellen zu empfangen, die andere ihnen senden. So gibt es schwache Menschen, die schließlich Verbrechen begehen, weil sie von den Kräften der negativen Gedanken und Gefühle anderer Personen dazu getrieben wurden. Und da die Justiz nicht hellsichtig ist, hat sie diejenigen nicht bestraft, die diese kriminellen Gedanken und Gefühle in den Raum schickten, sondern diejenigen, die sie ausführten, während sie in Wirklichkeit nicht die wahren Schuldigen waren.

Natürlich waren sie in dem Sinne schuldig, dass sie sich so sehr selbst vergessen haben und so schwach waren, dass sie zum Instrument für die negativen Strömungen wurden, aber die wahren Initiatoren dieser Verbrechen waren nicht sie.[3]

Es kommt manchmal während des Tages oder sogar während der Nacht vor, dass ihr fühlt, dass sich plötzlich der Wunsch einstellt, dieses oder jenes zu tun. Woher kommt das? Ihr wisst es nicht. Es kann sein, dass es von euch selbst kommt, es kann aber auch sein, dass eine Strömung vorbeizieht, an die ihr euch angeschlossen fühlt. Es zirkulieren so viele Strömungen und Kräfte in der unsichtbaren Welt, dass ihr den negativen Einflüssen unterliegt, wenn ihr innerlich nicht stark genug seid, und ihnen widerstehen könnt. Solange man die Einweihungswissenschaft nicht kennt, kann man die ganzen Phänomene der Besessenheit, des Besetztseins nicht verstehen, obwohl es sich dabei um unsichtbare Phänomene handelt, sind sie sehr wohl real.

In der Vergangenheit, als die unsichtbare Welt für die Menschen Realität war, verdammte und bestrafte man natürlich diejenigen, die schwarze Magie ausübten. Aber es war auf der anderen Seite nicht viel besser, denn auf diese Weise verbrannte man Tausende von unschuldigen Leuten, die angeblich in Verbindung mit dem Teufel standen. Es reichte manchmal nur eine einfache Anzeige und arme Unglückliche wurden eingesperrt, gefoltert und oft hingerichtet. Ihr kennt ja schließlich diese ganzen abscheulichen Geschichten von den Hexenprozessen im Mittelalter. Was dort geschah, war so schrecklich, dass man heute niemanden mehr vor einem Gericht der schwarzen Magie beschuldigen könnte. Und dennoch gibt es die schwarze Magie. Es gibt sie sogar zunehmend mehr, und die Hexer und Schwarzmagier haben ihre Ruhe, denn sie wissen, dass sie in Sicherheit sind. Statt jemanden umzubringen und zu riskieren, dass man entdeckt und eingesperrt wird, schickt man ihm zum Beispiel ein Geschenk, das mit üblen Emanationen imprägniert ist, und der andere, der Arme, der weder Intuition noch Hellsicht besitzt, freut sich über dieses Geschenk. Aber nach und nach vegetiert er dahin und stirbt, ohne dass jemand die Ursache vermutet.

Ihr werdet fragen: »Aber wie kann man erfahren, ob jemand schuldig ist oder nicht?« Im Augenblick, sofern man kein wahrer Hellseher ist, ist das wirklich schwierig, aber in der Zukunft wird man vielleicht Geräte installieren, die ähnlich sind wie die, die man heutzutage an den Flughäfen benutzt. Bevor man ins Flugzeug darf, muss man durch eine Sicherheitsschleuse gehen, wo sich ein Gerät befindet, das aufdecken soll, ob man Waffen, Sprengstoff usw. mit sich führt. Wenn das Gerät etwas Verdächtiges entdeckt, löst es einen Alarm aus und die betreffende Person wird durchsucht. So ein ähnliches Gerät wird man vielleicht in Zukunft installieren, ein ultrasensibles Gerät, das fähig ist zu entdecken, ob man schuldig ist oder nicht. Wenn man schuldig ist, wird das Gerät Signal geben und ohne Folter muss der Schuldige gestehen.

Jesus sprach deshalb vom Reich Gott und Seiner Gerechtigkeit (Mt 6,33), weil das Reich Gottes eine besondere Gerechtigkeit hat, die nicht so ist, wie die der Erde. Sobald auf der Erde ein Mensch gegen einen anderen Klage führt, sind alle Gesetze auf seiner Seite und der andere wird verurteilt, obwohl die Anklage vielleicht nicht mal der Rede wert ist (z. B. unbefugtes Betreten eines Grundstückes, oder dass jemand nicht vollständig bezahlt hat, oder wenn jemand beleidigt wurde…) Aber wenn jemand gut und großzügig ist, wenn er Frieden um sich verbreitet, gibt es keine Gerechtigkeit. Auf der Erde dient die Gerechtigkeit nur dazu, die arme kleine Personalität zu beschützen. Die Individualität wird nicht anerkannt, sie wird sogar verhöhnt und mit Füßen getreten. Man will sich ihrer entledigen, denn sie verhindert es, unsaubere Geschäfte zu machen oder andere umzubringen. Genau das wird sich in Zukunft ändern müssen.

Man hört die Leute überall über Gerechtigkeit und über Strafen diskutieren, die man Dieben, Entführern, Mördern usw. auferlegen sollte. In Wirklichkeit spazieren die größten Verbrecher frei herum. Wenn jemand es schafft, in einem günstigen Moment ein paar Artikel in die Zeitungen zu bringen, deren Ergebnis eine Revolution oder ein Krieg ist, bestraft man ihn dann für dieses Verbrechen? Wenn ihr bei eurem Nachbarn eine Scheibe eingeschlagen oder sein Fahrrad gestohlen habt, dann setzt sich sofort die Gerechtigkeit in Bewegung, aber wenn aufgrund eurer Schriften, eurer Worte oder eures Vorbildes jemand seinen Glauben, seine Hoffnung oder seine Liebe verliert, wenn ihr ihn zu Ausschweifung oder Gewalt verleitet habt, da lässt euch die Gerichtsbarkeit in Ruhe, und wenn ihr Philosoph oder Schriftsteller seid, verleiht euch die Öffentlichkeit oft sogar noch Preise. Die göttliche Seite, die ist nicht wichtig, man kann sie beschmutzen, zerstören, aber die materielle Seite, ein paar Münzen oder Klamotten, ja, das zählt! So verstehen die Menschen die Gerechtigkeit: Man bestraft die Menschen, die es wagen, euren materiellen Besitz anzurühren, aber diejenigen, die in euch gute Eigenschaften und Tugenden zerstören, das macht ja nichts, die lässt man in Ruhe. Die Seele zählt nicht, der Geist zählt nicht, es zählt nur der physische Körper, das Portemonnaie!

Le Bonfin, den 19. September 1980

Anmerkungen

1. Siehe auch Band 12 der Reihe Gesamtwerke »Die Gesetze der kosmischen Moral«, Kapitel 14: »Durch seine Gedanken und Gefühle wirkt der Mensch schöpferisch auf die unsichtbare Welt ein«.
2. Siehe auch Band 6 der Reihe Gesamtwerke »Die Harmonie«, Kapitel 6: »Wie Gedanken sich in der Materie verwirklichen«.
3. Siehe auch Band 28/29 der Reihe Gesamtwerke »Die Pädagogik in der Einweihung«, Kapitel 2 von Band 29: »Unsere Verantwortung«.

## III

Moral und Religion predigen uns, an die anderen und nicht an uns selbst zu denken. Oh ja, natürlich, das ist schön, aber ist das tatsächlich zu verwirklichen? Ich glaube es nicht. »Was«, werdet ihr sagen, »aber auch Sie haben uns selbst gesagt, man solle an die anderen denken und dass man umso intelligenter, stärker und gesünder wird, je mehr man an die anderen denkt.« Ja, das ist richtig, von einem Vortrag zum nächsten sage ich euch viele Dinge, die sich scheinbar widersprechen, aber in Wirklichkeit tun sie das nicht.

Wenn man die Geschöpfe beobachtet, wird man sich dessen bewusst, dass jeder nur an sich denkt und ein bisschen auch an seine Nachkommenschaft, an seine Familie… Was immer man auch tut, es ist unmöglich, nicht an sich zu denken, denn die kosmische Intelligenz selbst hat den Menschen diese Neigung gegeben, sich um sich selbst zu kümmern, sich zu schützen, sich zu ernähren, reicher zu werden. Wenn ich also sage, dass man sich vergessen und sich nur um die anderen kümmern soll, ist das eine Redensart, die die Menschen dazu bringen soll, freigebiger, selbstloser, altruistischer zu werden. Aber in Wirklichkeit, wenn man sich mit dieser Frage näher befasst, wird man sehen, dass man gar nicht anders kann, als sich immer mit sich selbst zu beschäftigen. Doch es geht darum, dass man die Natur dieser Beschäftigung verändert.

Eines Tages habe ich die Sonne gefragt, die Einzige, wie es mir scheint, die absolut uneigennützig ist, die nur an die anderen denkt: »Oh, geliebte Sonne, kannst du mir eins erklären? Du, die du alle

Geschöpfe erhellst, erwärmst und belebst, denkst du wirklich nur an die anderen?« – »Aber überhaupt nicht, ich denke nur an mich! Wenn ich mich um die anderen kümmere, dann mache ich das nur für mich, weil mir das gefällt. Ich will mich nicht ständig fragen, ob sie meine Wärme und mein Licht verdient haben, ob sie besser werden, nein, das ist mir egal, ich lasse sie in Ruhe und frei, aber ich fahre fort, sie zu erhellen, sie zu erwärmen, weil mir das Freude macht.« Sogar die Sonne gibt also zu, dass das Bedürfnis, sich um sich selbst zu kümmern, nie verschwindet, sondern dass es je nach dem Entwicklungsgrad der Geschöpfe verschiedene Formen annimmt.

Als ich das begriffen hatte, habe ich mich beobachtet und festgestellt, dass auch ich nur an mich denke. Meine einzige Sorge ist voranzukommen, stärker, intelligenter, strahlender zu werden. Die anderen interessieren mich nicht, weder die Welt noch ihr noch sonst jemand! Und wenn man mir die Frage stellt: »Aber warum widmen Sie dann ihre ganze Zeit den anderen, um mit ihnen zu sprechen, sie zu beraten, sie auf den guten Weg zu führen?« Nun, weil mir das Spaß macht. Verdienen die anderen das jetzt, haben sie etwas davon, verwandeln sie sich dadurch? Ich bin mir dessen nicht sicher. Aber ich bin mir sicher, dass ich auf jeden Fall glücklich bin.

Wenn ich Geschmack daran gefunden habe, zu arbeiten und den anderen zu helfen, so mache ich das nicht für sie, sondern für mich, um besser voranzukommen. Und ich habe verstanden, dass ich mich entfalte, dass ich stärker werde, wenn ich an mich denke. Wenn man hingegen an sich selbst denkt, ohne den anderen helfen zu wollen, wird man stumpfsinnig, wird man schwächer, unglücklich, krank und sogar verabscheuungswürdig. Man soll sich um die anderen kümmern, aber zu seinem eigenen Vergnügen und für seine eigene Weiterentwicklung. Man kann sich nicht vergessen und auf sich selbst verzichten, das ist unmöglich, aber man sollte auf eine neue Art und Weise an sich selbst denken, bis dieser Gedanke eine genauso wunderbare, genauso großartige Form annimmt wie derjenige der Sonne.[1]

Denkt also an euch selbst. Hört nicht auf diejenigen, die euch Verzicht predigen.[2] Man sollte leben, an sich denken, die Männer und Frauen lieben, sonst werdet ihr ängstlich, unsicher, lebt in inneren Widersprüchen und werdet in einer psychiatrischen Klinik enden, wie all jene angeblich spirituellen Menschen, die nicht das richtige Verständnis von Spiritualität hatten. Es kommt nur darauf an, sich selbst und die anderen auf göttliche Weise zu lieben, auf eine Weise, die euch stärkt und euch befreit.

Unsere Lehre bringt eben wirksame Methoden, um den Menschen zu befreien und ihn aufblühen zu lassen, aber ihr seid euch dessen noch gar nicht bewusst. Wie die Kinder werdet ihr verführt von Bildern und verlockender Werbung. Vor allem die Amerikaner sind stark in dieser Propaganda: Manche machen Geschäfte auf, wo sie euch die Einweihung in drei Tagen verleihen. Wie wunderbar! Und wenn ich dann sage, dass ich nach fast fünfundsechzig Jahren hartnäckiger Arbeit denke, dass ich es immer noch nicht geschafft habe…! Aber wenn euch das gefällt, dann los, macht eure Erfahrungen, lasst euch verführen von den Versprechungen, die euch Hochstapler machen, die nur daran denken, ihre Eitelkeit und ihre Habsucht zu befriedigen! Sie werden euer Geld nehmen und werden euch amüsieren. Wenn ihr glaubt, dass ihr auf diese Art weiterkommt!

Als ich vor Jahren Vorträge in Paris hielt, sah ich oft im Publikum Männer und Frauen, die von einer spirituellen Lehre zur anderen wanderten. Sie glaubten auf diese Weise voranzukommen, während sie doch nur stagnierten. Ich sagte zu ihnen: »Sie sind immer unstet, überall und nirgends, in ständiger Erwartung, dass jemand Sie zufrieden stellen könnte, ohne dass Sie selbst eine Anstrengung leisten müssten. Gehen Sie in irgendeine Bewegung, zu den Sufis, wenn Sie wollen, aber bleiben Sie dort ein für alle Mal und vertiefen Sie dort die Wahrheiten.« Keine Lehre kann euch helfen, trotz der Methoden und Kenntnisse, die sie euch bringen wird, wenn ihr sie euch nicht zu eigen macht. Unter diesen Bedingungen kann sogar unsere Lehre nichts für euch tun. Klammert euch an eine Lehre und meditiert darüber, praktiziert sie.

Die Sonne tut es für sich selbst, wenn sie sprühend und strahlend die Welt erwärmt und erleuchtet, und die ganze Natur profitiert davon. Das ist seltsam, nicht wahr? Und die Rose, glaubt ihr, dass sie ihren Duft verbreitet, weil sie an die anderen denkt? Ganz und gar nicht, sondern weil es ihr gefällt, weil sie sich weiter fühlt. Ihr werdet sagen: »Wenn man also freigebig, uneigennützig, strahlend und lichtvoll zu seinem eigenen Vergnügen ist, kann die ganze Welt davon profitieren und glücklich sein?« Ja, natürlich, weil das eine neue Art und Weise ist, sich zu lieben, an sich selbst zu denken. Wenn man egoistisch an sich denkt, führt dies zu Streit und alle leiden, und ebenso ist es gefährlich, wenn man auch auf sich selbst verzichten will, wie es Moral und Religion lehren: Man ist beunruhigt, weil man nicht von sich selbst loskommt. Das ist aber ganz natürlich und alle anderen leiden auch darunter.

Die Sonne sagte mir heute Morgen: »Ich denke an niemanden, ich kümmere mich um niemanden, ich bin glücklich, dass ich strahle und scheine, ich habe Geschmack daran gefunden. Ob jetzt die anderen davon profitieren oder nicht, das ist mir egal!« Und das ist richtig. Verdunkelt sie sich etwa, wenn sie sieht, dass die Menschen sie nicht wirklich wertschätzen? Wenn sie sich um sie kümmern würde, indem sie sie so sieht, wie sie sind, wäre sie empört und abgestoßen und würde sofort aufhören zu strahlen und die Welt zu erwärmen. Sie würde alles sterben lassen. Aber da sie sich nicht um die Menschen kümmert, scheint sie weiterhin für sich selbst, deshalb ist sie das intelligenteste, glücklichste und mächtigste Wesen. Ich habe sie gefragt: »Warum bist du so strahlend, so lichtvoll?« – »Weil ich viel Liebe besitze.« – »Und für wen?« – »Für mich selbst!« Aber ja, ihre Wärme und ihr Licht sind nichts anderes, als eine glühende Liebe zu sich selbst!

Wenn ihr euch selbst auf diese Art und Weise liebt, indem ihr versucht zu strahlen, eure Liebe, eure Wärme hinauszusenden, die Wesen zu beleben, zu trösten, neu erstehen zu lassen, werdet ihr sehen, was für Wandlungen in euch geschehen werden! Diese Aktivität bringt wahre Freude, wahres Glück, wahre Erweiterung. Glaubt mir, alle anderen Vergnügungen verblassen daneben. Wenn ihr einmal Geschmack daran gefunden habt, werdet ihr nicht mehr davon lassen können. Ihr werdet es zu eurer Freude tun, wie die Rose, wie die Sonne… und wie ich! Ich denke nur an mich. Wenn ihr glaubt, dass ich an euch denke, wenn ich euch helfe, euch aufkläre, euch empfange…! Niemand zwingt mich dazu, dies zu tun, ich selbst wünsche es zu meiner eigenen Freude. Manche mögen es, Unordnung und Zerstörung zu schaffen und andere mögen es, Harmonie, Liebe und Licht zu verbreiten, ohne sich zu fragen, wem, welchem Land, auf welche Art und Weise es überhaupt jemandem zugute kommt. Sie tun es für sich selbst. Sie können nicht darauf verzichten und es ist unvermeidbar, dass alle davon profitieren, denn alles handelt seiner Natur entsprechend: Gutes zieht das Gute nach sich.

Glückselig die Wesen, die ihr Vergnügen darin finden, Harmonie, Licht und Liebe zu verbreiten!

Le Bonfin, den 18. Juli 1980

Anmerkungen

1. Siehe auch Band 10 der Reihe Gesamtwerke »Sonnen-Yoga – Pracht und Herrlichkeit von Tiphereth«, Kapitel 8: »Liebt wie die Sonne!« und Band 231 der Reihe Izvor »Saaten des Glücks«, Kapitel 15: »Für Selbstsüchtige gibt es kein Glück«, Kapitel 16: »Gebt, ohne etwas dafür zu erwarten!«, Kapitel 17: »Liebt, ohne Gegenliebe zu verlangen!«.
2. Siehe auch Band 14/15 der Reihe Gesamtwerke »Liebe und Sexualität«, Kapitel 25 von Band 14: »Leere und Fülle – Vom Sinn des Entsagens«.

# IX

# HIERARCHIE UND FREIHEIT

# I

Eine der seltensten guten Eigenschaften bei den Menschen ist die Beharrlichkeit: Die Fähigkeit, sich auf ein wunderbares, göttliches Unternehmen einzulassen, ohne den Mut zu verlieren. Leider konnte ich feststellen, dass viele, sogar in der Bruderschaft, den Mut verlieren. Sie unternahmen einige Anstrengungen, probierten bestimmte Übungen aus und da sie nicht die erhofften Ergebnisse erzielten, geben sie auf.[1] Das beweist, dass sie die Natur der spirituellen Arbeit nicht gut kennen. Im spirituellen Leben muss man weitermachen, was auch immer geschieht, und eines Tages ist der Überfluss da, endlich, man bringt eine sehr reiche Ernte ein.

Eine Gemeinschaft, eine Bruderschaft ist notwendig für das Wohl der Menschen, weil sie ihnen die besten Bedingungen bietet zum Durchhalten. Wenn ihr allein bei euch zu Hause seid, kann es vorkommen, dass ihr vielleicht von einem Buch inspiriert werdet und ihr entscheidet euch, eure Lebensweise zu verbessern, einige Übungen zu machen, aber nach einiger Zeit gebt ihr auf, weil ihr nicht stimuliert werdet. In einer Gemeinschaft wie der Universellen Weißen Bruderschaft hingegen werdet ihr ermutigt und mitgerissen, selbst wenn ihr müde seid, selbst wenn ihr alles aufgeben wollt.

Von ein paar Ausnahmefällen abgesehen, brauchen es die Menschen, unterstützt und stimuliert zu werden, denn es gibt immer den einen oder anderen Moment, wo ihr Eifer nachlässt. Natürlich werden manche sagen, sie hätten überhaupt keine Lust, beeinflusst zu werden, sie wollten frei sein und tun, was ihnen gefällt und deshalb wollen sie auch nicht in eine Gemeinschaft eintreten, wo sie fühlen, dass sie begrenzt würden. Nun, das sind keine intelligenten Menschen. Jemand, der intelligent ist, würde sich gerade in eine Situation begeben, wo er daran gehindert würde, Dummheiten zu machen und im Gegenteil frei ist, sich auf segensreiche, lichtvolle Unternehmungen einzulassen.

Wenn ihr Lust verspürt, Dummheiten zu machen, solltet ihr euch an einen Ort begeben, wo ihr sie nicht machen könnt oder jemanden bitten, euch daran zu hindern, anstatt günstige Bedingungen dafür zu suchen. Ihr wollt jemanden umbringen: Sucht schnell einen Freund und bittet ihn, euch Fesseln anzulegen. Natürlich ist dieses Bild etwas übertrieben, aber in vielen Situationen ist es möglich, diese Methode in verschiedenen Formen anzuwenden. Ihr könnt zum Beispiel jemanden aufsuchen oder Bücher lesen, die euch günstig beeinflussen, damit dieser Einfluss die schlechten Tendenzen neutralisiert, die ihr in euch erwachen fühlt. Aber die Menschen wissen weder wann und wie sie sich binden sollen, noch wann und wie sie sich befreien sollen. In Wirklichkeit findet man die wahre Freiheit nur, wenn man weiß, wie man sich begrenzen soll.[2] Deshalb sind die einzig freien Menschen die Eingeweihten: Jahrelang haben sie sich begrenzt, Verzicht und Opferbereitschaft gelernt, und jetzt sind sie frei.

Ihr glaubt frei zu sein, weil ihr nicht im Gefängnis oder nicht irgendwo ein Sklave seid? Ja, aber seid ihr nicht innerlich gezwungen, Tyrannen zu dienen? Wenn ihr euch analysiert, werdet ihr sehen, dass jede Wahl, die ihr glaubt, frei getroffen zu haben, in Wirklichkeit von bestimmten Begierden, bestimmten Leidenschaften in euch diktiert wurde, die euch beherrschen und denen ihr nicht widerstehen könnt. Das ist also nur eine scheinbare Freiheit… Wie viele Kämpfe haben die Menschen ausgefochten, um im sozialen oder politischen Bereich frei zu sein! Selbst den Tod scheinen sie oft der Freiheitsberaubung vorzuziehen. Es ist schade, dass sie sich nicht genauso angestrengt haben, dass sie nicht die gleichen Kämpfe ausgefochten haben, um spirituell frei zu sein. Nur äußerlich wollen sie frei sein. Innerlich akzeptieren sie es alle, Sklaven zu sein. Weil sie sich ihren niedersten Neigungen hingeben können, fühlen sie sich frei. Sie sind sich nicht im Klaren darüber, dass genau das Sklaverei ist.

Viele Menschen gleichen Pferden, die mit einem fünfzig oder hundert Meter langen Seil an einen Pflock angebunden sind: Sie sind nur in dem Maße frei, wie dieses Seil ihnen Bewegungsmöglichkeit lässt, aber wenn sie weiter weggehen wollen, können sie das nicht. Solange es sich darum handelt, materielle Gelüste oder grobe Begierden zu befriedigen, fühlen sie sich natürlich nicht begrenzt, aber wenn sie eines Tages feinstofflichere, spirituellere Regionen erreichen wollen, müssen sie feststellen, wie sehr begrenzt und versklavt sie sind. Wahre Freiheit besteht darin, innerlich durch kein Seil zurückgehalten zu werden.

Ihr werdet sagen, dass die Menschen einen so schlechten Gebrauch von ihrer Freiheit machen, dass es manchmal besser wäre, der Himmel würde über sie bestimmen. Nein, es ist an ihnen zu verstehen, worin ihre wahre Entfaltung liegt, sich bewusst zu werden, warum man besser die eine als die andere Richtung einschlagen sollte. Sie müssen davon wirklich überzeugt sein. Es wäre kein wirklicher Vorteil für die Menschen, wenn sie gegen ihren Willen auf den Weg des Guten und des Lichtes gedrängt würden. Deshalb lassen der Schöpfer und die himmlischen Geister sie frei.

Ihr werdet einwenden: »Aber Sie lassen uns doch auch nicht frei: Die ganze Zeit drängen Sie uns und rücken uns in Ihren Vorträgen auf den Pelz.« Oh ja, das stimmt, aber es gibt da doch eine Nuance, die ihr zugeben müsst: Ich spreche zu euch, ich erkläre euch, aber ich zwinge euch nicht, ich tue euch keine Gewalt an. Ich versuche euch zu beeinflussen, das ist wahr, aber was macht die Sonne? Versucht sie nicht auch, euch zu beeinflussen? Sie erwärmt und scheint: Ist das kein Einfluss? Wenn ihr nicht beeinflusst werden wollt, ist es an euch, euch zu verstecken. Und die Sterne, die Berge, die Seen, die Flüsse, die Pflanzen, die Tiere, die Menschen, alle haben die Macht, euch zu beeinflussen, aber ihr habt die Freiheit, euch diesem Einfluss zu entziehen oder ihn zuzulassen. Beeinflusst ein schönes junges Mädchen nicht alle jungen Männer? Doch, aber man kann es ihr nicht vorwerfen, so ist die Ordnung der Dinge. Diejenigen, die nicht beeinflusst werden wollen, brauchen nur nicht mit ihr tanzen zu gehen.

Also, ich beeinflusse euch auch, warum sollte ich eine Ausnahme machen? Aber ich zwinge euch nicht. Ihr seid gekommen, um mir zuzuhören, weil ihr es akzeptiert habt, beeinflusst zu werden. Ich bin nicht gekommen, euch aufzusuchen, ihr seid frei. Denn frei zu sein bedeutet eben, wählen zu können, ob ihr euch einem Einfluss aussetzen wollt oder nicht. In dem Moment, wo ihr es akzeptiert, euch dem Einfluss meiner Stimme, meines Blickes, meiner Gesten, meiner Gedanken auszusetzen, könnt ihr mir nichts vorwerfen. Wenn ihr nicht meinem Einfluss unterliegen wollt, braucht ihr nicht zu kommen. Ich kann doch nicht alles in mir unterdrücken unter dem Vorwand, euch eure Freiheit zu lassen. Das Einzige, wozu ich nicht das Recht habe, ist, euch zum Bösen hin zu beeinflussen, das heißt, euch in Hoffnungslosigkeit, Zweifel, Auflehnung oder Hass zu führen. Aber euch aufzuklären, euch Ruhe zu vermitteln, euch zu Gott zu führen, ja, dazu habe ich das Recht und genau darum habe ich mich immer bemüht. Ihr solltet euch sogar wünschen, dass ich so lange wie möglich weitermache, denn ihr profitiert davon. Wenn ihr es nun aber nicht wollt, dann ist das eure Angelegenheit.

Ihr müsst eines wissen: Es hängt immer von euch ab, ob ihr einen Einfluss akzeptiert. Sogar die Geister des Bösen haben keine Macht über euch. Wenn ihr selbstverständlich kein Unterscheidungsvermögen habt, wenn ihr nicht wisst, wie ihr euch schützen könnt, wenn ihr keine Vorkehrungen trefft, können sie euch in Richtung Hölle führen. Sie wissen, wie sie euch mit allen möglichen Ködern in Versuchung führen können, und wenn ihr darauf hereinfallt, wenn ihr anbeißt, findet ihr euch im Netz wieder und danach führen sie euch langsam in Richtung Untergang. Gott hat ihnen diese Macht gegeben, aber nur, wenn ihr schwach seid, wenn ihr nicht aufgeklärt seid. Wenn ihr euch in die Richtung ziehen lasst, in die sie euch drängen wollen, haben sie wunderbare Fähigkeiten, um euch zu verschlingen.

Ihr werdet sagen: »Aber warum vernichtet der Herr diese Geister des Bösen nicht?« Weil sie doch die Erlaubnis haben, Versucher zu sein, das ist ihre Arbeit. Es ist an euch, nicht so dumm zu sein und in ihre Fallen zu tappen.[3] Gott hat den Teufel nie bestraft, weil er die Menschen versucht, es ist an ihnen, stärker und aufgeklärter zu sein. Solange ihnen das Unterscheidungsvermögen und das Licht fehlen, können sie natürlich all diesen Einflussnahmen nicht widerstehen, die in ihrem Unterbewusstsein und ihrem Bewusstsein ablaufen.

Ich leugne also nicht, dass ich euch beeinflusse, aber auch ihr beeinflusst mich. Alle beeinflussen sich gegenseitig. Seht euch in der Gesellschaft um: Die Chefs beeinflussen ihre Arbeiter und die Arbeiter beeinflussen ihre Chefs. Die Priester beeinflussen ihre Gemeinde und die Gemeinde beeinflusst die Priester. Die Lehrer beeinflussen die Schüler und die Schüler beeinflussen die Lehrer. Die Reichen beeinflussen die Armen und auch die Armen beeinflussen erheblich die Reichen. Die Reinen beeinflussen die Unreinen und die Unreinen… Aber vor allem beeinflussen die Frauen die Männer, das ist sichtbar, bekannt, beschrieben und bestätigt. Aber was nicht sichtbar ist, ist die Tatsache, dass die Männer die Frauen beeinflussen, weil die Frauen es niemals sagen werden! Und der Himmel beeinflusst die Erde. Ihr erwidert: »Und die Erde, beeinflusst sie den Himmel?« Sicher, aber nicht so, wie ihr glaubt.

Wie beeinflussen nun die Unreinen die Reinen? Sie verstärken in ihnen noch den Wunsch, sich zu reinigen. Ja, und die Unreinen, wie werden sie beeinflusst? Nun, das kommt darauf an: Die einen wollen die Reinen nachahmen und so werden wie sie und die anderen wollen sie vernichten, weil diese Reinheit sie irritiert. Es gibt also zwei Arten der Beeinflussung. Übrigens können sogar die Reinen negativ beeinflusst werden und ihre Reinheit verlieren, weil sie weder genügend überzeugt noch genügend gewappnet waren. Aber ein Eingeweihter wird angesichts der Unreinheit noch reiner.

Es ist nicht verboten zu beeinflussen, nicht einmal sich aufzudrängen, es kommt immer darauf an, wie man das macht. Eine Rose drängt sich auf,[4] die Sonne, die Schönheit, die Liebe drängen sich auf, aber auf sanfte Weise. Die Sonne erwärmt euch, sie drängt sich auf, weil ihr anfangt, eure Kleidung auszuziehen, aber sie wendet keine Gewalt an, sie warnt euch. Wenn ihr natürlich keinen Hut tragt, könnt ihr einen Sonnenstich bekommen, aber die Sonne wendet niemals Gewalt an, sie steigt nicht vom Himmel herab in der Absicht, euch niederzustrecken. Sie sagt nur: »Vorsicht, ich habe viel Kraft, trefft Vorkehrungen, sonst werdet ihr verbrannt.« Und die Rose sagt auch: »Vorsicht, wenn ihr in meiner Nähe bleibt, werde ich all eure krankhaften Ausdünstungen durch meinen Duft ersetzen.« Sie drängt sich also auf, aber sie hat euch gewarnt. Auch ihr habt immer das Recht, euch aufzudrängen, aber durch das Licht, durch die Liebe, durch die Schönheit, und das wird euch niemand vorwerfen können.

Man muss immer wissen, wie man sich aufdrängt. Glaubt ihr, dass die Intelligenz der Unwissenheit gegenüber nachsichtig ist? Und glaubt ihr, dass die Liebe dem Hass gegenüber sanft ist? Oh nein, weg damit, fortgejagt, rausgefegt! Und dann herrschen sie. Die Liebe ist dem Hass gegenüber unerbittlich, das Licht ist der Finsternis gegenüber unerbittlich, das Gute ist dem Bösen gegenüber unerbittlich. Ihr habt euch vergiftet: Das Gift richtet in euch großen Schaden an, aber wenn ihr ein Gegengift nehmt, ist es mächtig genug, dass es ihm die Stirn bietet. Nur, seine Wirkung ist weniger spektakulär. Das Gute ist genauso mächtig und großartig wie das Böse, aber weil es uns zusagt, findet man es normal, dass es sich manifestiert und man schenkt ihm nicht sehr viel Aufmerksamkeit oder misst ihm große Bedeutung bei. Aber fragt einmal das Böse nach seiner Meinung! Es wird euch sagen: »Oh, kommt mir nicht mit dem Guten! Wie viele Schläge habe ich schon eingesteckt!« Fragt die Geister der Finsternis nach der Wirkung, welche die Begegnung mit einem Geist des Lichtes bei ihnen auslöst: Sie heulen und fliehen schreckerfüllt. All das habt ihr nicht gesehen, weil ihr nicht nachdenkt.

Um die Macht des Guten zu verstehen, muss man das Böse befragen. Aber ja, das Gute ist etwas Großartiges! Und wenn sich die Reinheit niederlässt, überprüft einmal, ob noch kleine Partikel Unreinheit übrig bleiben. Alles wird verjagt, pulverisiert, aufgelöst. Es ist wie bei einem König, der seinen Gegner stürzt: Er fegt dessen Anhänger hinweg und lässt sich dann selbst mit seinem Hof und seinen Ministern nieder. Selbst die Tiere kennen dieses Gesetz. In einem Wald regiert ein Hirsch über einige Hirschkühe: Er ist der Anführer, alle gehorchen ihm. Nun kommt aber ein anderer Hirsch, um mit ihm zu kämpfen und seine Hirschkühe und sein Revier zu erobern. Wenn er gewinnt, unterwirft sich ihm die ganze Herde und anerkennt ihn als Anführer. Schon die Tiere wissen also, was eine Autorität, eine Kraft bedeutet und mit welchen Mitteln man sich durchsetzt.

Nehmen wir nun einen Menschen, der in Unordnung und Anarchie lebt: Das beweist, dass sich schon seit langem ein anderer »König«, ein König der Finsternis in ihm niedergelassen hat, ein König, dem von Untertanen, die ihm gleichen, applaudiert und gehuldigt wird. Aber nehmen wir nun an, die Situation verändere sich, weil dieser Mensch einen Weisen trifft, der ihm erklärt, dass diese Philosophie zu seinem Untergang führt. Also wünscht er sich die Umkehr dieser Situation und dank der Ratschläge und Bündnisse gelingt es ihm, seinen Thron zurückzugewinnen und wieder zum König seines eigenen Reiches zu werden, und der andere König wird gestürzt. Es ist normal, dass diese erneute Machtergreifung mit großen Umwälzungen einhergeht, wo viele dran glauben müssen. Denn das Licht ist gezwungen, der Finsternis gegenüber unerbittlich zu sein. Wenn es freundlich und nachsichtig wäre, würde es sich niemals durchsetzen. Führt die Gesundheit ein und ihr werdet sehen, was mit der Krankheit geschieht: Sie wird gerupft und gar gekocht! Dennoch ist die Krankheit gut gewappnet mit Krallen, Nägeln, Zähnen und Gift. Die Gesundheit besitzt vielleicht nicht die gleichen Waffen, aber sie ist auch unerbittlich, denn wäre sie es nicht, in welchem Zustand wäre dann der Mensch?

Ist das nun klar geworden? Man muss unerbittlich sein, damit das Reich Gottes den Sieg davonträgt. Keine Ausflüchte, kein Zurückweichen! Wenn es sich um das Reich Gottes handelt, ist es nicht der Moment zu sagen: »Wartet, ich muss erst mal nachdenken... Das hat Zeit, vielleicht in einer anderen Inkarnation... Lasst mich darüber schlafen...« Oh nein, man sollte kämpfen, kämpfen mit dem Licht, kämpfen mit der Liebe, aber kämpfen.

Le Bonfin, den 8. August 1979

Anmerkungen

1. Siehe auch Band 28/29 der Reihe Gesamtwerke »Die Pädagogik in der Einweihungslehre«, Kapitel 1 von Band 29: »Die Gesetze der spirituellen Arbeit«.
2. Siehe auch Band 17/18 der Reihe Gesamtwerke »Erkenne Dich selbst – Jnani-Yoga«, Kapitel 11, Teil 2 von Band 17: »Die wahre Freiheit ist eine Weihung«.
3. Siehe auch Band 237 der Reihe Izvor »Die kosmische Waage – Die Zahl 2«, Kapitel 5: »Gott steht über dem Guten und dem Bösen«.
4. Siehe auch Band 226 der Reihe Izvor »Das Buch der göttlichen Magie«, Kapitel 9: »Blumen und Düfte«.

# II

## Abschnitt 1

Die Jakobsleiter (1 Mo 28,10-13) ist das Symbol für die Engelshierarchie, die die Verbindung zwischen dem Menschen und Gott herstellt und die die kabbalistische Tradition durch den Baum des Lebens, den Sephirothbaum[1] dargestellt hat. Sich vorzustellen, dass der Mensch sich direkt an den Herrn wenden kann, wie das die Protestanten machen, ist ganz einfach der Beweis für die größte Unwissenheit. Auf der Erde ist es nicht möglich, eine wichtige Persönlichkeit ohne Vermittlung aufzusuchen, aber den Herrn, den kann man direkt erreichen, ohne verbrannt, niedergestreckt und pulverisiert zu werden…! Denn der Herr, ihr versteht, ist ein netter gutmütiger Mann, der sehr zugänglich ist, den man am Bart ziehen und auf die Schulter klopfen kann. In solchen Illusionen leben die Christen. In Wirklichkeit, wenn es keinen Transformator gäbe, das heißt diese Hierarchien, die die Verbindung zwischen den Menschen und Gott darstellen, würde nicht die geringste Spur von demjenigen übrig bleiben, der sich dem Herrn nähert.

Die Menschen haben im gegenwärtigen Leben nur deshalb eine Vorstellung von Hierarchie, weil sie ihnen von der kosmischen Intelligenz vorgegeben wurde, die diese Hierarchie nicht nur im Universum, sondern auch im physischen Körper hergestellt hat. Der Mensch besteht aus einem Knochensystem, das dem Mineralreich entspricht und das wie dieses die Rolle der materiellen Stütze spielt. An seinen

Knochen sind die Muskeln festgewachsen, so wie die Vegetation im Boden verwurzelt ist. Das Kreislaufsystem mit den Adern und Blutgefäßen entspricht den Flüssen und Ozeanen, denn das Wasser ist das Blut der Erde, das die ganze Vegetation ernährt. Das Atemsystem entspricht der Luft. Und das Nervensystem schließlich entspricht der Sonne, von der alles abhängt. Es sind also nicht die Knochen, die bestimmen, sondern das Nervensystem, das viel subtiler, viel weiter entwickelt ist. Warum hat man aus dieser Beobachtung keine philosophische Schlussfolgerung gezogen? Warum hat die materialistische Wissenschaft die Menschheit in die Irre geführt, indem sie der Materie den ersten Platz einräumte statt dem Geist?

Der Mensch wird nur frei sein, wenn es ihm gelingt, die wahre Hierarchie in sich wieder herzustellen. Lassen wir die äußere Hierarchie beiseite. Es ist nicht wichtig, äußerlich Chef zu sein, aber innerlich ist es sehr wichtig. Mich jedenfalls interessiert die äußere Autorität nicht. Manche von euch haben mich gebeten, wie diese Gurus zu sein, die sich aufdrängen und vor denen man sich niederwirft. Sie betrachten es als Schwäche von mir, dass ich mich nicht so gebe wie diese! Was für eine komische Idee! Intelligente Menschen sollten freiwillig eine Disziplin akzeptieren, ohne dass man sie ihnen aufzwingt. Wenn sie natürlich nicht intelligent sind, ist das eine andere Frage, denn man muss mit ihnen so verfahren, wie mit den Tieren, denen man den Stock zeigt, um sie zum Gehorsam zu zwingen. Aber mit intelligenten Menschen darf man nicht so handeln, außer sie von Zeit zu Zeit daran zu erinnern, dass es gewisse Regeln, bestimmte Methoden zu respektieren gibt, die besser sind als andere. Das ist alles, also, wozu sollte ich mich aufdrängen?

Versteht mich richtig, meine lieben Brüder und Schwestern, wenn ich von Hierarchie spreche, verstehe ich darunter eine innere Hierarchie. In dem Augenblick, in dem ihr es schafft, diese Hierarchie in euch einzuführen, ist die Freiheit da! Dann seid ihr König, ihr nehmt euren Platz auf eurem Thron wieder ein und alle gehorchen euch: die Gefühle, die Gedanken, die Instinkte und die Begierden. Für manche besteht die Freiheit darin, die Tür zu öffnen, hinauszugehen und zu sagen: »Ich bin frei«, ohne zu sehen, dass sie in ihrem Inneren alle Gefängnisse herumschleppen. Nein, wer Launen und Leidenschaften den ersten Platz einräumt, ist ein Sklave und sein Verlangen frei zu sein, ist völlig unangebracht. In Wirklichkeit ist nur der Geist frei, also hat nur der Mensch, in dem der Geist regiert – das heißt das Licht, alles Edle, Große, Gerechte – das Recht frei zu sein. Dann beginnen die anderen um ihn herum zu fühlen, dass sie ihm vertrauen und ihm folgen können. Sie gewinnen also Freiheit und Autorität, aber zuerst hat er sie im Inneren gewonnen.

Befehlen zu wollen, ohne jemals gehorcht zu haben, das ist Anarchie. Ihr habt nicht das Recht zu verlangen, dass euch die anderen folgen, solange ihr nicht eine bestimmte Disziplin durchlaufen habt. Man ernennt einen einfachen Soldaten nicht sofort zum General. Es gibt mehrere Zwischenstufen zu durchlaufen. Und so ist es auch im spirituellen Leben: Man ist nicht sofort ein Meister, und das dauert sogar noch sehr viel länger. Es sind Inkarnationen um Inkarnationen nötig, bevor ein Schüler in den Rang eines Meisters aufsteigt. Zuerst beginnt er mit Bescheidenheit und Gehorsam und sammelt so Kräfte und Energien, um eines Tages regieren zu können.

Ich bin jedenfalls weder hungrig noch durstig danach zu befehlen, ich denke nur daran, mich selbst zu regieren. Welches Glück sollte ich denn im Gehorsam der anderen finden? Für mich liegt Glück woanders. Als ich in Indien war, sah ich ganz erstaunt, wie die Gurus es akzeptierten, dass sich ihre Schüler vor ihnen niederwerfen. Ich fragte sie sogar: »Was haben Sie davon, diese armen Leute zu ihren Füßen zu sehen? Was stellen Sie dar, dass sie sich auf den Boden werfen? Ich würde von meinen Schülern so etwas nie dulden.« Und es ist wahr, manche wollten sich vor mir niederwerfen und ich ließ sie sofort wieder aufstehen. Diese Gurus antworteten nichts auf meine Vorwürfe hin, aber ich begriff, was sie dachten: Sie haben das bei ihrem Meister gemacht, also war es normal, dass ihre Schüler das bei ihnen ebenso machen. Nun, ich will mich aber gar nicht in diese Dinge einmischen.

Warum tun die Menschen überall in der Welt alles dafür, befördert zu werden? Sie wissen, dass sie dann angesehener sind und mehr Geld verdienen; die Leute werden ihren Hut vor ihnen ziehen und statt mit dem Fahrrad fahren sie dann mit dem Auto. Oh ja, die berufliche Situation hat sich geändert! Dieser Vorgang bietet ein sehr gutes Lehrbeispiel. Jeder weiß es, sieht es und versucht es umzusetzen, aber nur eine kleine Minderheit hat verstanden, dass die gleiche Anstrengung hinsichtlich der Beförderung im Inneren unternommen werden sollte, wenn man von diesem Volk von Zellen, das nur nach seinem eigenen Kopf handeln möchte, gehört werden will, wenn man will, dass es gehorcht und man mehr Ansehen genießt bei ihm.

Seht euch auf der Straße um, wo ein armer Schlucker von Polizist nur durch seine Uniform und seinen Stock bewirkt, dass alle ihm gehorchen. Er sagt: »Fahren Sie weiter«, und sogar die Professoren und Lehrer fahren weiter. Er hat vielleicht keinerlei Bildung, aber einen kleinen Stock und eine Schirmmütze, und das reicht aus! Das Gleiche spielt sich in euch ab: Wenn ihr innerlich bestimmte »Kleidung«, bestimmte »Insignien« tragt, sind eure Bewohner beeindruckt und gehorchen euch. Ihr sagt ein paar Worte, und sofort sind sie da und sagen »Amen«. Wenn es euch also gelingt, einen Grad höher zu steigen, was Reinheit, Selbstbeherrschung oder Unterscheidungsvermögen betrifft, werden sich euch großartige Horizonte eröffnen. Ihr habt es dann nicht mehr nötig, dass die anderen kommen und es euch sagen, ihr werdet es fühlen und selbst erstaunt sein. Da ich Erfahrungen gemacht habe, da ich bestimmte Dinge gekostet und berührt habe (vielleicht nicht alle, aber genug, um euch zu unterrichten), was sucht ihr noch weiter? Folgt diesem Weg, das ist alles.

Ihr glaubt, dass ich nicht die Freiheit suche? Auch ich suche sie, aber ich wollte mich vorher über die Art und Weise erkundigen, wie man sie findet, denn es ist nutzlos, sie dort zu suchen, wo sie nicht ist. Und jetzt weiß ich, wie ich mich befreien kann. Seht es von nun an nicht mehr als Schwäche an, dass ich euch keine Anordnungen gebe. Wenn ihr mich dabei ertappen könntet, wie ich mit mir selbst umgehe, würdet ihr sehen, wie ich befehle, wie ich mich durchsetze. Aber nicht euch gegenüber. Wenn es sich um mein Innerstes handelt, ist das eine andere Sache, aber euch, warum sollte ich euch Befehle geben? Ihr seid Geschöpfe Gottes, und wenn jemand euch Befehle geben muss, dann ist es Gott selbst. Ihr werdet sagen: »Ja, aber manchmal schütteln Sie uns durch, regen Sie sich über uns auf.« Das ist richtig, manchmal muss ich auf bestimmten Punkten bestehen, aber das geschieht nicht, um euch zu zwingen.

Was mich in meiner Jugend erstaunte, ist, dass meine Mutter mich niemals zu etwas gezwungen hat. Sie sagte immer: »Hör zu, wenn du dies machst, wirst du jenes Ergebnis haben, und wenn du das andere machst, wirst du jenes andere Ergebnis haben.« Sie zeigte mir immer beide Wege und deren Folgen. Und ich mache dasselbe: Es geschieht manchmal, dass ich jemanden durchrüttle und dass ich ihm sogar schreckliche Dinge sage, die er hören muss, aber ich zwinge nie jemanden zu irgendetwas.

Übrigens, wenn ich die Menschen nicht überzeugen kann, bleibe ich ruhig, das bekümmert mich nicht, denn ich habe einen Mitarbeiter, oder vielmehr eine wunderbare Mitarbeiterin: das Leben. Ich bin vielleicht kein perfekter Lehrer, aber das Leben, das ist perfekt. Ihr könnt lange schreien, euch die Haare raufen, nichts zu machen, es ist unerbittlich. Keine Träne, kein Zähneknirschen kann es zum Mitleid bewegen. Wenn ihr einen Unfall habt, wenn ihr in Konkurs geht, wenn eure Freunde, eure Frau, euer Mann, eure Kinder euch verlassen, wenn ihr eure Arbeit verliert oder wenn das Haus abbrennt, dies sollte euch zum Nachdenken bringen. Aber leider bedeutet das nicht, dass ihr auch die Wahrheit finden werdet. Und ihr weint und wollt euch umbringen, aber verstanden habt ihr nichts.

Das Leben korrigiert den Menschen, es schüttelt ihn durch und bringt ihn fast um, aber es erklärt ihm nichts. Um Erklärungen zu bekommen, muss er zu einem Meister gehen, und auf diese Weise schieben sich die beiden diesen armen Kerl gegenseitig zu, um ihn zu erziehen. Es gibt ja auch Automechaniker oder Ärzte, die sich die Kunden oder Patienten gegenseitig zuschieben. Ich habe mich mit dem

Leben verbündet, und wenn ich sehe, dass ich keinen Erfolg damit habe, jemanden aufzuklären oder zur Vernunft zu bringen, werde ich ärgerlich und ich wende mich ans Leben: »Hör zu, kümmere dich ein bisschen um den da, er hat eine harte Schale.« Und das Leben sagt: »Einverstanden!« Und wenn er genügend durchgeschüttelt und malträtiert wurde, weil er nicht verstand, warum, schickt ihn mir das Leben zurück. Oh ja, wir spielen Ball miteinander!

Also, meine lieben Brüder und Schwestern, wir sind gut organisiert, das Leben und ich, und wenn ihr das nicht annehmt, was ich euch jeden Tag enthülle, lasse ich euch vom Leben durchschütteln, und es ist schrecklich! Ich hingegen bin feinfühlend, liebenswürdig, aber beim Leben könnt ihr heulen, soviel ihr wollt, es wird auf euch einhauen, bis alles zerschlagen ist, und danach, hopp, schickt es euch zu mir zurück! Das ist schon mit vielen geschehen. Das kann zwei Jahre, zehn Jahre, zwanzig Jahre dauern… Ja, das kann sehr lange dauern. Viele Brüder und Schwestern, die die Bruderschaft verlassen haben, weil sie das Leiden noch brauchten, um zur Vernunft zu kommen, sind nach zwanzig Jahren wie ein gerupftes Huhn, grün und blau geschlagen zurückgekommen und wussten nicht, warum ihnen dieses Unglück zugestoßen ist. Und doch ist es so einfach: Sie hatten eine niedere Neigung in sich, die sie ermutigten, die sie nährten, in der Hoffnung glücklich zu sein, wenn sie sie befriedigen würden. Diese Neigung, die magnetisch mit anderen Substanzen, anderen Wesenheiten, anderen Wirklichkeiten im Kosmos verbunden war, konnte nur Unheil und Unfälle anziehen.[2] Sie ganz allein hatten also alle diese unglücklichen Ereignisse angezogen.

Sèvres, den 1. April 1964

Anmerkungen

1. Siehe auch Band 236 der Reihe Izvor »Weisheit aus der Kabbala – Der lebendige Strom zwischen Gott und Mensch«, Kapitel 2: »Darstellung des Lebensbaumes«.
2. Siehe auch Band 12 der Reihe Gesamtwerke »Die Gesetze der kosmischen Moral«, Kapitel 5: »Das Gesetz der Affinität und der Frieden«.

# II

## Abschnitt 2

Die Hierarchie ist eine aufsteigende Ordnung der Dinge, in der das Niedere dem Höheren untergeordnet ist, aber auch, in der die Aktivitäten jedes Einzelnen auf den Gipfel hin zusammenlaufen.[1] Diese Idee des Zusammenlaufens auf ein Zentrum ist ein ganz wesentlicher Punkt. Nehmt einen Baum: Wo befindet sich sein Kopf? Ihr werdet sagen, der Kopf des Baums ist der Wipfel. Nein, der Kopf des Baumes sind seine Wurzeln. Im Vergleich zum Menschen ist der Baum umgedreht. Der Kopf des Baumes ist unten in der Erde. Wenn die Äste, die Blätter, die Blüten und die Früchte nicht mit den Wurzeln verbunden sind, verdorrt der Baum und stirbt. Das ist das Bild, das Jesus im Gleichnis vom Weinstock und den Reben verwendete. Der Weinstock ist der ganze Teil, der in der Erde verwurzelt ist, während die Blätter und Früchte periodisch wiederkommen.

Im Menschen existiert auch eine ganze Hierarchie von den Füßen bis zum Gehirn. Damit alles zusammen harmonisch, ausgeglichen und auf ein Ziel ausgerichtet bleibt, ist es notwendig, dass sich alle Organe zusammenschließen und ihre Zustimmung zu etwas geben, was sich Gipfel oder Zentrum nennt. Dann entsteht Einheit, und Einheit ist die Grundvoraussetzung für Leben. Würden die Planeten nicht um die Sonne kreisen, sich entfernen und die Verbindung mit ihr abbrechen, würden sie sterben, denn sie hätten weder Licht noch Wärme, die die Sonne unter ihnen verteilt. Und da im Universum alles nach demselben Schema aufgebaut ist, würden die Organe und Zellen, die nicht mit dem Geist des Menschen, mit seinem göttlichen Ich verbunden sind, so wie die Planeten mit der Sonne, Schwäche, Zerfall und Tod erfahren. Diese Wahrheit fanden die Eingeweihten überall in der Natur aufgezeichnet. Ja, überall, außer leider in den Köpfen der Menschen. Und der Krebs rafft die Menschen dahin, weil diese Philosophie der Einheit immer mehr verloren geht.

Die Leute bilden sich ein, sie würden die Stärke ihres Charakters unterstreichen, wenn sie Anarchie und Auflehnung pflegen. Nein, sie unterstreichen damit ihre Unwissenheit, denn sie beginnen sich im Gegenteil immer mehr aufzulösen und zu schwächen. Die wahre Stärke des Menschen beweist sich darin, so weit zu kommen, dass er alle instinktiven Regungen seines Wesens in einem unwiderstehlichen Elan in Richtung Zentrum mitreißt. Ist ihm das gelungen, lassen sich Harmonie, Fülle und Frieden in ihm nieder. Wenn ihr wirkliche Fortschritte machen wollt, rate ich euch, jahrelang an dem Wort »Einheit« zu arbeiten, darüber zu meditieren, es in all seinen Manifestationen zu verstehen, aber auch es zu leben, damit ihr um euch herum immer mehr etwas von dieser Einheit einbringen könnt.

Wenn ihr nun herausfinden wollt, wie die Leute das Wort »Einheit« aus politischer, nationaler und ökonomischer Sicht verstehen, werdet ihr sehen, dass es sich immer um eine anarchistische Einheit handelt, wie bei den Räubern, die sich zusammentun, um die anderen auszurauben. Das ist keine wahre Einheit, sondern eine, die sich so versteht: Sich vereinigen, um sich auf einen anderen zu sturzen. Wenn die Mitglieder einer Nation sagen: »Vereinigen wir uns!« und diese Nation nur zum Ziel hat, ihren Nachbarn zu bekämpfen, so ist das noch nicht wirklich eine Einheit. Wahre Einheit muss immer so weit wie möglich greifen. Wenn ein Organ die Einheit für sich selbst verwirklicht, ohne in Harmonie mit den anderen zusammenzuarbeiten, geht es ihm vielleicht gut, aber die anderen leiden und die Einheit ist also gefährdet. Wenn wir von Einheit sprechen, verstehen wir darunter eine universelle, kosmische Einheit, von der nichts ausgeschlossen wird. Aber diese Einheit muss zuerst in uns selbst verwirklicht werden: Alle unsere Zellen und Neigungen sollten sich in Richtung Gott vereinen. Diese Anstrengung, die wir dabei machen, spiegelt sich in den anderen Komponenten wider, und alle verstreuten Komponenten bilden, wenn sie sich ihrerseits vereinigen, eine universelle Einheit.

Solange nicht der Himmel euer Ziel ist, lebt ihr noch ein anarchistisches Leben. Sogar wenn ihr sagt, ihr wärt gegen Anarchie, ist das in intellektueller Hinsicht vielleicht wahr, aber tief im Inneren lebt ihr in der Anarchie, denn was ist euer Ziel? Und nehmen wir einmal an, es sei sogar angeblich der Himmel, mobilisiert ihr dann auch all eure Kräfte in diese Richtung? Nein, viele von euch spazieren immer noch woanders herum und ernähren sich immer noch woanders. In den Augen eines Eingeweihten erscheint die Situation also ganz anders, denn er sieht, dass alles, was in euch ist, weder koordiniert noch gezähmt ist.

Versucht also, eure Energien zu einen und auf ein Ziel auszurichten, das so hoch wie möglich ist und arbeitet Tag und Nacht daran. Diejenigen, die ein physisches Gebrechen haben, können die Einheit als Gesundheit ansehen: Mögen sie die Einheit suchen, um die wahre Gesundheit wieder zu finden. Mögen diejenigen, die das Licht wollen, die Einheit in ihren Verstand einführen usw. Sobald es ein Elektrizitätswerk gibt, könnt ihr den Strom überall fließen lassen: Ihr braucht nur den Stecker einzustecken und schon funktionieren alle Geräte. Das Gleiche gilt, wenn ihr die Einheit in euch herstellen könnt: Alle Organe empfangen den Strom und das Herz beginnt zu lieben, das Gehirn zu denken und der Wille zu handeln, und so fort.

Warum gehen wir am Morgen zum Sonnenaufgang? Natürlich aus verschiedenen Gründen, aber der wesentliche Grund besteht darin, dass während der Konzentration auf die Sonne alle Partikel unseres Wesens in Richtung unseres eigenen Zentrums, in Richtung unseres Geistes, in Richtung Gott zusammenlaufen.[2] Wenn die Einheit in uns einmal wiederhergestellt ist, werden alle unsere inneren Räderwerke vollkommen ineinander passen und wir können uns einer harmonischen, segensreichen Tätigkeit widmen.

Was geschieht, wenn ein Vortragsredner das Wort ergreift? Alle

Augen und Gedanken der Zuhörerschaft richten sich auf ihn. Auch da entsteht also eine Einheit. Und wenn dieser Mensch anarchistische Ideen verbreitet, wenn er den Zorn und den Hass seiner Zuhörer anstachelt, ist diese Einheit nicht sehr empfehlenswert. Aber nehmen wir an, dieser Vortragsredner ist ein Eingeweihter, der zu euch über großartige Dinge spricht, dann wird diese Einheit einen tieferen Sinn annehmen, wenn ihr ihn anschaut, wenn ihr eins werdet mit seinem Denken, wenn ihr mit ihm verschmelzt, da es immer sein Wunsch ist, euch mit einem anderen Zentrum über ihm zu verbinden... Die gewöhnlichen Zuhörer, die von diesem erhabenen Wissen nicht inspiriert sind, wissen nicht, was sie durch die Macht des Wortes erreichen können.

Leider sind die Menschen wie die Kinder: Sie reagieren, schreien voller Begeisterung und sind aufgewühlt, wenn man zu ihnen über das spricht, was die materielle Seite in ihnen berührt, den Magen, den Bauch, das Geschlecht, das Geld, den Beruf... Davon sind sie sofort begeistert, aber sprecht zu ihnen über ihre Zukunft, ihre spirituelle Entwicklung... das ist ihnen so fremd, dass es sie gar nicht interessiert. Deshalb erzielt ein Meister, der über viel mächtigere Mittel verfügt, als irgendjemand sonst auf der Erde, dennoch keine großen Ergebnisse bei den Menschen, weil sie noch nicht darauf vorbereitet sind, die Unermesslichkeit und die Schönheit seiner Arbeit zu erfassen. Ergreift das Wort, bewegt die Massen, indem ihr ihnen Essen und Trinken im Überfluss versprecht und ihr habt sofort Tausende von Leuten um euch herum. Aber wenn ihr sagt: »Arbeitet für euren Geist, für eure Seele«, werden alle erwidern: »Der ist doch verrückt!«, und ihr zieht nicht mehr als nur ein Dutzend Leute an, die man auch als psychisch Gestörte betrachten wird, denn wenn sie vernünftig wären, müssten sie auch mit den anderen schreien und gestikulieren und durch die Straßen marschieren. Oh ja, das ist die traurige Wahrheit. Aber das darf uns nicht entmutigen.

Das erste Zeichen der Entwicklung bei einem Menschen ist die Erweiterung seines Bewusstseins: Er fühlt sich verpflichtet, den anderen Beachtung zu schenken und einen segensreichen Einfluss auf sie auszuüben. Von einem solchen Menschen könnt ihr das Beste und Schönste erwarten. Auch wenn es ihm noch nicht gelingt, sich als Dichter oder Musiker zum Ausdruck zu bringen, ist er bereits auf dem Weg der Poesie und der Musik, weil er entsprechend der Gesetze der Harmonie handelt, im Einklang mit der erhabenen Welt. Was diejenigen betrifft, denen es gleichgültig ist, ob sie die kollektive Harmonie stören und die sagen: »Es ist egal, ich kann machen, was mir gefällt«, die stehen auf der Leiter der Evolution noch sehr weit unten. Ja, ein Anarchist ist kein entwickeltes Wesen. Der entwickelte, intelligente Mensch ist demütig gegenüber den Gesetzen, den Kräften und den Wesenheiten, die ihn übertreffen. Er anerkennt sie, er verneigt sich vor ihnen, er bringt sich in Harmonie mit ihnen, indem er sagt: »Ich werde euren Willen erfüllen, o ihr Engel, Erzengel und Gottheiten.« Aber seinen eigenen Kopf durchsetzen wollen und weitergehen oder ihnen sogar den Krieg erklären, indem man glaubt, sie besiegen und unterwerfen zu können, das ist reine Dummheit und es ist der Hochmut des gefallenen Engels. Demut hingegen ist die größte Intelligenz, denn sie blickt nach oben und indem sie nach oben blickt, sieht sie die Größe, die Unermesslichkeit des Himmels und seine eigene Kleinheit.

Manche wollen nichts mehr von Demut hören, nicht einmal Gott gegenüber, weil sie getäuscht, verhöhnt und ungerechtfertigt erniedrigt wurden. Nun, sie haben auch nicht Recht. Statt zu verstehen, dass sie nicht intelligent genug waren, um zu unterscheiden, wem sie ihr Vertrauen schenken durften und wem nicht, misstrauen auch sie den Eingeweihten, den Engeln, dem Herrn! Ihr seht, was immer man auch macht, man handelt dumm: Dort, wo man kein Vertrauen schenken sollte, schenkt man es und dort, wo man es schenken sollte, schenkt man es nicht.[3]

Man sollte also jetzt die wahre Demut dem göttlichen Prinzip gegenüber wiederherstellen, denn dann lässt sich die Ordnung in euch nieder; eure Zellen beginnen instinktiv zu fühlen, dass ihr der Meister seid und sie gehorchen euch.

Sèvres, den 2. April 1964

Anmerkungen

1. Siehe auch Band 235 der Reihe Izvor »Im Geist und in der Wahrheit«, Kapitel 3: »Die Verbindung mit dem Zentrum«.
2. Siehe auch Band 10 der Reihe Gesamtwerke »Sonnen-Yoga – Pracht und Herrlichkeit von Tiphereth«, Kapitel 1: »Die Sonne, Mittelpunkt des Universums« und Kapitel 19: »Die Sonne und die Lehre von der Einheit«.
3. Siehe auch Band 239 der Reihe Izvor »Die Liebe ist größer als der Glaube«, Kapitel 9: »Die Liebe ist größer als der Glaube«.

## III

*Lesung des Tagesgedankens:*

»Die meisten Menschen haben bereits ihre Regeln und Normen, die ihnen ihre Väter, Großväter und Urgroßväter hinterlassen haben, und was für einer Arbeit bedarf es nun, um sie zum Weitergehen zu bringen! Sie klammern sich so stark an dieses Erbe, dass, selbst wenn der Herr in Person zu ihnen sprechen würde, sie, anstatt alle ihre irrigen Auffassungen zu verscheuchen und zu sagen: »Ja Herr, ich höre auf Dich«, erwidern: »Oh nein, nein, Herr, lass mich in Ruhe. Ich habe meine eigenen Vorstellungen.« Die Menschen wissen nicht, dass ihre Meinungen von ihren Schwächen und von ihren niederen Bedürfnissen und Leidenschaften bestimmt werden. Ja, oft bestimmen Laster die Philosophien. Weil man diese Schwäche, jene schädliche Neigung hat, sieht man die Dinge auf die eine oder andere Weise. Erst an dem Tag, an dem man sich von seinen Schwächen befreit hat, wird man diese falschen Sichtweisen durch göttliche Sichtweisen ersetzen.«

Ja, die Menschen glauben, objektive und uneigennützige Meinungen über die Probleme des Lebens zu haben, während in Wirklichkeit nur ihre schlechten Anlagen, ihre instinktiven Neigungen diese Meinungen bestimmen. Das beginnt schon in der Kindheit: Wenn das Kind findet, seine Mutter sei böse, weil sie ihm nicht erlaubt, die ganze Marmelade aufzuessen, auf die es gerade Lust hat, ist es überzeugt, eine objektive Meinung zu äußern. Auch wenn im Laufe der

Jahre und bis ins Alter hinein die Wünsche und Bedürfnisse anders werden, so hören sie doch nicht auf, die instinktiven Neigungen des Menschen zu reflektieren.

Der Ursprung der meisten Ideologien und philosophischen Systeme liegt also in den Bedürfnissen der Menschen, und oft in ihren niedersten Bedürfnissen. Nehmt zum Beispiel die Theorien bezüglich der Sexualität: Da die meisten Männer und Frauen nicht fähig sind, sich zu beherrschen, haben die Spezialisten Theorien dargelegt und Regeln aufgestellt, die in Wirklichkeit keinerlei absoluten Wert haben. Sie betreffen nur die schwachen und unwissenden Menschen, die nicht wissen und auch nicht wissen wollen, dass die Sexualkraft dazu dienen kann, großartige Arbeiten auszuführen, anstatt in Vergnügungen vergeudet zu werden.[1] Und das gilt für alles andere auch. Deshalb ist es so schwierig, die Menschen zu unterrichten: Sie können die Wahrheiten der Einweihungslehre nicht wirklich verstehen und akzeptieren, solange es ihnen nicht gelingt, sich von ihren niederen Bedürfnissen zu befreien, sonst sind sie mit ihren falschen Meinungen weiterhin Gefangene ihrer eigenen Bedürfnisse.

Werft auch einen Blick auf die Staatsformen. Um das Volk in Rom zufrieden zu stellen, musste man ihnen Brot und Spiele versprechen. Und auch heute noch muss man in anderer Form dem Volk Brot und Spiele versprechen. Wenn man von etwas anderem zu ihnen sprechen will und wenn man ihnen vor allem verständlich machen möchte, dass die Regierungsform und die Staatsmänner, die sie gewählt haben, oft nur ihre egoistischen, groben Neigungen widerspiegeln, dass es dabei etwas zu revidieren und zu verbessern gibt, wird man sofort als öffentlicher Feind angesehen, als eine gefährliche Person, die das Land und die Gesellschaft zersetzen möchte.

Über Jahrhunderte war die Monarchie die vorherrschende Regierungsform in den meisten Ländern der Welt. Das Universum ist eine Monarchie mit Gott an der Spitze, der alles regiert und es ist also natürlich, dass jede Regierung im Kleinen dieses universelle Modell widerspiegelt. Aber da sehr wenige Monarchen ihrer Aufgabe gewachsen waren, wurde die Monarchie gestürzt: Nach und nach erlebte man immer häufiger, dass Republiken eingerichtet wurden, und man hält sie in unserer Epoche für die beste Regierungsform. Ja, solange man keine qualifizierten Personen finden kann, das heißt Personen, die die wahre Einweihungswissenschaft, die wahre Autorität besitzen, und die bereit sind, ihr Leben für das Wohl der Gemeinschaft zu opfern, ist das die beste Regierungsform.

In den Vorträgen, die ich euch über Agartha hielt[2], sprach ich von der Synarchie, einem Begriff, den Saint-Yves d'Alveydre einführte, um die Regierungsform zu beschreiben, die es in diesem unterirdischen Reich gibt. An der Spitze dieser Regierung herrscht eine Dreiheit von Wesen: der Brahatma, der Mahatma und der Mahanga. Der Brahatma repräsentiert die Autorität, der Mahatma die Macht und der Mahanga die Organisation. Unter ihnen, als Abbild der zwölf Tierkreiszeichen, befindet sich eine Gruppe von zwölf Personen, dann zweiundzwanzig Personen, die die zweiundzwanzig Prinzipien des WORTES repräsentieren, durch die Gott die Welt erschaffen hat, dann sind da weitere dreihundertfünfundsechzig, wie die dreihundertfünfundsechzig Tage im Jahr…

Die synarchische Regierung ist also ein Abbild der kosmischen Ordnung: Gott regiert, die Erzengel führen Seine Anordnungen aus und schließlich arbeiten die Geister der Natur überall im Universum, um Ressourcen zu schaffen und sie zu verteilen. Gott hat da eine vollkommene Ordnung der Dinge geschaffen, aber anstatt sich an diese Ordnung anzupassen, erfinden die Menschen andere Systeme, die ihnen passen, und das bedeutet Anarchie. Denn man braucht nicht zu glauben, Anarchie sei die absolute Unordnung. Wenn die Ehrgeizigen, Gewalttätigen, Habgierigen regieren, während die Weisen ausgeschaltet werden, ist das eine umgekehrte Hierarchie, aber es ist trotzdem eine Hierarchie. In einer Anarchie gibt es also auch ein Oberhaupt, jemand der die Macht übernimmt, und die anderen gehorchen ihm, weil sie fühlen, dass er der Stärkste ist. Aber statt dass das Ziel Vollkommenheit wäre, die kollektive Harmonie, ist es Unordnung, das heißt die Zerstörung der göttlichen Ordnung.

Nur in der Synarchie gibt es die wahre Hierarchie, denn die Synarchie ist vor allem eine Hierarchie, die im Inneren jedes Wesens existieren sollte. Auch wenn die Menschen im täglichen Leben die Hierarchie akzeptieren, dann ist das nur scheinbar so: In ihrem Inneren herrscht die Anarchie.

Aber um zu verstehen, was die Synarchie wirklich ist, muss man zuerst die Frage der Dreieinigkeit verstanden haben. Vater, Sohn und Heiliger Geist, die sich in den meisten Religionen wiederfinden (Osiris, Isis und Horus bei den Ägyptern; Brahma, Vishnu und Shiva bei den Hindus, usw.) sind im Menschen vorhanden in Form von Willenskraft, Liebe und Weisheit. Betrachten wir noch einmal diese Abbildung.

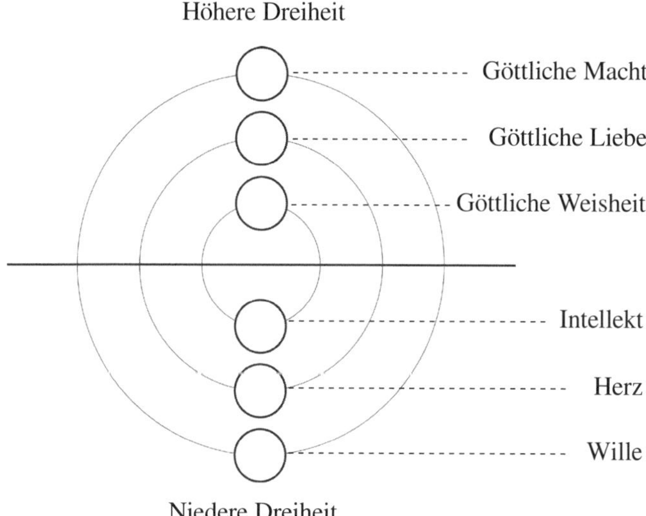


Die niedere Dreiheit, die durch den Willen, das Herz und den Verstand repräsentiert wird, kann die Probleme nicht lösen, wenn sie nicht mit der höheren Dreiheit – der göttlichen Weisheit, der göttlichen Liebe und der göttlichen Macht – verbunden ist. Als Hermes

Trismegistos auf der Smaragdtafel sagte: »Alles, was unten ist, ist wie das, was oben ist, und alles, was oben ist, ist wie das, was unten ist«, hat er nicht deutlich ausgeführt, wie diese Entsprechungen gemeint sind. Ihr habt Seen gesehen, an deren Ufer Häuser gebaut und Bäume gepflanzt wurden: Diese Häuser und Bäume spiegeln sich im Wasser, aber das Spiegelbild wird im Wasser umgekehrt abgebildet. Das, was unten ist im Spiegelbild, ist also so, wie das, was in der Wirklichkeit oben ist, aber eben umgekehrt. Die Oberfläche des Sees stellt diese Grenze zwischen der oberen und der unteren Welt dar, eine Grenze von der ausgehend die Dinge und Wesen nur mehr eine Spiegelung der Wirklichkeit sind. Das seht ihr auch in diesem Schema: Das, was am weitesten unten ist auf der niederen Ebene entspricht also dem, was am weitesten oben ist auf der höheren Ebene, und so weiter für alle Ebenen.

Wenn es der Schüler durch eine lange Disziplin und entsprechende Übungen schafft, diese höhere Dreiheit in sich hinabsteigen zu lassen, errichtet er wirklich die Synarchie in seinem Wesen, und genau das müsst ihr verstehen: Bevor die Synarchie in der Außenwelt in Form einer Regierung existieren kann, muss sie vorher in jedem Menschen existieren. Wahre Synarchie bedeutet, dem göttlichen Prinzip in sich den ersten Platz einzuräumen, damit man den göttlichen Regeln entsprechend versteht, fühlt und handelt.

Dass es drei Personen als Oberhaupt der synarchischen Regierung gibt, ist nicht das Wichtigste. Das Wichtigste, beinahe das Allernotwendigste besteht darin, dass es wenigstens ein Wesen gibt, das in sich selbst diese drei Prinzipien der höheren Dreiheit vollkommen entwickelt hat, die zusammen regieren sollten (Synarchie kommt vom Griechischen »sun«: mit und »arkhe«: Regierung). Alle können Vertrauen in ein solches Wesen haben, und genau dieses Vertrauen wird alles regeln. Zweifel, Misstrauen und Kritik zerstören die Menschen. Sie brauchen es, dass sie jemanden bewundern, jemandem vertrauen und folgen können. Deshalb lehrt die Religion den Menschen, sein Vertrauen in den Herrn zu setzen, Ihn zu lieben, Ihn anzubeten, damit er sich entfalten und das ewige Leben kosten kann.

Aber man sollte noch weiter gehen. Jesus hat doch gesagt: »Dein Reich komme. Dein Wille geschehe wie im Himmel so auf Erden« (Mt 6,10). Das bedeutet, dass es auf Erden Repräsentanten des Himmels geben muss. Der Herr reicht für die Menschen nicht aus. Er ist so fern! Es ist notwendig, dass es in jedem Land Repräsentanten des Herrn gibt, Wesen, die in sich selbst die Synarchie verwirklichen. Momentan sind solche Wesen sehr selten und wenn es welche gibt, wollen manche, dass sie verschwinden, denn erleuchtete Menschen, die die Schwächen und Verbrechen der anderen so gut durchschauen, empfinden sie als sehr störend.

Aber ihr, meine lieben Brüder und Schwestern, versucht die Synarchie zu akzeptieren, und zuallererst in euch selbst. Da es so schwierig ist, die Menschen zu überzeugen, lasst sie in Ruhe und kümmert euch um euch selbst, damit ihr König in eurem eigenen Reich werdet, und ihr nicht dieser arme entthronte König seid, den seine Untertanen in den Kerker geworfen haben, wo er den Himmel nur durch ein winziges Dachfenster sieht und jeden Tag nur ein Stück Brot und ein bisschen Wasser bekommt. Diese Situation des Gefangenen ist die Situation der meisten Menschen, aber sie sind sich dessen nicht bewusst. Sie bilden sich noch immer ein, dass sie es sind, die regieren. Gott hat den Menschen nach »Seinem Bild« gemacht, es ist der Mensch, der sich entfernt hat, und jetzt muss er wieder zurückkehren und in seine ursprüngliche Würde eingesetzt werden. Das bedeutet wahre Synarchie.

Diese Entdeckung der Synarchie machte ich um mein siebzehntes Lebensjahr herum, obwohl ich sie damals noch nicht Synarchie nannte. Aber schon damals war ich verblüfft über die Tatsache, dass im physischen Körper der Organismus nur dann richtig funktioniert, wenn die Organe einem höheren Prinzip gehorchen, das ihr Funktionieren regelt und sie untereinander verbindet… dass die physische Ebene als solche weiter oben mit der Ebene der Gefühle in Verbindung steht… dass diese Ebene mit der Ebene der Gedanken in Verbindung steht, die noch weiter oben liegt, usw. Auf diese Weise bin ich bis zu dem Prinzip gelangt, das an der Spitze unseres Wesens alles in uns organisiert und lenkt, das allwissend und allmächtig ist: das Höhere

Ich.[3] Ich habe mich gefragt, wie ich es berühren, wie ich mich an es wenden kann, damit es von diesem Königreich Besitz ergreift, das nur von ihm allein regiert werden kann, und nach vielen Recherchen, habe ich eine Übung entdeckt, mit deren Hilfe man sich auf einen bestimmten Punkt am Hinterkopf konzentriert; auf diese Weise habe ich die besten Ergebnisse erzielt.

Um die Synarchie in sich selbst einzurichten, muss der Mensch sein Höheres Ich finden und es überzeugen, die Führung seines ganzen Wesens zu übernehmen. Solange ihr nichts macht, wird es sich nicht einmischen. Ihr leidet, ihr seid unglücklich und krank? Das berührt es nicht, es sieht zu und bleibt ungerührt: Es leidet selbst nicht. Aber da es die Bestimmung des Menschen ist, die Vollkommenheit seines Höheren Ichs zu erreichen, und selbstverständlich kann es in ihm Wunder vollbringen, wenn er es versteht, sich dank einer Lebensdisziplin und geeigneter Methoden mit ihm in Verbindung zu setzen. Aber bis dahin ist es bei all seinen Dummheiten und Leiden unerschütterlich zugegen.

Für die Synarchie zu arbeiten heißt, es zu erreichen, dass euer Höheres Ich, das vollkommen ist, von eurem ganzen Wesen Besitz ergreift, denn von dem Augenblick an, wird dann euer wahres Ich entscheiden und seinen Willen ausdrücken, was immer auch geschieht. Statt zu unterliegen und mehrmals am Tag zu sagen: »Das war stärker als ich, ich konnte nicht widerstehen«, werdet ihr in allen Umständen sagen können: »Ich habe das so gewollt«, und nicht dunkle Kräfte in eurem Inneren, die euch, ohne dass ihr es wisst oder gegen euren Willen, zu irgendetwas drängen. Das bedeutet wahre Freiheit.

Wenn wir uns hier versammeln, habt ihr die besten Bedingungen, um eine Arbeit mit eurem Höheren Ich zu machen. Im Gegensatz zu dem, was woanders abläuft, kommt ihr nicht hierher, um nur euren Verstand zu ernähren, sondern um euch mit dem Himmel zu verbinden, um spirituelle Empfindungen zu leben, die es euch ermöglichen, andere Regionen in euch zu entdecken. Deshalb sollten wir alle zusammen in eine Arbeit eintauchen, wobei dem Herzen und der Seele der größte Anteil zukommt. Der Verstand darf uns nur dazu dienen, uns den besten Weg zu zeigen, uns Gründe zu geben, warum wir ihn einschlagen sollen, nicht mehr. Alles andere der Arbeit sollte vom Herzen, von der Seele, vom Geist gemacht werden. Der Verstand berührt nur die Oberfläche und nicht das Wesentliche.

In dem Augenblick, wo wir alle zusammen daran arbeiten, eine Atmosphäre von Harmonie und Liebe zu schaffen, gelingt uns das Berühren unseres Höheren Ichs, das in unsere Zellen Wellen und Strahlen aussendet, und damit regenerieren sie sich. Alle Krankheiten können auf diese Art und Weise geheilt werden, und nicht durch die äußeren Mittel, die die Medizin kennt. Wahre Medizin bedeutet, dass wir sie selbst praktizieren, wir selbst. Denn Gott hat in uns alle Heilmittel hineingelegt. Krankheit ist eine Disharmonie. Wenn der Mensch Gesetze übertreten hat, hat er sich in Missklang mit der kosmischen Harmonie gebracht und eben dieser Missklang manifestiert sich in ihm als Krankheit.

Die Masse der Menschen bevorzugt diejenigen, die, statt sie in Richtung Gipfel zu führen, zu ihnen hinabsteigen, um ihnen zu gefallen und sie zufrieden zu stellen, das heißt, um ihre niederen Instinkte zu nähren. Schriftsteller, Künstler, Filmemacher, alle wollen die Masse zufrieden stellen. Sie ruinieren ihre eigene Gesundheit, erkranken, das alles macht nichts: Sie müssen ja die Masse zufrieden stellen, weil sie deren Applaus brauchen, sie leben von diesem Applaus. Wenn diejenigen, die die Mission haben, das Volk zu führen, nur danach streben, es zufrieden zu stellen, bedeutet dies das Ende einer Zivilisation. Natürlich sollte man das Volk zufrieden stellen, aber nicht indem man ihm gibt, was seine niedere Natur verlangt: Schauspiele, geprägt von Ausschweifung, Grausamkeit, Horror… Wo ist die Zeit, in der das ganze Volk den Stücken von Aischylos, Sophokles und Euripides beiwohnte?

Und wie viele Menschen gibt es außerdem, die von den Schwächen der anderen profitieren! Ja, sehr intelligente Menschen, die wissen, wie sie sich auf Kosten schwacher Menschen bereichern können, indem sie deren Lastern Vorschub leisten. Wenn sie Kasinos und Freudenhäuser aufmachen, wenn sie Alkohol, Tabak oder Drogen vertreiben, tun sie damit nichts anderes, als Geld damit verdienen, dass sie die anderen in ihr Verderben treiben.

Das Beunruhigende daran ist, dass man in einer Epoche, in der man sich damit beschäftigt, die niedere Natur der Erwachsenen zu nähren, man auch die niedere Natur der Kinder nährt. Was ist das also für eine Pädagogik! Man erlaubt den Kindern alles unter dem Vorwand, man ließe sie sich frei entfalten. Sie werden die Ergebnisse sehen, diese Eltern, die ihre Kinder sich auf diese Art und Weise frei »entfalten« lassen wollen.[4] Es fehlen Eingeweihte, um die Situation in die Hand zu nehmen. Leute mit Talent und großen intellektuellen Möglichkeiten, das reicht nicht aus, denn in welchem Sinn setzen sie sie ein? Für den Niedergang. Intellektuell begabt zu sein ist eine Sache, das Licht zu besitzen ist jedoch eine andere. Ich besitze weder Talent noch intellektuelle Fähigkeiten, ich bin der unwissendste Mensch, aber ich besitze etwas anderes, was man nie geschätzt hat: Das Licht, das mir die Möglichkeit gibt, die Menschen in Richtung Synarchie zu führen.

Erinnert euch also, meine lieben Brüder und Schwestern, die wahre Synarchie besteht darin, dass sich jeder dem göttlichen Prinzip unterwirft, das er in sich selbst trägt. Solange die Synarchie nicht innerlich von jedem Individuum verwirklicht ist, kann sie auch äußerlich nicht verwirklicht werden.

Le Bonfin, den 20. Januar 1981

Anmerkungen

1. Siehe auch Band 28/29 der Reihe Gesamtwerke »Die Pädagogik in der Einweihungslehre«, Kapitel 11von Band 28: »Der Mann und die Frau in der neuen Kultur«.
2. Siehe auch Band 25/26 der Reihe Gesamtwerke »Der Wassermann und das Goldene Zeitalter«, Kapitel 8 von Band 25: »Die Politik im Licht der Einweihungswissenschaft«.
3. Siehe auch Band 17/18 der Reihe Gesamtwerke »Erkenne Dich selbst – Jnani-Yoga«, Kapitel 8 von Band 17: »Das höhere Ich«.
4. Siehe auch Band 27 der Reihe Gesamtwerke »Die Pädagogik in der Einweihungslehre«, Kapitel 5: »Das Erlernen der Gesetze«.

# X

# DIE ALLMACHT DES LICHTES

# I

Ich habe euch versprochen, ein paar Worte über eine einzigartige Erfindung zu sagen, die 1960 von den Amerikanern gemacht wurde und heute die Technik in vielen Bereichen revolutioniert, den LASER.

Der Laser, das bedeutet »Light Amplification by Stimulated Emission of Radiation« (Lichtverstärkung durch stimulierte Strahlungsemission), wurde 1960 vom amerikanischen Physiker Theodore Maiman entwickelt. Der Laser ist ein synthetischer Rubinkristall in Zylinderform, dessen beiden Enden jeweils eine reflektierende und eine halbdurchlässige Oberfläche besitzen. Dieser Kristall wird einem grünen Lichtblitz ausgesetzt, der die im Rubin enthaltenen Chromatome in Bewegung setzt. (Das wird optisches Pumpen genannt.) Wenn die Intensität dieses Blitzlichtpumpens stark genug ist, kommt es durch das halbdurchlässige Ende zur Emission eines äußerst intensiven roten Lichtstrahls.

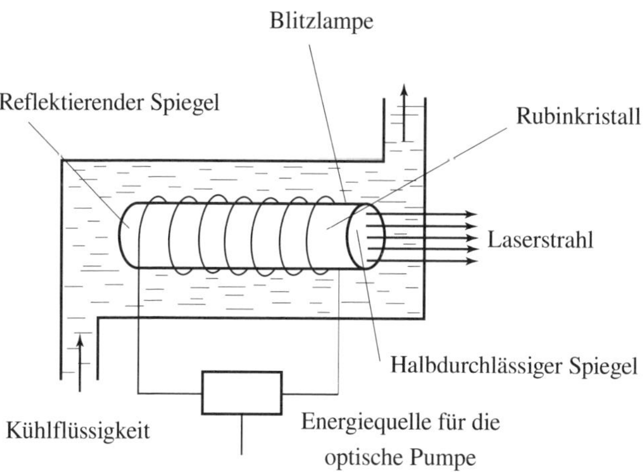


Abbildung A: Prinzip des Rubin-Lasers

Charakteristisch für das Laserlicht sind Photonen gleicher Frequenz (das heißt, es ist ein monochromatisches Licht), die alle in die gleiche Richtung ausgestrahlt werden (das heißt, es ist auch ein kohärentes Licht). Ich gehe nicht in die Einzelheiten, die könnt ihr, wenn ihr wollt, in der entsprechenden Fachliteratur finden. Was mich interessiert, ist, euch zu zeigen, dass Tausende von Jahren bevor die heutigen Gelehrten den Laser entdeckten, die Eingeweihten ihn bereits kannten.

Man findet im Laser das Prinzip des Hermesstabs wieder, der wiederum eine Zusammenfassung der Struktur des Menschen ist (siehe Abbildung B).

Abbildung B

Der Stab stellt die Wirbelsäule dar und die zwei sich viermal kreuzenden Schlangen stellen die beiden Strömungen dar, die von der rechten und der linken Gehirnhälfte ausgehend absteigen. Diese Ströme kreuzen sich auf der Höhe des Nackens, fließen durch den rechten und den linken Lungenflügel, kreuzen sich wieder im Solarplexus, fließen durch die Leber und die Milz, kreuzen sich im Nabel, fließen durch die linke und die rechte Niere, kreuzen sich im Hara-Zentrum und fließen schließlich durch die Sexualdrüsen beim Mann und die Eierstöcke bei der Frau. (Siehe Abbildung C)

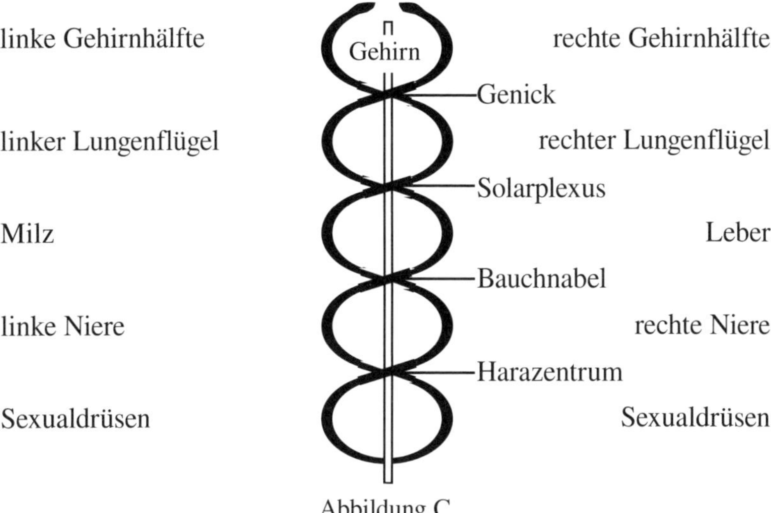

Abbildung C

In Wirklichkeit handelt es sich dabei nicht um zwei Schlangen, die um den magischen Stab gewickelt sind, sondern um eine einzige, die positiv und negativ polarisiert ist. Der Stab stellt immer das männliche Prinzip dar und die Schlange, die Spirale, das weibliche Prinzip, das das männliche umgibt und umhüllt, um die in ihm enthaltenen Kräfte anzuregen. Das ist der tiefe Sinn des Hermesstabs. Der Stab in der Mitte stellt die Mental-Ebene dar, während die polarisierte Schlange die Astral-Ebene darstellt. Denn ich habe euch bereits gesagt, dass die Astral-Ebene von zwei Strömungen durchzogen wird: einer aufsteigenden und einer absteigenden. Der Hermesstab ist also ein Symbol für die beiden Prinzipien, das männliche (der Stab) und das weibliche (die in positiv und negativ polarisierte Schlange), denn das weibliche Prinzip wird immer durch die Zahl zwei ausgedrückt.[1] Das ist eine Darstellung des Menschen mit all seinen Entwicklungsmöglichkeiten im Hinblick auf die Manifestation der göttlichen Macht.

In einer anderen Form findet man den Hermesstab im Sephirothbaum wieder, mit seinen beiden Säulen, der Säule der Strenge (positiv) und der Säule der Milde (negativ), die sich auf beiden Seiten der Mittelsäule – oder der Säule des Gleichgewichts – befinden. Zwei Strömungen steigen von Kether herab, fließen durch Chokhmah und Binah, kreuzen sich in Daath, fließen durch Chesed und Geburah, kreuzen sich in Tiphereth, fließen durch Netzach und Hod und kreuzen sich schließlich in Jesod, das symbolisch die Geschlechtsorgane darstellt (siehe Abbildung D).

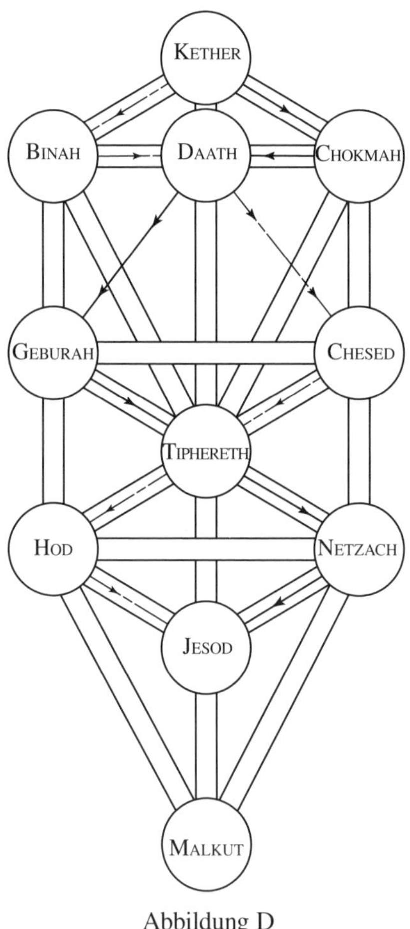


Abbildung D

Der hinduistischen Tradition zufolge besitzt der Mensch in seinem Rückenmark drei Kanäle von ätherischer Beschaffenheit. In der Mitte befindet sich Sushumna, links Ida und rechts Pingala. Wenn unter der Wirkung entsprechender Körperhaltungen bei Atem- und Meditationsübungen die Kraft erwacht, die im Muladhara-Chakra, an der Basis der Wirbelsäule auf der Höhe des Steißbeins liegt und welche die Yogis Kundalini-Schlange nennen, steigt sie auf im Sushumna-Kanal, durchströmt die verschiedenen Chakras, bis sie das Sahasrara-Chakra am höchsten Punkt des Kopfes erreicht, wo sie wie ein heller Lichtstrahl hervorscheint (siehe Abbildung E). Der Yogi, dem es gelingt, Kundalini bis zum Sahasrara-Chakra zu leiten, besitzt die größten Kräfte. Aber natürlich ist eine große Disziplin nötig, bis man dahin gelangt, und trotz dieser Disziplin gelingt es nur sehr wenigen Yogis, diese Kundalini-Kraft bis zum höchsten Punkt zu lenken.

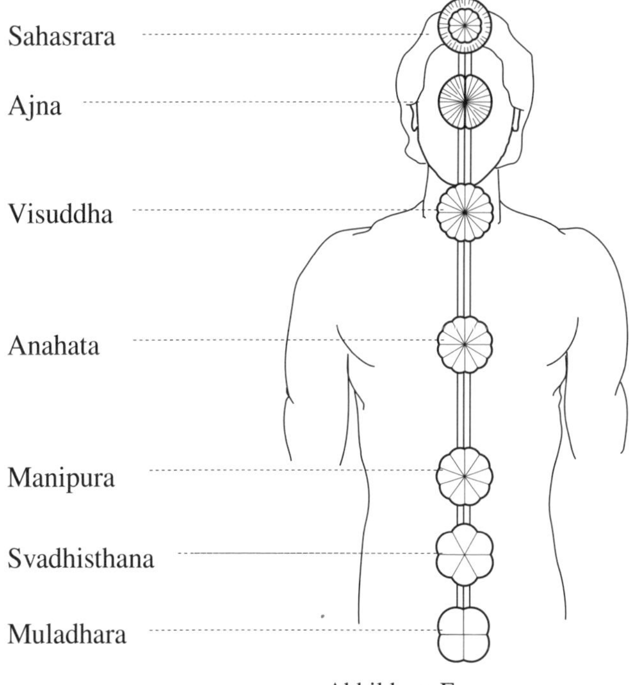


Abbildung E

Es kam auch schon vor, dass durch das vorzeitige und unfreiwillige Erwachen der Kundalini, manche, die sich vorher nicht gereinigt hatten oder keine ausreichende Bemeisterung ihrer selbst erworben hatten, von dieser Kraft niedergeschmettert wurden, denn sie ist schrecklich, und der Mensch, der sie nicht beherrscht, fühlt sich auf schwindelnde Weise zur Hölle gezogen. Es ist also weiser, die Kundalinikraft nicht vorzeitig erwecken zu wollen. Wer sich aber jahrelang vorbereitet hat, kann das gefahrlos tun, und eine der wirksamsten Methoden ist die Atmung, denn die beiden Nasenlöcher stehen in Verbindung mit den beiden Strömungen Ida (weiblich) und Pingala (männlich), die, von der Atmung stimuliert, ihrerseits Kundalini stimulieren können. Die Kundalini-Schlange, die man auch das grüne Licht nennt, steigt also im Rückenmark auf, dessen Elektronen sie anregt und steigt auf bis zum Gehirn, wo sie sich mit dem männlichen Prinzip, Shiva, vereinigt. Das ist dann der Triumph, die Vereinigung der beiden Prinzipien, und der Eingeweihte, dem diese Vereinigung gelungen ist, kann Feuer ausstrahlen.

Ihr seht also wie die jüdische, griechische und auch die hinduistische Tradition in verschiedenen symbolischen Formen bestimmte spirituelle Prozesse darstellen, die im Menschen vor sich gehen. Die Wissenschaft hat jetzt mit dem Laser eine technische Anwendung dieser Prozesse gefunden. Diese Wissenschaftler übrigens, die momentan so revolutionäre Erfindungen machen, sind wiedergeborene Atlanter. Denn schon die Atlanter kannten den Laser, sowie auch andere neuere technische Erfindungen, und noch viele andere, die erst in Zukunft gemacht werden.

Aber ich wiederhole es, die Wissenschaft macht nichts anderes, als Phänomene, die im Menschen auftreten, auf den technischen Bereich zu übertragen, und ich werde euch ein Beispiel dafür nennen. Da aber manche Personen schockiert sein könnten, mache ich es wie dieser Gerichtsvorsitzende, der sich bei einer Verhandlung ans Publikum wandte und sagte: »Meine Damen und Herren, aufgrund der heiklen Veranlagung der Fakten, die wir nun offenlegen müssen, weisen wir die Personen, die sich möglicherweise schockiert fühlen könnten, darauf hin, dass sie den Saal verlassen dürfen...« Selbstverständlich ging niemand hinaus. »Da alle betroffenen Personen jetzt hinausgegangen sind«, fuhr der Gerichtsvorsitzende fort, »können wir beginnen.« Also sage auch ich jetzt: »Da alle prüden Personen hinausgegangen sind, kann ich sprechen.« Und nun folgt das, was ich euch sagen möchte. Was im Augenblick des Geschlechtsaktes zwischen Mann und Frau geschieht, ist mit dem Phänomen des Lasers vergleichbar: Das Organ des Mannes wird durch das der Frau erwärmt und angeregt, und schon strahlt das Licht hervor: Eine wunderbare Kraft, da sie ja ein Kind erschaffen kann! Das Organ des Mannes spielt die Rolle des Rubinstabes und das Organ der Frau die des spiralförmigen Blitzlichts.

Obwohl es der Wissenschaft gelungen ist, dank des Lichtes zahlreiche Dinge umzusetzen, hat sie es bis heute noch nicht geschafft, alle seine Möglichkeiten anzuwenden, weil sie nicht das Mittel kannte, einen monochromatischen und kohärenten Lichtstrahl zu erzeugen. Jetzt, wo ihr das gelungen ist, ist der Ausgangspunkt für fantastische Entwicklungen erreicht.

Es ist nur schade, dass die Wissenschaftler nicht auf die Idee kamen, den Stab zu biegen, um ihm die Form eines S zu geben, wie bei der Wirbelsäule, denn auf diese Weise hätten sie mit dem Laser noch viel wunderbarere Ergebnisse erzielt. Ihr werdet sagen, die Form sei doch nicht so wichtig... Nun, da täuscht ihr euch eben, sie ist wichtig. Warum breiten sich das Licht und die Wellen normalerweise in einer sinusförmigen Bewegung aus? Und welche Strömungen haben der Wirbelsäule diese S-Form gegeben? Ihr werdet sagen, der Grund sei rein mechanisch: Diese Form war notwendig, um den Kopf und den restlichen Körper zu stützen. Da seht ihr, immer mechanische Gründe... Nein, es gibt einen anderen Grund, aber lassen wir das für ein anderes Mal.

Das Licht ist allmächtig. Gott hat es als Erstes erschaffen, es ist der Ursprung von allem.[2] Aber die Menschen können noch nicht mit dem Licht arbeiten. Sogar die spirituellen Menschen, die immer vom

Licht sprechen, können es noch nicht. Und jetzt übertreffen die Wissenschaftler die spirituellen Menschen, indem sie ihnen die Macht des Lichtes enthüllen. Deshalb wird die Zukunft nichts anderes sein, als die Erforschung des Lichtes.

Leider vernachlässigen die Wissenschaftler beim Forschen in ihren Laboratorien die Laboratorien, die die Natur in ihnen eingerichtet hat. Und dennoch würden diese inneren Laboratorien es ihnen ermöglichen, genauso wunderbare Phänomene zu verwirklichen wie diejenigen, mit denen ihnen das auf der physischen Ebene gelingt. Warum sollte sich die ganze Herrlichkeit außerhalb des Menschen befinden und nicht in ihm? Wie viele Menschen werden euch sagen: »Kommt in mein Atelier, in meine Werkstatt, in meine Fabrik…« Aber sie werden euch niemals sagen: »Besucht einmal mein Innerstes«, denn sie wissen, dass in ihnen Chaos herrscht, alle Leidenschaften toben, und das ist kein schönes Schauspiel, ihr wärt nicht begeistert!

Sèvres, den 27. Mai 1962

Anmerkungen

1. Siehe auch Band 14/15 der Reihe Gesamtwerke »Liebe und Sexualität«, Kapitel 2 von Band 14: »Den Stier bei den Hörnern packen – Der Hermesstab« und Band 237 der Reihe Izvor »Das kosmische Gleichgewicht – Die Zahl 2«, Kapitel 9: »Der Äskulapstab des Hermes – Die Schlange der Astral-Ebene«.
2. Siehe auch Band 30/31 der Reihe Gesamtwerke »Leben und Arbeit in der göttlichen Schule«, Kapitel 6 von Band 30: »Materie und Licht«.

## II

Schon vor etwa zwanzig Jahren habe ich über den Laser gesprochen. Seitdem hat sich das Verfahren sehr verbessert und die Einsatzmöglichkeiten haben sich vervielfältigt. Der Gas-Laser (vor allem aus Kohlendioxyd) hat den Rubinlaser ersetzt und man verwendet den Laser in vielen Bereichen, wie z. B. der Telekommunikation, der Chirurgie, der Kernforschung und leider auch in der Rüstungsindustrie. Den Laserstrahl nannte man deshalb auch »Todesstrahl«. Im »Lawrence Livemore Laboratory« in Kalifornien ist es den Amerikanern gelungen, die Wirkung mehrerer Laser zu kombinieren. So erzeugen sie eine Energie von sechsundzwanzig Milliarden Kilowatt und eine Hitze von mehr als hundert Millionen Grad. Dieses Forschungszentrum wird Shiva genannt, nach dem Namen des hinduistischen Gottes der Zerstörung, was sicher kein Zufall ist. Die Forscher sind sich der unermesslichen Zerstörungskraft bewusst, die der Laser haben kann.

Wie ich euch schon sagte, kannten die Eingeweihten das Prinzip des Lasers bereits seit Tausenden von Jahren, obwohl er eine zeitgenössische Erfindung ist, denn in Wirklichkeit kann man nichts auf der physischen Ebene erfinden, was es nicht schon in der einen oder anderen Form auf der feinstofflichen Ebene gibt. Der Mensch entdeckt und erfindet also nichts. Das Erfinden ist nichts anderes als ein Wiederfinden mithilfe der Intuition, der Vorstellungskraft oder nach dem Prinzip von Versuch und Irrtum von etwas, das es auf der feinstofflichen Ebene schon gibt. Alle Geräte, wie z. B. Radio,

Fernsehen, Telefon basieren auf den gleichen Gesetzen, die auch die höheren Ebene regieren oder sogar unseren physischen Körper: unsere Ohren, unsere Augen, unser Gehirn, unser Herz, unsere Lungen…

Ich habe euch gezeigt, dass das Prinzip des Lasers sich im Menschen wiederfindet: Die Wirbelsäule (die eine vertikale Position einnimmt) und das Geschlecht (das, wenn es aktiv ist, eine horizontale Position einnimmt) sind die beiden Formen des Lasers. Der Eingeweihte, der die Sexualkraft sublimieren möchte, verweilt nicht beim niederen Laser, dem Geschlecht. Er arbeitet mit dem anderen Laser, der Wirbelsäule, und dieser Laser ist noch viel mächtiger, er kann Himmel und Erde in Bewegung setzen. Für den Schüler geht es also darum, dass er lernt, von der horizontalen Linie zur vertikalen überzugehen. Die Horizontale ist die Richtung der Materie, die Vertikale diejenige des Geistes, und das Kreuz ist die Synthese dieser beiden. Aber stellt den Christen diese Frage. Für sie hat das Kreuz nur Sinn, weil Jesus darauf gekreuzigt wurde. In Wirklichkeit ist das Kreuz ein viel weiterreichendes Symbol.[1]

Aber kehren wir zum Laser zurück. Um vom »horizontalen Laser« zum vertikalen Laser überzugehen, darf der Schüler in der Sexualität nicht mehr nur das Vergnügen suchen, sondern nur mehr die Arbeit. Wenn Brüder und Schwestern zu mir kommen und sich beklagen, dass es ihnen nicht gelingt, die Sexualkraft zu beherrschen, muss ich ihnen oft erklären, dass der Grund darin liegt, dass sie nicht gelernt haben, die Vorstellung von Vergnügen durch die Vorstellung von Arbeit zu ersetzen. Die Sexualenergie ist gleichen Ursprungs wie die Sonnenenergie. Es handelt sich um die »starke Kraft aller Kräfte«, von der Hermes Trismegistos spricht. Diese Kraft existiert auf den verschiedenen Ebenen. Auf der physischen Ebene manifestiert sie sich als Sexualenergie, aber auf der spirituellen Ebene manifestiert sie sich als reines Licht.

Da der Mensch das Abbild des Universums ist, strahlt der, dem es gelungen ist, diese Kraft bis zum Gehirn, bis zum Sahasrara-Chakra zu schicken, das gleiche Licht aus wie die Sonne. Bei denjenigen hingegen, die es durch den niederen Laser ausstrahlen, verdichtet sich dieses Licht und wird flüssig. Aber in welchem Zustand es sich auch immer manifestiert, es hat die gleiche Beschaffenheit wie das Sonnenlicht. Der Eingeweihte, der es erreicht hat, die Reinheit in all seine Zellen einzuführen, ist in der Lage, durch sein Geschlechtsorgan ätherische Teilchen, ein unsichtbares Licht auszusenden, das auf alle Geschöpfe im Raum segensreiche Wirkungen hat. Ihr werdet sagen: »Aber das ist doch anzüglich!« Ja, viele Dinge sind scheinbar anzüglich, aber nur für diejenigen, die nicht imstande sind, im Buch der lebendigen Natur zu lesen und es zu interpretieren. Tatsächlich ist sogar das, was der Mann durch sein Geschlechtsorgan der Frau physisch geben kann, verschieden, je nach seinem Entwicklungsgrad. Denn ihr solltet wissen, dass im Allgemeinen die Lebensweise eines Menschen die Beschaffenheit seiner Emanationen bestimmt.

Die Menschen haben eine so grobe und materielle Sicht der Dinge, dass für sie nur der Austausch zwischen Mann und Frau zählt, wo sie sich küssen oder miteinander schlafen. Das ist ein Irrtum, in Wirklichkeit vollzieht sich zwischen Mann und Frau der Austausch in einem viel feinstofflicheren Bereich, dessen sie sich nicht immer bewusst sind. In einer Versammlung zum Beispiel kennen sich ein Junge und ein Mädchen vielleicht gar nicht, bemerken sich aber von Weitem und plötzlich fühlen sie sich zueinander hingezogen: In diesem Augenblick strömt der Junge durch eine bestimmte Körperstelle etwas Ätherisches aus, das das Mädchen, ebenso ohne es zu wissen, aufnimmt und diese Energien verteilen sich über ihren ganzen Körper. Sie haben sich nicht berührt, sie haben sich nicht geküsst, aber wenn sie nach Hause gehen, fühlen sie sich wie verzaubert; und das alles deshalb, weil der Junge ihr unwissentlich etwas gegeben hat, und das Mädchen dies ebenso unwissentlich aufgenommen hat.

Wie ich euch schon sagte, ist diese Energie von der gleichen Beschaffenheit wie die Sonnenenergie. Natürlich ist sie bei den meisten Menschen aufgrund ihres ungeordneten und chaotischen Lebens nicht so rein wie das Sonnenlicht, aber bei den Eingeweihten, die sich der Vollkommenheit annähern, ist das eine Energie, die sich günstig auf die ganze Natur und sogar auf die Menschen auswirken kann. Es ist sehr heikel, über dieses Thema zu sprechen, weil man nie weiß, wie man verstanden wird. Wenn sich nun einige vorstellen, sie seien wie die Sonne, was wird dann geschehen…? Deshalb bitte ich euch, euch keinen Hirngespinsten hinzugeben. Ich erkläre euch, wie die kosmische Intelligenz den Menschen als Abbild der Sonne entworfen hat, um euch in eurer spirituellen Arbeit anzuregen, und es ist nun an euch, zu verstehen und euch in diesem Sinne anzustrengen.

Wie ihr seht, bin ich auf keinen Fall gegen die Liebe, ich sage nur, man solle sich die besten Aspekte, die besten Manifestationen davon aussuchen, das ist alles. Nur die Liebe kann die Menschen vollkommen machen, wird sie jedoch nicht richtig verstanden und richtig gelebt, ist es ebenso sie, die die Menschheit ins Verderben führen kann.

Die starke Kraft aller Kräfte ist die Sexualkraft, denn welche andere Kraft im Universum kann sich mit ihr vergleichen? Welche andere Kraft kann Leben schaffen? Übrigens, wenn Hermes Trismegistos über sie sagt: »Die Sonne ist ihr Vater«, unterstreicht er ihren Sonnenursprung. Leider haben sich die Menschen so sehr erniedrigt, dass der Akt, durch den der Mann die Frau befruchtet, nichts Sonnenhaftes mehr an sich hat. Aber er sollte es wieder werden.[2] Und nicht nur dieser Akt: Jeder Akt unseres Alltags sollte wieder sonnenhaft werden, das heißt lichtvoll, warmherzig und belebend.

Im Sephirothbaum ist Kether mit dem Vater verbunden, Tiphereth mit dem Sohn und Jesod mit dem Heiligen Geist. Als ich über die »Mysterien von Jesod« sprach, sagte ich euch, dass man dort in Jesod die reine Liebe findet, und deshalb ist die »Sünde gegen den Heiligen Geist« (Mk 3,29), die in den Evangelien erwähnt wird, die Sünde gegen die Liebe.[3] Der Heilige Geist ist diese Energie der Liebe, die, wenn sie in Reinheit erwacht, den Weg nach oben nimmt. Die Kundalinikraft ist nichts anderes als das Feuer des Heiligen

Geistes, das dort im Menschen schläft. Nur durch die Reinheit erwacht sie in Jesod, steigt bis zu Tipheret, dem Herzen auf, wo sie zu Licht wird und danach bis zu Kether, dem Kronen-Chakra, wo sie zu Allmacht wird.

Die Kundalinikraft ist also das Gleiche wie die starke Kraft aller Kräfte, von der Hermes Trismegistos spricht. Diese Kraft, die fähig ist, Leben zu schaffen, ist eine Verdichtung des Sonnenlichtes. Beim Eingeweihten, dem es gelingt, sie zu sublimieren, wird sie wieder ätherisch und manifestiert sich als Licht durch seine Augen und sein Gehirn.

Le Bonfin, den 20. August 1980

Anmerkungen

1. Siehe auch Band 218 der Reihe Izvor »Die geometrischen Figuren und ihre Sprache«, Kapitel 6: »Das Kreuz«.
2. Siehe auch Band 28/29 der Reihe Gesamtwerke »Die Pädagogik in der Einweihungslehre«, Kapitel 11 von Band 28: »Mann und Frau in der neuen Kultur«.
3. Siehe auch Band 9 der Reihe Gesamtwerke »Im Anfang war das Wort – Kommentare zu den Evangelien«, Kapitel 10: »Die Sünde wider den Heiligen Geist ist die Sünde wider die Liebe«.

## III

Ich würde mir jetzt wünschen, dass ihr versteht, dass die Arbeit mit den Gedanken, die wir hier zusammen machen, wenn sie richtig gemacht wird, ein so mächtiges Licht wie das des Lasers freisetzt und Auswirkungen auf die ganze Welt mit sich bringen kann.

Der Mensch besitzt einen Geist, eine Seele, einen Verstand, ein Herz, einen Willen und einen physischen Körper, und die größte Schwierigkeit für ihn ist, alle miteinander in Einklang zu bringen. Solange er das nicht erreicht, solange es ihm nicht gelingt, Einheit in sich herzustellen, kann er weder stark noch mächtig sein. Eines der Ziele der Einweihung ist, diese Einheit im Menschen herzustellen. Deshalb betone ich es immer wieder, damit ihr lernt, all eure Tätigkeiten, all eure Fähigkeiten auf einen Punkt zusammenlaufen zu lassen. Sei es die Seele, der Geist, der Verstand, das Herz, der Bauch, das Geschlecht, ihr müsst ihnen als Ziel eure Vollkommenheit, eure Erleuchtung vorgeben. Wenn diese Einheit einmal hergestellt ist, können wir uns hier alle zusammen auf das Licht konzentrieren. Dann werden so starke Kräfte von uns ausgehen, dass wir auf die ganze Welt segensreiche Auswirkungen haben werden, wenn ich euch auch noch Formeln angebe, die wir zusammen sprechen.

Natürlich könnt ihr diese Übung der Konzentration auf das Licht auch ganz allein bei euch zu Hause machen, aber wenn wir sie gemeinsam machen, wird sich ihre Kraft beträchtlich verstärken. Um die ganze Menschheit berühren und ihr helfen zu können, ist ein Laser nötig, der von einer sehr großen Anzahl von Personen gebildet wird, die sich auf die gleiche Idee konzentrieren. Ihr beklagt euch oft, dass ihr ohne große Ergebnisse meditiert. Das passiert deshalb, weil ihr euch alle auf verschiedene Themen konzentriert, und manchmal sogar auf solche Themen, die eure Fähigkeiten zu weit übersteigen, als dass diese Meditation noch wirksam wäre. Wenn ihr euch hingegen alle auf das Licht konzentriert – was nicht schwierig ist, denn ihr wisst alle, was das ist – wird sich jeder in seinem Bemühen unterstützt fühlen und wir werden zusammen eine identische Schwingung von unglaublicher Kraft erzeugen, weil jeder im Einklang mit dem Licht schwingt. Was aber fehlt, ist, dass man nicht gewohnt ist, sich zu konzentrieren. Sehr wenige sind darin geübt und machen wirklich die Arbeit. Die anderen… Gott allein weiß, woran sie denken! Zerstreut… immer zerstreut…

Ich habe schon oft über die Pyramide[1] gesprochen und was dieses Monument symbolisch darstellt, dessen Kanten im höchsten Punkt zusammenlaufen. Nun, diejenigen, die die Pyramiden in der Vergangenheit gebaut haben, kannten das Mysterium des Lasers. Die Pyramide lädt die Menschen ein, den Gipfel zu finden, in Einklang zu schwingen mit dem Gipfel, denn in diesem Augenblick werden außergewöhnliche Kräfte frei. Es ist das gleiche Symbol wie der Kreis mit dem Mittelpunkt, über den ich ebenfalls schon viel gesprochen habe.[2] Im Punkt konzentrieren sich alle Kräfte. Der Mittelpunkt ist unsere Individualität, unser Geist, Gott selbst. Der Kreis hingegen ist die Personalität, unser physischer Körper, die Materie, die von den Schwingungen des Geistes belebt werden muss. Indem wir uns auf das Licht konzentrieren, dessen Schwingungen sehr schnell sind, nähern wir uns dem Mittelpunkt, dem Herrn, und Er selbst wird unsere Materie beleben. Da er mit hoher Intensität schwingt, kann der Punkt den Kreis, das Universum formen.

Nichts von dem, was ihr anwendet, um gesund, ausgeglichen und glücklich zu sein, kann so wirksam sein wie das Licht. Natürlich werdet ihr mir sagen, dass ihr das nicht glaubt, weil ihr schon versucht habt, an das Licht zu denken und dass es keine Ergebnisse gebracht hat, bei ein paar Tabletten und Pillen hingegen waren sofort Ergebnisse da! Nun, ihr müsst wissen, dass eure Feststellungen falsch sind. Ihr habt noch nicht gelernt, richtig mit dem Licht zu arbeiten, das bringt dann natürlich nichts. Aber lernt, mit ihm in Einklang zu schwingen, es anzuziehen, es in euch zu beleben und ihr werdet sehen, wozu es fähig ist! Nichts kann euch so helfen wie das Licht.

Ich habe mich mein ganzes Leben lang mit dem Licht beschäftigt, denn nur das Licht interessierte mich. Das heißt nun nicht, dass ich es verstanden habe, dass ich es besitze, aber seit meiner Jugend, selbst zu einer Zeit, als ich im Elend lebte, wusste ich, dass ich mich nicht irrte, wenn ich mich mit dem Licht beschäftigte, denn dank des Lichtes kann man zunächst die größten Verwandlungen im eigenen Körper verwirklichen, aber auch im eigenen Herzen, in der Seele, im Geist, und dann in allen anderen Geschöpfen.

Wie viele Brüder und Schwestern kommen zu mir und beklagen sich, dass sie entmutigt und unglücklich über dies und über jenes sind… über Nichtigkeiten! Und ich sage zu ihnen: »Dass Sie in so einem Zustand sind, beweist, dass Sie nichts von der Lehre verstanden haben.« – »Was, ich habe nichts verstanden? Ich habe alles verstanden. Ich habe alle ihre Bücher gelesen.« – »Aber allein die Tatsache, dass solche Nichtigkeiten sie ins Wanken bringen, zeigt, dass Sie nichts verstanden haben. In der Bruderschaft zu sein und all meine Bücher gelesen zu haben, ist kein Beweis, dass Sie irgendetwas verstanden haben. Der Beweis besteht eben darin, dass Sie Beweise für Ihr Verständnis erbringen. Wenn Sie diese Beweise erbringen, sind Sie großartig, auch wenn Sie nicht hier sind, auch wenn Sie nichts gelesen haben!« So sollte man denken. Und wenn ihr findet, dass das Licht keinerlei Wirksamkeit hat, so ganz einfach deshalb, weil ihr es weder verstanden habt noch mit ihm arbeiten könnt.

Wenn ich über das Licht spreche, solltet ihr wissen, dass es in Wirklichkeit zwei Arten von Licht gibt. Manche Sprachen geben jedem sogar einen anderen Namen. So gibt es zum Beispiel auch im Bulgarischen zwei Wörter: Svetlina, das ist das physische Licht, das wir sehen und Videlina, das spirituelle Licht, das Ur-Licht, das Licht, das Gott am Anfang schuf, als Er sprach: »Es werde Licht!« (1 Mo 1,3). Deshalb kann nur das Licht euch das Geheimnis der Erschaffung der Welt enthüllen, weil mit ihm die Welt erschaffen wurde.

Am vierten Tag, als Gott die Sonne, den Mond und die Sterne erschuf, erschien Svetlina, das nur eine materiellere Manifestation von Videlina ist. Und die Sonne ist in Wirklichkeit nicht dieser Feuerball, wie die Menschen sie sich vorstellen, sondern eine lebendige Wesenheit, die mit Bewusstsein ausgestattet ist… Die Sonne empfängt das feinstoffliche, unsichtbare Licht, Videlina und verwandelt es in sichtbares Licht, Svetlina, dank dem sie das Universum erhellt. Diese Quintessenz Videlina ist so mächtig, dass derjenige, dem es gelingen würde, ein Milliardstel Milligramm davon in sich zu kondensieren, über alle Hindernisse triumphieren würde.

Obwohl dieses Licht überall im Raum verteilt ist und alles durchdringt, sieht der Mensch es nicht, fühlt er es nicht, weil er spirituell noch nicht ausreichend entwickelt ist, um eine so feinstoffliche Wirklichkeit wahrzunehmen. Aber indem er sich oft auf dieses Licht konzentriert, verfeinert er seine Wahrnehmung so sehr, dass er nicht nur anfängt, es zu fühlen, sondern er zieht es auch an und es vollbringt eine umfassende Arbeit an ihm. Gewöhnt euch deshalb an, während der paar Minuten der Meditation all eure Alltagssorgen beiseite zu lassen, um euch auf das himmlische Licht zu konzentrieren. Auf diese Weise zieht ihr es an, führt es in euch ein und alle alten Partikel eures Körpers werden nach und nach durch reine lichtvolle Partikel ersetzt. Wenn ihr diese Übung macht, arbeitet ihr für euer Heil, für eure Unsterblichkeit. Hört nie auf, nach dem Licht zu suchen, das allein in euch die absolute Harmonie wieder herstellen kann.

Ihr könnt diese Übung mit dem Licht machen, indem ihr sie mit der Atmung verbindet. Ihr atmet ein und stellt euch vor, dass ihr das Licht anzieht, und ihr atmet aus und stellt euch vor, dass ihr es auf euch selbst, auf eure Organe, auf eure Zellen ausstrahlt. Dann atmet ihr wieder ein… dann wieder aus… Sehr schnell könnt ihr feststellen, wie wohltuend diese Übung auf euch wirkt: Ihr werdet euch entspannt und voller Frieden fühlen.

Wenn ihr das Licht einmal angezogen habt, könnt ihr eine zweite Übung machen: Ihr atmet das Licht ein und wenn ihr es ausatmet, stellt ihr euch vor, dass ihr es auf die ganze Erde ausstrahlt. Natürlich ist es erst möglich, diese zweite Übung zu machen, wenn man lange Zeit die erste gemacht hat und in sich viele dunkle, krankhafte Partikel durch Lichtpartikel ersetzt hat. Man sollte warten, bis man fühlt, dass die Arbeit der Transformation und der Reinigung erfolgreich war, um dieses Licht, das man in sich empfangen hat, an andere weiterzugeben. Diese Arbeit mit dem Licht wird auch symbolisiert durch den hebräischen Buchstaben Aleph א. Aleph ist der Eingeweihte, der das himmlische Licht, das göttliche Leben nimmt, um es den Menschen zu geben.

Lasst also ein paar Minuten lang all eure Sorgen beiseite. Ihr könnt sie danach wieder aufnehmen, aber während der Meditationen sagt zu ihnen, dass sie vor der Tür bleiben und wenigstens so lange warten sollen, bis ihr damit fertig seid, euch auf das Licht zu konzentrieren. Und ich werde mich darum kümmern, all diese Strahlen, die ihr projiziert, in einem einzigen Lichtstrahl zu bündeln, den ich meinerseits auf die ganze Welt projizieren werde.

Unter dem Vorwand weder besondere Begabungen noch Fähigkeiten noch außergewöhnliche berufliche Verhältnisse zu haben, halten es viele Menschen für gerechtfertigt, sich einem mittelmäßigen Leben hinzugeben. Nein, niemand darf sich so rechtfertigen. Selbst wenn man der mittelloseste Mensch in jeder Hinsicht ist, kann man diese Arbeit mit dem Licht ausführen, denn sie ist einfach und für alle zugänglich, und wenn man sie ausführt, verwirklicht man etwas Wichtigeres und Nützlicheres als all die Arbeiten der fähigsten Menschen in allen anderen Bereichen. Sogar der am meisten benachteiligte Mensch hat die Möglichkeit, diesen höheren Bewusstseinszustand zu erreichen, damit er arbeiten kann, um zu helfen, um aufzuklären, um zu unterstützen und der ganzen Menschheit den Frieden zu bringen.

Manche werden sagen: »Aber das ist unmöglich, die Menschen sind so zahlreich und ich bin so klein!« Wenn ihr so denkt, mindert ihr den Wert dessen, was ihr gerade tut. Natürlich werdet ihr nicht das Reich Gottes und Seine Gerechtigkeit von heute auf morgen auf der Erde verwirklichen, aber von dem Augenblick an, wo ihr es euch wünscht, lenkt ihr eure Kräfte und eure Energien in diese Richtung. Diese Arbeit hat zuerst auf euch selbst Auswirkungen: Ihr erhebt euch, werdet edler und da nichts ohne Folgen bleibt, beeinflusst ihr auf die eine oder andere Art auch die anderen günstig.

Statt dass sich also von nun an jeder auf ein anderes Thema konzentriert, was unsere Energien zerstreut, konzentrieren wir uns lieber alle zusammen auf das Licht, um eine einzige, mächtige Schwingung zu erzeugen. Dieses Licht können wir uns wie das der Sonne vorstellen: weiß, klar, durchsichtig, strahlend hell, und indem wir diese Übung im Rhythmus der Atmung machen, werden wir eine spirituelle Energie aussenden, die das Bewusstsein von Millionen Individuen auf der ganzen Welt anregen wird.

Le Bonfin, den 16. September 1980

Anmerkungen

1. Siehe auch Band 218 der Reihe Izvor »Die geometrischen Figuren und ihre Sprache«, Kapitel 5: »Die Pyramide«.
2. Siehe auch Band 8 der Reihe Gesamtwerke »Sprache der Symbole, Sprache der Natur«, Kapitel 3: »Der Kreis«.

Bücher von Omraam Mikhael Aivanhov

**Reihe Gesamtwerke**

**Band 1 - Das geistige Erwachen**

Geboren aus Wasser und Geist * „Bittet, so wird euch gegeben. Suchet, so werdet ihr finden. Klopfet an, so wird euch aufgetan." * In den Augen offenbart sich die Wahrheit * Die Ohren bergen die Weisheit * Von der Liebe kündet der Mund * Liebe, Weisheit, Wahrheit * Bei Meister Deunov in Bulgarien Erlebtes * Die lebendige Kette der Universellen Weißen Bruderschaft.

**Band 2 - Die spirituelle Alchimie**

Sanftmut und Demut * Wenn ihr nicht sterbt, werdet ihr nicht leben * Lebendiger und bewusster Austausch * Der treulose Verwalter * »Sammelt euch Schätze...« * Das Wunder von den zwei Fischen und den fünf Broten * Die Füße und der Solarplexus * Das Gleichnis vom Weizen und vom Unkraut * Die spirituelle Alchimie * Die geistige Galvanoplastik * Die Rolle der Mutter während der Schwangerschaft

**Band 3 - Die beiden Bäume im Paradies**

Das theozentrische, das biozentrische und das egozentrische System * Die beiden ersten Gebote * Was das menschliche Gesicht offenbart * Die magische Kraft der Gesten und des Blickes * »Schreitet voran, während ihr das Licht habt!« * Der Rat des Weisen * Das Gleichnis von den fünf klugen und den fünf törichten Jungfrauen * Das Öl der Lampe * Die beiden Bäume des Paradieses * Die Achsen Widder-Waage und Stier-Skorpion * Die Schlange in der Genesis * Die Heimkehr des verlorenen Sohnes

**Band 4 - Das Senfkorn**

Symbole im Neuen Testament * »Das ist aber das ewige Leben, dass sie Dich, den einzig wahren Gott, erkennen...« * Der weiße Stein * »Und wer auf dem Dach ist...« * »Wer mir nachfolgen will, nehme sein Kreuz auf sich« * Der Geist der Wahrheit * Die drei großen Versuchungen * Das Kind und der Greis * »Ach, dass du kalt oder warm wärest!« * »Das ist ein köstlich Ding, dem Herrn danken...« * Das Senfkorn * Der Baum über dem Fluss * »Wachset und mehret euch...«.

**Band 5 - Die Kräfte des Lebens**

Das Leben * Charakter und Temperament * Gut und Böse * Der Kampf mit dem Drachen * Anwesenheit und Abwesenheit * Gedanken sind lebendige Wesenheiten * Die unerwünschten Wesen * Die Kraft des Geistes * Das Opfer * Das hohe Ideal * Frieden.

**Band 6 - Die Harmonie**

Die Harmonie * Die Medizin muss auf einer esoterischen Philosophie gegründet sein * Die Zukunft der Medizin * Der Schüler muss die Sinne für die geistige Welt entwickeln * Was uns das Haus lehrt * Wie die Gedanken sich in der Materie verwirklichen * Die Meditation * Menschlicher Intellekt und kosmische Intelligenz * Sonnengeflecht und Gehirn * Das Harazentrum * Das geistige Herz * Die Aura.

**Band 7 - Die Reinheit, Grundlage geistiger Kraft**

Jesod spiegelt die Tugenden aller anderen Sephiroth wider * Wie die Reinheit zu verstehen ist * Die Ernährung, Ausgangspunkt einer Studie über die Reinheit * Die Auswahl * Die Reinheit und das geistige Leben * Die Reinheit in den drei Welten * Der Lebensstrom * Friede und Reinheit * Von der magischen Kraft des Vertrauens * Die Reinheit der Worte * Man muss sich erheben, um die Reinheit zu finden * »Selig, die reinen Herzens sind« * Die Tore des himmlischen Jerusalem * Liebe und Sexualität * Die Sünde wider den Heiligen Geist ist die Sünde wider die Liebe * Ergänzende Erläuterungen * Die Quelle * Das Fasten * Wie man sich waschen soll * Von der wahren Taufe * Wie man während der Atemübungen mit den Engeln der vier Elemente arbeitet.

**Band 8 – Sprache der Symbole, Sprache der Natur**

Die Seele / Der Mensch und seine verschiedenen Seelen / Der Kreis (das Zentrum und die Peripherie) / Zeit und Ewigkeit / Die zwölf Aufgaben des Herkules / Der Große Frühling / Der erste Tag des Frühlings / Die wahre Ehe / Warum der Mensch beim Sündenfall die Tiere mit sich gezogen hat / Wie die beiden Prinzipien im Mund enthalten sind / Der Heilige Geist / Die Sprache der Symbole.

**Band 9 - Im Anfang war das Wort – Kommentare zu den Evangelien**

»Im Anfang war das WORT« * »Man füllt keinen neuen Wein in alte Schläuche« * »Vaterunser« * »Suchet zunächst nach dem Reich Gottes und Seiner Gerechtigkeit« * »Die Ersten werden die Letzten sein« * Weihnachten * Der Sturm, der sich gelegt hat * »Die höchste Zuflucht« * »Vater, vergib ihnen, denn sie wissen nicht, was sie tun« * Die Sünde wider den Heiligen Geist ist die Sünde wider die Liebe * Die Auferstehung und das Jüngste Gericht * »Im Haus meines Vaters gibt es viele Wohnungen« * Der Körper der Auferstehung.

**Band 10 - Sonnen Yoga – Pracht und Herrlichkeit von Tiphereth**

Die Sonne, Mittelpunkt des Universums * Wie man die ätherischen Lichtteilchen aus der Sonne aufnehmen kann * Unsere Seele nimmt beim Betrachten der Sonne deren Gestalt an * Unser höheres Ich wohnt in der Sonne * Die Sonne bringt die Samen zum Wachsen, die der Schöpfer in uns gelegt hat * Wie man die Heilige Dreifaltigkeit in der Sonne wiederfindet * Alle Geschöpfe haben ihr Zuhause * Der Rosenkranz der sieben Perlen * Der Meister im Rosenkranz der sieben Perlen * Jedes Geschöpf soll seine Wohnstätte schützen – Die Aura * Der heliozentrische Standpunkt * Liebt wie die Sonne! * Ein Meister soll wie die Sonne im Mittelpunkt bleiben * Steigt über die Wolken! * Die Sephira Tiphereth * Die Geister der 7 Lichtstrahlen * Das Prisma als Sinnbild des Menschen * Der neue Himmel und die neue Erde * Die Sonne kann das Problem der Liebe lösen * Die Telesma-Kraft * Die Sonne ist Gottes Ebenbild * »Im Geist und in der Wahrheit« * Christus und die Sonnenreligion * Tag und Nacht (Bewusstsein und Unterbewusstsein) * Die Sonne ist der Begründer der Kultur * Die Sonne und die Lehre von der Einheit * Die Sonne ist der beste Pädagoge, weil sie ein Vorbild darstellt * Die Sonne, das Herz des Universums * Die drei Arten von Feuer * Richtet alles auf ein einziges Ziel aus.

**Band 11 - Der Schlüssel zur Lösung der Lebensprobleme**

Die Personalität ist der niedere Ausdruck der Individualität * Der Mensch soll zu seiner Individualität zurückfinden * Sinn und Ziel von Jnani-Yoga * Vom Nehmen und Geben (Sonne, Mond und Erde) * Personalität und Individualität: Die Begrenzung der unteren Welt * Die unendliche Weite der höheren Welt * Die Individualität bringt das wahre Glück * In der Personalität absterben, um in der Individualität aufzuleben * Der eigentliche Sinn der Gärung aus esoterischer Sicht * Die Individualität wünscht Gottes Willen zu tun * Das Gleichnis vom Baum * Zwei Arbeitsmethoden zur Bewältigung der Personalität * Wie sich der Mensch von seiner Personalität ausbeuten lässt * Aus der Sicht der Individualität * Über den Sinn des Opfers in den Religionen * Die Individualität allein vermag das durch die Personalität gestörte Gleichgewicht wieder herzustellen * »Gebt dem Kaiser, was des Kaisers ist!« * Die Personalität ist der Sockel der Individualität * Sucht nach himmlischen Verbündeten zum Kampf gegen die Personalität! * Vom richtigen Einsatz der Kräfte der Personalität * Wie man die inneren Tiere bezähmt * Die Sexualkraft kann zur Entwicklung der höheren Natur genutzt werden * Das Wirken für die weltweite Verbrüderung.

**Band 12 - Die Gesetze der kosmischen Moral**

Ihr werdet ernten, was ihr gesät habt * Die Wahl ist wichtig: Sucht die Arbeit und nicht das Vergnügen * Schöpferische Tätigkeit als Mittel zur inneren Entwicklung * Die Gerechtigkeit * Das Gesetz der Affinität und der Frieden * Das Gesetz der Affinität und die wahre Religion * Naturgesetze und moralische Gesetze * Die Reinkarnation * Macht nicht auf halbem Wege halt *

Über den rechten Gebrauch der eigenen Energien * Wie man die Quintessenz erlangt * Die Moral der Quelle * Warum wir unsere Vorbilder in den höheren Regionen suchen sollen * Durch seine Gedanken und Gefühle wirkt der Mensch schöpferisch auf die unsichtbare Welt ein * Lasst die Verbindung nicht abbrechen * »Bist du Licht, dann gehst du zum Licht« * Das ätherische Doppel * Die neuen Muster * Die Moral bekommt ihre volle Bedeutung in der jenseitigen Welt * Die beste pädagogische Methode ist das Beispiel * »Wenn dich jemand auf die rechte Backe schlägt«.

**Band 13 - Die neue Erde**

Gebete * Am Morgen * Für den Tag * Am Abend * Die Ernährung * Das Verhalten * Laster und Schwächen * Negative Gemütsverfassung * Schwierige Lebenslagen * Anleitungen zur Reinigung und Läuterung * Mitmenschliche Beziehungen * Beziehungen zur Natur * Die Sonne * Die Sterne * Das Wirken mit der Denkkraft * Die geistige Galvanoplastik * Der Solarplexus * Das Hara-Zentrum * Das Wirken mit dem Licht * Die Aura * Der Lichtleib * Einige Sprüche und Gebete * Spirituelle Gymnastikübungen.

**Band 14/15 - Liebe und Sexualität**

Band 14: Die beiden Prinzipien männlich und weiblich * Den Stier bei den Hörnern packen * Die Kraft des Drachens * Geist und Materie, die Sexualorgane * Die Eifersucht * Die zwölf Tore von Mann und Frau * Die Vergeistigung der Sexualkraft * Lernt richtig zu essen, um lieben zu lernen * Die Rolle der Frau in der neuen Kultur * Die Bedeutung der Nacktheit in der Einweihung * Liebe ist im ganzen Weltall enthalten * Wie kann man den Begriff der Ehe erweitern? * Die Schwesterseele * Die Frage der Bindungen.

Band 15: Die wahre Ehe: Geist und Materie * Die Sonne, Quelle der Liebe * Die Vestalinnen oder die neue Eva * Gebt der Liebe ihre Reinheit zurück * Die Liebe verwandelt die Materie * Die Aufgabe eines Schülers * Tantra-Yoga * Nutzt die Kräfte der Liebe in rechter Weise * Das Glück liegt in der Erweiterung des Bewusstseins * “Was ihr auf Erden binden werdet...” * Die wahren Waffen: Liebe und Licht * Auf dem Weg zur großen Familie.

**Band 16 - Alchimie und Magie der Enährung - Hrani-Yoga**

Die Bedeutung des Kauens und der Atmung * In Stilleessen * Nicht bis zur Sättigung essen * Das Segnen der Nahrung * Bedeutung und spirituelle Dimension der Ernährung * Meditation vor der Mahlzeit * Das Töten der Tiere und das Gesetz der Gerechtigkeit * Die Nahrung, ein Liebesbrief des Schöpfers * In Stille essen, um die Stimme der Nahrung zu vernehmen * Die Mahlzeit, magische und heilige Zeremonie * Ob gut oder böse, was ihr euch selbst zufügt, fügt ihr auch der ganzen Menschheit zu * Die Nahrung und die Engel der 4 Elemente *Sich durch die Haut ernähren * Weiße und schwarze Magie * Das Mysterium des heiligen Abendmahls * Die wahre Kommunion * Indem man bewusst isst erlangt man Macht über die Materie.

**17/18 Erkenne Dich selbst – Jnani-Yoga**

Band 17: Die synoptische Tafel * Der Geist und die Materie * Die Seele * Das Opfer * Die Nahrung der Seele und des Geistes * Das Bewusstsein * Das Höhere Selbst * Die Wahrheit * Die Freiheit.

Band 18: Die Schönheit * Die spirituelle Arbeit * Die Macht des Denkens * Die Erkenntnis: das Herz und der Intellekt * Die Kausalebene * Konzentration, Meditation, Kontemplation, Identifikation * Das Gebet * Die Liebe * Der Wille * Die Kunst, die Musik * Die Geste * Die Atmung.

**23/24 Die neue Religion – Eine universelle Sonnenreligion**

Band 23: Der Strom des Lebens * Der Mensch und seine zwei Naturen * Ihr seid Götter * Die heliozentrische Revolution: Die Bruderschaft * Der Meister * Die Sonne, Abbild der heiligen Dreifaltigkeit * Ein neuer Typ Mensch: Die symbolische Bedeutung des Prismas * Die Nahrung: Das Wort * Wie man an seiner eigenen Materie arbeiten kann – Der Körper der Auferstehung * Die Gesetze des Schicksals.

Band 24: Die Lehre der Kraft * Der Sinn des Reichtums und des Besitzes in der Einweihungswissenschaft * Die Liebe ist Eins * Die wahre Ehe – Wie man die Auffassung der Ehe erweitert * Die Rolle der Frau in der neuen Kultur * Die wahren Grundlagen der Religion * Die geistige Schöpfung – Die Suche nach dem Stein der Weisen * An die Jugend und die Familien * Das Reich Gottes auf Erden.

**Band 25/26 - Der Wassermann und das Goldene Zeitalter**

Band 25: Das Wassermann-Zeitalter * Der Geist der Brüderlichkeit ist im Kommen * Jugend und Revolution * Kommunismus und Kapitalismus * Die wahre Ökonomie * Gold und Licht * Aristokratie und Demokratie * Die Politik im Licht der Einweihungswissenschaft *

Band 26: Die Prinzipien und die Formen * Die wahre Religion Christi * Die Idee der Pan-Erde * Der kosmische Körper * Das Reich Gottes und seine Gerechtigkeit * Das neue Jerusalem.

**Band 27 - Die Pädagogik in der Einweihungslehre**

Zuerst sollten die Eltern unterwiesen werden * Die Rolle des Unterbewusstseins bei der Kindererziehung * Erziehung und Bildung – Die Macht des Vorbildes * Die Jugend auf die Zukunft vorbereiten * Das Erlernen der Gesetze * Das Kind und der Erwachsene * Die Rolle eines Meisters * Die Nachahmung als Faktor der Erziehung * Die Einstellung gegenüber einem Meister * Die Methoden eines Meisters * Die Arbeit in der Einweihungsschule.

**Band 28/29 - Die Pädagogik in der Einweihungslehre**

Band 28: Weshalb man ein spirituelles Leben wählen sollte * Der Sinn des Lebens, die Entwicklung * Die gestaltende Vorstellungskraft * Lesen und Schreiben * Der

Selbstmord * Eine neue Einstellung dem Bösen gegenüber * Die Raupe und der Schmetterling * Die Liebe, ein Bewusstseinszustand * Die Geburt auf den verschiedenen Ebenen * Die Sonne als Vorbild * Mann und Frau in der neuen Kultur
Band 29: Die Gesetze der spirituellen Arbeit * Unsere Verantwortung * Das neue Leben erbauen * Das lebendige Wissen * Lasst die Quelle sprudeln * Die spirituelle Atmosphäre * Die Medizin der Zukunft * Lebt in der Poesie! * Seid vollkommen wie euer Vater im Himmel vollkommen ist * Die Wirklichkeit der unsichtbaren Welt * Nehmt teil an der Arbeit der Universellen Weißen Bruderschaft

**Band 30/31 – Leben und Arbeit in einer Einweihungsschule**

Band 30: Zum »Tag der Sonne« * Der Bonfin * Die Arbeit an der göttlichen Schule * Hrani Yoga und Surya Yoga * Der Geist dieser Lehre * Materie und Licht * Die Reinheit, Bedingung für das Licht * Der Sinn der Einweihung
Band 31: Das neue Leben * Materialisten und spirituelle Menschen * Der wahre Sinn des Wortes Arbeit * Wie man mit Schwierigkeiten umgeht * Die Beschäftigung des Schülers mit seiner niederen Natur * Eitelkeit und Hochmut * Meister und Schüler * Wie man über die Vorstellung von Gerechtigkeit hinauswächst * Hierarchie und Freiheit * Die Allmacht des Lichtes

**Band 32 - Die Früchte des Lebensbaums**

Wie man das Studium der Kabbala in Angriff nehmen sollte * Die Zahl 10 und die 10 Sephiroth * Der Lebensbaum * Die Erschaffung der Welt * Der Sündenfall und der Wiederaufstieg des Menschen * Die vier Elemente * Die Macht des Feuers * Wasser und Feuer * Das lebendige WORT * Die esoterische Kirche des Johannes * Binah, das Reich der Beständigkeit * Der menschliche Geist ist der Vorbestimmung überlegen * Der Tod und das Leben im Jenseits * Menschliche und kosmische Atmung * Die Kardinalfeste * Der Mond und sein Einfluss auf die Seelen * Der Zauberstab * Die Naturgeister * Der Gralskelch * Die Errichtung des inneren Tempels.

Vom selben Autor

**Reihe Izvor**

200 Hommage an Meister Peter Deunov
201 Auf dem Weg zur Sonnenkultur
202 Der Mensch erobert sein Schicksal
203 Die Erziehung beginnt vor der Geburt
204 Yoga der Ernährung
205 Die Sexualkraft
206 Eine universelle Philosophie
207 Was ist ein geistiger Meister?
208 Das Egregore der Taube – Innerer Friede und Weltfrieden
209 Weihnachten und Ostern in der Einweihungslehre
210 Die Antwort auf das Böse
211 Die Freiheit, Sieg des Geistes
212 Das Licht, lebendiger Geist
213 Die menschliche und göttliche Natur in uns
214 Liebe, Zeugung und Schwangerschaft
215 Die wahre Lehre Christi
216 Geheimnisse aus dem Buch der Natur
217 Ein neues Licht auf das Evangelium
218 Die geometrischen Figuren und ihre Sprache
219 Geheimnis Mensch. Seine feinst. Körper u. Zentren
220 Der Tierkreis, Schlüssel zu Mensch und Kosmos
221 Alchimistische Arbeit und Vollkommenheit

222 Die Psyche des Menschen
223 Geistiges und künstlerisches Schaffen
224 Die Kraft der Gedanken
225 Harmonie und Gesundheit
226 Das Buch der göttlichen Magie
227 Goldene Regeln für den Alltag
228 Einblick in die unsichtbare Welt
229 Der Weg der Stille
230 Die Himmlische Stadt
231 Saaten des Glücks
232 Feuer und Wasser - Wunderkräfte der Schöpfung
233 Eine Zukunft für die Jugend
234 Die Wahrheit, Frucht der Weisheit und der Liebe
235 Im Geist und in der Wahrheit - Wie finde ich zu Gott
236 Weisheit aus der Kabbala
237 Das kosmische Gleichgewicht - Die Zahl 2
238 Der Glaube versetzt Berge
239 Die Liebe ist größer als der Glaube
240 Söhne und Töchter Gottes
241 Der Stein der Weisen
242 Unerschöpfliche Quellen der Freude
243 Das Lächeln des Weisen
244 Dem Licht entgegen

## Der Unterschied zwischen den einzelnen Buchreihen:

### Reihe Gesamtwerke

Die meisten dieser Bücher enthalten in jedem Kapitel einen Vortrag von Omraam Mikhael Aivanhov.

### Reihe Izvor

Jedes Kapitel enthält Auszüge aus den Vorträgen Omraam Mikhael Aivanhovs. Die Texte der Reihe Izvor sind teilweise in den Büchern der Reihe Gesamtwerke enthalten.

### Reihe Broschüren

Themenbezogene Auzüge aus den Büchern der Reihen Gesamtwerke und Izvor.

## Verlags-Auslieferung

Editions PROSVETA S.A. – B.P. 12 – 83601 Fréjus Cedex (France)
Tel. 04 94 19 33 33 – Fax 04 94 19 33 34, E-mail: international@prosveta.com
www.prosveta.com

Auslieferungen international:

**AUSTRALIEN UND ASIEN**
PROSVETA AUSTRALIA
16 Galway Gardens
WARNBRO WA 6169

**ARGENTINIEN**
ASOCIACIÓN SOPHIA
Chile 1736 – Ciudad Mendoza

**BELGIEN UND LUXEMBURG**
PROSVETA BENELUX
Chaussée de Merchtem 123
1780 Wemmel

N.V. Maklu Somersstraat 13-15
B-2000 Antwerpen

S.D.L. CARAVELLE S.A.
rue du Pré aux Oies, 303
1130 Bruxelles

**BULGARIEN**
NOVA EPOHA
Rue Chesti Semptembri n°28
Sofia 1000

**BOLIVIEN**
BELTRÁN
Calle Muñoz Cornejo, Sopocachi
La Paz

**BRASILIEN**
EDITORA NOVA ERA um selo da
EDITORA BEST SELLER Ltda
(Grupo Editorial Record)
Rua Argentina 171
Rio de Janeiro, RJ 20921-380

**DEUTSCHLAND**
Prosveta Verlag GmbH
Postfach 16 52, D 78616 Rottweil
Heerstr. 55, D 78628 Rottweil
Tel. +49 741-46551, Fax -46552
E-Mail: info@prosveta.de
Internet: www.prosveta.de

**ELFENBEINKÜSTE**
Librairie Prosveta
25, rue Paul Langevin Zone 4C
01 B.P. 2 – ABIDJAN 01

**ENGLAND UND IRLAND**
Prosveta, The Doves Nest
Duddleswell Uckfield
East Sussex TN 22 3JJ

**GRIECHENLAND**
PYRINOS Kosmos
16 Hippocratous Str., 106 80 Athens

**HAITI**
PROSVETA DÉPÔT HAÏTI
Angle rue Faustin 1er et rue Bois Patate #25 bis
6110 Port-au-Prince

**INDIEN**
VIJ BOOKS INDIA PVT.LTD
2/19, (Second Floor) Ansari Road
Darya Ganj, New Delhi -110002, (India)

**IRLAND**
siehe England

**ITALIEN**
PROSVETA Coop. a r.l.
Casella Postale 55
06068 Tavernelle (PG)

**KOLUMBIEN**
PROSVETA COLOMBIA
Calle 174 Número 54B
50 Interior 6
Villa del Prado – Bogotá

**KONGO**
PROSVETA CONGO
29, Avenue de la Révolution
B.P. 768 – Pointe-Noire
Tel. (242) 948156 / (242) 5531254
Fax: (242) 948156
E-Mail: prosvetacongo@yahoo.fr

**LIBANON**
PROSVETA LIBAN – P.O. Box 90-995
Jdeitet-el-Metn, Beyrouth

**LITAUEN**
LEIDYKLA MIJALBA
Gedimino G 26 B – 44319 Kaunas

**LUXEMBURG**
siehe Belgien

**NIEDERLANDE**
STICHTING PROSVETA NEDERLAND
Zeestraat 50
2042 LC Zandvoort

**NEUSEELAND**
Prosveta New Zealand ltd
90 Potae Avenue – Gisborne

**NORWEGEN**
PROSVETA NORDEN
Postboks 318, N-1502 Moss

**ÖSTERREICH**
Harmoniequell Versand
Hof 37/4, A 5302 Henndorf
Tel. und Fax +43 6214 7413
E-Mail: info@prosveta.at
Internet: www.prosveta.at

**POLEN**
WENA Studio Tworczej Ekspresji s.c.
ul. Nowina 36, PL 60-589 Poznan

**PORTUGAL**
PUBLICAÇÕES MAITREYA
Rua do Almada, 372, 4°esq
4050-033 Porto

**RUMÄNIEN**
EDITURA PROSVETA SRL
Str. N. Constantinescu 10
Bloc 16A – sc A – Apt. 9 Sector 1
71253 Bucarest

**RUSSLAND**
EDITIONS Prosveta
143964 Moskovskaya oblast
g. Reutov – 4, a/ R 4

**SCHWEIZ**
ÉDITIONS Prosveta
Société coopérative
Chemin de la Céramone 13
CH - 1808 Les Monts-de-Corsier
Tel. +41 21 921 92 18
Fax +41 21 922 92 04
E-Mail: editions@prosveta.ch
Internet: www.prosveta.ch

**SPANIEN**
Asociación Prosveta Española
C/ Ausias March n° 23 Ático
SP-08010 Barcelona

**SERBIEN**
ÉDITIONS GLOSARIJUM
Rige od Fere 12 – Beograd

**TSCHECHISCHE REPUBLIK**
PROSVETA
Ant. Sovy 18 – Ceské Budejovice 370 05

**USA UND KANADA**
PROSVETA US Dist.
29781 Shenandoah LN
Canyon Country CA 91387

FBU – USA
P.O. Box 932 – ocust Valley
11560 New York

PROSVETA Inc.
3950, Albert Mines
Canton-de-Hatley (Qc), J0B 2C0

**VENEZUELA**
ROSVETA VENEZUELA C. A.
Calle Madrid
Edificio La Trinidad
Las Mercedes – Caracas D.F.

Weitere und aktualisierte Adressen finden Sie unter:
www.prosveta.com

Wenn Sie sich über die Anwendung der Lehre von
Omraam Mikhael Aivanhov informieren möchten,
wenden Sie sich bitte an eine der folgenden Adressen:

Deutschland
UWB e.V., Marienstr. 33, 78588 Denkingen
Internet: www.uwb-ev.de, E-Mail: uwb@uwb-ev.de

Schweiz
FBU, Chemin de la Céramone, 1808 Les-Monts-de-Corsier
Telefon 021-921 93 90, www.videlinata.ch

Österreich
UWB, Postfach 335, 5016 Salzburg
Internet: www.aivanhov.de, E-Mail: uwb@omraam.org